中央银行学

ZHONGYANG YINHANGXUE

马 勇 编著

中国人民大学出版社
· 北京 ·

出版说明

改革开放以来，中国的金融走上了高速发展的快车道，获得了前所未有的发展，有关院校都开设了金融课程，以便培养我国急需的人才。

一套高质量的教材是提高教学质量的前提之一。教材规定了教学内容，是教师授课取材之源，是学生求知和复习之本，没有优秀的教材，就无法提高教学质量。中国人民大学出版社推出“经济管理类课程教材·金融系列”，旨在推动国内金融人才培养工作的开展。

组织编写这套教材时，我们遵照以下原则：

1. 教材本土化。为了更快地与国际接轨，许多人主张采用“拿来主义”原则，直接引进国外的教材。实践证明，我国与发达国家相比，国情不同，文化背景不同，思维方式不同，语言表述方式不同，广大的专家教授一致认为：我们培养的是中国金融人才，是为中国的金融服务的，教材还是本土化为宜。应在了解我国现况之后，再学习国外的知识。把中国的背景知识与国际接轨才是我们最需要的。该套教材均为本土原创作品。

2. 精选作者，保证教材质量。金融与国家的政策联系紧密，应用性强，培养的学生既要懂理论又要会应用，既要与国际接轨，又要考虑中国的国情。该套教材的作者涵纳全国“政产学研”方面的学者、专家，从源头上保证了这套教材的质量。

3. 要始终保持教材的“精”与“新”。现代金融日新月异，课程设置不断变化。该套教材根据形势的发展，不断推出新课程教材，并不断修订、完善。

4. 形式多种多样，方便教材使用者。书中每章都设有“本章要点”“本章小结”“关键术语”“思考题”等栏目。此外，各书还有配套的“学习指导书”，方便读者学习和使用。

总之，这套系列教材紧密结合当前国内外金融研究的最新成果与金融政策发展的实际情况，全面讲述金融基本理论和基础知识。我们相信“经济管理类课程教材·金融系列”的推出，能够为读者掌握现代金融知识、社会培养金融人才起到应有的作用。

中国人民大学出版社

前　言

自2020年党的十九届五中全会提出“建设现代中央银行制度”以来，2022年党的二十大报告再次强调要“建设现代中央银行制度”。与传统中央银行制度相比，现代中央银行制度更加注重建设有助于发挥市场机制作用的价格型调控框架；更加注重实施宏观审慎管理，防范化解系统性风险，维护金融体系的稳定；更加注重市场沟通和预期引导，健全和疏通政策传导机制；更加注重货币政策和宏观审慎政策的协调配合，实现金融和实体经济的共同稳定。

对于大部分经济、金融和管理学专业的学生而言，在他们行将毕业甚至已经进入工作岗位之后，中央银行及其政策操作仍然犹如渺远天际的浮云一样遥不可及。这主要是因为，理解中央银行的政策操作及其影响需要立体化的知识体系而非碎片化的知识点，而目前我们似乎缺乏这样一个载体去帮助学生完成从“碎片知识”到“知识体系”的根本转变。

本教材的主要目标是使只要具备初级经济学基础的人，都能通过系统地阅读本书，全面地掌握中央银行及其相关政策的核心理论和实践，达至可理解、可分析、可应用的专业水平。为此，本教材在写作过程中有以下几个方面的特别考虑：一是在内容上全面反映现代中央银行的主要政策及其内在关联，形成中央银行的“立体画像”；二是在理论上注重不同知识点之间的逻辑关联，使零散的知识能够在一个结构性的分析框架中得到整体呈现；三是在实践上将国际和国内情况并重，力求客观、严谨、全面地反映现实情况，塑造完整的经验视野。

在行文风格和篇章结构方面，本教材尽管在写作上力求通俗易懂，但并没有因此而牺牲必要的理论深度，因为对于长期的职业发展而言，基本理论和底层逻辑才是最有价值的知识所在。不过，从全书内容与逻辑的整合来看，这确实难度颇大。一开始，本书的目标是试图建立一个逻辑上衔接充分同时内容上又毫不重叠和交叉的“完美体系”，但在煞费苦心而又竭尽全力之后，我最终发现这是做不到的，因为知识本身是如此紧密地“立体”生长在一起，以至任何试图将它们先分开然后又融合在一起的写法，都不可避免地要么牺牲逻辑衔接的充分性，要么容忍一定程度的内容交叉性。考虑到这是一本教材，让读者特别是初学者有足够多的视角去全面看待和深入理解问题才是第一要务，因此，本教材选择了后者，并在体力可以承受的范围之内，尽最大努力避免了那些没有“增量价值”的交叉和重叠。

整本教材的结构分为四篇。第一篇为基础篇，主要从中央银行的历史、性质、职能、业务和制度等方面对中央银行的“整体画像”进行初步描摹。尽管这一篇的前三章主要是介绍性的内容，但这些看似平淡的内容对于增加初学者的感性认识而言仍然是非常有必要的，就像我们要深刻理解一个人的行为方式和特点，就需要先了解他的来历和经历一样。该篇的第 4 章是着墨颇多的一章，特别是对中央银行制度建设的两个重要方面——独立性和透明度——进行了比较细致和全面的介绍，因为这两项制度对于理解后面三篇三大类型的政策（货币政策、宏观审慎政策和金融监管政策）都具有一般性的意义。

第二篇从目标、工具、规则（操作）、传导机制和有效性五个方面循序渐进地对中央银行的货币政策进行了阐述，这五个方面合在一起就构成了一个完整的“货币政策分析框架”。这一框架可被用于分析任何一个国家的货币政策。鉴于修读中央银行学的学生大都是本科高年级学生，已经拥有一定的经济学和金融学基础，因此，该篇的撰写不再是已有宏观经济学或金融学教材相关内容的简单重复，而是有所提高，具体体现在两个方面：一是在理论上，各章讲述的重点从“是什么”转向了“为什么”和“怎么做”；二是在应用上，通过把货币政策的实际操作“掰碎了讲”，并辅之以大量的实际案例，使读者达到“能理解、能分析、能运用”的程度。

第三篇全面介绍了正在兴起并日益为中央银行所倚重的宏观审慎政策。较之传统的中央银行学教材，本教材独立成篇地全面系统讲解宏观审慎政策可能是一种全新的做法，这么做不仅从目前来看非常有必要，从长远来看更是如此。与货币政策类似，理解宏观审慎政策也需要构建一个涵盖目标、工具、规则、传导机制和有效性的一般性分析框架。在该篇中，目标与工具在第 11 章中讲述。出于精简篇幅的考虑，规则、传导机制和有效性这三个方面内容则综合在了介绍调控机理的一章中。此外，由于宏观审慎政策较之货币政策而言是一个“新生事物”，因此该篇最开始时增加了“宏观审慎政策的产生与发展”一章；同时，为加强读者对中国正在实施的“双支柱”政策框架的理解，该篇最后增加了“宏观审慎政策与货币政策的协调配合”一章。读者在理解该篇的内容之后，基本上可以形成一个用于分析宏观审慎政策的总体框架。

第四篇主要讲述金融监管。尽管在一些国家中，金融监管政策并不完全由中央银行实施，但几乎所有国家的中央银行都保留了一部分金融监管职能，并且在很多国家中，中央银行仍然是最重要的金融监管主体。此外，在 2008 年金融危机之后，中央银行的金融监管职能还有进一步加强的趋势。因此，无论是从静态还是动态来看，缺少了对金融监管的理解，中央银行的“政策拼图”都很难完整。不过，鉴于有关“宏观审慎监管”的内容已经在第三篇进行了系统讲述，所以本篇主要从一般性的角度（宏微观监管共同适用）讲述金融监管的理论基础、实施方法和体制安排。这些内容可以与第一篇和第三篇的相关内容形成有效的互补。同时，该篇在写作过程中还纳入了有关金融监管的一些最新实践，如监管方法中的“监管沙盒”以及监管体制安排中的“双峰式”监管体制等。

需要指出的是，本教材在写作过程中并没有事先限定读者的范围，而是心无旁骛地只考虑了一件事情，即如何尽量把问题讲清楚，以实现无障碍理解。特别地，鉴于很多教材“要么基本看不懂、要么看了基本没用”的“痛点”（学生语），本教材努力实现以下两个方面的衔接：一是从本科低年级到高年级的衔接，真正体现专业课教材所应该达到的知识提升作用，同时为拟攻读研究生的学生提供一本从初级到中高级的过渡性教材；二是从理论基础到实践应用的衔接，真正体现学以致用、学能致用，为大量即将和已经投身于经济金融分析研究工作的学生奠定扎实的专业基础。因此，本教材适用于高年级本科生、准备攻读研究生的学生以及从事经济金融分析特别是中央银行政策分析的相关人员。此外，基于写作过程的真实感受，我相信即便是对于已经掌握复杂理论的一线学者，这本没有花哨的模型、全凭思想和笔力的教材依然有其可取之处。

撰写本教材的基础材料主要来自我十余年在货币政策、宏观审慎政策及金融监管领域的积累、研究和领悟所得，其中有不少是颇费思想与笔力的总结和提炼。同时，本书的写作还受益于来自中国人民银行、中国人民大学财政金融学院、中国人民大学出版社等单位同志的宝贵意见和建议，在此一并致谢。

教材是一种检验良心的东西，即使不能让学生站在巨人的肩上，也应该努力地踮起脚来，让他们尽可能站在更高的地方。对于我本人而言，尽管编写本教材所消耗的时间和精力最终大大超过预期，乃至用“呕心沥血”来形容也毫不为过，但鉴于知识的海洋是如此浩瀚，而我们的所知又是如此之少，想必书中的错误和疏漏一定在所难免，在此恳请各位读者批评指正，以便在将来的版本中改进和完善。

目　录

第一篇　认识中央银行

第二篇　中央银行与货币政策

第三篇　中央银行与宏观审慎政策

第四篇 中央银行与金融监管

第一篇　认识中央银行

“自从开天辟地以来，人类最伟大的三项发明是：火、轮子和中央银行。”

——美国幽默作家威尔·罗杰斯（Will Rogers）

“中央银行并不是普通银行，实际上是个政府机构，它在一个国家的货币和金融系统中处于核心地位。中央银行帮助引导了现代货币及金融体系的发展，并在经济政策的制定中发挥重要作用。”

——美联储前主席本·伯南克（Ben Bernanke）

“维多利亚时代的人非常关切地听说银行提高了利率。他们并不知道这是什么意思，但是他们知道这是一种极度明智的做法。”

——美国经济学家约翰·肯尼思·加尔布雷思（John Kenneth Galbraith）

第1章 中央银行制度的形成与发展

【本章要点】

1. 中央银行制度诞生的经济和金融背景；
2. 中央银行制度的不同发展阶段及特征；
3. 现代中央银行的主要类型与组织结构；
4. 中国中央银行的形成、发展与组织结构。

【导入案例】

在17世纪的英国，一些平民通过经商致富。为安全起见，他们将钱财存放到国王的铸币厂里。那时尚未出现纸币，任何人都可以在铸币厂里将金块铸造成金币，因此铸币厂允许顾客存放黄金，但铸币厂属于国王，若国王想要动用铸币厂里的黄金，没有人可以阻止。

1638年，英国国王查理一世同苏格兰贵族爆发了战争，为筹措军费，他征用了铸币厂里平民的黄金，名曰贷款给国王。然而，在1649年，查理一世上了断头台，被征用的平民黄金也就没被偿还。虽然后来这些黄金被还给了原来的主人，但人们还是觉得铸币厂不再靠谱。于是，他们将钱财存放到金匠那里，金匠为存钱的人开出凭证，出示凭证可以提取黄金。很快一些商人发现，需要用钱的时候其实并不需要真正取出黄金，只需要将凭证交付给对方即可。后来，一些金匠开始开"假凭证"，因为他们发现，只要客户不是同一天都来提取黄金，假凭证就"等同"于真凭证，这就是银行"货币创造"和"部分准备金制度"的历史起源。

1694年，最早按资本主义原则组织起来的股份制银行——英格兰银行宣布成立，成为现代中央银行制度的重要开端。英格兰银行大楼位于伦敦市的针线（Threadneedle）大街，因此常被戏称为"针线大街上的老妇人"。作为现代中央银行的鼻祖，英格兰银行一直运行至今。

那么，在英格兰银行之后，中央银行制度究竟是怎样一步步形成、发展和完善的？现代中央银行制度包含哪些主要内容？中国的中央银行又有着怎样的发展历程和特点？本章将对上述问题进行解答。

1.1 中央银行的诞生历程

中央银行（central bank）是一个国家法定授权进行货币发行和管理、制定和实施宏观经济金融政策、对金融活动进行监督和管理的部门，通常在一个国家的金融体系中居于核心和主导地位。

中央银行是商品经济尤其是货币信用经济发展到一定阶段的产物。从历史来看，中央银行的诞生与政府融资、银行券统一发行、最后贷款人、支付清算和金融监管等现实需求密切相关。中央银行主要有两种诞生途径：一是渐进演化，通常由实力雄厚、信誉卓著且与政府有密切关系的大型商业银行演变而来；二是直接设立，即没有渐进演化的过程，从一开始就由政府直接组织设立。

1.1.1 中央银行诞生的经济背景

（一）商品经济的快速发展催生了金融需求

商品经济产生于原始社会末期，并在奴隶社会和封建社会经历了漫长的发展过程。在13—14世纪，随着西欧封建制度的解体，商品经济得到了初步发展。进入15—16世纪，随着重商主义的兴起，西欧资本主义制度开始形成，社会生产力得到提高，手工业逐渐从农业中分离出来并发展扩大，同时出现了一批工业中心，贸易开始盛行。在17世纪，西欧商品经济已经比较发达，而此后的科技革命使得社会生产力得到极大提升，工商业和新式农业开始占据社会生产的主导地位。进入18世纪，工业革命的蓬勃发展促进了经济和社会的快速发展，商品经济迅速发展成为主导性的经济形态。商品经济的快速发展促进了社会生产和生活方式的显著改变，从而产生了新的货币和金融服务需求，这为中央银行的诞生奠定了社会经济基础。

（二）商业银行的兴盛促进了货币信用关系的普遍扩张

随着商品经济和资本主义生产方式的发展，银行业也开始逐步兴盛。13—14世纪的欧洲地中海沿岸各国商贾云集，市场繁荣。贸易的发展推动了货币的支付和兑换需求，于是一些专业的货币经纪商（通过提供货币兑换、支付、划转等服务收取手续费）开始出现。1397年成立的麦迪西银行（Medici Bank）是较早使用“银行”命名的信用机构。16世纪成立的威尼斯银行（1587年）和米兰银行（1593年）已经具备近现代银行的一些初步特征。

17—18世纪，欧洲资本主义制度逐步建立，工业革命推动了社会生产力的高速发展，同时促进了银行业的空前繁荣。在这一时期，银行数量激增，同时职能和业务也不断拓展。部分银行逐步弱化货币兑换、高利贷和金银保管等传统业务，并开始发行银行券以及为企业及新兴行业融资，这使其逐步具备了现代银行的性质。银行业的繁荣和功能扩展进一步推动了资本主义经济的发展，1656年成立的瑞典里克斯银行（Riksbank）和1694年成立的英格兰银行（Bank of England）后来发展成为最早的两家中央银行。

随着银行业的繁荣兴盛，以货币信贷关系为主要特征的银行信用逐渐取代了传统的商业信用，成为社会信用的主导形式。在这一过程中，商业银行一方面通过吸收存款和加强金融创新等手段增加资金来源，另一方面通过向企业提供贷款、票据承兑、贴现与抵押贷款等方式将商业信用转化为银行信用。此外，商业银行还逐渐开始代理股票和债券发行，这又进一步促进了金融市场的发展，从而推动了货币信用关系的全面深化。

（三）缺乏统一管理成为制约经济金融发展的重要瓶颈

18世纪左右，信用制度与银行体系已经发展成为支撑经济运行的重要力量，但银行体系所存在的问题和风险也逐渐显露出来：一是由于发行银行券的各银行在规模和信誉等方面参差不齐，分散发行的银行券缺乏统一的认知度，流通范围受到限制，阻碍了银行信用的进一步扩大；二是随着信用制度的扩展，银行之间的债权债务关系日益复杂，票据交换和清算业务量迅速增加，但在分散的商业银行制度下，票据交换和清算的速度受到很大制约；三是一些规模小和抗风险能力差的商业银行，由于自身实力不足或清算效率低下，常常发生系统性的破产倒闭事件，这给金融活动和经济运行带来了严重的负面影响；四是由于缺乏规制和监管，一些银行滥发货币、高息揽储和兑付混乱，造成了金融环境和秩序的混乱。在上述背景下，建立稳定的货币发行和信用制度、形成统一的支付清算体系、规范金融机构的业务和行为已经成为彼时突破经济金融发展瓶颈的当务之急。

1.1.2 中央银行诞生的金融背景

除了上述一般经济背景外，中央银行的诞生还存在一些与中央银行职能密切相关的金融背景。可以说，中央银行制度的建立在很大程度上也是现实金融需求直接催生的结果。

（一）政府的融资需求

随着资本主义制度的建立与完善，政府的职能也在逐步扩展，这需要越来越庞大的政府支出。大规模的政府支出导致了财政赤字，政府就需要从外部融资以填补赤字。在这一过程中，政府通常与多家银行保持着合作关系，但这种关系相对松散且不稳定，同时一般性的个体商业银行也无法满足政府日益增加的大额资金需求。在这种情况下，建立一个与政府有直接关系、能确保满足政府融资需求的专门机构就显得非常重要。这一需求实际上就是所谓的中央银行作为“政府的银行”的诞生背景。

（二）银行券的统一发行需求

银行券（bank note）是银行发行的用以代替商业票据的一种银行票据。银行票据是指由银行签发或由银行承担付款义务的票据，包括银行本票、银行汇票、银行签发的支票等。早期的银行券发行一直处于比较混乱的状态。由于没有统一的规范和标准，各家银行分散发行的银行券在流通范围、信用程度、保值程度和风险程度等方面均存在显著差异，加之一些银行经营不善，银行券无法兑付，常常引起金融恐慌和经济混乱，不利于统一金融市场的形成。在这种情况下，银行券由分散发行向集中发行过渡是一种必然的趋势，而由一个具有政府信用、高度权威和雄厚实力的中心机构来集中统一行使银行券发行权无疑具有稳定和效率方面的双重优势，这一需求实际上就是所谓的中央银行作为“发行的银行”的诞生背景。

（三）票据交换与集中清算需求

由于商品经济的迅速发展，银行受理的票据业务数量激增，银行间的债权债务关系更加错综复杂，票据交换与清算的业务规模越来越大，逐渐超出了一般商业银行所能驾驭的范围。尽管在一些国家和地区出现了由若干银行联合组建的所谓票据交换所，但这种私人联合体始终面临权威性和信誉度不足的问题，因而很难实现更大范围内的票据交换与清算，银行体系的运行效率受到很大制约。在这种情况下，客观上需要建立起一个具有足够权威性和信誉度、能在全国范围内实现票据交换与统一清算的机构，使其作为整个金融体系支付清算系统的核心，而所有其他金融机构则通过与其相连，实现“一步式”票据交换与支付清算。

（四）流动性支持和最后贷款人需求

随着社会生产力的发展和市场的扩大，投资机会的增多和消费需求的扩大使得人们对贷款的需求也相应变大，同时贷款期限也越来越长，商业银行通过吸收短期存款来支持长期贷款的做法逐渐成为其一种专有的“技术”或“功能”（即期限转换功能），但是这种建立在期限错配基础上的功能时不时地面临流动性不足的困境。当个别银行面临流动性困境时，还可以通过银行之间的相互借贷或资产变卖等方式实现“自救”，但如果是较大规模的流动性困境，则有可能引发挤兑，导致金融恐慌，进而引起更大范围的银行体系崩溃与瘫痪。在这种情况下，有必要通过建立一个实力充足的机构来为银行体系的流动性风险“背书”，即承诺当银行出现临时性的流动性困难时，可以向其提供必要的紧急贷款以渡过难关，从而避免发生不必要的、传染性的银行挤兑与金融恐慌。最后贷款人需求连同前面所述的集中统一清算需求，成为中央银行作为所谓的“银行的银行”的诞生背景。

（五）风险控制和金融监管需求

随着银行体系与金融业的不断发展壮大，金融活动逐渐深入经济生活的每一个角落，在这种情况下，维护金融体系的稳定变得越来越重要，直接关乎每一个人的权益和福利。在缺乏统一管理的情况下，光靠金融机构和金融市场自身的“自律”，很难避免资本在逐利倾向下的冒险行为和市场恶性竞争。在这种情况下，通过建立起统一、公平、合理的规则与制度体系，对金融体系的行为和活动进行必要的规范、监督和约束，就成了一个长期必然的选择。这就需要一个熟悉金融业务和金融规律的专门机构来制定相关的规则和制度，并依靠这些规则和制度对整体金融体系的活动进行持续、有效的监督和治理。总之，对金融监管的需求实际上催生了中央银行的金融监管职能，即代表政府进行公共金融管理，这一职能成为“政府的银行”职能的一部分。

1.1.3 中央银行制度的形成与发展

回溯历史，从中央银行的诞生到中央银行制度的普遍建立，其间经历了数百年时间。这一漫长的过程可大致划分为三个阶段，即初步建立阶段、普及发展阶段和全面完善阶段。

（一）中央银行制度的初步建立阶段：1656—1913 年

一般认为，中央银行的“萌芽”是瑞典的里克斯银行，但真正标志着中央银行制度形成的“里程碑”却是英格兰银行的建立，其核心标志是英格兰银行取得垄断性的法定货币发行权。

1656 年成立的瑞典里克斯银行于 1661 年开始发行钞票，是欧洲最早发行钞票的银行。1668 年，瑞典里克斯银行经改组成为瑞典国家银行，是世界上第一家具有中央银行性质的银行，享有发钞特权，直属国会，由国家经营。瑞典国家银行的主要职责是发行货币、制定货币与信贷政策、调节货币流通，同时还兼营商业银行业务。1897 年，瑞典国家银行在获得政府授予的货币集中发行权后，最终成为真正意义上的中央银行。

1694 年按私人股份制形式建立的英格兰银行虽然在成立时间上晚于瑞典里克斯银行，

但一般被视为现代中央银行的“鼻祖”。英格兰银行在建立初期主要为政府筹集战争费用，并因此取得了货币发行权（专栏1-1)。1833年，英国国会规定，英格兰银行所发行的银行券具有唯一的无限清偿功能。1844年，英格兰银行根据《皮尔条例》改组，分设发行部和银行部，后逐渐放弃商业银行业务，成为专门的中央银行。1854年，英格兰银行取得清算银行地位，成为全国银行业的票据交换与清算中心。1928年，英格兰银行成为英国唯一的货币发行银行。

专栏1-1 英格兰银行成立的历史背景

在任何时代，战争既是驱动文明进步的引擎，也是一次对国内资源的巨大消耗。而对于中世纪的西方来说，战争更多地是一种比拼动员资源能力大小的竞争，一国的金融融资能力是其中的重要组成部分。然而，由于当时欧洲各国国王的信誉度极差，公民对于战后是否能够被偿付或者足额偿付持怀疑态度，参战国往往难以筹集到足够的战争费用，从而影响到战场上的发挥。

国王信誉度低下的重要原因之一是历史上发生了多起国王掠夺公民财富的案例，其中典型的是发生在17世纪自由铸币制度下的英国，公民将自身的金银器大量寄存于铸币厂，缺乏资金的国王强行扣押了铸币厂库中的大批金银器，并以此要挟公民支付一笔“赎金”方可换回金银器，虽然这些“赎金”最终以贷款的形式体现于国家账户上，但这种做法极大地破坏了国王的信用。

推动英格兰银行诞生的直接历史背景是17世纪末爆发的长达九年的英法战争，空虚的国库无法满足巨额的战争资金需求，信用破产的英国国王威廉三世无论采取何种方式（包括以30%的年利率进行贷款）都无法筹集到战争经费。此时，商人们也有着一些微妙的考量：一方面，战争迫在眉睫，国家资金紧缺，需要一个私人银行来解决国家财政问题；另一方面，商人们不放心直接将这个银行交给国王，希望它保持自己的独立性，既要为国王服务，又要为董事会服务。

最终，数以千计的商人与威廉三世于1694年达成共识：以私人合股的形式建立英格兰银行，其股本为120万英镑。银行以8%的年利率贷款给国王，国王以税收和关税作为还款担保，并且缴纳4 000英镑的管理费。此外，国王须给予银行一定期限的特许经营权。以上条款对于双方来说是互利互惠的：一方面国王能以优惠条件筹到足够的战争资金；另一方面英格兰银行能获得政府认可，并取得长期经营的权利，有利于增加股东权益。从此，英格兰银行登上历史舞台，成为各国央行的“鼻祖”。

除瑞典和英国外，在19世纪末和20世纪初，经济金融比较发达的其他资本主义国家中也出现了一批早期的中央银行。比如，在法国，1800年成立的法兰西银行是巴黎金融业的核心，并于1848年垄断了全国银行券的发行权，在随后的30年里逐步完成了向现代中央银行的过渡。在西班牙，1829年建立的西班牙银行于1874年独占货币发行权。在日本，1882年成立的日本银行于1889年统一并独占货币发行权，逐步发展成为中央银行。希腊国家银行建立于1840年。比利时国家银行建立于1851年。俄罗斯银行建立于1860年。德国国家银行建立于1875年。随后，保加利亚国家银行、埃及国家银行、瑞士国家银行等中央银行陆续建立。在美国，美国第一银行（1791—1811年）和美国第二银行（1816—1836年）在成立之初的20年营业期满后终止，而真正具有中央银行职能的美国联邦储备体系建立于1913年。

总体来看，在中央银行制度的初步建立阶段，虽然各国的国情千差万别，但中央银行的建立背景却存在着不少相似之处。比如，很多中央银行最初的建立目的是便于政府融资、国库管理和代表政府进行金融监管等，即主要是作为“政府的银行”。当中央银行开始垄断货币发行权后，就发展成为“发行的银行”。最终，随着全国性票据交换与清算中心的建立以及中央银行最后贷款人等职能的明确，中央银行成为“银行的银行”。

（二）中央银行制度的普及发展阶段：1914—1944年

在第一次世界大战前，各国中央银行因为国际形势紧张，都千方百计地筹集黄金。世界金融中心的黄金交易停止，各国中央银行停止或限制兑现黄金并禁止黄金外流，国际债务暂停清偿。在第一次世界大战开始后，由于战争费用消耗巨大，不得不由中央银行借垫，或者由中央银行对国库券贴现，这使得货币发行量大增，最终造成通货膨胀。1920年，39个国家在布鲁塞尔召开国际金融会议，提出了16条决议，其主要内容是平衡各国财政预算，解决严重的通货膨胀问题，同时确定了中央银行的货币发行原则，即中央银行应该独立自主（不受政治压迫）而谨慎地发行货币。1922年，在日内瓦召开的会议提出未设立中央银行的国家应立即设立中央银行，同时认为金融的稳定与调控需要各国中央银行的合作。此次会议推动形成了世界范围内中央银行建立与发展的第二次高潮。

在这一阶段，中央银行制度的普及和发展主要有两大任务：一是战后亚洲和非洲新成立的独立国家需要普遍设立中央银行，二是一些发达国家的中央银行需要进行相应的改组和完善。在此期间，新建了一批中央银行，如多米尼加银行（1941年）等；新改组了一批中央银行，如德国国家银行（1924年）、保加利亚国家银行（1927年）、希腊银行（1928年）等。总体来看，在这一阶段中央银行的普及发展也存在一些共同之处。比如，在该阶段中央银行设立的核心任务是控制货币发行和降低通货膨胀。同时，基于战后重建的需要，各国中央银行的金融管理和宏观调控职能逐渐拓展。

（三）中央银行制度的全面完善阶段：1945年之后

两次世界大战和一次经济“大萧条”最终导致国际金本位制度彻底崩溃，面对严峻的通货膨胀形势，控制货币发行成为各国中央银行的首要任务。1945—1971年，改组、重建和新设的中央银行共有50多家，中央银行制度逐渐发展成为世界各国的一项基本经济制度。同时，为更好地恢复经济，欧美发达国家加强了对中央银行的控制，最终使中央银行成为国家机器的重要组成部分，同时通过立法进一步明确了中央银行的核心职责是制定和实施货币金融政策，维护货币和金融体系的稳定。

此外，在20世纪七八十年代之后，随着经济金融全球化进程的发展，洗钱等经济犯罪在世界范围内呈上升趋势。鉴于中央银行在支付清算体系中的核心地位，政府开始赋予中央银行反洗钱的法定职责。同时，现代经济本质上是信用经济，征信体系的完善不论是对金融发展还是金融风险管理而言都有基础性的意义，因此，中央银行逐步具备了征信管理职能。此外，伴随着全球范围内的贸易、金融和通信互联，国家间的金融联系、合作与协调成为可能，中央银行的国际协作职能也逐渐形成。总体来看，在这一阶段，中央银行的职能又一次得到了全面扩展和完善，除政府融资、货币发行、危机救助和金融监管等传统职能之外，又衍生出了反洗钱、征信、国际合作等新职能。更为重要的是，在这一时期中央银行的宏观调控职能不断发展完善，特别是以货币政策为代表的调控手段逐渐成为政府管理经济的常规方式。

1.2 中央银行的类型与组织结构

1.2.1 中央银行的类型

根据中央银行在不同国家和不同历史时期所承担职能和所发挥作用的不同，中央银行所采取的制度类型也存在一定的差异。不过，总体来看，中央银行的类型可大致从制度和资本结构两个方面进行区分。

（一）中央银行的制度类型

从制度结构来看，中央银行的制度类型主要包括单一中央银行制度、复合中央银行制度、准中央银行制度以及跨国中央银行制度四种。大多数国家的中央银行设立在首都，但也有少数国家的中央银行设立在金融中心城市，如印度将其中央银行（印度储备银行，Reserve Bank of India）设立在孟买。

（1）单一中央银行制度。

单一中央银行制度是当前世界各国所普遍采用的制度类型，主要指由一个专设的中央银行机构全面行使中央银行的相关职能。目前世界上80%以上的国家实行单一中央银行制度。单一中央银行制度又可进一步划分为一元中央银行制度和二元中央银行制度。

● 一元中央银行制度。一元中央银行制度是指一国只设立一家统一的中央银行，由该银行履行中央银行的全部职责。一元中央银行制度一般在分支机构设置上采取“总分行制”，其特点是垂直管理、权力比较集中、拥有众多分支机构和上下行动统一等。此类中央银行制度的代表如英格兰银行、法兰西银行和日本银行。英格兰银行总部位于伦敦，在中心城市设立分行，分行下设代理处；法兰西银行总部设在巴黎，在各大城市设立分行和办事处；日本银行总部位于东京，并在全国各地设立分行和办事处等分支机构。

● 二元中央银行制度。二元中央银行制度是指一个国家拥有若干区域性的地方中央银行，并由地方中央银行推选代表，组成国家层面的中央银行。该制度的特点是国家层面的中央银行属于最高决策机构，而地方中央银行则一方面需要接受国家层面中央银行的监督与管理，另一方面负责所在地区的中央银行事务。比如，美国联邦储备体系（Federal Reserve System，简称“美联储”）由位于华盛顿的联邦储备局和全国12个“联邦储备区”的地区联邦储备银行（以所在城市命名）组成，其中联邦储备局隶属美国联邦政府，而12家地区联邦储备银行则是非营利性的私营组织（不属于联邦政府机构）。在德国，德意志联邦银行（Deutsche Bundesbank）在联邦一级设立中央银行理事会，同时在地方一级设立地方中央银行，主要负责地方事务。

（2）复合中央银行制度。

复合中央银行制度是指国家并不单独设置专门行使中央银行职能的机构，而是由一家大型商业银行同时行使中央银行的职能。一般而言，该制度下的中央银行并非严格意义上的中央银行，而是与早期一些国家实行计划经济制度相适应的制度安排，主要是为国家的资金和信贷计划服务。此类中央银行制度的典型代表如1921年成立的苏联国家银行，该银行兼有中央银行和商业银行的性质，主要职能是发行货币和国家公债、调节货币流通和发放短期贷款，以及对国家指定的单位或项目拨款或提供贷款。

（3）准中央银行制度。

准中央银行制度是指设立类似中央银行的金融管理机构，执行部分中央银行职能，或者由政府授权一个或多个商业银行承担部分中央银行职能。实施此类中央银行制度的代表如新加坡和中国香港特别行政区。在2002年之前，新加坡的货币发行由新加坡货币委员会负责，其他中央银行职能则由1971年成立的新加坡金融管理局（Monetary Authority of Singapore）承担；在2002年货币委员会并入金融管理局之后，金融管理局开始全面承担包括代理国库、货币发行、货币政策、金融监管、最后贷款人在内的全面中央银行职能（即转变为单一中央银行制度）。在中国香港特别行政区，类似中央银行的相关职能由多家公私机构共同承担，其中货币发行由汇丰银行、渣打银行、中国银行等商业银行负责，而货币政策和金融监管等职能则由香港金融管理局（Hong Kong Monetary Authority）承担。此外，卢森堡、马尔代夫、沙特阿拉伯、斐济、阿联酋等国也实行准中央银行制度。

（4）跨国中央银行制度。

跨国中央银行制度是指由若干主权国家联合成立一家中央银行，并在成员国范围内统一行使全部或部分中央银行职能。该中央银行制度通常与区域性的货币联盟或经济联合体有关。在该制度下，中央银行的主要职责包括：在成员国范围内统一发行货币，为成员国制定和实施货币政策，对金融业进行监管，为成员国提供各种金融服务等。采取跨国中央银行制度的经济体主要有欧盟、非洲以及东加勒比地区部分国家等。二维码专栏1-1对欧洲中央银行的形成与发展进行了介绍。

（二）中央银行的资本结构类型

中央银行的资本构成是指作为中央银行资本金的所有制形式。归纳起来，各国中央银行的资本构成主要有五种基本类型：国家所有制、公私共有制、私有制、无资本以及跨国共有制。相对应地，中央银行制度按资本结构也可以分为以下5种类型：

● 国家所有制中央银行。国家所有制中央银行是指全部资本属于国家所有的中央银行。这是目前中央银行资本所有制中最主要的一种形式，为多数国家所采用。国有中央银行的形成有两种方式：一是由国家全额投资建立；二是国家购买原私人的股份，经国有化改组而形成的中央银行。总体来看，那些历史久远的中央银行通常最初不是由国家出资，而是由商业银行演变而来，后来国家为加强对中央银行的控制，对其进行了国有化。以这种方式建立的中央银行有英格兰银行、加拿大银行和法兰西银行等。与此同时，在第二次世界大战后新成立的很多中央银行直接借鉴了上述经验，从一开始就由国家投资建立。比如《中华人民共和国中国人民银行法》规定："中国人民银行的全部资本由国家出资，属于国家所有。"

● 公私共有制中央银行。公私共有制中央银行又称混合所有制中央银行，是由国家和私人共同投资组建的中央银行，其中国家一般持50%以上的控制性股份，剩余股份则由私人投资者持有。不过，在这类中央银行体制中，私人股东一般只拥有分红权，不能参与中央银行的经营、决策与管理，所持股份的任何转让或流通也必须经过中央银行的同意。实施此类中央银行制度安排的国家包括日本、瑞士、奥地利、比利时、厄瓜多尔、巴基斯坦、委内瑞拉、土耳其和墨西哥等。以日本银行为例，政府认购资本的55%，其余45%

由私人持有，私人股东每年领取最高不超过5%的红利，其余盈余在扣除红利和公积金后全部上缴国库。在比利时、厄瓜多尔和委内瑞拉，国家资本占中央银行资本总额的50%；在墨西哥和巴基斯坦，国家资本占中央银行资本总额的51%。瑞士的情况相对比较特殊，瑞士联邦政府并不持有中央银行的股份，而是由各州政府和州银行持股约58%，剩下的42%由民间资本持有。

● 私有制中央银行。私有制中央银行是指中央银行的资本完全由私人股份构成，国家不拥有任何股份，主要通过法律手段控制中央银行。以美国为例，美国12家联邦储备银行的资本金由联邦储备银行各会员银行出资，即各会员银行认购其所参加的联邦储备银行的股票，金额相当于各会员银行实收资本和公积金的6%，会员银行不能将所持有的联邦储备银行股份转卖和用于抵押，但可以获得最高不超过6%的红利（专栏1-2）。此外，在意大利，中央银行是由股份公司组织转变为按公法管理的机构，其中30亿里拉的资本金被分成30万股，分别由储蓄银行、公法信贷银行、国民利益银行和社会保险机构集体持有；同时根据《意大利银行法》，中央银行的股份转让必须获得意大利银行董事会的许可，并且转让只能在上述机构之间进行。

专栏1-2 美联储的股东构成及收益规定

美联储由华盛顿的联邦储备局和12家联邦储备银行构成，前者隶属于联邦政府，而后者则是私人非营利性组织。因此，美联储总体上是一个半政府、半私营的机构。美联储将美国划分为12个储备区，每个区成立一家储备银行，各地区会员银行按照比例认购储备银行的股份。会员银行分自愿入会和强制入会，其中，全国性的大银行强制入会，州内银行自愿选择入会，非美国银行不可入会。

12家联邦储备银行分别对应的12个联邦储备区为：波士顿、纽约、费城、克利夫兰、里士满、亚特兰大、芝加哥、圣路易斯、明尼阿波利斯、堪萨斯城、达拉斯、旧金山。12家联邦储备银行的股东均为当地最重要的私人银行，董事会成员一般为银行家和大学校长，这些人的参与体现了私人资本及地方州的利益。为防止美联储成为私人银行谋利的工具，美联储规定：私人银行股东只能获得最高不超过6%的年固定红利，剩下的94%收益需上交美国国库；同时，这些银行不能参与美联储决策，也不能转让手中的股份。

以美联储中影响力最大的区域储备银行纽约联储（Federal Reserve Bank of New York）为例，2018年底的一份报告列出了纽约联储背后70多家成员银行的名单。该报告显示：花旗银行是占股份额最大的机构，持有纽约联储8 790万股，占总数的42.8%；第二大股东是摩根大通，共有6 060万股，占总数的29.5%；其余的小股东包括摩根士丹利银行（3.7%）、高盛银行（4%）、纽约银行梅隆银行（3.5%）、德意志银行（0.87%）等，海外机构则包括汇丰控股（6.1%）、瑞穗银行（1.4%）、中国工商银行（0.4%）等。

注：本专栏内容根据美联储网站和网上公开信息汇编。

● 无资本金中央银行。无资本金中央银行是指设立时无法定资本金要求，而由国家授权实施中央银行职能但无实际资本的特殊法人。此类中央银行在建立之初就没有资本或只有极少资本，资金来源主要是各金融机构的存款和货币发行。无资本金中央银行的例子包括新西兰储备银行和韩国银行。以韩国银行为例，该银行在1950年成立时的注册资本为15亿韩元，全部由政府出资，在1962年《韩国银行法》修订后，韩国银行成为“无资本的特殊法人”。韩国银行每年的利润先用于补偿资产折旧，然后提取 50%作为法定公积金（在政府认可的情况下还可以提取特殊公积金），剩余部分全部上缴国库。

● 跨国共有制中央银行。跨国共有制中央银行是指跨国中央银行的资本不为某一国家所独有，而是由各成员国按照一定的比例认缴。比如，欧洲中央银行的资本金是由所有欧元区成员国按照其人口和国内生产总值的大小向欧洲中央银行认缴的。

不过，需要指出的是，无论中央银行的资本是属于国有、公私共有，还是属于私有或者无资本，都不影响其性质和地位。换言之，无论中央银行采取何种制度形式和资本结构，其职能、地位、性质和作用都是由国家通过法律直接授权确定的。

1.2.2 中央银行的组织结构

中央银行的组织结构包括权力分配结构、内部职能机构设置和分支机构设置等。中央银行的组织结构受到多种因素的影响，包括一个国家的政治经济体制、经济发展水平、宏观调控特点以及历史文化和制度传统等。

（一）中央银行的权力分配结构

中央银行的权力分配结构主要是指最高权力的分配状况，一般通过权力机构的设置和职责分工得以体现。中央银行的最高权力大致可分为决策权、执行权和监督权，根据这些权力的机构配置情况，可将中央银行的权力分配结构分成以下两种模式：

●“三权一体”模式。在该模式下，中央银行通过建立理事会和董事会等，将决策权、执行权和监督权集中由中央银行董事会或理事会统一负责。该模式的优点是决策层级少，政策实施的一致性和效率性比较高，而缺点则在于：权力缺乏制衡关系，可能造成权力过于集中。该模式的典型代表有美联储和英格兰银行。

●“三权分离”模式。在该模式下，中央银行通过设立几个不同的最高权力机构，分别赋予其决策权、执行权和监督权。该模式有利于更加专业化的职能实施和权力之间相互制衡，但缺点是政策的协调成本相对较高，决策的效率有时比较低下。该模式的典型代表有日本银行、瑞士银行和欧洲中央银行等。

（二）中央银行的内部职能机构设置

中央银行的内部职能机构设置是为了确保中央银行的相关职能能够得到合理分工和有效实施。一般而言，中央银行的内部职能机构主要包括以下部门：

● 行政管理部门。行政管理部门是具有综合协调性质的非业务性部门，主要负责日常的行政管理、人事安排和后勤保障等工作。

● 业务实施部门。业务实施部门是中央银行行使相关职能的直接操作部门，具体包括货币发行、货币政策、征信管理等职能部门。

● 金融监管部门。大部分国家的中央银行都具有一定的金融监管职能，如针对金融机构的监管、针对金融活动的监管以及反洗钱监管等部门。

● 调研分析部门。调研分析部门的主要职责是对经济金融数据进行收集、整理、统计与分析，为中央银行的政策决策和操作提供信息支持。

（三）中央银行的分支机构设置

大部分国家的中央银行都具有两个以上的层次，如在总行（总部）下设分行，以及进一步在分行下设分支机构等。总体来看，中央银行的分支机构设置主要有以下三种方式：

● 按经济区域设置。在该方式下，分支机构的设置主要根据地区经济发展状况、地理关系和经济关联程度等因素确定。这种设置方式有利于加强中央银行系统的垂直管辖，避免受到地方政府的直接干预。同时，这种跨行政区划的分支机构设置方式也可以提高中央银行系统运作的效率，体现经济性原则。目前，大多数国家的中央银行都按照经济区域原则设置分支机构。比如，美国将全国划分为 12 个联邦储备区，各区在指定的经济金融中心城市设立 1 个联邦储备银行，并行使该辖区内的中央银行职能；英格兰银行则在伯明翰、曼彻斯特、利兹等 5 个中心城市设立区域分行，另在利物浦、格拉斯哥和南安普敦 3 个城市设立代理处；印度将全国划分成 4 个区，分别设立大区理事会，同时下设 14 个直属分行。

● 按行政区划设置。在该方式下，中央银行分支机构的设置与国家行政区划基本一致，并逐级设置垂直隶属关系的分行和支行。由于该结构体系与政府的行政体系在设置上平行，容易导致各级政府对其所辖范围内的中央银行分支机构进行干预，从而影响中央银行的独立性和政策实施效率。

● 以经济区域为主兼顾行政区划设置。该设置方式一般是按照经济区域设置分行，而分行以下的分支机构设置则考虑行政区划因素，并尽量与行政区划保持一致。比如，日本银行将全国 47 个都、道、府、县划分为 33 个业务区，设立 33 家分行以及 12 个代理处，分行所在中心城市同时也是金融机构密集区，各分行直接受总行领导，不受地方政府管理，但分行以下分支机构的设置则考虑行政区划。除日本外，采取这一方式的国家还有德国、意大利、匈牙利、南斯拉夫以及 1998 年之后的中国等。

1.3 中国中央银行的形成与发展

1.3.1 中国中央银行的发展历程

中国的中央银行制度萌芽于 20 世纪初，从晚清时期的户部银行到国民政府时期的中央银行，再到新中国成立之后的中国人民银行，中国的中央银行制度也经历了约百年的发展历程。

（一）晚清时期的中央银行

20 世纪初，中国国内的银票、银圆、铜钱以及外国的银圆同时流通，货币紊乱，成色不一。为整顿币制，公元 1904 年（光绪三十年），户部向清政府奏报创办银行的计划。公元 1905 年（光绪三十一年），经财政处批准，清政府在北京设立“户部银行”。这是中国最早由官方开办的国家银行，目的在于整顿币制，推行纸币，以济财政。1908 年 2 月，经度支部（即改革前的“户部”）批准，户部银行改称“大清银行”。大清银行在上海、天津、汉口等地设立了 20 家分行。大清银行为股份有限公司，分别由国家和私人认购股份。根据清政府的《大清银行则例》二十四条，大清银行主要包括八大业务：短期拆息、各种期限票据的贴息或卖出、生金生银的买卖、公私款项划拨汇总及货物押汇、款项及票据的代收代取、贵重物品的保管、款项的发放、各种票据的发行等。此外，大清银行还兼有发行纸币、经管国库等权项，因而具有中央银行和商业银行的双重属性。在清政府倒台前，大清银行已在全国拥有35家分号，是清末最大的一家新式银行。

（二）国民革命政府时期的中央银行

1912年，中华民国成立，随后大清银行改组成为中国银行，继续行使中央银行的部分职能。1924年，孙中山在广州成立国民革命政府的中央银行。1926年，北伐军在武汉成立中央银行。不过，鉴于当时特殊的历史背景，在广州和武汉成立的两家中央银行，其实际存续的时间非常短，并未系统行使中央银行的职能。

（三）国民政府时期的中央银行

1927年，南京国民政府成立并制定了《中央银行条例》，之后于1928年在上海成立了中央银行，授权发行钞票和经营国库，并在全国开设分支机构。1928—1942年，国民政府建立起"四位一体"的中央银行制度，即中央银行、中国银行、交通银行和中国农民银行这四家银行均可发行法偿货币，共同承担中央银行的职能。1937年，为适应战时需要，国民政府协调这四家银行在上海建立了"联合办事总处"，在经过1939年改组之后，"联合办事总处"从联系四行的机构变成当时中国的最高金融决策机构。1942年，"联合办事总处"重新划分四行业务，将货币发行、代理国库、监管金融市场、管理外汇和金银储备等职能全部集中到了中央银行。

（四）新中国成立后的中央银行

在国民政府领导和管理下的中央银行制度不断发展的同时，中国共产党领导的革命根据地的中央银行也在建立和发展的过程中。1931年11月7日，在江西瑞金召开的"中华苏维埃第一次代表大会"通过决议，成立了"中共苏维埃共和国国家银行"（简称"苏维埃国家银行"），并发行货币。从土地革命一直到中华人民共和国成立前夕，各根据地基本都建立了各自的根据地银行，并发行相应的货币。

1948年12月1日，华北银行合并北海银行和西北农民银行，在石家庄组建了中国人民银行，并发行人民币（专栏1-3）。华北人民政府当天发出布告，由中国人民银行发行的人民币在华北、华东、西北三区统一流通，所有公私款项收付及一切交易，均以人民币为本位货币。1949年2月，中国人民银行由石家庄迁入北平。1949年9月，中国人民政治协商会议第一届全体会议通过《中华人民共和国中央人民政府组织法》，中国人民银行被纳入中央人民政府政务院的直属单位系列。中国人民银行接受财政经济委员会的指导，与财政部保持密切联系，并被赋予国家银行职能，承担货币发行、经理金库、管理金融、稳定金融市场和支持经济恢复重建等任务。

专栏1-3　中国人民银行名称的由来

1947年，随着解放战争的节节胜利，解放区急需建立起统一的财政金融机构。1947年9月14日，时任华中军区司令员的张鼎丞和中共中央华东局代理书记邓子恢致电中央工委，指出"为适应前线作战，中央应立即创办联合银行或解放银行，越快越好"。中央工委主要负责人董必武在接到两人的电报后，即找到时任华北财经办事处副主任南汉宸进行商议。

根据后来担任中国人民银行首任行长的南汉宸回忆，董必武当时对张鼎丞和邓子恢提出的"联合银行"或"解放银行"的名称不是很满意。时任晋察冀边区银行的副行长何松亭提出：既然我们的军队称作"人民军队"，我们的政府称作"人民政府"，何不将我们的银行也称作“人民银行”？这一想法得到了董必武的认可。

1947年10月2日，时任中央工作委员会书记刘少奇和常委董必武在西柏坡发电报请示中央，建议成立全解放区的银行并命名为“中国人民银行”。中央同意了这一建议，并指示董必武开展组织筹备工作。1948年4月，中共中央会议在石家庄召开，会上讨论了由董必武起草的《中国人民银行组织纲要草案》。1948年12月1日，华北银行合并北海银行和西北农民银行，在石家庄组建成立了中国人民银行，同时人民币于当日在石家庄和中共中央所在地平山县正式发行。

注：本专栏内容节选自河北党史网2018年12月4日转载自新华网的文章《人民币上“中国人民银行”6个字究竟是谁写的？》（编辑：焦策；责编：岳雪侠；编审：胡振江）。

在国民经济恢复时期，中国人民银行在中央人民政府的领导下，着手建立了统一的国家银行体系：一是建立独立统一的货币体系，使人民币成为境内流通的本位币，与各经济部门协同治理通货膨胀；二是设立分支机构，形成国家银行体系，接管官僚资本银行，整顿私营金融业；三是进行金融管理，疏导游资，打击金银外币黑市，取消在华外商银行的特权，禁止外国货币流通，统一外汇管理；四是开展存款、放款、汇兑和外汇业务，促进城乡物资交流，为迎接国家经济建设做准备。至1952年国民经济恢复期结束时，中国人民银行已经建立了全国垂直领导的组织机构体系，统一了货币发行，使人民币成为全国统一的货币。此外，中国人民银行还对各类金融机构实行统一管理，扭转了新中国成立初期金融市场混乱的局面，终止了国民党政府遗留的长达20年之久的恶性通货膨胀。同时，中国人民银行配合工商业的调整，灵活调度资金，支持国营经济，便利了城乡物资交流，为国民经济的恢复和发展做出了重要贡献。

与高度集中的银行体制相适应，中国从1953年开始建立了集中统一的综合信贷计划管理体制，即全国的信贷资金不论是资金来源还是资金运用，均由中国人民银行统一掌握，实行“统存统贷”。银行信贷计划纳入国家经济计划，成为国家管理经济的重要手段。高度集中的国家银行体制，为国家大规模的经济建设提供了支持。在这一时期，金融基本上是财政的附属，在管理上具有“长期资金归财政、短期资金归银行，无偿资金归财政、有偿资金归银行，定额资金归财政、超定额资金归银行”的特点。这种情况一直延续到1978年改革开放前夕。

1979年1月，为加强对农村经济的扶持，中国农业银行恢复运营。同年3月，为适应对外开放和国际金融业务发展的需要，国家外汇管理局和中国银行成立，后者为国家指定的外汇专业银行。之后，我国又恢复了国内保险业务，重新建立中国人民保险公司；各地还相继组建了信托投资公司和城市信用合作社，出现了金融机构多元化和金融业务多样化的局面。日益发展的经济和金融体系对加强金融业的统一管理和综合协调提出了更高的要求。1982年7月，国务院批准中国人民银行的报告，进一步明确中国人民银行是我国的中央银行，是国务院领导下统一管理全国金融的国家机关。1983年9月17日，国务院做出决定，由中国人民银行专门行使中央银行的职能，并规定了人民银行的10项具体职责。从1984年1月1日起，中国人民银行开始专门行使中央银行的职能。同时，中国工商银行成立，承接了中国人民银行过去所承担的工商信贷和储蓄业务。此外，中国人民银行设立了作为协调决策机构的中国人民银行理事会，建立起了存款准备金制度以及对专业银行的贷款制度，中央银行的制度框架初步形成。

1993年，按照《国务院关于金融体制改革的决定》，中国人民银行进一步强化金融调控、金融监管和金融服务职责，划转政策性业务和商业银行业务。1995 年 3 月 18 日，全国人民代表大会通过《中华人民共和国中国人民银行法》，首次以国家立法形式确立了中国人民银行作为中央银行的地位，标志着中央银行体制走上了法制化和规范化的轨道。1998 年，按照中央金融工作会议的部署，中国人民银行逐步改革其管理体制，撤销省级分行，设立跨省区分行，同时成立人民银行系统党委，对党的关系实行垂直领导，干部垂直管理。2003 年，中国人民银行进一步分离了对银行、金融资产管理公司、信托投资公司和其他存款类金融机构的监管职能，并与中央金融工委的相关职能进行整合，成立了中国银行业监督管理委员会（简称“银监会”）。2003 年 12 月 27 日，第十届全国人民代表大会常务委员会第六次会议审议通过了《关于修改〈中华人民共和国中国人民银行法〉的决定》，对人民银行新的法律定位为：中国人民银行为国务院组成部门，是中华人民共和国的中央银行，是在国务院领导下制定和执行货币政策、维护金融稳定、提供金融服务的宏观调控部门。

在 2008 年之后，为适应新的经济金融调控需要，中国人民银行在传统货币政策调控的基础上，开始研究和实施宏观审慎政策。2017 年，在先行研究和政策尝试比较充分的情况下，党的十九大报告正式确定了由中国人民银行率先提出和建议的“货币政策和宏观审慎政策双支柱调控框架”。2019 年 2 月，根据新的中国人民银行“三定”方案（即《中国人民银行职能配置、内设机构和人员编制规定》），中国人民银行内部正式新设“宏观审慎管理局”，标志着中国人民银行的宏观调控正式进入了货币政策和宏观审慎政策“并驾齐驱”的时代。此外，为适应新的金融科技发展趋势，中国人民银行于 2016 年成立了数字货币研究所。2017 年 5 月，中国人民银行金融科技委员会宣布成立，旨在加强金融科技工作的研究规划和统筹协调。2020 年，中国人民银行正式发布《金融分布式账本技术安全规范》，全球首个由中央银行发布的法定数字货币——人民银行数字货币（Digital Currency Electronic Payment，DCEP）呼之欲出。总体来看，随着近年来中国的经济和金融发展取得长足进步，中国人民银行的宏观经济和金融调控也日趋成熟，并在宏观审慎政策和金融科技政策的研究和实践等方面已经进入全球央行的“第一梯队”。

1.3.2 中国人民银行的体制及组织结构

（一）资本与制度结构

从资本结构类型来看，中国人民银行的全部资本由国家出资，因而是完全国有化的中央银行。从制度类型来看，中国人民银行在 1984 年以前采用“复合中央银行制度”，1984 年之后则转向“一元中央银行制度”。

（二）内部职能部门设置

目前，中国人民银行的内设职能部门主要包括办公厅、条法司、研究局、货币政策司、宏观审慎管理局、金融市场司、金融稳定局、调查统计司、支付结算司、科技司、货币金银局、国库局、国际司、征信管理局、反洗钱局、金融消费权益保护局、会计财务司、内审司、人事司、党委宣传部和参事室等。各职能部门的分工详见二维码专栏 1-2。

（三）分支机构设置

中国人民银行的内设职能部门

从分支机构设置方式来看，中国人民银行在 1998 年以前采取按照行政区划方式设置分支机构的模式。后来，随着中国经济金融的深化发展，为进一步加强宏观调控，破除地方政府对中央银行调控的干预和影响，1998 年底，国务院对分支机构的设置问题进行了重大改革，撤销了原有的 31 个省/自治区/直辖市分行，转而按照经济区域设置“大区分行”。

在 1998 年体制改革后，中国人民银行总行设在北京，对下属分支机构实行统一领导和管理。在这次改革后，中国人民银行形成了 9 个大区分行、2 个直辖市营业管理部（北京和重庆）和 25 个省级（副省级城市）中心支行的组织架构。

从分支机构命名和所辖区域来看，9 个大区分行按所在地城市命名，具体为：天津、上海、沈阳、南京、济南、武汉、广州、成都、西安。每个大区分行一般管辖区域相近的几个省（直辖市、自治区），具体情况如表 1-1 所示。9 个大区分行均直接受人民银行总行领导，单位级别为正厅局级。在管辖权方面，9 个大区分行目前对所辖区域内的人民银行分支机构仅保留人事、党建和宣传等方面的权力，业务上则只负责其自身所在的一个省。

表 1-1　中国人民银行 9 个大区分行的所辖范围

分行	所辖省/自治区/直辖市
上海分行	上海市、浙江省、福建省
天津分行	天津市、河北省、山西省、内蒙古自治区
沈阳分行	辽宁省、吉林省、黑龙江省
南京分行	江苏省、安徽省
济南分行	山东省、河南省
武汉分行	江西省、湖北省、湖南省
广州分行	广东省、广西壮族自治区、海南省
成都分行	四川省、贵州省、云南省、西藏自治区
西安分行	山西省、甘肃省、青海省、宁夏回族自治区、新疆维吾尔自治区

中国人民银行总行直属的 2 个直辖市营业管理部分别为中国人民银行营业管理部（北京）和中国人民银行重庆营业管理部，单位级别均为正厅局级，分别管辖北京市和重庆市辖内的人民银行业务。

25 个省级（副省级）城市中心支行亦按所在地城市命名，具体为：石家庄、太原、呼和浩特、长春、哈尔滨、杭州、福州、合肥、郑州、长沙、南昌、南宁、海口、昆明、贵阳、拉萨、兰州、西宁、银川、乌鲁木齐、深圳、大连、青岛、宁波、厦门。其中，前面 20 个为省（直辖市、自治区）中心支行，相当于省一级的人民银行（单位级别为正厅局级或副厅局级，但行长一般为正厅局级），业务管辖范围为所在省/自治区/直辖市及其下属城市中心支行；后面 5 个为副省级城市中心支行（单位级别均为副厅局级），业务管辖范围为所在市及其下属县支行。上述25个省级及副省级城市中心支行均直接受人民银行总行领导。

在大区分行及省级中心支行以下，还有地市级中心支行和县支行。地市级中心支行的级别为正处级，主要负责其所在市的人民银行业务，并对下辖的县支行进行管理。县支行为人民银行最基层的单位，单位级别为正科级，主要负责其所在县的人民银行业务。

为围绕金融市场和金融中心的建设来加强中央银行的调节职能和服务职能，2005年中国人民银行上海总部成立，单位级别为正厅局级，直接受人民银行总行领导，与人民银行上海分行基本上是"一套人马两块牌子"（总部副主任兼上海分行行长）。此外，人民银行还在海外设有若干驻外代表机构，如驻美洲代表处、驻东京代表处等。

综合考虑行政级别、业务层次和管辖范围，目前人民银行系统的内部层级可大体概括为：人民银行总行＞上海总部/大区分行/直辖市营业管理部/省级城市中心支行＞副省级城市中心支行＞地市级中心支行（营业管理部）＞县支行。

【本章小结】

中央银行是一个国家法定授权进行货币发行和管理、制定和实施宏观经济金融政策、对金融活动进行监督和管理的部门，通常在一个国家的金融体系中居于核心和主导地位。

中央银行是货币信用经济发展到一定阶段的产物，其诞生与政府融资、银行券统一发行、最后贷款人、支付清算和金融监管等现实需求密切相关。中央银行主要有两种诞生途径：一是渐进演化，通常由实力雄厚、信誉卓著且与政府有密切关系的大型商业银行演变而来；二是直接设立，即从一开始就由政府直接组织设立。

中央银行的"萌芽"是1656年成立的瑞典里克斯银行，该银行于1661年开始发行钞票，是欧洲最早发行钞票的银行。1694年成立的英格兰银行虽然晚于瑞典里克斯银行建立，但却是中央银行制度形成的"里程碑"，被视为中央银行的"鼻祖"，其核心标志是获得垄断性的法定货币发行权。美国联邦储备体系（美联储）建立于1913年，是目前全球影响力最大的中央银行。

从中央银行诞生到中央银行制度的普遍建立，大致划分为三个阶段：一是中央银行制度的初步建立阶段（1656—1913年），二是中央银行制度的普及发展阶段（1914—1944年），三是中央银行制度的全面完善阶段（1945年之后）。

中央银行的类型可从制度和资本结构两个方面进行区分。从制度结构来看，中央银行的类型主要包括单一中央银行制度、复合中央银行制度、准中央银行制度以及跨国中央银行制度四种。目前世界上80%以上的国家实行单一中央银行制度。从资本结构来看，中央银行制度有五种类型：国家所有制中央银行、公私共有制中央银行、私有制中央银行、无资本金中央银行、跨国共有制中央银行。

中央银行的组织结构包括权力分配结构、内部职能机构设置和分支机构设置等。中央银行的权力分配结构有"三权一体"模式和"三权分离"模式。中央银行的内部职能部门一般包括行政管理部门、业务实施部门、金融监管部门和调研分析部门。中央银行的分支机构设置主要有三种方式：按经济区域设置、按行政区划设置、以经济区域为主兼顾行政区划设置。

中国人民银行成立于1948年底，全部资本由国家出资，是完全国有化的中央银行。中国人民银行在1984年以前采用"复合中央银行制度"，在1984年之后转向"一元中央银行制度"。中国人民银行的内部职能部门主要包括办公厅、条法司、研究局、货币政策司、宏观审慎管理局、金融市场司、金融稳定局、调查统计司、支付结算司、科技司、货币金银局、国库局、国际司、征信管理局、反洗钱局、金融消费权益保护局、会计财务司、内审司、人事司、党委宣传部、参事室等。

中国人民银行总行设在北京，其直属分支机构包括：上海总部、9个大区分行、2个直辖市营业管理部（北京、重庆）和25个省级（副省级）城市中心支行。在大区分行及省级城市中心支行以下，还设有地市级中心支行和县支行。概括而言，目前人民银行系统的内部层级可大致概括为：人民银行总行＞上海总部/大区分行/直辖市营业管理部/省级城市中心支行＞副省级城市中心支行＞地市级中心支行（营业管理部）＞县支行。此外，中国人民银行还在海外设有若干驻外代表机构，如驻美洲代表处、驻东京代表处等。

【关键词】

中央银行　银行券　货币信用经济　英格兰银行　法定货币　货币垄断发行权　单一中央银行制度　复合中央银行制度　准中央银行制度　跨国中央银行制度　国家所有制中央银行　公私共有制中央银行　私有制中央银行　无资本金中央银行　跨国共有制中央银行　中国人民银行　大区分行　营业管理部　中心支行　县支行

【复习思考题】

1. 简述中央银行形成的经济金融背景。
2. 简述中央银行制度形成和发展的主要阶段。
3. 简要说明中央银行的主要制度类型和资本结构类型。
4. 简要分析一元中央银行制度和二元中央银行制度的优缺点。
5. 简要说明中国人民银行的组织结构及其特点。

第 2 章 中央银行的性质与职能

【本章要点】

1. 中央银行的性质与地位；
2. 中央银行的主要职能及其延伸；
3. 中国人民银行的主要职能及其演变。

【导入案例】

长江商报（孙兴杰．英格兰银行与英国金融霸权．2013－11－28）：在拿破仑战争之后，欧洲进入“百年和平”时期，英格兰银行的主要业务也从为战争筹资转向一种常态的经营与管理。进入和平时期，英国的金融货币体系更加复杂，银行越来越多，但是英格兰银行在其中扮演的角色却愈发重要，从而成为英国乃至欧洲金融体系的“重心”。英格兰银行为英国金融体系提供了坚实的信用支撑，进而扩张了英国在世界金融体系中的权力，其他国家和地区对英国形成了依赖感，而这种依赖就是一种霸权。被认为是中央银行理论奠基人的白芝浩在《伦巴第街》一书中写道：“存放在英格兰银行的准备金，既是英格兰银行也是伦敦全部银行的银行准备金，不但是全伦敦银行的准备金，而且是英格兰、爱尔兰和苏格兰所有银行的准备金。自法德战争以来，据说，我们还保管着欧洲大陆的准备金。”

搜狐财经（佚名. 美联储在国际上有什么样的地位？一文带你了解美联储的构成及责任. 2018)：在经历了 1907 年一系列银行倒闭事件以后，美国国会相信美国需要一个中央银行来确保全国银行体系的正常运行，于是在 1913 年创立了联邦储备系统。整个联邦储备系统由设在华盛顿特区的理事会和位于全美国一些主要城市的 12 个地区的联邦储备银行组成，理事会成员一般来自当地银行和企业界。美联储有两项相互关联的工作。其第一项工作就是管理银行并确保银行体系的正常运行。这项工作主要由地区联储负责，之后由美联储监管每个银行的财务状况，推进银行的支票结算交易，换句话说就是“银行的银行”，美联储在银行想要借款的时候给它们贷款。当财务上出现麻烦的银行发现自己资金短缺时，美联储充当最后的贷款人，贷款给那些在任何地方都借不到钱的银行，以便维持整个银行体系的稳定。美联储的第二项工作就是控制经济体系中可以发行的货币量，这种货币量成为货币供给。我们看到的量化宽松政策就具备这方面的功能。决策者关于货币供给的决策构成货币政策。在美联储，货币政策是由联邦公开市场委员会制定的。联邦公开市场委员会每6周在华盛顿特区开一次会，讨论经济状况并考虑货币政策变动。

从上述背景材料我们可以看出，中央银行在一个国家的经济及金融发展甚至对外关系方面都具有重要地位。那么，如何从经济及金融学理论的角度看待中央银行的性质和地位？中央银行的主要职能有哪些？中国人民银行具有哪些职能？本章将对上述问题进行解答。

2.1 中央银行的性质与地位

尽管不少早期的中央银行是由商业银行演变而来，但在现代中央银行制度正式确立之后，中央银行的性质与地位已经完全不同于普通的商业银行或其他类型的金融机构，而是具有非常明确的政府部门性质（即“政府性”）。简言之，现代意义上的中央银行实际上是代表国家进行经济金融管理和调控的公共职能部门。

2.1.1 中央银行的性质

中央银行的业务与活动区别于商业性的金融机构，它不以营利为目的，也不从事商业性的经济金融活动，而是作为政府的组成部门或政府指定的独立性机构，代表政府进行宏观调控，监督管理经济及金融活动。具体而言，中央银行的“政府性”主要表现在以下几个方面：

（一）中央银行是国家宏观调控部门

货币政策和财政政策是世界各国传统宏观调控的两大基本手段，后者掌握在财政部门手中，而前者则主要由中央银行决策和实施。在大部分国家中，财政政策由于受到预算约束的制约且决策过程复杂而漫长，不如货币政策快速和灵活，因而货币政策事实上成为各国政府最为倚重的常规性、日常性宏观经济调控手段。近年来，随着宏观审慎政策的推出，大部分国家的中央银行又具备了从总量角度对整个金融体系活动进行常规和动态调节的手段，这使得中央银行在宏观调控体系中的重要性进一步上升。

（二）中央银行是国家金融管理部门

在很多国家中，中央银行都是法定授权代表政府进行金融监督、管理和调控的部门，具体有几个方面的表现：一是代表国家研究、制定金融机构和金融市场发展与监管的各种法规、制度和政策，促进金融体系的有序发展；二是代表国家对金融机构和金融市场的业务与活动进行常规性的监督管理，促进金融体系的稳定运行；三是代表国家制定国际金融发展战略，参与国际性的金融组织和金融活动，参加重要国际金融规则的制定与修订，促进国家之间的金融往来和监管政策协调等。

（三）中央银行的金融业务具有特殊性

与商业银行等普通金融机构相比，中央银行业务的特殊性主要表现在：一是经营目的特殊，中央银行从事货币信贷业务并不是为了盈利和实现利润最大化，而是为了满足其经济金融调控的需要；二是业务对象特殊，中央银行进行货币信贷业务操作的直接对象是金融机构，而不像普通金融机构那样直接针对企业、家庭和个人进行货币信贷的投放；三是业务方式特殊，与普通金融机构主要通过自有资金和负债（如吸收存款或借入资金）来支持其资产业务（如发放贷款或投资）不同，中央银行可以通过自主的货币发行来支持其资产业务的扩张或收缩，因而在业务操作中并不面临严格的"资产负债表约束"（主要受通货膨胀约束），这使得中央银行业务操作的规模和灵活性具有普通金融机构无法比拟的优势。

此外，中央银行作为国家宏观调控和金融管理部门，与其他政府行政机关相比，也具有一定的特殊性，主要表现在：一是管理对象比较特殊，主要是金融体系和宏观经济的相关市场主体及其活动，这要求对经济金融的运行规律有很好的把握；二是管理方式比较特殊，通常会在尊重市场规律的基础上，主要采取市场化的间接调控手段进行调控，一般不使用行政指令式的控制方式；三是法定地位比较特殊，为确保中央银行的履职不受政府短期行为的影响，中央银行在很多国家都具有较高的法定独立性，可以相对比较自主地决定和实施其认为合理有效的经济金融政策。

作为一个概览，表 2－1 提供了中央银行和商业银行共性和差异性的一些初步的比较，关于表中某些内容更为详细的解释说明将在随后的相关章节中渐进、深入地体现。

表 2－1　　中央银行与商业银行的共性和差异性

项目	中央银行	商业银行
共性	(1) 都是金融体系活动的重要参与者； (2) 都以货币金融作为业务的主要载体； (3) 早期中央银行由商业银行演变而来； (4) 许多中央银行的早期都兼营商业银行业务	
差异性	调控者和监管者	被调控者和被监管者
	国家信用，代表国家利益	商业信用，代表股东利益
	政策性运作，不以营利为目的	商业性运作，以营利为主要目标
	资产和负债管理服务于其职能	资产和负债管理服务于利润最大化
	不需要资本金或资本金很少	需要资本金，资本是吸收风险的最后保证
	控制基础货币	参与货币创造
	与政府是隶属和合作关系	与政府是业务关系或纳税人关系
	业务活动对金融市场的影响非常大	单个金融机构对金融市场的影响极为有限
	行长一般由国会、皇室或总统任命	总裁一般由董事会聘请

2.1.2　中央银行的地位

中央银行在现代经济金融体系中的地位主要表现在以下三个方面：一是作为金融体系的主要调控者，全方位、全过程地对金融体系的活动进行监督、管理和调控；二是作为宏观调控的重要实施者，在实现宏观经济的内外均衡方面发挥着重要作用；三是作为对外经济金融关系的重要纽带，对一国国际金融战略的实施和国际金融地位的塑造具有重要作用。

（一）金融体系的主要调控者

中央银行是现代金融体系的核心，在金融宏观调控中充当主控人的角色。首先，中央银行具有法定的货币垄断发行地位，这一地位直接决定了其对整个金融体系流动性和信用供给规模的“源头性”影响。由于中央银行控制着货币信贷的“总闸门”，这使得其调控政策具有基础性、普遍性和广泛性的影响。其次，中央银行作为金融政策的制定者和金融活动的监管者，对金融市场主体而言具有很高的权威性，不仅可以从宏观上调节金融市场活动和引导金融市场走向，而且可以通过业务检查、合规审查和违规处罚等手段对微观金融活动进行必要的约束和管控。最后，中央银行的最后贷款人地位还使其具有在关键时期进行危机救助和处置的权限，这不仅对于宏观金融稳定的维护至关重要，而且对于微观的金融机构而言，这也是紧急时期可以求助的“最后一根稻草”。

（二）宏观调控的重要实施者

从国家宏观经济调控的角度看，尽管中央银行并不是唯一的调控部门，却是不可或缺的重要部门，或者更为简洁地说，如果没有中央银行的参与，国民经济内外均衡的目标很难同时实现。首先，现代经济是货币信用经济，只有在中央银行合理调节货币信用总量的前提下，才能既满足经济社会发展的金融需要，又不至于产生严重的泡沫和通货膨胀。其次，中央银行是一个国家清算支付体系的中心和管理者，维护着整个经济和金融体系的交易畅通，对于国民经济的持续有效运转具有重要意义。最后，中央银行有着丰富的金融资料以及专业的调控经验和手段，可以通过运用货币政策、宏观审慎政策和汇率政策等多种类型的工具，最大限度地综合平衡“内外均衡”以及“经济及金融均衡”的目标，在宏观调控的综合性、灵活性和有效性等方面具有比较突出的比较优势。

（三）对外经济金融关系的重要纽带

随着全球经济金融一体化程度的加深，世界各国在经济金融上的交流和互动越来越普遍和频繁，其中货币政策和金融监管政策的国际协调是非常重要的内容。中央银行作为国家金融管理和调控的主要部门，往往代表一国政府参与国际经济和金融活动，这使得中央银行逐渐成为对外经济关系特别是金融关系的重要纽带。首先，国际经济金融政策的制定与协调通常具有高度技术化和专业化的特征，中央银行在处理此类问题方面有着比较丰富的经验，因而常常作为政府对外金融活动的代表，出席国际金融会议，参与国际金融谈判，推动国际金融合作等。其次，在一个国家经济和金融“走出去”以及科技和人才“引进来”的过程中，通常都离不开相关金融政策和服务的支持，中央银行根据国家的金融开放和发展战略，通过制定一系列金融支持政策和措施，可以促进人才、技术和物资在国际上的合理流动，从而拓展和深化国际交流与合作的范围和程度。

2.2 中央银行的职能与作用

中央银行的职能是中央银行性质的直接体现，同时也是中央银行作用发挥的重要依据。虽然各国的中央银行制度不尽相同，但中央银行的核心职能一般包括三个大的方面，即“发行的银行”、“银行的银行”和“政府的银行”。不过，随着经济社会的发展，中央银行的职能和作用也在“与时俱进”地不断拓展和延伸。

2.2.1 发行的银行

所谓“发行的银行”，是指国家赋予中央银行集中和垄断货币发行的特权，即中央银行是国家唯一法定的货币发行机构，具有决定主币和辅币的面值、种类、数额和发行程序的特殊权力。中央银行独占货币发行权是其区别于普通商业银行的根本标志。中央银行垄断货币发行权有着十分重要的意义，主要表现在以下三个方面：

一是统一货币的发行与流通。中央银行垄断货币发行权可以统一货币的发行，一方面避免出现类似商业银行发行的银行券那种因规格和质量参差不齐、社会接受度不一所造成的流通困境，另一方面也可以避免由于金融机构破产倒闭所造成的金融混乱。此外，中央银行垄断货币发行权还有利于国家对货币流通的管理，从而促进货币稳定和经济发展。

二是保障金融宏观调控的实施。中央银行在垄断货币发行权之后，就可以更加便利地根据经济金融运行的实际需要来调节货币发行量与供应量，同时更好地对商业银行的流动性和信贷投放等活动进行调节，从而促进国家相关宏观调控目标的实现。

三是确保“铸币税”只能由政府收取。所谓“铸币税”，本质上是通过额外发行货币而创造的“收入”，这种收入相当于对货币持有者征税。在没有中央银行的情况下，私人机构可以通过铸造或发行不足值的“劣币”获取“铸币税”。当中央银行垄断货币发行权之后，“铸币税”的收取权也相应地转由政府垄断。不过，鉴于滥发货币会造成严重的通货膨胀和经济危机，现代政府和中央银行已经很少以大规模获取“铸币税”为政策目标。

2.2.2 银行的银行

所谓“银行的银行”，是指中央银行作为国家的金融管理机构在整个金融体系中居于领导地位，并与商业银行和其他金融机构存在普遍而广泛的业务往来。中央银行不仅为其他金融机构提供金融服务，同时也是其他金融机构的管理者。中央银行作为“银行的银行”主要有以下三个方面的表现：

一是集中存款准备金。商业银行在日常经营管理活动中必须留有一定比例的现金以应对客户的提现需求。在中央银行成立以前，商业银行大都依据经验和估计保留一部分准备金。在现代中央银行制度形成以后，为保障存款人的资金安全，各国法律一般规定，存款类的金融机构必须按其存款的一定比例向中央银行缴存准备金。在实际中，中央银行集中的各金融机构的存款准备金主要包括两个部分：一部分是法定存款准备金，它等于商业银行的存款余额乘以中央银行规定的法定存款准备金率，这部分准备金商业银行无权动用；另一部分是超额存款准备金，主要是指金融机构为保持资金清算或其他业务需要，在法定存款准备金的基础上自主额外存入中央银行的存款准备金，这部分准备金商业银行可以自由使用。显而易见，在所有金融机构的存款准备金都集中于中央银行之后，中央银行就可以通过调整法定存款准备金率来调控整个银行体系的流动性和信贷投放规模。

二是组织全国清算。中央银行组织全国清算的这一职能是在中央银行垄断货币发行权和集中存款准备金的基础上发展起来的。各金融机构通过其在中央银行的存款账户，对银行之间复杂的债权债务关系进行转账、轧差等划拨清算，然后直接加减其在中央银行的存款即可完成相关金融机构之间的清算。中央银行提供的清算服务包括票据交换清算、证券和金融衍生工具的交易清算以及异地、跨行、跨国支付的清算等。中央银行组织全国范围内的资金清算，有利于缩短资金在途时间，加速资金周转，提高资金运用效率，从而节约社会劳动和提高经济金融活动的效率。

三是充当最后贷款人。最后贷款人（lender of last resort，LLR）是指当商业银行出现流动性危机，同时（因为市场恐慌或出现普遍危机等原因）难以从金融市场获得融资时，中央银行可以向其提供紧急贷款援助。从具体操作来看，中央银行一般通过从问题金融机构购买优质资产、办理票据贴现、提供抵押贷款（一般要求具有良好的抵押品）等方式向具有偿债能力但遭遇临时流动性冲击的金融机构提供流动性支持，同时一般会收取高于市场水平的“惩罚性”利息，以避免金融机构出现严重的道德风险，这就是所谓的“白芝浩原则”（Bagehot’s Dictum，专栏 2-1）。最后贷款人为现代金融体系提供了一道新的“风险屏障”，在抑制危机和防范危机蔓延等方面发挥了重要作用。

专栏 2-1　中央银行的最后贷款人职能与“白芝浩原则”

白芝浩（Walter Bagehot，1826—1877）是《经济学人》杂志的传奇总编，他在其名著《伦巴第街》中提出了一个后来被称为“白芝浩原则”的危机救助原则：在金融恐慌时期，银行应当大量放款以抑制恐慌和危机蔓延，但为了确保贷款能够收回，银行只能放给那些拥有充足和优质抵押物的公司，而且要以足够高的、能吓走非急用钱者的利率来放贷，因为人们通过愿意支付较高的利率来表明他们确实急需现金，而不是试图利用恐慌和危机状况占便宜。“白芝浩原则”被认为是中央银行进行“最后贷款人”救助时应该遵循的基本准则。

2.2.3 政府的银行

所谓“政府的银行”，是指中央银行代表国家制定和实施货币金融政策，为政府提供融资、出纳和资产管理等金融服务，同时代表政府参加国际金融组织和活动等。中央银行作为“政府的银行”，主要有以下四个方面的表现：

一是制定和实施货币金融政策。中央银行作为金融体系的核心，掌握着详细的经济金融数据信息，可以为政府的经济金融决策提供政策建议，并基于对国家经济金融形势的判断制定和实施相应的货币金融政策。此外，中央银行常常与其他金融监管机构一起监督与管理金融机构和金融市场，主要内容包括：规定金融业务和活动的范围、标准与制度，制定和实施相关金融法律法规，监督和管理金融市场等。

二是为政府筹集资金和代理发行国债。中央银行执行该项职能主要有两种方式：第一，通过在一级市场上购买政府债券向政府提供直接融资，或者通过在二级市场上购买提供间接融资；第二，在法律允许的范围内，向政府直接提供短期资金或者允许财政透支。在现实中，政府一般通过发行债券筹措资金，以弥补赤字或实施扩张性的财政政策，其中中央银行常常作为政府债券的发行代理，承担包括发行规模预测、竞投标规则制定、价格幅度规定以及债券到期时的还本付息等具体工作。

三是代理国库和管理外汇储备。代理国库是指国家一般不独立设置国库机构，而是委托中央银行代为管理国库业务。代理国库本质上是执行国库出纳的职能，主要工作包括代财政税收部门收缴库款、向财政部门汇报预算收支执行情况、按指令划拨财政资金等。管理外汇储备是指中央银行代表国家管理黄金、外汇、特别提款权（special drawing right，SDR）等储备资产，其目标是合理运用储备资产，促进国际收支平衡和汇率稳定，同时实现储备资产的保值和增值。

四是代表政府参加国际金融组织与活动。作为政府的金融代理人，中央银行除代表国家管理金融体系活动和为政府提供金融服务之外，还会代表政府参加各种国际金融组织、会议和活动，管理国家政府间的债权债务往来，以及与其他国家进行金融和贸易等方面的谈判和磋商等。特别是在国际货币政策和金融监管协调日益重要的背景下，中央银行作为政府"对外金融代言人"的角色显得越来越重要。

2.2.4 中央银行职能的扩展与延伸

随着经济金融体系的不断发展变化，为了适应新的现实需要，中央银行的职能范围和内容也不断得到扩展和延伸，主要有以下几个方面的变化：

一是在货币发行方面，早期的中央银行主要通过垄断货币发行来维护货币的统一与币值稳定，但随着现代经济的发展，中央银行作为"发行的银行"更重要的是通过货币供应量的控制和调节来实施货币政策，以满足国民经济发展和金融宏观调控的需要。近年来，随着金融科技的发展，以"比特币"（Bitcoin）和"天秤币"（Libra）为代表的所谓"加密（数字）货币"试图"侵入"货币发行领域（这意味着私人部门试图通过市场化方式发行货币），并再一次引发了关于货币发行是否可以"非国家化"的争论（专栏 2-2）。此外，一些中央银行也开始主动尝试研发自己的数字货币，比如，中国人民银行研发多年的数字货币和电子支付工具 DCEP（专栏 2-3）很可能成为全球第一个由中央银行正式发行的"法定数字货币"（即法定货币的数字化）。

专栏 2-2　浅析货币非国家化

1975 年 9 月 25 日，在瑞士洛桑举办的日内瓦黄金与货币研讨会上，哈耶克（Hayek）教授提出建议：取消政府货币发行垄断权，以实现价格水平稳定。随后他在出版的著作《货币的非国家化》（*Denationalisation of Money*）中详细阐释了一种自由的货币体系：允许私人发行货币，公众自由选择愿意信赖和使用的货币，以币种竞争驱使发行者控制货币数量，保证币值稳定。

货币非国家化有很多优点：(1) 竞争驱使良币与筛选良币的机制诞生，从而稳定贸易和储备价值，避免因为政府滥发货币造成的周期性通货膨胀与币值不稳；(2) 降低财政支出，即降低相关机构运行与政策制定成本方面的支出，可以取消央行，由发钞机构接替"最后贷款人"、准备金持有者等职责，利率政策、汇率政策、资本管制不复存在；(3) 竞争均衡时相当于采用固定汇率，避免外汇市场低效率。

货币非国家化也有隐忧：(1) 国家丧失主权货币，因施行类似货币局制度而利归外洋，或者被动接受类似比特币“挖矿”的发行成本；(2) 竞争过程中的购销不便与良币外流风险；(3) 竞争结果可能直接回归金本位与物物交换，或只能达到不稳定均衡，难有完备货币胜出，并产生寄生性通货问题，即前期竞争为了抢占市场而默许二级发钞行不足准备地发行寄生性通货，影响信誉；(4) 剥夺国家货币政策独立性，可能陷入通货紧缩螺旋，倒逼激进的金融开放，对一国经济平稳运行造成影响。

关于“货币非国家化”问题更为详细的讨论可见二维码专栏2-1。

【二维码专栏2-1】

浅析货币非国家化

注：本专栏内容由中国人民大学财政金融学院许界天根据《货币的非国家化》等相关资料编写。

专栏2-3 中国人民银行的数字货币DCEP

数字货币（digital currency）是2019年财经“热词”之一，特别是在Facebook研发的Libra和中国人民银行研发的DCEP均呼之欲出的背景下，出现了以Libra为代表的拟发行“私人数字货币”和以DCEP为代表的“法定数字货币”在金融科技领域“同台竞技”的情况。

美国商务部工业与安全局对法定数字货币的定义如下：“法定数字货币是法币的数字化形式，是基于国家信用且一般由一国央行直接发行的数字货币。法定数字货币不一定基于区块链发行，也可以基于传统中央银行集中式账户体系发行”。简言之，法定数字货币实际上就是法定货币的数字化。

从目前的情况来看，Libra是由Facebook领衔的Libra协会计划发行的一种尚未得到监管许可的数字货币，而中国人民银行的数字货币DCEP则是由中国人民银行计划发行的法定货币，由中国人民银行进行信用担保，具有无限法偿性（即交易中不能拒绝接受DCEP）。中国人民银行货币研究所所长穆长春在2019年8月的“中国金融四十人论坛”上指出：现阶段的央行数字货币（DCEP）设计，注重M0替代，而非M1、M2的替代；DCEP应与人民币纸币、硬币共同归类为现金，具有无限法偿性；现金是资产但不生息，同时遵守有关现钞管理和反洗钱、反恐融资等方面的规定。

需要指出的是，法定数字货币与支付宝、微信、PayPal等移动支付不同，法定数字货币是法定货币在数字世界的延伸和表现，是一种新的货币形态；而支付宝、微信支付等电子支付工具的背后实际上都有银行账户的支持，因此只属于法币的一种“数字化使用”。此外，法定数字货币也与以比特币为代表的加密货币不同。加密货币是基于区块链加密技术而创建和发行的货币，在概念上包含于数字货币范畴之中。不过从目前的情况来看，比特币的属性更像是一种投机性的金融资产而非货币。

二是在准备金政策方面，早期的中央银行集中存款准备金主要是为了确保金融机构具有足够的支付能力以避免流动性危机，但现代意义上的存款准备金制度更多地是作为一种货币政策工具存在：中央银行通过调节法定存款准备金率，可以通过改变乘数影响货币供应量，进而达到宏观调控的目的。

三是在金融管理方面，早期的中央银行虽然也进行金融监管，但手段相对比较单一，在风险控制尤其是系统性风险的控制方面存在较多潜在的缺陷。在20世纪80年代之后，微观审慎监管渐成体系，特别是在2008年国际金融危机之后，宏观审慎监管工具也被纳入了中央银行的“工具箱”，这使中央银行的金融稳定目标得到了空前强化。此外，随着技术性金融犯罪的增多和社会信用体系的发展，中央银行的业务中相应增加了有关“反洗钱”（专栏2-4）和征信管理等方面的内容。

四是在金融科技方面，早期的中央银行虽然也需要应对各种形式的金融创新活动，但总体上技术对金融活动的“渗透”还不是非常严重，主要停留在产品层面。然而，近年来随着互联网科技和信息技术的不断发展，金融科技（financial technology，Fintech）已经渗透至支付结算和货币发行等金融基础层面和“底层”架构。在这一背景下，中央银行不得不加强对金融科技的研究和前瞻性监管，以尽可能地平衡此类金融创新所具有的风险与收益。

专栏2-4　中国首例反洗钱案件

洗钱（money laundering）是一种将非法所得合法化的行为，主要指将违法所得及其产生的收益，通过各种手段掩饰、隐瞒其来源和性质，使其在形式上合法化。巴塞尔银行监管委员会从金融交易角度，将洗钱定义为犯罪分子利用金融系统将非法资金从一个账户向另一个账户支付或转移，用以掩盖款项的真实来源和受益所有权关系，最终将不合法的资金转变成看上去合法的资金。洗钱犯罪一般属于“下游犯罪”，即非法资金来源的背后往往存在其他犯罪活动。

在早期，反洗钱原本属于司法部门的职责，但随着经济金融发展全球化的推进，资本的流动日益国际化。由于中央银行是支付清算网络的管理者，它具有全面监测和追踪资金往来路径的天然优势，因此，由中央银行参与反洗钱工作的必要性和优势逐渐凸显。目前世界上大部分国家的中央银行都具有反洗钱的相关职能。很多反洗钱成功的案例都是中央银行与相关司法部门密切合作的结果。下面是发生在中国的一个实际案例：

2006年上半年，中国工商银行上海市分行通过监控反洗钱可疑交易，发现27个个人账户存在重大洗钱嫌疑。2006年7月20日，中国工商银行上海市分行根据人民银行反洗钱规章规定，将其发现向上海市警方报案。同年7月24日，上海市虹口区警方立案侦查，共抓获4名犯罪嫌疑人。经查证，该犯罪团伙通过网银、ATM及银行柜面取款、转账等方式清洗上百万元非法资金。上海市虹口区人民法院一审判决4名被告人犯洗钱罪，刑期自一年三个月到两年有期徒刑不等。此案是商业银行主动发现的第一例以洗钱罪定罪判决的案件，也是《中华人民共和国反洗钱法》自施行以来宣判的第一例洗钱罪案件。

注：本专栏中的案例来自互联网公开信息。

2.3　中国中央银行的地位与职能

如第1章所述，中国的中央银行是中国人民银行（The People's Bank of China，PBOC），简称“人民银行”或“人行”。中国人民银行的法律地位和主要职能主要由《中华人民共和国中国人民银行法》予以明确规定，并在其他一些相关法律法规中得到体现。

2.3.1 中国人民银行的法律地位

中国人民银行为国务院领导下的正部级组成部门。《中华人民共和国中国人民银行法》对中国人民银行的性质和法律地位做了明确规定：“中国人民银行是中华人民共和国的中央银行。”“中国人民银行的全部资本由国家出资，属于国家所有。”“中国人民银行在国务院领导下，制定和执行货币政策，防范和化解金融风险，维护金融稳定。”“中国人民银行应当向全国人民代表大会常务委员会提出有关货币政策情况和金融业运行情况的工作报告。”

总体来看，人民银行作为中央银行与其他金融机构具有不同的性质，其中央银行属性主要表现在：一是人民银行以稳定物价和促进经济增长为目标，属于非营利性的金融管理部门；二是作为“发行的银行”，人民银行享有政府法定授权的货币发行和管理权；三是作为“政府的银行”，人民银行承担着经理国库、代理发行国库券、实施货币政策和维护金融稳定等多项政府服务职能；四是作为“银行的银行”，人民银行是全国清算系统的中心和管理者，同时也是商业银行存款准备金的存放地和再贷款的提供主体，其主要业务对象是金融机构和政府，不从事商业性的金融业务；五是人民银行作为中央银行在很多方面具有特殊的独立地位，比如财务上实行相对独立的预算管理制度，同时“依法独立执行货币政策，履行职责，开展业务，不受地方政府、各级政府部门、社会团体和个人的干涉”。

2.3.2 中国人民银行的主要职能

自改革开放以来，人民银行的职能定位随着经济社会发展的需要不断调整完善。在2003年银监会分设之后，为承担新的改革、发展和金融稳定的职能，人民银行先后建立了管理金融市场、维护金融稳定、管理征信系统和反洗钱的内设职能部门。2005年，为完善中央银行决策和操作体系，更好地发挥中央银行宏观调控职能，人民银行成立了上海总部。2009年，为进一步推进人民币汇率形成机制改革和促进人民币的跨境使用，人民银行成立了专门的内设部门“货币政策二司”。2012年，为加强行为监管，人民银行成立了金融消费权益保护局。2013年8月，人民银行按国务院要求牵头建立了“金融监管协调部际联席会议制度”。2017年，国务院金融稳定发展委员会成立，该委员会的办公室设在人民银行，负责牵头防范和化解系统性金融风险。2018年，根据中国共产党十九届三中全会的精神，中共中央印发了《深化党和国家机构改革方案》，将拟订银行业、保险业重要法律法规草案和审慎监管基本制度的职责划入中国人民银行。

从更为具体的职责内容来看，根据《中华人民共和国中国人民银行法》第四条的规定，中国人民银行履行以下职责：（一）发布与履行其职责有关的命令和规章；（二）依法制定和执行货币政策；（三）发行人民币，管理人民币流通；（四）监督管理银行间同业拆借市场和银行间债券市场；（五）实施外汇管理，监督管理银行间外汇市场；（六）监督管理黄金市场；（七）持有、管理、经营国家外汇储备、黄金储备；（八）经理国库；（九）维护支付、清算系统的正常运行；（十）指导、部署金融业反洗钱工作，负责反洗钱的资金监测；（十一）负责金融业的统计、调查、分析和预测；（十二）作为国家的中央银行，从事有关的国际金融活动；（十三）国务院规定的其他职责。此外，根据2019年最新发布的人民银行“三定方案”（即《中国人民银行职能配置、内设机构和人员编制规定》），人民银行的主要职责包括19个方面，具体内容详见专栏2－5。

专栏2－5　人民银行2019“三定方案”所规定的主要职责

根据2019年《中国人民银行职能配置、内设机构和人员编制规定》第四条的规定，中国人民银行的主要职责（节选）具体包括以下方面：（一）拟订金融业改革、开放和发展规划，承担综合研究任务并协调解决金融运行中的重大问题、促进金融业协调健康发展。牵头建立国家金融安全工作协调机制，维护国家金融安全。（二）牵头建立宏观审慎管理框架，拟订金融业重大法律法规和其他有关法律法规草案，制定审慎监管基本制度，建立健全金融消费者保护基本制度。（三）制定和执行货币政策、信贷政策，完善货币政策调控体系，负责宏观审慎管理。（四）牵头负责系统性金融风险防范和应急处置，负责金融控股公司等金融集团和系统重要性金融机构基本规则制定、监测分析和并表监管，视情责成有关监管部门采取相应监管措施，并在必要时经国务院批准对金融机构进行检查监督，牵头组织制定实施系统重要性金融机构恢复和处置计划。（五）承担最后贷款人责任，负责对因化解金融风险而使用中央银行资金机构的行为进行检查监督。（六）监督管理银行间债券市场、货币市场、外汇市场、票据市场、黄金市场及上述市场有关场外衍生产品；牵头负责跨市场跨业态跨区域金融风险识别、预警和处置，负责交叉性金融业务的监测评估，会同有关部门制定统一的资产管理产品和公司信用类债券市场及其衍生产品市场基本规则。（七）负责制定和实施人民币汇率政策，推动人民币跨境使用和国际使用，维护国际收支平衡，实施外汇管理，负责国际国内金融市场跟踪监测和风险预警，监测和管理跨境资本流动，持有、管理和经营国家外汇储备和黄金储备。（八）牵头负责重要金融基础设施建设规划并统筹实施监管，推进金融基础设施改革与互联互通，统筹互联网金融监管工作。（九）统筹金融业综合统计，牵头制定统一的金融业综合统计基础标准和工作机制，建设国家金融基础数据库，履行金融统计调查相关工作职责。（十）组织制定金融业信息化发展规划，负责金融标准化组织管理协调和金融科技相关工作，指导金融业网络安全和信息化工作。（十一）发行人民币，管理人民币流通。（十二）统筹国家支付体系建设并实施监督管理。会同有关部门制定支付结算业务规则，负责全国支付、清算系统的安全稳定高效运行。（十三）经理国库。（十四）承担全国反洗钱和反恐怖融资工作的组织协调和监督管理责任，负责涉嫌洗钱及恐怖活动的资金监测。（十五）管理征信业，推动建立社会信用体系。（十六）参与和中国人民银行业务有关的全球经济金融治理，开展国际金融合作。（十七）按照有关规定从事金融业务活动。（十八）管理国家外汇管理局。（十九）完成党中央、国务院交办的其他任务。

【本章小结】

中央银行的业务与活动区别于商业性的金融机构，它不以盈利为目的，也不从事商业性的经济金融活动，而是作为政府的组成部门或政府指定的独立性机构，代表政府进行宏观调控，监督管理经济和金融活动。因此，中央银行活动具有比较明显的“政府性”特征。

中央银行作为国家宏观调控和金融管理部门，与其他政府行政机关相比，也具有一定的特殊性：一是管理对象比较特殊，主要是金融体系和宏观经济的相关市场主体及其活动，这要求对经济金融的运行规律有很好的把握；二是管理方式比较特殊，通常会在尊重市场规律的基础上，主要采取市场化的间接调控手段进行调控，一般不使用行政指令式的控制方式；三是法定地位比较特殊，为确保中央银行的履职不受政府短期行为的影响，中央银行在很多国家都具有较高的法定独立性，可以相对比较自主地决定和实施其认为合理有效的经济金融政策。

中央银行在现代经济金融体系中的地位主要表现在以下三个方面：一是作为金融体系的主要调控者，全方位、全过程地对金融体系的活动进行监督、管理和调控；二是作为宏观调控的重要实施者，在实现宏观经济的内外均衡方面发挥重要作用；三是作为对外经济金融关系的重要纽带，对一国国际金融战略的实施和国际金融地位的塑造具有重要作用。

中央银行的职能是中央银行性质的直接体现，同时也是中央银行作用发挥的重要依据。虽然各国的中央银行制度不尽相同，但中央银行的核心职能一般包括三个大的方面，即“发行的银行”、“银行的银行”和“政府的银行”。不过，随着经济社会的发展，中央银行的职能和作用也在与时俱进地不断拓展和延伸。

近年来，随着金融科技的发展，以“比特币”和“天秤币”为代表的加密（数字）货币试图“侵入”货币发行领域，并再一次引发了关于货币发行是否可以“非国家化”的争论。为应对挑战，一些中央银行也开始主动尝试研发自己的法定数字货币，如中国人民银行研发多年的数字货币 DCEP。

中国人民银行为国务院领导下的正部级组成部门。《中华人民共和国中国人民银行法》对中国人民银行的性质和法律地位做了明确规定：中国人民银行是中华人民共和国的中央银行。中国人民银行的全部资本由国家出资，属于国家所有。中国人民银行在国务院的领导下，制定和执行货币政策，防范和化解金融风险，维护金融稳定。中国人民银行应当向全国人民代表大会常务委员会提出有关货币政策情况和金融业运行情况的工作报告。

根据《中华人民共和国中国人民银行法》，中国人民银行履行以下职责：（一）发布与履行其职责有关的命令和规章；（二）依法制定和执行货币政策；（三）发行人民币，管理人民币流通；（四）监督管理银行间同业拆借市场和银行间债券市场；（五）实施外汇管理，监督管理银行间外汇市场；（六）监督管理黄金市场；（七）持有、管理、经营国家外汇储备、黄金储备；（八）经理国库；（九）维护支付、清算系统的正常运行；（十）指导、部署金融业反洗钱工作，负责反洗钱的资金监测；（十一）负责金融业的统计、调查、分析和预测；（十二）作为国家的中央银行，从事有关的国际金融活动；（十三）国务院规定的其他职责。2019 年最新发布的人民银行“三定方案”将人民银行的主要职责概括为 19 个方面。

【关键词】

发行的银行　银行的银行　政府的银行　铸币税　最后贷款人　白芝浩原则　加密货币　数字货币　法定数字货币　数字货币和电子支付工具（DCEP）　货币非国家化　反洗钱　征信管理　金融科技（Fintech）

【复习思考题】

1. 简述中央银行与商业银行的主要区别。
2. 简要说明中央银行的最后贷款人职能。
3. 解释说明中央银行的三大基本职能及其发展演变。
4. 简述中国人民银行的法律地位与法定职责。

第3章 中央银行的资产负债表与业务

【本章要点】

1. 中央银行的资产负债表；
2. 中央银行的主要资产业务；
3. 中央银行的主要负债业务；
4. 中国人民银行的资产负债表。

【导入案例】

东方财富网（美联储将扩张资产负债表. 2019－10－10）：美国联邦储备委员会主席鲍威尔8日表示，美联储将扩张资产负债表，以便为美国金融市场提供更多流动性。鲍威尔当天在美国科罗拉多州丹佛市举行的一场公开活动上表示，美联储曾在2019年3月提出将在某个时间点开始扩张资产负债表，以保持适当的货币供应水平，如今“这个时间点到来了”。扩张资产负债表是指央行通过购买资产扩大自身资产负债表规模，向货币市场注入大量流动性，以支持货币增发的经济行为。鲍威尔当天还特别指出，美联储此次是出于管理货币量的目的扩张资产负债表，绝不能与美联储在2008年金融危机开始后实施的大规模资产购买计划相混淆，也不意味着美联储重启“量化宽松”。

和讯网（阮健弘，刘西. 央行资产负债表的秘密. 2019－06－04）：比较而言，人民银行资产负债表温和扩张，从2007年6月末到2018年末扩张了1.52倍，在G20国家15个中央银行中排名第12位，在金砖国家中排名最低。2018年末，人民银行资产规模为5.42万亿美元，高于欧央行（5.3万亿美元）、日本银行（5万亿美元）和美联储（4.1万亿美元）。人民银行资产水平较高，主要是由于历史上外汇流入量大，当时人民银行通过提升存款准备金率和发行央票对冲流动性。与发达国家央行相比，人民银行法定存款准备金率较高，商业银行能够自由支配的资金相对有限。如果扣除法定存款准备金因素，人民银行资产负债表具有流动性的部分只有2.3万亿美元。不过自次贷危机以来，外汇流入逐渐放缓，人民银行已不断降低准备金率以释放流动性。

从上面的介绍可以看出，中央银行的资产负债表管理与其政策实施密切相关。那么，什么是中央银行的资产负债表？该表记录了中央银行的哪些资产与负债业务？这些业务与中央银行的职能行使有何关系？如何分析中国人民银行的资产负债表及其背后的含义？本章将对上述问题进行解答。

3.1 中央银行的资产负债表

中央银行的资产负债表也称“货币当局资产负债表”，是中央银行在履行职能时的业务活动所形成的债权债务存量表。通过分析中央银行资产负债表的规模、结构及其变化情况，可以对中央银行的相关业务活动形成更为深入的认识，并可以进行相应的定量分析和判断。

3.1.1 中央银行资产负债表的主体结构

（一）中央银行资产负债表概览

中央银行资产负债表又称“货币当局资产负债表”。作为国家层面的重要统计报表之一，其主要内容和结构目前基本上已经标准化。特别是在国际货币基金组织（International Monetary Fund，IMF）的《货币与金融统计手册》（MFSM2000）和《货币与金融统计编制指南》（MFSCG2008）颁布之后，货币与金融的统计有了“国际标准”，目前世界各国的中央银行一般都参照 IMF 标准进行其资产负债表的编制和统计。根据 IMF 编制的《国际金融统计》，货币当局资产负债表的结构和主要项目如表 3－1 所示。

表 3－1　　简化的中央银行资产负债表

<table>
<tr><th colspan="2">资产</th><th colspan="2">负债</th></tr>
<tr><td rowspan="3">国外资产</td><td>外汇</td><td rowspan="5">储备货币</td><td>货币发行</td></tr>
<tr><td>货币黄金</td><td>金融机构存款</td></tr>
<tr><td>其他国外资产</td><td>存款货币银行</td></tr>
<tr><td colspan="2">对中央政府的债权</td><td>特定存款机构</td></tr>
<tr><td colspan="2">对各级地方政府的债权</td><td>其他金融机构</td></tr>
<tr><td colspan="2">对存款货币银行的债权</td><td colspan="2">定期储备和外币存款</td></tr>
<tr><td colspan="2">对非货币金融机构的债权</td><td colspan="2">发行债权</td></tr>
<tr><td colspan="2">对非金融政府企业的债权</td><td colspan="2">进口抵押和限制存款</td></tr>
<tr><td colspan="2">对特定机构的债权</td><td colspan="2">对外负债</td></tr>
<tr><td colspan="2" rowspan="6">对私人部门的债权</td><td colspan="2">中央政府存款</td></tr>
<tr><td colspan="2">对等基金</td></tr>
<tr><td colspan="2">政府贷款基金</td></tr>
<tr><td colspan="2">资本项目</td></tr>
<tr><td colspan="2">其他项目</td></tr>
</table>

（二）资产项目及其构成

中央银行的资产是指中央银行在特定时点上所拥有的各种债权，按照债务人国别可区分为国外资产和国内资产两大类。其中，国外资产主要包括黄金储备、中央银行持有的可自由兑换外汇、地区货币合作基金、不可自由兑换的外汇、国库中的国外资产、其他官方的国外资产、对外国政府和国外金融机构的贷款、在IMF的储备头寸、特别提款权(SDR)持有额以及未在别处列出的其他官方国外资产等。

国内资产主要是由政府、金融机构以及其他部门的债权组成，具体包括：(1)对中央政府的债权，是指中央政府对货币当局的债务，包括中央银行持有的国库券、政府债券、财政短期贷款、对国库的贷款和垫款或法律允许的透支额；(2)对各级地方政府的债权，是指地方政府对中央银行的债务，包括中央银行持有的地方政府债券和其他证券、贷款和垫款等；(3)对存款货币银行的债权，是指存款货币银行对中央银行的债务，包括再贴现、担保信贷、贷款和回购协议、中央银行对存款货币银行的其他债权和在一些银行的存款等；(4)对非货币金融机构的债权，其内容与对存款货币银行的债权基本相同，差别在于债权对象是两类不同的金融机构；(5)对非金融政府企业的债权；(6)对特定机构的债权；(7)对私人部门的债权。

(三)负债项目及其构成

中央银行的负债是中央银行的资金来源，表现为金融机构、政府、个人和其他部门持有的对中央银行的债权。根据IMF的统计口径，中央银行的负债项目主要包括：

(1)储备货币。这是货币当局负债中的主要项目，是中央银行用以影响存款类金融机构货币创造的基础货币，主要包括公众持有的现金、存款货币银行的库存现金、存款货币银行在中央银行的存款(法定存款准备金和超额存款准备金等)、政府部门和非货币金融机构在中央银行的存款、特定机构和私人部门在中央银行的存款(大部分国家不允许中央银行吸收私人部门存款，个别国家允许但数量也非常小)等。

(2)定期储备和外币存款。该项目主要包括各级地方政府、非金融政府企业、非货币金融机构等一个月以上的定期存款和外币存款，还包括反周期波动的特别存款、特别基金以及其他外币债务等。

(3)发行债券。该项目主要包括自有债务、向存款货币银行和非货币金融机构发行的债券以及向公众销售的货币市场证券等。

(4)进口抵押和限制存款。该项目主要包括本国货币、外币、双边信用证的进口抵押金以及反周期波动的特别存款等。

(5)对外负债。该项目主要包括对非居民的所有本国货币和外币的负债，比如从国外金融机构的借款、对外国中央银行的负债、使用IMF的信贷额和国外发行的债券等。

(6)中央政府存款。该项目主要包括国库持有的货币、活期存款、定期存款以及外币存款等。

(7)对等基金。该项目指外国援助者要求受援国政府在存放一笔与外国援助资金相等的本国货币的情况下建立的基金。

(8)政府贷款基金。该项目主要指中央政府通过中央银行渠道从事贷款活动的基金。

(9)资本项目。该项目主要包括中央银行的资本金、准备金和未分配利润等。

(10)其他项目。该项目是一个净额，在数值上等于负债方总额与资产方总额之差。

3.1.2 中央银行资产负债表的项目关系

对资产负债表主要项目之间关系的分析可以从两个方面入手：一是资产和负债的基本关系；二是资产负债表项目之间的对应关系。

(一) 资产和负债的基本关系

在中央银行的资产负债表中，自有资本也是资产方资金运用的来源之一，因此将其列入负债方。然而实际上，自有资本并不是真正的负债，其作用也不同于一般意义上的负债，因此，如果将自有资本从负债中分列出来（且不考虑“其他项目”），那么资产和负债的基本关系可概括如下：

$$资产=负债+资本项目 \tag{3-1}$$

$$负债=资产-资本项目 \tag{3-2}$$

$$资本项目=资产-负债 \tag{3-3}$$

上述三个等式从不同角度揭示了中央银行未清偿的负债总额、资产总额和资本总额之间的关系。其中，式（3-1）表明在自有资本不变的情况下，中央银行的主动负债必然导致其资产的相应增加（或者说中央银行的资产增减必然需要对应的负债增减来予以支持）；式（3-2）表明在自有资本不变的情况下，中央银行持有的资产增减必然导致其负债的同向增减；式（3-3）表明在中央银行的资产和负债都不变的情况下，超过其负债能力的资产扩张必然需要自有资本的支持。总之，在资产、负债和自有资本三个基本类型的项目中，任何一个变动都会引起另外两个项目中的至少一个或者两个同时变动，这就是所谓的中央银行资产负债表约束。

(二) 资产负债项目之间的对应关系

中央银行资产负债表中资产方和负债方的主要项目之间存在着一定的对应关系，大体可以从以下三个方面予以理解：一是中央银行对金融机构的债权与负债（存款）之间的关系；二是中央银行对政府的债权与政府存款之间的关系；三是中央银行所持有的国外资产和其他存款与自有资本之间的关系。

(1) 中央银行对金融机构的债权与负债（存款）之间的关系。中央银行对金融机构的债权项目主要包括再贴现以及各种贷款和回购等，而对金融机构的负债项目则主要包括金融机构在中央银行的法定和超额准备金等存款。从中央银行资金来源与运用的关系来看，当中央银行对金融机构的债权与负债（存款）相等时，不影响资产负债表的其他项目；当债权大于负债（存款）时，在维持其他项目不变的情况下，差额部分通常需要用货币发行弥补；反之，当债权小于负债（存款）时，在维持其他项目不变的情况下，需要相应地减少货币发行量。因此，中央银行对商业银行等金融机构的资产业务对基础货币的供应具有重要影响。

(2) 中央银行对政府债权与政府存款之间的关系。中央银行对政府的债权项目主要包括对政府的贷款和持有的政府债券等，政府存款项目则主要包括各种财政性存款。如果这两类项目的总额相等，则货币发行不会受到影响。如果财政赤字过大，导致中央银行对政府的债权大于其存款，那么在其他项目保持不变的情况下，就会出现财政性货币发行，导致基础货币扩张并引发通货膨胀压力；反之，如果政府在中央银行的存款大于其对中央银行的负债（即中央银行对政府的债权小于政府存款），那么在其他项目保持不变的情况下，基础货币就会出现收缩，从而减小通货膨胀压力。这意味着稳健的财政政策可以为货币稳定提供重要的支持。

(3) 中央银行所持有的国外资产和其他存款与自有资本之间的关系。根据中央银行资产负债表的平衡关系，如果中央银行所持有的国外资产和其他存款与中央银行的自有资本在对应关系上保持不变（即对应地增加或减少），那么基础货币的供应量就不会受到影响，反之则会导致基础货币的对应变动。比如，当中央银行所持有的国外资产和其他存款的增加额超过了自有资本的增加额，那么在保持其他项目不变的情况下，负债方的基础货币供应就需要相应增加，从而导致通货膨胀压力上升；反之亦然。

需要指出的是，上述三个方面的项目间关系都只是大体和相对的关系，主要是为了突出现实中影响中央银行基础货币和货币供应量的几个常见来源，即买卖金融机构的资产、买卖政府债券（或对财政透支）以及买卖外国资产。从中央银行的资产负债表管理来看，即使中央银行因为上述关系在某些时候“被动”投放了货币，也完全可以通过不同项目之间的冲销操作来减轻其对基础货币和货币供应量的影响。当然，中央银行也可以主动利用这些关系来实现其对基础货币和货币供应量的调控。

3.1.3 中央银行资产负债表的主要特点

与金融机构的资产负债表不同，中央银行的资产负债表有其特殊之处，主要表现在两个方面：一是由于中央银行不以营利为目的，同时可以借助强大的国家信用对其货币发行和其他负债进行背书，因此，中央银行一般不需要资本金或者资本金很少，通过主动负债就能实现其资产扩张；二是金融机构为了实现其资产扩张，必须先解决其资金来源（负债或资本金）问题，资产负债表对金融机构而言是显性的“硬约束”，但对于中央银行而言，其资产业务并没有类似的显性硬约束，因为至少理论上中央银行可以通过“开动印钞机”自主地扩大货币发行，这也意味着中央银行为进行宏观调控所需的资金来源几乎不是一个问题，至少不存在财务上显性的硬约束。当然，如果考虑到过度的货币发行必然会导致严重的通货膨胀，因而中央银行事实上不太可能无限制地“开动印钞机”发行货币，这也意味着，中央银行的负债扩张虽然没有显性约束，但却存在隐性的“通货膨胀约束”。无论如何，货币发行权为中央银行的主动负债管理提供了“终极支撑”，这极大地提高了中央银行货币调控的自主性和灵活性。

作为中央银行履职情况的“工作记录”，中央银行资产负债表的另一个特点是中央银行的几个主要职能都在其中有明确体现：（1）作为“发行的银行”，货币发行是央行资产负债表中负债方下的一个主要项目。（2）作为“银行的银行”，中央银行与金融机构之间的业务往来关系同时体现在中央银行资产负债表的资产方和负债方。在资产方，再贴现和贷款等对金融机构的债权类业务直接表明了中央银行对金融机构的流动性支持（基础货币供给）情况；在负债方，金融机构在中央银行的存款（特别是法定准备金存款）等项目直接体现了中央银行对金融机构贷款和存款创造的控制（货币供应量控制）情况。（3）作为“政府的银行”，中央银行与国家（政府）之间的业务往来关系也同时体现在中央银行资产负债表的资产方和负债方。在资产方，黄金和外汇储备都属于典型的国家储备，而对中央和地方政府的债权则意味着中央银行为政府提供融资服务；在负债方，中央政府存款、对等基金和政府贷款基金都是中央银行为政府提供资金存管服务的直接体现。

3.2 中央银行的资产业务

中央银行的资产是指中央银行在一定时点上所拥有的各种债权项目的总和。中央银行的资产业务是指中央银行对其资产规模和结构的管理和调整，目的是实施相应的政策操作或履行中央银行的相关职能。中央银行主要的资产业务包括再贴现业务和贷款业务、证券买卖业务以及储备资产业务等。

3.2.1 再贴现业务和贷款业务

（一）再贴现业务

再贴现是中央银行通过买进商业银行持有的已贴现但尚未到期的合格商业票据，向商业银行提供融资的行为。由于中央银行再贴现业务开展的目的是提供短期资金融通，因此，许多国家规定只有在中央银行开设账户的商业银行等金融机构能够成为再贴现业务的对象。在操作方式上，各国中央银行一般都通过专门的贴现窗口（discount window）办理再贴现业务。商业银行等金融机构必须用符合规定的合法票据申请再贴现，同时中央银行需要审查票据的合理性以及申请者的资金使用状况，然后确定申请者以及再贴现票据是否符合条件，如审查通过，则商业银行在票据上背书并办理再贴现手续。当再贴现票据到期时，中央银行可通过票据交换和清算系统从承兑银行收回资金。

由于中央银行再贴现涉及向金融机构投放基础货币，因此，为有效控制货币供应量，中央银行一般对金融机构的再贴现额度和利率都有明确的限制性规定。从贴现额度来看，中央银行一般会根据现实的调控需要，有选择地对部分确有需要或者符合政策导向的金融机构给予比较充足的贴现贷款，同时将再贴现的总规模纳入基础货币投放的总盘子予以统筹考虑，以确保货币供应总量合理适度。在再贴现率的确定方面，中央银行一般会设定一个高于市场利率的再贴现率水平，从而避免金融机构的道德风险（回忆第2章的“白芝浩原则”）。此外，再贴现率作为中央银行设定的一种政策利率，也具有反映货币政策松紧立场的指示性含义：当中央提高再贴现率时，一般意味着货币政策的收紧；反之，如果中央降低再贴现率，则意味着货币政策的放松。

（二）贷款业务

中央银行贷款是指中央银行动用基础货币向国内外的金融机构、政府和特定组织（群体）提供贷款。贷款业务是中央银行的重要资产业务，属于投放高能货币的过程，因而与货币供应量的调控密切相关。一般而言，中央银行贷款增加是扩张性货币政策（基础货币和货币供应量增加）的信号；反之，中央银行贷款减少则是紧缩性货币政策（基础货币和货币供应量减少）的信号。概括来看，中央银行的贷款业务主要包括以下几类：

第一类是对商业银行的贷款，主要包括三种具体形式：一是抵押贷款，即商业银行以实物资产或商业银行所持有的政府债券及其他有价证券等作为抵押向中央银行借款，这种形式较为常见，便于控制风险；二是信用放款，即中央银行直接向申请贷款的商业银行放款，不需要抵押，此类贷款在中央银行贷款中所占的比重较小；三是担保贷款，即商业银行以合格的商业票据为担保向中央银行申请贷款，但这种贷款涉及对担保票据进行审查，手续烦琐且风险较大，目前基本被再贴现所取代。

第二类是对其他金融机构（外国政府）的贷款，按贷款对象大体可分为三类：一是对政策性银行、金融信托公司以及租赁公司、证券公司、保险公司等的贷款；二是对具有特殊目的和用途的非金融性部门的贷款，如对灾区或落后地区的援助贷款等；三是根据中央银行之间签订的货币互换协议，对外国政府和金融机构的贷款。

第三类是对政府的贷款，主要是为解决政府财政收支的短时失衡问题，一般包括以下两个常见渠道：一是买入政府债券，该操作一般需要与货币政策实施统筹考虑，以确保货币供应量稳定；二是直接向政府提供贷款，该操作容易导致通货膨胀，因而各国的中央银行法一般对给政府的直接贷款施加了严格的额度和期限限制。

（三）再贴现业务与贷款业务的区别

再贴现和贷款业务都是中央银行作为债权人与其他主体发生的债权债务关系，也都是中央银行增加基础货币投放、扩大货币供应量和社会信贷规模以及履行“最后贷款人”职能的重要方式，但两者之间又存在一些区别：

一是本息收取方式不同。再贴现申请人在申请贷款时一般只获得票面金额的部分资金，而贷款申请人则获得了全部贷款资金；同时，再贴现业务是中央银行在提供贷款的同时便收取利息，而贷款业务是在归还本金之时（或在贷款被使用了一段时间之后）才收取利息。

二是偿还资金方式不同。再贴现业务是在票据到期时，中央银行向票据承兑人出示票据并要求票据承兑人支付资金，而贷款业务则是在贷款到期之时，由借款人直接将本金归还中央银行。

三是承担风险大小不同。再贴现本质上属于抵押贷款，用于再贴现的票据一般都得到了金融机构的承兑，因而违约风险较小，而贷款业务的资金偿还则依赖于借款人的未来经营状况，具有一定程度的不确定性，风险明显高于再贴现业务。

3.2.2 证券买卖业务

证券买卖业务是指中央银行通过在金融市场上买卖有价证券吞吐基础货币，进而实现对货币供应量的调控。证券买卖业务是中央银行的主要资产业务之一，由于其具有操作主动灵活的优点，因而成为中央银行货币政策操作的重要工具。一般而言，当中央银行认为需要收缩银根时，便在公开市场上卖出证券，以收回部分基础货币，进而实现货币供应总量的收缩；反之，当中央银行认为需要放松银根时，便在公开市场上买入证券，释放部分基础货币，进而实现货币供应总量的扩张。

由于中央银行的证券买卖业务实际上是一种货币政策操作，因此，世界各国对此类业务都有着严格的规定。首先，中央银行的证券买卖必须遵循流动性原则，其买卖的证券类型一般只限于政府公债、国库券以及其他流动性和安全性高的有价证券。其次，为防止财政赤字型通货膨胀，许多国家都规定中央银行的证券买卖业务一般只在二级市场进行，以避免货币政策沦为政府弥补财政赤字的工具。最后，中央银行买卖证券的方式主要有两种：直接购买和含回购协议的回购。直接购买是指中央银行一次性直接购买或出售某种证券，一般由证券商出面交易，而含回购协议的回购则指中央银行在卖出（买入）证券的同时，约定在将来某个时间进行反向操作及重新买入（卖出）该证券。显而易见，直接购买会改变基础货币和货币供应量，而含回购协议的回购则主要用于（在协议到期前这段时间）进行短期的、临时性的货币调控，一旦协议到期，市场的基础货币和货币供应量又会恢复到操作前的规模。

中央银行的证券买卖业务和贷款业务都属于调节和控制货币供应量的业务，因此二者具有一定的相似性，比如，中央银行的证券买入业务和提供贷款的业务一样，都会引起基础货币量的增加，然后通过货币乘数的放大引起货币供应量的成倍扩张；反之，中央银行卖出证券与收回贷款的业务则会引起基础货币量的减少和货币供应量的成倍收缩。不过，中央银行的这两种业务也存在着一些不同点：一是资金的流动性不同。中央银行可以随时买卖证券且没有期限的限制，但贷款则有明确的固定期限，因此，证券买卖业务的流动性总体上高于贷款业务。二是收益的表现形式不同。中央银行通过贷款业务可以获得利息收入，而买卖证券不存在利息收入，收益只能从买卖差价中实现。三是两种业务对金融市场发展程度的依赖程度不同。一般而言，贷款业务对金融市场发展程度的要求较低，一般国家的中央银行都能办理贷款业务，而证券买卖业务则需要有相对发达的金融市场，以满足证券交易的数量、范围和频率等要求。

3.2.3 储备资产业务

储备资产（reserve asset）也称国际储备，是一国用于偿付对外债务、平衡国际收支和稳定汇率的相关国际或外汇资产的总称。国际货币基金组织（IMF）将其成员的储备资产概括为以下四项：黄金、外汇资产、特别提款权以及成员在IMF的储备头寸（专栏3-1）。一个国家储备资产的规模、结构及稳定性程度，是其国际清偿能力和经济金融实力的一个重要标志，并且具有抵御国际投机资本冲击的战略性作用。在大部分国家中，储备资产一般委托中央银行进行管理。中央银行管理储备资产的核心内容包括两个基本方面：一是保持合理的储备资产规模；二是保持合理的储备资产结构。

从保持合理的储备资产规模来看，中央银行持有过多的储备资产会造成资源浪费，但如果持有的储备资产过少，又无法保障充足的国际支付能力，造成国际市场对本币的信心下降，并有可能引发国际资本的投机性攻击，因此，合理的储备资产规模需要在效率性和稳定性之间进行综合平衡。从国际贸易的角度看，影响储备资产规模的因素一般有商品进口额、对外负债额、外汇制度（管制情况）、国际金融市场环境以及国内外的经济金融政策等。此外，对于小国和一些弱势货币而言，还应该在上述常规因素的基础上增加考虑外汇储备作为“反危机（货币投机性攻击）战略工具”的意义，从而视情况保持一定数量的额外储备。

从保持合理的储备资产结构来看，作为储备资产主体的外汇资产受各国货币汇率的波动影响较大，容易导致储备价值损失，特别是在贸易冲突严重和汇率战频繁的背景下更是如此。因此，中央银行需要通过在不同类型、不同国家、不同期限的储备资产之间维持合理的品种和期限结构，以确保国家的储备资产不会因为个别资产、个别国家以及个别时期内的剧烈贬值而引发外汇储备总规模的大幅缩水。在这一过程中，中央银行需要综合考虑本国的贸易国家（币种）结构、相关储备资产的金融周期、国内外经济金融和政治形势等因素，按照“安全优先、兼顾收益”的基本原则来选择和动态调整本国的储备资产结构。

专栏3-1 主要储备资产的特点和作用

本专栏主要介绍中央银行四种主要的储备资产：黄金、外汇资产、特别提款权以及在IMF的储备头寸。

（一）黄金。黄金是最古老、最传统、安全性最高的国际储备资产。由于大部分国家的货币都有随通货膨胀而长期贬值的趋势，这使得黄金具有抗通货膨胀的保值特性。不过，由于黄金并不产生利息，因而其收益只能通过市场的买卖价差实现。此外，在金本位被废除之后，黄金已经与货币脱钩，因而无法直接用于支撑汇率，同时保存实物黄金还涉及较高的保管费用。因此，黄金作为国际储备资产已经很少直接被用于国际清算（如有需要，一般只能作为商品在市场上换成外汇后，再用于国际支付）。尽管如此，黄金作为最后的支付手段和信心保证，仍然在中央银行的国际储备中发挥着不可替代的作用，并且在战乱和国际货币体系崩溃等特殊时期具有极为重要的国际货币功能。从这个意义上看，黄金意味着人们对货币的“终极信仰”。根据世界黄金协会的统计数据，2019 年 12 月全球各主体官方黄金储备量排名如表 3－2 所示。

表 3－2　2019 年 12 月全球各主体官方黄金储备量排名

排名	主体	央行黄金储备（吨）	黄金储备占外储比例（%）
1	美国	8 133.5	77.0
2	德国	3 366.5	73.2
3	IMF	2 814.0	—
4	意大利	2 451.8	68.4
5	法国	2 436.0	62.8
6	俄罗斯	2 252.1	20.2
7	中国	1 948.3	2.9
8	瑞士	1 040.0	6.0
9	日本	765.2	2.8
10	印度	618.2	7.0
11	荷兰	612.5	68.3
12	欧洲央行	504.8	29.5

资料来源：全球经济数据网站。

（二）外汇资产。外汇资产是政策当局（中央银行、货币当局、外汇平准基金及财政部）以银行存款、财政部库券、长短期政府证券等形式保有的对外国的债权资产，包括外国货币、外币存款、外币有价证券（政府公债、国库券、公司债券、股票等）、外币支付凭证（票据、银行存款凭证、邮政储蓄凭证等）等。目前在世界范围内充当外汇储备的货币主要有美元、欧元、日元、英镑、人民币等，其中美元占据主导地位。外汇具有流动性高、管理成本低、产生收益等优势，但也面临因外汇贬值而造成储备资产损失的风险。因此，各国一般通过外汇资产多元化来分散单一外汇波动的风险。

（三）特别提款权及在 IMF 的储备头寸。特别提款权也称“纸黄金”（paper gold），最早发行于 1969 年，是 IMF 根据成员认缴的份额分配的，可用于偿还 IMF 债务、弥补成员政府之间国际收支逆差的一种账面资产。2016 年人民币正式加入 SDR 货币篮子之后（详见二维码专栏 3－1），SDR 的价值由美元、欧元、人民币、日元和英镑组成的一篮子储备货币决定。成员在发生国际收支逆差时，可以用 SDR 向 IMF 指定的其他成员换取外汇，以偿付国际收支逆差或偿还 IMF 的贷款，还可与黄金、自由兑换货币一样充当国际储备。由于 SDR 是 IMF 在原有的普通提款权之外的一种补充，故称特别提款权。储备头寸（reserve position）是成员在 IMF 的自动提款权，其数额

【二维码专栏 3－1】

人民币加入 SDR 货币篮子

的大小主要取决于该成员在IMF认缴的份额，可使用的最高限额为认缴分额的125%，最低为0。提款权及在IMF的储备头寸具有安全、可靠以及可灵活兑现的优势，但由于无法随意购入，因而难以成为各国主要的储备资产。

3.3 中央银行的负债业务

中央银行的负债是指中央银行对特定对象（如金融机构、政府和个人等）和不特定对象（如社会公众）的债务，是中央银行的主要资金来源。中央银行的负责业务主要包括货币发行业务、存款业务以及包括债券发行业务、对外负债业务和资本业务在内的其他负债业务。

3.3.1 货币发行业务

货币发行是中央银行的主要负债业务。通过发行货币，中央银行一方面为商品流通和交换提供了流通和支付手段，另一方面也相应获得了其履职所需的资金。货币发行可以从以下三个角度理解：一是从发行过程来看，货币发行指货币从中央银行的发行库到商业银行的业务库再流向社会的过程，这实际上是投放基础货币的过程；二是从发行结果来看，货币发行是指货币从中央银行流出的数量大于流入的数量，从而引起基础货币净增加的过程；三是从发行渠道来看，货币发行主要是通过贴现、贷款、购买证券、收购金银外汇等方式进行的，而回笼货币则通过对上述渠道进行反向操作来实现。

货币发行是否适时和适度，对经济社会的正常运转具有重要意义。为此，世界各国的中央银行都制定了相应的发行原则，具体包括垄断发行原则、信用保证原则和弹性发行原则。垄断发行原则是指货币发行权高度集中于中央银行，并以法律形式明确中央银行对货币的垄断发行权。信用保证原则是指中央银行不得在政治压力下随意发行货币，而是要以可靠的货币发行准备制度为基础（专栏3-2），坚持货币发行与国民经济发展的客观需要相适应。弹性发行原则是指货币的发行要保持一定的弹性，即货币发行要有必要的伸缩性和灵活性，既要充分满足经济发展的需要，避免因通货不足而导致经济萎缩，又要严格控制发行数量，避免因货币发行过量而导致通货膨胀和造成经济混乱。

专栏3-2　货币发行准备制度及其主要类型

货币发行准备制度主要是为约束货币发行规模和维持货币信用而建立的，其核心是要求货币发行者在发行货币时，必须以有价值的贵金属或资产作为发行准备。从实践来看，货币发行准备制度的主要内容涉及两个方面：一是规定可以作为发行准备的具体资产类型，二是规定发行准备在数量和结构上的比率。

（一）发行准备的资产要求。不同的货币制度有着不同的货币发行准备。在金属货币制度下，货币发行以法律规定的贵金属作为发行准备，例如，黄金、白银等；在现代信用货币制度下，各国货币发行准备制度的内容比较复杂，一般包括现金准备和有价证券准备两大类，前者包括黄金、外汇等流动性较强的资产，具有现实的价值基础，有利于币值稳定；后者包括短期商业票据、短期国库券、政府公债等，可在金融市场上流通和交易。不过，使用有价证券做发行准备存在着一些制约因素：一是金融市场发育不足会导致货币发行的控制和管理比较困难；二是由于证券数量本身会表现出经济顺周期性特征，这使得此类货币发行可能会加剧通货膨胀或通货紧缩，导致逆周期的货币政策调控受到制约。

（二）发行准备的比率要求。发行准备的比率有两个方面的含义：一是货币发行准备与货币发行量之间的数量比率，二是在货币发行准备中现金准备与证券准备之间的结构比率。由于货币发行完全基于现金准备会非常缺乏弹性，而基于证券准备发行货币又存在限制且不易控制，因此，实践中的货币发行往往采取二者搭配的做法。搭配的比率既可以是固定不变的，也可以是弹性变化的。大部分国家在规定现金准备比率时都留有余地，以增加货币发行的弹性空间，增大货币调控的灵活性。

（三）主要的货币发行准备制度。归纳来看，货币发行准备制度的主要类型包括：(1) 现金准备发行制度，即货币的发行100%以黄金和外汇等现金做准备，其优点是可以有效防止货币发行过量，缺点是缺乏弹性；(2) 证券保证准备制度，即货币发行以短期商业票据、短期国库券和政府公债等做准备，其优点是货币发行的余地较大，缺点是依赖于发达的金融市场和高超的货币管理能力，否则容易导致货币的财政发行，进而引发通货膨胀；(3) 现金准备弹性比率制度，即当货币发行数量超过规定的现金准备比例时，国家对超过部分的发行征收超额发行税，其优点是兼具信用保证原则和弹性发行原则，可以在一定程度上防止货币的过量发行；(4) 证券保证准备限额发行制度，即中央银行在规定的发行限额内，可以全部用规定证券作为发行准备，而超过限额的发行则必须以十足的现金作为发行准备，其优点是可以限制货币的财政发行，但同样比较缺乏弹性；(5) 比例准备制度，即规定货币发行准备中现金与其他有价证券所占的比例，该制度克服了现金准备发行缺乏弹性和证券准备发行容易造成货币的财政发行的缺点，但问题在于，各种准备资产的比例较难确定；(6) 无准备制度，即发行货币并不要求持有准备资产，国家直接以行政法规形式规定中央银行货币发行的最高限额。

（四）主要国家和地区的货币发行准备制度。美国的货币发行制度以1980年作为分水岭：在1980年之前，美国采取现金准备弹性比率制度；在1980年之后，美国改为证券保证准备限额发行制度。其中，现金准备弹性比率发行制度要求美联储以黄金或者黄金证券作为联邦储备券的发行准备且准备金率不低于40%。当准备金率低于40%时，联储委员会将对发行行为征收超额发行累进税。证券保证准备限额发行制度是指以100%的黄金证券、抵押票据、地方政府债券、联邦政府债券、经联储银行审核合格的商业票据、银行承兑票据等合格证券作为货币的发行保证。日本的货币发行准备制度与1980年之前的美国相似，实行现金准备弹性比率制度，即发行额度超过最高限额则征收超额发行累进税。在英国，1954年法律规定英格兰银行信用发行额度为15.75亿英镑，以政府债券作为发行准备，当发行额度超过15.75亿英镑时，英格兰银行须以黄金或白银作为发行准备，且其中白银的比例应低于25%。中国香港特别行政区自1983年起实行盯住美元的汇率制度，相应地，货币发行需要以100%的美元作为发行保证。

在不少国家中，中央银行都有下属或者指定的印钞（造币）公司负责本国货币（纸币和硬币）的印刷和铸造。比如，在美国，美元由位于华盛顿的美国财政部制版印刷局

(Bureau of Engraving and Printing) 负责印刷，并且欢迎游人参观。不过，在绝大部分国家，印钞工厂不允许游人随便参观，因此，印钞过程对很多人而言似乎颇为神秘。二维码专栏 3-2 以记者的视角简要介绍了中国人民银行下属的中国印钞造币总公司的人民币印制过程。

【二维码专栏 3-2】

探访印钞厂：印钞工作是种怎样的体验？

3.3.2 存款业务

中央银行虽然不吸收社会公众的存款，但是由于中央银行职能的需要，其负债方通常存在着金融机构、财政部门和外国特定机构的存款。因此，存款业务也是中央银行的重要负债业务之一。不过，与金融机构的存款业务相比，中央银行的存款业务具有以下几个方面的显著不同：一是目的不同，即中央银行开展存款业务的主要目的是调节货币信贷规模，而不是像商业银行那样为了盈利；二是对象不同，即商业银行主要吸收的是企业和个人的存款，而中央银行主要吸收的是商业银行、财政部门和外国特定机构的存款；三是存款原则不司，商业银行在办理存款业务时遵循自愿原则，而中央银行基于法定存款准备金制度获得的存款则具有强制性。

根据存款主体的不同，中央银行的存款业务可分为准备金存款业务以及其他存款业务。其中，准备金存款业务是中央银行存款业务中最主要的部分，同时也是一种制度性的存款，即基于“存款准备金制度”而形成的存款（二维码专栏 3-3）。所谓存款准备金，是指金融机构为保证客户流动性需要而持有的现金或存放在中央银行的存款，主要包括以下三个部分：一是自存准备金，即金融机构以库存现金形式所持有的准备金；二是法定存款准备金，即金融机构按照中央银行规定的法定存款准备金率提取并存放于中央银行的准备金；三是超额存款准备金，即金融机构在中央银行存放的超过法定存款准备金的资金。法定存款准备金和超额存款准备金共同构成了金融机构在中央银行的存款。需要注意的是，金融机构虽然对其法定存款准备金没有支配权（支配权属于中央银行），但仍然具有所有权，并且部分国家的中央银行会对法定和超额存款准备金付息。此外，作为传统货币政策“三大法宝”之一的法定存款准备金率工具，主要是通过影响金融机构的存款准备金进而改变货币乘数发生作用的。

【二维码专栏 3-3】

存款准备金制度的主要内容

中央银行的其他存款业务主要包括政府存款业务、非银行金融机构存款业务、特定机构和私人部门的存款业务、特种存款业务和外国存款业务等，具体详见专栏 3-3。

专栏 3-3 中央银行的非准备金存款业务

中央银行除准备金存款业务之外的其他存款业务一般包括：

（一）政府存款业务。中央银行在代理国库的过程中会吸收政府的存款。政府存款在不同国家的构成及范畴存在差异。一般而言，中央银行的政府存款主要包括了国库所持有的现金、活期存款、定期存款以及外币存款等。

（二）非银行金融机构存款业务。中央银行是一国的清算中心，能够提供权威的资金清算服务，因此除商业银行以外的其他金融机构也会在中央银行存款。有些国家规定其他金融机构的存款需纳入中央银行的存款准备金业务，有些国家对此没有规定，而是将其他金融机构的存款主要用于金融机构之间的清算。

（三）特定机构和私人部门的存款业务。特定机构是指非金融机构。中央银行吸收特定机构的存款主要有特定的目的或特定的用途，例如，中央银行由于政策的需要，对特定地区、特定领域或特定项目发放特殊贷款而形成的存款。私人部门的存款在大多数国家是不被法律许可的，有些国家虽然允许私人部门的存款业务，但只限于特定对象并且要求存款数额小。此外，特定机构和私人部门的存款业务不具有法律的强制性，其存款业务具有很大的波动性。

（四）特种存款业务。特种存款是指中央银行根据商业银行和其他金融机构信贷资金的运营状况以及宏观经济调控的需要向这些金融机构集中一部分资金而形成的存款。特种存款业务作为调整信贷资金结构和信贷规模的重要措施，常常在中央银行使用其他货币政策工具发挥的作用有限时才开展，属于一种直接信用控制工具。

（五）外国存款业务。一些国外的中央银行或外国政府会将其资金存于本国的中央银行，从而形成中央银行的外国存款业务。外国存款的主要目的是用于贸易结算和债务清算。该部分存款一般数额较小，对本国外汇储备和中央银行基础货币的投放影响不大。

3.3.3 其他负债业务

除货币发行业务和存款业务外，中央银行还有其他一些负债业务，如债券发行业务、对外负债业务和资本业务等。

债券发行业务是指中央银行以发行央行票据等方式“主动负债”，从而达到吞吐基础货币和调控货币供应量的目的。中央银行债券发行业务的主要对象是国内金融机构。当中央银行向金融机构出售央行债券时，金融机构的超额准备金减少，货币供应量相应下降；反之，当中央银行购入（之前已发行的）央行债券时，金融机构的超额准备金增加，货币供应量相应上升。在一些金融市场特别是国债市场不发达的国家，由于市场上可供央行进行证券买卖操作的工具比较少，中央银行债券可以作为一种央行主动创造的公开市场操作载体。

对于大部分国家而言，其对外负债业务和资本业务的规模都比较小，特别是资本业务甚至可以不存在（比如在无法定资本金要求的国家中）。其中，对外负债业务主要是指中央银行为平衡国际收支以及维持汇率和外汇市场稳定等需要，从国际金融机构或国外金融机构借款，从国外中央银行借款或在国际金融市场上对国外发行债券等；而资本业务则是指中央银行获取、维持和补充自有资本的业务，如第2章所述，由于各国法律对中央银行是否需要资本以及资本的来源和构成都有比较明确的规定，因此，中央银行一般只在有资本补充需要时才按规定开展此项业务。

3.4 中央银行的其他业务

中央银行的其他业务主要包括代理国库业务、会计业务、调查统计业务、征信与管理业务以及支付清算业务等。下面分别予以介绍。

3.4.1 代理国库业务

"国库"是国家金库的简称，本质上是国家财政收支的保管出纳部门。国家既可以在财政机关内部设立独立国库，也可以委托中央银行或金融机构予以代理。国库制度是指国家预算资金的收纳、保管和拨出制度。各国国库制度设立的方法不尽相同，大体可归纳为三类：一是国家金库制，即由国家在财政机关内自设国库，办理预算收支的保管出纳业务；二是委托金库制，即国家委托中央银行办理国家金库业务；三是银行存款制，即国家直接将预算收入存入金融机构，金融机构按存款办法进行管理。

实行委托金库制，即将国库委托给中央银行代理，具有以下几个方面的优点和作用：一是便于国家预算资金的灵活调度，提高资金分配的效率，同时有效降低管理成本；二是促进财政政策和货币政策的协调配合；三是发挥监督作用，确保国库资金安全；四是可以在一定程度上增加中央银行的资金来源。一般而言，代理国库业务的主要内容包括：(1) 办理国家预算收入的收纳、划分和留解以及预算支出的拨付；(2) 对预算外的资金进行严格的控制；(3) 处理货物和服务供应商的政府支付；(4) 管理预算执行过程中的现金流入与流出，包括制订现金计划和发行政府债券等；(5) 向上级国库和同级财政机关反映预算收支执行情况；(6) 协助财政、税务机关督促企业和其他经济收入的单位及时向国家缴纳应缴款项，对于屡催不缴的，应依照税法协助扣收入库；(7) 组织管理和检查指导下级国库工作；(8) 管理并核算政府债务；(9) 办理国家交办的同国库有关的其他工作；等等。

3.4.2 会计业务

中央银行会计是中央银行监督、管理、核算财务的会计业务。不同于一般的银行会计或工商企业会计，中央银行会计是体现和反映中央银行履职情况的会计制度，因而有其独特的对象、内容、功能和目标等。总体来看，中央银行的会计业务体现了中央银行的职能与业务活动，是中央银行反映和监督经济活动以及制定相关政策的重要工具，因此，中央银行的会计与一般商业银行、工商企业会计存在着较大的不同（二维码专栏3-4）。

【二维码专栏3-4】

中央银行会计的特殊性

从对象上看，中央银行会计主要是对中央银行行使职能、办理各项业务和进行宏观调控等活动所引起的资金运动过程和结果的一种记录。从内容上看，中央银行会计主要包括对中央银行自身业务的会计核算，对金融机构及其信贷资金活动的会计监督管理，对银行间资金清算情况的分析和管理，以及为宏观决策提供准确可靠的会计信息等。从功能和目标任务来看，中央银行会计不仅具有核算和反映的功能，而且具有监督、管理和分析的功能，其主要目标任务包括：根据国家经济发展状况与政策方针以及银行的规章制度正确组织会计核算，处理各项业务，记载与核算各项财务收支活动；实施会计管理、进行会计监督，维护财产和资金的安全；开展会计检查和分析，为金融决策提供信息；管理银行内部资金和财务收支，提高效益；强化会计内部控制与完善会计制度建设，防范风险；等等。

3.4.3 调查统计业务

中央银行的调查统计业务主要包括金融统计和经济调查统计，其中金融统计是中央银行调查统计业务的核心内容。金融统计主要是指对金融机构的业务活动和金融市场的运行情况以数据信息的形式进行系统收集、整理和分析。金融统计工作的基本目标包括：及时、准确、全面地统计各项金融业务报表；收集、整理和积累有关金融经济的统计资料；开展统计调查和分析，为中央银行和国家相关部门进行经济决策、分析、评估和预测等宏观管理活动提供数据支持。

金融统计的内容主要包括银行信贷统计、银行现金收支统计、货币供应与流通统计、金融市场统计。其中，银行信贷统计包括银行存款资金统计、银行贷款资金统计以及信贷收支差额统计等；银行现金收支统计包括现金收入统计、现金支出统计、现金收支比例统计、现金回笼率统计等；货币供应与流通统计包括各层次货币供应量（M0、M1、M2、M3、M4 等）统计、货币流通量统计、货币流通速度统计、现金归行速度统计等；金融市场统计包括货币市场统计（市场主体、金融工具种类、交易规模、资金流向、利率水平等）、资本市场统计（债券和股票等有价证券的发行和交易规模以及价格等）、外汇市场统计（交易主体、规模和价格等）以及黄金市场统计（交易主体、规模和价格等）等。

3.4.4 征信与管理业务

征信一般是指由专业化的第三方独立机构为个人、企业或其他组织建立信用档案，依法采集和客观记录其信用信息，并依法对外提供信用咨询、分析、评估和报告等服务。征信在促进信用经济发展和健全社会信用体系建设中发挥着重要的作用：一是降低交易中参与各方的信息不对称，起到风险提示的作用；二是促进信用产品的创新，扩大信用交易的范围，促进信用市场的扩大；三是降低交易中的信息收集成本，缩短交易时间，拓宽交易空间，提高经济效率；四是推动社会信用体系建设，遏制不良信用行为，保障诚实守信者的利益。

信用是一切金融活动的“底层基础”，中央银行利用其在金融体系中的核心地位和金融信息收集优势，通过构建信用信息共享的平台和机制，可以促进金融活动的有序开展，培育良好的社会信用基础。目前，个人和企业的信用情况已经作为重要的评分项“嵌入”金融机构的内部评级模型之中，这意味着，信用状况的优劣将直接决定一个人或企业是否能够获得贷款、能够获得多少贷款以及获得贷款的成本（利率）是高还是低等。随着社会信用体系的完善，信用记录将对个人和企业的经济和社会生活产生全面和系统性的影响。比如，在 2019 年的十三届全国人大二次会议记者会上，中国人民银行副行长陈雨露在回答记者提问时介绍，征信主要是用于解决金融市场微观层面的信息不对称问题，现在正越来越多地进入社会领域，并举例说看到很多女性找男朋友，未来的岳母会让准女婿把人民银行的征信报告拿来看看。

从西方发达国家的经验来看，经过上百年的发展，很多国家已经形成了相对比较完善的社会信用体系，主要包括市场主导型、政府主导型和会员制三种基本模式。美国、加拿大、英国和北欧国家采用市场主导型模式，法国、德国、比利时、意大利等欧洲国家采用政府主导型模式，日本则采用会员制模式（二维码专栏3-5）。

【二维码专栏3-5】

征信体系的三种主要模式

3.4.5 支付清算业务

许多国家都规定了由中央银行负责一国支付清算系统的建设与管理，因此，一般而言，中央银行是一国票据清算和资金汇划的中心，建立了比较完备的支付清算体系和制度，承办相关的支付清算业务，执行清算银行的职能。概括而言，中央银行的支付清算业务主要包括以下几个方面：

一是组织票据的交换与清算。票据主要分为支票、本票和汇票，是一种被普遍接受的信用支付工具。票据交换是最基本的同业间清算手段之一。一般而言，票据交换业务既可以由中央银行直接组织管理，也可以由私营的清算所或金融机构联办。不过，票据交换的资金清算一般是各金融机构或清算机构在中央银行开设的账户内完成，其基本流程为：付款人将欠款票据交付给收款人，收款人将票据交给开户行，开户行在收到票据后到票据交换所进行提示，付款行确认票据后委托票据交换所进行清算，票据交换所则委托中央银行通过两家银行在中央银行开设的账户直接划拨资金，从而抵销彼此间的债权债务头寸。

二是办理异地或跨国的支付清算。当境内金融机构之间或境内外金融机构之间产生异地汇兑业务时，资金的划拨速度及准确性对资金的运用效率和安全性具有重要影响。异地跨行清算业务的开展主要依靠全国性的清算中心。很多国家的中央银行都拥有并经营清算中心，直接参与异地跨行支付清算业务，其基本流程为：付款人向自己的往来银行发出支付指令，往来银行向当地的中央银行分支机构传达支付指令，中央银行分支机构则划拨往来银行账户上的资金，通过清算中心向收款行所在地的中央银行分支机构发出收款指令，收款行所在地的中央银行分支机构在接收到指令后向收款行发出通知，同时将资金划拨给收款行账户，最后由收款行向收款人发出到账通知。

三是向私营清算机构提供净额清算服务。在一些市场化程度比较高的国家中，也存在一些私营性质的清算机构。为提高交易清算的效率，许多清算机构都会借助于中央银行提供的净额清算业务来实现支付系统参与者之间的净额结算，其基本流程为：私营清算机构将清算相关参与者在一个交易日的净债务或债务头寸加总，然后提交给中央银行，由中央银行在相关参与者的中央银行账户上直接进行资金头寸的抵扣。

四是提供证券和金融衍生品的交易清算服务。与其他经济活动所产生的债权债务清算不同，证券和金融衍生品的交易具有规模大、频率高、不确定因素多等特点，容易诱发支付系统的风险。此外，国债等证券交易还与中央银行的货币政策（公开市场操作）密切相关，因此，为控制风险和提高货币政策实施的效果，不少国家的中央银行都专门设立了针对证券和金融衍生品交易的支付清算系统。

3.5 中国人民银行的资产负债表

3.5.1 中国人民银行的资产负债表概况

中国人民银行自 1994 年起开始向社会公布其资产负债表，即“货币当局资产负债表”(Balance Sheet of Monetary Authority)。该表根据 IMF《货币与金融统计手册》的相关格式编制，采用复式记账法，按历史成本计价。在 2002 年之后，中国人民银行根据 IMF 的数据公布通用系统格式要求，不断调整和完善其资产负债表。从 1999 年 12 月起，货币当局资产负债表按月定期（一般在每月的 15—19 日）在中国人民银行官方网站发布，其中 2019 年的货币当局资产负债表如表 3－3 所示。

表 3－3　　货币当局资产负债表（2019 年）　　单位：万亿元

项目	2019 年 3 月	2019 年 6 月	2019 年 9 月	2019 年 12 月
国外资产	218 109.66	218 521.93	218 767.53	218 638.72
外汇（储备）	212 536.65	212 455.20	212 353.95	212 317.26
货币黄金	2 663.61	2 781.97	2 855.63	2 855.63
其他国外资产	2 909.41	3 284.76	3 557.96	3 465.84
对政府债权	15 250.24	15 250.24	15 250.24	15 250.24
其中：中央政府	15 250.24	15 250.24	15 250.24	15 250.24
对其他存款性公司债权	93 667.54	101 860.31	106 774.83	117 748.86
对其他金融性公司债权	4 708.59	4 841.63	5 167.63	4 623.39
对非金融性部门债权	26.97	—	—	—
其他资产	16 789.62	23 121.16	16 006.52	14 869.26
总资产	348 552.63	363 595.27	361 966.76	371 130.48
储备货币	303 711.03	313 085.98	305 881.99	324 174.95
货币发行	81 310.67	78 236.87	80 217.69	82 859.05
金融性公司存款	209 648.14	221 817.24	212 229.56	226 023.86
其他存款性公司存款	209 648.14	221 817.24	212 229.56	226 023.86
其他金融性公司存款	—	—	—	—
非金融机构存款	12 752.22	13 031.88	13 434.74	15 292.04
不计入储备货币的金融性公司存款	4 693.39	4 236.60	4 775.23	4 574.40
发行债券	315.00	740.00	940.00	1 020.00
国外负债	819.25	903.76	1 105.55	841.77
政府存款	31 407.14	35 682.52	38 526.8	32 415.13
自有资金	219.75	219.75	219.75	219.75
其他负债	7 387.06	8 726.66	10 517.43	7 884.49
总负债	348 552.63	363 595.27	361 966.76	371 130.48

注：(1) 表中数据为季末余额；存在四舍五入导致的误差。

(2) 数据来源为中国人民银行网站。

在人民银行目前的资产负债表中，资产项下主要有六大项目：(1) 国外资产，主要反映的是人民银行所持有的外汇资产总量，包括外汇（储备）、货币黄金和其他国外资产，其中，“外汇（储备）”项目的增加会直接增加基础货币投放，“货币黄金”项目的增加不一定会增加基础货币的投放，而“其他国外资产”的增加则一般不会增加基础货币的投放；(2) 对政府债权，基本是对中央政府的债权，主要反映的是人民银行通过公开市场业务而间接持有的国债余额；(3) 对其他存款性公司债权，主要反映的是人民银行对一般性存款机构（如商业银行、城市信用社、农村信用社、财务公司等）和特定存款机构（信托投资公司、金融租赁公司、政策性银行等）的再贷款和再贴现业务余额以及持有此类机构发行的债券余额等；(4) 对其他金融性公司债权，主要反映的是人民银行对其他金融性公司（如证券公司、保险公司、资产管理公司等）的再贷款和再贴现业务余额以及持有此类机构发行的债券余额等；(5) 对非金融性部门债权，主要反映的是人民银行为支持“老少边穷”地区（革命老区、少数民族自治地区、陆地边境地区和欠发达地区）经济开发所发放的专项贷款；(6) 其他资产，即人民银行所持有的不包含在上述几种分类中的资产。

在人民银行资产负债表的负债项下，目前主要有七大项目：(1) 储备货币，主要反映的是人民银行所投放的基础货币存量，包括货币发行、金融性公司存款（其他存款性公司存款、其他金融性公司存款）和非金融机构存款，其中，“货币发行”项目反映的是正在社会各界流通着的现金存量，包括其他存款性公司的库存现金以及金融系统之外的流通中现金（M0）；“金融性公司存款”的两个子项目（其他存款性公司存款、其他金融性公司存款）分别反映的是其他存款性公司的准备金存款账户余额以及其他金融性公司的结算账户余额，这些存款的增加也都直接对应人民银行的基础货币投放；“非金融机构存款”为支付机构交存人民银行的客户备付金存款。(2) 不计入储备货币的金融性公司存款，主要反映的是证券公司、保险公司等其他金融性公司在人民银行的存款。(3) 发行债券，主要反映的是人民银行所发行债券（如中央银行票据等）的余额。(4) 国外负债，主要反映的是人民银行对非居民以人民币计值的负债，如国际金融机构在人民银行的存款等。(5) 政府存款，主要反映的是各级政府的财政性资金在人民银行的存款。(6) 自有资金，主要是人民银行的资本金和信贷资金。(7) 其他负债，即不包含在上述几种分类中的人民银行负债。

最后，需要指出的是，人民银行“货币当局资产负债表”的项目及其内在含义是逐步演化的，其中的有些项目并非从一开始就有，有些项目的含义和统计口径也并非始终如一，其原因主要有两个方面：一是人民银行业务操作变化的客观反映，比如人民银行从2002年开始发行央行票据所引起的资产负债表变化；二是基于国际惯性和统一规则所进行的调整，如人民银行从2011年1月起采用IMF关于储备货币的定义，不再将其他金融性公司在货币当局的存款计入储备货币，同时将境外金融机构存款从其他存款性公司存款项目转入国外负债项目予以统计。此外，从2017年起，对国际金融组织相关本币账户以净头寸反映。关于中国人民银行资产负债表科目调整的历史演变详见二维码专栏3－6。

中国人民银行资产负债表科目调整的历史演变

3.5.2 中国人民银行的资产负债表分析

作为中央银行在一定时期内业务活动的存量报表，中央银行资产负债表既是中央银行在一定时期有关政策实施情况的客观反映，同时也是分析中央银行相关政策操作及其工具运用的重要工具。此外，由于中央银行事实上也会在一定程度上受到其资产负债表规模和结构的制约，因此，上一期的资产负债表情况往往成为下一期有关政策操作的前提和基础。从政策研究的角度看，通过对中央银行资产负债表的规模、结构以及相关科目历史数据变化情况的分析，可以对中央银行的政策（特别是货币政策）操作及其动向做出比较清晰的判断。

分析央行资产负债表，需要清楚的是，经济中的广义货币供应量实际上是由中央银行和以商业银行为代表的金融机构共同提供的，其中，中央银行负责提供基础货币，这部分货币最终形成流通中的现钞、商业银行的库存现金以及商业银行在中央银行的准备金存款；而商业银行则负责进行“货币创造”，即通过派生存款贷款机制实现基础货币的倍数扩张，最终形成广义货币供给。不过，商业银行派生存贷款创造的上限会受到中央银行法定存款准备金政策的直接影响。从央行资产负债表的角度看，基础货币的投放主要体现为负债方“储备货币”项目的增加，其中“货币发行”对应现钞的投放数量（M0＋金融机构库存现金），而“金融性公司存款”则是金融机构在央行的准备金存款，这两项目前是中国最主要的基础货币来源；而商业银行的“货币创造”及其所引起的广义货币供应量（M2）变化，则并不直接体现在中央银行的资产负债表中，而是体现在“银行业金融机构资产负债表”中的负债方存款项目下。

中国人民银行的相关货币政策操作对其资产负债表的影响（图3－1）主要包括以下几种情况：（1）当人民银行增加再贷款或再贴现时，会引起“货币当局资产负债表”资产方下“对其他存款性公司债权”的增加以及负债方下“储备货币（其他存款性公司存款）”的增加，反之则会引起上述项目的减少；（2）当人民银行买入外汇资产时，会引起“货币当局资产负债表”资产方下“国外资产（外汇）”的增加以及负债方下“储备货币（其他存款性公司存款）”的增加，反之则会引起上述项目的减少；（3）当人民银行进行外汇掉期交易时，售出外汇会引起“货币当局资产负债表”资产项下“外汇”的减少以及负债项下“储备货币（其他存款性公司存款）”的减少，买入外汇的交易则会引起上述项目的反向变化；（4）当人民银行通过公开市场买入国债时，会引起“货币当局资产负债表”资产方下“对政府债权”的增加以及负债方下“储备货币（其他存款性公司存款）”或“不计入储备货币的金融性公司存款”的增加，反之则会引起上述项目的减少；（5）当人民银行增加央行票据发行时，会引起“货币当局资产负债表”负债项下“发行债券”的增加和“储备货币（其他存款性公司存款）”的减少，资产项目不发生变化；（6）当人民银行进行正回购交易时，会引起“货币当局资产负债表”负债项下“其他负债”的增加和“储备货币（其他存款性公司存款）”的减少，逆回购交易则会引起上述项目的反向变化；（7）当人民银行向财政部门借出款项时，会引起“货币当局资产负债表”资产项下“对政府债权”的增加以及负债项下“政府存款”的增加，在财政资金得到使用后，会进一步导致负债方内部结构的变化，即“政府存款”的减少以及“储备货币（其他存款性公司存款）”的增加；（8）人民银行对政府财政透支会引起“货币当局资产负债表”资产项下“对政府债权”的增加以及负债项下“储备货币（其他存款性公司存款）”的增加，但《中华人民共和国中国人民银行法》已经基本禁止了这一做法。

2019年，人民银行资产负债表的规模变化引发市场关注。为此，人民银行在其《2019年第三季度中国货币政策执行报告》中撰写专栏予以回应，称“中国仍实施常态货币政策，法定准备金率是使用的主要政策工具之一。虽然中国人民银行资产规模增长放缓甚至可能下降，但降准放松了流动性约束，增大了货币创造能力，与国外央行量化宽松结束后一度进行的‘缩表’有本质区别。因此，不能简单套用国际经验通过央行资产负债表规模来判断货币政策取向，短期要看超额准备金率的变化，长期关键要看法定准备金率对银行货币创造能力约束的变化”。关于该专栏一些重要内容的摘录详见专栏3-4。

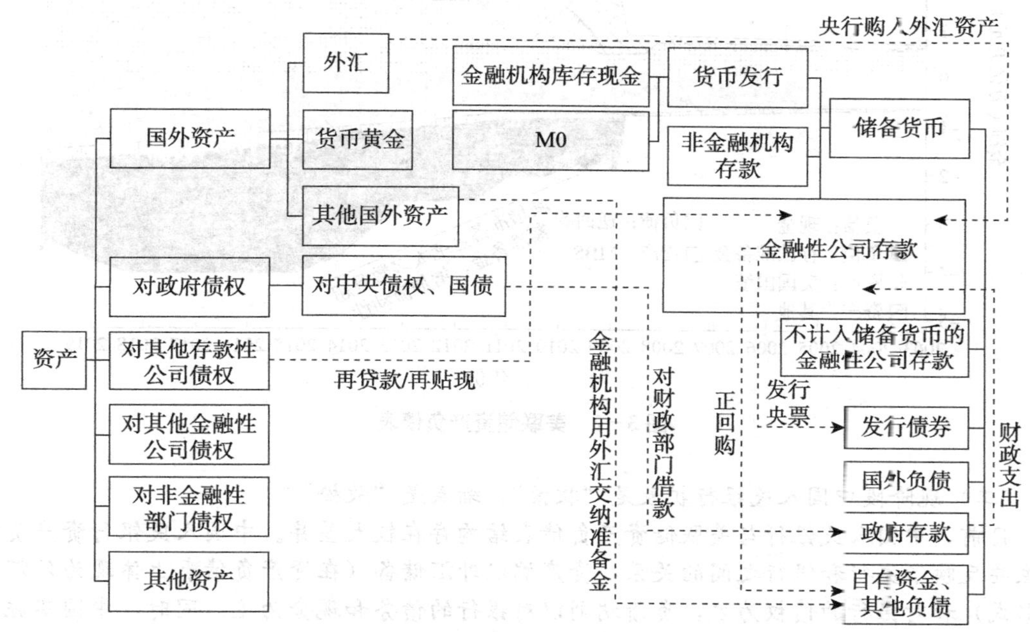

图3-1　中国人民银行货币政策操作对其资产负债表的影响

注：本图由中国人民大学郝妙宁根据网上相关公开资料绘制。

专栏3-4　正确看待央行资产负债表规模变化

人民银行在《2019年第三季度中国货币政策执行报告》中，从对比中美资产负债表差异的角度，对央行资产负债表规模和机构的变化及其相关影响因素进行了分析，以下是部分内容的摘录：

（一）美联储扩表是放松，缩表是收紧

美联储是典型的国际金融危机后实施非常规货币政策的发达经济体央行。在危机发生前，美联储资产负债表中资产端的国债和负债端的现钞发行量均占9成左右，且两者基本相等。美联储主要使用利率工具，较少使用法定准备金率工具。

在危机发生后，利率降至零附近，常规的利率工具失效，美联储通过三轮量化宽松购买国债和抵押贷款支持证券（mortgage-backed security，MBS），以进一步放松货币条件。在资产负债表中，其资产端的国债和MBS、负债端的存款准备金迅速增加（图3-2）。由于美国的法定准备金率常年处于较低水平，增加的存款准备金绝大多数为超额准备金，相当于直接在市场上投放了大量流动性，货币政策是宽松的。2017年美联储启动了缩表计划，停止部分到期债券再投资。在资产负债表中，其资产端的国债和MBS、负债端的存款准备金（主要是超额准备金）平稳减少，直接降低了银行体系的流动性，货币政策是收紧的。

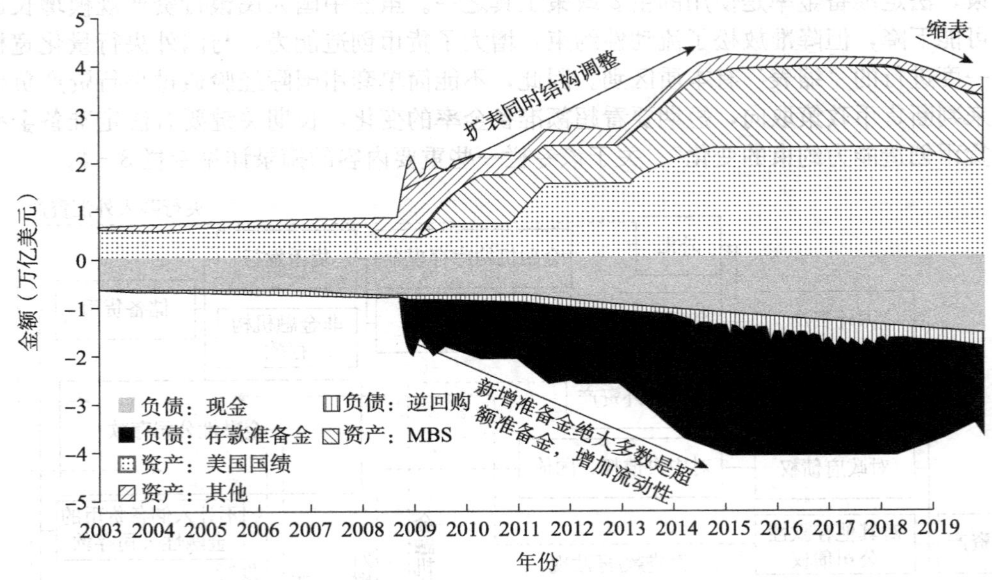

图 3-2 美联储资产负债表

（二）现阶段中国人民银行扩表是“收紧”，缩表是“放松”

目前，中国人民银行与美联储资产负债表结构存在较大差异。中国人民银行资产负债表主要反映了央行和银行之间的关系，资产端以外汇储备（在资产负债表上体现为外汇占款形式）和对银行的债权为主，负债端则以对银行的债务和现金为主。同时，中国实施常态货币政策，法定存款准备金率作为常规货币政策工具发挥了重要作用，这导致中国人民银行资产负债表变化的效果与美联储明显不同。

2002—2014年，中国人民银行资产负债表资产方的外汇占款和负债方的超额准备金快速增加。在这一阶段中，中国人民银行虽然扩表，但由于法定准备金率提高，冻结银行体系流动性（减少超额准备金），使银行可用资金减少，对银行贷款创造存款行为施加流动性约束，货币政策操作是“收紧”的（图3-3）。在对冲被动增加的外汇占款后，货币政策总体上是稳健的。

自2015年以来，中国人民银行资产负债表规模增速明显放缓，结构调整较大。外汇占款一度下降较快，中国人民银行通过中期借贷便利（medium-term lending facility，MLF）、抵押补充贷款（pledged supplementary lending，PSL）等工具弥补外汇占款下降的资金缺口。同时下调法定存款准备金率，对冲银行因存款增加而需要补缴的法定准备金。事实上降准操作并不改变央行资产负债表规模，只影响负债方的结构，但考虑到降准是政策效应较强的操作工具，央行同时会减少逆回购、MLF等操作以保证银行体系流动性合理充裕，银行也可能根据经营需要减少对中央银行的负债，央行资产负债表规模会出现增速下降或收缩的情况，因此近期中国人民银行资产负债表环比收缩主要出现在降准的当月或次月。从长期看，下调法定准备金率的货币政策操作放松了银行贷款创造存款行为的流动性约束，在信用收缩的背景下起到了对冲作用，使货币条件总体保持稳定。

此外还要看到，央行资产负债表受季节性因素影响较大，财政税收和支出、现金投放和回笼都会引起央行资产负债表规模变化，因此，观察个别时点的央行资产负债表规模并无太大意义。从较长期的视角看，自2005年以来，虽然央行资产负债表增速有一定波动，但除2009—2010年外，中国金融机构各项贷款余额同比增速基本保持平稳，也说明中国货币政策总体上是稳健的。

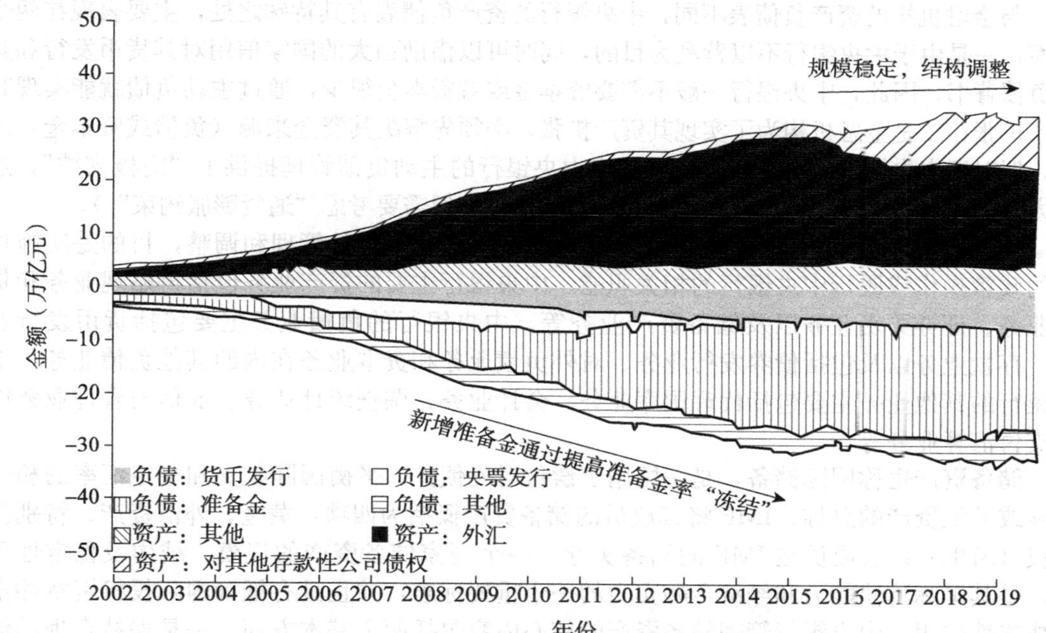

图3-3　中国人民银行资产负债表

注：本专栏内容摘自《2019年第三季度中国货币政策执行报告》的"专栏1：正确看待央行资产负债表规模变化"。

【本章小结】

中央银行的资产负债表也称"货币当局资产负债表"，是中央银行在履行职能时的业务活动所形成的债权债务存量表。目前中央银行资产负债表的编制主要参照IMF的《货币与金融统计手册》（MFSM2000）和《货币与金融统计编制指南》（MFSCG2008）。通过分析中央银行资产负债表的规模、结构及其变化情况，可以对中央银行的相关业务活动形成更为深入的认识，并可以进行相应的定量分析和判断。

中央银行的资产是指中央银行在特定时点上所拥有的各种债权，按照债务人国别可区分为国外资产和国内资产两大类。其中，国外资产主要包括黄金储备、中央银行持有的可自由兑换外汇、地区货币合作基金、不可自由兑换的外汇、国库中的国外资产、其他官方的国外资产、对外国政府和国外金融机构的贷款、在IMF的储备头寸、特别提款权（SDR）持有额以及未在别处列出的其他官方国外资产等；国内资产主要包括对中央政府的债权、对各级地方政府的债权（地方政府对中央银行的债务）、对存款货币银行的债权（存款货币银行对中央银行的债务）、对非货币金融机构的债权、对非金融政府企业的债权、对特定机构的债权以及对私人部门的债权等。

中央银行的负债是中央银行的资金来源，表现为金融机构、政府、个人和其他部门持有的对中央银行的债权。根据 IMF 的统计口径，中央银行的负债项目主要包括：储备货币、定期储备和外币存款、发行债权、进口抵押和限制存款、对外负债、中央政府存款、对等基金、政府贷款基金、资本项目和其他项目。

与金融机构的资产负债表不同，中央银行的资产负债表有其特殊之处，主要表现在两个方面：一是由于中央银行不以营利为目的，同时可以借助强大的国家信用对其货币发行和其他负债背书，因此，中央银行一般不需要资本金或者资本金很少，通过主动负债就能实现其资产扩张；二是金融机构为了实现其资产扩张，必须先解决其资金来源（负债或资本金）问题，但对于中央银行而言，货币发行权为中央银行的主动负债管理提供了“终极支撑”，这极大地提高了中央银行货币调控的自主性和灵活性（但需要考虑“通货膨胀约束”）。

中央银行的资产业务是指中央银行对其资产规模和结构的管理和调整，目的是实施相应的政策操作或履行中央银行的相关职能。中央银行主要的资产业务包括再贴现业务和贷款业务、证券买卖业务以及储备资产业务等。中央银行的负债业务主要包括货币发行业务、存款业务以及包括债券发行业务、对外负债业务和资本业务在内的其他负债业务。中央银行的其他业务主要包括代理国库业务、会计业务、调查统计业务、征信与管理业务以及支付清算业务等。

储备资产也称国际储备，是一国用于偿付对外债务、平衡国际收支和稳定汇率的相关国际或外汇资产的总称。IMF 将其成员的储备资产概括为四项：黄金、外汇资产、特别提款权（SDR）以及成员在 IMF 的储备头寸。一个国家储备资产的规模、结构及稳定性程度，是其国际清偿能力和经济金融实力的一个重要标志，并且具有抵御国际投机资本冲击的战略性作用。中央银行管理储备资产的核心内容包括两个基本方面：一是保持合理的储备资产规模；二是保持合理的储备资产结构。

在中国人民银行的资产负债表中，资产方主要包括以下六大项目：国外资产、对政府债权、对其他存款性公司债权、对其他金融性公司债权、对非金融性部门债权以及其他资产；负债方主要包括以下七大项目：储备货币、不计入储备货币的金融性公司存款、发行债券、国外负债、政府存款、自有资金和其他负债。

经济中的广义货币供应量实际上是由中央银行和以商业银行为代表的金融机构共同提供的，其中：中央银行负责提供基础货币，这部分货币最终形成流通中的现钞、商业银行的库存现金以及商业银行在中央银行的准备金存款；而商业银行则负责进行“货币创造”，即通过“派生存款贷款机制”实现基础货币的倍数扩张，最终形成广义货币供给。不过，商业银行派生存贷款创造的“上限”会受到中央银行法定存款准备金政策的直接影响。

从央行资产负债表的角度，基础货币的投放主要体现为负债方“储备货币”项目的增加，其中“货币发行”对应现钞的投放数量（M0 + 金融机构库存现金），而“金融性公司存款”则是金融机构在央行的准备金存款，这两项目前是中国最主要的基础货币来源；而商业银行的“货币创造”及其所引起的广义货币供应量（M2）变化，则并不直接体现在中央银行的资产负债表中，而是体现在银行业金融机构资产负债表中的负债方存款项目下。

【关键词】

中央银行资产负债表　货币当局资产负债表　储备头寸　特别提款权（SDR）　储备

货币　再贴现业务　贷款业务　证券买卖业务　储备资产业务　国际储备　黄金　外汇资产　货币发行业务　存款业务　债券发行业务　对外负债业务　资本业务　存款准备金制度　代理国库业务　会计业务　调查统计业务　征信与管理业务　支付清算业务　净额清算　央行资产负债表扩张　央行“缩表”

【复习思考题】

1. 简述中央银行资产负债表的基本结构和主要项目。
2. 简要说明中央银行主要的资产业务与负债业务。
3. 简要解释中央银行再贴现业务与贷款业务的主要区别。
4. 简要说明中国人民银行资产负债表的结构与主要项目。
5. 简要说明中国人民银行的常见政策操作对其资产负债表的影响。

第 4 章 中央银行的决策与制度安排

【本章要点】

1. 中央银行的决策机构与机制；
2. 中央银行的独立性及判断标准；
3. 中央银行的透明度及测度方法；
4. 中国人民银行的决策与制度。

【导入案例】

《证券市场周刊》（诸建芳，崔嵘. 美联储独立性“今不如昔”. 2019－08－07）：美联储前主席伯南克在其撰写的《行动的勇气》一书中阐述了美联储独立性存在的意义：“美联储是一个具有政治独立性的中央银行，为了国家的长远利益做出政治上不受欢迎的决策是其存在的一个理由，即做他人不能或不愿做，却又必须要做的事。”然而如今，美联储的独立性似乎正面临诸多挑战。自 2019 年以来美联储在货币政策会议中传递的信息不仅较 2018 年收缩的货币政策出现明显转向，而且屡次释放了超越市场宽松预期的鸽派信号。同时，特朗普总统破天荒地在媒体和公众场合抨击美联储货币政策不够宽松。这令市场不时出现关于重新审视美联储独立性的疑虑。我们认为，在美联储新的利率调控机制下，理事会（board of governors）多位执行委员的人事空缺使特朗普可以轻易“重塑”美联储，并间接影响货币政策走向，为 2020 年总统大选和白宫政策服务。美联储货币政策的独立性已经“今不如昔”。

财新网（唐家婕．伯南克：美联储强调透明度．2013－12－17）：12 月 16 日，美国联邦储备体系在华盛顿举行庆祝美联储成立一百周年的活动，主席伯南克在活动中表示，美联储必须清楚地和市场沟通其货币政策意图，并且让市场相信美联储的政策对公众有利。伯南克表示，美联储的独立性和合法性依赖于与市场建立良好的双向沟通，让美国人民对他们选出的代表充满信心。“我成为主席后的个人目标之一，就是增强美联储的透明度。”伯南克接着说：“改善沟通有利于更有效地实行我们的政策，不论是披露银行压力测试结果，还是帮助公众及市场参与者更好地了解货币政策的可能演变。”

从上面的财经评论和报道我们可以看出，在中央银行的决策和制度安排中，独立性和透明度是非常重要的两个方面。那么，中央银行有哪些基本的决策与制度安排？如何理解和衡量中央银行的独立性和透明度？中国人民银行的决策机制、独立性和透明度如何？本章将对上述问题进行解答。

4.1 中央银行的决策机构与机制

中央银行的决策机构与机制主要是指中央银行在制定货币政策、宏观审慎政策和监管政策等主要经济金融政策过程中所依托的决策组织（部门）及制度流程。

4.1.1 中央银行的决策机构

在大部分成熟的市场经济国家中，货币政策的决策通常由中央银行下属的货币政策委员会或者类似的机构（部门）来实施，代表性机构如美国联邦公开市场委员会（Federal Open Market Committee，FOMC）、欧洲中央银行管理委员会（Governing Council of European Central Bank）、英格兰银行货币政策委员会、日本银行政策委员会等。其中，美国联邦公开市场委员会隶属于联邦储备体系，主要任务是决定美国的货币政策立场、取向和具体操作，最终实现稳定物价和充分就业的目标。具体而言，美国联邦公开市场委员会通过公开市场操作决定货币供应量和短期目标（政策）利率水平，并对联邦储备银行在外汇市场上的活动进行指导。作为美国货币政策的决策机构，美国联邦公开市场委员会实际上担负着制定货币政策、指导和监督公开市场操作的重要职责。欧洲中央银行管理委员会是欧洲中央银行的最高决策机构，负责制定欧元区的货币政策，并就涉及货币政策的中间目标、指导利率以及法定准备金等做出决策，同时确定其实施的行动指南。英格兰银行货币政策委员会和日本银行货币政策委员会在货币政策决策中的地位和作用与上述两政策委员会基本一致。

在宏观审慎政策和金融监管决策方面，2008年国际金融危机之后，各国央行通过新设或改革原有相关职能部门的方式，逐渐明确了宏观审慎政策和金融监管的决策机构。具体来看，美国设立了金融稳定监督委员会（Financial Stability Oversight Council，FSOC，专栏4－1），成员包括财政部长、美联储主席及监管部门的高级官员，该机构直接向国会负责，主要职责是强化宏观审慎监管，更加有效地识别和监测系统性金融风险，找出威胁金融体系稳定的因素和监管上的漏洞，向各监管机构提出调整建议。比如，当委员会认为一些金融企业太大或太复杂而有可能威胁金融稳定时，就会向美联储提出建议，对这些企业实施更严厉的监管；经委员会同意后，美联储可要求贷款机构提高资本金，限制金融企业的合并和收购等扩张活动，并有权拆分那些被视为对金融市场稳定存在威胁的企业。总体来看，FSOC在宏观审慎政策的制定过程中处于决策地位，而美联储则是超级监管者和主导性机构，但美联储同时强调了监管机构在宏观审慎中的作用以及微观审慎监管的基础性。

专栏4－1　美国FSOC的职能与组织结构

（一）职责定位

FSOC具有三个主要的法定职责：一是识别金融风险，包括金融体系内部和外部的风险来源；二是培育市场纪律，消除“期待政府救助”的道德风险；三是积极应对威胁金融稳定的各种潜在风险。为有效履行上述职责，FSOC被授权从事以下活动：一是促进监管协调；二是加强数据收集，促进信息共享；三是指定非银行金融公司接受统一的监管；四是认定系统重要性金融市场设施；五是建议实施更为严格的监管标准；六是分拆“大而不能倒”和具有系统性危害的金融机构。

（二）人员构成

FSOC由15名成员构成，涵盖了联邦金融监管机构负责人、州金融监管机构负责人及社会独立人士，具体分为两类：一类是10名拥有投票权的成员，分别是财政部部长（兼任FSOC主席）、美联储主席、货币监理署负责人、消费者金融保护局局长、证券交易委员会主席、联邦存款保险公司主席、商品期货交易委员会主席、联邦住房金融局局长、国家信用社管理委员会主席以及一名由总统任命的具有6年任期的独立保险业专家；二是5名不具有投票权的成员，在FSOC中主要从事顾问工作，分别为财政部金融研究办公室主任、联邦保险办公室主任、由各州保险委员会指定的一名州保险监管委员、由各州银行监管机构指定的一名州银行监督官以及由各州证券监管委员会指定的一名州证券监管委员。

（三）组织结构

FSOC采取多层次委员会模式，在其下设立代理人委员会，委员会由来自FSOC各成员机构的高级官员构成，主要负责统筹安排FSOC的日常事宜、协助FSOC进行风险监测及认定系统重要性金融公司或金融市场设施、协调并监督各专业委员会的工作开展等。代理人委员会下设5个专业委员会，具体为：数据委员会、金融市场设施委员会、非银行金融公司认定委员会、监管和处置委员会和系统性风险委员会。FSOC各成员机构可选定一名或多名本机构（具备相应履职专业知识的）工作人员加入专业委员会。

英国的宏观审慎政策决策主要包括附属于中央银行（英格兰银行）的两大机构：一是金融政策委员会（Financial Policy Committee，FPC），为宏观审慎政策的核心决策机构，主要负责识别和监控系统性风险，具有对金融稳定相关事宜向财政部和中央银行提出建议的权力，以及对金融审慎管理局和金融行为管理局提出指示和建议的权力；二是金融审慎管理局（Prudential Regulation Authority，PRA），主要负责宏观审慎管理，为宏观审慎政策的主要执行机构，并拥有对金融行为管理局（主要负责微观行为监管）的单向否决权。金融行为管理局（Financial Conduct Authority，FCA）作为原“金融服务管理局”（Financial Service Authority，FSA）的实体延续，主要负责微观层面的金融行为监管。总体来看，在2008年危机后，英格兰银行成为系统性风险防范及应对以及宏观审慎管理框架的实质主体，而作为微观监管主体的金融行为局虽然名义上直接向国会和财政部汇报，但实际上受到金融政策委员会的极大制约。由此，英格兰银行成为集货币政策和宏微观审慎决策权于一身的“超级央行”。

在欧盟，2008年危机后新的金融监管体系以系统性风险防范为核心，建立了新的三层监管体系：欧洲系统性风险理事会（European Systemic Risk Board，ESRB）是整个欧洲系统性风险防范与应对的责任主体，主要由欧盟所有成员国的央行行长以及欧盟层面金融监管机构的负责人组成，理事会主席为欧洲中央银行行长，ESRB负责对整个欧盟金融体系进行宏观审慎监管，包括监测各种危及欧洲金融稳定的风险来源、识别并评估系统性风险的潜在危害性和发生的可能性、对重大系统性风险提出预警并向相关机构提出警告或建议等；欧洲银行管理局、证券及市场管理局、保险和职业养老金管理局分别负责对银行、证券和保险的微观审慎监管，统称欧洲监管当局，负责欧盟层面的微观审慎监管，并履行金融消费者保护职责；各个成员国的监管机构负责各国内部的微观监管。2013 年 9 月，欧洲议会通过"单一监管机制"，银行监管机制将由欧洲中央银行、各国银行监管机构和欧洲银行管理局共同组成，形成一个三层监管框架。欧洲中央银行主要负责监管具有系统重要性的银行业金融机构以及在必要时接管全部银行的监管，并配合系统风险理事会监测系统性风险。

4.1.2 中央银行的决策机制

中央银行的决策机制是指中央银行在进行货币信贷、宏观审慎和金融监管等方面的决策时所遵循的制度、方法和流程等相关规则。在大部分成熟的市场经济国家中，中央银行在货币政策的决策机制方面大同小异。下面以美国联邦公开市场委员会、欧洲中央银行管理委员会以及日本银行政策委员会的相关制度为例进行代表性说明。

美国联邦公开市场委员会（FOMC）由 12 名成员组成，分别是 7 名联邦储备体系理事会理事以及 12 位储备银行行长中的 5 位。其中，理事及纽约储备银行行长共 8 人为常任委员，剩下的 4 个席位每年在其余的 11 位行长中轮换。美国联邦公开市场委员会每年召开 8 次例会，一般在 2 月和 7 月的会议上重点分析货币信贷总量的增长情况，预测实际产出、通货膨胀、就业率等指标的变化情况，而在其他 6 次会议中，则主要对长期的货币信贷目标进行讨论。每次会议的议程一般为：(1) 批准上一次例会的会议记录；(2) 外币操作评价，包括上次会议后的操作情况报告、批准上次会议结束后的交易情况；(3) 国内公开市场操作评价，包括上次会议后操作情况的报告、批准上次会议结束后的交易情况；(4) 经济形势评价，包括工作人员对经济形势的报告、委员会讨论；(5) 货币政策长期目标（2 月和 7 月会议）评价，包括工作人员评论、委员会对长期目标及行动方案的讨论；(6) 当前货币政策和国内政策指令，包括工作人员评述、委员会讨论和制定指令；(7) 确定下次会议的召开日期。

欧洲中央银行管理委员会由两类人组成：欧洲中央银行执行理事会的 6 名成员和加入欧元区成员国的 12 名央行行长。每位成员各拥有一票投票权，如果支持与反对双方的票数相等，则欧洲中央银行行长的一票具有决定意义。管理委员会进行表决时，需满足 2/3 的规定人数。如无法满足这一最低要求，欧洲央行行长可召集特别会议来做出决策。管理委员会成员国中央银行行长的任期最少不低于 5 年。委员会通常每两周召开一次会议，但隔一次才讨论利率。会后，管理委员会的主席一般会召开新闻发布会，解释管理委员会做出相关决策的理由。为加强与社会公众的沟通，管理委员会对经济状态和通货膨胀态势的看法会通过《欧洲中央银行月报》予以发布，该月报以欧共体 11 种官方语言发表。

日本银行政策委员会由 7 个委员组成，包括日本银行总裁及财务省（原大藏省）代表、经济企划厅代表各 1 人，并由城市银行、地方银行、工商业及农业方面各选任委员 1 人，由参、众两院同意，由内阁任命。政策委员会每月召开 1 次会议，并只有在至少 2/3 成员出席的情况下才能开会和投票。决定采用投票表决的方式，获得参会成员 1/2 以上票数即为通过；当赞成票数与反对票数相等时，委员会主席拥有决定权。财务大臣（或其代表）、财政经济担当大臣（或其代表）可以参加政策委员会会议并提交建议，他们不拥有投票权，但可以要求委员会推迟表决相关问题（提出推迟表决意见后，需由委员会成员投票表决是否采纳)。日本银行政策委员会会议的程序一般为:(1)日本银行货币政策部门做《经济与金融发展工作报告》,内容包括货币市场操作、金融市场近期状况、海外经济和金融发展、日本的经济和金融状况等;(2)委员会讨论经济金融的发展;(3)委员会讨论近期货币政策;(4)政府代表对《经济与金融发展工作报告》和讨论结果进行评价并提出建议;(5)委员会委员进行投票;(6)对上次会议的会议记录进行批准并确定发布时间。

在宏观审慎政策和金融监管的决策机制方面,这里以美国的金融稳定监督委员会(FSOC)和德国的金融稳定委员会(Financial Stability Committee, FSC)为例予以概要性的介绍。美国的 FSOC 及其下设各级委员会均采用会议决策制,经委员会主席或多数成员提议后可召开会议,且每季度不得少于 1 次。自 FSOC 成立以来,其每年召开会议一般在 10 次和 12 次之间,而其下设的代理人委员会每半个月左右召开 1 次会议。除另行规定外,FSOC 及其下设各级委员会应以现任拥有表决权成员的多数票同意的方式做出所有决策。作为系统性风险的主要监管者,一旦 FSOC 认为某非银行金融机构的破产或其业务活动会对美国金融稳定造成威胁,在 2/3 及以上票数通过的情况下,FSOC 就可认定该机构为系统性重要金融机构,使之接受美联储的监管,并有权对其强制分拆重组或剥离资产,这就使得诸如美国国际集团和抵押贷款机构等影子银行受到类似银行的金融监管。

欧洲系统性风险理事会(ESRB)成立后,为落实 ESRB 的要求,德国于 2008 年成立了金融稳定委员会(FSC),负责宏观审慎政策的决策和实施。FSC 由 10 名代表构成:3 名来自德国联邦财政部(其中 1 名担任主席),3 名来自德国中央银行,3 名来自德国联邦金融监管局,1 名来自联邦金融市场稳定机构。FSC 的主要职责是审议有关金融稳定的政策以及协调各代表机构之间的合作,并每年向德国联邦议院提交风险分析报告。FSC 每季召开 1 次会议,讨论德国的金融稳定状况,识别潜在的金融风险,并提出防范风险的相关建议。FSC 还承担与 ESRB 的沟通工作,负责回应 ESRB 的质询,同时也将来自德国的警告和建议传递给 ESRB。

德国中央银行是 FSC 框架下的核心成员,拥有对 FSC 发布警告或建议的否决权,对于德国中央银行反对的事项,FSC 无权发布相关警告或建议。同时,德国中央银行是德国唯一有权对金融机构行使统计权力的机构,享有金融统计信息方面的专属权,有权要求金融机构报送有关信息以满足分析研究的需要。此外,德国中央银行每年还会发布金融稳定评估报告,并就金融风险问题向 FSC 提出警告或建议。联邦金融监管局主要负责对金融机构的信贷规模、杠杆水平和利润分配等行为进行监管和干预,以确保金融机构的业务开展遵守 FSC 制定的标准。另外,联邦金融监管局还与德国中央银行共同确定系统重要性机构的名单。德国财政部在 FSC 框架中发挥金融稳定的辅助支持功能,可以依据 FSC 的决议对金融部门的收入和激励机制进行逆周期税收调节,在市场不稳定时设立稳定基金来为金融市场提供债务担保,或者通过国家注资等方式为系统性重要金融机构提供流动性支持。

4.1.3 中央银行决策的主要依据

中央银行的主要经济金融政策包括货币政策、宏观审慎政策和金融监管政策等,对一国的经济金融运行、社会发展和就业等具有重要影响,其决策和调整需要有一定的客观依据,以增强中央银行调控的科学性、指向性和有效性。一般而言,政策决策的主要根据包括:(1)国内的经济周期运行状态及其微观基础;(2)国内的金融周期运行状态及其微观基础；(3) 国际的经济金融形势及其对国内的传导影响；(4) 关系国家经济和社会发展的长期结构和战略问题。

（一）国内的经济周期运行状态及其微观基础

现代中央银行政策调控的基本思维是进行逆周期调节来烫平过度的经济周期波动，因此，国内经济运行的周期状态和失衡程度（即偏离政策目标或均衡水平的程度）是中央银行进行政策决策的基本依据。在实践中，为加强政策调控的前瞻性、及时性和有效性，中央银行通常不仅需要考虑经济周期运行的当前状态和失衡程度，还需要对未来一个时期内的经济周期状态和趋势进行分析和预测。

国内宏观经济所处的周期运行状态直接反映了一国总体经济形势的好坏，中央银行只有在对国内宏观经济运行状况有一个准确、系统和全面认识的基础上，才能做出科学有效的政策决策。在对国内宏观经济的运行周期状态进行分析、判断和预测时，中央银行通常需要考虑以下因素：(1) 经济景气程度，包括潜在经济增长率、实际经济增长率、失业率、投资和消费变动、生产和需求状况、经济景气指数变化等；(2) 通货膨胀和币值稳定状况，包括通货膨胀水平、通货膨胀预期、一些重要价格指数（如生产价格指数、批发价格指数）以及影响通货膨胀预期的一些重要商品的价格变化等；(3) 国际收支均衡状况，包括进出口变动情况、经常项目平衡情况、国际资本流动状况、国际储备变动情况、名义和实际汇率的变动情况等。

同时，企业和家庭（居民）是构成宏观经济的微观基础，也是中央银行政策调控的最终作用对象。因此，中央银行在制定经济金融政策时，还必须对微观主体的行为和预期进行分析判断，并将其作为政策决策的重要参考依据。对微观主体的行为和预期进行分析预测时，一般考虑以下方面：(1) 企业生产能力的利用情况，如开工率、产品销售率、存货变动等；(2) 企业的经济效益状况，如资产回报率、成本利润率等；(3) 企业的财务状况，如负债率、利润率、抵押担保率、流动比率、资产周转率等。

（二）国内的金融周期运行状态及其微观基础

金融体系的活动和周期状态对经济周期具有重要影响，并且通常领先于经济周期，这意味着深化对金融周期的理解有助于增强对经济周期运行的前瞻性判断；同时，金融周期所处的状态和失衡程度本身也是宏观审慎政策的重点关注目标。因此，无论是从加强货币政策前瞻性的角度，还是从宏观审慎政策决策的角度，中央银行都需要对金融周期的运行状态进行科学有效的分析和研判。

金融周期有很多具体的识别和判断维度，按照概念所包含的范围，从小到大可分为货币周期、信贷周期和总体金融周期等层次。从货币周期的层次看，中央银行一般会考虑各个层次的货币供应量及其增速、货币乘数、市场流动性状况和均衡利率（自然利率）水平等；从信贷周期的层次看，中央银行一般会考虑信贷投放的规模与结构、存贷款增速、贷存比、存贷利差、"影子信贷"的规模与增速等；从总体金融周期的层次看，中央银行不仅会考虑前述与货币和信贷周期有关的因素，还会更广泛地考虑整个金融体系的信用创造和扩张收缩程度，增加纳入考虑的指标包括社会融资规模（总量、结构和增速），实体经济的融资需求满足度以及反映金融市场景气程度的相关指标，如证券价格指数、交易量、换手率、市场情绪、市场风险溢价等。

与经济周期的分析方式类似，中央银行对宏观金融周期的分析和判断也需要考虑其背后的微观基础，这一方面有助于进一步明确金融周期变化背后的主要推动因素（特别是引发金融失衡的相关因素），另一方面也有助于有的放矢地制定相应的货币信贷和宏观审慎政策。在金融周期分析的微观层次，中央银行通常需要考虑的因素包括：(1) 金融机构的信贷投放意愿、风险偏好、定价行为、成本收益状况、流动性状况、资本充足率状况、融资需求状况、不良资产状况等；(2) 金融机构及其他市场主体的创新行为以及与此有关的新产品、新业务、新交易方式对信贷流动、资产价格和风险转移等政策关注要素的影响；(3) 对金融市场中影响大或关联广泛的系统重要性金融机构予以重点关注，判断其行为和业务（尤其是与市场重大事件相关联的行为和业务）对金融市场的影响。

（三）国际的经济金融形势及其对国内的传导影响

在金融全球化和金融市场一体化程度越来越高的今天，任何一个开放型经济体都不可避免地面临国际经济金融形势变化的影响和冲击，中央银行如果不能很好地考虑这些外部因素对国内经济金融运行状态的影响，就会导致政策效应的弱化甚至政策失效。

一般而言，一国的重大经济金融或者政治变故，通常都会对其经济金融往来关系密切的经济体产生直接影响，而主要经济体的经济金融或者政治变故则有可能引发全球性的经济金融动荡和市场连锁反应，最终导致危机的国际扩散。比如，2007 年发源于美国的“次贷危机”在 2008 年很快演变成了一场全球性的金融危机，将全球经济拖入长达十余年的漫长衰退期；2009 年底希腊债务危机的爆发，拉开了“欧债危机”的序幕并很快在欧元区蔓延开去，随着危机事件的轮番驱动，全球的经济和金融市场都饱受影响。因此，中央银行在政策制定的过程中会对国际的经济金融形势及其对本国的影响进行分析，以充分考虑国际事件对国内经济金融运行的冲击与影响。

在通常情况下，中央银行在分析国际经济金融形势变化的影响时会考虑以下因素：(1) 经济周期方面，包括世界各主要经济体以及全球经济周期的运行状态和趋势、世界经济和主要经济体的预期经济增速、国际贸易总额的变动和主要经济体的进出口变化、世界和主要经济体的通货膨胀水平及通货膨胀预期变化等；(2) 金融周期方面，包括国际大宗商品市场的价格变动及趋势、国际资本的流动方向和趋势、主要经济体的汇率变化和国际金融市场的价格指数变动等；(3) 政策传导方面，包括以美联储、欧央行为代表的大型经济体的经济金融政策变化及其影响，以及国际重大经济政治事件对国际国内经济和金融市场的影响等。

（四）关系国家经济社会发展的长期结构和战略问题

在大部分成熟市场经济国家中，中央银行的主要定位是通过货币手段进行短期需求的调节和管理，并不致力于长期供给方面的调节和干预，长期的调节和管理主要交由市场机制完成。然而，在一些后起的发展中国家，特别是在市场发育不充分和市场机制不够成熟的国家，或在那些具有政府干预经济传统和惯性特征的国家中，中央银行在进行短期需求管理的同时，通常还要配合国家经济社会发展的长期战略需要，采用货币金融手段对国家的经济结构调整、产业结构升级和社会发展进步提供辅助性支持（专栏 4-2)。

中央银行在进行上述决策和政策调整时，一般主要配合国家的财政政策、产业政策和民生政策等出台相应的政策措施，所参考的主要依据通常包括以下方面：(1) 国家经济发展战略的预期目标、实现程度以及需要货币金融政策予以支持的方面和方式；(2) 国家产业政策导向下的产业结构调整目标、速度和质量，以及这一过程中需要或适合采用货币金融手段予以支持的事项；(3) 关系经济社会稳定发展的若干“短板”领域（特别是在市场机制难以有效发挥作用的领域，如环境和可持续发展问题、区域均衡发展问题、贫困和公平发展问题等）以及这些领域适合采用货币金融手段予以支持的事项。

专栏 4-2　中央银行与“供给侧结构性改革”

在2015年以后，中国在推进“供给侧结构性改革”的过程中，实体经济对货币金融的需求从总量转向了结构性。在此背景下，中国人民银行的货币政策取向也从传统的“大水漫灌”转向更具有针对性和灵活性的“精准滴灌”。在具体实践方面，中国人民银行一方面加大公开市场操作的力度，充分保障经济金融运行过程中所需的流动性，推进市场化利率机制的形成和完善；另一方面，推出常备借贷便利（standing lending facility，SLF）、中期借贷便利（MLF）、信贷资产质押再贷款、抵押补充贷款（PSL）和短期流动性调节（short-term liquidity operation，SLO）等新型货币政策工具。从数据来看，中国人民银行“对其他存款性公司债权”从2014年底的2.50万亿元增加到2019年7月的10.31万亿元。2018年10月，面对民营经济资金紧张的状况，中国人民银行实施了推进民营企业债券融资支持计划、推进民营企业股权融资支持计划和综合运用货币政策工具计划，综合运用多种工具推动解决民营企业“融资难、融资贵”问题。

注：本专栏内容改编自王国刚．新中国70年践行稳健货币政策的历史经验．光明日报，2019-09-17。

4.2 中央银行的独立性

4.2.1 中央银行独立性的产生和发展

中央银行的独立性是指中央银行在履行自身职责的过程中，法定或实际拥有的职权范围以及在决策与行动方面所享有的自主性程度，通常包括政策独立性、人事独立性、经济独立性等方面的内容。国际货币基金组织关于中央银行独立性的定义为：“中央银行独立性是指中央银行在公布通货膨胀率、汇率或货币政策目标以及根据自己的操作决定货币供应量和利率水平时不受政府的干预，并且中央银行的管理和财务是独立的。”

从历史来看，在第一次世界大战期间，由于巨大的军费支出，参战国的中央银行被迫增发纸币，引发了战后大多数国家普遍性的严重通货膨胀。例如，1921年与1913年相比，英国、法国、德国、意大利四国中央银行发行的纸币流通量分别上升了3.5倍、5.6倍、38倍和7.6倍，不仅造成了严重的通货膨胀，而且加剧了经济和金融困难。在这一背景下，在第一次世界大战之后建立的中央银行大多坚持了独立性原则。不过，1929—1933年的“大萧条”催生了凯恩斯主义。凯恩斯认为，经济危机的原因是总需求不足，为避免危机，应实行扩张性财政政策和货币政策，通过政府干预经济刺激总需求。受此影响，一些国家的货币政策转向依附财政政策，中央银行的独立性出现了一定程度的弱化。20世纪70年代，主要资本主义国家出现了严重的“滞胀”问题，一些国家的通货膨胀率高达三位数，经济发展和宏观调控一度陷入泥潭。通过反思历史，各国政府逐渐认识到物价稳定对一国经济长期稳定发展的重要性，而要实现物价稳定的目标，必须保持中央银行的独立性。为此，美国、德国、日本、英国等主要发达国家相继修改中央银行法，强化中央银行的独立性。

除上述历史背景外，中央银行独立性问题的提出主要有两方面的基本原因：一是将中央银行与商业银行分离开来，使中央银行明确定位为不以营利为目的的、非市场化的公共职能部门，主要专注于发挥经济金融调控的职能，而商业银行则明确定位为以营利为基本导向的市场化企业；二是赋予中央银行在政策决策方面更大的自主决策权，使其不受政府行政部门的干预，因为历史经验表明，政府部门出于政治利益（比如周期性选举的需要）对中央银行的行政干预可能导致其政策决策偏离最优化的目标和路径，最终导致政策的失效或者低效。例如，1990 年美国哈佛大学的学者利用实证方法，对中央银行独立程度与经济发展的关系进行了研究，提出了《哈佛报告》。该报告认为，中央银行的独立程度与经济的良性发展之间具有正相关关系，只有保持中央银行高度的独立性，才能在低通货膨胀率的条件下，实现适度的经济增长和低的失业率。

【二维码专栏 4－1】

四位美联储前主席联合署名维护美联储的独立性

应该指出，在现代中央银行制度建立之后，上述第一方面的原因已经基本不复存在，所以中央银行的独立性问题主要体现在政府权力在何种范围和何种程度上（包括法定的或者实际的）可以对中央银行决策进行干预的问题。从现实情况来看，至少到目前为止，即便是法定独立性很高的中央银行，也不可能完全不受政府的影响，只是政府在干预和影响的方式上变得更加间接、微妙和缓和。比如，2019 年 8 月，面对美国总统特朗普对时任美联储主席鲍威尔的持续抨击和施压，四位美联储前主席在《华尔街日报》罕见联合署名发表文章，呼吁尊重和维护美联储的独立性（二维码专栏 4－1）。因此，总体而言，中央银行的独立性本质上是一种相对的独立性，现实中衡量不同国家央行独立性的关键在于看其活动在多大程度上受到政府部门的影响和制约。

【二维码专栏 4－2】

恶性通货膨胀与德国央行独立性传统的形成

从现实情况来看，尽管一直存在争论（专栏 4－3），但鉴于政府直接控制中央银行极易导致货币滥发和恶性通货膨胀（二维码专栏 4－2），这使得中央银行至少应该保持相对独立性成了主流共识。在 20 世纪 70 年代之后，特别是在 20 世纪 90 年代之后，提高中央银行的独立性逐渐成为一种世界范围内的历史潮流，越来越多的国家开始将提升中央银行的独立性作为反通货膨胀和增强政策长期有效性的一种基本制度安排。从现代意义上看，保持中央银行相对独立性的必要性主要体现在以下四个基本方面：一是避免政治性经济波动的需要，二是避免财政赤字货币化的需要，三是促进经济和金融体系长期稳定的需要，四是增强中央银行调控专业性和有效性的需要。

专栏 4－3　关于中央银行独立性问题的争论

支持加强中央银行独立性的观点认为，宏观经济金融的调控是一个长期性且专业性强的复杂问题，不能任由政治力量操纵和干预。由于政治家关心的是短期选举利益，往往不愿做出长期有利但短期不受欢迎的决策，如为维持价格稳定而采取紧缩性的经济金融政策，因此，如果中央银行屈从于政治压力，很容易导致政策决策的扭曲和低效率。在这种情况下，一个独立性高的中央银行可以更加从容地将政策目标集中于经济金融稳定等长期目标，而对于那些独立性低的中央银行而言，政治方面的考虑（如维持高增长和促进就业）则可能与经济金融稳定的目标相互纠缠，甚至彼此冲突而牺牲后者。此外，由政府控制中央银行还存在财政赤字货币化的风险。历史经验表明，如果财政部将中央银行视为弥补财政赤字的工具，在产生资金需求时要求中央银行购买更多的国债，则会导致经济出现严重的通货膨胀倾向。相比之下，一个独立的中央银行显然能更好地抵制来自财政部门的压力。

反对中央银行独立性的观点认为，过高的独立性可能会导致中央银行家们不负责任，因为即使政策失败，也没有撤换其成员的规定。同时，政治家的决策并不总是短视的，如外交和国防政策与经济金融政策一样都具有长远性。另外，为保持政策的连续性和一致性，现实中货币金融政策通常需要和财政政策相互协调。如果货币政策和财政政策均由政府统一决策和实施，宏观调控的效果可能更好。

还有一种观点认为，上述赞成和反对中央银行独立性的观点并不是“非此即彼”的关系，而是存在一些调和彼此的折中做法。比如，中央银行可以放弃形式上的独立性，成为政府的一部分，但同时要维持实质上的独立性，以使其能超脱于党派政治之外。这样中央银行一方面不至于被政治力量完全操纵或沦为弥补财政赤字的工具，同时还能更好地协调货币金融和财政政策。此外，如果中央银行放弃形式上的独立性而成为政府的一部分，还需要配合建立相应的问责机制，使中央银行家们真正对其决策和行为负起责任。

4.2.2 中央银行独立性的判断标准

中央银行的独立性可以从其法律地位、人事独立性、经济独立性等方面予以分析评判。

（一）中央银行的法律地位

多数发达市场经济国家都以法定的形式明确了中央银行的权限范围，有的甚至直接赋予了中央银行在制定和实施经济金融政策方面所具有的独立决策权力，但尽管如此，不同国家中央银行的法定独立性程度仍然存在明显差异。一般而言，在西方国家，隶属于国会的中央银行独立性较强，隶属于中央政府（中央政府的组成机构）的中央银行独立性较弱。如果中央银行还受地方政府的某些制约，则其独立性更弱。

举例而言，美国1913年通过的《联邦储备银行法》规定，美国联邦储备体系由国会授权进行独立行动，直接向国会报告工作，对国会负责。由于联邦储备体系不是一个纯粹的政府行政机构，也不受政府的直接管辖，因而在其业务范围内享有较大的自主决策权。联邦储备委员会是美国中央银行的最高决策机构，直接向国会负责，其政策的决策和实施无须总统的批准。同时，未经国会批准，总统也无权对美联储发布任何命令。因此，总体来看，美联储的法定独立性程度还是比较高的。

相比之下，日本的中央银行（日本银行）从诞生之初就带有浓厚的行政色彩，成为日本政府（尤其是财务省）控制金融的重要工具。20世纪90年代末，在日本的泡沫经济破

日本央行独立性的历史演变

裂后，迫于各方压力，1998年新修订的《日本银行法》加强了对中央银行独立性问题的关注，规定“为提高日本银行金融政策的独立性，必须尊重日本银行在实施货币金融政策上的自主性”，并从制度设计上对政府代表的权力进行了限制（二维码专栏4-3）。尽管如此，在一些敏感时期，日本政府对央行的各种隐性干预仍然存在，这使得日本央行的独立性长期面临挑战（专栏4-4）。

专栏4-4　政治干预与日本央行的独立性

日本政府对央行决策的干涉由来已久，特别是在2000年日本经济出现走出紧缩的迹象、央行贸然加息导致经济重新步入衰退的情况下，政府的干涉更加频繁。2006年8月日本政府甚至违反常规，修改物价指数计算方法以压低通货膨胀率，从而降低日本央行再次加息的必要性。虽然日本政府每5年一次例行调整消费者价格指数（consumer price index，CPI）的编制方式，但这一次在时机上却令人怀疑，因为修改时间发生在利率政策出现历史性转折和CPI年增长率转为正值后不久。

在周二以前，市场预测机构还普遍认为央行会上调利率25个基点，但周二日本主要媒体关于央行可能推迟加息的报道出现后，市场开始普遍修改预测结果。虽然投资者知道日本政府有干涉央行决策的传统，但在如此短时间内改变决策的举动无疑使日本央行的声誉再一次受到损害。

下次央行会议将于2007年2月20日至21日召开，而在之前央行可以参考的重要数据是2006年第四季度GDP，考虑到该季度有大量的节假日促进消费，GDP增长率估计会表现得不错。此外，日本CPI在2006年10月至2007年2月之间有明显的持续下跌的季节性现象。因此，这又将成为政府给央行施压的主要依据之一。

因此，日本央行要顺利地加息，除了需要基本面数据的帮助以外，还得顶住政治压力，让政府充分相信日本经济已经走出紧缩，不会重蹈覆辙。

注：本专栏内容选编自刘凤元．日本央行独立性名存实亡．国际金融报，2007-01-19。

（二）中央银行的人事独立性

衡量中央银行的人事独立性主要看以下两方面的内容：一是政府是否有权选择和决定中央银行的高管人员，如行长、理事长和总裁等；二是中央银行决策机构（如理事会或货币政策委员会）里是否有政府指定的代表，以及政府是否有权决定央行决策机构人员的任期等。

一般而言，在现代中央银行制度下，成熟市场经济国家都通过一定的制度设计，尽可能地避免政府行政部门对中央银行高管任命和任期的干预。比如，在美国，美联储主席由美国总统提名，由美国国会参议院审议和投票决定，一经通过，任期14年，且可以连任，任职期间只对美国国会负责，如无违反相关法律或类似的不当行为，不能被撤职（专栏4-5）。又比如，作为欧洲中央银行最高决策机构的行长委员会，一般从成员国国民的业内资深专家中选拔人才，经过欧盟议会和行长委员会的考核，理事会以特定多数的投票方式决定行长、副行长等人选，任期8年，超过政府任期，且不能连任。这一方面有利于欧洲中央银行抵御来自成员国政府的压力，另一方面也排除了执行委员会成员屈从政治压力寻求连任的可能性。

至于在中央银行理事会中政府是否派有代表参加或政府代表的权限有多大，各国则有较大的差异，主要存在以下几种情况：一是在中央银行中设有政府代表，但政府代表对中央银行政策的制定不发表意见，例如美国、英国、荷兰、奥地利等；二是在中央银行中政府派有代表，这些代表的发言权、投票权、否决权以及暂缓执行权等权利各有不同，比如，在意大利银行中，政府代表拥有广泛的权利，而在德意志联邦银行和日本银行中，政府代表则只有发言权，无表决权。

专栏 4-5 美联储的人事独立性

美国建国之初是由13个比较松散的州组成的，当时主要权力大多集中于州政府，为了避免联邦政府独揽大权，所以美联储在设计上也考虑了这一点，防止联邦政府对美联储的过多干预。这种传统一直保持至今。在现实中，由于美元的国际货币地位，这使得美联储的经济金融政策不仅对美国国内的经济金融运行具有重要影响，而且对世界其他国家具有牵一发而动全身的溢出效应。作为美国中央银行政策的决定性人物，美联储主席常被称为“美国第二号权力人物”。在1996年美国大选前夕，《财富》杂志封面曾印着这样一句话：“谁当总统都无所谓，只要让艾伦（格林斯潘）继续当美联储主席就成！”

美联储主席由美国总统提名，由美国国会审议任命，只对美国国会负责。除非美联储主席本身存在重大失误，否则国会不会轻易听从总统的建议，对其进行罢免或者撤换。在历史上，美联储和白宫的关系几乎总是不冷不热，并且有多任美联储主席对白宫不“感冒”。事实上，美联储主席不会轻易地向总统妥协，否则容易遭受来自国会和华尔街金融大亨的责难，因为向白宫屈服就意味着美联储丧失了宪法所赋予它的独立性。在里根执政时期，时任美联储主席沃尔克甚至拒绝到白宫与里根会面。格林斯潘也是如此。

美联储的最高权力机构是位于华盛顿的“联邦储备理事会”，由7个成员组成，其中1人为主席，其他6人为理事。一般有什么大事，这7个成员开会，每人1票，举手表决通过。这7个成员和美国最高法院的9个大法官非常相似，都是由总统提名，国会通过。不同的是，大法官实行终身制，而美联储理事是有任期的，一般为14年，可以连任。在通常情况下，如果主席没有大的错误，都不会被免职，像格林斯潘在美联储主席位置上一直干了19年。美联储理事在当选后，具有很强的独立性，不对总统负责。另外，美联储自身具有很强的盈利能力，财务上完全自给自足，无须国会拨款，这也对其独立性具有支撑作用。

（三）中央银行的经济独立性

中央银行的经济独立性可以从其资本所有权、与财政融资的关系、利润分配与税收管理等方面来予以评判。

从资本所有权来看，历史上很多国家的中央银行其资本归国家所有，如英国、法国（英、法两国的中央银行均为第二次世界大战后收归国有）、联邦德国、加拿大、澳大利亚、荷兰、挪威、印度等。有些国家中央银行的股本是公私合有的，如日本、比利时、奥地利、墨西哥和土耳其等。还有一些国家的中央银行虽然归政府管辖，但资本仍归私人所有，如美国和意大利等。一般而言，允许私人持有中央银行股份的国家也都对私人股权的权利进行了必要的限制，如日本银行的私人持股者只领取一定的红利，不享有其他权利；

意大利只允许某些银行和机关持有意大利银行的股票；美联储的股票只能由会员银行持有，且在流通和权益等方面都受到明确限制。从趋势上看，作为“政府的银行”，为减少私人部门的影响和干预，中央银行的资本所有权逐渐收归国有（或对私人股份施加严格限制）是大势所趋。

从中央银行与财政融资的关系来看，经济独立性的高低主要体现为中央银行需要在多大程度上为政府的财政赤字“买单”。中央银行独立性较强的国家一般会明确禁止中央银行直接利用现金弥补财政赤字，只能短期持有国库券，对国家的长期债务没有承担义务。比如，美国财政部筹款只能通过公开市场进行，即采用发行公债的办法。如果财政部筹款遇到困难，也只是向联邦储备银行短期借款，有的期限只有几天，而且是以财政部发出的特别债券作为抵押（专栏 4－6）。意大利银行可以向财政部提供短期贷款，但贷款金额不得超过年度预算支出的 14%。法兰西银行可以向政府提供无息透支，但透支有上限且实际透支很少。

从利润分配与税收管理来看，中央银行需要拥有保持其独立性的财务基础。一方面，中央银行不是企业，但它有盈利，不但能维持自己的营业支出和股票分红，还往往有一定的剩余上交财政部门。中央银行不需要财政拨款，因此减少了政府的制约，这是中央银行不同于其他政府部门的地方。与此同时，中央银行作为不以营利为目标的公共政策部门，其收入在扣除了必要的分配之后，应该全部上交国库，这又是其作为政府部门性质的体现。从实际数据来看，各国中央银行的盈利上交比例都是非常高的，比如，美联储的盈利上交比例约为 80%，而日本则超过了 80%。

专栏 4－6　美联储的经济独立性

为防范财政货币化的风险，美国财政部通常不能向美联储透支或出售证券，即使在特殊情况下被允许借款，借款的形式和数量也会受到严格控制，比如，借款总额不得超过美联储资金运行总额的 2%，总金额不得超过 50 亿美元；借款不能采用直接透支的方式，只能发行政府特别债券作为抵押向美联储借款。

在朝鲜战争期间，美国财政部为了筹集军费要求美联储实行低利率的财政政策，并发售 130 亿美元的政府债券要求美联储购买，美联储拒绝认购。同时，为抵制政府扩张政策所导致的通货膨胀，美联储公开抛售债券，矛盾进一步激化。后经总统协调，美联储与财政部达成《1951 年协议》，在避免国债货币化的前提下，保证政府成功筹借资金。

在筹资和预算的独立性方面，美国《联邦储备法》对美联储的股本结构做了明确的规定：任意会员银行认购美联储的股份数量不得多于规定比例，且这些股份不能进行转让和抵押，以防美联储被政府或私人集团干涉。另外，会员银行的收益只有 6% 的固定股息，不享有美联储的其他收益。此外，美联储所有的行政费用（如日常办公和工资支出）均来源于各联邦储备银行的自主筹款而非财政资金，因此，美联储可以不受国会拨款程序的限制和联邦政府审计总署的审计。

注：本专栏内容改编自刘津含．中央银行的独立性研究．中国物价，2016（10）。

4.2.3　中央银行独立性的主要模式

世界各国的中央银行由于设立的时间和背景不同，独立性程度也不尽相同。一般而言，在中央银行独立性较高的国家中，中央银行的决策管理层可以根据经济金融调控的客观需要制定和实施货币政策，且中央银行通常拥有独立于财政的资金来源，因而能较好地避免政府的直接干预。相比之下，在那些中央银行独立性较弱的国家中，经济金融政策的决策和实施由于受到政府部门的直接干预，常常因为政治需要而牺牲正确的政策立场。

概括而言，通过比较世界各国中央银行的法律和实践，历史上中央银行独立性的主要模式有以下五种基本类型：

(1) 美国模式。这一类中央银行在法律地位上独立于政府运行，直接向最高权力（立法）机构（如国会、议会）负责，政策制定与执行基本不受政府干预，属于法定和实际独立性都比较强的中央银行，典型代表如美联储、欧洲中央银行、德意志联邦银行、瑞士银行、瑞典中央银行等。比如，美联储实际拥有不受国会约束的自由决定权，可以独立制定和实施货币政策，成为立法、司法、行政之外的“第四部门”。

(2) 英国模式。这一类中央银行在名义上隶属于财政部，但实际上有权自主决定和执行政策，管理日常事务，属于名义独立性较弱但实际独立性较强的中央银行，典型代表如 1997 年前的英格兰银行。英格兰银行曾隶属于财政部，财政部有权向银行发布命令，但在实践中财政部一般尊重英格兰银行的决定，英格兰银行有时也主动寻求财政部的支持，两者形成相互配合的关系。在 1997 年之后，英格兰银行的独立地位开始向第一种模式转化。

(3) 日本模式。这一类中央银行不仅在名义上隶属于财政部，而且在实际政策的制定和实施过程中都要受到政府部门的行政干预，属于名义和实际独立性都较弱的中央银行，典型代表如日本银行（1998 年前）、韩国银行（1997 年前）、法兰西银行、意大利银行等。日本银行在 1998 年前隶属于大藏省，在人事和财务等诸多方面均受大藏省的控制。1998 年修订的《日本银行法》确认了中央银行的独立地位，逐渐向美国模式转型。与日本的情况类似，1997 年前的韩国银行处于企划财政部的严格控制之下，在 1997 年东亚金融危机后，韩国政府改变了中央银行行长的任免程序，切断了企划财政部对中央银行的实际控制权。

(4) 中国模式。这一类中央银行在法定和事实地位上与财政部平行，通常属于政府（内阁）的一个部门，各自分别对政府（首脑）负责，如中国人民银行、丹麦国家银行等。以中国为例，中国人民银行隶属于中央政府，与财政部并列为国务院的一个正部级组成部门。《中华人民共和国中国人民银行法》规定：“中国人民银行是中华人民共和国的中央银行。中国人民银行在国务院领导下，制定和执行货币政策，防范和化解金融风险，维护金融稳定”，即中国人民银行具有相对独立性。

(5) 欧洲央行模式。欧洲中央银行（European Central Bank，ECB，即“欧洲央行”）1998 年在德国法兰克福成立，具备独立法人资格，是世界上第一个管理超国家货币的中央银行，拥有非常高的独立性，不仅独立于各成员国政府，而且不受欧盟理事会的限制，员工 1 000 多人来自全部 27 个欧盟成员国，其决策机构为管理委员会和执行委员会。其设立的管理委员会由执行委员会所有成员和欧元区成员国的中央银行行长组成。管理委员会实行一人一票制，采用简单多数原则进行决策，如果赞成和反对的票数相等，则由管理委员会主席投出决定性的一票。总体来看，欧洲中央银行属于法定和实际独立性都比较强的超主权性质的中央银行。

4.3 中央银行的透明度

4.3.1 中央银行透明度的产生与发展

中央银行作为经济金融政策的决策者和执行者，在政策实践过程中必然涉及相关信息的披露问题，而透明度作为信息公开程度的一种测度，主要用于说明中央银行在何种程度上会对外公开其有关政策的决定、依据、目标和实施路径等方面的信息。根据国际货币基金组织（IMF）1999 年发布的《货币与金融政策透明度良好做法准则》，中央银行透明度是指中央银行本着易理解、易获取和及时性原则，披露有关政策目标、政策制定及其原理、机构职责、经济金融数据以及相关的法律、制度和经济框架。

从历史来看，早期的中央银行实际上并不公开其业务操作和相关信息，隐秘性在很大程度上被视为中央银行文化的一部分（专栏 4－7）。中央银行的隐秘性文化一般被认为是源于最后贷款人机制，因为该机制在实施过程中必然涉及私人银行的贷款与资产组合等保密信息，但与此同时，最后贷款人机制的职能之一是维护社会公众对银行体系的信心，这意味着需要对“问题银行”的信息进行保密。曾任英格兰银行行长 25 年之久的蒙塔古（Montagu）以其从不对外发表谈话而闻名于世。对此，布鲁纳（Brunner）曾有一段经典描述：

中央银行在传统上总被政治神秘性所保护。中央银行很少受到政治上的批评，如美联储和其他国家的中央银行。这种政治神秘性在某种程度上来自货币事务和决策的超自然力量。智慧和相应的洞察力对中央银行家来说似乎是一种天然的禀赋。中央银行是一项神秘的艺术，只能由少数精英来完成。这种艺术更多地在中央银行家那些难以理解的、充满智慧的语言中得到表现。①

专栏 4－7　中央银行的隐秘性之争：美林与美联储的诉讼

在 20 世纪 80 年代之前，中央银行的习惯做法是，不仅不会阐明其目标和策略，而且还会刻意保持神秘，让市场去猜测它们的心思和做法。

在 20 世纪 80 年代中期，在关于中央银行是否应该提高透明度的争论日益激烈之时，美联储曾试图捍卫其隐秘性，认为信息披露会加大金融市场的波动，让某些投机者获益的同时，政策的实施却可能受到干扰。为此，美联储曾卷入了一场诉讼，即有名的“美林（Merrill）对美国联邦公开市场委员会（FOMC）”事件。

在这场诉讼中，美林认为，美联储应及时公开会议记录和政策意图，而美联储则举出了 5 条理由来予以反驳，包括：(1) 业务隐秘性可以防止不公平的投机；(2) 如果政策公开，但公众却不能做出准确预期，那么政策反应和初始意图背道而驰；(3) 信息的广泛披

① Brunner, K. “The Art of Central Banking, Center for Research in Government Policy and Business”. University of Rochester, Working Paper No. 81－6, 1981.

露，可能提高政府的借款成本，导致政府的商业利益受损；(4) 只有不表明政策立场，才拥有灵活性，以便在有必要时相机行事；(5) 关键经济指标一经公布，公众就会立刻做出反应，这将加大利率平滑操作的难度。

除了上述“技术性”理由外，美联储希望保持神秘还有别的原因。在《华尔街季刊》1984 年 12 月 7 日发表的文章“在沃尔克的领导下美联储怎样最终降低了通货膨胀率”中，一名前美联储官员说穿了央行秘密行事的根本理由：“这种神秘性是为了让美联储避开政治上的监管。”因此，维护中央银行的神秘性实际上也反映出了央行官员试图通过避免问责来最大化其权力和威望的愿望。

不过，早期中央银行的政策缺乏透明度也可能存在以下原因：(1) 寻租行为，即中央银行的官员们可能存在寻租动机，而信息公开显然对寻租活动不利。(2) 规避责任，即神秘性可以让中央银行避开政治上的监管，从而在一定程度上反映了中央银行官员们最大化其权力和威望的愿望。(3)“不透明才最有效”的政策观念，这种观念认为有限的透明度或者没有透明度反而更好，其理由在于：首先，在隐秘状态下，市场参与者不知道中央银行的意图，这会使得某些政策措施（尤其是外汇市场的干预操作）的效果增强；其次，中央银行可以隐蔽地采取某些合适的行为，而这些行为可能不受政治欢迎或者很难向缺乏专业知识的社会公众解释；最后，一些决策者担心，如果短期目标过于明确，就将难以改变，这可能会妨碍某些必要的政策调整。

随着经济社会的发展，从 20 世纪 80 年代开始，各国中央银行开始重视透明度问题的研究和实践。一般认为，提高中央银行的政策透明度有利于增强中央银行政策的可信度，从而有利于引导公众形成合理预期，提高市场效率。此外，在现代经济金融条件下，由于中央银行的信息沟通和透明度对相关政策的传导和实施效果有重要的影响，因此，提高中央银行的透明度在 20 世纪 90 年代之后逐渐演变成一种全球性的趋势，包括美国（专栏 4－8）、英国、日本、加拿大、瑞典、新西兰、澳大利亚等国在内的中央银行都普遍通过发表政策报告、公开决策程序、公布经济金融数据、公开演说和新闻发布等方式及时阐明其政策意图，积极与市场及社会公众进行沟通和信息交流。

目前，许多国家的中央银行都将透明度要素作为其制度性框架的一个重要组成部分。提高中央银行的政策透明度之所以成为一种世界范围内的普遍趋势，主要是源于以下两个基本原因：一是在中央银行的独立性得到普遍提升的背景下，人们对中央银行责任感的要求变得越来越高，而提高透明度无疑有助于强化对中央银行的监督，促使其增强责任感；二是随着市场预期在货币政策传导机制中的作用越来越重要，提高透明度被认为能够更有效地引导公众预期，从而增强货币政策的公信力和有效性。

专栏 4－8 美联储透明度的提高历程

与大部分中央银行一样，美联储的早期“智慧”是说得要少而含糊。事实上，在 1994 年 2 月之前，美国联邦公开市场委员会（FOMC）从未公开过其利率决策，反而更倾向于让货币市场的专家通过观察美联储的公开市场操作来猜测。当时，FOMC 高度形式化的会议记录仅仅在下次会议之后才会被报道出来，同时期的 FOMC 会后声明直到 1999 年 5 月之前都非常少，即使有，用词也非常简省。

1999 年 5 月，美联储做出了几项重大改变，使其提供的有效信息量有了大幅增长。首先，FOMC开始直接公布其关于未来政策变化的倾向性评价。其次，FOMC开始在每次会后发布会议声明（无论是否做出了利率改变的决策）。最后，FOMC的会议声明开始变长而且有了更多的实质性内容。从统计数据来看，1996—1998年，FOMC共发布过5个会后声明，平均每个有58个实质性词语，年平均不到100个；但美联储在1999年3月之后的6次FOMC会议中，每次会后都会发布声明，每个平均135个实质性词语，这使得年平均发布的实质性词语超过1 000个。这种模式自此开始流行起来。

从2002年开始，FOMC在每次会后都公布其投票结果，而且公开姓名，包括投反对票者的投票率和姓名，从而在透明度方面更进了一步。2005年初，美联储开始公布每次会议的会议记录，虽然有大约3周左右的延迟，但都保证在下次会议前公布。到了2007年，发布经济预测报告的频率也从每年2次增加到每年4次。

与此同时，伯南克自2006年起担任美联储主席后，开始在一些政策会议后召开新闻发布会，以更好地向公众传达美联储的决定。美联储提高透明度的举措包括在2012年初正式设定了2%的通货膨胀目标，以及越来越多地公开发表讲话。不过，美联储有时在复杂问题上互相矛盾的观点也可能令投资者感到困惑，从而招致了一些批评。对此，伯南克坚持认为，他作为美联储主席，应优先考虑的事情之一就是让美联储更加透明、开放和负责任。2013年，伯南克曾公开表示，美联储采取越多的措施来向公众公开阐释其政策决定，越能增强货币政策的有效性。

4.3.2 中央银行透明度的理论与测度方法

【二维码专栏4-4】

关于主张提高中央银行透明度的部分文献

（一）中央银行透明度的理论基础

从最近几十年中央银行理论和实践的发展来看，增强中央银行透明度的理由主要有两个方面（二维码专栏4-4）：一是透明度的提高有助于增强中央银行的公信力，二是有效的政策需要建立在一定的透明度基础之上。

从透明度与中央银行公信力之间的关系来看，中央银行的政策能否成功实施，其中有一个重要的前提条件是社会公众的信任，而信任的获得又在很大程度上与中央银行的政策透明度密切相关。比如，如果政策目标不清晰、不透明，或者政策决策的过程、依据和结果等情况不公开，社会公众就无从判断中央银行是否以及在何种程度上信守了承诺，中央银行的公信力也就无从谈起。

同时，提升透明度还可以增强政策实践中的“规则”成分。所谓“规则”，一般是指政策一经确定，就会在未来一段时间内保持不变。因此，“规则”意味着对未来的提前承诺，而承诺是否兑现是中央银行塑造其公信力的根本所在。然而在现实中，由于缺乏可靠的承诺技术，中央银行事实上没有能力在事前承诺一个具体的可以自动实现动态优化的政策规则，这就会导致以下的两难处境：如果背弃事先承诺的规则，就会削弱中央银行的公信力；如果坚持规则，则会被动执行某些不合时宜的政策，最终仍然会导致中央银行的公信力下降。

在现实中，越来越多的中央银行执行以规则为主、相机抉择为辅的政策范式。在这种混合模式中，透明度演变为政策制定的新手段。比如，在通货膨胀目标制下，中央银行除了公布通货膨胀目标外，还要建立起有关通货膨胀预测和发布的透明化制度框架，以此增加承诺的严肃性。如果存在透明度要求，那么政策就可以采用“受约束的相机选择”（constrained discretion）操作模式：一方面，决策公开使政策目标的明确性和一致性可以得到保证；另一方面，中央银行也能拥有一定的灵活性，可以根据情况的变化和需要进行相机抉择。

从货币政策透明度与政策有效性的关系来看，透明度的提高有助于提高市场效率，原因有二：一是市场对中央银行如何进行政策决策的理解，会减少市场上的投机行为；二是公众对中央银行决策规则的了解有助于减小市场的不确定性，从而有利于公众预测未来金融资产价格的变动。与此同时，较高的透明度还会产生一种“声誉效应”，使得中央银行偏离其最优政策目标的成本更高，从而有助于增强中央银行的责任感和政策稳定性。比如，很多研究表明，实施通货膨胀目标制的国家通过宣布明确的通货膨胀目标并强化与社会公众的交流，确实能提高央行信誉和更好地稳定经济。

需要指出的是，并非所有的研究都支持中央银行应当毫无保留地提高透明度的观点。除了在某些特定的情况下中央银行必须对某些事项保密之外（专栏4-9），还有一些学者认为，提高透明度可能会导致市场波动加剧，因为在外界未察觉所存在的金融风险和内部政策失误的情况下，中央银行如实发布信息，则有可能造成市场恐慌和波动。另外，当透明度较高时，公众很容易了解中央银行的偏好，并由此推测出中央银行的未来政策取向，这会导致公众预期对中央银行的政策或行为更加敏感，从而使中央银行力图稳定经济的政策成本增加，进而引发实际经济的过度波动。

此外，由于不同制度背景和社会文化等方面因素的影响，对于不同国家或同一国家所处的不同发展阶段，提高中央银行透明度所带来的效果可能也存在非常大的差异。有研究认为，在综合考虑多种复杂因素之后，中央银行的透明度并不是简单的越高越好，而是存在一个动态最优值，这个最优值会随着经济、制度和社会文化的演进而动态变化。

概言之，综合已有的研究结论和实践经验，尽管保持一定程度的透明度是非常有必要的，但归根结底，提高透明度只是手段而非目的，最终的判断标准仍然在于这样做是否有助于增强中央银行政策调控的有效性。如果透明度的提升仅有利于增强中央银行的责任感和公信力，而不利于政策有效性的提高，那么这样的透明度建设就是教条的和无意义的。

专栏4-9 存在最优的中央银行透明度吗？

人们常问，中央银行的政策有无最佳透明度？仿照爱因斯坦的话来说就是，每一个中央银行都应该尽可能透明，但不要过于透明。换言之，对于一般信息都应该披露，中央银行仅在有很好的理由且这些理由确实存在时才应该保密。例如，作为银行监管者，中央银行应该为私人银行提供的个人信息保密。类似地，中央银行也必须保证来自本国和外国政府的特定信息的保密性。此外，也不能将货币政策会议对媒体开放，因为这将破坏审议过程。最后，中央银行不能公布其未掌握的信息。

除了上述情况外，中央银行的政策透明似乎很少遇到其他限制，特别是，目前似乎没有一家中央银行遇到了最大透明度的限制，唯一的例外可能是挪威央行。挪威央行在透明度方面几乎做到了极致，比如1985年的《挪威银行法》（The Norges Bank Act）有如下规定：（1）凡由国王和国会提交到央行的事务，央行都要对其发表意见；（2）当央行认为有必要由其他主体对货币政策、信贷和外汇政策采取措施时，应通知国会；(3) 央行应向大众公开有关货币、信贷和外汇形势的信息以及货币政策决策的依据。虽然上述规定看起来简单，但对中央银行的信息披露量实际上是很高的要求，即便时至今日，很多国家的央行也无法对公众做出这样的承诺。

需要指出的是，尽管提高透明度是中央银行制度建设的一个重要方面，但并不是要求中央银行无条件地提高透明度。比如，中央银行宣布的目标政策路径往往是基于当前经济金融信息所做出的预测，但任何中央银行都不可能完全精确地预见未来的状况。不过，社会公众往往低估中央银行预测所面对的不确定性，而把未来的政策路径当作央行的一个"准承诺"。当经济状况发生变化或新的经济信息出现时，中央银行会被动调整政策目标以适应新的情况，这难免会偏离已经宣布的政策路径。此时，公众会倾向于认为中央银行未能信守其承诺，从而使中央银行的信誉受到影响。

此外，正如米什金（Mishkin）等所指出的，透明度太高可能会违反"KISS"（keep it simple and stupid）原则，因为中央银行宣布目标函数或者其政策利率路径的做法会使中央银行与社会公众的沟通交流更加复杂，导致中央银行削弱对其长期目标的关注。只有当透明度提高有助于简化中央银行与社会公众的交流，并且能使货币政策在关注长期目标的情况下得以更好地实施的时候，提高政策透明度才是有益的。

注：本专栏内容部分参考了 Blinder，A. "Monetary Policy Today：Sixteen Questions and about Twelve Answers". Princeton University，CEPS Working Paper 129，2006。

（二）中央银行透明度的测度方法

关于中央银行透明度的测度，目前尚无统一的标准。布林德（Blinder）认为中央银行的透明度主要考虑以下三个基本维度：一是清晰性，即中央银行的语言含义要清楚明确，不能有歧义；二是内容丰富性，即中央银行向社会公众传递有关经济金融政策信息的内容丰富程度；三是公众审查，即中央银行应该向公众提供与决策有关的信息，包括支持和反对的意见、投票的性质、经济模型和数据等。

在中央银行透明度的具体测度方法方面，目前主要有以下几类测度方法（专栏 4-10）：一是直接通过问卷调查建立评价体系；二是根据官方法律条文规定或中央银行的实际操作，建立衡量政策透明度的指标体系并进行评分加总；三是通过研究市场主体对政策信息的理解来间接测度一国中央银行的政策透明度；四是在一般均衡模型下，结合实际数据，通过参数的设置和估计来推算出实际的政策透明度。

专栏 4-10　中央银行透明度的测度方法相关文献

已有文献关于中央银行透明度的测度主要围绕货币政策的透明度展开，主要思路和方法有以下四种基本类型：

一是直接通过问卷调查建立评价体系，如 Fry 等（2000）基于 94 个国家问卷调查建立了一个"政策解释指数"，该指数涵盖了政策决策、前瞻性分析、公布评估与研究结果等三个方面。

二是根据官方法律条文规定或中央银行的实际操作，建立衡量货币政策透明度的指标体系并进行评分加总，如 Eijffinger 和 Geraats（2006）从政治、经济、程序、政策和操作等五个方面对货币政策透明度进行了度量，而 De Haan 等（2004）则围绕"目标透明度"、"策略透明度"和"沟通策略"，从 14 个基本方面建立了中央银行的信息披露指数，如公布通货膨胀预测、货币政策会议日程安排、会议备忘录、量化的政策目标等。

三是通过研究市场主体对政策信息的理解来评估一国货币政策的透明度，如Kia和Patron（2004）则基于货币政策会议、新闻发布会等重大事件，通过研究事件日前后市场利率水平与其长期平均变动值之间的差异，来间接评估货币政策的实际透明度；而Horvath和Vasko（2013）则从金融稳定报告信息发布、压力测试、中央银行法定目标、宏观审慎政策的透明度、金融稳定委员会设置等11个方面构建了中央银行在维护金融稳定方面的透明度指数。

四是通过构建包含中央银行政策透明度参数的一般均衡模型，然后基于真实数据估计出实际的货币政策透明度，如马勇（2015）通过构建明确包含中央银行行为方程和货币政策透明度参数的新凯恩斯动态随机一般均衡（dynamic stochastic general equilibrium, DSGE）模型，对反映货币政策透明度大小的相关参数进行了实证估计。

注：本专栏内容摘编自马勇．中国货币政策透明度的经验研究．世界经济，2015（9）。

作为一个示例性介绍，下面以“E-G评分法”（Eijffinger and Geraats，2006）为例进行简要说明。该方法认为，政策透明度是指中央银行对政策制定过程中相关信息的披露程度，因此可以建立一个概念性的框架来系统反映政策制定过程中不同阶段的透明度状况（图4-1）。在该框架下，根据中央银行信息披露的实际情况，围绕政治、经济、程序、政策和操作五个维度进行评分，其中每个维度又细分为3个子项目，每个子项目的权重相同，且满分均为1（对于每一个问题，完全肯定得1分，完全否定得0分，居中情况得0.5分）。通过对五大类共15个分项指数的得分进行加总，可以得到一个总分值，最高为15分。中央银行透明度的E-G指标体系及评分方法如表4-1所示。表4-2给出了基于E-G指标体系计算的主要发达经济体的中央银行透明度情况。

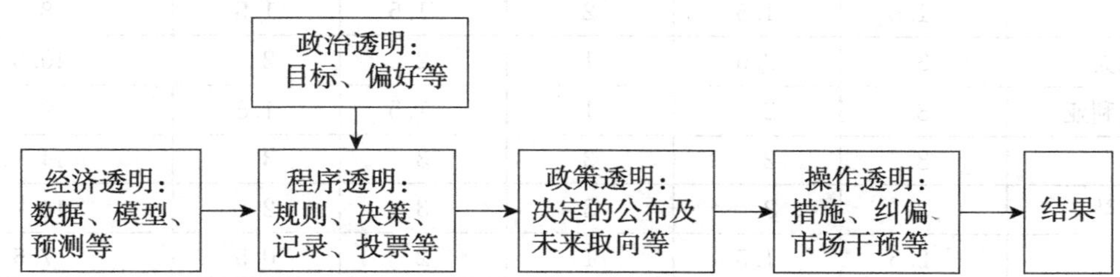

图4-1 中央银行透明度的分析框架

表4-1 **基于E-G指标体系的透明度评分系统**

维度	问题	回答及赋值		
（1）政治透明	a. 是否有正式目标	N，0	M，0.5	Y，1
	b. 目标是否数量化	N，0	—	Y，1
	c. 政府与央行是否有合同	N，0	M，0.5	Y，1
（2）经济透明	a. 经济数据是否可得	N，0	M，0.5	Y，1
	b. 宏观模型是否公开	N，0	—	Y，1
	c. 是否公布预测结果	N，0	M，0.5	Y，1

续表

维度	问题	回答及赋值		
(3) 程序透明	a. 是否有明确的规则	N, 0	—	Y, 1
	b. 是否公开会议记录	N, 0	—	Y, 1
	c. 投票结果是否公开	N, 0	M, 0.5	Y, 1
(4) 政策透明	a. 决定后立即声明	N, 0	—	Y, 1
	b. 政策解释	N, 0	M, 0.5	Y, 1
	c. 政策取向	N, 0	—	Y, 1
(5) 操作透明	a. 误差控制评估	N, 0	M, 0.5	Y, 1
	b. 传导机制说明	N, 0	M, 0.5	Y, 1
	c. 评估政策结果	N[3], 0	M, 0.5	Y, 1

注：1. “经济数据是否可得”是指货币供应量、通货膨胀、GDP、失业率和资本利用率，最多只能得到其中的2个为N，能够得到3个为M，都能得到为Y。

2. 回答“是”的记为Y，回答“否”的记为N，居中的回答记为M。更具体的解释详见：Eijffinger, S. and M. Geraats. “How Transparent Are Central Banks?” *European Journal of Political Economy*, 2006, 22 (1): 1-21.

表4-2　基于E-G指标体系计算的中央银行透明度

经济体	政治	经济	程序	政策	操作	综合评分
美国	1	2.5	2	3	1.5	10
英国	3	3	3	1.5	2.5	13
欧元区	3	2.5	1	2	2	10.5
日本	1.5	1.5	2	1.5	1.5	8
加拿大	3	2.5	1	2	2	10.5
澳大利亚	3	2	1	1.5	1.5	9
瑞典	3	2	3	3	3	14
新西兰	3	3	3	3	2	14
瑞士	2.5	1.5	1	2	0.5	7.5

资料来源：Eijffinger, S. and M. Geraats. “How Transparent Are Central Banks?” *European Journal of Political Economy*, 2006, 22 (1): 1-21.

4.3.3　提升中央银行透明度的主要方式

世界各国在增强货币政策透明度方面的做法尽管并不完全相同，但主要围绕政策目标、决策机制和信息沟通三个基本方面展开。

（一）明确政策目标

提高政策透明度的首要前提是向公众明确中央银行的政策目标，让公众充分了解中央银行的真实意图。过去西方各国货币政策目标一般表述为充分就业、稳定物价、经济增长与国际收支平衡，但这种多元化的政策目标在实践中往往使得社会公众难以明确央行的真实意图。此外，在很多情况下，由于这些目标之间也常常存在冲突与矛盾，这使得中央银行自身也不得不在多个目标之间进行艰难权衡。当社会公众无法知晓中央银行希望以多少通货膨胀为代价来促进就业或者以多大的失业为代价来换取物价稳定时，市场预期是很难被中央银行的政策所锚定的。只有公众能够比较清楚地了解中央银行的目标意图，相关政策操作的锚定效果才会通过预期渠道得到提升。

中央银行政策目标的透明既包括最终目标的透明，也包括操作目标和中间目标的透明。从最终目标的透明度实践来看，一般认为，20 世纪 90 年代实行通货膨胀目标制的国家，其政策最终目标的透明度较高。这些国家的央行通过设定和公布唯一的且非常具体明确的通货膨胀控制目标（比如 2%），很好地达到了预期锚定和通货膨胀控制的目标。从操作目标的透明度实践来看，公开市场操作是发达经济体首选的货币政策工具，通常以银行间隔夜拆借利率作为实际的操作目标。过去公开市场操作的目标利率对公众是保密的，公众只能根据中央银行所采取的行动猜测目标利率的变化。在 20 世纪 90 年代之后，美国、英国、新西兰、加拿大等国纷纷采取公告的形式，及时向公众宣布公开市场操作的目标利率是否变动、变动的幅度、变动的原因以及以对未来利率变化的预期等。

（二）解释决策机制

中央银行对决策机制的解释主要是让社会公众及时了解相关经济金融政策是如何制定的，以及决策的背景、依据和方法是什么。从实践来看，目前很多国家的中央银行都在逐渐将其决策程序与过程公开化。例如，美联储在联邦公开市场委员会（货币政策的决策机构）的每次会议之后，都会向社会公布详细的会议纪要及投票情况（包括对每一项措施投同意票和反对票的委员姓名）。如果没有反对票，则要求联邦公开市场委员会的每位委员都拿出自己的分析和预测报告，并在一定时间内向社会公布。

除了决策过程的公开之外，中央银行对其决策机制的解释还包括公开中央银行的经济模型。通过公开经济模型，中央银行可以向社会公众解释相关政策变化对经济金融活动所可能产生的预期影响；中央银行面对经济金融形势的变化，如何判断政策取向的影响及其向金融市场和实体经济的传导机制；政策变化和市场预期之间的相互影响，即政策决策如何影响市场预期的变化，以及市场预期的变化又如何反过来影响中央银行的决策。从实践来看，加拿大央行关于货币总量和经济活动之间关联的多个模型已为社会公众所熟悉，美联储、英格兰银行和欧洲中央银行也都发布其经济模型和预测分析。

（三）加强信息沟通

中央银行加强与社会公众的信息交流和沟通主要有两类常见方式：一是发布经济金融数据，二是发布报告和对外讲话等。在发布经济金融数据方面，各国央行一般根据 IMF 等国际机构有关数据发布标准的指南和程序，通过及时、便捷的途径向社会公众提供有关的经济金融数据，但同时也会注意必要的保密性。因为货币政策信息对金融市场的运行及公众的利益有重要影响，所以政策信息的披露必须遵循一定的规则，比如公布之前必须严格保密，这样既可以让社会公众平等地获取信息，又不至于干扰公平竞争的市场秩序，典型代表如美联储。

在发布报告和对外讲话方面，目前大部分国家的中央银行会定期出版各种有关货币政策实施和经济金融运行情况的报告，用以详细解释政策目标、政策立场、形势判断和未来政策取向等方面的内容。同时，中央银行一般会定期举行新闻发布会，介绍其采取的政策措施及效果，同时还会通过官方网站及时发布和澄清各种信息，防止市场对政策出现误解和误判。此外，在很多国家中，中央银行的官员还会定期或不定期地就经济金融形势和政策立场发表各种演说，以进一步以正式或非正式的方式表明中央银行的判断、意图和立场。

4.4 中国中央银行的决策与制度

4.4.1 中国人民银行的决策机构

中国人民银行的决策机构与制度经历了一个历史的发展演变过程。1983 年 9 月，国务院决定中国人民银行专门行使中央银行职能，当时要求中国人民银行成立有权威的理事会作为决策机构，理事会由下列人员构成：中国人民银行的行长、副行长和少数专家（顾问），财政部的一位副部长，国家计委和国家经委的各一位副主任，专业银行的行长和保险公司的总经理。理事长由中国人民银行行长担任，理事会在意见不一致时，理事长有权做出裁决，重大问题请示国务院决定。1984 年 1 月，中国人民银行理事会正式成立，但鉴于当时各方面条件尚不成熟，该理事会几年后停止运作。

在 20 世纪 90 年代之后，随着中国金融体制改革的整体加速，中国人民银行的机构与制度改革也进入一个快速发展完善的阶段。1995 年 3 月 18 日第八届全国人民代表大会第三次会议通过《中华人民共和国中国人民银行法》，以法律形式正式确立了中国人民银行的地位、主要职责和基本制度，后经 2003 年修订，进一步完善。《中华人民共和国中国人民银行法（2003 修正）》，中国人民银行设行长 1 人，副行长若干人。中国人民银行实行行长负责制，行长领导中国人民银行的工作，副行长协助行长工作。

从具体的职能机构和人员设置来看，根据最新的中国人民银行“三定”方案，即 2019 年 1 月 19 日开始实施的《中国人民银行职能配置、内设机构和人员编制规定》，中国人民银行机关行政编制共 779 名（含金融委办公室秘书局编制 15 名），设行长 1 名，副行长 4 名，司局级领导职数 92 名（含金融委办公室秘书局领导职数 3 名、货币政策委员会正副秘书长各 1 名、机关党委专职副书记 2 名、机关纪委书记 1 名、离退休干部局领导职数 3 名）。以 2019 年的情况为例，中国人民银行有行长 1 人（易纲），副行长 6 人（郭树清、陈雨露、潘功胜、范一飞、朱鹤新、刘国强），其中 2 人因任银保监会主席（郭树清）和国家外汇管理局局长（潘功胜），不占用中国人民银行副行长的编制名额。

与很多发达国家一样，中国人民银行也设有货币政策委员会。《中华人民共和国中国人民银行法（2003 修正）》第十二条规定：“中国人民银行设立货币政策委员会。货币政策委员会的职责、组成和工作程序，由国务院规定，报全国人民代表大会常务委员会备案。中国人民银行货币政策委员会应当在国家宏观调控、货币政策制定和调整中，发挥重要作用。”根据 1997 年 4 月 5 日国务院发布的《中国人民银行货币政策委员会条例》，货币政策委员会是中国人民银行制定货币政策的咨询议事机构，其职责是在综合分析宏观经济形势的基础上，依据国家宏观调控目标，讨论货币政策的制定和调整、一定时期内的货币政策控制目标、货币政策工具的运用、有关货币政策的重要措施、货币政策与其他宏观经济政策的协调等涉及货币政策等重大事项，并提出建议。

货币政策委员会主要由以下人员组成：中国人民银行行长、中国人民银行副行长（2 人）、国家发改委副主任（1 人）、国家经济贸易委员会副主任（1 人）、财政部副部长

(1人)、国家外汇管理局局长、中国银行业及保险监督管理委员会主席、中国证券监督管理委员会主席、国有独资商业银行行长（2人）、金融专家（1人）。货币政策委员会的组成单位可以调整，由国务院决定。中国人民银行行长、国家外汇管理局局长、中国证券监督管理委员会主席为货币政策委员会的当然委员。货币政策委员会其他委员的人选，由中国人民银行提名或者中国人民银行商有关部门提名，报请国务院任命。货币政策委员会设主席1人，副主席1人，其中主席由中国人民银行行长担任，副主席由主席指定。货币政策委员会委员的任职条件和权利义务见专栏4-11。

专栏4-11 货币政策委员会委员的任职条件和权利义务

根据《中国人民银行货币政策委员会条例》第八条和第九条的规定，货币政策委员会委员应当具备下列条件：

（一）年龄一般在65周岁以下，具有中华人民共和国国籍；

（二）公正廉洁，忠于职守，无违法、违纪记录；

（三）具有宏观经济、货币、银行等方面的专业知识和实践经验，熟悉有关法律、法规和政策。

其中，货币政策委员会中的金融专家除应当符合上述条件外，还应当具备下列条件：

（一）具有高级专业技术职称，从事金融研究工作10年以上；

（二）非国家公务员，并且不在任何营利性机构任职。

货币政策委员会委员中的国有独资商业银行行长以及金融专家，任期2年。

货币政策委员会委员有下列情形之一的，由中国人民银行报请国务院免去其货币政策委员会委员职务：（一）本人提出书面辞职申请的；（二）任职期间因职务变动，已经不能代表有关单位担任货币政策委员会委员的；（三）不履行委员义务或者因各种原因不能胜任委员工作的。

在权利和义务方面，货币政策委员会委员为履行职责需要，享有下列权利：

（一）了解金融货币政策方面的情况；

（二）对货币政策委员会所讨论的问题发表意见；

（三）向货币政策委员会就货币政策问题提出议案，并享有表决权。

在义务方面，货币政策委员会委员应当出席货币政策委员会会议，并就有关货币政策事项提出意见和建议，因特殊情况不能出席会议时，应委托熟悉情况的有关人员作为代表携其书面意见参加会议，但代表不享有表决权。

货币政策委员会委员应当恪尽职守，不得滥用职权、徇私舞弊，同时应保守国家秘密、商业秘密，遵守货币政策委员会的工作制度，不得违反规定透露货币政策及有关情况，否则撤销货币政策委员会委员的职务，并依法追究法律责任。此外，货币政策委员会委员在任职期内和离职以后一年内，不得公开反对已按法定程序制定的货币政策。

注：本专栏摘编自《中国人民银行货币政策委员会条例》。

货币政策委员会通过全体会议履行职责，其主要工作程序为：(1) 货币政策委员会实行例会制度，在每季度第一个月的中旬召开例会，由货币政策委员会主席或者1/3以上委员联名，可以提议召开临时会议；(2) 货币政策委员会秘书处应当在货币政策委员会例会召开的10日前，将会议议题及有关资料送达全部委员，在会议召开时向全部委员提供最新统计数据及有关技术分析资料；（3）货币政策委员会会议有2/3以上委员出席方可举行，会议由主席主持，主席因故不能履行职务时，由副主席代为主持；（4）货币政策委员会会议以会议纪要的形式记录各种意见，货币政策委员会委员提出的货币政策议案，经出席会议的2/3以上委员表决通过，形成货币政策委员会建议书；（5）中国人民银行报请国务院批准有关年度货币供应量、利率、汇率或者其他货币政策重要事项的决定方案时，应当将货币政策委员会建议书或者会议纪要作为附件一并报送，中国人民银行报送国务院备案的有关货币政策其他事项的决定，应当将货币政策委员建议书或者会议纪要一并备案。

需要指出的是，尽管货币政策委员会目前仍然主要是一个咨询议事机构，而非如发达国家一样是货币政策的最终决策机构，但《中华人民共和国中国人民银行法（2003修正）》在货币政策委员会职能定位的表述上实际上留有较大的空间和余地。随着经济社会的发展以及中央银行调控职能和方式的完善，不排除货币政策委员会会在中央银行的政策决策中发挥越来越大的作用。

4.4.2 中国人民银行的独立性

总体来看，与国际趋势一致，中国人民银行的独立性在20世纪90年代之后逐渐提升，特别是2003年修订的《中华人民共和国中国人民银行法》进一步明确了中国人民银行的性质、地位、职责、组织机构、政策操作和财务预算等方面的内容，中国人民银行的独立性得到了事实性的加强。理解中国人民银行的独立性，可以从法定独立性、人事独立性和经济独立性等方面展开。

就法定独立性而言，根据《中华人民共和国中国人民银行法（2003修正）》第二条的规定，“中国人民银行在国务院领导下，制定和执行货币政策，防范和化解金融风险，维护金融稳定。”同时，第五条规定：“中国人民银行就年度货币供应量、利率、汇率和国务院规定的其他重要事项作出的决定，报国务院批准后执行。中国人民银行就前款规定以外的其他有关货币政策事项作出决定后，即予执行，并报国务院备案。”第六条规定：“中国人民银行应当向全国人民代表大会常务委员会提出有关货币政策情况和金融业运行情况的工作报告。”第七条规定：“中国人民银行在国务院领导下依法独立执行货币政策，履行职责，开展业务，不受地方政府、各级政府部门、社会团体和个人的干涉。”此外，如前文所述，中国人民银行货币政策委员会目前主要是一个决策咨询议事机构，尚不具有决策权。

从人事独立性来看，《中华人民共和国中国人民银行法（2003修正）》第十条规定：“中国人民银行行长的人选，根据国务院总理的提名，由全国人民代表大会决定；全国人民代表大会闭会期间，由全国人民代表大会常务委员会决定，由中华人民共和国主席任免。中国人民银行副行长由国务院总理任免。”同时，根据《中国人民银行货币政策委员会条例》，货币政策委员会的组成单位由国务院决定，委员由国务院任命。在任职期限方面，除货币政策委员会委员中的“国有独资商业银行行长以及金融专家”有“任期2年”的规定之外，关于中央银行行长、副行长以及其他货币政策委员会委员，均无明确的任职期限规定。

从经济独立性来看，《中华人民共和国中国人民银行法（2003修正）》第二十九条规定，“中国人民银行不得对政府财政透支，不得直接认购、包销国债和其他政府债券。”第三十条规定：“中国人民银行不得向地方政府、各级政府部门提供贷款，不得向非银行金融机构以及其他单位和个人提供贷款，但国务院决定中国人民银行可以向特定的非银行金融机构提供贷款的除外。”这在很大程度上改变了过去中国人民银行充当政府出纳和弥补财政赤字的局面，经济独立性明显提升。在资金来源方面，《中华人民共和国中国人民银行法（2003修正）》第八条规定：“中国人民银行的全部资本由国家出资，属于国家所有。”同时，第三十八条规定：“中国人民银行实行独立的财务预算管理制度。中国人民银行的预算经国务院财政部门审核后，纳入中央预算，接受国务院财政部门的预算执行监督。”第三十九条规定：“中国人民银行每一会计年度的收入减除该年度支出，并按照国务院财政部门核定的比例提取总准备金后的净利润，全部上缴中央财政。中国人民银行的亏损由中央财政拨款弥补。”第四十条规定：“中国人民银行的财务收支和会计事务，应当执行法律、行政法规和国家统一的财务、会计制度，接受国务院审计机关和财政部门依法分别进行的审计和监督。”

综合上述情况，可以看出，在现行的制度框架下，中国人民银行总体上具有相对独立性，主要表现在三个方面：一是在政策决策和实施方面，虽然关于年度货币供应量、利率、汇率等重大货币政策事项的最终决策权在国务院，但中国人民银行对一般性货币政策事项具有直接决策权，且不受除国务院之外的其他政府部门的干预，这为货币政策贯彻落实过程中的统一性和一致性提供了基本的制度保障；二是在机构和人事制度方面，虽然中国人民银行一直隶属于国务院，但在中国的国家治理体系中，由于党中央集中统一领导，这使得西方国家所存在的试图通过干预货币政策来助力选举的情况在中国基本不存在，因而中国人民银行虽然在机构和人事方面隶属于中央政府，仍然可以获得较大程度的运行独立性；三是在经济独立性方面，中国人民银行自成立以来就是独立的政府组成部门（仅特殊时期曾短暂并入财政部），同时作为非财政拨款预算单位，实行独立的财务预算管理制度，但由于预算和执行情况仍受财政部的审核和监督，因而经济方面的独立性也是有限的和相对的。

4.4.3 中国人民银行的透明度

在1978年改革开放前的“大一统”计划经济时代，中国是典型的财政主导型经济，尚未形成现代意义上的金融体系和金融服务。当时，中国人民银行是国内唯一一家货币经营机构，同时也是金融调控和管理者。由于基本不存在市场化的金融交易机制，社会公众成为金融信息和服务的被动接受者，客观上对中央银行的政策取向及其变化没有了解的需求。与此同时，由于金融资源的配置主要围绕指令性计划展开，中央银行也不存在通过政策宣示和信息沟通来引导市场的问题。在这种情况下，中央银行的透明度尚不具备其前提意义。

中国的市场化金融体系初步形成于20世纪80年代，1984年中、工、农、建四大专业银行从中国人民银行分拆出来以后，双层银行体系得以形成：第一层是中国人民银行，侧重中央银行的责任，同时监管其他银行；第二层是中、工、农、建四家专业银行。在这一时期，虽然中国的金融市场化得以发展，但鉴于当时全球范围内的中央银行都保持着“隐秘性”的传统，中国人民银行的政策决策和调整也基本上是在隐秘的条件下进行的，一般社会公众只有在政策出台之后方能知晓。因此，在这一时期，受制于国内外客观现实背景，中国人民银行的政策透明度总体上比较低。

在20世纪90年代之后，一方面中国国内的金融市场化进程加速发展，另一方面国际主流的中央银行政策理念也逐渐从隐秘向透明转变，在此背景下，中国人民银行开始借鉴国际经验，逐步加强信息披露和提高政策透明度。概括而言，中国人民银行的透明度具有以下特点：

一是政策目标比较透明。目标透明不仅是指中央银行宣布一个明确的政策目标或者政策偏好清晰，更重要的是履行其承诺。根据《中华人民共和国中国人民银行法（2003修正）》，中国货币政策的目标是“保持货币币值的稳定，并以此促进经济增长”。这表明货币政策的最终目标是非常明确透明的。同时，货币政策的中间目标也比较透明。具体而言，中国人民银行从1996年起正式采用货币供应量作为货币政策的中间目标，并向社会公布M1和M2年增长率的控制目标，先后按季和按月公布各层次货币的实际增长率。后来，随着金融结构的变化，中国人民银行又开始统计、关注和公布社会融资规模这一重要指标。在履行承诺方面，自《中国人民银行法》颁布之后，中国人民银行尽管仍采取相机抉择的政策规则，但政策偏好总体清晰，主要考虑物价稳定与经济增长两方面的任务，并且坚持以稳定物价为货币政策首要目标。因此，无论是从政策目标和政策偏好的清晰度，还是从承诺履行的实际情况来看，中国人民银行的货币政策目标都是比较透明的。

二是决策透明度较低。决策透明度可以从中央银行的决策过程、依据和结果等方面的情况予以评估。首先，从决策过程与程序的透明度来看，国务院在1997年批准设立了货币政策委员会，但该委员会只是一个咨询议事机构，主要为货币政策的制定提供决策参考，然后由中国人民银行做出决策上报国务院批准后最终确定。在这一过程中，哪些人参与了决策过程，决策是如何通过的，谁事实上行使了决策权，以及决策有误时谁应承担责任，这些问题目前都尚不明确。其次，从决策依据的透明度来看，目前中国人民银行对于如何进行决策，决策时所使用的主要经济金融参数及其权重，以及如何建立模型进行相关分析和预测等，相关信息都披露得比较少。最后，从决策结果的透明度来看，虽然货币政策委员会在季度例会后会向社会发布新闻稿，但每次发布的新闻都是比较简短的原则性语言，并没有披露关于未来经济及货币政策走向的预测信息，也没有披露会议讨论的详细记录以及各位委员的不同观点和主张等方面的信息。

三是工具与操作透明度较高。工具与操作的透明度是指中央银行就其政策工具的选择与操作方式向社会公众予以说明。在1998年之后，随着公开市场操作成为中国货币政策调控的主要工具，中国人民银行通过一系列制度建设保证了公开市场操作的透明度，包括：公开市场业务一级交易商制度、公开市场业务流动性监测制度、公开市场业务决策和操作程序、公开市场业务交易和结算体系、公开市场业务公告制度等。在信息发布方面，中国人民银行在每周二公开市场业务操作的中标结果产生后，会通过中央国债登记结算有限责任公司的“中国债券信息网”和全国银行间同业拆借中心的“中国货币网”及时向社会发布《公开市场业务交易公告》，公告内容包括当日交易的品种、期限、招标量、招标利率和中标利率等方面的信息。此外，对诸如法定准备金率以及再贷款和再贴现等其他货币政策工具操作的变化，中国人民银行也会通过负责人讲话和文告等形式予以公告，通常会阐述调整的背景、原因及预期效果。总体来看，中国人民银行的工具与操作透明度是比较高的。

四是信息透明度不断上升。中央银行的信息透明主要是指社会公众获得经济金融政策有关信息的数量、质量及难易程度。近年来，中国人民银行开辟了多种渠道进行信息披露，包括：（1）通过中国人民银行网站发布各种基本信息，如央行简介、领导讲话、新闻动态、金融法规与统计数据等；（2）按月召开经济金融形势分析会，与国家相关经济管理部门和各金融机构广泛交流沟通信息，了解经济金融运行中的新变化，及时获取有关方面对货币政策的意见和建议；（3）发布《中国人民银行文告》《中国人民银行年报》《货币政策执行报告》《中国金融稳定报告》等多种出版物，披露相关金融法律法规、政策执行情况和效果以及未来的经济金融运行前景和可能的政策取向和立场等；(4) 举行新闻发布会或发表央行负责人的谈话，向社会公众传递和解释中央银行的政策意图；(5) 编制与发布经济金融数据，社会公众可通过中国人民银行网站及统计季报、年报与相关报刊等多种渠道获得主要的经济金融数据。

总体来看，中国人民银行的信息披露和政策透明度逐步提高，不仅途径、方式和内容更加丰富，而且开始进入系统化建设和制度化完善的阶段。从目前的情况来看，中国人民银行未来的透明度改善方向包括：(1) 进一步提高政策目标的透明度，特别是在承诺的具体目标和实施规则方面；(2) 在改革完善政策决策机制的基础上，适时推进决策透明度的建设与提高；(3) 进一步提升信息透明度的质量，在经济金融数据的覆盖范围、发布频率、可得性和时效性等方面逐渐与国际标准接轨。

【本章小结】

中央银行的决策机构与机制主要是指中央银行在制定货币政策、宏观审慎政策和监管政策等主要经济金融政策过程中所依托的决策组织（部门）及制度流程。在大部分成熟的市场经济国家中，货币政策的决策通常由中央银行下属的“货币政策委员会”或类似的机构（部门）来实施，而宏观审慎政策则是由“金融政策委员会”“宏观审慎管理局”或类似的机构（部门）来实施。

中央银行的主要经济金融政策，包括货币政策、宏观审慎政策和金融监管政策等，对一国的经济金融运行、社会发展和就业等具有重要影响，其决策和调整需要有一定的客观依据，以增强中央银行调控的科学性、指向性和有效性。一般而言，政策决策的主要根据包括：国内的经济周期运行状态及其微观基础，国内的金融周期运行状态及其微观基础，国际的经济金融形势及其对国内的传导影响，关系国家经济社会发展的长期结构和战略问题，等等。

中央银行的独立性是指中央银行在履行自身职责的过程中，法定或实际拥有的职权范围以及在决策与行动方面所享有的自主性程度，通常包括政策独立性、人事独立性、经济独立性等方面的内容。历史经验显示，政府直接控制中央银行极易导致货币滥发和恶性通货膨胀。从现代意义上看，保持中央银行相对独立性的必要性主要体现在以下四个基本方面：一是避免政治性经济波动的需要，二是避免财政赤字货币化的需要，三是促进经济和金融体系长期稳定的需要，四是增强中央银行调控专业性和有效性的需要。中央银行独立性的主要模式包括美国模式、英国模式、日本模式、中国模式和欧洲央行模式。

中央银行作为经济金融政策的决策者和执行者，在政策实践过程中必然涉及相关信息的披露问题，而透明度作为信息公开程度的一种测度，主要用于说明中央银行在何种程度上会对外公开其有关政策的决定、依据、目标和实施路径等方面的信息。中央银行透明度的测度主要考虑三个基本维度：一是清晰性，即中央银行的语言含义要清楚明确，不能有歧义；二是内容丰富性，即中央银行向社会公众传递有关经济金融政策信息的内容丰富程度；三是公众审查，即中央银行应该向公众提供与决策有关的信息，包括支持和反对的意见、投票的性质、经济模型和数据等。

从最近几十年中央银行理论和实践的发展来看，增强中央银行透明度的理由主要有两个方面：一是透明度的提高有助于增强中央银行的公信力，二是有效的政策需要建立在一定的透明度基础之上。尽管保持一定程度的透明度是非常有必要的，但中央银行的透明度并不是简单的越高越好，而是存在一个动态最优值，这个最优值会随着经济、制度和社会文化的演进而动态变化。归根结底，提高透明度只是手段而非目的，最终的判断标准仍然在于这样做是否有助于增强中央银行政策调控的有效性。

在中国，货币政策委员会是中国人民银行制定货币政策的咨询议事机构（而非决策机构），其职责是在综合分析宏观经济形势的基础上，依据国家宏观调控目标，讨论货币政策的制定和调整、一定时期内的货币政策控制目标、货币政策工具的运用、有关货币政策的重要措施、货币政策与其他宏观经济政策的协调等涉及货币政策等重大事项，并提出建议。

在中国现有的制度框架内，中国人民银行总体上具有相对的独立性。同时，中国人民银行的信息披露和政策透明度近年来也在逐步提高。从现阶段的情况来看，中国人民银行的透明度有以下四个方面特点：一是政策目标比较透明，二是决策透明度相对较低，三是工具与操作透明度较高，四是信息透明度不断上升。

【关键词】

货币政策委员会　中央银行独立性　政策独立性　人事独立性　经济独立性　中央银行透明度　目标透明度　决策透明度　工具与操作透明度　信息透明度

【复习思考题】

1. 简要说明货币政策的常见决策机构与机制。
2. 简要解释中央银行的独立性及判断标准。
3. 简要解释中央银行的透明度及测度方法。
4. 分析说明中央银行独立性和透明度的关系。
5. 简要分析中国人民银行的独立性与透明度。

第二篇　中央银行与货币政策

“通过连续的通货膨胀，政府可以秘密地、不为人知地剥夺人民的财富，在使多数人贫穷的过程中，却使少数人暴富。”

——英国经济学家约翰·梅纳德·凯恩斯（John Maynard Keynes）

“一旦经济实现自持性复苏、就业市场改善、通货膨胀率接近2%，美联储就开始收紧政策。货币政策效果有滞后性，美联储必须预期到未来6～12个月的经济复苏步伐。”

——美联储前主席本·伯南克

“‘适度从紧’当然比‘稳健’紧一些，而‘从紧的货币政策’比‘适度从紧’也更稳一些。”

——中国人民银行前行长周小川

第5章 货币政策目标

【本章要点】

1. 货币政策的最终目标及理论基础；
2. 货币政策的中间目标及选择依据；
3. 货币政策各层次目标之间的关系；
4. 中国的货币政策目标及其发展演变。

【导入案例】

2019年12月1日，中国人民银行行长易纲在《求是》杂志发表文章《坚守币值稳定目标　实施稳健货币政策》，指出货币是金融体系的血液，我国货币政策是国家制度和国家治理体系的重要组成部分。货币政策需要关注经济增长，又不能过度刺激经济增长；要坚守币值稳定这个根本目标，同时中央银行也要强化金融稳定目标，把币值稳定和维护金融稳定更好地结合起来；货币政策不能单打独斗，需要与其他政策相互配合。中国人民银行将坚持服务实体经济，防范金融风险，实施好稳健的货币政策，着力为供给侧结构性改革和高质量发展营造适宜的货币金融环境。

新华社东京电（刘春燕．2020－01－21）：日本央行21日在结束为期两天的货币政策决策会议后宣布，将维持目前的超宽松货币政策不变。日本央行表示，为对冲海外风险，维护金融市场稳定，将继续维持现行超宽松货币政策，把短期利率继续维持在－0.1%的水平，并通过购买长期国债，使长期利率维持在零左右。日本央行行长黑田东彦当天在记者见面会上表示，世界经济增长虽有减速动向，但“总的来看在缓慢增长”。2020财年日本经济总体将维持缓慢复苏。为使经济走出通货紧缩，日本央行超宽松的货币政策已实施多年，但至今仍未实现2%的通货膨胀目标。2019年11月，日本剔除生鲜食品外的核心消费价格指数同比上升0.5%。另外，日本央行当天把2020财年经济增长预期从此前的0.7%上调至0.9%，把2020财年通货膨胀预期从此前的1.1%下调至1.0%。

从上述报道可以看出，货币政策目标是中央银行制定和实施货币政策的重要依据。那么，什么是货币政策目标？货币政策目标体系包括哪些层次？各层次目标之间是什么关系？每个层次的目标有哪些具体的量化指标？中国货币政策的目标是什么？本章将对上述问题进行解答。

5.1 概述

货币政策目标是指中央银行在货币政策制定和实施过程中所监测、关注或盯住的对象，一般概括为由操作目标（operating target）、中间目标（intermediate target）和最终目标（ultimate goal）所构成的一个多层次目标体系。在实践中，中央银行通常先确定货币政策所要实现的最终目标，然后建立用于保证最终目标实现的操作目标和中间目标，从而确保整个货币政策的调控过程在稳定可靠和"有迹可循"的基础上进行。可以说，货币政策目标体系是整个货币政策框架的基础，决定着货币政策的起点、支点和终点，成为中央银行行动的"定位器"和"指示器"。

货币政策的最终目标是中央银行制定和实施货币政策所意欲实现的最终结果，一般体现为宏观层面一些总量指标的稳定与优化，如物价稳定、经济增长、充分就业及国际收支平衡等。这些目标之间既相互关联，又存在一定差异，中央银行通常需要根据特定的现实情况进行综合权衡取舍，以尽可能地避免政策目标之间的潜在冲突。在实践中，中央银行一般会根据本国当前的经济状况和未来一段时间的经济预期，同时兼顾政策偏好等因素，确定所需要实现的政策目标或"目标组合"，并在此基础上制定和实施相应的货币政策。尽管如此，货币政策在多个目标之间进行筛选、切换和组合，依然被视为一种极为艰难的平衡"艺术"。为此，越来越多的中央银行更加倾向于围绕某个核心目标（如物价稳定）实施货币政策。

最终目标虽然是货币政策的最终任务，也是评价货币政策是否有效的最终标准，但在现实中，由于货币政策调控效应的显现有一个过程，因此，中央银行并不能"一蹴而就"地直接实现其最终目标，而是需要先以操作目标为起点和抓手，再以中间目标为支点和指示器，步步为营地接近和实现最终目标。所谓货币政策的操作目标，是指既能被货币政策工具直接作用，又与中间目标紧密联系的经济金融指标。操作目标对货币政策的反应最为灵敏，是中央银行可以直接影响或控制的目标变量。常见的操作目标包括基础货币、短期利率和银行准备金等。

相比之下，货币政策的中间目标是连接中央银行可以直接控制的操作目标和其想要实现的最终目标之间的一座"桥梁"或一个"中介"。通过设置中间目标，中央银行可以在货币政策的操作目标和最终目标之间建立起连接机制，从而使货币政策的中间传导过程不会偏离预定的方向。换言之，通过设置中间目标，货币政策的传导过程将变得更加清晰可控，并且可以起到早期预警和及时纠偏的作用。中间目标的这种功能定位使其从一开始就必须满足一些基本的条件，如可测性、可控性和稳定性等，这些条件是确保其能在操作目标和最终目标之间建立起稳定的、可预期的连接机制的前提和基础。

总之，货币政策操作目标、中间目标和最终目标之间是彼此联系和相互依存的关系，共同形成了中央银行用于实现其最终目标的一个目标体系。这个目标体系可以确保中央银行的相关政策操作按照预期的、可控的、可监测的路径到达最终目标，并且包含着政策实施过程中的纠偏机制，从而最大限度地减少从政策操作到最终目标实现之间由于漫长的传导过程而产生的各种偏差。简言之，中央银行通过设计一个由近及远、渐次推进、阶段可控的目标体系，提高了货币政策操作实现其最终目标的可靠性和稳定性。

5.2 货币政策的最终目标

5.2.1 货币政策的最终目标及其演变

（一）货币政策的常见最终目标

在现实中，中央银行一般会根据本国的经济制度、经济环境、经济结构和发展战略等因素，确定所需要致力于实现的货币政策目标，并在此基础上制定和实施相应的货币政策。由于具体国情存在差异，不同国家确定的政策最终目标也有所不同，但从各国中央银行的政策实践来看，传统最终目标的选择主要集中于物价稳定、经济增长、充分就业和国际收支平衡，在2008年之后被广泛讨论的一个新目标是金融稳定。

物价稳定是指市场中各种商品和劳务的一般价格水平在一定时期内不发生显著或急剧的波动，因此，中央银行物价稳定目标的本质是要维持本国货币币值的稳定。不过，维持物价稳定并不是追求价格水平的绝对静止，而是允许其在一定范围内合理波动，毕竟市场机制的作用方式之一是通过价格变动引导资源配置。在实践中，中央银行追求物价稳定的两个具体做法是：既控制通货膨胀，又避免通货紧缩。不过，从现实情况来看，由于通货膨胀是常态和侵蚀民众福利的主要威胁（专栏5-1），而通货紧缩并不经常发生，因此，抑制通货膨胀成为中央银行最为主要的物价稳定目标。在政策操作中，中央银行一般以消费者价格指数（CPI）、核心CPI、生产者价格指数（producer price index，PPI）和GDP平减指数等指标来衡量物价水平的变动情况。尽管这些指标所包含的商品和劳务的统计范围存在一定差异，但对于明显的通货膨胀或通货紧缩而言，它们在变化趋势上基本是一致的。

专栏5-1　通货膨胀的福利成本

通货膨胀可能导致以下三个方面的福利损失成本：一是通货膨胀特别是严重的通货膨胀会侵蚀货币的实际购买力，从而提高公众的生活成本，导致公众减少实际消费，转而增加工作时间，造成社会福利损失；二是通货膨胀要求所有名义变量进行持续调整，因商品价格频繁变动而产生的菜单成本也会造成社会福利的损失；三是从价格机制的信号功能来看，未预期到的通货膨胀会影响商品、劳动和金融产品等价格信号功能的正常发挥，进而扭曲资源配置，降低经济社会资源利用效率，造成社会福利损失。可见，抑制通货膨胀（实现物价稳定）是实现社会福利最大化的前提条件。

经济增长是指一国的现实生产水平和潜在生产能力保持快速而合理的增长，这既是提高民众生活水平的物质基础，也是衡量一国经济实力和国际竞争力的重要因素。如果说物价稳定是从“购买的东西不会变贵”这一角度增进社会福利的，那么经济增长则是从“有更多的东西可买”这一角度增进社会福利的。从二者之间的辩证关系来看，快速而合理的经济增长在带来总需求扩张的同时，也提高了货币需求量，从而使经济能够吸收更多的货币而不至于引起通货膨胀。因此，经济增长与中央银行旨在刺激经济的扩张性货币政策之间存在着一种潜在的良性互动，前者为后者提供了更大的余地和空间。对于很多欠发达和发展中国家而言，提高人民生活水平这一目标的重要性并不亚于稳定物价，因此，在不少国家中，经济增长几乎是与物价稳定并重的一个目标。在政策操作中，中央银行一般以GDP增长率或GNP增长率来衡量经济增长情况。

充分就业这一目标，一般是针对所有可利用的潜在资源而言的，即所有生产要素都被充分利用的状态。不过，由于各种经济资源的利用程度在现实中很难被直接测度，同时考虑到劳动力的就业状况一般与土地、资本等其他生产要素的利用状况保持着同向关系，因此，在实践中一般以劳动力就业水平的反向指标即失业率（unemployment rate）来衡量社会经济资源被利用的程度。所谓失业率，是指失业人数与劳动力之比。失业率越低，表明经济越接近充分就业状态，反之则越远离充分就业状态。此外，失业率过高还是导致社会不稳定的一个重要因素。从理论上看，零失业率是最理想的状态，但由于摩擦性失业和结构性失业的存在，即使经济处于充分就业状态也不可能实现零失业率，而是处于所谓的"自然失业率"水平。不同国家由于经济发展阶段、结构和制度不同，自然失业率通常存在一定的差别，同时，自然失业率本身也会随着技术进步、产业结构和人口结构等因素的变化而动态变化，因此，自然失业率水平并无固定标准。不过，从美国、德国、英国等国的情况来看，中央银行公布的自然失业率水平一般在5%左右。

如果说前三个目标都属于"内部均衡"目标，那么国际收支平衡则属于货币政策的"外部均衡"目标。因此，这一目标是针对开放经济体而言的，并且越是依赖对外贸易和经济往来的经济体，这一目标的重要性就相对越高。所谓国际收支平衡，是指一个国家在一定时期内的对外总支出和总收入基本保持平衡，既没有大的顺差，也没有大的逆差。如果一个国家的国际收支长期处于失衡状态，无论是过度顺差还是过度逆差，都会给该国的经济发展造成不良影响：一方面，长期逆差会导致资本大量外流，外汇储备持续减少，由于外汇市场本币供过于求且市场对本币的信心下降，最终会导致本币大幅贬值，严重时可能诱发严重的货币和金融危机；另一方面，长期顺差会导致外国资本大量流入，外汇储备持续甚至过度积累，本币升值压力增加，热钱持续流入，对房地产和金融市场造成冲击，严重时可能导致资产价格泡沫和金融危机。因此，维持国际收支平衡一般也被视为货币政策的基本目标之一。在现实中，中央银行用来衡量国际收支平衡的指标一般包括贸易收支差额、经常项目差额和国际收支基本差额等。

至于金融稳定目标，是指中央银行在制定和实施货币政策时，应该同时将金融稳定考虑在内，因为旨在进行货币信贷和流动性调控的货币政策不可能不影响金融稳定，而金融是否稳定也会反作用于其物价稳定、经济增长、充分就业和国际收支平衡等目标。所谓金融稳定，是指金融体系能够正常运转和实现其基本功能，不存在可能引发系统性风险和金融危机的重大金融失衡，如信贷过度扩张、资产价格泡沫、流动性错配、债务杠杆过高等。不过需要指出的是，金融稳定目标事实上并不包含在传统的货币政策理论和政策框架之中，而是在2008年国际金融危机之后被新提出来的一个迄今为止都还在被讨论的可能目标。由于此方面的讨论相对比较复杂，我们将其留待后文的第5.2.3节进行更为详细的说明。

（二）货币政策最终目标的历史演变

从第二次世界大战结束到20世纪60年代，强调总需求管理的凯恩斯主义主导着当时的货币政策思维。凯恩斯主义强调货币的"非中性"，认为货币并非蒙在实体经济之上的

“一层面纱”，而是经济活动的基本组成部分，因而货币政策能够发挥实质性的调控作用，特别是在存在大量闲置资源和有效需求严重不足的情况下更是如此。在这一阶段，西方各主要资本主义国家的中央银行一般根据实际情况，灵活地追求多种意欲实现的政策目标。不过，鉴于当时战后满目疮痍、百废待兴的状况，经济增长和充分就业成为主要的货币政策目标。

进入20世纪70年代，积极货币政策无法继续刺激经济增长，被许多国家奉为圭臬的凯恩斯主义失灵了，经济跌入流动性陷阱之中，加之中东石油危机的冲击，许多国家的经济陷入痛苦的滞胀泥沼之中。在此背景下，强调货币数量管理和通货膨胀控制的货币主义思想逐渐成为新的货币政策思维。根据货币主义学派代表人物弗里德曼的论证，“通货膨胀无论何时何地都是一种货币现象”，因此，要控制通货膨胀，必须严格控制货币供应量。此外，由于“货币长期中性”，这使得中央银行试图通过牺牲物价来换取经济增长的动机（根据传统菲利普斯曲线所揭示的“通货膨胀-失业”关系）也失去了理论支撑。在此背景下，鉴于当时西方各国面临严重的通货膨胀问题，货币主义的“单一规则”最终胜出，各国中央银行的货币政策最终目标逐渐由“以经济增长为主”转向了“以物价稳定为主”，其主要手段则是基于货币需求函数维持适度的货币供应量增速。

进入20世纪90年代，在利率市场化和金融创新的推动下，货币的定义和边界变得模糊起来，这导致货币数量的可测性和可控性变得越来越差。在多次修订货币统计口径无果的情况下，各主要国家的中央银行逐渐放弃了货币数量控制，重新转向了凯恩斯主义所主张的价格型（利率）调控方式。根据新凯恩斯主义理论，货币政策主要通过利率调控来实现通货膨胀控制和产出稳定的目标，实践操作则基本上采取了以通货膨胀控制为主、兼顾经济增长（充分就业）的目标框架，即所谓的“灵活通货膨胀目标制”（flexible inflation targeting）或“通货膨胀目标制”（inflation targeting），它有着更为严格和明确的通货膨胀目标制要求以及中央银行的相应承诺（更为详细的解释详见第7章的第7.3节，专栏5-2给出了欧洲中央银行的做法）。从实践效果来看，通货膨胀目标制确实在通货膨胀控制方面效果显著（二维码专栏5-1）。简言之，这一时期货币政策的最终目标以物价稳定为主（第一目标），同时兼顾经济增长（充分就业）。

【二维码专栏5-1】

通货膨胀目标制及其国际实践

专栏5-2 欧洲中央银行的货币政策目标选择

欧洲中央银行独立制定货币政策，其政策的基本目标是保持物价稳定，这也是其唯一目标。同时，物价稳定也是欧洲中央银行组建协定和欧洲货币一体化系列条约中唯一强调的政策目标。而欧洲中央银行之所以将这一目标作为其基本目标，不仅是欧洲传统经济思想的要求，也是受其现实条件所约束的结果。

《马斯特里赫特条约》第105条将保持价格稳定作为欧洲中央银行的首要目标，保持价格稳定这一目标有着自身的优势：首先，其有助于让相对价格机制更加透明，避免产生价格扭曲，从而保证市场有效率地进行实际资源配置，并且提升经济的生产潜力；其次，稳定的价格还能最大限度地将长期利率的通货膨胀风险溢价降低，从而使长期利率降低并且刺激投资增长；再次，如果将来的价格水平难以确定，实际的资源将不会投入生产，而是用于规避通货膨胀或者通货紧缩，而保持价格稳定将会有利于减少这类成本，并且为有效的实际投资决策提供一个良好环境；最后，保持价格稳定也有利于避免通货膨胀或者通货紧缩环境下对于财富和收入再分配的随意性，可以避免税收和福利制度对经济运行造成扭曲。

欧洲中央银行的货币政策基本目标是实现物价稳定，所谓物价稳定是指一年中欧元区调和消费者价格指数（harmonized index of consumer price，HICP）上升率低于2%，并且在中期能够维持。这一定义可以避免因短期因素而引起的物价波动对欧洲中央银行货币政策造成的干扰，从而确保共同货币政策的连续性和稳定性。同时，为了实现此目标，欧洲中央银行还提出了“双支柱”战略：一是确定货币供应量M3的年增长参考值为4.5%；二是密切关注债券价格、工资、收益曲线、财政政策意图、汇率、价格与成本指数以及商业和消费调查这些经济指标的变化。

（三）货币政策的目标函数

货币政策目标函数是理解货币政策目标及其理论基础的重要工具。由于货币政策的终极关注是改善社会福利，因此社会福利损失函数成为评价货币政策有效性的重要方法。在具体做法上，一般围绕通货膨胀率、潜在GDP以及失业率等货币政策目标变量构建社会福利损失函数，而中央银行的政策选择则是要实现社会福利损失的最小化。关于货币政策的目标函数，理论界普遍认同并广泛使用的是布林德提出的二次型损失函数：

$$L=(\pi-\pi^*)^2+\lambda(y-y^*)^2$$

$$L=(\pi-\pi^*)^2+\lambda(u-u^*)^2$$

其中，L表示当期社会福利损失水平，π为当期通货膨胀率，y为当期产出水平，u为当期失业率水平，这四个变量是中央银行不能控制的，通常由观测或计算得到。π^*为目标通货膨胀率；y^*为目标产出水平（一般用自然产出水平表示）；u^*为目标失业率（一般用自然失业率表示）；λ表示中央银行赋予产出（失业）缺口（相对于通货膨胀缺口）的权重（参数），反映了中央银行对产出（失业）缺口和通货膨胀缺口的相对厌恶程度。三个标记$*$的目标变量和参数λ都是中央银行可以选择和控制的对象。一般而言，中央银行会选择上述两种函数中的一种作为目标函数，因为经济增长通常伴随着失业率的下降，二者基本上是“同一枚硬币的两面”，因此选择哪一种形式的目标函数，差异不是很大。下面对中央银行的目标变量和参数选择进行具体分析。

（1）关于目标通货膨胀率π^*的确定。

目标通货膨胀率π^*的选择主要涉及两个实际问题：一是关于目标通货膨胀值的设置，二是关于通货膨胀度量指标的选择。

对于第一个问题，大多数国家会选择区间通货膨胀目标，而发达国家普遍将目标通货膨胀率设置在2%左右。不过，即使按此通货膨胀速度计算，价格水平也会每35年翻一番。对于能不能设置一个更低的通货膨胀目标值，目前尚存争议。以哈耶克为代表的经济学家反对任何形式的通货膨胀，认为哪怕是“极低的通货膨胀也是有害无益的”。而另一种观点则认为，2%左右的温和通货膨胀是有益的，主要理由在于：一方面，通货膨胀率无法被精准测量，价格指数往往存在正向偏置，通常测算出的通货膨胀率会高出实际通货膨胀率0.5%左右；另一方面，保持适度的通货膨胀率也有助于在经济疲软时期增加经济弹性，为未来的政策调节预留一定空间，从而为通货紧缩提供必要的缓冲。此外，还有一种观点认为，通货膨胀目标应该根据不同国家的实际情况确定，从1%到4%可能都是合理的选择区间（专栏5-3）。

对于第二个问题，常用的通货膨胀度量指标有CPI和核心CPI，前者度量的是整体消费者价格水平的变动，而后者则是将食品和能源价格从CPI中剔除后得到的价格指数。核心CPI的提出源自20世纪70年代中东石油危机所带来的教训：由于食品和能源的价格变动常常来源于供给冲击所带来的短期效应，具有很强的均值回归性，将其纳入考虑的CPI波动性更大，经常对货币政策决策产生误导，降低货币政策的效力。相比之下，核心CPI的稳定性更强，包含更多的前瞻性信息，同时对预测未来的通货膨胀趋势也更有帮助，因而成为不少中央银行（如美联储）所实际采用的通货膨胀度量指标。

专栏5-3 通货膨胀目标的合理区间和影响因素

目前，世界上很多国家央行把盯住通货膨胀目标作为货币政策的锚，用于引导社会公众的预期。多数发达国家把2%的通货膨胀率作为通货膨胀目标，有些发展中国家的目标比2%高一些，比如3%或4%。如果受上述基本面因素影响，某国长期通货膨胀率的客观和真实走势是1%，而中央银行为引导预期把通货膨胀目标定为2%，并通过宽松货币政策进行引导，则其结果肯定是事倍功半的。正确的做法是，各国中央银行根据本国的实际情况来确定通货膨胀目标，从1%到4%可能都是合理的选择区间。比如，发达国家和人口老龄化经济体最优的通货膨胀目标可能是1%或1.5%，发展中国家和人口年轻化经济体可选择3%或4%，有些持续高通货膨胀的经济体还可以把通货膨胀目标定得更高一些，比如超过4%。货币政策（比如对通货膨胀目标的确定）可以在一定程度上稳定和引导社会公众的预期，但前提是这种引导离经济基本面所决定的趋势不远，这样的货币政策才是符合实际和有效的。

注：本专栏内容节选自易纲2019年发表在《求是》杂志上的文章《坚守币值稳定目标　实施稳健货币政策》。

（2）关于目标产出水平 y^* 的确定。

在理论研究中，对目标产出水平的估计存在多种方法：一是将其定义为潜在产出水平，即充分就业下的产出水平，通常由生产函数得到，该方法的优势是比较全面地涵盖了技术、劳动和资本的影响，可以充分体现潜在GDP的特征；二是将其定义为产出的趋势水平，该方法基于产出随时间趋势性变化的假设，通过HP滤波等平滑工具分解出GDP中的趋势成分（trend value）作为目标产出水平；三是基于推算增长率进行估计，即假定GDP将在一个时期内以特定速度增长，这种方法比较简单，但忽略了经济周期波动所带来的偏差等问题。

（3）关于目标失业率 u^* 的确定。

目标失业率通常由附加预期的菲利普斯曲线测算得出，利用这种方法测量出的自然失业率一般在6%左右，但也受到了普遍质疑，因为目标失业率的估计值至少应该是随着时间变化的且伴随较大的标准差。有鉴于此，一些改进后的测算方法包括：构建劳动力市场模型，将 u^* 作为劳动力市场的函数来计算，或者使用统计方法如HP滤波法，对趋势和周期进行分解从而得出等。不过，一般认为，改进后的方法仍然存在一定的估计偏差。

（4）关于 y^* 和 u^* 的选择。

关于 y^* 和 u^* 的选择，实际上是两种目标函数的选择，这里主要有两个方面的因素需要考虑：一是中央银行的偏好。虽然经济增长与充分就业通常同向变动，但也存在着一些差别，在这种情况下，如果中央银行对某一目标具有更加强烈的偏好，那么会选择相应的目标函数形式。二是度量指标的准确性。为提高货币政策效果，中央银行会尽可能使用误差小的指标，如果 y^* 的估计来自菲利普斯曲线（即通过估计 u^* 来计算），那么选择 u^* 将避免出现更多误差，因为从失业到产出之间还存在“将劳动力投入转换为产出”的过程，这将增加新的统计不确定性，从而导致 y^* 出现更大的误差。

(5) 关于相对权重系数 λ 的确定。

通过将通货膨胀缺口的权重系数设置为 1，λ 可用于表示中央银行在建立目标函数时给予产出缺口（失业率缺口）的相对权重，即相对于通货膨胀波动而言，中央银行对产出波动的厌恶程度。不同的 λ 值体现了中央银行的货币政策目标倾向，以及货币政策对不同政策目标的调控速度。具体而言，$\lambda=0$ 表示严格的通货膨胀目标制，即中央银行只关注通货膨胀的变化；$0<\lambda<1$ 表示灵活通货膨胀目标制，即中央银行更加重视通货膨胀控制，同时兼顾产出的稳定；$\lambda>1$ 表示相对于通货膨胀，中央银行更加重视产出的稳定，同时兼顾通货膨胀控制。

总体来看，一个大于 0 且在合理区间内取值的 λ 比较符合现代中央银行的目标函数实际。至于 λ 的具体数值应该在什么水平，一般由货币政策决策者以特定的方式确定（如集体表决或进行显示性偏好实验等），通常不被公众所知晓。

不过，从理论上看，λ 值可以通过货币政策规则体现出来，比如使用泰勒规则（Taylor rule）中的 α 和 β 系数来估计 λ：

$$i=r^*+\alpha(\pi-\pi^*)-\beta(u-u^*)$$

其中，i 是名义利率，r^* 是潜在均衡利率，π 是当期通货膨胀率，π^* 是目标通货膨胀率，u 是当期失业率，u^* 是目标（自然）失业率，权重系数 α 和 β 分别表示中央银行利率对失业和通货膨胀的反应系数，理论上 α 和 β 的值均为正。在任何情况下 $\alpha>1$，这是因为影响支出的是实际利率，而不是名义利率。当通货膨胀增加时，中央银行若想抑制投资和消费需求，就必须提高实际利率。换言之，中央银行增加名义利率的幅度应该大于通货膨胀的幅度。

基于上述货币政策规则，货币政策目标函数中的 λ 可由系数比值 β/α 予以近似估计。显然，β/α 表示的是货币政策操作对失业波动和通货膨胀波动的反应力度比较，从而暗含地体现了货币政策的目标偏好。不过，需要同时指出的是，由于货币政策操作与通货膨胀目标之间的传导路径具有复杂性和不对称性，这使得从 λ 到 β/α 的映射也并非一一对应的关系，这意味着即使是一个较大的 λ 值也不一定对应一个较大的 β/α。

(6) 关于损失函数的扩展形式。

上述损失函数中只包含通货膨胀缺口和产出（失业率）缺口两个目标。如果进一步考虑中央银行的利率平滑操作（这意味着中央银行要尽量减小利率的波动），那么可选择在函数中加入第三项 $\gamma(r-r^*)^2$，从而形成新的目标函数：

$$L=(\pi-\pi^*)^2+\lambda(y-y^*)^2+\gamma(r-r^*)^2$$

$$L=(\pi-\pi^*)^2+\lambda(u-u^*)^2+\gamma(r-r^*)^2$$

当然，基于中央银行货币政策目标的不同组合和相对偏好，损失函数还可以有其他更为复杂的形式，比如将二次型函数改为其他形式的函数、增加新的目标变量（如金融稳定目标）等。

5.2.2 货币政策最终目标之间的关系

总体来看，货币政策四大目标之间的关系错综复杂，既有彼此矛盾和对立的一面，也有相互统一和一致的一面，这使得货币政策要想平衡这些目标并非易事。在实践中，由于政策目标之间的冲突和矛盾，这使得中央银行为实现其中某个政策目标，往往不得不以牺牲其他目标为代价。

（一）四大目标之间的一致性

（1）经济增长与充分就业。一般而言，二者是相辅相成和相互促进的关系，因为在其他条件不变的情况下，就业人数越多，劳动力投入转化成的最终产品也就越多，经济增长也就越快；而经济增长速度越快，企业家会进一步扩大生产，从而创造出越多的就业机会。因此，对于大多数市场经济国家而言，经济增长和充分就业总体上具有同向变动的特征，即经济增长意味着就业增加，而经济减速则意味着就业减少。

（2）物价稳定与经济增长（充分就业）。物价水平的稳定可以为经济活动创造一个良好的市场环境，从而促进生产扩大，进而推动经济增长和充分就业；同样地，如果经济增长和就业稳定，那么将为物价稳定（币值稳定）提供坚实的物质基础。因此，从上述角度来看，物价稳定与经济增长和充分就业之间确实具有一定程度的一致性。不过，正如下面所要解释的那样，物价稳定与经济增长（充分就业）之间的冲突性往往更加明显。

（3）物价稳定与国际收支平衡。由于汇率是影响国际收支平衡的重要因素，而货币的购买力又是决定长期汇率的基础，因此物价水平（通货膨胀率）的变动将通过货币购买力的渠道影响汇率变化，从而引起国际收支的变动。若本国发生通货膨胀，国内价格高于国外价格，在不引起汇率变动时，这将导致本国进口增加，出口减少，国际收支处于逆差地位。此时，如果中央银行为了控制通货膨胀而提高利率（紧缩性货币政策），就会吸引国际资本流入，本币升值，从而导致国际收支逆差的进一步扩大。因此，中央银行在物价稳定与经济增长（充分就业）之间进行抉择时，还需要考虑其政策行为对国际收支的影响。此外，在长期中，国内通货膨胀上升将导致本币的实际购买力下降，体现在外汇市场上即本币贬值，这会使得本国出口增加和进口减少，从而导致国际收支顺差。对于上述两种情况，无论是哪种情况，价格水平的波动都会导致国际收支失衡，因此，物价稳定与国际收支平衡具有一致性。

（二）四大目标之间的矛盾性

（1）物价稳定与充分就业。根据经典的菲利普斯曲线，二者在短期中存在着此消彼长的交替关系。当失业过多时，货币政策要实现充分就业的目标，就需要通过扩张性货币政策（增加货币供应量和扩大信贷规模）刺激投资需求和消费需求，随着生产的扩大和就业的上升，总需求的上升会导致需求拉上型通货膨胀；反之，如果货币政策要控制通货膨胀，就需要实施紧缩性货币政策（减少货币供应量和降低信贷规模），这又会导致就业水平的下降。

（2）物价稳定与经济增长。中央银行为刺激经济增长，需要实施扩张性货币政策（增加货币供应量和扩大信贷规模），在经济产出水平一定的条件下，过度的货币和信贷供给必然会导致物价的上涨；同样，为了降低或者预防通货膨胀，中央银行需要采取紧缩性货币政策（减少货币供应量和降低信贷规模），这会降低总需求，从而抑制经济增长。

（3）经济增长与充分就业。如前文所述，虽然二者在大多数情况下具有一致性，但在某些情况下也会产生冲突。一方面，如果以社会平均生产率的增速作为经济增长的度量指标，那么当新增就业劳动力的边际产出递减时，社会平均生产率的增速下降，从而导致经济增长减缓。此外，当新增就业劳动力的边际产出低于社会平均水平时，还会引起社会平均生产率的下降，从而导致经济衰退。另一方面，如果经济增长主要源于技术进步，那么将会有部分低技术水平的劳动力因为无法适应高的生产技术要求而失业。这种因市场竞争或生产技术改变而造成的失业被称为结构性失业（structural unemployment），一般持续时间较长，因为失业者需要通过培训或者迁移才能实现再就业。

（4）经济增长与国际收支平衡。当国际收支逆差与经济增长疲软并存时，如果中央银行为刺激经济增长而采取扩张性货币政策，那么随着货币供应量的增加，本国利率下降，总需求增加会促进经济增长，但货币供应量增加所导致的本币贬值压力和低利率也会引起资本外流，从而加剧贸易逆差；反之，如果中央银行为平衡国际收支而采取紧缩性货币政策，那么货币供应量下降会导致本币升值和本国利率水平上升，这虽然会吸引外国资本流入从而改善贸易逆差，但货币供应量的下降和利率水平的上升也会抑制总需求，从而导致经济增长放缓。

5.2.3 金融稳定应该成为货币政策目标吗？

应该说，从20世纪90年代至2008年国际金融危机爆发前，主流的货币政策思维都遵循着所谓的“杰克逊·霍尔共识”（Jackson Hole consensus）。根据这一共识，价格稳定是货币政策的基石，通货膨胀目标制是维护长期价格稳定的有效方式，金融变量只有在影响物价稳定的情况下才应被纳入货币政策考虑。2008年国际金融危机的爆发，使得“价格稳定与金融稳定彼此分离”的观点得到了反思，金融稳定和价格稳定具有各自独立的内涵但又彼此关联的观点逐渐成为学界的“新共识”。这一新共识反映在政策上的要求是，金融稳定目标必须以某种方式得到考虑或关注，以确保物价稳定目标和金融稳定目标的同时实现。

事实上，回顾20世纪90年代至2008年之前的物价走势，世界各主要国家的中央银行基本上都相当成功地实现了稳定物价的目标，但与此同时，资产价格泡沫和信贷扩张所导致的金融危机却不断发生。具有讽刺意味的是，大部分泡沫都是在低通货膨胀的环境下发生的。尽管导致泡沫的原因可能并非单一，但至少其中一个重要因素是：在经济稳定增长和低通货膨胀的环境下，中央银行按照传统思维设定的低利率政策，在不知不觉中导致了大量的廉价信贷和宽松货币供给，从而造成了严重的金融失衡、泡沫经济以及由此推动的金融危机。

正如米什金在2008年金融危机后反思货币政策时所指出的：“虽然物价和产出的稳定肯定是有益的，但此次危机表明，孤立盯住这些目标的政策也许不足以产生好的经济效果。”有鉴于此，在2008年金融危机之后，一种新的思潮是中央银行可能需要同时兼顾物价稳定和金融稳定两个目标，而争论则在于两个方面：一是金融稳定目标是应该直接分配给货币政策，还是分配给新的政策（如宏观审慎政策）？二是如果货币政策至少需要在某种程度上“关注”金融稳定，那么具体应该怎么做？

对于上述两个问题，正如我们将要在第三篇有关宏观审慎政策的相关内容中进行详细解释的，一方面，由于货币政策在应对资产价格泡沫等金融失衡问题时是一个比较“钝”的工具（专栏5-4），因此，金融稳定的目标总体上更适合分配给在此方面更具比较优势的宏观审慎政策；另一方面，即使将金融稳定的目标主要分配给宏观审慎政策，货币政策也应该继续关注金融稳定状况（因为金融信息中包含着前瞻性的实体经济信息），并且在某些特定的情况下，比如当金融波动已经对实体经济产生了明显的溢出效应时，货币政策可能需要配合宏观审慎政策对金融波动做出直接的政策反应。

简言之，价格稳定和金融稳定的目标可以通过货币政策和宏观审慎政策的相互配合同时实现，这意味着至少当中央银行手中同时拥有这两类工具时，关于货币政策的“杰克逊·霍尔共识”依然可以得到维持。

专栏5-4 中央银行应该如何应对资产价格泡沫?

资产价格泡沫主要指人们出于投机性目的，不断买入股票或者房地产等资产，使得资产价格逐渐超出其真实价值，并且在超出后仍然预期资产价格将上升而不断买进，使得资产价格不断膨胀的现象。典型的资产价格泡沫如日本20世纪90年代的房地产和股市泡沫以及美国1995—2001年的互联网泡沫。泡沫的破裂通常会对经济和金融的运行造成巨大冲击。

既然泡沫破裂的影响如此之大，那么中央银行是否应该对资产价格泡沫做出必要的政策反应？理论界和实务界对此尚未形成一致意见，支持者和反对者争论的焦点主要集中于“资产价格泡沫是否会造成金融系统不稳定、资产价格泡沫能否被及时识别以及中央银行是否可以通过货币政策有效治理资产价格泡沫”等方面。

支持中央银行应该将资产价格稳定纳入货币政策目标的理由在于：(1) 中央银行对保持金融系统的稳定性负有明确责任，因为中央银行调整货币政策的行为必然会引起利率的变动，进而导致金融市场波动。(2) 资产价格泡沫具有危害性，不仅会导致社会资源结构性错配，而且有损于宏观经济的稳定。(3) 资产价格泡沫具有可观测性。研究表明全球性货币总量、全球性信贷总量可以用来预警早期的资产价格泡沫，并且能在一定程度上提前两年预测到资产价格泡沫破裂和资产价格繁荣。在发现泡沫后，中央银行可以采取收缩信贷规模、提高利率等操作挤压泡沫，防止泡沫的进一步膨胀和危机的发生。(4) 货币政策可以实现在控制资产价格泡沫的同时，不对原本的通货膨胀率和失业率目标造成过度影响。

反对中央银行应该将资产价格稳定纳入货币政策目标的理由则在于：(1) 中央银行的宏观经济调控目标是控制通货膨胀和失业，没有义务为错误的私人投资决策负责；(2)“事后处理”的策略在处理资产价格泡沫问题上能够很好地维持金融体系的稳定性，因此没有必要在泡沫破裂前进行干预；(3) 资产价格泡沫通常只有在比较严重的情况下才可能被有效“识别”，在泡沫初期就试图断定泡沫的存在并做出货币政策反应，很有可能造成严重的不良后果；(4) 中央银行没有合适的货币政策工具可以对特定领域的泡沫进行针对性调控，因为货币政策工具都是针对宏观经济整体进行调节，这会导致货币政策在控制资产价格泡沫时是一个比较“钝”的工具：如果将利率提高到足以刺破泡沫的水平，那么会难以避免地对宏观经济造成明显冲击，最终的结果有可能得不偿失。

尽管在2008年国际金融危机爆发之后，社会各界对金融稳定的重视程度明显上升，但大多数中央银行和理论研究者仍主张传统的货币政策思维应基本维持不变，即只有在金融风险（包括资产价格波动）影响到对通货膨胀和产量缺口预期的情况下，货币政策才有必要做出直接反应，这就是所谓的“杰克逊·霍尔共识”。美联储前后两任主席伯南克与格林斯潘都是该观点的坚定支持者，在他们看来，在一个完全竞争且具有健全监管制度的资本市场中，资产价格的变动实际上反映了经济基本面的变动，而在资产价格反映经济基本面的情况下，中央银行是不需要考虑资产价格波动的。此外，在现实操作中，由于事实上很难在事前准确识别资产价格的变动究竟是由基本面还是非基本面的因素引起的，同时中央银行很难做到刺破泡沫而不影响经济基本面，因此，货币政策可以“关注”但不是“盯住”资产价格泡沫。

5.3 货币政策的操作目标和中间目标

货币政策从决策到对最终目标产生影响，通常存在一个较长的时间过程，这个过程一般涉及从短期变量到长期变量、从金融体系到实体经济的传导，其中任何一个环节出现阻滞或者传导不充分，都会导致货币政策在实现其最终目标上的无效或低效。因此，为确保货币政策的决策意图最终转变为现实的经济结果，中央银行有必要对上述传导过程进行监测和控制，从而使相关变量的传导按照预期的方向和力度展开。

在实践中，中央银行对上述过程进行动态监控的主要做法是在货币政策工具和最终目标之间插入两个用以定标货币政策影响路径的“过程变量”，即操作目标和中间目标。其中，操作目标是中央银行运用货币政策工具可以明确控制的变量，而中间目标则进一步充当操作目标和最终目标之间的联结载体。这种结构性的目标体系设计可以使货币政策调控从操作到最终目标实现的整个过程都处于阶段性可控、可监测、可调整（如果某个环节的目标显示货币政策效果不及预期）的状态，从而显著降低了货币政策在传导过程中所产生的各种偏差。

5.3.1 操作目标和中间目标的选择标准

从理论上看，作为货币政策工具与最终目标之间的“桥梁”，操作目标和中间目标既需要对货币政策工具的变动保持高度的敏感性，以确保货币政策处于预期的正确轨道上，同时又需要与最终目标具有确切的关联性，以确保最终目标会按照中央银行预设的方式受到影响。此外，从实际操作角度看，操作目标和中间目标还应具备容易被测度的便利性，从而增强货币政策对目标实现程度的定量监测评估。综合这些考虑，货币政策的操作目标和中间目标总体上都应满足相关性、可控性、可测性和稳定性四个基本标准。

相关性是指操作目标和中间目标都要分别与自身前后两个层次的目标（工具）紧密相连（即操作目标应该同时与货币政策工具变动和中间目标紧密关联，而中间目标则应该同时与操作目标和最终目标紧密关联），最好是具有稳定的函数关系，以确保整个货币政策传导过程的清晰明确；可控性是指中央银行通过货币政策工具的变动，能够比较有效地影响操作目标和中间目标的变动；可测性是指操作目标和中间目标能够在统计和数量上进行比较清晰明确的定义，以便于中央银行能够准确收集到相关数据和进行定量评估；稳定性是指操作目标和中间目标在相关性、可控性和可测性等方面的表现具有较强的抗干扰能力，能够比较稳定地发挥其中间传导功能。上述四个基本标准相辅相成，良好的中间目标选择必须同时满足这些标准。

总体来看，操作目标和中间目标的上述四个选择标准旨在确保货币政策的操作目标能够按照中央银行预期的方向和程度稳定地受到货币政策工具变动的影响，同时确保货币政策的中间目标能够按照中央银行预期的方向和程度稳定地对最终目标产生影响。除了上述四个基本标准之外，中央银行在选择操作目标和中间目标时，通常还需要考虑本国经济和金融体系的各种现实情况，如经济和金融的发展阶段、制度发育程度和历史文化传统等。在现实中，由于各国的国情差异，不同国家的操作目标和中间目标选择通常并不完全一样。此外，同一个国家在不同的历史发展阶段，由于货币政策目标和调控方式的不同，操作目标和中间目标的选择也会出现相应变化（二维码专栏5-2）。

【二维码专栏5-2】

货币政策操作目标和中间目标的实践选择

5.3.2 货币政策的常见操作目标及其理论基础

在整个“货币政策工具→操作目标→中间目标→最终目标”的传导过程中，操作目标是距离货币政策工具最近的一个目标，其本质定位是政策工具运用所能产生的短期直接结果。因此，货币政策的操作目标通常要求具有较高的可控性，以确保中央银行在货币政策“出手”的第一个传导环节具有充分的控制力，从而能按其意愿随时进行比较精准的调控。此外，由于操作目标的下一步指向是中间目标，因此，要使得操作目标能够按预期方式影响最终目标，操作目标还必须与中间目标具有明确的、稳定的相关关系。从这个意义上看，中央银行在确定货币政策的操作目标和中间目标时，实际上是同时决定而非分离选择的。从各国货币政策的已有实践来看，常见的操作目标包括：货币市场短期利率、银行准备金和基础货币等。

(1) 货币市场短期利率。

货币市场短期利率是指期限在1年以内的金融资产利率，如银行间市场同业拆借利率、国债利率、商业票据利率等。这类流动性较强、风险较低的利率通常对社会资金的供求关系具有很强的敏感性，一般被认为是构筑市场基准收益率的基础和标尺，因而对市场流动性和金融资产定价具有重要影响。

从各国货币政策实践来看，最为常用的（价格型）货币政策操作目标是银行间市场同业拆借利率（简称“同业拆借利率”）。同业拆借利率是指银行等金融机构之间为了弥补短期流动性不足而进行的短期资金借贷利率，是一种单利、无担保、批发性的利率，期限一般较短，通常是隔夜拆借，但也存在期限较长的品种，最长不超过1年。同业拆借利率的水平主要由银行间同业市场的资金供求关系决定，是一种市场化程度很高的利率，其利率高低直接反映了金融体系流动性松紧的情况：一般而言，同业拆借利率下降表明银行等金融机构的资金较为宽裕，拆入资金的需求较低；反之，则表明银行等金融机构的资金较为紧张。

在利率市场化程度较高的国家，同业拆借利率（特别是隔夜拆借利率）已经成为中央银行利率调控的主要操作目标。比如，在美国，利率政策的操作目标是联邦基金有效利率(effective federal funds rate，EFFR)。联邦基金有效利率是纽约联邦储备银行（Federal Reserve Bank of New York）根据每天联邦基金交易的隔夜利率（由主要的联邦基金经纪商提供）所计算出的加权平均利率（图5-1），是一个对市场利率变动方向极为敏感的利率。美联储通过“锚定”和调节联邦基金利率就能直接影响金融机构的资金成本，从而影响决定总需求的消费和投资等经济活动的水平。

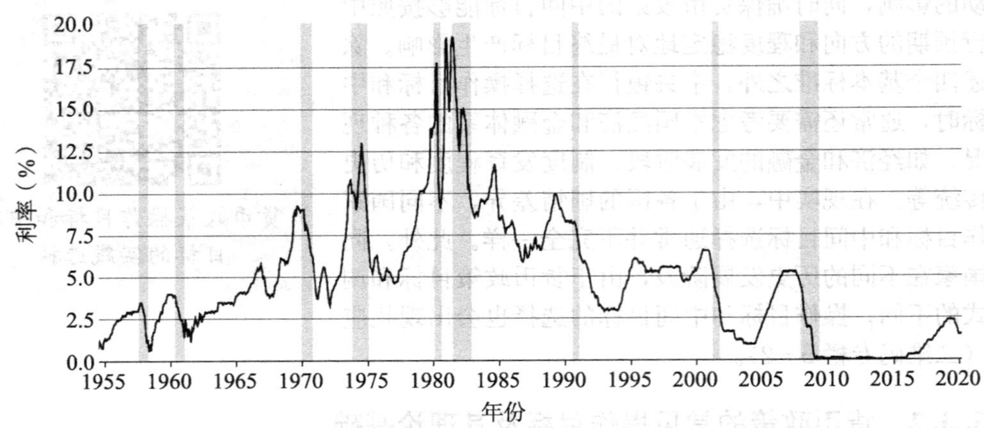

图 5-1 美国联邦基金有效利率

注：图中阴影区域对应美国国家经济研究局（NBER）所确定的经济衰退期，更具体的衰退时间段划分可见如下网址：https://fredhelp.stlouisfed.org/fred/data/understanding-the-data/recession-bars/。数据来源为 https://fred.stlouisfed.org/series/FEDFUNDS#0。

以货币市场短期利率作为货币政策操作目标的优点在于：一是可测性强。由于货币市场上的资金交易活跃且成交量庞大，短期市场利率很容易从公开市场统计获得，且反映的经济信息一般比较准确。二是可控性强。中央银行的货币政策工具（存款准备金率、贴现政策、公开市场操作）可以直接影响银行体系的流动性和资金供求关系，并很快反映在市场短期利率的变动上。三是相关性强。市场短期利率和长期利率经由收益率曲线（yield curve）紧密相连，短期利率的变动通常会带动长期利率的变化。货币市场短期利率作为货币政策操作目标的主要缺点是稳定性相对较差：作为一种高度市场化的利率，货币市场短期利率除受货币政策影响外，还受制于市场供求关系、市场预期和市场情绪等因素的影响，因而有时候波动性较大。此外，收益率曲线的形态在某些时候也不够稳定，比如当收益率曲线“倒挂”（inverted）时，短期利率和长期利率之间的关系就会出现反转（专栏 5-5）。

专栏 5-5 收益率曲线“倒挂”及其经济含义

收益率曲线是在某个时点上，一组相似的金融产品（通常是债券）的收益率与其到期期限（maturity）之间数量关系的曲线。在金融学中，更为严谨的提法是利率期限结构（term structure of interest rate）这个概念。在纵轴显示收益率、横轴显示到期期限的常规形式下，正常的收益率曲线一般斜率为正，即长期证券的收益率（长期利率）高于短期证券的收益率（短期利率），以反映随持有证券时间增加而产生的额外风险。与此相反，收益率曲线“倒挂”是指短期证券的收益率高于长期证券收益率的一种形态，与正常收益率曲线刚好颠倒。

在成熟的市场经济国家（如美国）中，收益率曲线的倒挂常被认为是经济衰退的领先指标，因而具有经济和金融预警的作用。从美国的历史数据来看，自 1952 年以来，每当出现美国国债收益率曲线的倒挂时，这往往预示着经济衰退的到来。不过需要指出的是，尽管收益率曲线“倒挂”的衰退预测效应在长期来看基本成立，但从收益率曲线开始出现

“倒挂”到最终出现“经济衰退”，其过程和时滞往往长达几个季度甚至几年。仍以美国为例，20 世纪 80 年代之后出现的三次经济衰退，收益率曲线“倒挂”的出现时间都领先经济衰退 1 到 2 年不等，在“倒挂”刚开始时，经济的景气扩张往往仍在继续。金融市场的走势也未必受收益率曲线“倒挂”的影响，甚至可能走出牛市行情。比如，美国在 1998 年 9 月出现了收益率曲线“倒挂”，但此后一直到 2000 年 3 月正是互联网泡沫最为疯狂的阶段。简言之，由于金融市场投资高度依赖于时机选择，以收益率曲线“倒挂”作为退出时机的做法，从投资的角度来看并不见得有效。

对于收益率曲线“倒挂”的原因，一般主要与中央银行的货币政策取向以及经济金融环境有关。一方面，较之长期利率，短期名义利率对货币政策的变动更加敏感，因此，中央银行的紧缩性货币政策一般会更加显著地提高短期利率，从而使收益率曲线趋于平缓，甚至出现倒挂。特别是在中央银行加息周期的后半段，市场对于货币政策即将“反转”的预期会进一步抑制长期利率的上升，从而加剧收益率曲线的“倒挂”。另一方面，如果经济发生了严重的通货膨胀或者处于下行周期，那么投资者将更加偏好短期投资，从而引起短期利率相对于长期利率的提高，继而导致收益率曲线变得平缓，甚至出现“倒挂”。

(2) 银行准备金。

为了及时满足客户提取存款和资金结算的需求，商业银行不会将吸收的存款全部贷出或者用于投资，而是必须预留一部分存放于中央银行或自身的业务库内。这部分资金被称为银行准备金，其中存放于中央银行的准备金被称为存款准备金。根据是否强制缴存，存款准备金可分为法定存款准备金和超额存款准备金，前者是商业银行按照中央银行确定的法定存款准备金率，必须向中央银行缴存的准备金，在一般情况下不能随便动用；后者是商业银行根据自身的流动性、资本结构以及经营计划等情况，自愿决定存放于中央银行的准备金，通常可以自由动用。超额存款准备金和商业银行的库存现金共同构成超额准备金（又称“备付金”），超额准备金有借入准备金和非借入准备金两个来源，前者指商业银行由于准备不足而向中央银行或其他金融机构借入的资金，而后者则指商业银行从自有资金中提取的准备金。

【二维码专栏 5 - 3】

存款准备金率与货币乘数

中央银行通过调整法定和超额存款准备金率可以改变货币乘数（二维码专栏 5 - 3），进而达到调控货币供应量的目的。因此，银行准备金是货币政策调控的一个有效操作目标。当中央银行提高法定存款准备金率时，商业银行需要上缴中央银行的法定存款准备金增加，可用资金减少，在其他情况不变的条件下，商业银行的贷款或投资下降，进而引起派生存款数量的收缩，最终导致货币供应量减少。不过，在一些理论中，调整法定存款准备金率被认为是“一剂猛药”，由于影响过大而不宜做经常性的调整。因此，另一种备选做法是将商业银行的超额准备金作为盯住目标，中央银行通过窗口指导和监管约束等方式，促使商业银行将其超额准备金调整至目标水平。不过需要指出的是，由于从银行准备金到货币供应量的传导需要经历货币乘数的转化，而中央银行无法直接控制货币乘数，这会在一定程度上削弱银行准备金作为操作目标的相关性和稳定性。

(3) 基础货币。

根据货币创造理论，除了调控银行准备金之外，中央银行还可以通过调控基础货币来影响货币供应量。基础货币是指流通于银行体系之外的通货和银行准备金（法定存款准备金和超额准备金）之和，是整个商业银行体系用以创造存款货币（deposit money）的基础，因而又被称为高能货币（high-powered money）。

基础货币本质上是中央银行发行的债务，体现于央行资产负债表的负债端，数据简单易得，因而具有良好的可测性。中央银行对基础货币具有很强的控制力，并且有多种具体的调控方式，如现钞发行或收回、在公开市场上买卖债券、在外汇市场上（用本币）买卖外汇、增加或减少对金融机构的再贴现和再贷款等。

总体来看，基础货币具备作为操作目标的可测性、可控性和相关性标准，并且基本上可由中央银行完全掌控。不过，与银行准备金的情况类似，基础货币对货币供应量的影响也需要经过货币乘数的转化，而货币乘数的不稳定（以及不被中央银行控制）自然会对基础货币作为操作目标的稳定性产生一定的负面影响。

5.3.3 货币政策的常见中间目标及其理论基础

中间目标是中央银行在货币政策实践中极为关注的一个目标，主要有两个原因：一是从整个目标体系来看，中间目标是货币政策实现其最终目标的最后一个连接点，不仅起着承上启下的关键作用，而且直接决定货币政策的预期效果，也是货币政策是否需要及时调整的重要依据；二是对于中央银行而言，操作目标的可控性程度通常非常高，并且传导过程也非常及时，因而货币政策在这一环节基本上是“手到擒来”和“稳操胜券”的，但中央银行对中间目标的控制程度就没有这么强了，并且传导过程也比较长，各种干扰因素显著增多，这些都使得中间目标的实现具有相当程度的不确定性和几乎必然存在的偏差。对不断出现的各个层次目标偏差的纠正实际上构成了货币政策持续动态调控的基础，而中间目标层次的偏差一方面比操作目标层次的偏差大，另一方面比最终目标层次偏差所造成的负面效应小，因而成为货币政策在实践中最为关注的一个目标层次。简言之，中间目标非常重要，但又不像操作目标那样直接可控，所以成为中央银行重点关注的对象。

从已有的理论和货币政策实践来看，可作为中间目标的经济金融变量一般包括中长期利率、货币供应量、名义汇率、银行信贷规模和资产价格等。从现实情况来看，前两个变量是各国中央银行运用得最为普遍的中间目标变量，而后三个变量因为受不同国家的经济金融体制影响较大，使用范围比较有限。在实际操作中，中央银行在确定中间目标的具体目标值之后，会动态监控操作目标沿着预期传导路径对中间目标所产生的实际效果，如果目标变量负向偏离中央银行预定的目标值，说明货币政策力度不够，应该按照既定的方向继续加大调控力度；反之，如果目标变量正向偏离中央银行预定的目标值，则说明货币政策力度过大，需要适当回收政策力度（反向运用政策工具），促进目标变量逐渐向目标值水平收敛。

（1）中长期利率。

在现实中，投资和消费等总需求变量直接受中长期利率的影响，因为后者决定着投资和消费的借贷成本（如果是通过负债进行投资或消费）或机会成本（如果是使用自有资金进行投资或消费）。与此同时，如前文所述，中长期利率经由收益率曲线（利率期限结构）又直接受到作为操作目标的短期利率的影响。这意味着，中长期利率可以与短期利率（操作目标）及总需求（最终目标）起到较好的关联作用，因而可以视为一个良好的中间目标变量。

中长期利率作为货币政策中间目标的优势在于：一是可测性强，特别是随着现代信息技术的发展，中央银行收集和处理信息数据的能力明显提高，基本在任何时候都能有效监测市场利率的水平、结构及变动；二是可控性较强，现代中央银行一般拥有比较丰富的政策工具，可以对中长期利率进行趋势和结构上的调控；三是相关性比较高，中长期利率的变动一般会直接影响到投资和消费等经济活动，从而对经济增长、充分就业和物价稳定等最终目标产生影响。中长期利率作为中间目标的主要缺点在于稳定性相对较差：一方面，除货币政策因素外，经济预期、市场情绪、社会政治等因素都可能引发中长期利率的变动；另一方面，与短期利率作为操作目标所面临的问题类似，收益率曲线的不稳定也会对中长期利率作为中间目标的稳定性产生不利影响。

(2) 货币供应量。

基于经典的货币创造理论，货币供应量作为基础货币的传导对象是自然而然的：在货币乘数（k）一定的情况下，一定数量的基础货币必然对应明确的数量（k 倍于基础货币）的货币供应量变化；与此同时，根据货币主义理论，货币供应量的增加会直接引起经济总支出的增加，从而对经济增长和物价稳定等最终目标产生影响。因此，货币供应量作为中间目标可以实现操作目标（基础货币）和最终目标（经济增长和物价稳定）的有效衔接。

在具体操作中，世界各国通常按照不同的统计口径区分了 M1、M2、M3、M4 等多个层次的货币供应量。由于不同国家在货币定义、金融市场发育程度以及中央银行调控能力等方面存在差异，因而在不同国家中，各层次货币供应量所涵盖的具体范围也不尽相同，这使得中央银行实际盯住和调控的目标也存在一定的差异。然而总体来看，历史上对 M1、M2 和 M3 的监测和调控被大多数国家的中央银行所采用，比如中国人民银行和美联储最看重 M2，英格兰银行比较重视 M3，而日本银行则比较强调 M2＋大额可转让定期存单（certificate of deposit，CD)。

货币供应量作为货币政策中间目标的优点主要包括：一是可测性强，通常作为货币供应量测度指标的 M1、M2、M3 都有比较明确的定义和标准统计方法，因而具有统计测算方面的便利性，且这类数据一般更新频率高，时效性比较强；二是可控性较强，在短期中货币乘数基本不变的情况下，只要中央银行控制住了基础货币，就能直接控制货币供应量；三是相关性较高，根据货币主义理论，货币供应量能够直接影响总支出，从而对经济增长和物价稳定等最终目标产生影响。此外，与中长期利率变动与货币政策操作的关系并不直接（因为前者可能受到多种其他因素的影响）相比，货币供应量与货币政策操作的联系相对更为紧密，因而在显示货币政策立场和意图方面更为直接，即货币供应量增加意味着扩张性的货币政策取向，而货币供应量减少则意味着紧缩性的货币政策取向。

货币供应量作为中间目标的潜在缺陷主要有两个方面：一是虽然中央银行对货币供应量具有较强的控制力，但是这种控制并非绝对的，而是要以货币乘数基本稳定为前提，但实际上，货币乘数具有较强的内生性，这会导致货币供应量在某些时期（货币乘数急剧波动时期）的可控性明显下降；二是随着金融创新的发展，各种货币近似物不断涌现，这使得货币供应量的统计边界逐渐变得模糊（事实上的统计可测性下降），同时削弱了中央银行对货币供应量的控制力。

最后，需要补充说明的是，中长期利率和货币供应量作为货币政策的中间目标在理论上各有优劣，二者之间并不存在绝对的孰优孰劣的关系。在现实中，各国的中央银行主要根据两个变量在具体时期和具体环境下的相对有效性进行选择，而这种相对的有效性又直接依赖于各国所处的经济金融发展阶段、微观主体的行为以及制度传统等因素的影响。

(3) 其他中间目标。

除了中长期利率和货币供应量这两个常见的中间目标之外，其他可能被中央银行视为中间目标的变量包括名义汇率、银行信贷规模和资产价格等。

①名义汇率。从理论上看，名义汇率的变动会经由国际收支渠道影响总需求，因而能够与货币政策的最终目标建立起联系。具体而言，名义汇率的变化会改变国内外商品的相对价格，从而对进出口和总需求产生影响：一个国家的货币贬值会刺激出口，同时减少进口，进而导致贸易顺差和国内总需求上升，而总需求的上升会刺激经济增长，带来新的就业岗位，同时也会引起"需求拉上型"通货膨胀压力。此外，名义汇率还具备高度的可测性，拥有外汇业务经营执照的商业银行会实时报告外汇牌价，数据极易获得并且时效性强。从可控性来看，中央银行既可以通过在外汇市场上直接买卖外汇来调控本币汇率，也可以通过提高或降低利率的方式引导资本流入或流出，从而间接地调控本币汇率。因此，名义汇率的可控性总体上还是比较强的。不过，这种强的可控性依赖于一些隐含的基础性条件，例如，直接买卖外汇需要强大的外汇储备作为支撑，而间接调控则需要满足金融开放和资本充分流动等前提要求。不过，名义汇率作为中间目标在相关性和稳定性方面还是存在一些弊端：从名义汇率与最终目标的相关性来看，如果净出口在一个国家总需求(GDP)中所占的比重不大，那么名义汇率变动对产出、就业、物价等货币政策最终目标的影响就不会很大，这意味着名义汇率与最终目标的相关性程度与一个国家（或经济体）的"净出口依赖度"密切相关；此外，从稳定性来看，由于名义汇率受到市场供求关系、市场情绪、地缘政治等多种因素的不确定性影响，这使得名义汇率作为中间目标的稳定性总体上不是很强。综合上述考虑，"出口导向型"小型开放经济体将名义汇率作为货币政策中间目标的可能性较大。

②银行信贷规模。在很多银行主导型金融体系中，由于直接融资渠道作用有限，这使得银行信贷成为社会主要的融资渠道。在这种情况下，中央银行通过调控银行信贷规模可以影响经济中的投资和消费需求，进而引起经济增长、就业率和物价水平等最终目标的相应变化。一般而言，在金融市场机制不完全（如存在对银行信贷的行政控制）或者银行信贷占据绝对主导地位的金融体系中，银行信贷规模作为货币政策中间目标的可测性、可控性、相关性和稳定性都是比较强的。但是，在金融体系的市场化程度较高或者是银行信贷在融资中的占比不高的情况下，银行信贷规模作为中间目标的可控性会因为金融机构的自主决策（中央银行不能直接干预）而下降，同时其作为中间目标的相关性会随着银行融资地位的下降（不再代表整个金融体系的信用创造总量）而被削弱。简言之，银行信贷规模作为货币政策的中间目标，一般只适用于金融市场化程度不高和金融活动高度依赖银行体系的情况。从现实情况来看，一些发展中国家和新兴市场国家通常在金融发展初级阶段将银行信贷规模作为货币政策直接"盯住"的中间目标使用。随着金融体系的发展和市场化程度的提高，这些国家一般会逐渐转向"盯住"货币供应量或中长期利率等其他中间目标，而银行信贷规模则一般退而成为"关注"类中间指标（假设其仍然具有一定的信息价值和参考意义）。

③资产价格。以股票和房地产价格为代表的资产价格也被认为是货币政策中间目标的备选变量。根据托宾Q理论，中央银行虽然不能直接干预实物资本的供求，但可以通过货币政策操作影响股票价格，进而改变企业资产的市场价值与重置成本的比值，最终影响实物资本支出，从而对经济活动（产出和通货膨胀）产生影响，这意味着理论上股票价格可以作为货币政策的潜在中间目标。不过，从现实情况来看，虽然股票价格的可测性比较

强，但由于影响股票价格变动的因素非常广泛，且股票价格本身经常在短期内出现大起大落，同时与实体经济活动的关联也不够清晰和稳定，这些都显著削弱了股票价格作为中间目标的可控性、相关性和稳定性。房地产价格作为货币政策备选中间目标的理论基础主要是货币政策传导的财富效应渠道和资产负债表渠道（详见第8章），即房地产作为家庭财富和企业资产的重要代表，随着房地产价格的上升（或下降），家庭财富增加（或减少），企业资产负债表改善（或恶化），同时房地产作为抵押品的价值上升（或下降），这些都会推动经济中的消费和投资需求增加（或减少），进而影响经济增长和物价稳定。如果上述渠道稳定，那么货币政策确实可以通过影响房地产价格这一中间目标而实现其最终目标。不过，与股票价格作为中间目标所面临的问题类似，房地产价格作为货币政策的中间目标也存在缺乏可控性、相关性和稳定性的问题。因此，在现实中，各个国家的中央银行一般只是"关注"而不是"盯住"资产价格。

5.4 中国的货币政策目标

5.4.1 中国货币政策目标的演变

在改革开放之前，中国并没有现代意义上的货币政策，计划与财政是经济调控的主要手段，"大一统"的中国人民银行（同时身兼中央银行和商业银行的职能）当时主要作为经济发展计划和财政政策的附属存在，银行的主要职能是作为社会现金的"总出纳"，银行信贷在社会经济运行中的作用非常有限。这种"大财政、小银行"的格局一直持续到改革开放前夕。1978年中国人民银行正式从财政部独立出来，财政和金融的功能得以区分。自1979年"拨改贷"政策实施后，人民银行开始运用贷款基准利率来调控银行信贷规模，虽然这一时期货币政策的最终目标仍然是服务于计划经济的总体资金和信贷规划，但人民银行的中央银行职能逐渐清晰和发展，特别是在1983年中央决定由人民银行专门行使中央银行职能之后，现代意义上的货币政策调控开始萌芽。

1984—1995年，中国经济刚刚开始对外开放，国内外经济的运行机制尚未充分融合，同时国家工作重心开始向经济建设倾斜，对经济增长的愿望非常强烈。在这种特殊的背景下，人民银行确立了"发展经济、稳定货币"的双重货币政策目标。应该说，这两个目标比较适合当时计划经济体制向市场经济体制转轨的现实需要，特别是在当时按计划控制货币总量和信贷分配的情况下，协调好"发展经济"和"稳定货币"的关系似乎比较容易，但通过十多年的实践，结果并不理想，在大部分时间内货币政策的两个目标并没有同时实现。经济虽有增长，但同时伴随着较为严重的通货膨胀和通货膨胀波动：在这12年中，CPI的年平均增速达到11%，最高和最低年份的CPI波动幅度超过20%（图5-2）。不过，尽管这一时期的货币政策探索"一路荆棘"，但仍然积累了不少宝贵的市场经验，同时人民银行开始尝试以货币供应量为中间目标的间接调控模式，这意味着市场化的货币政策正在明确地向前推进。

总体来看，1984—1995年的货币政策实践揭示了这样一个市场规律，即在双重货币政策目标下，如果过于强调促进经济增长而忽略了控制货币供应量，容易造成严重的通货

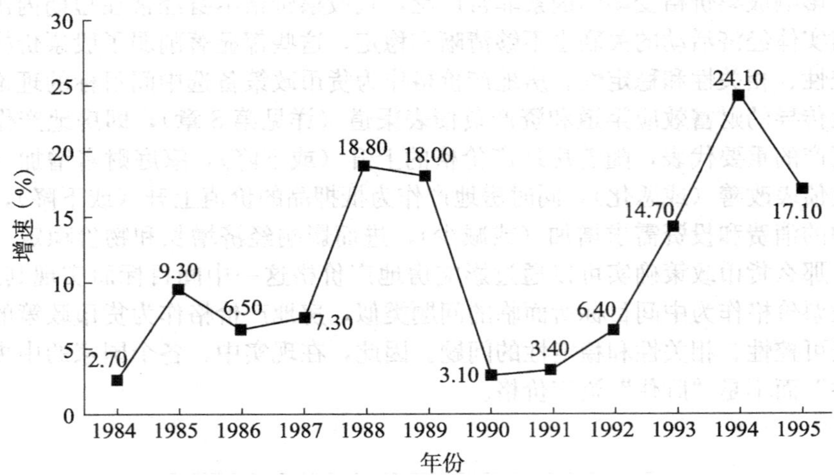

图 5-2　中国 1984—1995 年的 CPI 增速

膨胀，进而引发市场机制的紊乱。在总结经验之后，1995 年出台的《中华人民共和国中国人民银行法》对“双重目标”进行了调整，明确了货币政策的最终目标是“保持货币币值的稳定，并以此促进经济增长”。这一陈述虽然仍然暗含了“双重目标”，但在目标的定位和重要性上却进行了明确的区分：稳定币值是前提和优先目标，而促进经济增长则是附属和次要目标，二者不再并列和“等量齐观”。1998 年，人民银行正式取消信贷规模管理，重启人民币公开市场操作，这标志着中国初步形成了以基础货币和银行存款准备金为操作目标、以广义货币供应量为中间目标、以维持物价稳定和促进经济增长为最终目标的货币政策目标体系。在 2003 年重新修订的《中华人民共和国中国人民银行法》中，中国货币政策的最终目标仍然继续沿用“保持货币币值的稳定，并以此促进经济增长”这一表述，并一直沿用至今。

不过，需要指出的是，虽然中国货币政策的法定目标在 1995 年之后一直未变，但从货币政策的调控实践来看，中国货币政策的最终目标实际上是多重的，不仅需要在物价稳定、经济增长、充分就业、国际收支平衡这四大经济目标之间进行合理的权衡，还需要融入“推动金融改革发展”这一制度性目标。应该说，这种事实上的多目标状态与中国经济金融体制的特殊性以及经济金融改革转型过程的复杂性是分不开的。尽管人民银行面临多目标之间的艰难平衡，但物价稳定基本上一直是贯穿人民银行货币政策实践的一个基础性目标。此外，近年来随着利率和汇率市场化改革的不断深入，中国的货币政策正在转向以价格型调控为主的新阶段，而货币政策的中间目标也在相应地从货币供应量、银行信贷等规模型目标更多地转向以利率和汇率为代表的价格型目标。

5.4.2 中国货币政策目标的现状

现阶段的中国正处于经济和金融深度转型的阶段，一方面基础性的经济金融市场化制度已经比较完善，但另一方面也存在一些深层次和结构性问题需要进一步解决，加之世界格局在 2008 年危机后也出现了深刻的变化，这些都决定了中国当前和未来一个时期改革发展任务的复杂性和艰巨性。此外，鉴于中国当前所处的经济金融发展阶段以及改革过程所具有的制度和国情特征，这些也使得中国目前的货币政策运行环境和条件不同于完全市场化的西方发达国家。因此，对于现阶段的中国而言，严格"通货膨胀目标制"的实施条件尚不成熟。

2016年，时任中国人民银行行长的周小川在华盛顿参加IMF中央银行政策研讨会时指出："中国央行采取的多目标制，既包含价格稳定、促进经济增长、促进就业、保持国际收支大体平衡等四大年度目标，也包含金融改革和开放、发展金融市场这两个动态目标。这种选择与中国处于经济转轨中的国情是分不开的。"关于多目标之间的权衡取舍，周小川指出，货币政策的多个政策目标均存在容忍区间，同时在区间之内，目标的权重也会进行动态调整。他进一步解释说："比如在危机期间，中国就调高了金融稳定和金融机构健康化的权重；而在通货膨胀较高的时候，价格稳定的权重升高；在经常项目余额占GDP比重较大的时候，国际收支目标的权重又会相应得到提高。"2018年，中国人民银行行长易纲也在《求是》杂志上撰文指出，鉴于中国经济"转轨"+"新兴市场和发展中国家"的双重特征，货币政策多目标制是现实的次优选择；同时，在具体实施货币政策的过程中要根据形势变化，动态调整不同目标的权重，妥善处理好"稳增长"、"调结构"和"防风险"三者之间的关系。此外，易纲还强调，尽管现阶段的货币政策是多目标制，但物价稳定会是货币政策的"根本目标"（专栏5-6）。综合这些论述，可以看出，在当前和未来的一定时期内，中国货币政策的最终目标应该是以通货膨胀控制为核心的多目标制。

专栏5-6 货币政策的根本目标是"坚守币值稳定"

2019年，中国人民银行行长易纲在《求是》杂志上撰文指出："评判和衡量货币政策，根本上是要看其是否有利于最广大人民群众的利益。守护好老百姓手里的钱，保持币值稳定，并以此促进经济增长，是货币政策的使命。不能让老百姓手中的票子变'毛'了，不值钱了。适当的货币条件可以促进财富增长，不适当的货币条件可能加剧财富分化和金融风险，甚至引发社会性问题。"

对于货币政策的最终目标，易纲指出："保持币值稳定，并由此为经济增长营造适宜的货币环境，是货币政策的根本目标。要根据形势发展，探索更为科学合理地确定和衡量价格水平的方式、方法。"同时他强调："货币政策需要关注经济增长，又不能过度刺激经济增长。从世界历史来看，货币政策曾被用作追求经济增长的手段，甚至希望通过容忍高一点的通货膨胀来换取更高一些的经济增长。但实践表明，这样的想法难以实现，甚至会出现'滞胀'的后果。货币政策从短期看似乎只影响需求，但从中长期看则会影响供给和经济结构，过度使用有可能留下复杂的'后遗症'。应根据实际情况把握好政策目标和政策力度。"

注：本专栏内容节选自易纲2019年发表在《求是》杂志上的文章《坚守币值稳定目标 实施稳健货币政策》。

从操作和中间目标体系来看，近年来随着中国金融体系的发展、创新和市场化程度的不断上升，货币供应量与物价水平之间的关系有所弱化，而与此同时，以利率为代表的价格变量的影响正在逐渐增强，这使得价格变量作为货币政策中间目标的基础正在形成和完善。不过，从目前来看，受金融市场统一性、收益率曲线完整性、金融机构定价能力和微观主体利率敏感性等因素的制约，利率渠道也并非完全畅通，这就使得现阶段中国的货币政策调控需要兼顾数量指标和价格指标。在这种情况下，中国货币政策的中间目标和操作目标也具有“量价指标并用”的混合型特征：在操作目标方面，既有以基础货币（流动性）和存款准备金为代表的数量型指标，也有以银行间同业拆借利率（如 Shibor）和隔夜回购利率为代表的价格型指标；相应地，中间目标也有以货币供应量（M2）、银行信贷和社会融资规模为代表的数量型指标以及以中长期利率（如银行贷款和企业融资利率）为代表的价格型指标。可以预期，随着货币政策调控模式的转变，货币政策的操作目标和中间目标体系也会发生相应的变化。

5.4.3 中国货币政策目标的未来取向

我们必须明确，货币政策的最终目标体现的是经济社会发展的长期需要，终极目标是增进社会福利，因此，最终目标的发展变化主要取决于经济社会发展的阶段和现实需求；相比之下，操作目标和中间目标则是在最终目标确定的前提下，根据货币政策的调控方式和相应的传导机制而定的，因此，操作目标和中间目标在很大程度上取决于经济和金融体系的发展程度、制度特征和结构性特点。根据中国在现阶段和未来一定时期内可预期的经济社会和金融发展趋势，中国货币政策目标的未来取向大致包括以下几个方面：

一是在巩固物价稳定这一核心目标的基础上，逐渐从多目标制转向以单一目标为主。尽管目前中国货币政策的多目标制是特定阶段和特定国情下的现实选择，但长期使用货币政策一个工具同时追求多个政策目标，在理论上有悖“丁伯根法则”，并且在技术上存在目标重叠和冲突、目标权重不易确定、目标函数复杂、国际联结导致“维度灾难”等问题（专栏 5－7）。因此，当经济转型成功、中央银行的政策工具日益丰富之后，货币政策应该逐渐转向以单一目标（通货膨胀控制）为主。同时，在主要锚定通货膨胀的情况下，中央银行需要在 CPI 的基础上探索更为广义、更具有代表性的整体价格指标变量，以更为科学和全面地衡量整体物价的变化情况。

专栏 5－7　货币政策多目标制所面临的挑战

货币政策的多目标制会带来不少潜在的挑战和若干技术问题，根据中国人民银行前行长周小川的概括，至少包括以下方面：

一是目标重叠的问题，比如中国央行的经济增长和就业两个目标之间就有重叠，但这个问题不难解决，只需识别出重叠的部分，并赋予其与非重叠部分不同的权重系数即可。

二是目标冲突的问题。世界各国在处理经济问题时经常面临两难、三难困境，都需要权衡和取舍，因此，目标冲突虽难以避免，但也很正常，主要表现为目标优化中的相互抵消。

三是多目标能否加总和如何确定权重。这其实是一个比较技术性的问题，可综合使用模拟市场和专家法来应对。

四是模型复杂、不够简洁和难以沟通的问题。简单的模型和目标当然好，人人都想追求，但央行所面临的现实世界和任务是复杂的，因此复杂和不够简洁难以避免，而沟通困难的本质则在于事物本身的复杂性。

五是与经济金融全球化的联结问题。传统的货币政策模型多数只注重国内，但全球互动越来越显著，需要将不同国家、不同类别的模型加以联结，这是有难度的。多目标、多变量的方法在理论上有助于国内与国际的联系和互动，但由于方法不成熟和挑战众多，加大了“维度灾难”(curse of dimensionality) 等问题。

注：本专栏内容节选自 2016 年时任中国人民银行行长的周小川在 IMF 中央银行政策研讨会上的发言。

二是渐进有序地转向价格型操作目标和中间目标体系。随着金融改革和市场化的深入，数量型货币政策的调控效果将逐渐弱化，而价格型货币政策的调控效果则会显著上升。在价格型货币政策调控方式下，利率渠道、汇率渠道和资产价格渠道将成为货币政策传导的主要机制，因此，中央银行应积极培育以短期利率和即期汇率等为代表的操作目标，以及以中长期利率、汇率和资产价格等为代表的中间目标，同时完善这些价格目标的市场化形成机制与测度方法。不过需要指出的是，货币政策调控方式的转型是一个渐进的过程，在价格型调控的条件尚不完全具备时，应该考虑继续使用数量型目标并在实践中加以完善，以提高转型过程中的政策效果。从目前的情况来看，在此方面中央银行可以考虑的事项包括重视广义信贷和社会融资规模的作用，或尝试通过扩展货币供应量和社会融资规模的统计口径，进一步引入新的数量型目标。

三是在“双支柱”政策框架下，通过货币政策和宏观审慎政策的分工协作，同时实现物价稳定和金融稳定的目标。在 2008 年之后，中央银行应该将金融稳定的目标纳入政策视野这一点已经基本达成共识，问题仅在于该目标分配给何种政策来实现。从中国的情况来看，随着“双支柱”调控框架在 2017 年的十九大被正式确定，物价稳定目标主要分配给货币政策、金融稳定目标主要分配给宏观审慎政策的基本格局已经清晰。不过，正如本章前面所解释的那样，由于物价稳定和金融稳定两个目标之间存在相互影响和相互制约的内生性关系，货币政策和宏观审慎政策必须在考虑两个目标相互作用的基础之上，通过充分的互动式协调配合，在一个内生性的“联合目标”框架下，通过“联合决策”实现物价和金融的同时稳定。

【本章小结】

货币政策目标是指中央银行在货币政策制定和实施过程中所监测、关注或盯住的对象，一般概括为由操作目标、中间目标和最终目标所构成的一个多层次目标体系。在实践中，中央银行通常先确定最终目标，然后建立用于保证最终目标实现的操作目标和中间目标，从而确保整个货币政策的调控过程在稳定可靠和“有迹可循”的基础上进行。货币政策目标体系是整个货币政策框架的基础，决定着货币政策的起点、支点和终点。

货币政策的最终目标是中央银行制定和实施货币政策所意欲实现的最终结果，同时也是评价货币政策是否有效的最终标准。常见的货币政策最终目标包括物价稳定、经济增长、充分就业和国际收支平衡。这些目标之间的关系既相互关联，又存在一定的差异，中央银行通常需要根据特定的现实情况进行综合权衡取舍，以尽可能地避免政策目标之间的潜在冲突。

在实践中，中央银行一般会根据本国当前的经济状况和未来一段时间的经济预期，同时兼顾政策偏好等因素，确定所需要实现的政策目标或目标组合。尽管如此，货币政策在多个目标之间进行筛选、切换和组合，依然被视为一种极为艰难的平衡“艺术”。为此，越来越多的中央银行更加倾向于围绕某个核心目标（如物价稳定）实施货币政策。

货币政策的操作目标是指既能被货币政策工具直接作用，同时又与中间目标紧密联系的经济金融指标。操作目标对货币政策的反应最为灵敏，是中央银行可以直接影响或控制的目标变量。常见的操作目标包括货币市场短期利率、银行准备金和基础货币等。

货币政策的中间目标是连接中央银行可以直接控制的操作目标和其意欲实现的最终目标之间的一座“桥梁”和一个“中介”。通过设置中间目标，中央银行可以在货币政策的操作目标和最终目标之间建立起连接机制，从而使货币政策的中间传导过程不会偏离预定的方向。常见的中间目标包括中长期利率、货币供应量、名义汇率和银行信贷规模等。

货币政策的操作目标、中间目标和最终目标之间是彼此联系和相互依存的关系，共同形成了中央银行用于实现其最终目标的一个目标体系。这个目标体系可以确保中央银行的相关政策操作按照预期的、可控的、可监测的路径到达最终目标，并且内含着政策实施过程中的纠偏机制，从而最大限度地减少从政策操作到最终目标实现之间可能出现的各种偏差。

从 20 世纪 90 年代至 2008 年国际金融危机爆发前，主流的货币政策思维都遵循着“杰克逊·霍尔共识”，即价格稳定是货币政策的基石，通货膨胀目标制是维护长期价格稳定的有效方式，金融变量只有在影响物价稳定的情况下才应被纳入货币政策考虑。在 2008 年危机后，中央银行开始更多地关注金融稳定，但该目标一般被分配给宏观审慎政策来实现，这意味着至少在中央银行同时实施货币政策和宏观审慎政策的情况下，“杰克逊·霍尔共识”依然可以得到维持。

作为货币政策工具与最终目标之间的“桥梁”，操作目标和中间目标既需要对货币政策工具的变动保持高度的敏感性，以确保货币政策处于预期的正确轨道上，同时又需要与最终目标具有确切的关联性，以确保最终目标会按照中央银行预设的方式受到影响。同时，操作目标和中间目标还应该容易被测度，以便进行定量监测和评估。综合这些考虑，货币政策的操作目标和中间目标总体上都应满足“相关性、可控性、可测性和稳定性”四个基本标准。

对不断出现的各个层次目标偏差的纠正实际上构成了货币政策持续动态调控的基础，而中间目标层次的偏差一方面比操作目标层次的偏差大，另一方面比最终目标层次的偏差所造成的负面效应小，因而成为货币政策在实践中最为关注的一个目标层次。简言之，中间目标非常重要，但又不像操作目标那样直接可控，所以成为中央银行重点关注的对象。

中国货币政策的法定最终目标是“保持货币币值的稳定，并以此促进经济增长”。这实际上暗含了物价稳定是货币政策的第一目标，经济增长是附带目标。但从实践来看，中国货币政策的最终目标实际上是多重的，不仅需要在“物价稳定、经济增长、充分就业、国际收支平衡”这四大经济目标之间进行权衡，还需要融入“推动金融改革发展”这一制度性目标。

随着利率和汇率市场化改革的不断深入，近年来中国的货币政策正在转向以价格型调控为主的新阶段，而货币政策的中间目标也在相应地从货币供应量、银行信贷等规模型目标更多地转向以利率和汇率为代表的价格型目标。不过，在目前的过渡性阶段，中国货币政策的中间目标和操作目标体系具有“量价指标并用”的混合型特征。

根据中国当前和未来一定时期内可预期的经济社会和金融发展趋势，中国货币政策目标的未来取向大致包括：一是在巩固物价稳定这一核心目标的基础上，逐渐从多目标制转向以单一目标为主；二是渐进有序地转向价格型操作目标和中间目标体系；三是在“双支柱”政策框架下，通过货币政策和宏观审慎政策的分工协作，同时实现物价稳定和金融稳定的目标。

【关键词】

货币政策目标　最终目标　中间目标　操作目标　货币政策的目标函数　杰克逊·霍尔共识　物价稳定　经济增长　充分就业　国际收支平衡　内部均衡目标　外部均衡目标　结构性失业　自然失业率　菲利普斯曲线　相关性　可测性　可控性　稳定性　短期利率　中长期利率　收益率曲线　收益率曲线倒挂　基础货币　存款货币　高能货币　货币乘数　货币供应量　M1　M2　M3　名义汇率　银行信贷规模　股票价格　房地产价格　银行准备金　存款准备金　法定存款准备金　货币政策多目标制　货币政策单一目标制　通货膨胀目标制　Shibor　CPI　核心CPI　PPI　GDP平减指数　同业拆借利率　隔夜拆借利率　联邦基金有效利率

【复习思考题】

1. 简要解释货币政策目标的含义及其三个层次。
2. 简要说明货币政策不同层次目标之间的区别与联系。
3. 简要阐述货币政策的四个常见最终目标及其对立统一关系。
4. 简要说明操作目标和中间目标选择的四个基本标准。
5. 举例说明如何判断相关变量是否适合作为货币政策的中间（操作）目标。
6. 简要解释中央银行是否应该关注以及如何看待资产价格泡沫问题。
7. 简要阐述中国货币政策目标体系的历史演变、现状和未来取向。

第6章 货币政策工具

【本章要点】

1. 货币政策工具的定义与种类；
2. 常规货币政策工具的类型与特点；
3. 非常规货币政策工具的类型与特点；
4. 中国货币政策工具的类型与发展演变。

【导入案例】

中国经济网（吴晓灵．正确理解央行货币政策工具创新.2010-07-07）：在金融危机爆发后，欧美的中央银行面对的是市场信贷的紧缩，商业银行不肯放贷，金融机构的流动性陷入紧缩，美联储只能够靠各种创新的政策工具向金融机构提供流动性，体现在美联储资产方出现各种名目繁多的项目，且数量急剧扩张。这个流动性紧缩不光是商业银行在中央银行的头寸增加，主要是金融机构不肯对外放款。这就使得企业和非银行的金融机构头寸特别紧张。于是美联储打破了不向非金融机构提供流动性的禁区，向非银行金融机构提供了资金支持。在美国货币市场上的基金公司出了问题之后，美联储向一级交易商提供了信贷机制，也向货币市场的投资者提供了融资便利，而且还提供了定期证券的借贷机制，这三个工具都直接面对非银行的金融机构提供了流动性。但就这样还不行，市场还在不断紧缩、不断恐慌，最后美联储不得不直接到了第一线，向社会提供资金。

中国经济网（2019-12-17）：今年以来，货币政策动作频频。央行灵活运用准备金率、中期借贷便利（MLF）、常备借贷便利（SLF）、公开市场逆回购等多种货币政策工具保持流动性合理充裕和货币市场利率平稳运行。对准备金率工具的合理运用，确保了流动性保持松紧适度。与此同时，央行持续创新政策工具和手段，推出央行票据互换（CBS），对商业银行发行永续债补充资本金予以支持；优化调整形成"三档两优"准备金框架，对不同类型的商业银行进行结构性支持；传统再贷款工具也有一些创新，引导金融机构加大对民营和小微企业、"三农"、扶贫等薄弱环节的支持力度。此外，首次定向中期借贷便利（TMLF）操作于2019年初正式实施，先后投放的三期TMLF有助于引导金融机构加大对实体经济特别是民营和小微企业的支持力度。异常复杂的内外形势，需要货币政策平衡多种目标，既要防止货币条件过紧引发风险，也要避免“大水漫灌”影响去杠杆和防风险进程，这就为创新型、结构性货币政策工具提供了发挥作用的舞台。

从上述报道可以看出，中央银行的手中有多种不同类型的货币政策工具，且在不同条件下和针对不同的调控对象时，往往采用不同的工具。那么，货币政策有哪些主要的工具？近年来又有哪些工具创新？创新的原因是什么？中国的货币政策工具及其运用有哪些特点？本章将对上述问题进行解答。

6.1 概述

货币政策工具是指中央银行为实现货币政策目标而采用的各种方式、方法和手段。货币政策的中间目标和最终目标都是通过中央银行对货币政策工具的运用和相关操作来直接或间接实现的。在实践中，货币政策目标确定之后，货币政策工具的运用就成了整个货币政策操作的起点：中央银行通过运用手中的各种货币政策工具，先对金融体系的活动产生影响（对应一系列中间目标的变动），进而影响实体经济的活动（对应一系列最终目标的变动）。

按照传统分类，货币政策工具可分为一般性货币政策工具和选择性货币政策工具。前者指中央银行经常使用的旨在对货币供给总量或信用总量进行全局性调控的各种工具，主要包括被称为“三大法宝”的法定存款准备金率、再贴现和公开市场操作；后者指中央银行针对个别部门、个别企业或某些特定用途的信贷所使用的工具，主要包括各种直接信贷控制工具（消费者信贷控制、证券市场信贷控制、不动产信贷控制、信贷配额、特种存款、利率限制、优惠利率、流动性比率、直接干预）和间接信贷控制工具（窗口指导、道义劝告）等。选择性货币政策工具一般仅在有限时间和有限范围内使用，主要在一般性货币政策工具的基础上根据情况和需要起到补充性调节的作用。

同时，货币政策工具按其影响的目标变量的性质，还可分为数量型货币政策工具（以下简称“数量型工具”）和价格型货币政策工具（以下简称“价格型工具”）。前者主要包括法定存款准备金率、贴现贷款和公开市场操作等，调控目标一般为各层次的货币供应量或信贷数量；后者主要包括利率、汇率等，调控目标为各种期限和类别的资金价格或借贷成本。不过，上述工具类型的划分并不是绝对的，从政策的实际影响来看，上述两类政策工具虽然分别以目标对象的数量变化和价格变化为调控指向，但在市场化条件下，货币和信贷等金融产品的价格（利率）本身也是由供求（数量）关系决定的，因此，数量和价格本质上是同一枚硬币的两面，数量变化会引起价格变动，而价格变动也会引起数量变化。此外，同一种政策工具，在不同国家可能服务于不同的调控目标，从而被视为不同类型的工具，比如，在美国，公开市场操作主要是实现政策目标利率的一种手段，并不以基础货币的数量变化为目标，所以应更多地被视为一种价格型工具；而在中国，公开市场操作主要是调控基础货币和流动性，所以应更多地被视为一种数量型工具。在现实中，中央银行一般会根据本国国情和经济金融体系的实际情况，选择可控性程度更高、传导机制更通畅和政策效应更显著的工具类型作为主要的调控手段。

在2008年国际金融危机后，随着一系列新型货币政策工具被创造出来和投入使用，货币政策工具可进一步按其作用的场景和范围，分为常规货币政策工具和非常规货币政策工具。前者一般在经济和金融体系正常运行时期使用，主要起到常规性的调节和调控作用；而后者则主要应用于一些特定场景，如经济金融危机时期或针对特定问题的定向解决方案，通常是在常规货币政策受限或无效时起到补充性或替代性的调节和调控使用。在上述两种货币政策工具类型中，每一类又包含若干具体的工具，这些工具可以从不同角度、以不同方式影响金融和实体经济，从而产生多样化的调控方法和路径。

特别值得注意的一点是，近年来，随着经济金融体系运行环境的变化和关联机制的复杂化，货币政策调控面临越来越大的挑战，这使得货币政策工具的创新成为中央银行货币政策实践的一种“新常态”。在中央银行的货币政策工具箱越来越丰富和完善的背景下，全面厘清不同货币政策工具之间的区别、联系以及使用对象和范围，对于深刻理解中央银行的货币政策操作及其影响具有重要意义。

6.2 常规货币政策工具

常规货币政策工具（conventional monetary policy tool，又称“传统货币政策工具”）主要包括：政策利率（又称“官方利率或目标利率”）、贴现贷款、法定存款准备金率和公开市场操作。由于在成熟的市场机制下，政策利率的调控主要通过公开市场操作实现，因此，经济学家视野下的货币政策“三大法宝”通常被归纳为：法定存款准备金率、贴现贷款和公开市场操作，它们主要从总量角度对货币供应、信贷规模和市场利率等进行调节。

6.2.1 法定存款准备金率

存款准备金率工具源于存款准备金制度的出现，其初衷是为了保证商业银行（存款类金融机构）的支付和清算，之后逐渐演变成中央银行调控货币供应量的政策工具。从具体的定义来看，存款准备金是指金融机构为保证客户提取存款和资金清算需要而放在中央银行的存款，该存款与金融机构全部存款的比例即为存款准备金率（reserve ratio）。存款准备金可进一步分为法定存款准备金和超额存款准备金，其中，法定存款准备金是指中央银行强制要求商业银行必须缴存的准备金，而超额存款准备金则是指金融机构在法定存款准备金之外，自愿存放在中央银行的准备金。因此，从货币政策操作的角度来说，存款准备金工具通常主要是指中央银行可以直接决定和调整的法定存款准备金率（required reserve ratio，RRR）。

在调控机理方面，中央银行通过调高或调低法定存款准备金率，可以影响商业银行的存款派生能力，从而达到调节市场货币供应量的目的。从本质上看，提高存款准备金率相当于在商业银行的派生存款创造过程中额外冻结了一部分可贷资金，从而减小了整个过程中每一步新增贷款和派生存款的基数。更具体而言，当中央银行调低法定存款准备金率时，商业银行需要上缴中央银行的法定准备金数量减少，可自主运用的超额准备金增加，商业银行可用资金增加，在其他条件不变的条件下，商业银行增加贷款或投资，引起存款的数倍扩张，市场中货币供应量增加。相反，当中央银行提高法定存款准备金率时，商业银行需要上缴中央银行的法定存款准备金数量增加，可自主运用的超额存款准备金减少，商业银行可用资金减少，在其他情况不变的条件下，商业银行减少贷款或投资，引起存款的数倍紧缩，市场中货币供应量减少。简言之，在其他条件不变的情况下，中央银行规定的法定存款准备金率越高，金融机构上缴的存款准备金就越多，其可运用的资金就越少，从而导致社会信贷总量和货币供应总量的减少；反之，中央银行规定的法定存款准备金率越低，金融机构上缴的存款准备金就越少，其可运用的资金就越多，从而导致社会信贷总量和货币供应总量的增大。

需要指出的是，中央银行通过改变法定存款准备金率可以影响货币乘数，进而影响货币供应量（货币供应量＝基础货币×货币乘数），但法定存款准备金率的调整并不会引起基础货币的任何变化，变化的仅仅只是基础货币的内部结构（专栏6－1）。由于货币乘数对货币供应量具有倍数扩大效应，这使得即使法定存款准备金率很小的调整，也会引起货币供应量的很大变化。甚至在某些时候，即使在基础货币量出现下降的情况下，如果中央银行下调存款准备金率所释放的货币供应量够大，也会引起市场流动性的改善和货币信贷总量的增加（二维码专栏6－1）。正因为法定存款准备金率调整所带来的货币供应量的边际效应很大，这使得不少经济学家将其视为“一剂猛药”。

【二维码专栏6－1】

为何基础货币下降，流动性却合理充裕？

专栏6－1 法定存款准备金率变化如何影响货币供应量？

为系统地说明中央银行的法定存款准备金调整如何影响基础货币、货币乘数和最终的货币供应量，考虑以下三种示例情形：

(1) 假定银行系统初始的货币存款数量是100，法定存款准备金率为30%，超额存款准备金率为5%，库存现金比率为4%，现金漏出率为1%，根据存款货币创造理论，最终的货币供应量为100＋60＋36＋21.6＋…＝100/(1－0.6)＝250。与此同时，在整个创造过程中，法定存款准备金总量为30＋18＋10.8＋6.48…＝30/(1－0.6)＝75，超额存款准备金总量为5＋3＋1.8＋1.08＋…＝5/(1－0.6)＝12.5，库存现金总量为4＋2.4＋1.44＋0.864＋…＝4/(1－0.6)＝10，流通中现金（现金漏出）总量为1＋0.6＋0.36＋0.216＋…＝1/(1－0.6)＝2.5。根据基础货币的定义，基础货币＝法定存款准备金＋超额存款准备金＋库存现金＋流通中现金＝75＋12.5＋10＋2.5＝100。相应地，货币乘数＝货币供应量/基础货币＝250/100＝2.5。

(2) 假定法定存款准备金率从30%降为10%，其他所有条件不变，我们来看整个存款货币创造过程的变化。在超额存款准备金率为5%、库存现金比率为4%、现金漏出率为1%不变的情况下，根据存款货币创造理论，最终的货币供应量为100＋80＋64＋51.2＋…＝100/(1－0.8)＝500。与此同时，在整个创造过程中，法定存款准备金总量为10＋8＋6.4＋5.12＋…＝10/(1－0.8)＝50，超额存款准备金总量为5＋4＋3.2＋2.56＋…＝5/(1－0.8)＝25，库存现金总量为4＋3.2＋2.56＋2.048＋…＝4/(1－0.8)＝20，流通中现金（现金漏出）

总量为 1＋0.8＋0.64＋0.512＋…＝1/(1－0.8)＝5。根据基础货币的定义，基础货币＝法定存款准备金＋超额存款准备金＋库存现金＋流通中现金＝50＋25＋20＋5＝100。相应地，货币乘数＝货币供应量/基础货币＝500/100＝5。

通过对比上述例子（1）和（2）的结果，可以看出，中央银行法定存款准备金率的变化，并不会引起基础货币的变化，而是通过改变货币乘数（即影响金融机构的贷款扩张或存款货币创造，这两个因素是同一个硬币的两面），从而引发货币供应量的变化。

不过，需要特别指出的是，上述法定存款准备金率的变化通过改变货币乘数而影响货币供应量的结论是在假定除法定存款准备金率之外的其他因素不变的情况下得出的，如果放松该假设，则上述结论不一定成立。考虑如下情况：

（3）假定在中央银行将法定存款准备金率从 30%降为 10%的同时，金融机构的超额存款准备金率从 5%上升到了 25%（相当于中央银行法定存款准备金下降所释放的 20%可贷资金全部被商业银行自主转化为了超额存款准备金，并未用于放贷），在仍然维持 4%库存现金比率和 1%现金漏出率不变的情况下，根据存款货币创造理论，最终的货币供应量为 100＋60＋36＋21.6＋…＝100/(1－0.6)＝250，法定存款准备金总量为 10＋6＋3.6＋2.16＋…＝10/(1－0.6)＝25，超额存款准备金总量为 25＋15＋9＋5.4＋…＝25/(1－0.6)＝62.5，库存现金总量为 4＋2.4＋1.44＋0.864＋…＝4/(1－0.6)＝10，流通中现金（现金漏出）总量为 1＋0.6＋0.36＋0.216＋…＝1/(1－0.6)＝2.5，根据基础货币的定义，基础货币＝法定存款准备金＋超额存款准备金＋库存现金＋流通中现金＝25＋62.5＋10＋2.5＝100。相应地，货币乘数＝货币供应量/基础货币＝250/100＝2.5。通过对比（1）和（3）情况下的结果，可以看出，中央银行法定存款准备金率的变化，不仅没有引起基础货币的变化，而且在考虑了其他因素变化（此处为超额存款准备金的变化）所可能存在的抵消效应之后，也有可能同时不改变货币乘数，于是货币供应量也就不变。

综合上述分析，可以做出如下一般性的理论总结：中央银行法定存款准备金率的变化，一定不会改变基础货币，但有可能（不是一定）改变货币乘数。这就意味着，法定存款准备金率作为货币政策工具，只有可能通过影响货币乘数（而非基础货币）来调节货币供应量。

作为货币政策工具，法定存款准备金率的优点主要表现在两个方面：一是在法定存款准备金制度下，中央银行作为法定存款准备金率的制定者和强制性施行者，在很大程度上掌握着调控的主动权；二是法定存款准备金率主要通过影响货币乘数改变货币供应量，这使得其作用通常比较快速和有力，在特定的情况下甚至可以达到其他货币政策工具难以达到的效果。

不过，存款准备金率工具也有一些潜在的不足之处：一是当金融机构流动性较为充裕（如拥有较多的超额准备金）时，中央银行提高法定存款准备金率可能只是引起了金融机构在超额存款准备金和法定存款准备金之间的转换，此时由于货币乘数不变（法定存款准备金的上升/下降被超额存款准备金的同比例下降/上升所抵消），货币供应量并不会发生变化（回忆专栏 6－1 中的第三种情况）。这意味着当金融机构远离“贷存比”或其他流动性限制条件所形成的“约束边界”时，中央银行的存款准备金率调整政策可能是无效的。二是一旦金融机构流动性较为紧张，特别是接近“贷存比”或其他流动性限制条件所形成的“约束边界”，由于法定存款准备金率的微小上升都可能迫使商业银行急剧收缩信贷和债券等其他资产，从而造成信贷总量和货币供应量的超预期波动。三是法定存款准备金率的频繁变动可能导致金融机构不得不反复重新调整其资产组合予以应对，若短时间内不能完成，则有可能引发流动性问题，从而给金融机构的流动性管理带来更大的困难。因此，在现实中，中央银行降低法定存款准备金率往往比较受欢迎，而提高法定存款准备金率则容易遭到金融机构的反对。

总体来看，由于法定存款准备率调整在金融机构资金充裕时调控作用有限（主要通过预期产生一定影响），并且在调控作用明显时效果又比较猛烈，这使得其不宜作为日常性的货币政策调控工具而被频繁使用。同时，在开放条件下，主要国际金融中心之间的竞争压力也使得相关国家的中央银行显著地减轻准备金缴存给金融机构造成的负担。从现实情况来看，成熟市场经济国家的中央银行在运用法定存款准备率调控时往往比较谨慎，近年来大多数西方国家的中央银行基本上已经放弃使用该工具，不少国家的法定存款准备金率极低，一些国家甚至取消了存款准备金制度（专栏 6－2）。

专栏 6－2　主要国家的存款准备金制度演变

存款准备金制度起源于18世纪的英国，最初的功能是政府变相向商业银行征税，后经美国1863年的《国民银行法》和1935年的《银行法》，逐渐确立了其法律地位。此后，存款准备金制度在世界各国中央银行普遍得到实施。

从西方主要国家存款准备金水平的演变趋势看，随着经济金融体系的不断完善，存款准备金率总体呈现逐步下调趋势。据测算，目前美国和加拿大的平均准备金水平大约在3%左右，瑞士约为2.5%，欧洲央行约为2%，日本和英国均在1%以内。

从金融机构经营的角度看，存款准备金的存在导致其可贷资金规模减小，因此，央行对存款准备金是否支付利息会直接影响金融机构的经营成本。对存款准备金不付息的做法相当于对金融机构的一种隐性“税收”，我们通常称之为“准备金税”。“准备金税”加重了金融机构的负担，但有利于减轻央行的财务压力。在现实中，美联储金融机构的法定和超额存款准备金均支付 0.25% 的利息，并会根据需要适时调整利率。欧洲央行和印度央行对超额存款准备金不付息，但对法定存款准备金支付利息，其中欧洲央行的利率为主要再融资操作利率的平均利率，而印度央行则按4%付息。俄罗斯央行对法定存款准备金不支付利息。韩国央行并无明确规定，一般根据需要确定，表现为有时候付息，有时候不付息。

总体来看，20世纪七八十年代之后，随着西方主要国家货币政策目标的调整和金融创新的活跃，总体的存款准备金率在持续降低，其作为货币政策工具的重要性大大减弱。目前，美国的存款准备金制度已经演变为其他货币政策工具的辅助以及金融机构支付清算的保证，日本的存款准备金制度主要作为中央银行引导短期利率的一种手段存在；英国、加拿大、新西兰、瑞士等“通货膨胀目标制”国家已经基本放弃法定存款准备金制度，金融机构可根据自身需要自行决定存款准备金水平。

6.2.2 贴现贷款

贴现贷款泛指中央银行向商业银行等金融机构提供的各种“再融资”工具，一般包括再贴现和再贷款两种基本形式。在美欧等西方市场经济国家，贴现贷款主要是指各种再贴现工具，典型的如美联储的贴现窗口（discount window）机制（专栏 6－3）；而在中国，贴现贷款不仅包含再贴现工具，而且包括再贷款工具。鉴于再贴现和再贷款作为货币政策调控工具的核心机理类似，本节主要围绕再贴现工具展开介绍，关于再贷款的介绍详见后文第 6.4 节关于中国货币政策工具的说明。

专栏 6-3 美联储贴现窗口的贷款类型与运作机制

美联储向银行发放贴现贷款主要是通过其贴现窗口的运作。在 2003 年改革后，美联储的贴现贷款主要有三种类型：(1) 优级信贷（primary credit），为货币政策中最为重要的贴现贷款类型，其目标是为财务状况良好的金融机构提供短期（通常为隔夜）贷款，因此也被称为常备借贷便利（SLF）；(2) 次级信贷（secondary credit），主要是为那些陷入财务困境或面临流动性问题的金融机构提供贷款；(3) 季节性信贷（seasonal credit），主要是为度假区（或农业区）那些存款具有季节性特征的金融机构提供贷款。

在贴现贷款的利率设定方面，为防止金融机构通过贴现窗口在贴现利率与市场利率之间进行套利，美联储于 2003 年开始实施英格兰银行等中央银行所采用的“伦巴第利率”(Lombard rate)，其核心是确保贴现贷款的利率水平高于货币市场的利率水平。具体来看，常备借贷便利利率（即贴现利率或“伦巴第利率”）通常高于联邦基金目标利率 100 个基点，而次级信贷由于是面向财务状况欠佳的金融机构，因此进一步采用了惩罚性的高利率，通常比贴现利率高出 50 个基点。季节性信贷的利率则一般与联邦基金利率和定期存款利率的平均值挂钩。

贴现贷款总体上在美国的货币供给过程中扮演着相对不太重要的角色。尽管贴现率通常低于货币市场利率，但通过贴现贷款从美联储获得资金（通常称为借入准备金）以增加基础货币的做法，在很多时候基本上可以被忽略。从数据来看，通过贴现贷款提供的基础货币占美联储全部基础货币投放的比例小于千分之一。事实上，在 20 世纪 90 年代之后，由于美联储通常只在特殊情况下才发放贴现贷款，因而可将其视为美联储针对金融机构的一种相机抉择式融资方式，并且市场一般将中央银行提供贴现贷款视为经济金融状况不佳的表现。

再贴现是中央银行最为悠久的货币政策工具之一，最早可以追溯到 18—19 世纪的国际和地区间票据交易，当时的商业银行将商业票据以低于票面价值的价格卖给中央银行以获得流动性，后来逐渐发展演变为常规性的货币政策调控工具。现代意义上的再贴现是指中央银行通过买进金融机构持有的未到期合格票据，向金融机构提供融资的行为。由于再贴现是金融机构在办理贴现后，向中央银行所做的票据“再转让”，因此，中央银行运用再贴现工具的前提是：金融机构已承兑和贴现票据，且有再贴现需求，中央银行才能通过再贴现向金融机构提供融资，也才能在票据到期日收回以再贴现方式投放的基础货币。

对于中央银行而言，再贴现是买进票据和提供货币资金的过程，而对于金融机构而言，则是卖出票据和获得资金的过程。从会计上看，贴现贷款余额的变化可以直接影响基础货币：如果中央银行向某商业银行发放了 1 000 万元贴现贷款，那么相当于此银行收到了 1 000 万元的准备金，基础货币对应增加 1 000 万元；反之，如果该商业银行偿还中央银行之前发放的 1 000 万元贴现贷款，那么银行体系的准备金就会减少 1 000 万元，从而基础货币也对应减少 1 000 万元。简言之，中央银行以贴现贷款的方式向金融机构注入资金，会提高中央银行对金融机构的债权，同时增加金融机构的准备金，基础货币出现扩张；相反，偿还已有的贴现贷款会减少金融机构的准备金，同时使得中央银行对金融机构的债权下降，导致基础货币收缩。正是由于中央银行的再贴现操作会直接同向影响基础货币，这使得现实中中央银行增加贴现贷款的操作一般被视为“银根”放松的信号，而收回贴现贷款则被视为“银根”紧缩的信号。

作为一种货币政策调控工具，再贴现操作在实践中一般包括两个方面的内容：一是有关再贴现利率的调整，二是规定向中央银行申请再贴现的资格或条件。在操作机理方面，中央银行可以通过提高或降低再贴现率来影响金融机构向中央银行借款的成本，从而影响金融机构的资金成本和超额准备金，进而对信贷规模和货币供应量产生影响。当中央银行提高贴现率时，由于金融机构向中央银行借款的成本会上升，金融机构就会减少向中央银行的借款，于是超额准备金和可贷资金规模下降，信贷投放和货币供应量相应减少。当中央银行降低再贴现率时，情况则相反。除上述成本渠道外，再贴现率的变动也在一定程度上反映了中央银行的政策取向，有一种告示效应，因而也会通过预期影响市场利率，从而对信贷和货币供应量产生影响。此外，在一些国家（如中国，详见第6.4节）中，中央银行的再贴现操作还可以根据国家产业政策的要求，通过规定申请再贴现的资格或条件，将贴现窗口向某些需要特定支持的产业、对象或项目开放，或者有选择地对不同对象或种类的票据采取不同的贴现政策，从而发挥结构性的调控功能。

贴现贷款不仅可以用作调节准备金、基础货币和货币供给的工具，而且可以通过发挥“最后贷款人”（lender of last resort，LLR）功能，起到稳定金融体系的作用。特别是在金融危机时期，当金融市场出现普遍恐慌和金融机构面临严重流动性困难时，中央银行可以通过贴现贷款向陷入困境的金融机构注入流动性，有效应对恐慌性挤兑、资产抛售等非理性行为，从而达到抑制风险和防范危机蔓延的目的。比如，在2007—2008年“次贷危机”期间，美联储就开启了其贴现窗口，为陷入危机的大型金融机构提供了数百亿美元的贷款（专栏6-4）。

专栏6-4 美联储在“次贷危机”期间为金融机构提供贴现贷款

美联储20日发表报告说，日前出台的旨在增加市场流动性的紧急措施已生效。在过去的几天里，大型金融机构通过新的贴现窗口日均贷款134亿美元。

16日夜，美联储决定，为增加市场流动性，将贴现率由3.5%下调至3.25%，并授权纽约联邦储备银行从17日起为初级市场交易商创设新的贴现窗口融资工具。这一融资工具的有效期将至少为半年，如果情况允许还将延期。初期市场交易商可以用“更广泛”的债券作为担保获得融资，融资利率等于3.25%的贴现率。自20世纪30年代以来，美联储还是第一次如此大范围地施展其融资权威。

根据美联储20日发表的报告，许多大型金融机构都在使用这一融资工具。报告并没有透露具体涉及哪些金融机构。不过，高盛、雷曼兄弟和摩根士丹利19日都表示，已开始尝试这一新的融资工具。当天，大型金融机构通过新贴现窗口贷放的贷款额达到288亿美元。

在过去的一周里，美联储连续采取了一系列特别举措，以确保信贷市场危机不会把美国经济拖入衰退境地。除了上述紧急举措之外，美联储、美国财政部以及其他相关部门16日还批准了摩根大通银行收购陷入困境的贝尔斯登公司。20日，美联储则宣布，将于接下来的一周向大型投资机构拍卖750亿美元的美国国债。美联储将允许这些机构以一些风险更大的金融工具作为担保，从而缓解它们的压力，使其增加继续发放贷款的意愿。

注：本专栏内容摘编自佚名. 金融机构已通过美联储新贴现窗口融资百亿美元. 新华网，2008-03-21。

再贴现工具的主要潜在缺陷在于，在市场化操作背景下，是否通过贴现扩大贷款供应在很大程度上取决于金融机构的自主行为，中央银行缺乏调控方面的主动性和硬约束力。比如，我们在现实中常常观察到的一种情况是：在经济高速增长时期，无论再贴现率有多高，都难以遏止金融机构向中央银行申请再贴现以扩大信贷的冲动；反之，在经济下滑时期，无论中央银行将再贴现率降至多低，可能都无法有效刺激金融机构申请再贴现和增加信贷投放。虽然相对于法定存款准备金率工具而言，再贴现工具及其利率的调整相对更容易，但过于频繁的调整也被认为可能引起市场利率的过度波动。

6.2.3 公开市场操作

公开市场操作（open market operation，OMO）是指中央银行通过在公开市场上买卖有价证券、吞吐基础货币，进而调节货币供应量的活动。与普通金融机构所从事的证券买卖不同，中央银行买卖证券的目的不是为了营利，而是为了调节货币供应量和利率，进而影响宏观经济。一般认为，在市场机制比较成熟和完善的情况下，公开市场操作是基础货币和短期利率变动最主要的决定因素：当中央银行在公开市场上买入证券时，基础货币增加，货币供应量扩大，短期利率下降；反之，当中央银行在公开市场上卖出证券时，基础货币减少，货币供应量收缩，短期利率上升。公开市场操作一般对所有交易者均一视同仁，不直接向发行人购买。

公开市场操作是目前成熟市场经济国家所普遍采用的、占据主导地位的常规货币政策工具。从调控机理和过程来看，如果中央银行从金融机构购买1 000万元债券，那么中央银行在得到债券的同时，需要向金融机构支付1 000万元资金，这会使金融机构的准备金增加1 000万元，从而基础货币也相应增加1 000万元（准备金是基础货币的一个组成部分）。如果中央银行是向公众而非金融机构购买债券，那么中央银行在得到债券的同时需要向公众支付1 000万元资金，这会使得流通中的现金对应增加1 000万元，从而推动基础货币增加1 000万元（流通中的现金也是基础货币的一个组成部分）。因此，无论中央银行在公开市场上是从金融机构还是从公众手中购买债券，都会使得基础货币出现等额上升，在货币乘数保持不变的情况下，货币供应量会出现对应货币乘数倍数的上升（货币供应量=基础货币×货币乘数）。与此同时，在货币需求不变的情况下，货币供应量的增加会使得以货币市场利率为代表的短期利率下降（因为货币市场供过于求）。反过来，当中央银行在公开市场上卖出债券时，基础货币会出现等额下降，从而推动货币供应量出现货币乘数倍数的下降，同时货币市场供不应求，推动短期利率上升。

在实践中，中央银行一般选择流动性好且交易规模足够大的证券市场进行公开市场操作，比如美联储的大部分公开市场操作都是在国债市场上进行的，因为这一市场具有足够的深度和广度，有能力承接美联储的庞大交易量，同时不会引起市场价格的过度波动并造成市场混乱。同时，根据中央银行的动机，公开市场操作可分为主动性公开市场操作（dynamic open market operation，或称“动态性公开市场操作”）和防御性公开市场操作（defensive open market operation）两种基本类型。前者指中央银行为调节基础货币或市场利率而主动进行的有价证券的买卖；而后者则指中央银行为抵消某些不可控因素对基础货币和货币供应量的影响而采取的对冲性操作。防御性公开市场操作通常采取回购协议的方式进行，根据买卖方向的不同分为正回购（repurchase agreement，repo）和逆回购（reverse repo）。不同国家的中央银行对其“正回购”和“逆回购”的定义有所不同。在美国，前者指中央银行购买证券，同时证券卖出方承诺在短期内（通常在1～15天内）买回这些证券；而后者则指中央银行出售证券，同时证券买入方承诺在不久的将来将这些证券重新返售给中央银行。在中国，“正回购”和“逆回购”的定义正好与美国相反（专栏6-5）。从防御性公开市场操作的角度看，回购交易的优点是，当协议到期时，增加或减少的基础货币将自动恢复到公开市场操作前的状态。

专栏6-5 中国人民银行“正回购”和“逆回购”的含义

与美联储是站在操作对手的角度来定义“正回购”和“逆回购”不同，中国人民银行是站在自身的角度来定义回购方向的，这意味着两者所称的“正回购”和“逆回购”在操作方向上正好相反。在金融市场交易中，不同金融机构之间的回购协议也是从自身角度来定义方向的（即正回购指的是金融机构在出售证券以获得资金的同时，与证券购买方签订协议，约定在一定期限后按约定价格购回所卖证券；而逆回购则指买入证券的一方同意按约定期限以约定价格出售其之前买入的证券）。

具体来看，对于中国人民银行而言，“正回购”是指中国人民银行向一级交易商出售有价证券，并约定在未来某个日期将其买回的操作。从货币政策角度看，中国人民银行的“正回购”操作意味着人民银行将债券质押给金融机构，而金融机构则把资金交给中国人民银行；而当正回购到期时，中国人民银行归还金融机构的资金，同时证券又回到中国人民银行的账上。也就是说，中国人民银行的“正回购”对应的是收紧流动性的操作，而“正回购”到期（如果不进行新的操作）则对应的是释放流动性的操作。

中国人民银行的“逆回购”与“正回购”正好相反，指中国人民银行从一级交易商处买入有价证券，并约定在未来某个日期将其返售给一级交易商的操作。从货币政策角度看，中国人民银行的“逆回购”相当于金融机构把债券质押给央行，同时央行把钱借给金融机构，而当逆回购到期时，商业银行归还央行的资金，同时债券又回到金融机构的账上。也就是说，中国人民银行的“逆回购”对应中国人民银行向市场释放流动性的操作，而“逆回购”到期（如果不进行新的操作）则对应中国人民银行收回流动性的操作。

一言以蔽之，中国人民银行的“正回购”操作或“逆回购”到期均为收紧流动性的操作；而“逆回购”操作或“正回购”到期则均为释放流动性的操作。

公开市场操作与贴现贷款和法定存款准备金率等货币政策工具相比，其主要优点在于影响上的直接性以及操作上的主动性、灵活性和连续性。所谓直接性，是指中央银行通过公开市场操作能够直接影响基础货币，从而对货币供应量产生较为迅速的影响。主动性是指中央银行通过公开市场操作可以随时主动出击，不像贴现贷款那样处于被动地位。同时，即使有些时候公开市场操作存在失误，也可以及时通过反向操作予以纠正。另外，公开市场操作的规模和方向可以灵活安排。中央银行可以连续操作和持续微调，而不像调整存款准备金率那样，通常需要间隔一定时期，且容易产生震动性影响。最后，通过防御性操作，公开市场操作还可被用于消除各种不可控制因素对货币供应量的“外部冲击”，从而提升货币政策效应的连续性。比如，当国际收支出现顺差时，外币流入会导致本国的基础货币扩张，从而引发通货膨胀压力，此时中央银行可以通过在公开市场上卖出国债以收缩基础货币，从而抵消外币流入的影响。正是由于公开市场操作具有上述优点，其既可以作为主动性的政策工具使用，积极贯彻央行的各种调控意图，同时也可以作为防御性的政策工具使用，有效应对各种非正常因素对货币市场的冲击。

尽管公开市场操作存在上述诸多优点，但现实中并不是每个国家在每个阶段都适合使用该工具。事实上，公开市场操作对一个国家的经济及金融发展程度和制度完善程度具有非常高的要求。一般而言，公开市场操作的顺利开展需要具备以下前提条件：发达、健全和有效的金融市场；有价证券的发行和交易市场达到一定规模，且有价证券构成中央银行资产的重要组成部分；独立的市场主体和完善的交易制度，各类投资主体能自主参与市场活动。此外，如果公开市场操作是以利率调控为直接目标，那么还要求有统一的金融市场和充分的利率市场化环境。在上述条件不具备的情况下，公开市场操作的效果就有可能大打折扣甚至完全无效。因此，从公开市场操作的运用适宜度和有效性来看，基本上可以被视为一个与市场化发展程度“并肩前行”的动态匹配过程。

6.2.4 常规货币政策工具的演变逻辑

从国际经验来看，成熟市场经济国家所使用的常规货币政策工具总体上经历了从以存款准备金率和贴现贷款为代表的数量型工具到以公开市场操作（调控政策利率）为代表的价格型工具的转变。转变的现实原因在于，随着经济金融运行环境的变化，数量型工具赖以发挥作用的现实基础被削弱，而价格型工具的市场化调节优势则不断显现。

以美联储为例，从1913年成立一直到20世纪20年代，美联储都是以贴现贷款作为主要的货币政策工具。由于美联储并非完全公立，财务上需要自给自足，这使得其存在一定的收入需求，但在20世纪20年代初，随着贴现贷款数量大幅下降，美联储的利息收入明显减少，只能转而通过购买国债来增加收入，但让美联储没有想到的是，其买入国债的操作导致市场利率很快下行，信贷市场随之改善，这使美联储意识到公开市场操作可以作为一个调控市场利率的新工具。同时，从20世纪30年代开始，美联储有权变动法定存款准备金率，并且这也曾作为影响货币供应量和市场利率的重要工具使用。1980年出台的《存款机构放松管制和货币控制法》为制定法定存款准备金率提供了一个简单的方案，并且根据美联储的判断，初始10%的存款准备金率可以在8%和14%之间调整，特殊情况下可提高至18%。不过，在20世纪90年代之后，随着金融自由化和金融创新的发展，整个金融体系中受法定存款准备金率影响的资金越来越少（证券市场和大部分非银行金融机构的资金均不受法定准备金制度的约束），同时货币需求函数也变得不再稳定，这些都削弱了数量型货币政策工具的调控效果。1994年，时任美联储主席格林斯潘在国会做证时明确表示，美联储将放弃以控制货币供应量来调节经济的做法，转向以利率工具作为货币政策调控的主要工具。此后，基于公开市场操作的利率调控一直是美联储最为重要的常规货币政策工具，而贴现贷款和存款准备金率工具则成为相对次要的工具，仅在特定时期发挥临时性或辅助性的调控功能。

除了上述现实基础变化的客观影响之外，从中央银行货币政策实践的角度来看，政策工具的性质应该与操作目标的性质相匹配：在数量型目标体系中，由于中央银行的操作目标被设定为基础货币，那么，相应的政策工具也应该选择能够更好实现数量目标的各种数量型工具；相比之下，在价格型目标体系中，由于中央银行的操作目标是短期利率，因此，政策工具就应该相应选择更有助于实现短期利率调控的价格型工具。事实上，在20世纪70年代之后，随着西方各主要国家的货币政策目标体系从数量型向价格型转变，其政策工具也对应地出现了从基础货币目标制向短期利率目标制的转变。

具体而言，在20世纪70年代之前，西方主要国家的中央银行大都以基础货币作为操作目标，为盯住这一目标，中央银行需要严格控制其资产负债表的资产部分。在这种情况下，中央银行的首选工具为公开市场操作中的现券交易（outright operation）和证券回购（security repo）。这两项工具都是通过拍卖方式提供基础货币，但现券交易需要中央银行直接交易债券，进而会影响到债券价格，而在证券回购工具下，证券仅为中央银行向市场供应基础货币的抵押物，无须中央银行直接交易债券。此外，在基础货币目标制下，中央银行也会经常使用法定存款准备金率进行调控，其目标主要是为了稳定货币乘数，以确保中央银行盯住基础货币的操作可以顺利实现货币供应量目标的调控。

在20世纪80年代特别是90年代之后，随着操作目标变为目标利率（target rate），中央银行开始使用信贷便利和存款便利，通过构建利率走廊（专栏6-6）控制目标利率的波动范围。此时，公开市场操作中的现券交易和证券回购也会引导短期利率向目标范围接近。从理论上来看，中央银行虽然也可以通过调控法定存款准备金率来影响目标利率，但由于现实中影响准备金供求关系的因素比较多，且法定存款准备金率和政策目标利率之间的关系并不是非常稳定，这就大大降低了法定存款准备金率工具进行利率调控的效率，同时增加了调控效果的不确定性。因此，在短期利率目标制下，中央银行应该使用更加直接有效的价格型工具进行调控，而法定存款准备金率则可以在一定程度上发挥“流动性缓冲器”（buffer stock of liquidity）的作用，避免利率的过度波动。表6-1简要概括了价格（短期利率）目标制和数量（基础货币）目标制下的货币政策工具选择及其适用范围。

表6-1　货币政策价格目标制和数量目标制下的政策工具选择

货币政策工具（价格型和数量型）	价格目标制（短期利率目标制）	数量目标制（基础货币目标制）
公开市场操作：现券交易	可能（但会影响债券价格）	可能（但会影响债券价格）
公开市场操作：证券回购	适用于固定利率招标，但不适用于可变利率招标	适用于可变利率招标，但不适用于固定利率招标
信贷便利 存款便利	适用（构建利率走廊）	不适用
法定存款准备金率	难以盯住短期利率，但能作为“流动性缓冲器”避免利率过度波动	不影响基础货币，但可以通过稳定货币乘数促进货币供应量目标的实现

专栏6-6　利率走廊的运行机理及实践经验

中央银行的利率调控主要有两种方式：一是公开市场操作，即通过改变货币供应量影响市场利率；二是利率走廊模式，即通过设定存贷款利率操作区间来引导市场利率。

所谓利率走廊（interest rate corridor），是指中央银行通过设定对金融机构的存贷款利率，从而形成一个政策利率区间（“走廊”），并以此调控短期市场利率的一种调控模式。利率走廊有三个要素：上限、下限和区间。走廊上限为中央银行对商业银行的贷款利率（通常是中央银行的再贷款利率或常备借贷便利利率），走廊下限为中央银行对商业银行的存款利率（通常是中央银行的超额准备金存款利率或常备存款便利利率）。走廊区间为走廊上下限利率之间的利差区间大小。

在运行机理方面，利率走廊可以将市场短期利率限定在走廊区间内：一方面，市场利率水平不太可能低于利率走廊的下限，由于商业银行的清算盈余能被中央银行以利率下限水平无限量地接纳为准备金存款，因此，商业银行将其资金出借给其他渠道所适用的利率不大可能低于该利率水平（因为中央银行存款利率是一种无风险利率）；另一方面，市场利率水平也不太可能高于利率走廊的上限，因为如果商业银行的资金需求能借助中央银行提供的抵押贷款便捷地得以满足，那么它肯定不会以高于利率上限的价格从任何其他渠道拆入资金。简言之，在利率走廊下，商业银行的理性经济行为将自动促使市场短期利率的波动范围限定在走廊的上下限之间。

从政策传导和宏观调控的角度来看，中央银行通过对政策利率区间的设定，引导以银行间同业拆借利率为代表的金融市场短期基准利率，进而影响以商业银行存贷款利率为代表的短期资金零售利率，然后引导长期利率变动，并经由对相关经济主体的影响，改变消费、投资等宏观变量，实现货币政策的最终目标。

利率走廊的主要优点在于：(1) 与公开市场操作相比，利率走廊主要通过银行间拆借市场发挥作用，并不依赖高度成熟的国债市场；(2) 利率走廊操作成本更低：央行在公开市场上买卖国债，会推高或者拉低市场利率，出现高价买入或低价卖出的状况，增加央行调控成本，而利率走廊的存贷收益率相对锁定；(3) 利率走廊更易形成稳定预期，有利于平抑资金价格波动，也符合倡导透明度和沟通的现代中央银行理念；(4) 利率走廊更易“无为而治”，央行可能无须实际干预，只要表达意向即可实现政策意图。

从现实情况来看，在过去的几十年里，很多国家都在不同时期采用过利率走廊的调控模式，用以满足转型期、过渡期以及金融危机等特定时期的利率调控（表 6-2）。

表 6-2　一些主要国家实施利率走廊的情况

经济体	实施年份	走廊上限	走廊下限	走廊区间	政策目标
欧元区	1999	边际贷款便利利率，4.25%	存款便利利率，2.25%	200BP	3.00%
美国	2008	美联储贴现利率，1.0%	超额准备金利率，0.5%	50BP	0～0.25%
英国	2001	贷款便利利率，0.75%	存款便利利率，0	75BP	0.50%
加拿大	1999	中央银行贷款利率，4.0%	超额准备金利率，3.5%	50BP	3.75%
日本	2008	补充贷款便利利率，0.3%	补充存款便利利率，－0.1%	40BP	0.10%
澳大利亚	2000	央行贷款便利利率	央行存款便利利率	—	—
印度	2000	央行正回购利率，7.25%	逆回购利率，6.25%	100BP	6.75%
俄罗斯	2010	央行再融资利率，10%	央行存款利率，8.25%	175BP	—

6.3 非常规货币政策工具

6.3.1 非常规货币政策的产生原因

在正常的经济状态下，市场经济体制国家的中央银行一般是通过调节政策目标利率的间接方式来实现货币政策目标的。具体而言，中央银行通过为被管理的利率（一般是银行同业拆借市场的隔夜利率）设立一个适当目标，然后通过相应的公开市场操作来引导货币市场利率向中央银行的政策目标利率靠近。这就是以利率调控为代表的所谓常规货币政策工具在成熟市场经济国家的基本操作模式。

一般而言，如果经济和金融的运行状态是平滑的，不存在大的或者剧烈的极端波动，那么，中央银行的常规货币政策工具一般能较好地应对经济金融运行过程中的各种调控需要。然而，当遭遇重大经济和金融危机的冲击时，经济活动和金融运行的平稳状态会在短时间内发生逆转，出现诸如流动性陷阱、信贷紧缩、资产价格暴跌等极端现象。在这种情况下，常规货币政策工具的可行性和有效性将受到以下因素的严重制约：

一是“零利率下限”的直接限制。一般认为，政策利率会受到“零利率下限”（zero lower bound，ZLB）的现实约束，即当中央银行通过调控政策目标利率实施货币政策时，名义利率必须处于大于零的状态。这是因为，传统经济学理论认为，现金持有是没有成本的，一旦现金比其他资产的收益率更高，人们将直接选择持有现金，因此，现金的零收益率水平直接构成了市场利率水平的下限，中央银行的利率调控只能在名义利率非负的条件下发挥作用。

二是利率传导机制受阻。当利率很低甚至接近于零时，货币政策会面临经典的“流动性陷阱”问题，即中央银行很难通过目标利率的管理来引导投资、消费、产出和物价等关键变量的变化。同时，在低利率环境下，受制于市场悲观预期等现实因素的影响，长期利率对短期利率变化的敏感性通常会出现明显下降，这意味着短期利率的变化很难顺利传导至长期利率端，基于收益率曲线传导的经典理论渠道已经受损。

三是信贷传导机制受损。基于银行信贷的传导渠道是传统货币政策传导的另一个重要机制，但金融危机会恶化信贷市场借贷双方的资产负债表，使得市场主体之间原本正常的信贷机制受损。一方面，在危机冲击下，企业收益减少，财务风险上升，同时，资产价格下行会导致抵押担保品的价值下降，这些都会恶化企业的资产负债表，导致其信贷需求、意愿和能力出现明显的下降；另一方面，危机同时也会导致金融机构自身的财务状况恶化，出于“自保”和对经济前景的担忧，金融机构的风险偏好普遍下降，放贷的能力和意愿也会受到明显抑制。上述信贷市场供求双方的问题会彼此强化，形成恶性循环，最终导致信贷市场失灵和传统货币政策的信贷传导机制受损。

由于上述原因，在经济金融危机等非正常时期，中央银行基于常规经济状态建立起来的传统货币政策工具的作用空间将明显缩小，特别是当中央银行的政策目标利率已经持续下调至接近零水平的下限时，由于名义利率已经降无可降，这使得传统货币政策工具的放松空间明显受到抑制，中央银行很难沿用传统思路向经济和金融体系进一步释放充足的流动性。为突破传统货币政策工具的上述局限，金融危机中的各国中央银行纷纷开始创新，探索使用一些非常规的货币政策工具来应对非常态下的经济金融调控需要。

所谓非常规货币政策工具（unconventional monetary policy tool，也称“非传统货币政策工具”），是指中央在正常情况下（当常规货币政策工具仍能有效发挥作用时）一般不会使用的各种新型货币政策工具，这些工具旨在通过向市场注入流动性、恢复金融机构放贷能力、缩小信贷利差（风险溢价）和稳定资产价格等方式改善信贷条件、稳定金融市场和刺激经济复苏。较之传统政策工具，非常规货币政策工具具有以下几个方面的新特征：一是在政策实施环境方面，非常规货币政策工具主要在传统货币政策工具无效或低效的情况下使用；二是在政策操作对象方面，非常规货币政策工具不再局限于传统意义上的金融机构，而是可以视需要扩大至非金融类公司、个人和政府；三是在政策操作方式上，中央银行在购入证券后往往不进行相应的对冲操作，这可以使基础货币自动出现大幅增长，从而塑造宽松的货币政策环境；四是在调控周期方面，中央银行买卖的证券不再局限于各种短期证券，而是扩展至一些期限较长的证券，这意味着非常规货币政策工具的目标不再局限于传统的短期需求管理，而是包含着某些长期性的考虑。

总体而言，在传统的货币政策框架下，中央银行主要通过公开市场操作、存款准备金率和贴现贷款等方式影响货币供应量和政策利率，进而影响金融和经济活动，以达到物价稳定、经济增长和充分就业的国内政策目标。然而，这一标准的调控模式在政策利率接近“零利率下限”以及金融体系功能严重受损时（通常发生在金融危机时期），会因为利率和信贷传导机制受阻而变得无效或者低效。在这种情况下，各种非常规货币政策工具应运而生，其主要特点是：中央银行通过调整其资产负债表的规模与结构以及引导利率预期等方式，避开利率无法进一步下调的“零利率下限”的约束，使货币政策能够在零利率环境下发挥作用。

6.3.2 非常规货币政策的主要工具

在2008年国际金融危机爆发后，为遏制危机和刺激经济，主要发达国家的名义政策利率持续下降，以至达到“零利率下限”。由于名义利率通常不能为负，中央银行继续使用传统货币政策工具（利率政策）刺激经济的空间受到极大限制。与此同时，金融体系在资金融通、流动性供给、信用创造、资产定价和风险管理等方面的功能严重受损，使得传统货币政策的利率传导渠道出现了明显梗阻。在这种情况下，许多国家的中央银行启用了非传统的货币政策。非常规货币政策的运作不受“零利率下限”的约束，可以对金融和经济活动施加传统利率渠道之外的各种影响，其中最具有代表性的工具包括量化宽松（quantitative easing，QE）、前瞻性指引（forward guidance，FG）和负利率政策（negative interest rate policy，NIRP）等。

（一）量化宽松

从历史渊源来看，量化宽松一般是在经济出现严重衰退、货币政策利率渠道已无法有效刺激经济的情况下（特别是在名义利率接近或达到零以至降无可降时），中央银行通过向困难金融机构注入流动性或在公开市场上购买金融资产等手段来稳定金融体系和促进经济复苏。学界一般认为，量化宽松政策的理念和雏形源于2001—2006年日本银行为应对严重通货紧缩而采取的迅速扩大基础货币供给的政策措施，而作为重要政策工具出现和被熟知则主要是在2008年金融危机之后，以美联储的四轮资产购买计划为典型代表（专栏6-7）。

专栏 6-7 美联储的量化宽松政策

美联储的量化宽松政策指在“次贷危机”发生后，美联储先后推行的四轮资产购买计划，包括：(1) 三轮大规模资产购买计划，即第一轮量化宽松计划（QE1)、第二轮量化宽松计划（QE2)、第三轮量化宽松计划（QE3)；(2) 展期计划（maturity extension program，MEP)，即第二次“扭曲操作”（第一次“扭曲操作”发生于1961年，持续时间很短)。表6-3简单总结了上述政策的具体实施情况。

表6-3　美联储的四轮资产购买计划

计划	时间	购买的资产	规模	是否冲销
QE1	2008年11月—2009年3月	政府担保的机构债	1 000亿美元	否
		机构担保住房抵押贷款支持证券	5 000亿美元	
		长期国债	3 000亿美元	
QE2	2010年11月—2011年6月	长期国债	6 000亿美元	否
MEP	2011年9月—2012年12月	6～30年国债	6 670亿美元	是
QE3	2012年9月—2014年10月	抵押贷款支持证券	400亿美元/月	否
	2012年12月—2014年10月	长期国债	450亿美元/月	

注：量化宽松指四轮资产购买计划，包括三轮大规模资产购买计划（“量化宽松”）和展期计划（第二次“扭曲操作”)。第一次“扭曲操作”发生于1961年，持续时间很短。

QE1于2008年11月发布，该计划最初限制只能购买房利美、房地美、吉利美三家政府支持金融机构发行的1 000亿美元债券，以及5 000亿美元的机构担保住房抵押贷款支持证券。QE1的主要目的是“降低购房成本，提高房贷的可获得性”。2009年3月18日，联邦公开市场委员会宣布将扩大购买机构债和抵押贷款支持证券，并将购买3 000亿美元的长期国债，以促进“改善私人信贷市场的状况”。

QE2于2010年11月发布，该计划包括购买6 000亿美元的长期国债，但不包括机构债和抵押贷款支持证券。展期计划（MEP）于2011年9月21日宣布，包括购买4 000亿美元6～30年期国债，同时出售等量的1～3年期国债，目的是“推动长期利率下行，营造更为广泛宽松的金融环境”。2012年12月，美联储宣布扩大该计划，最终达到6 670亿美元。与大规模资产购买计划需要扩张央行的资产负债表形成鲜明对比，展期计划(MEP）采取了“冲销操作”（用资产出售抵消资产购买)，从而使央行的资产负债表规模保持不变。

QE3于2012年9月发布，该计划最初包括每个月购买400亿美元的抵押贷款支持证券，以支持抵押贷款市场。2012年12月，该计划扩大到每个月购买450亿美元的国债。相较于之前的量化宽松政策，QE3是开放式的，在该计划推出之时并没有设定上限。

上述量化宽松政策明显不同于传统的货币政策。如图6-1所示，量化宽松政策大幅扩大了美联储公开市场账户的规模，并改变了其组合的构成。相比之下，传统货币政策对美联储资产负债表的影响通常微不足道，因为联邦基金利率变动所需的公开市场操作（本质上是临时性的资产购买）的规模微乎其微，以至其对美联储资产负债表的影响几乎无法被察觉（Friedman and Kuttner，2010)。

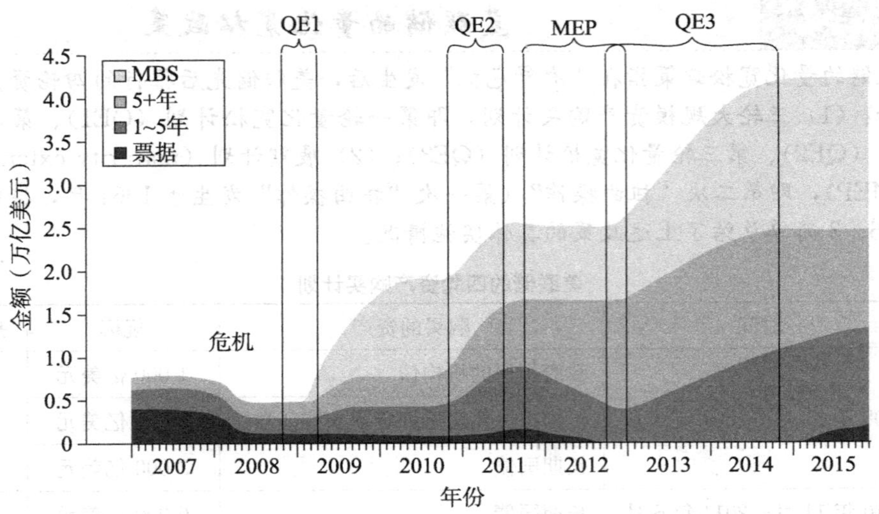

图 6-1　美联储公开市场账户资产组合的构成

注：不包括与临时流动性工具以及美国政府短期浮动利率票据相关的资产。"MBS"表示抵押贷款支持证券；"5+年"表示期限在5年以上的政府债券；"1～5年"表示期限在1～5年的美国国债。QE1、QE2、QE3指三轮量化宽松计划，MEP指"展期计划"。

值得注意的是，较之日本央行实施的"以收益率曲线为目标的量化宽松政策"，美联储量化宽松政策的一个重要不同之处在于，它没有一个明确的目标利率。另一个普遍的误解是，量化宽松的目的是增加银行储备和货币供应量。美联储的声明显然与该观点相悖。在2018年12月16日的联邦公开市场委员会会议上，时任美联储主席的伯南克将日本央行的做法描述为基于"向银行提供大量非常廉价的流动性……会鼓励他们放贷，而放贷反过来又会增加货币供应量……"，但"美联储所做的与量化宽松不同，因为日本关注的是资产负债表的负债端，而我们关注的是资产负债表的资产端"。据此，伯南克在多个不同场合强调，美联储的政策是"信贷宽松"政策而非传统的"量化宽松"政策。

资料来源：本专栏内容改编自 Kuttner，K. "Outside the Box：Unconventional Monetary Policy in the Great Recession and Beyond". *Journal of Economic Perspectives*，2018，32（4）：121-146.

从调控方式上看，量化宽松政策可以分为"规模型"与"结构型"两类，"规模型"量化宽松政策通过资产购买计划向市场投入大量的流动性，扩大央行资产负债表的规模，从而稳定金融体系和增进融资的可获得性；而"结构型"量化宽松政策则是通过"扭曲操作"等方式改变央行所持资产的期限水平，改变央行资产负债表的期限结构，进而塑造有利于促进经济复苏的市场收益率曲线形态（典型的如压低长期收益率水平以刺激投资）。

量化宽松政策对实体经济的影响主要通过三个渠道来发挥：一是预期利率效应，同常规货币政策一样，量化宽松的政策也可通过影响未来短期利率期望来促进经济增长，在零利率或接近零利率的条件下，量化宽松政策可使央行维持未来零利率的政策更为可信；二是投资组合调整效应，即在流动性成本为零时，央行通过增加流动性，促使市场参与者调整投资组合，把资金投向有更高收益率的资产（如股票和长期债券），从而提高资产价格并降低收益率，刺激企业投资；三是财政扩张效应，央行通过在公开市场上购买国债，把付息的国债转换成不付息的货币或储备，降低政府利息负担和未来公众税收负担。

需要指出的是，虽然2001—2006年日本央行实施的各种宽松政策和2008年之后美联储所实施的一系列非常规措施都被归为“量化宽松”政策，但二者在很多方面还是存在重要区别。事实上，时任美联储主席伯南克明确将美联储的政策定义为“信贷宽松”（credit easing）政策，以示与日本式传统量化宽松政策的区别。根据伯南克的解释，美联储的“信贷宽松”政策主要关注其所持有的信贷和证券的组合，以及这些资产组合如何影响居民和企业获得信贷的条件。总体来看，“信贷宽松”政策以影响央行资产负债表的资产方规模和结构为主，而日本的量化宽松政策则主要影响央行资产负债表的负债方的规模和结构（专栏6-8）。总体来看，美联储的“信贷宽松”政策较之传统“量化宽松”政策具有以下四个新特征：

一是“信贷宽松”更注重资产负债表的资产方而非负债方。伯南克认为，像“量化宽松”政策那样设定基础货币目标，在市场情况好转时信贷会放松，在市场情况恶化时由于银行对流动性的需求增加，反而会紧缩信贷。因此，与传统“量化宽松”不同，美联储的资产扩张虽然必然带来负债（基础货币）的大幅增加，但这并非美联储政策操作的主要目的，事实上美联储并没有设定目标基础货币数量。

二是“信贷宽松”关注的重点是改善信贷条件。美联储认为，在危机时期，由于银行无法准确估算自身损失和所需要的流动性，这种不确定性使得银行惜贷，进而导致经济衰退，而经济衰退会刺激对安全性资产（如国债）的强烈需求，从而导致金融市场和经济形势更加恶化，最终形成恶性循环。在这种情况下，促进信贷条件的改善（恢复信贷市场功能、增加信贷可获得性、降低融资成本等）是美联储反危机政策的首要目标，对重启经济增长具有至关重要的作用。

三是在操作规则上，“量化宽松”政策接近“单一规则”，而“信贷宽松”政策则接近“相机抉择”。在危机期间，中央银行需要根据经济金融形势的变化而灵活调整其政策组合，因此，美联储的“信贷宽松”追求的是一种更具弹性和灵活性的非常规货币政策。同时，由于“信贷宽松”的主要目标是恢复信贷市场功能和疏通货币政策的传导渠道，因此，在操作目标方面，从目前美联储所广泛监测的一系列指标来看，“信贷宽松”政策所盯住的重要目标可能包括：(1) 信贷利差（风险溢价），如伦敦银行间同业拆借利率（London interbank offered rate，LIBOR）和隔夜掉期利率（overnight swap rate，OIS）之差；(2) 向金融机构或某些细分市场提供额外的流动性。

信贷（量化）宽松政策的效果如何，至今仍存在较大争论。其中，以伯南克为代表的支持者认为，信贷（量化）宽松政策的效果是积极和正面的，主要理由有二：一是假如没有及时采取信贷（量化）宽松货币政策，美国银行金融体系即使不完全破产崩溃，也会出现大范围破产的悲惨局面，情况可能类似20世纪30年代的“大萧条”；二是假如没有采取信贷（量化）宽松政策，美国经济衰退的时间会更长，程度会更深，所以实施量化宽松政策是必要和正确的。

相比之下，反对者则认为，信贷（量化）宽松政策不仅对于刺激经济复苏没有效果，反而将对美国经济和全球经济的未来产生极其严重的恶果，主要理由在于：(1) 美联储实施信贷宽松政策挽救那些濒临破产的金融机构，助长了大型金融机构“大而不倒”的心理预期和道德风险，金融机构不仅不会吸取金融危机的教训，反而会继续从事风险过度的经营活动，甚至变本加厉地为牟取短期暴利而不顾长期风险，埋下金融危机的隐患。(2) 信贷宽松政策释放的货币或流动性对于刺激真实经济复苏收效甚微，甚至没有效果。尽管美国商业银行体系流动性异常充足，私人信贷却没有出现增长。相反，绝大多数资金流向了资产市场和大宗商品市场，导致全球流动性泛滥和资产价格泡沫恶化，加剧了国际金融的不稳定。

专栏 6-8　非常规货币政策与中央银行的资产负债表扩张

2007 年美国发生了一场因次级抵押贷款机构破产、投资基金被迫关闭、股市剧烈震荡引起的金融风暴——“次贷危机”。至 2007 年 8 月，危机已经席卷至美国、欧盟和日本等世界主要经济体，并最终演化为一场全球性的金融危机。在危机爆发后，包括美国、欧盟、英国、日本等在内的发达经济体央行纷纷“主动出击”，通过实施非常规货币政策和进行货币政策工具创新，竭力稳定动荡的金融体系，重启经济增长。总体而言，无论是从援救的力度和规模来看，还是从援救的方式创新来看，2008 年危机中的中央银行都扮演了前所未有的积极角色。全球各主要经济体央行的援救路径、方式和规模可以从危机前后央行资产负债表的规模和结构变化中得到清晰的展示。

首先，从美联储的资产负债表变化来看（图 6-2），在危机全面爆发前的 2007 年 6 月 27 日，美联储资产负债表的规模仅为 9 025.32 亿美元，但至 2008 年 12 月 31 日，美联储的资产负债表规模已迅速增长至 23 006 亿美元，较 2007 年 6 月 27 日增长了 155%。美联储不含储备余额的总负债达到 14 449.92 亿美元，较上年末多增了 5 205.47 亿美元。在进入 2009 年后，美联储资产负债表的规模先减后增，第四季度基本维持在 21 100 亿美元以上的水平，总体上仍处于膨胀状态。从美联储资产负债表的结构性变化来看，资产方的变动呈现出以下特点：一是美联储持有的国库券大幅减少，而持有的政府中长期国债则从小幅减少至大幅增加；二是随着各种新的流动性便利工具的运用或退出，贴现信贷增长、贷款与融资支持等项目呈现出倒“V”形走势；三是美联储购买的优质资产大幅增长；四是回购操作已基本停止。负债结构的变化主要有两方面：一是美联储自 2008 年 9 月 25 日起在其资产负债表的负债方新增“美国财政部补充融资账户”，其主要目的是为了支持美联储为银行体系提供充足的流动性；二是基础货币在相当长一段时间内保持平稳后出现大幅增长态势，这主要是因为超额储备余额出现了大幅增长。

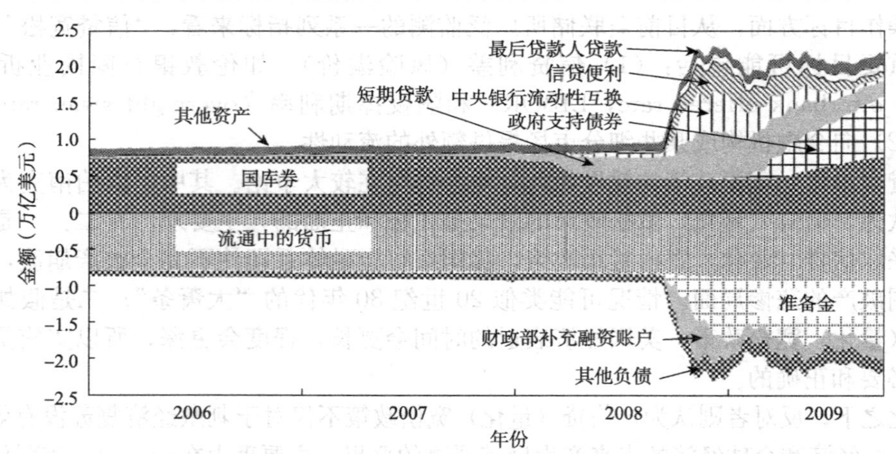

图 6-2　美联储资产负债表的规模和结构变化

资料来源：Shiratsuka，S.“Size and Composition of the Central Bank Balance Sheet：Revisiting Japan's Experience of the Quantitative Easing Policy”. *Institute for Monetary and Economic Studies*，Bank of Japan，2009.

其次，从英格兰银行的资产负债表变化来看（图 6-3），在危机的初始阶段，尽管英格兰银行尚未采取较为积极、全面的措施来应对危机，英格兰银行的资产负债表规模从 2007 年 7 月中旬开始有所增大，但这主要是银行部门为了应对银行融资市场的紧张状态而自愿增持储备余额（即活期存款账户）所致。在2008年3月美国著名投行贝尔斯登(Bear Stearns)倒闭后，英国的金融市场尤其是银行融资市场状况明显恶化。2008年4月21日，英格兰银行出台了《特殊流动性计划》，随之通过抵押贷款支持证券和国库券互换、贴现窗口便利、货币互换、资产购买计划等方式展开了大规模的援救行动。至2009年10月末，英格兰银行资产负债表的规模已达到2 353.45亿英镑，较2007年6月末增长了195.2%，名义GDP占比达到16.4%。虽然英格兰银行资产负债/名义GDP的比例低于欧央行，但高于美联储。英格兰银行的占比偏低的主要原因是其应对危机措施中有三项被列为表外业务，因此在相当大的程度上低估了应对危机措施对其资产负债表规模的影响。据英格兰银行专家估计，如果包括特殊流动性计划，英格兰银行资产负债/名义GDP的比例会上升至约25%的水平，即使不包括特殊流动性计划，10月的占比也与英国二百年以来的最高水平相当。这表明英格兰银行应对危机的措施对其资产负债的影响是非常显著的。

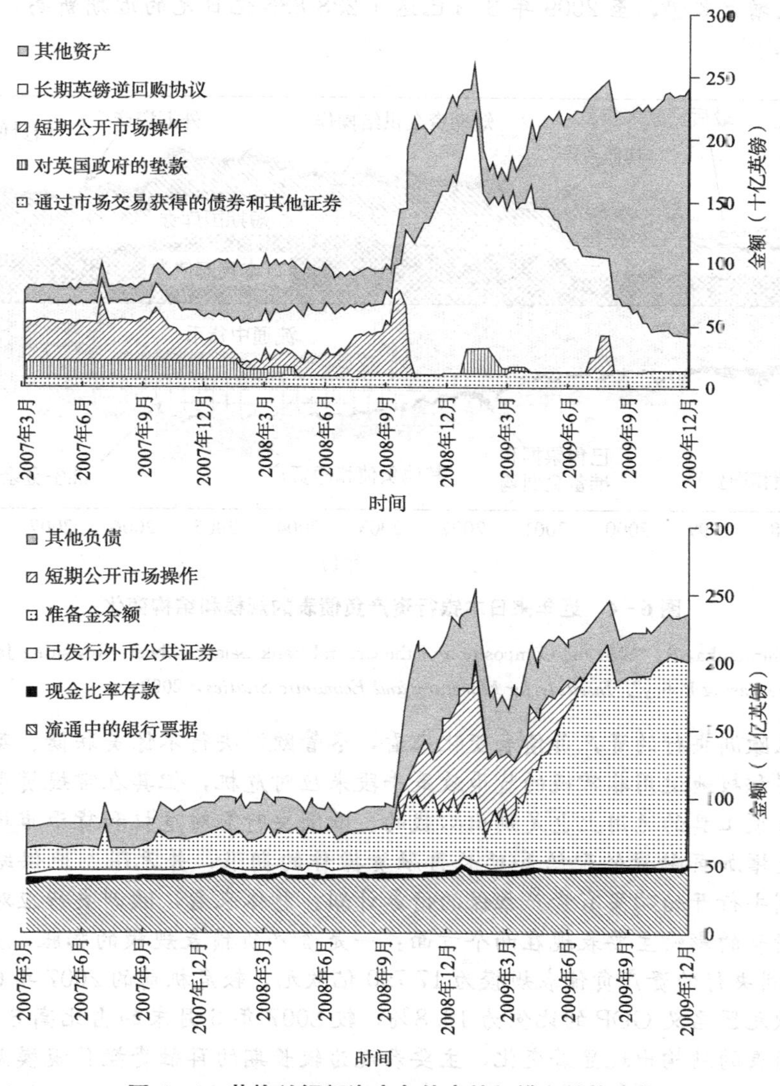

图6-3 英格兰银行资产负债表的规模和结构变化

资料来源：英格兰银行网站。

再次，从日本银行的资产负债表变化来看（图 6－4），在 20 世纪 90 年代中后期，日本银行为应对经济长期不景气和严重的通货紧缩，不仅将基本准利率降至零水平，而且首创并实施了数量宽松的货币政策，结果导致日本银行的资产负债表规模在短短的几年时间里迅速膨胀。2005 年末，日本银行的资产负债表规模已高达 1 556 071 亿日元，较 1999 年 10 月末增长了 128.8%。之后，随着日本经济的逐步恢复，日本银行的资产负债表规模呈现较明显的回落趋势，至 2007 年 6 月末已回落至 1 000 712 亿日元的近年中最低水平。在 2008 年国际金融危机发生后，日本银行在降低基准利率的同时，利用现有的融资便利为市场注入必要的流动性，从而使其资产负债规模再度小幅增大。2007 年末资产负债表规模增大至1 112 845 亿日元，较 6 月末增长了 11.2%。从 2008 年第三季度开始，日本银行出台了若干新的流动性供给措施，并不断扩大其操作规模，如 12 月中旬推出旨在促进公司融资的特别资金供给操作，使贷款规模恢复了较快增长。在此背景下，日本银行的资产负债表规模呈增大趋势，至 2009 年 3 月已达 1 238 886 亿日元的近期新高，较 2007 年 6 月增长了 23.8%。

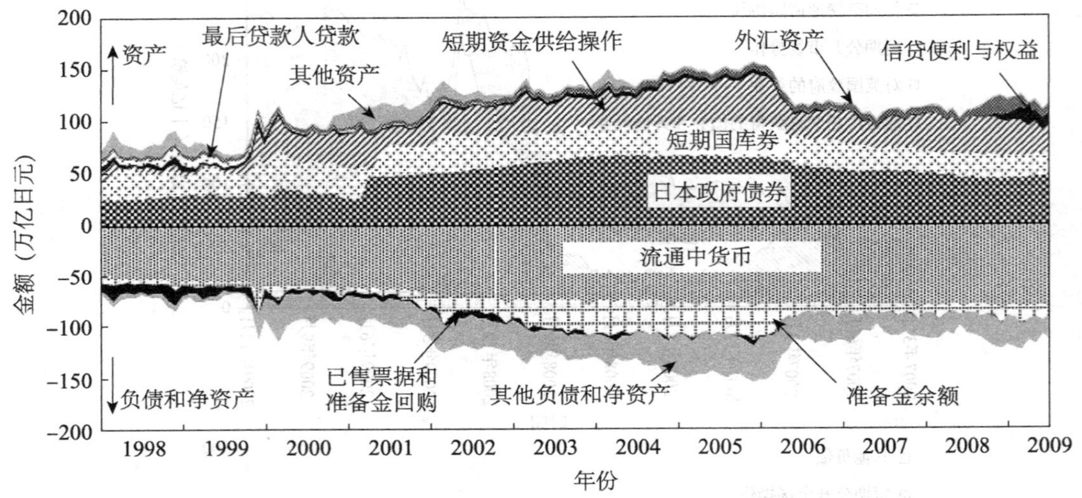

图 6－4　近年来日本银行资产负债表的规模和结构变化

资料来源：Shiratsuka，S. “Size and Composition of the Central Bank Balance Sheet：Revisiting Japan's Experience of the Quantitative Easing Policy”. *Institute for Monetary and Economic Studies*，2009.

最后，从欧洲央行的资产负债表变化来看，尽管欧洲央行不像美联储、英格兰银行和日本银行那样积极地运用非常规的货币政策手段来应对危机，但其在常规货币政策工具和非常规货币政策工具的运用上也是别出心裁的。欧洲央行应对危机和货币市场流动性短缺的主要策略是增加再融资的配给和延长再融资操作的期限，并无限制地供给资金。2009 年 7 月，欧洲央行开始购买有资产担保的债券计划。总体来看，欧洲央行应对危机的措施对其资产负债表的影响主要表现在两个方面：一是资产负债表规模的膨胀，至 2009 年 10 月 30 日，欧洲央行的资产负债表规模为 17 790 亿欧元，较危机前的 2007 年 6 月末增长了 47.2%，占欧元区名义 GDP 的比例为 19.8%，较 2007 年 6 月末的占比高 6.3 个百分点；二是资产负债表的结构出现显著变化，主要表现为较长期的再融资操作规模大幅增长，主导再融资操作的规模大幅下降，对非欧元区居民的外币债权大幅增长，存款便利大幅增长，政府在欧洲央行体系中的存款大幅增加，流通中的货币显著增加等。

通过比较美联储、英格兰银行、日本央行和欧洲央行危机以来资产负债表的规模和结构变化，可以发现：从资产负债表扩张的规模来看，美联储和英格兰银行的扩张规模最为激进，均较危机前扩张了1倍以上（表6-4）；从资产负债表扩张的工具看，英格兰银行主要是通过资产购买计划直接大幅扩张资产负债表，其中有近1/3是直接购买私人部门资产，而美联储则在购买非常规资产以及向商业票据等资产证券化市场的最终借款人提供借贷方面表现更为激进，其资产负债表的扩张中有一半用于这两大用途。

表6-4　　主要经济体央行资产负债表的扩张情况对比

中央银行	资产负债表规模（百万本币）		扩张幅度（%）
	2007年末	2009年12月初	
美联储	925 560	2 245 947	143
欧洲央行	1 511 244	1 759 429	16
英格兰银行	102 241	239 261	134
日本银行	111 284 451	117 296 455	5

资料来源：各央行网站。

（二）前瞻性指引

在20世纪90年代之前，中央银行的政策决策和操作似乎都笼罩着一层神秘的面纱，不太注重与市场和社会公众的沟通。特别是受到当时理性预期学派关于“预期到的货币政策都是无效的”这一学术主流观点的影响，很多国家中央银行的决策者们都倾向于认为，货币政策“越不透明越有效”。比如，1987—2006年任美联储主席长达18余年的格林斯潘（Greenspan）在讲话时总是面无表情，并且以“模糊语言大师”闻名于世，其经典名言是：“如果你认为明白了我的话，那你一定错了。”

由于中央银行的政策意图只有在市场主体理解并反映在其行为决策之中时才能产生实际的影响，因此，央行沟通越有效，透明度越高，越有助于提高货币政策的可信度和有效性。反之，如果中央银行缺乏与社会公众的沟通交流，其政策立场、取向、目标和意图等就有可能被市场误读，从而影响到货币政策传导的效率和有效性。特别是在金融体系高度发达的当今时代，基于前瞻性信息的判断和决策成为微观主体行为方式的重要特征，这使得社会公众的预期对宏观经济和金融活动具有重要影响。在此背景下，各国央行越来越重视信息沟通和政策透明度的提高，货币政策理念也逐渐从神秘转向积极主动的沟通，预期管理成为货币政策调控的重要内容。前瞻性指引也顺势应运而生。

所谓前瞻性指引，主要是指中央银行通过书面（如发布各种报告）和言语（如召开新闻发布会以及央行官员各种正式和非正式的讲话）等方式加强与社会公众的沟通，传递有关经济金融形势、货币政策取向和预期政策目标等方面信息，意在降低信息不对称，引导市场预期朝着央行合意的目标靠拢，最终达到提高货币政策前瞻性和有效性的目的。在正常时期，前瞻性指引可以给社会公众提供中央银行未来政策取向的相关信息，从而增加货币政策的透明度，减少政策预期和市场主体行为的不确定性，进而提高金融市场和经济活动的稳定性。在危机时期，由于受“零利率下限”的约束，未来的政策利率变得比当前的政策利率更加重要，这进一步增加了实施前瞻性指引的必要性。

从历史发展来看，新西兰中央银行早在1997年就实施了带有前瞻性指引含义的货币政策，即通过发布未来政策利率路径，引导公众预期。随后，日本（1999年）、挪威（2005

年)、瑞典（2007年)、美国（2008年）等国的中央银行相继发布未来政策利率路径预测。在2008年之后的反危机实践中，美联储将前瞻性指引作为一种重要的非常规货币政策工具予以充分应用（专栏6-9)。此后，随着欧央行和英格兰央行也相继引入前瞻性指引，该政策逐渐成为各国央行工具箱中一种重要的政策工具。2017年11月，时任美联储主席耶伦（Yellen)、欧洲央行行长德拉吉（Draghi)、英国央行行长卡尼（Carney）和日本央行行长黑田东彦（Haruhiko Kuroda）齐聚德国法兰克福，出席由欧洲央行主办的会议“政策核心：央行沟通的挑战与机遇”，其中重要的一点就是继续使用前瞻性指引作为政策工具。可以说，通过前瞻性指引强化中央银行与社会公众的沟通已经成为新时期货币政策实践的一个重要特征。

从各国央行实践的具体策略来看，前瞻性指引可分为开放式指引（open-ended guidance)、基于时间的指引（time-contingent guidance）和基于状态的指引（state-contingent guidance)。其中，开放式指引是指中央银行在与社会公众进行沟通时，并没有明确的时间或条件限定，只是对未来的政策取向提供一些大致的描述；基于时间的指引是指中央银行与社会公众沟通时附带明确的时间条件限制，如承诺在未来的某段时间内或某个时间点之前将维持其政策不变；基于状态的指引是指中央银行与社会公众沟通时附带明确的经济条件限制，比如设定当经济变量（如产出、通货膨胀、就业等）达到某个阈值时才考虑政策变化。

此外，根据中央银行信息沟通的明确程度，前瞻性指引还可分为“隐性前瞻性指引”（implicit forward guidance）和“显性前瞻性指引”（explicit forward guidance)。前者是指中央银行在发布关于未来货币政策取向的信息时，用语和措辞较为模糊；后者是指中央银行与社会公众沟通时，明确其政策路径、实施时间和条件等方面的相关信息。与此相关的一种划分是“定性前瞻性指引”（qualitative forward guidance）和“定量前瞻性指引”（quantitative forward guidance)。前者是指中央银行仅向社会公众提供关于未来货币政策立场和取向的方向性信息，并无定量的数据或指标说明；而后者则是指中央银行明确以数据的方式，向社会公众表示在什么条件下采取何种力度的货币政策，比如，“只要失业率保持在6.5%以上，通货膨胀预期低于2.5%，就会继续维持1%以下的低利率政策”。总体来看，随着时间的推移和实践的深入，各国的前瞻性指引有从模糊隐晦到越来越清晰明确的发展趋势。

专栏6-9 美联储的前瞻性指引

美联储传统的沟通方式已经为市场提供了大量有关未来政策预期的信息。比如，在美国联邦公开市场委员会（FOMC）的声明和会议记录中，通常包含着对经济状况的评估以及董事会成员和地区银行行长对经济的预测。不过，前瞻性指引真正受到广泛关注并逐渐发展成为重要政策工具，主要还是在2008年金融危机之后。当时，美联储在连续降低利率之后发现，即使将政策利率降至能够达到的最低水平，也无法实现令人满意的经济复苏。在“零利率下限”的约束下，政策利率降无可降（如图6-5所示)，前瞻性指引成为一种必要的政策工具。

总体来看，美联储早期的前瞻性指引以定性表达为主，且用语较为模糊。例如，2003年，美联储开始使用前瞻性指引，FOMC表示将在“相当长的时间内”维持宽松货币政策。在2008年之后的反危机实践中，前瞻性指引的一个特别之处在于，它明确提及了未来中央银行目标政策利率的可能路径，特别是明确了超低利率的执行期限或触发条件。美联储的这

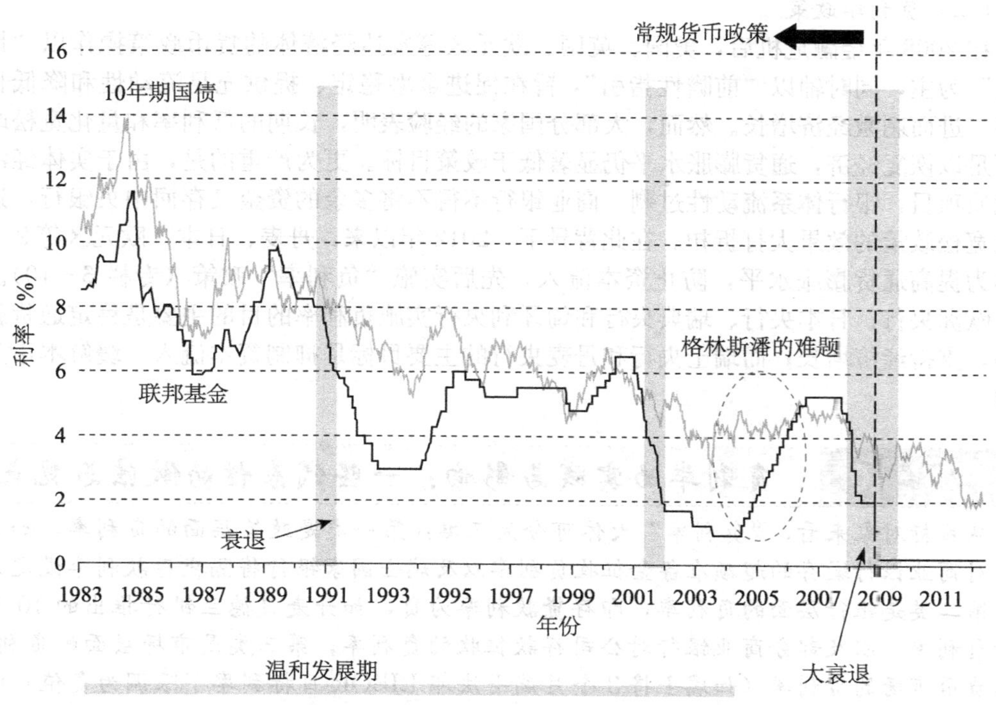

图 6-5 美国联邦基金利率的变化

一策略所试图传达的信息是，预期的低利率政策会持续相当长一段时间，直到经济状况明确好转。例如，美联储在 2008 年 12 月 16 日的声明中称，利率可能在“一段时间内”保持低位。2009 年 3 月 18 日的声明提到了“更长的时期”，同时使用了“预期”一词，并以未指明的“经济状况”为条件。2011 年的前瞻性指引开始包括明确的时间范围，但该范围随着经济衰退的持续一再被延伸，并且一直以“有可能”等词来加以限定和修饰。

从 2012 年开始，美联储的前瞻性指引变得更加明确。比如，联邦公开市场委员会在 2012 年 12 月 12 日表示：只要失业率保持在 6.5%以上，通货膨胀预期低于 2.5%，就会继续维持低利率政策。2013 年 12 月，美国失业率为 6.7%，联邦公开市场委员会开始在其政策声明中表示，联邦基金利率保持在较低水平，以使“失业率降至 6.5%以下”。随着时间的推移，前瞻性指引逐渐回归其定性和开放特征，并引发了大量关于首次加息时间的猜测。在失业率跨过 6.5%这一门槛 18 个月后，加息最终发生，当时失业率已经下降到 5%左右的水平。

尽管在 2008 年金融危机之后，前瞻性指引成为美联储安抚市场情绪或者引导市场预期的一种常规做法，但这种建立“以语言为工具”的方法也并非没有缺点。特别是在人多嘴杂、观点庞乱的情况下，过于频繁的沟通和指引有时候也会制造出麻烦和混乱。以美联储为例，FOMC 有 12 位拥有投票权的成员，所有的委员都可以自由地分享对货币政策的看法或观点，尽管决策者们应该在发言中阐述美联储发表的声明并解释已达成的协议，但很多时候并不是所有人都愿意这样做，事实上，经常会有 FOMC 官员表达不同意见，这就造成了市场理解的偏差和混乱。

（三）负利率政策

在2008年金融危机后，美国、英国、欧元区等发达经济体的货币政策操作以“量化宽松”为主，同时辅以“前瞻性指引”，旨在促进金融稳定、提供充足流动性和降低长期利率，进而刺激经济增长。然而，大部分国家的经验表明，长期的低利率和量化宽松政策并不足以恢复经济，通货膨胀水平仍显著低于政策目标。更为严重的是，由于实体经济缺乏优质项目，银行体系流动性过剩，商业银行不得不将多余的资金又存回中央银行，这使量化宽松政策的效果大打折扣。在此背景下，2012年以来，丹麦、日本、欧元区等9个经济体为提高通货膨胀水平，防止资本流入，先后实施“负利率”政策（专栏6－10）。其中，欧洲央行、日本央行、瑞典央行和匈牙利央行实施负利率的目的主要是稳定通货膨胀预期，支持经济增长；而瑞士央行和丹麦央行的主要目标是抑制资本流入，缓解本币升值压力。

专栏6－10　负利率的实践与影响：一些代表性的做法与观点

从目标对象来看，“负利率”大体可分为三类：第一类是政策层面的负利率，如日本央行对商业银行缴存的超额准备金征收负利率以及瑞士国家银行将隔夜存款利率设定为负等；第二类是银行层面的负利率，即存贷款利率为负，如丹麦日德兰银行推出的10年期房贷负利率，以及部分商业银行对公司存款征收的负利率；第三类是市场层面的负利率，包括货币市场的负利率（如瑞士将3个月瑞士法郎LIBOR目标利率下限调为负值）以及债券市场的负利率（如日本、德国等国的长期国债收益率为负）。截至2016年末，实施“负利率”政策的经济体总量已超过全球经济的30％，“负利率”政策成为继“量化宽松”和“前瞻性指引”之后的第三大非常规货币政策。表6－5给出了“负利率”政策在一些代表性经济体中的实施情况。

表6－5　代表性经济体实施“负利率”政策的基本情况

经济体	实施时间	操作对象	利率水平（％）	政策目标
欧元区	2014年6月—2014年9月	存款便利利率	－0.1	抵御通货紧缩，刺激经济增长
	2014年9月—2015年12月		－0.2	
	2015年12月—2016年3月		－0.3	
	2016年3月—*		－0.4	
日本	2016年1月—*	新增超额存款准备金利率	－0.1	抵御通货紧缩，降低汇率，刺激经济增长
瑞典	2009年7月—2010年8月	存款准备金利率	－0.25	抵御通货紧缩
	2015年2月—2015年3月	回购利率（政策利率）	－0.1	
	2015年3月—2015年7月		－0.25	
	2015年7月—2016年2月		－0.35	
	2016年2月—*		－0.5	

续表

经济体	实施时间	操作对象	利率水平（%）	政策目标
丹麦	2012年7月—2013年1月	一周定期存款和超过上限的隔夜存款利率	−0.2	避免汇率升值
	2013年1月—2014年4月		−0.1	
	2014年9月—2015年1月		−0.05	
	2015年1月—2015年2月		−0.2～0.5	
	2015年2月—2016年1月		−0.75	
	2016年1月—*		−0.65	
瑞士	2014年12月—2015年1月	超过上限的隔夜存款利率	−0.25	避免汇率升值
		3个月Libor CHF目标区间	[−0.75，0.25]	
	2015年1月—*	超过上限的隔夜存款利率	−0.75	
		3个月Libor CHF目标区间	[−1.25，−0.25]	

注：*表示截至本表统计整理时（2016年11月），该政策仍在持续。

从某种程度上说，负利率政策是比量化宽松和前瞻性指引更为激进的非常规货币政策，由于其挑战了传统的直观思维和主流的经典理论，自其实施之日起就引发了无数的“褒贬不一”的争论。支持负利率政策的观点认为，“零利率下限”问题并不会随着全球经济复苏而消失，因为与历史水平相比，全球的生产率增速和潜在的经济增速会长期处于低位，这意味着与长期经济增长相匹配的“自然利率”也将显著低于历史平均水平（Summers，2014；Gordon，2016）。根据Holston等（2016）的测算，发达国家的自然利率将在很长时间内维持在低水平，这意味着从长期来看，负利率很可能成为各国中央银行不得不使用的政策工具。

不过，大多数学者对负利率政策的预期效果表示忧虑。比如，Siegel和Sexauer（2016）认为，负利率政策并非顺应了自然利率的潜在趋势，而是一种扭曲资金价格的金融压抑，而且这种金融压抑有成本，包括应付但未付给存款人的利息以及政策意图扭曲的成本等。Pally（2016）认为，负利率政策建立在利率可以影响就业的思维上，以增加债务、提高通货膨胀率为政策目标本身就是错的，而且负利率政策可能引发总需求下降、金融不稳定、货币战争等不良后果。Mersch（2016）从社会视角分析了负利率政策的实施效果，认为负利率政策直接歧视了储蓄者，并造成了一些金融机构的倒闭和失业增加，这可能给欧洲地区带来新一轮衰退和伴随的社会问题，得不偿失。

尽管理论上的争论很多，但由于负利率政策的实施时间尚短，目前尚难对其实际效果进行系统全面的评估。从国际代表性机构的观点来看，国际清算银行（Bank for International Settlement，BIS）认为，在持续低利率的环境下，市场会预期自然利率出现下降，进而对冲了利率下降的政策效果，导致非常规货币政策在刺激经济方面变得不再那么有效。国际货币基金组织（IMF）认为，负利率通过“投资组合再平衡”的渠道传导，即由于负利率会惩罚持有流动性高、安全性高的资产，从而激励银行将其投资组合从低收益（或负收益）的流动资产转向高收益的资产如企业贷款。

负利率对各种规模庞大的国际资本而言可能是一场噩梦，让这些长期享受无风险收益的巨头面临风险。被负利率伤害最深的是各种规模庞大的全球资本，如发达国家养老金、社保基金、全球保险巨头、主权基金以及家族公司等。这些资金规模庞大，行动笨拙，往往趴在某种安全资产（如政府债券）上像“食利者”一样坐享利息收益，但面对利率下行的钝刀子，这些资本不得不从之前躺着收钱的政府债券中离开，寻找有更高收益的资产。一路前移的过程，伴随着风险偏好的被迫提升，令很多习惯于获取安全收益的资本苦不堪言。

在负利率环境下，纯粹的资产型基金将面临收益率下降的局面。而一些带有负债性质的资金，如保险资金，在利差损失的打击之下，会造成亏损，因为保单签发时承诺的利率偏高，随着在保单生命周期之内利率持续走低，为兑现对客户的承诺，不得不“勒紧自己的裤腰带”。有些基金经理为了满足客户的高收益要求，甚至不得不更多地进行股票或另类资产的配置。还有些对冲基金下了更大的赌注，选择加杠杆去操作。负利率所造成的风险偏好被动提升，可能成为另一个巨大泡沫和系统性风险的源头，正如次贷危机之前的美国那样。

从理论上看，“负利率”政策是指商业银行存放在中央银行的存款或准备金不但不能获得利息，反而要支付费用。这种名义利率为负的情况（意味着债权人需要向债务人支付利息）不仅在历史上非常少见，而且有违传统的货币金融理论。比如，1896年美国经济学家欧文·费雪提出的“零利率下限”理论认为：当名义利率为负时，资金持有者更倾向于拥有而不是出借资金，故名义利率不会低于零。不过，该理论成立的前提假设是现金持有成本为零，如果放松该假设，“零利率下限”的约束就可以被突破。19世纪，德国经济学家西尔沃·格塞尔提出，负利率政策相当于对货币征收“携带税”（carry tax），这样人们持有现金货币就会存在成本，从而鼓励资金持有者出借资金，减少货币窖藏，同时还能提升货币的流动速度，从而增进货币供应量。就现实情况而言，由于金融机构在现金的运输、保管和保险等方面确实存在着一定的成本，这意味着至少在理论上“负利率”政策存在实施空间。

【二维码专栏6-2】

为什么将“利率走廊”下限作为负利率的主要操作利率？

在操作方式上，“负利率”政策主要分为两类：一类是将“利率走廊”的下限利率调整为负值（二维码专栏6-2），以欧洲央行和瑞典央行为代表；另一类是对金融机构在央行的准备金存款实施差别化的负利率政策，以丹麦央行和日本央行为代表。与第二类政策相配套的是“分层准备金”制度，即将准备金划分成不同层级，对各层级实施差别补偿利率。比如，丹麦央行将金融机构在央行的存款划分为隔夜存款和一周定期存款，同时规定在限额以内的活期存款适用零利率，超出部分自动转换为一周定期存款并适用负利率。日本央行执行三级阶梯形结构式负利率政策体系：金融机构存放的法定存款准备金——基本余额部分，按照零利率政策执行；金融机构存放的超额存款准备金——宏观加算余额部分，按照0.1%的利率执行；上述两项之外的金融机构新增超额存款准备金——政策利率余额部分，按照-0.1%的利率执行。瑞士央行在实践中综合使用了上述两类操作：一方面将利率走廊机制的上限利率和下限利率均调整为负值，引导基准利率（3个月瑞士法郎LIBOR利率）在上限利率为-0.25%和下限利率为-1.25%的“利率走廊”内运行；另一方面同时引入准备金付息规定和负利率豁免条款——对于适用最低存款准备金要求的金融机构，其最低存款准备金数额的20倍减同期金融机构持有现金增量以内的部分适用零利率，超出部分罚息；对于没有最低存款准备金要求的金融机构，其准备金存款加现金的额度若低于某目标值（1 000 万瑞士法郎），适用零利率，超出部分罚息。

从政策效应来看，"负利率"政策的本质是以金融机构"让渡"利润的方式支持实体经济发展。同时，由于实施"负利率"政策的经济体大都拥有银行主导型的金融体系，这使得作为政策传导"中枢"的商业银行面临现实挑战，主要表现在三个方面：

（1）盈利水平下降。自"负利率"政策被推出以来，商业银行的盈利水平出现明显下滑。"负利率"政策对银行盈利的冲击主要源于对净利息收入的侵蚀。在"负利率"环境下，利率中枢下移，收益率曲线呈现"扁平化"特征，银行净息差大幅收窄。

（2）风险偏好上升。在"负利率"环境下，金融体系的风险溢价不断下降：一方面，收益率曲线呈扁平化特征，期限溢价收窄；另一方面，各种不同评级资产的信用价差持续降低。随着市场利率整体下行，金融机构的风险偏好和风险承担水平显著上升。

（3）资产配置扭曲。由于超额存款准备金被征缴"负利率"，而投向实体经济又缺乏收益较高、风险较低的金融资产，这使得"负利率"政策下的金融机构并没有将超额存款准备金全部转化为信贷，而是部分地转化成了现金资产，导致"负利率"政策的宽松效果被部分抵消。

为弥补"负利率"政策给商业银行等金融机构带来的损失，各国和各地区央行大多出台了针对金融机构的补偿措施。比如，欧洲央行对部分积极放贷的商业银行施行了低成本的"长期再融资操作"（long-term refinancing operation，LTRO）。除欧洲央行外，日本央行、瑞典央行、丹麦央行、瑞士央行等也各自采取了针对商业银行等金融机构的补偿措施。

6.3.3 非常规货币政策的退出策略

作为非常规货币政策的"应有之义"，一旦经济金融形势回复到常规的正常状态，非常规货币政策就应该逐步退出。换言之，非常规货币政策主要在传统货币政策无法有效发挥作用的时期承担调控任务。这意味着，非常规货币政策的实施在设计之初就应该对政策退出的时机和方式等问题有所考虑。从理论上看，政策退出不及时会诱发通货膨胀风险和资产价格泡沫，而政策过早退出则有可能导致宏观经济和金融体系陷入二次衰退（专栏 6-11）。此外，从外部均衡来看，如果全球主要国家央行的退出步调不一致，还可能造成国际游资的大规模无序流动，给本就脆弱的金融市场带来新的冲击。

专栏 6-11　历史上政策退出失败的案例

历史经验表明，宽松货币政策的退出必须把握好适当的时机，太早或太晚退出都将给国民经济带来损失。如果退出太晚，美国等发达经济体财政赤字已经迅速升高，若财政赤字继续增加，货币化预期上升，可能导致长期通货膨胀预期和利率上升，引发滞胀，可能又会引起新一轮危机；如果退出太早，20 世纪 30 年代末的美国经验和 90 年代的日本经验又说明，这会导致通货紧缩和衰退的再次发生，葬送已经开始的复苏进程，使财政和货币刺激政策前功尽弃。在 20 世纪 30 年代美国大萧条后，美国经济已经开始走出谷底，重新进入上行周期。1936—1937 年，由于担心银行利用其在美联储累积的巨额准备金发放贷款，导致未来的信贷扩张不可控制，美联储提高了准备金率以吸收这些资金，这种大幅收紧货币政策的做法葬送了自 1933 年开始的强劲复苏，经济增长大幅下挫．金融市场也受到冲击，标普 500 指数大幅下跌，最终导致了 1937—1938 年的衰退。

理论上，一个完整的退出策略应该包括退出的原则、时机、顺序、协调机制等相关要素。综合国际货币基金组织（IMF）、国际清算银行（BIS）、金融稳定理事会（Financial Stability Board，FSB）等国际主要研究机构的建议，非常规货币政策的退出过程一般应着重考虑以下因素：

（一）退出原则

非常规货币政策的退出应坚持以下基本原则：一是提前宣布，使市场主体有时间适应政策终止带来的新环境；二是灵活性，应根据市场和经济形势的变化灵活调整退出时间表；三是透明度，应保证有关各方充分理解退出战略的目标、时间表及相关调整标准等；四是可信度，退出战略应基于现实的假设，这些假设包括退出的可能后果、政府当局决定调整策略的环境等；五是差异性，即要根据本国国情制定合适的退出时机和速度，确保市场能够承受。在现实中，政策当局应该把握好上述原则之间的动态平衡。

（二）退出时机

非常规货币政策退出的基本前提是经济和金融环境已经恢复到正常状态，同时，市场主体对经济和金融市场的信心也已经基本恢复，在这种情况下，常规的市场机制可以重新开始有效运作。另外，在具体的时间和节奏把握上，政策当局应该注意两个问题：一是中央银行应权衡推迟退出宽松货币政策的潜在好处（推迟退出使得经济和金融形势的回稳更加巩固，以防形势恶化，同时保留行动空间）与潜在的通货膨胀风险，尤其是长期的通货膨胀预期风险；二是货币政策收紧速度取决于政策制定者面临的不确定性程度：金融体系稳健及经济增长存在的风险不确定性越大，利率可能提升得越慢。中央银行应引导市场预期，避免退出时长期利率发生大幅波动。

（三）退出顺序

在退出顺序方面，非常规货币政策的退出应遵循渐进性原则。在一般情况下，对于那些成本较高或可能造成市场扭曲的政策措施应尽早退出。比如，政府担保可能会先退出，以将其蕴含的风险逐渐转移至私人部门；股权和有毒资产的处理可能需要更长时间，退出顺序的具体把握需要根据现实情况灵活决定。此外，在退出顺序上，一个重要问题是，做出提高利率的决定需要考虑继续实施非常规货币政策是否会带来问题。如果中央银行还有其他工具可以运用（如超额存款准备金率），那么就不一定需要在提高政策利率前缩小其资产负债表规模；但如果央行资产负债表的规模扩张被认为是引发通货膨胀的因素，那么在提高政策利率之间缩减资产负债表规模可能更为明智（二维码专栏 6－3）。

（四）协调机制

非常规货币政策的退出应与主要的经济金融政策相协调和配合，以避免多种政策同时退出对经济和金融体系造成“政策叠加”的冲击效应。比如，在 2008 年国际金融危机发生后，大部分国家的超宽松货币政策（零利率政策和量化宽松）往往与财政刺激政策同时推行，在这种情况下，非常规货币政策的退出需要与财政政策的退出相平衡。如果非常规货币政策和财政政策贸然同时退出，有可能对刚刚开始复苏的经济造成过大的负面冲击；而如果非常规货币政策退出较晚，则可能引发财政刺激下的“挤出效应”与超宽松货币政策下的通货膨胀预期效应并存，这又对经济的可持续复苏不利。此外，非常规货币政策的退出还应尽可能地加强国际协调，以避免和防范各国因政策退出步调不一致所造成的跨国溢出效应。

6.4 中国的货币政策工具

在传统计划经济体制下，中国的货币政策调控主要使用信贷规模、现金计划等直接控制工具。在1998年之后，随着经济金融体制市场化改革的深入，中国货币政策工具的选择逐渐转向了更加市场化的各种间接调控工具。概括而言，在1998年之后，中国最为常用的货币政策工具有公开市场操作、再贴现和再贷款、法定存款准备金率、政策利率和窗口指导等。

在2008年国际金融危机之后，国内外的经济金融形势和运行方式日趋复杂化，货币政策调控所面对的各种问题和挑战也更加棘手。为更好地适应“新常态”下的宏观调控需要，中国人民银行的货币政策工具箱中又增加了短期流动性调节（SLO）、常备借贷便利（SLF）、中期借贷便利（MLF）、抵押补充贷款（PSL）、定向中期借贷便利（targeted medium-term lending facility，TMLF）、定向降准和预期管理等一系列新型工具。这些新型工具的使用，使得中国货币政策的调控手段和方式更加丰富，针对性和灵活性进一步增强。

在理解中国货币政策工具的过程中，值得注意的一点是，即使是在经历了市场化改革后，中国的很多货币政策工具（包括同类型工具）也有着与西方发达国家不完全一样的内涵、特征和运用方式。弄清楚这些差异及其现实基础和理论逻辑，对于深刻理解中国货币政策工具的选择、设计和创新具有重要意义。

6.4.1 传统货币政策工具

（一）公开市场操作

中国人民银行公开市场操作使用的主要方式包括：回购交易、现券交易和中央银行票据（简称“央票”）。其中，回购交易在央行与一级交易商之间进行，现券交易是央行之间从二级市场上买卖证券，央票是央行在银行间债券市场上发行短期票据来回笼基础货币。长期以来，由于中国债券市场的规模和品种有限，二级市场不够发达，难以满足中央银行通过现券交易实施公开市场操作的需求，所以现券交易较少使用，主要采用回购交易和发行央票。

回购交易分为逆回购和正回购。其中，正回购为人民银行向一级交易商卖出有价证券，是收回流动性的操作；逆回购则为人民银行向一级交易商购买有价证券，并约定在未来特定日期将有价证券卖给一级交易商的交易行为，是央行向市场上投放流动性的操作。逆回购是人民银行较为常用的向市场短期注入资金的方式，不过，这些资金最终会被收回，且金融机构获取这些资金的成本相对较高。回购交易的期限一般有7天、14天、21天和28天。

央票是人民银行发行的短期债券，于2002年引入，发行对象为商业银行等一级交易商，多以招标方式发行，期限在3个月和1年之间。人民银行通过发行央票可以回笼基础货币，而央票到期则是投放基础货币的操作。央票可被视为中国货币政策工具的一项创新，其优势是：在短期国债市场不发达的情况下，人民银行可以以央票为载体对金融机构进行短期流动性管理，特别是在2003—2007年外汇占款刚性增长导致基础货币持续被动投放的背景下，央票的推出为人民银行的货币政策调控赢得了一定的主动权。央票的主要缺点是交易范围受限且政策成本比较高（到期央行需还本并支付利息）。

（二）再贴现和再贷款

再贴现和再贷款在调控机理上类似，都是中央银行通过为金融机构提供资金支持来调节基础货币进而影响货币供应量。二者的主要区别在于，再贴现是指中央银行通过买进金融机构持有的已贴现但尚未到期的商业票据提供资金，而再贷款则是指中央银行向金融机构提供的信用贷款（即无抵押物和质押物的贷款）以及信贷资产质押再贷款。

【二维码专栏6-4】

央行借再贷款工具投放流动性

与再贴现政策类似，中央银行通过适时调整再贷款的利率和额度，可以影响金融机构从中央银行处获得资金的成本和规模，进而调节流动性和货币信贷总量（二维码专栏6-4）。例如，当中央银行需要收缩银根实行紧缩性货币政策时，可以通过提高再贷款利率增加金融机构向中央银行的贷款成本，进而抑制金融机构向中央银行的贷款，或者通过直接削减向金融机构的再贷款额度来减少基础货币投放，从而达到紧缩信贷和货币供应量的目的。此外，中央银行通过增加或减少对特定对象和特定领域的再贷款支持和优惠利率，还能起到引导社会资金流向和改变信贷投向的作用（专栏6-12）。

在2008年国际金融危机之后，中国人民银行的再贴现和再贷款主要通过扩大再贴现的对象和范围、创设支农再贷款和支小再贷款，引导资金和信贷流向县域、“三农”和小微企业，支持相关国民经济薄弱环节。与此相适应，中国人民银行于2014年1月调整了再贷款的分类，将原来的“流动性再贷款”进一步细分为流动性再贷款和信贷政策支持再贷款，而原来的“金融稳定再贷款”和“专项政策性再贷款”则保持不变。流动性再贷款和2013年创新的常备借贷便利工具一起，用于向符合审慎要求的金融机构提供流动性支持。信贷政策支持再贷款则包括支农再贷款和新创设的支小再贷款，2016年又创设了扶贫再贷款。

从再贷款工具的潜在缺点来看，由于其本质上是一种具有较强指导性的数量型货币政策工具，如果中央银行在关于信贷投向的引导方面发生失误，也可能造成信贷资源的错误配置或低效配置。同时，带有优惠性质的再贷款有可能助长某些金融机构的依赖思想，引发政策套利和道德风险行为，不利于金融机构之间的公平竞争。不过，在现实中，特别是在经济转型过程中，由于市场调节机制尚未完全发育成熟，难以全面、充分地发挥调控作用，在这种情况下，运用再贷款工具进行货币信贷总量和结构的调节，能起到弥补市场化政策工具不足的作用。

专栏6-12　央行运用再贷款和再贴现政策支持小微和民营企业

为加大对小微企业、民营企业的支持力度，中国人民银行决定创设定向中期借贷便利（TMLF），根据金融机构对小微和民营企业的贷款增长情况，提供长期稳定的资金来源。对实体经济的支持力度大、符合宏观审慎要求的大型商业银行、股份制商业银行和大型城市商业银行，可向人民银行提出申请。TMLF资金可使用三年，利率比中期借贷便利(MLF)利率优惠15个基点，目前为3.15%。

同时，央行公告称，根据中小金融机构使用再贷款和再贴现支持小微企业、民营企业的情况，中国人民银行决定增加再贷款和再贴现额度1 000亿元，对未能享受TMLF政策的中小型银行提供支持。"再贷款、再贴现等结构性工具相比MLF有更多优势。"华泰固收张继强表示，再贷款、再贴现等结构性工具利率更低，可以降低商业银行的负债成本，间接起到"降息"的效果。它定向调控、精准滴灌的作用，也助力疏通货币向信用的传导。此外，这类结构性工具有利于对冲定向降准置换MLF导致央行缩表的弊端。

此前，央行通过再贷款、再贴现投放3 000亿元流动性，此次央行再增加1 000亿元额度，支持小微企业、民营企业融资，预计未来再贷款和再贴现或有可能常态化。

注：本专栏内容摘编自财联社（记者：李博雅）2018年12月19日的报道《央行创设TMLF新工具 再贷款、再贴现或常态化》。

（三）法定存款准备金率

中国的存款准备金制度是在1984年中国人民银行专门行使中央银行职能后建立起来的。从1987年起，商业银行向中央银行缴纳法定存款准备金和超额存款准备金。该制度的初始作用是保证存款的支付和清算，之后逐渐演变成为中国货币政策调控的常规工具。由于中国的短期国债市场和再贴现业务不太活跃，使得"三大法宝"中的再贴现政策和公开市场业务在实际运用中具有一定的局限性，在此背景下，法定存款准备金率的调整经常成为中央银行在关键时期所倚重的工具。

在存款准备金制度建立之初的1984年，法定存款准备金的比例分为3档：企业存款为20%、农村存款为25%、一般储蓄存款为40%。后来法定存款准备金率进行了多次调整，累计变动的幅度较大。在存款准备金率的考核制度方面，长期以来，我国对金融机构存款准备金的考核一直采用"时点法"，即金融机构在每日营业结束时，按法人存入的存款准备金余额与准备金考核基数之比，不得低于中央银行规定的法定存款准备金率。从2015年9月开始，存款准备金考核由"时点法"改为"平均法"，即金融机构在维持期内，按法人存入的存款准备金日终余额算术平均值与准备金考核基数之比，不得低于法定存款准备金率。这一改革的目的是优化货币政策传导机制，增强金融机构流动性管理的灵活性。

从2004年4月开始，中国人民银行开始推行差别存款准备金制度，将资本充足率低于4%的金融机构的法定存款准备金率提高0.5个百分点。2008年9月，中国人民银行开始按照资产规模大小、不良贷款比率等指标对大型金融机构与中小金融机构实行差别法定存款准备金率，并在以后的利率调整中逐步扩大了不同金融机构的法定存款准备金率差别。从2019年5月15日开始，中国人民银行对原来的"三档两优"法定存款准备金框架进行了调整，形成了新的"三档两优"框架。按此框架，截至2020年1月1日，不同类型金融机构的法定存款准备金率为：大型银行12.5%，中型银行10.5%，服务县域的银行7%；此外，多数农信社和农商行可享受1个百分点的优惠，因此，这些金融机构的法定存款准备金率实际上是6%。差别法定存款准备金制度的推出，使传统作为总量调节工具的法定存款准备金率具备了新的结构调整功能，从而拓展了其功能范围。

图6-6显示了中国2003—2019年法定存款准备金率的调整情况。从法定存款准备金率的实际操作来看，在2004年之后，中国法定存款准备金率进行了多次小幅微调，调整频率明显提高，但每次的调整幅度都比较小，一般为0.5%或者1.0%。从调整背景来看，

从 2004 年到 2008 年 6 月，法定存款准备金率一直呈上升趋势，这与当时面临的经济过热和通货膨胀压力密切相关，央行希望通过提高法定存款准备金率来抑制货币信贷的过快增长，从而给过热的经济和通货膨胀压力降温。2008 年，受国际金融危机的影响，央行下调了法定存款准备金率，目的是降低融资成本，稳定实体经济。2010—2011 年，随着经济形势的转好和物价水平的再次上扬，央行分 12 次小幅上调了法定存款准备金率。在 2012 年之后，在经济增速放缓的背景下，法定存款准备金率又出现多次下调，例如 2012 年（2 次）、2015 年（4 次）、2016 年（1 次）、2018 年（3 次）、2019 年（3 次），央行曾连续 13 次下调法定存款准备金率，通过释放充足的流动性支持经济增长。

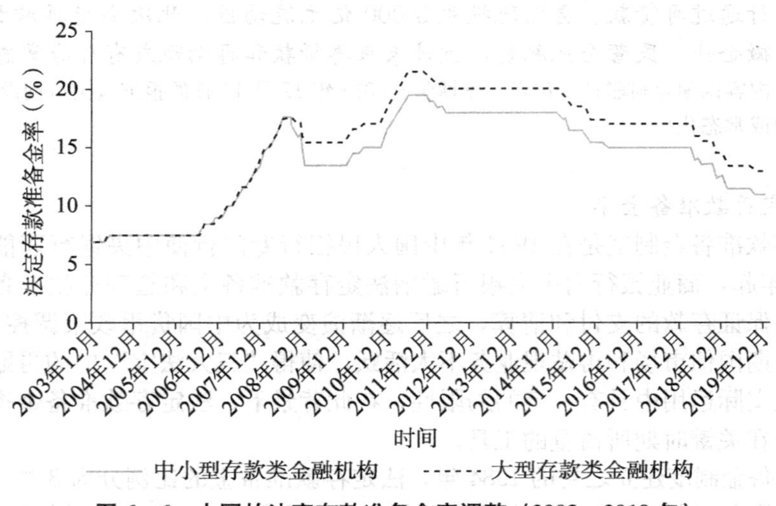

图 6-6　中国的法定存款准备金率调整（2003—2019 年）

（四）政策利率

长期以来，中国人民银行总体上是在一个类似“二元化”的利率调控模式下，从两个方面实现对整个利率体系的调控：一方面，在“存款利率管上限，贷款利率管下限”的制度设计下，中央银行通过调整存贷款基准利率直接影响金融机构的存贷款利率定价；另一方面，中央银行通过公开市场操作或通过调整各类中央银行可以决定的各种政策利率，间接引导各类市场利率的走势。

在上述“二元化”利率调控模式下，人民银行所采用的利率工具主要包括三类：(1) 存贷款基准利率及上下限，即通过规定金融机构各类、各档次基准利率的水平和允许浮动的区间范围，影响金融机构的存贷款利率定价（图 6-7）；(2) 中央银行利率，包括再贷款利率、再贴现利率、存款准备金利率和超额存款准备金利率等；(3) 公开市场操作利率，即通过市场招标方式，形成回购利率和央票利率等，并以此引导货币市场利率。

总体来看，公开市场操作是人民银行调节金融机构流动性的日常工具，属于间接调控市场利率的主要手段；相比之下，中央银行利率和存贷款基准利率，能更加直接地作用于金融机构的借贷行为和利率定价。从 1996 年以来的利率市场化进程来看，随着人民银行在 2013 年 7 月和 2015 年 10 月分别宣布放开贷款利率下限管制和存款利率上限管制，制约金融机构利率市场化定价的制度约束已不复存在，但仍然存在所谓“利率双轨制”的问题：一方面，以银行间同业拆放利率（如 Shibor）为代表的货币市场利率是完全由市场决定的；另一方面，存贷款基准利率仍是金融机构利率定价的锚，尤其是贷款基准利率一直

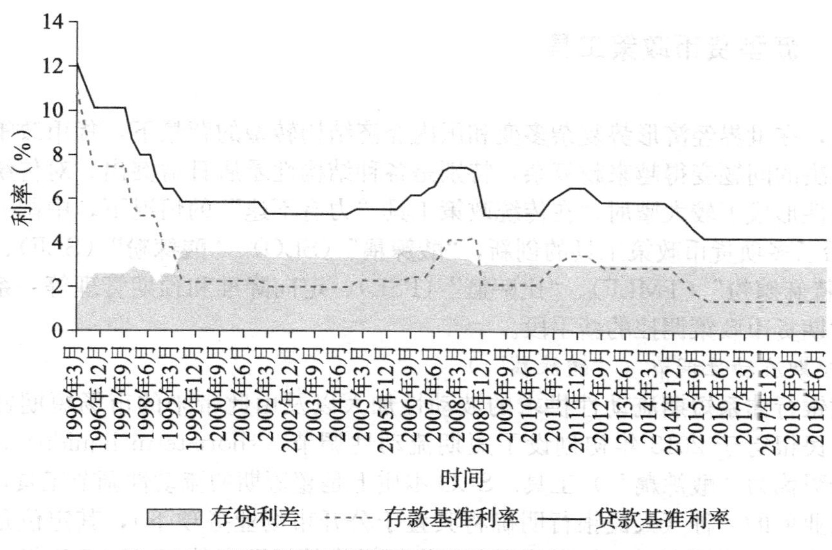

图 6-7 金融机构存款基准利率及利差（1996—2019 年）

作为金融机构内部测算贷款利率时的参考基准和对外报价、签订合同时的计价标尺。

在这种情况下，推进利率“并轨”将成为中国利率市场化改革的最后一环，其主要目标是通过培育关键政策利率和市场基准利率，完善“利率走廊”机制，最终形成以中央银行关键政策利率为基础、以市场基础利率为中介、由市场供求关系决定的存贷款利率定价机制。

（五）窗口指导

窗口指导指中央银行利用其在金融体系中权威的地位和影响，用口头或书面方式向金融机构通报金融形势，说明政策意图或约谈金融体系的负责人，引导金融机构自动将行为调整至与政策规定相符的方向上来。中央银行的窗口指导虽然不具有法律意义上的强制性，但由于这种指导来自具有很高权威和权力的中央银行，并且可能伴随一定的后续惩戒措施（如果金融机构拒不执行政策或拒不纠正其不当行为），因此又具有一定程度的约束性。

对于坚持市场化调控的现代中央银行而言，窗口指导一般只在某些紧急或者关键时刻作为临时性的政策工具使用，主要是弥补市场化货币政策工具在某些情况下的调控效力不足。在中国，窗口指导主要在两个方面发挥调控作用：一是配合国家相关产业和信贷政策，加强对贷款投向和结构的引导，确保“有保有压”，优化信贷资源的结构配置；二是根据经济金融形势的变化和政策调控目标的实际需要，有针对性地对金融机构加强引导、提示和督促，推动金融机构合理安排信贷投放的规模、节奏和结构。

从实践操作来看，自 1998 年人民银行停用“贷款规模管理”之后，窗口指导成为一种比较常用的辅助性调控手段，特别是在宏观经济形势严峻（如过热或过冷）或在针对某些棘手领域（如房地产和一些弱势领域）的定向调控过程中，窗口指导都曾发挥过特殊的重要作用。此外，窗口指导还往往在一些重大突发事件期间，发挥及时的政策宣示和前瞻性的调控作用。比如，在 1997 年亚洲金融危机、2003 年“非典”疫情、2007 年“次贷”危机、2008 年汶川地震期间，人民银行均通过不同形式的窗口指导，向金融机构明确了政策方向和要求，加强了相关风险提示，促使金融机构合理安排信贷管理和金融服务工作。

6.4.2 新型货币政策工具

近年来，在世界经济形势复杂多变和国内经济结构转型的背景下，货币政策调控所面临和需要解决的问题变得越来越复杂，特别是各种结构性矛盾日益突出，对传统货币政策工具的有效性形成了较大掣肘。在传统政策工具“力有不逮”的情况下，中国人民银行从2013年开始了多项货币政策工具的创新，“酸辣藕”（SLO）、“酸辣粉”（SLF）、“麻辣粉”（MLF）、“特麻辣粉”（TMLF）、“比萨篮”（PSL）、定向降准和预期管理等一系列新增工具成为新时期货币政策调控的新手段。

（一）短期流动性调节（“酸辣藕”）

为应对银行体系短期流动性供求的波动性加大以及由此带来的市场短期资金缺口问题，中国人民银行于2013年初创设了短期流动性调节（short-term liquidity operations，SLO，市场昵称为“酸辣藕”）工具。SLO本质上是超短期的流动性调节工具，严格说属于公开市场业务的一种（人民银行明确将其置于公开市场业务项下），其定位是作为公开市场常规操作的必要补充，一般在公开市场常规操作的间歇期使用，以7天期内的短期回购为主，采用市场化利率招标方式开展操作，操作对象为公开市场业务一级交易商中具有系统重要性影响、资产状况良好、政策传导能力强的部分金融机构。

从产生背景来看，在SLO产生前，公开市场操作的时间间隔较长，有时候市场流动性和货币市场利率存在波动性较大的情况。SLO相当于对常规的公开市场操作之外打了一个“补丁”：一方面，在SLO推出之前的回购交易大都在周二和周四进行，在SLO推出之后，人民银行可以更加灵活地决定时机、规模以及期限，以更好地调控整个银行体系的流动性和货币市场利率；另一方面，SLO操作的保密性较高，人民银行可以滞后一个月披露操作情况，这可以在一定程度上避免市场预期的频繁调整，从而提升政策预期的稳定性。

在实践运用方面，人民银行根据现实的调控需要，综合考虑银行体系流动性供求状况、货币市场利率水平等因素，灵活决定SLO的操作时机、操作规模及期限品种等。SLO虽然包括正回购和逆回购，但从人民银行历次公布的《短期流动性调节工具（SLO）交易公告》来看，到目前为止的绝大部分操作都是通过逆回购投放流动性。这意味着，SLO在实践中主要是从改善短期资金松紧情况入手进行流动性调节，这一方面有助于直接推动短期利率下行，另一方面可以通过市场预期引导中长期利率下降，从而“塑造”出更为平坦的利率曲线（对应更低的各期限资金成本）。

2013年10月至2016年1月，人民银行共进行SLO操作26次，合计投放2.498万亿元。从操作时点来看，2013年末及2014年末至次年初出现两次密集操作，其中2013年末操作8次，2014年末至次年初操作13次。与Shibor隔夜利率对比可看出，上述两次密集操作均出现在银行间拆借利率上升和流动性紧张的时期，操作后市场流动性的临时性紧张情况均有所缓解（图6-8）。不过，由于SLO以7天短期回购为主，在主要功能上与人民银行的公开市场操作较为相似，因此，在2016年初人民银行将公开市场操作调整为每日进行后，几乎不再运用SLO工具。此外，SLO与公开市场操作一样，一般不进行定向资金投放，因而也不能用于解决结构性问题。

（二）常备借贷便利（“酸辣粉”）

中国人民银行在2013年初创设的另一项工具是常备借贷便利（standing lending facility，SLF，市场昵称为“酸辣粉”），主要用于满足金融机构的大额流动性需求。SLF的期限以

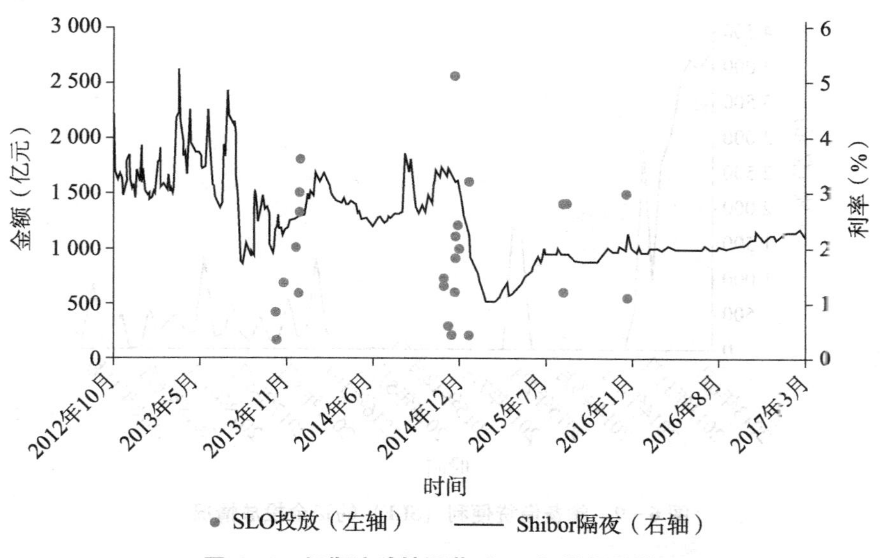

图6-8 短期流动性调节（SLO）的投放情况

1～3个月为主（包括隔夜、7天、1个月和3个月），利率水平一般根据央行调控需要以及发放方式等因素综合确定。SLF以抵押方式发放，由金融机构根据自身流动性需求主动申请，合格抵押品包括高信用评级的债券类资产及优质信贷资产等。SLF在初期的使用对象为政策性银行和全国性商业银行，2015年初扩展至相当一部分的中小金融机构。

SLF的主要特点包括以下几个方面：一是由金融机构主动发起，金融机构根据自身流动性需求向央行申请，有助于更好地体现市场化原则；二是属于中央银行与金融机构的"一对一"交易，在操作对象的针对性和灵活性等方面都更强；三是交易对手覆盖面广，通常覆盖绝大部分存款类金融机构；四是SLF利率由央行确定，因此可直接用于市场短期利率的调控，发挥类似"利率走廊"上限的作用。从性质上看，由于SLF要求金融机构提供高质量的抵押品，且由金融机构主动发起，故有一些学者将其视作一类特殊的央行再贷款。

2014年，人民银行在10省（市）试点分支行常备借贷便利操作，2015年在全国范围推广分支行常备借贷便利操作，并于当年11月提出探索常备借贷便利利率发挥"利率走廊"上限的作用，同时下调SLF利率。2016下半年开始，SLF呈现出更加常态化的特征，其作为流动性调节工具的使用更加频繁。2013—2019年，人民银行通过SLF共投放资金约2.14万亿元，且SLF的期末余额有明显的季节性特征，2016—2018年的期末余额峰值几乎都在当年的12月出现（图6-9），这与在新年期间普遍出现的流动性紧张情况相吻合，说明SLF的操作具有比较明显的季节性的流动性补充性质。

（三）中期借贷便利（"麻辣粉"）

2014年9月，中国人民银行创设了中期借贷便利（medium-term lending facility，MLF，市场昵称为"麻辣粉"），属于中央银行提供中期基础货币的借贷便利类工具，操作对象为符合宏观审慎管理要求的商业银行和政策性银行，以中央银行"主动招标"的方式开展。中期借贷便利采取质押方式发放，金融机构需提供国债、央行票据、政策性金融债、高等级信用债等优质债券作为合格质押品。MLF的资金一般要求定向使用，且期限较长，因此，MLF利率可被视为中央银行的一种中期政策利率。通过调控MLF的利率和规模，中央银行可以引导金融机构调整其贷款利率定价，同时加大对符合国家政策导向的

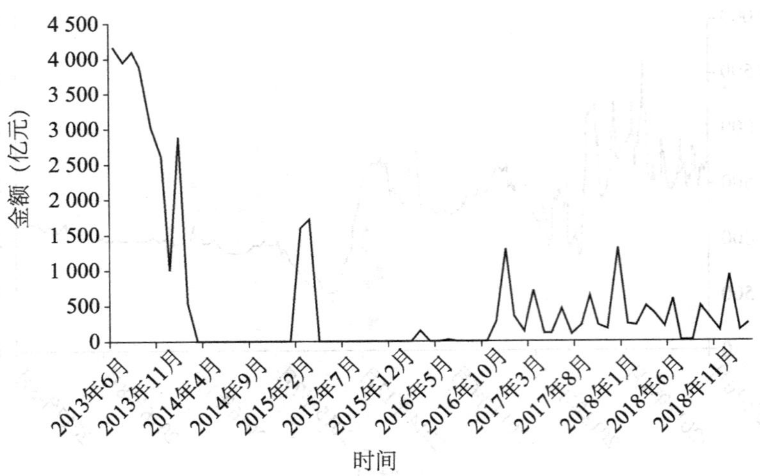

图 6－9　常备借贷便利（SLF）的资金投放情况

实体经济部门的支持。

从本质上看，MLF 是对逆回购和 SLF 没有充分覆盖的领域和期限进行进一步补充的工具。MLF 与逆回购及 SLF 的主要区别在于以下几个方面：一是期限更长。逆回购和 SLF 的期限都比较短，而 MLF 的期限一般都是 3 个月、6 个月乃至 1 年，到期后还可以展期，这种资金来源的相对长期性和稳定性有助于金融机构平滑其信贷投放，同时增加金融机构发放中长期信贷的意愿。二是具有明确的政策导向。金融机构通过 MLF 获取的资金一般只能定向用于发放“三农”和小微企业贷款等特定领域（不过，从资金腾挪的角度看，仍相当于变相增加了金融机构的可贷资金总量）。三是调控的主动权掌握在央行手中，不像 SLF 那样由金融机构主动申请，这一点跟常规公开市场操作较为类似。

2018 年 6 月，人民银行扩大了 MLF 的担保品范围，新纳入的担保品包括：不低于 AA 级的小微企业、绿色和“三农”金融债券，AA＋、AA 级公司信用类债券（优先接受涉及小微企业、绿色经济的债券），优质的小微企业贷款和绿色贷款。上述 MLF 担保品范围的扩大，可以促进金融机构加大对小微企业、绿色经济等领域的支持力度，并在一定程度上缓解部分金融机构高等级债券不足的问题。2014—2019 年，MLF 的期末余额总体上呈上升趋势。截至 2019 年 2 月，MLF 期末余额约为 4.16 万亿元（图 6－10）。2018 年 10 月和 2019 年 1 月，人民银行两次下调存款准备金率，同时当日到期的 MLF 不再续做，对于金融机构而言，这种操作相当于以降准释放的资金“置换”成本相对更高的 MLF（因为 MLF 利率一般高于存款准备金利率），从而有助于降低银行资金和社会融资的成本。

（四）抵押补充贷款（“比萨篮”）

在中国的城市化进程中，由于遗留棚户所造成的“城中村”现象，影响了一些城市的整体建设和合理规划。为促进国家开发银行加大对“棚户区改造”重点项目的信贷支持，2014 年 4 月，中国人民银行创设了抵押补充贷款（pledged supplemental lending，PSL，市场昵称为“比萨篮”），其初衷是为开发性金融（国家开发银行）支持“棚户区改造”重点项目提供长期稳定和成本适当的资金来源。在实际操作中，国家开发银行获得 PSL 时的抵押物为棚改项目贷款，期限为 3 年，贷款利率低于同期市场利率，还款来源为国开行未来在银行间债市发行的住宅金融专项债券。

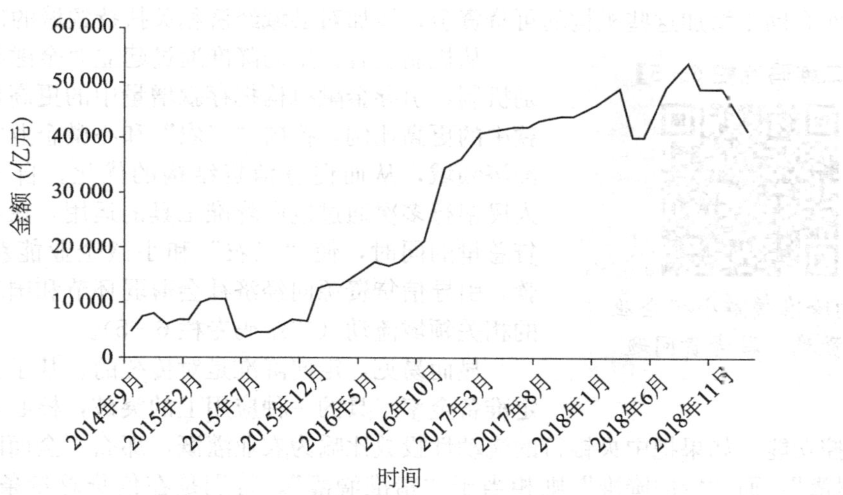

图 6-10 中期借贷便利（MLF）的期末余额

后来，PSL 的发放对象扩展为所有政策性金融机构（国家开发银行、中国进出口银行和中国农业发展银行）以及经国务院批准的其他金融机构，坚持“特定用途、专款专用、保本微利、确保安全”的原则，支持国民经济重点领域、薄弱环节和社会事业发展。例如，2016 年，人民银行将 PSL 的适用范围扩展至中国进出口银行和中国农业发展银行，将支持目标扩展至重大水利工程贷款、人民币“走出去”项目贷款等领域。表 6-6 对 PSL 运用的主要对象和用途进行了一个简要的概括。

表 6-6　　PSL 的发放对象和用途

发放对象	资金的用途
国家开发银行	棚户区改造贷款；城市地下综合管廊改造贷款
中国进出口银行	“一带一路”贷款；“黑字还流”（境外人民币贷款）；军品贷款；国际产能合作和装备制造合作（含核电、铁路）贷款
中国农业发展银行	重大水利工程过桥贷款；水利建设贷款；棚户区改造贷款；农村公路贷款
其他经国务院批准和人民银行确定的发放对象和特定用途	

总体来看，PSL 的特点是针对特定用途定向为某些领域提供优惠性质的资金支持。PSL 的融资成本一般比较低，且期限通常较长，一般为 3～5 年。从性质上看，PSL 本质上是一种抵押贷款，属于中央银行的借贷便利类工具，因此可用于投放基础货币和调整中长期利率。事实上，为适时发挥价格杠杆的作用和适应存贷款基准利率的调整，人民银行曾多次降低 PSL 利率，以引导相关金融机构降低贷款利率，推动社会融资成本下降。截至 2019 年 2 月，抵押补充贷款期末余额约为 3.48 万亿元。

（五）定向降准

所谓定向降准，是指中国人民银行对满足相关条件的特定金融机构执行相对更低的法定存款准备金率。事实上，早在 2010 年，人民银行和银监会就出台了相关文件，规定对一定比例存款投放当地且考核达标的县域法人金融机构，法定存款准备金率按低于同类金融机构正常标准 1%执行。这实际上相当于定向降低部分县域金融机构的法定存款准备金率，从而有助于增加这些机构的可贷资金，增加对县域经济相关扶持领域的信贷投放。

定向降准缓解小微企业融资难、融资贵问题

从机制上看，定向降准通过建立对金融机构的正向激励机制，引导金融机构把存款增量中的更高比例和收回贷款中的更高比例，投向“三农”和小微企业等国家支持的经济领域，从而促进信贷结构的优化。自2014年以来，人民银行多次通过定向降准工具的运用，在不大幅增加信贷总量的同时，使“三农”和小微企业能获得更多的贷款，引导信贷资源向经济社会薄弱环节和国家支持和鼓励的相关领域流动（二维码专栏6-5）。

显而易见，定向降准是对传统的、基于总量调控的法定准备金率工具的一种应用上的突破，核心是使其具备结构性调控功能。如果把中央银行的流动性投放比喻为农业灌溉，那么“全面降准”相当于“大水漫灌”，而“定向降准”则相当于“精准滴灌”。特别是在信贷总量条件比较宽松、经济运行基本平稳的情况下，“全面降准”有可能导致信贷资金重新流入房地产市场和产能过剩领域，不利于结构调整，而通过“定向降准”，则能够在维持货币信贷总量适度的前提下，确保有限增加的增量信贷能够被针对性地集中用于解决各种结构性问题。

（六）定向中期借贷便利（“特麻辣粉”）

2018年12月，中国人民银行宣布创设定向中期借贷便利（targeted medium-term lending facility，TMLF，市场昵称为“特麻辣粉”），根据金融机构对小微企业和民营企业的贷款增长情况，为其提供长期稳定资金来源，以进一步增强金融机构对小微和民营企业的信贷供给能力，降低融资成本，改善商业银行和金融市场的流动性结构，保持市场流动性合理充裕。

TMLF由符合条件的金融机构（即“支持实体经济力度大、符合宏观审慎要求的大型商业银行、股份制商业银行和大型城市商业银行”）向人民银行申请，操作期限一般为1年，但到期可根据金融机构需要续做2次，故实际使用期限可达到3年。TMLF的操作利率在MLF利率的基础上按照优惠15个基点确定。2019年1月23日，人民银行开展了2019年第一季度的TMLF操作，金额约为2 575亿元，期限为3年，操作利率为3.15%。

从产生背景看，TMLF的“定向”有两层含义：一是降低1年期利率，二是支持特定类型的企业。前者是因为，在2018年之后的流动性监管较为严格，金融机构主动寻求长期资金，导致长期利率水平上升（货币市场利率更为陡峭）；后者是因为，在经济下行压力加大的背景下，需进一步解决小微和民营企业的“融资难、融资贵”问题，进而稳定经济增长和促进社会就业。从金融机构的角度来看，由于TMLF的利率低于同期限的MLF利率和金融机构1年期同业存单利率，且到期可续，资金运用更为稳定和灵活，对金融机构的吸引力比较大。

（七）预期管理

预期管理是近年来西方主要发达国家中央银行所常用的重要调控手段，一般指中央银行通过多种方式加强与市场的沟通，合理引导市场关于货币政策立场和目标的预期，避免政策误读和情绪扰动，进而提高货币政策的实际调控效果。事实上，中央银行对市场预期的把握和引导能力，是中央银行信誉度和影响力的重要体现，因为从货币政策最终“落地”的微观角度来看，私人部门决策主要取决于其对收入、就业、利率等指标长期变动趋势的预期，而不仅仅是这些指标的短期波动，这就要求中央银行通过良好的预期管理，引导市场主体沿着货币政策所意欲调控的方向行动。

人民银行近年来也逐渐加大了对市场预期的管理，通过多种方式及时与社会公众保持有效的沟通：一是逐步提高货币政策在操作方面的透明度，按月公布各种货币政策操作的数量和利率信息，必要时进行相关数据的说明和解读；二是通过多种渠道进行政策宣示和解释，如主要领导在权威媒体上撰文或发声（二维码专栏 6－6），主办各种理论和政策刊物，开通央行微博和央行微信，当政策变化时及时通过网站、微博、微信等渠道发布声明；三是通过各种形式的论坛、研讨会、联合调研、内部会议等形式，加强与金融机构、经济学家和社会公众的沟通，引导市场正确理解央行的决策和依据，巩固央行声誉和增加市场信心。

【二维码专栏 6－6】

通过货币政策预期管理有效引导市场预期

6.4.3 中国货币政策工具的运用与演变逻辑

货币政策工具的选择与运用方式，一方面可以在很大程度上反映一个国家中央银行的货币政策理念、方法和逻辑，另一方面也是理解和分析一个国家中央银行货币政策操作及其内涵的重要切入点。

（一）中国货币政策工具的选择与运用

从中国货币政策工具的选择和运用来看，自 1996 年货币政策间接调控改革启动（以公开市场操作起步为标志）之后，货币政策工具的运用大体可划分为以下三个主要的阶段：

一是 1996—2002 年，中国经济在 1996 年“软着陆”之后，虽受内外部因素影响偶有通货紧缩压力，但经济增长总体平稳，同时货币政策调控处于从直接调控（指令计划）转向间接调控（市场化操作）的过渡阶段，公开市场操作从 1996 年起步逐渐丰富完善，成为预调、微调的主要工具，而法定存款准备金工具则在应对危机的关键时期成为投放流动性的主力。

二是 2003—2008 年，中国经济进入了前所未有的持续高速增长的“黄金时期”，这一阶段货币政策的主要任务是在经常账户和资本账户“双盈余”的大背景下，在持续购入外汇的同时，运用货币政策工具“冲销”外汇流入所引起的基础货币被动投放，避免货币供应量过快增长，努力地维护物价与汇率的“双稳定”。在具体工具的运用上，在 2003—2006 年主要通过发行央行票据对冲外汇流入，而在 2007—2008 年则主要通过提高法定存款准备金率进行对冲（图 6－11）。

三是 2009—2019 年，中国经济在“后危机时代”面临外部不确定性冲击和内部结构转型的双重影响，货币政策不得不在稳定经济增长和优化经济结构这两个在短期中存在一定冲突的二元目标中维持某种艰难的平衡。为此，人民银行一方面综合运用各种传统的货币政策工具，确保宏观货币信贷的总量适度；另一方面通过创新性地开发和运用各种结构性的货币政策工具，引导信贷资源流向国家经济结构调整的相关目标领域。此外，在该阶段，配合利率市场化改革的进程，价格型工具的运用一直是央行的首选，而数量型工具则通常在价格型工具效力不足的情况下发挥重要的调控功能。

需要指出的是，上述划分主要是基于货币政策工具的运用方式和特征来划分的，如果从总需求管理的角度来看，那么在上述 3 个主要的阶段划分中，根据各个阶段为受金融危机以

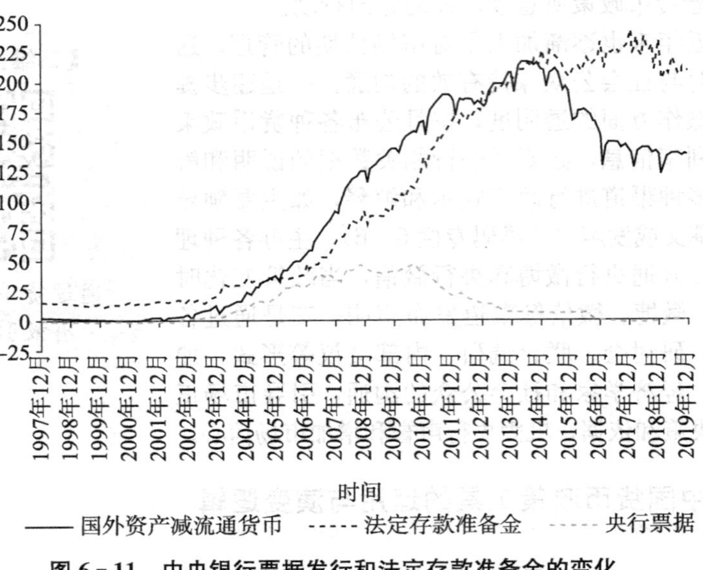

图 6－11　中央银行票据发行和法定存款准备金的变化

及经济金融周期形势变化的影响，又可进一步划分为一些扩张或收缩的小阶段（专栏 6－13），这也在一定程度上反映了中国货币政策工具运用在时间维度上的相机抉择特征。

专栏 6－13　中国货币工具的选择和运用（1996—2019 年）

以 1996 年建立统一的银行间市场为标志，中国的经济金融改革和市场化宏观调控也逐渐向纵深推进。在此期间，根据经济金融形势的变化和阶段性调控的现实需要，中国人民银行综合运用了多种不同的货币政策工具予以调控，大致可以分为以下 6 个阶段。

1996—1997 年：1996 年宏观经济实现"软着陆"，结束了 1993—1995 年的两位数通货膨胀率，但在惯性作用下该阶段初期的通货膨胀率水平仍然比较高（图 6－12），但随着 1997 年亚洲金融危机的发生，央行开始放松银根，3 次下调基准利率以刺激经济。在此期间，法定存款准备金率一直保持在 13%的水平未变。

1998—2002 年：由于通货紧缩压力冲击实体经济，央行同时使用数量型和价格型货币政策工具进行调控，包括 1998 年和 1999 年 2 次大幅下调法定存款准备金率（从 13%分别降至 8%和 6%），同时 5 次下调了存贷款基准利率。

2003—2007 年：中国加入 WTO 的"开放红利"开始显现，推动经济进入高速发展期，但外汇储备持续增长造成基本货币被动投放，通货膨胀和资产价格泡沫问题加剧，为给过热的经济降温，央行综合运用了多种工具进行调控，4 年间连续 15 次上调法定存款准备金率、9 次调整基准利率，同时通过公开市场操作收缩基础货币。

2008—2009 年：受国际金融危机影响，经济受到比较明显的冲击。为应对金融危机的冲击，配合"4 万亿"财政刺激计划，央行先后 9 次调整法定存款准备金率，并 5 次下调基准利率。

2010—2011 年：通货膨胀压力再次显现，"豆你玩""蒜你狠""姜你军""糖高宗""苹什么"等现象成为市场热议话题，在此期间央行连续 12 次上调法定存款准备金率，并 5 次加息。

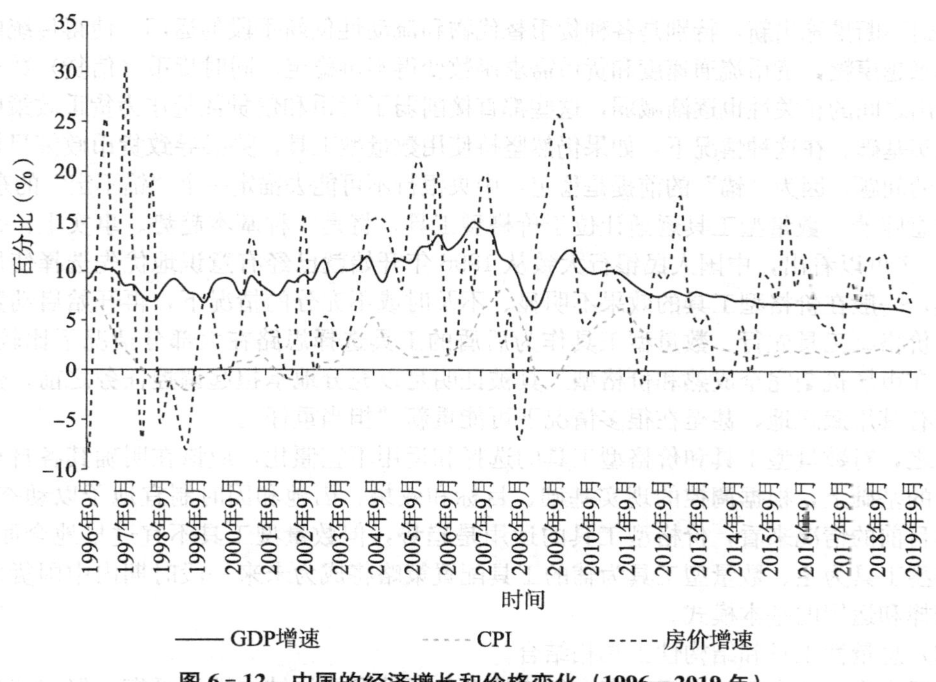

图 6-12　中国的经济增长和价格变化（1996—2019 年）

2012—2019 年：从 2012 年下半年开始，在国内外各种因素的叠加影响下，通货膨胀下行，同时经济进入结构转型和换挡减速阶段，在此期间央行 8 次下调基准利率、13 次下调法定存款准备金率，同时引入了多种新型货币政策工具，以实现“稳增长”和“调结构”并举。

（二）中国货币政策工具演变的逻辑与趋势

中国货币政策工具运用的演变历程、动因和内在趋势体现出了以下三个方面的基本特征：

(1) 数量型工具和价格型工具相结合。

从货币政策工具的运用频次（表 6-7）可以看出，中国的货币政策工具运用具有典型的数量型工具（以法定存款准备金率为代表）和价格型工具（以基准利率为代表）相结合的特征，且从两种工具的比较来看，1996—2019 年央行共调整法定存款准备金率 52 次，调整利率 37 次，似乎更加偏好数量型工具，特别是在流动性过剩和通货膨胀威胁较大的时期，法定存款准备金率工具往往成为央行所倚重的工具。中国人民银行前行长周小川也曾在 2011 年表示，数量型工具有时要优于价格型工具。

表 6-7　中国货币政策工具的运用频次（1996—2019 年）

货币政策工具	1996—1997 年	1998—2002 年	2003—2007 年	2008—2009 年	2010—2011 年	2012—2019 年
法定存款准备金率（数量型）	未变	↓2 次	↑15 次	↑5 次 ↓4 次	↑12 次 ↓1 次	↓13 次
基准利率（价格型）	↓3 次	↓5 次	↑9 次 ↓2 次	↓5 次	↑5 次	↓8 次

不过，从国际经验来看，随着金融发展和创新的不断推进，金融资产的种类日益增加，

融资渠道不断推陈出新，特别是各种货币替代物和流动性创新手段的运用，使得传统的货币边界越来越模糊，货币流通速度和货币需求函数变得不再稳定，同时货币（信贷）数量与物价及产出之间的相关性也逐渐减弱，这些都直接削弱了货币和信贷数量作为货币政策中间目标的现实基础。在这种情况下，如果仍然坚持使用数量型工具，势必导致货币政策目标"锚不定"的问题，因为"锚"的前提是稳定，中央银行不可能去锚定一个"锚不定"的东西。

这意味着，数量型工具逐渐让位于价格型工具，将是一种基本趋势。事实上，仔细观察表6－7可以看出，中国人民银行大致从1996年开始就已经有意识地优先选择使用价格型工具，一般在价格型工具的效果不明显、不及时或不充分的情况下，再开始启动数量型工具，价格型工具先行、数量型工具作为后盾的工具选择思路在大部分情况下比较明确。不过，在市场机制完全成熟和价格型工具被证明足以充分地承担起调控任务之前，数量型工具仍有其用武之地，甚至在很多情况下可能重新"担当重任"。

总之，对数量型工具和价格型工具的选择和运用不宜僵化，应该在明确其各自相对比较优势的基础上，根据调控的现实基础、目标和效果，因地和因时制宜地予以动态考虑。从中国目前的情况来看，价格型工具的运用是趋势，但数量型工具不宜过早地全面退出，以价格型工具为主、数量型工具为辅的工具配置策略将成为未来一段时期内中国货币政策工具选择和运用的基本模式。

（2）总量性工具和结构性工具相结合。

中国作为一个大国，客观上存在经济社会各领域发展的结构性不平衡，但传统基于短期需求管理的总量性工具无法直接被用于解决各种结构性问题，后者需要有针对性地使用基于长周期调控的各种定向调节工具。由于经济社会的长期稳定发展必然是总量增长和结构优化的有机统一，因此，中国历来重视解决各种结构性问题。特别是，经过四十余年的改革开放，中国已成为全球第二大经济体，在经济总量矛盾已经基本解决的情况下，结构性矛盾成为当前和今后一段时期制约中国经济社会长期可持续发展的主要障碍。

在早期，中国主要通过信贷政策引导金融资源流向国家意欲扶持的产业和群体，进而促进经济和社会结构优化。不过，早期的信贷政策有较为浓重的行政指令性质，不利于金融资源配置的市场化，同时由于存在道德风险等问题，信贷资源的配置效率总体比较低下。为解决这一问题，中国人民银行先后对传统信贷政策进行了多次改革，在控制对象范围和道德风险的基础上，更多地引入了市场化的调控理念，主要通过各种正向激励方式（如"信贷导向效果评估"），引导金融机构在增加相关领域信贷投放的同时加强风险管理，提高信贷资源运用的效果和可持续性。

近年来，根据"新常态"下中国经济社会结构转型发展的现实需要，人民银行又推出了一系列"结构性"货币政策工具，尝试从不同切入点"精准发力"，增强对"三农"、小微企业、战略性新兴产业、棚户区改造、保障性住房建设等领域的着重支持。结构性货币政策工具既包括对传统总量工具的结构性运用（如"定向降准"），也包括专门定向设计的一些新工具，如MLF、PSL和TMLF等。与早期的信贷政策不同，人民银行新推出的这些结构性货币政策工具虽然同样具有明确的指向领域，但在操作上却是尽可能市场化的，并且兼顾了这些工具运用在"边际"意义上的货币数量和价格（利率）调控功能。

应该说，从理论上看，由于实体经济的发展本身就存在着总量和结构两个维度，因此，金融支持实体经济的方式也自然而然地应该是总量和结构"两条腿走路"，这一点从大的方法论角度来看是没有疑问的，问题仅在于总量性工具和结构性工具相结合的方式、范围和分工是否合理和有效，特别是如何区分好两类工具的"边界"，确保二者相互配合和相得益彰，而不是彼此冲突和相互掣肘。此外，由于结构性货币政策大都瞄准的是市场长期失灵的各类领域，其最终效果的显现和评估可能都需要较长的观察期，在这一过程中，不断总结和完善经验，并适时予以调整优化，对于一项新的政策实践是非常有必要的。

(3) 货币政策工具的不断创新将成为常态。

在现代经济金融条件下，随着金融、科技和实体经济三者之间关系的日趋紧密和相互动态影响，货币政策的调控对象及其所处的环境变得越来越复杂，调控过程中所需要考虑的彼此交织在一起的复杂因素也越来越多，这使得传统的单一货币政策工具面临很多现实的掣肘，在很多情况下并不足以应对复杂条件下的多目标、多层次调控需要。

实际上，从现实情况来看，即便是同一种货币政策工具，随着目标和环境的改变，比如在面对不同的目标对象或者在不同的时间段内使用时，也常常产生迥异的调控效果。从政策实践的角度来看，当某种政策工具被证明无效或者不够高效的时候，就应该及时替换为更加有效的政策工具。这就要求中央银行的货币政策工具箱中拥有足够丰富的备选工具，以适应不同情况和条件下的调控需要。

此外，在科技、产业和金融创新层出不穷的新时期，经济社会中不断出现新的事物和现象，这些新的事物和现象有些本身就是货币政策的直接调控对象，有些可能间接影响着货币政策的调控对象或者调控机制，而已有的货币政策工具可能从未考虑到这些新的现象和影响，这就要求中央银行及时地通过货币政策工具的创新，尽快设计出能够针对新现象和新影响进行有效调控的相关工具。从货币政策哲学的角度看，一方面，货币政策的理念、原则和立场在一定时期内确实需要保持必要的稳定性，但另一方面，货币政策具体工具的选择和运用也需要体现出充分的灵活性，以高效率地适应不同对象和不同情况下的调控需要。

可以预期，在一个创新驱动而又复杂多变的世界中，随着现实条件、对象和环境的变化，货币政策工具的创新也将成为一种常态，这是保持货币政策工具灵活性、针对性和动态有效性的客观需要。随着新工具的不断产生和日益成熟，新旧工具之间也会产生一代又一代的自然“升级换代”过程，其中有些工具可能在使用一段时期之后便不再使用，而有些工具则会逐渐发展成为新的常规性工具。总之，世界在变化，经济在转型，金融在创新，货币政策工具必须通过创新来保持与客观世界的步调一致。

【本章小结】

货币政策工具是指中央银行为实现货币政策目标而采用的各种方式、方法和手段。货币政策的中间指标和最终目标都是通过中央银行对货币政策工具的运用和相关操作来直接或间接实现的。在实践中，货币政策目标确定之后，货币政策工具的运用就成了整个货币政策操作的起点：中央银行通过运用手中的各种货币政策工具，先对金融体系的活动产生影响（对应一系列中间目标的变动），进而影响到实体经济的活动（对应一系列最终目标的变动）。

按照传统分类，货币政策工具可分为一般性货币政策工具和选择性货币政策工具。前者指中央银行经常使用的旨在对货币供应总量或信用总量进行全局性调控的各种工具，主要包括被称为“三大法宝”的法定存款准备金率、再贴现和公开市场操作；后者指中央银行针对个别部门、个别企业或某些特定用途的信贷所使用的工具，主要包括各种直接信贷控制工具（消费者信贷控制、证券市场信贷控制、不动产信贷控制、信贷配额、特种存款、利率限制、优惠利率、流动性比率、直接干预）和间接信贷控制工具（窗口指导、道义劝告）等。

货币政策工具按其影响的目标变量的性质，可分为数量型货币政策工具和价格型货币政策工具。前者主要包括法定存款准备金率、贴现贷款和公开市场操作等，调控目标一般为各层次的货币供应量或信贷数量；后者主要包括利率、汇率等，调控目标为各种期限和类别的资金价格或借贷成本。不过，数量型工具和价格型工具的划分并不是绝对的，同一种政策工具在不同的国家可能被视为不同类型的工具。在现实中，中央银行一般会选择可控性程度更高、传导机制更通畅和政策效应更显著的工具类型作为主要的调控手段。

常规货币政策工具（又称“传统货币政策工具”）主要包括法定存款准备金率、贴现贷款和公开市场操作，它们主要是从总量角度对货币供应、信贷规模和市场利率等进行调节。从国际经验来看，成熟市场经济国家所使用的常规货币政策工具总体上经历了从以法定存款准备金率和贴现贷款为代表的数量型工具到以公开市场操作（调控政策利率）为代表的价格型工具的转变，这主要是因为，随着经济金融运行环境的变化，数量型工具赖以发挥作用的现实基础被削弱，而价格型工具的市场化调节优势则不断显现。

在政策利率接近“零利率下限”或金融体系的功能严重受损时，常规货币政策工具会因为利率和信贷传导机制受阻而变得无效或者低效。在这种情况下，各种非常规的货币政策工具（又称“非传统货币政策工具”）应运而生，其主要特点是：中央银行通过调整其资产负债表的规模与结构以及引导利率预期等方式，避开利率无法进一步下调的“零利率下限”约束，使货币政策能够在零利率环境下发挥作用。典型的非常规货币政策工具包括量化宽松、前瞻性指引和负利率政策等。

中国最为常用的传统货币政策工具有公开市场操作、再贴现和再贷款、法定存款准备金率、政策利率和窗口指导等。在 2008 年国际金融危机之后，为更好地适应“新常态”下的宏观调控需要，中国人民银行的货币政策工具箱中又增加了短期流动性调节（SLO）、常备借贷便利（SLF）、中期借贷便利（MLF）、抵押补充贷款（PSL）、定向中期借贷便利（TMLF）、定向降准和预期管理等一系列新型工具。这些新型工具的使用，使得中国货币政策的调控手段和方式更加丰富，针对性和灵活性进一步增强。

中国的很多货币政策工具有着与西方发达国家并不完全一样的内涵、特征和运用方式，弄清楚这些差异及其现实基础和理论逻辑，对于深刻理解中国货币政策工具的选择、设计和创新具有重要意义。中国货币政策工具运用的演变历程、动因和内在趋势体现出了以下三个方面的基本特征：一是数量型工具和价格型工具相结合，二是总量性工具和结构性工具相结合，三是货币政策工具的创新将成为常态。

【关键词】

货币政策工具　一般性货币政策工具　选择性货币政策工具　法定存款准备金率　再贴现公开市场操作　窗口指导　政策利率　数量型工具　价格型工具　常规货币政策工具　非常规货币政策工具　零利率下限约束　量化宽松　前瞻性指引　负利率政策　总量性工具　结构性工具　短期流动性调节（SLO）　常备借贷便利（SLF）　中期借贷便利（MLF）　抵押补充贷款（PSL）　定向中期借贷便利（TMLF）　定向降准　预期管理

【复习思考题】

1. 简要说明货币政策工具的主要分类及其依据。
2. 简要说明常规货币政策工具的类型与主要特点。
3. 简要说明非常规货币政策工具的类型与主要特点。
4. 比较分析常规货币政策和非常规货币政策的应用场景。
5. 论述中国货币政策工具的主要类型、特点与实践演变。

第7章 货币政策规则

【本章要点】

1. 货币政策规则的含义与理论基础；
2. 货币政策规则的主要类型及扩展形式；
3. 货币政策规则的历史实践及演变逻辑；
4. 中国货币政策规则的演进与发展方向。

【导入案例】

财新网（如何理解“中国式稳健货币政策”. 2017－03－20）：在明确将通货膨胀作为货币政策最主要目标之一的同时，还要积极探索中国货币政策操作的具体形式。受金融市场发育程度和货币政策传导机制的影响，在放弃信贷直接控制后，我国主要采取数量为主的间接货币调控模式（周小川，2013）。不过，随着利率市场化改革的基本完成，向利率为主的货币价格调控方式转型的必要性和迫切性日趋上升（张晓慧，2015）。在2015年基本取消存贷款利率管制后，我国利率市场化和货币政策调控已进入以建立健全与市场相适应的利率形成和调控机制为核心的深化改革新阶段，这就需要针对利率政策规则进行扎实的基础性研究，加强对中国潜在产出、均衡实际利率等自然率的估算，探索符合中国实际的利率政策规则。

汇通网（美联储罗森格伦顶12月加息，称明年还要加三到四次. 2017－10－16）：美国波士顿联储主席埃里克·罗森格伦（Eric Rosengren）在10月14日为期两天的货币政策规则会议结束时接受了采访。在9月时，美联储官员估计所谓的“中性利率”将为2.8%。美联储上月维持利率不变，但暗示可能会在12月再度加息，并且明年加息3次。不过，罗森格伦的观点落后于许多货币政策规则所暗示的更加快速的加息路径，包括斯坦福大学教授泰勒提出的泰勒规则（Taylor rule）。泰勒在此次会议上做了正式演讲，他长期以来一直宣称，美联储将利率维持在过低水平太长时间，有可能带来过大的通货膨胀压力。泰勒赞成美国国会正在考虑的立法举措，即要求美联储在决定政策时遵循一套货币政策规则，比如他所主张的相关规则。不过，不少美联储官员对此表示反对，其中包括耶伦和罗森格伦，后者称就货币政策规则立法将会“适得其反”。罗森格伦认为，货币政策规则可以是有用的参考基准，但好的政策依赖多样化规则及付诸实施的不同方式，试图采用一个僵化固定的法定政策规则可能引发错误。

从上述报道我们可以看出，货币政策在操作中可能需要遵循一定的“规则”。那么，什么是货币政策规则？货币政策操作为什么要遵循一定的规则？有哪些类型的规则？实践中如何选择和应用？中国的货币政策规则有何特征？未来发展方向是什么？本章将对上述问题进行解答。

7.1 概述

货币政策规则是中央银行在货币政策决策和操作过程中所遵循的主要原则或核心准则，它通过对中央银行货币政策行为的描述，将货币政策目标、工具、传导机制、操作模式等内容以高度凝练的方式予以呈现，是理解和概括一国货币政策的重要切入点。良好设定的货币政策规则不仅可以作为货币政策实践的“操作指南”，给货币政策制定者提供基础的、稳定的和前后一致的决策参考，而且可以提高货币政策的透明度、稳定性、公信力和有效性。从实践角度看，货币政策规则不仅是货币政策框架的重要组成部分，而且可以用于对货币政策操作路径及其动态有效性进行客观评估。

货币政策规则最早是相对于“相机抉择”而出现的一个概念。相机抉择作为凯恩斯宏观经济学的产物，在20世纪40—60年代一直是西方主要发达国家所采用的货币政策操作模式。

相机抉择强调中央银行根据经济形势进行货币政策决策和操作的自主性和灵活性，并且隐含着“逆周期调整的货币政策作为短期需求管理工具是有效的”这一基本假设。相比之下，“规则”实际上是20世纪50年代兴起的货币主义学派对“相机抉择”的一种批判性修正，它强调积极干预型货币政策是导致经济不稳定和通货膨胀的主要根源，主张通过为货币政策制定严格的“纪律”，尽可能地限制和约束政府的货币干预。从实践来看，由于相机抉择的货币政策在20世纪70年代未能使美国等西方国家走出“滞胀”泥潭，货币主义学派的“规则”主张逐渐成为新的政策取向。

早期的规则通常较为严格，如弗里德曼的单一规则认为，无论经济形势如何，政府所需要采取的唯一政策，就是公开宣布一个在长时期内固定不变的货币供应量年增长率，以保持物价水平的稳定。这一类以严格限制为特征的规则被称为非积极干预的规则。不过，容易理解的是，这种对中央银行货币政策近乎“捆绑”的“严苛”规则在实践中过于僵化，无法灵活应对经济金融形势的复杂变化，其有效性也随着现代经济金融体系的发展而日趋下降。在此背景下，大部分国家的中央银行都最终走上了“规则”与“相机抉择”相融合的道路，即一方面既要遵循一些在实践中被证明有效（因而应该遵守）的基本准则，但另一方面也要纳入相机抉择机制，根据经济金融形势的变化进行及时的政策调整，确保政策动态有效。这种融合了“规则”与“相机抉择”成分，主张中央银行有理、有据、适度干预的货币政策，被称为积极干预的规则，典型代表如泰勒规则。

货币政策规则在实践中有很多不同类型的具体规则划分，如目标规则和工具规则。目标规则是指使一个特殊的损失函数极小化的一种安排。根据目标变量的不同，具体规则包括：货币数量目标规则、麦卡勒姆规则（McCallum rule）、泰勒规则、汇率目标规则和通货膨胀目标制规则等。工具规则是指根据货币政策工具类型所区分的政策规则，一般可分为数量型货币政策规则和价格型货币政策规则。前者是以货币供应量、银行信贷、社会融资规模等数量型指标作为货币政策操作目标或中间目标的规则，强调的是规模变量在货币政策传导过程中的关键作用；而后者则是以利率和汇率为代表的价格型指标作为货币政策操作目标或中间目标的规则，强调的是价格（主要是利率）变量在货币政策传导过程中的关键作用。在世界各国的货币政策实践中，数量货币政策型规则和价格型货币政策规则的选择及运用主要是基于经济和金融体系的发展阶段、特征以及规则运用的实际有效性程度。

7.2 货币政策规则的类型

7.2.1 规则与相机抉择之辩

货币政策的操作是否需要遵循一定的规则，以及在多大程度上需要按照既定的规则行事，一直是货币政策理论和实践的重要议题之一，因为它直接关乎中央银行的货币政策操作"如何行事"的问题。

（一）相机抉择的货币政策

由于货币政策属于标准的宏观经济学范畴，因此早期的货币政策实践主要遵循宏观经济学"鼻祖"凯恩斯所提出的"相机抉择"策略。这一策略是20世纪40—60年代西方主要国家占主导地位的货币政策操作模式。

所谓相机抉择，是指政策制定者不对未来的行动做出任何承诺，而只是根据当时的情况采取他们认为是正确的决策。具体而言，凯恩斯学派主张，中央银行应根据宏观经济的运行态势，在物价稳定、充分就业、经济增长和国际收支平衡这"四大目标"之间进行适当的权衡取舍，然后按照"逆风向而行"（lean against the wind）的原则进行相应的货币政策操作：当经济存在"过热"迹象（经济增长过快或面临通货膨胀威胁）时，中央银行应该采用紧缩性货币政策，通过减少货币供应量和提高利率来抑制投资和消费支出，进而降低总需求，给过热的经济降温；反之，当经济出现"过冷"迹象（经济下滑或面临通货紧缩威胁）时，中央银行应该采用扩张性货币政策，通过增加货币供应量和降低利率来刺激投资和消费支出，进而增加总需求，扩大就业，给过冷的经济升温，避免经济陷入衰退。

（二）基于规则的货币政策

基于规则的货币政策是指政策决策者不能按照主观判断任意地决策和行事，而应遵循一定的规则或者在某些既定的要求或限制下行事。与相机抉择不同，规则必然涉及有约束力的限制性要求和某些自动性的触发机制，例如，明确规定当失业率或通货膨胀数据发生变化时所必须做出的政策反应。基于规则的货币政策分为"非积极干预型"和"积极干预型”两类，前者的典型代表如单一规则，后者的典型代表如泰勒规则。

以弗里德曼所主张的单一规则为例，货币主义者认为政策制定者所面临的一个主要问题是货币政策时滞较长，从制定、实施到发挥货币政策的效果需要经过非常长的一段时间，同时，经济状态本身易变且很难提前预测，这使得固定的货币供应规则要明显优于相机抉择的政策规则。根据“单一规则”，无论经济状况如何，中央银行都应该保持稳定的货币供应增长率不变。具体而言，中央银行先确定一个适用于本国的货币供应量的定义，然后根据经济增长速度、劳动力增长增速、货币流通速度和居民持有现金的习惯等因素，确定本国的年度货币供应增长速度。由于货币需求函数相对稳定，在长期中主要受恒久收入的影响，因此，中央银行仅需将货币供应量的年增长率固定在与预计的经济增长率和劳动力增速基本一致的水平上即可，除此以外的任何货币干预都是多余和无效的，只会导致更大的经济波动（专栏 7－1）。

专栏 7－1　单一规则的论证逻辑

凯恩斯主义“相机抉择”的货币政策在第一次世界大战之后成了西方主要发达国家的主流取向，但这一政策主张在 20 世纪 70 年代由于无法有效解决西方国家的“滞胀”问题而遭到了以弗里德曼为首的货币主义学派的强烈批判。

弗里德曼认为，“相机抉择”政策不仅在事实上很难收到预期效果，甚至会适得其反，造成经济的大起大落。据此，他力主政府放弃传统的“相机抉择”政策，建议用一种预先制定的对货币投放有约束力的“规则”取而代之，比如，把货币供应的年增长率长期地固定在与经济增长率以及劳动力增长率大体一致的水平上，这就是著名的单一规则。

弗里德曼基于对大量历史统计数据的研究，指出货币政策存在两个阶段的“时滞”：首先，货币增长率的变化通常在 6～9 个月之后才能引起名义收入增长率的变化；其次，在名义收入和产出受到影响之后，另外还需要大概 6～9 个月才会最终影响到价格水平。简言之，货币政策从实施到产生价格影响，通常需要长达 1～1.5 年的时间。

考虑到货币政策的时滞长达 1 年以上，这意味着，中央银行想要正确地实施“相机抉择”的货币政策，必须提前预知 1 年之后的经济形势。但从中央银行已有的预测技术和能力来看，实际上很难对 1 年以后的经济形势做出准确的预测，加之经济形势易变以及其他各方面复杂因素的影响，往往导致“相机抉择”的货币政策事与愿违：不是对经济刺激过度，就是紧缩过度。

因此，弗里德曼认为，“相机抉择”的货币政策并不可取，正确的选择是制定一个长期不变的货币供应增速规则（即单一规则），比如根据经济增长速度和劳动力增长速度确定年度的货币供应量增长率，以尽可能少的货币干预促进经济的长期稳定。弗里德曼根据自己的估算指出，美国的年均产出增长率约为 3%，同时每年需要 1%～2% 的货币增量以配合人口和劳动力的增加。如果再考虑货币流通速度和劳动力的增长会随着实际收入的增加而下降的趋势性因素，那么，美国的年货币供应量增速定在 4%～5% 的水平较为合理。

其他货币主义者，如麦卡勒姆和梅尔茨等，认为货币流通速度在短期内很不稳定，因此，货币政策规则应该在货币流通速度发生变化时进行调整，据此，他们提出了根据货币流通速度进行调整的货币供应增长率规则。此类规则由于不对经济状况做出反应，所以也被视作“非积极干预型”政策规则。相反，“积极干预型”政策规则认为，货币政策应对产出和通货膨胀水平做出反应，此类规则中最著名的是泰勒规则（详见第7.2.2节）。

20世纪70年代末，一个新的支持规则的论据是货币政策的时间不一致性（time inconsistency）。根据这一理论，相机抉择的货币政策会使得中央银行存在违背其承诺的诱惑，在公众具有“理性预期”的情况下，相机抉择的货币政策会导致过高的通货膨胀率，但却无法带来足以弥补高通货膨胀的收益，因此，相机抉择政策不是最优的。总体来看，政策的时间不一致性影响了货币政策的实践有效性，而产生“次优”结果的原因是中央银行关于零通货膨胀或低通货膨胀的承诺是不可信的，因此，一个重要的解决方案就是实施基于规则的货币政策，通过做出令人信服的承诺，提高货币政策的有效性（专栏7-2）。

专栏7-2 货币政策的时间不一致性

货币政策的时间不一致性由基德兰德和普雷斯科特（Kydland and Prescott）在其1977年的论文《规则而不相相机抉择：最优计划的不一致性》（Rules Rather than Discretion：The Inconsistency of Optimal Plans）中提出，并将其视为西方发达国家在20世纪70年代产生“滞胀”的根本原因。

所谓时间不一致性，是指政策制定者在t期为$t+i$期计划的行动方案，在$t+i$期到来时，该行动方案已经不再是最优的。设想一个简单的两期模型：在t期，中央银行决定$t+1$期的政策，以实现社会福利最大化；私人部门具有理性预期，能够完全预见中央银行在$t+1$期将要采取的政策，并据此在t期做出决策。在预先承诺的情形下，中央银行在t期决定其在$t+1$期将采取的政策，并且在$t+1$期到来时不能够改变这个政策。在无预先承诺即“相机抉择”的情形下，中央银行在t期不需要决定其在$t+1$期的政策，而是要在$t+1$期到来时才能做出决策。因此，在“相机抉择”的情况下，中央银行在$t+1$期进行政策选择时，不需要考虑私人部门在t期是如何做出决策的，因为在$t+1$期时，私人部门在t期的决策已经做出，不受中央银行$t+1$期政策的影响。

中央银行在预先承诺下的决策不同于“相机抉择”情况下的决策会导致时间不一致性，主要是因为在t期不能够做出承诺的中央银行，会宣布其在$t+1$期的政策与其在承诺下所选择的最优政策相同，但当$t+1$期到来时，重新最优化而“背叛”其承诺将是中央银行的最优选择。不过，由于私人部门具有“理性预期”，它们在t期做出决策时会把中央银行的上述欺骗行为考虑进去，从而导致类似于“囚徒困境”的结果。时间不一致性的政策启示是：一个预先承诺的中央银行，其政策效果要优于“相机抉择”（每一期都重新最优化）的中央银行。

为理解时间不一致性，可设想在满足标准菲利普斯曲线的环境中，中央银行宣布了一个零通货膨胀的目标，如果私人部门相信并据此调整通货膨胀预期，然后签订固定工资的合同，那么“相机抉择”的中央银行就有动机通过“制造”意外的通货膨胀来增加就业（根据标准菲利普斯曲线的“通货膨胀-失业”交替关系），从而偏离事先设定同时也是社会最优的零通货膨胀目标。如果固定工资的合同期足够长，那么理性的私人部门会知悉中央银行的这一动机，从而导致存在通货膨胀偏差（inflation bias）的均衡结果。这意味着，社会最优的政策取向在“相机抉择”的中央银行面前是不可信的，中央银行与理性私人部门之间的博弈必然产生动态不一致的结果。

概言之，货币政策之所以存在动态不一致性，是因为中央银行通过采取“欺骗”策略可以从中获益，而具有理性预期的私人部门会据此调整其策略和行为，从而导致通货膨胀偏差的博弈结果。这也意味着，如果能通过实施某种事先约束的政策规则增强货币政策的可信度，降低中央银行偏离其最优决策的动机，那么就能改善私人部门的通货膨胀预期和降低货币政策的动态不一致性。

（三）规则与相机抉择：争论与融合

总体而言，相机抉择的货币政策意味着中央银行在制定和实施货币政策的过程中不会受到任何程序或原则的约束，中央银行可以根据经济金融形势的变化灵活地做出决策，以逆周期的政策取向熨平经济周期，稳定产出和通货膨胀等政策目标。对于主张政府应适时予以干预的凯恩斯主义学派而言，积极的、逆周期调整的货币政策是有效的，而相机抉择的操作策略则有助于中央银行有效应对事前难以预料的各种突发变动，避免因制度僵化而造成的经济及金融不稳定，从而给货币政策实践提供更多的灵活性和自由度。

相比之下，基于规则的货币政策意味着中央银行会在货币政策实施之前确定一个相对比较明确和固定的程序或原则，同时无论经济形势如何，中央银行都会按照事前确定的规则行事。对于反对政府干预的货币主义学派而言，经济系统本身具有自发的、内在的调节机制，随着时间的推移，自由市场机制可以起到自动稳定器的作用，并不需要政府货币政策的干预。不仅如此，旨在管理总需求和相机抉择的货币政策由于存在时滞和不确定性等原因，不仅无助于稳定产出和就业，反而可能导致严重的通货膨胀。此外，相机抉择还有可能导致中央银行的权力滥用。比如，政治家试图利用货币政策来帮助其选举的做法会导致经济的周期波动更为剧烈，产生所谓的“政治经济周期”现象。简言之，货币主义学派认为，相机抉择的货币政策不仅并无必要，而且事实上会起到反效果。

不过，货币主义的上述主张和理由同样遭到了凯恩斯学派针锋相对的严厉批评。凯恩斯主义学者认为，弗里德曼对货币重要性的强调太过分了，几乎完全否定了中央银行的主观能动性，他们指出：“有能动性的人不应当屈死于规则之下”。同时，弗里德曼的单一规则主张是建立在“经济波动完全是货币现象”这一假设前提基础之上的，但在现实中造成经济波动的原因有很多，货币因素仅仅只是其中之一，不能以偏概全。此外，从实践来看，弗里德曼的这一理论主张事实上也没能使很多国家摆脱通货膨胀的困扰。因此，无论是从理论还是从实践来看，中央银行都不应该受到固定规则特别是单一僵化规则的桎梏，否则极易导致各种形式的教条主义，以致产生更大的政策失误和经济危害。

应该说，规则和相机抉择各有优劣，不能简单地将二者对立起来或被动机械地“二择其一”。事实上，中央银行在进行决策时不可能不考虑经济金融形势的动态变化，因此，相机抉择的关键在于其“程度”：一方面，由于缺乏硬约束，中央银行确实可能根据主观判断或政治风向而采取错误的行动；但另一方面，也可以考虑通过将相机抉择的范围置于一个事先明确规定、承诺了政策目标和策略（但未限定其具体行动）的框架之中，以减轻无约束的相机抉择所可能导致的风险。有鉴于此，美联储前主席伯南克和哥伦比亚大学教授米什金提出了一种被称为“受约束的相机抉择”（constrained discretion）的政策规则，此类规则将政策制定者的决策行为置于一定的制度和规则约束之下，但同时又赋予其一定的灵活性，从而尽可能地兼容规则和相机抉择的优点。

7.2.2 数量型货币政策规则与价格型货币政策规则

在上一节中，货币政策规则与相机抉择之争是从中央银行的决策方式和实施自由度方面进行的理论划分。在现代中央银行制度下，由于货币政策框架本身就内含着一定的规则性要求，因此，完全无规则的相机抉择几乎是不存在的。换言之，现代意义上的中央银行在制定和实施货币政策时，一般既遵循一定的规则，同时也允许一定程度的相机抉择，区别主要在于规则的形式和允许相机抉择的程度。从实践来看，受约束的相机抉择成为世界各主要国家中央银行的主流政策规则取向。

在基于规则同时内含相机抉择的货币政策规则中，一种非常重要而常见的划分是基于货币政策的中间（操作）目标差异展开的：如果货币政策的操作目标和意欲影响的中间目标是货币供应量、信贷规模等数量型指标，同时中央银行据此建立相应的政策反应规则，那么这样的货币政策规则一般被称为“数量型货币政策规则”；相比之下，如果货币政策的操作目标和意欲影响的中间目标是利率、汇率等价格型指标，同时中央银行据此建立相应的政策反应规则，那么这样的货币政策规则一般被称为“价格型货币政策规则”。

在上一节中，弗里德曼所提出的单一规则可以被视为一种简单的数量型货币政策规则，但这一规则在现实中过于僵化，特别是依赖于货币需求函数稳定这一基本假设，后来随着各主要发达国家的货币需求函数在20世纪70年代中期之后变得不再稳定（出现了所谓“货币失踪之谜”），单一规则逐渐被各种新的货币政策规则所取代，其中最具有代表性的数量型货币政策规则是麦卡勒姆规则，最具有代表性的价格型货币政策规则是泰勒规则。

（一）麦卡勒姆规则

从20世纪70年代初开始，美联储开始采用弗里德曼的政策主张，以保持稳定的货币供应量增速作为货币政策的主要中间目标。但从实际效果来看，在此后近十年的时间里，货币增速相对稳定，但产出和通货膨胀却出现了剧烈波动。单一规则的有效性开始遭到质疑。面对这些问题，麦卡勒姆（McCallum，1985）认为，单一规则是在假定货币需求和货币流通速度不变的前提下保持货币供应量以固定的比例增长，但这些假设前提显然无法得到满足，因此，基础货币应根据货币流通速度和目标变量的变化进行调整，才能使该规则具有更强的适应性。麦卡勒姆规则的一个简单数学形式如下：

$$m_t = \alpha - \Delta v_t - \lambda(y_{t-1} - y^*_{t-1}) \tag{7-1}$$

其中，m_t 为基础货币的增长率，α 为常数项，Δv_t 为滞后16个季度的平均基础货币流通速度（用名义GDP与基础货币的比值表示），y_{t-1}为上一期的名义产出增长率，y^*_{t-1}为中央银行在上一期的目标产出增长率。参数 $\lambda(\lambda>0)$ 表示货币政策对产出缺口（$y_{t-1}-y^*_{t-1}$）变动的敏感程度，即名义产出值每超过政策目标值一个单位，中央银行会减少 λ 个单位的基础货币供应。显而易见，根据麦卡勒姆规则，当货币流通速度上升，或名义收入增速高于目标增速时，中央银行应该通过降低基础货币供应量来抑制经济过热；反之，当货币流通速度下降或名义收入增速低于目标增速时，中央银行应该通过增加基础货币供应量来刺激经济增长。

不过，在如式（7-1）所示的规则中，中央银行盯住的最终目标仅为经济增长（产出缺口），但从实践来看，在20世纪90年代之后，大部分国家（特别是通货膨胀目标值国家）的中央银行都将控制通货膨胀作为货币政策的第一目标（甚至是唯一目标），这意味着，在中央银行的货币政策反应规则中，通货膨胀稳定应该至少作为盯住目标之一被纳入政策规则之中。为此，麦卡勒姆（McCallum，2000）对原始的麦卡勒姆规则进行了扩展，形成了如下同时盯住通货膨胀缺口和产出缺口的货币供应量规则：

$$m_t = \alpha - \Delta v_t - \kappa(\pi_{t-1} - \pi^*_{t-1}) - \lambda(y_{t-1} - y^*_{t-1}) \tag{7-2}$$

其中，π_{t-1}和π_{t-1}^*分别为上一期的通货膨胀率和中央银行在上一期的通货膨胀率目标值，$\kappa(\kappa>0)$则表示货币政策对通货膨胀率缺口（$\pi_{t-1}-\pi_{t-1}^*$）的反应力度，表示通货膨胀率每超过目标通货膨胀率一个单位，中央银行会相应减少κ个单位的基础货币供应以抑制通货膨胀。式（7-2）中其他变量和参数的含义同式（7-1）。

在麦卡勒姆规则的应用方面，假如根据麦卡勒姆规则所计算出的基础货币增速为m_t^*，且假定该值为理论上合理的基础货币增速，那么，通过比较现实中的货币供应量增速数据（m_t）与根据麦卡勒姆规则所计算出的"理论值"（m_t^*）之间的差异，就可以直观显示货币政策是否合理。具体而言，如果现实中的货币供应量增速大于基于麦卡勒姆规则所计算出的"理论值"（即$m_t>m_t^*$），意味着中央银行实际投放的货币供应量超过了理论上的最优值，即货币政策存在过于宽松的情况；反之，如果现实中的货币供应量增速小于基于麦卡勒姆规则所计算出的"理论值"（即$m_t<m_t^*$），意味着中央银行实际投放的货币供应量小于理论上的最优值，即货币政策存在过度紧缩的情况；当现实中的货币供应量增速与基于麦卡勒姆规则所计算出的"理论值"相等（即$m_t=m_t^*$）时，意味着中央银行实际投放的货币供应量恰好等于理论上的最优值，此时货币政策达到松紧适度的最佳状态。

在麦卡勒姆规则被提出后，一些经济学家对其有效性进行了检验，在2000年之前，不少基于美国、英国和日本等发达国家的经验研究表明，麦卡勒姆规则确实能比较有效地抑制通货膨胀和降低产出波动。不过，在2000年之后，随着世界各主要发达国家的货币政策从货币供应量调控逐渐转向利率调控，价格型货币政策规则逐渐取代数量型货币政策规则成为主导性的货币政策规则。尽管如此，在很多发展中国家和新兴市场国家，由于市场机制尚不成熟、利率市场化尚未完成等原因，货币供应量仍是比利率更为合适的货币政策操作对象和目标，在这种情况下，基于数量（货币供应量）调控的麦卡勒姆规则比基于价格（利率）调控的泰勒规则能相对更好地刻画中央银行的货币政策规则。

（二）泰勒规则

作为迄今为止影响力最为广泛的价格型货币政策规则，泰勒规则由斯坦福大学教授泰勒（Taylor，1993）提出，是一种相对比较简单有效的用于描述中央银行利率调整行为的规则。1993年7月，时任美联储主席格林斯潘宣布美国货币政策从数量型调控转变为价格型调控，不再以货币供应量作为货币政策的中间目标，利率调控成为美联储主要的调控手段。随后，世界各主要成熟市场经济国家的中央银行都逐渐进入了以利率调控为主的价格型调控时代。在此背景下，泰勒规则逐渐成为现代中央银行进行价格型调控的重要理论基础。

在泰勒1993年的论文中，泰勒规则的原始形式为：

$$i_t=\pi_t+g\tilde{y}_t+h(\pi_t-\pi^*)+i^* \tag{7-3}$$

其中，i_t为中央银行设定的短期名义利率，π_t为过去4个季度的通货膨胀率（用以表征预期的通货膨胀率水平），$\tilde{y}_t=100\times\frac{y_t-y^*}{y^*}$为产出缺口（$y_t$为实际GDP，$y^*$为实际GDP的趋势值或均衡水平），$\pi_t-\pi^*$为通货膨胀缺口（$\pi^*$为中央银行的目标通货膨胀率），$i^*$为长期均衡的实际利率。泰勒基于对当时美联储实际利率调整行为的估计，得到的相关参数值及具体的规则如下：

$$i_t=\pi_t+0.5\tilde{y}_t+0.5\times(\pi_t-2)+2 \tag{7-4}$$

不过，需要指出的是，在上述原始的泰勒规则中，中央银行的目标通货膨胀率 π^* 和长期均衡实际利率 i^* 均被假定为常数，但从一般的意义上看，这两个变量也可能随时间变化，于是，在考虑了 π^* 和 i^* 的时变因素后，更为一般化的泰勒规则可表示为：

$$i_t = \pi_t + g\tilde{y}_t + h(\pi_t - \pi_t^*) + i_t^* \tag{7-5}$$

泰勒规则的含义是，中央银行所设定的短期名义利率水平会根据产出和通货膨胀缺口的变化进行调整：如果当前的通货膨胀率高于中央银行的目标通货膨胀率（即存在正的通货膨胀缺口），或者实际产出（GDP）水平高于均衡（趋势）的产出水平（即存在正的产出缺口），中央银行就应该提高政策利率水平以控制通货膨胀和抑制经济过热；反之，如果当前的通货膨胀率低于中央银行的目标通货膨胀率（即存在负的通货膨胀缺口），或者实际产出（GDP）水平低于均衡（趋势）的产出水平（即存在负的产出缺口），中央银行就应该降低政策利率水平以避免通货紧缩和刺激经济上行。

总体来看，泰勒规则以短期利率作为货币政策工具，较之麦卡勒姆规则更符合 20 世纪 90 年代之后主要发达国家（美国、英国、日本等）中央银行货币政策操作的实践。同时，泰勒规则以稳定产出和通货膨胀为核心目标，与“灵活通货膨胀目标制”下的货币政策最终目标相符。此外，不少研究显示，泰勒规则可以较好地模拟以美联储为代表的中央银行的利率调控实践，因而对中央银行的利率调整行为具有较好的解释和预测作用。对此，美国经济学家梅耶曾指出：“泰勒规则的成功之处在于它已解释了中央银行过去做了些什么，泰勒规则已成了中央银行银行家的指导原则。”不过，在具体的应用过程中，泰勒规则在不同国家和不同时期还存在一些“与时俱进”的调整，比如美联储在实践过程中就产生过“传统规则”、“伯南克规则”和“伊文思规则”等不同版本的泰勒规则（二维码专栏 7-1）。

【二维码专栏 7-1】

美联储泰勒规则的演变

泰勒规则在现实中有很多重要的应用。比如，基于一个国家真实数据估计出的泰勒规则，可用于解释该国的货币政策行为和特点，并对后续可能的货币政策操作进行预测。同时，假设基于泰勒规则计算出的利率水平代表了合理的政策利率水平，那么通过将泰勒规则下的利率与中央银行在某一时期所实际设定的利率值相比较，就可以比较客观地评价该时期的货币政策立场是否松紧适度。具体而言，如果现实中的货币政策利率大于泰勒规则下的利率值，那么货币政策就可能存在过于紧缩的情况；反之，现实中的货币政策利率小于泰勒规则下的利率值，那么货币政策就可能存在过于宽松的情况；当现实中的货币政策利率等于或接近于泰勒规则下的利率时，货币政策的松紧可能处于比较适度的状态。比如，有研究（专栏 7-3）显示，在 2008 年危机前，西方主要国家的货币政策利率长期低于泰勒规则所给出的水平，这意味着长期过于宽松的货币政策可能是导致危机的重要原因。

专栏 7-3　2008 年国际金融危机之前的利率

塞弗里德（Seyfried，2009）将危机前美国、英国、德国、法国、爱尔兰和西班牙中央银行利率值与泰勒规则值进行比较后发现，除德国以外，其余国家的央行利率都存在不同程度的低估，其中尤其以美国、英国、爱尔兰和西班牙的低估程度较大（图 7-1）。这是一个非常有意思的结果，因为最后的事实表明，在这些国家中，德国恰好是受危机打击最小并且也是在危机期间和危机后表现最为稳定的国家。

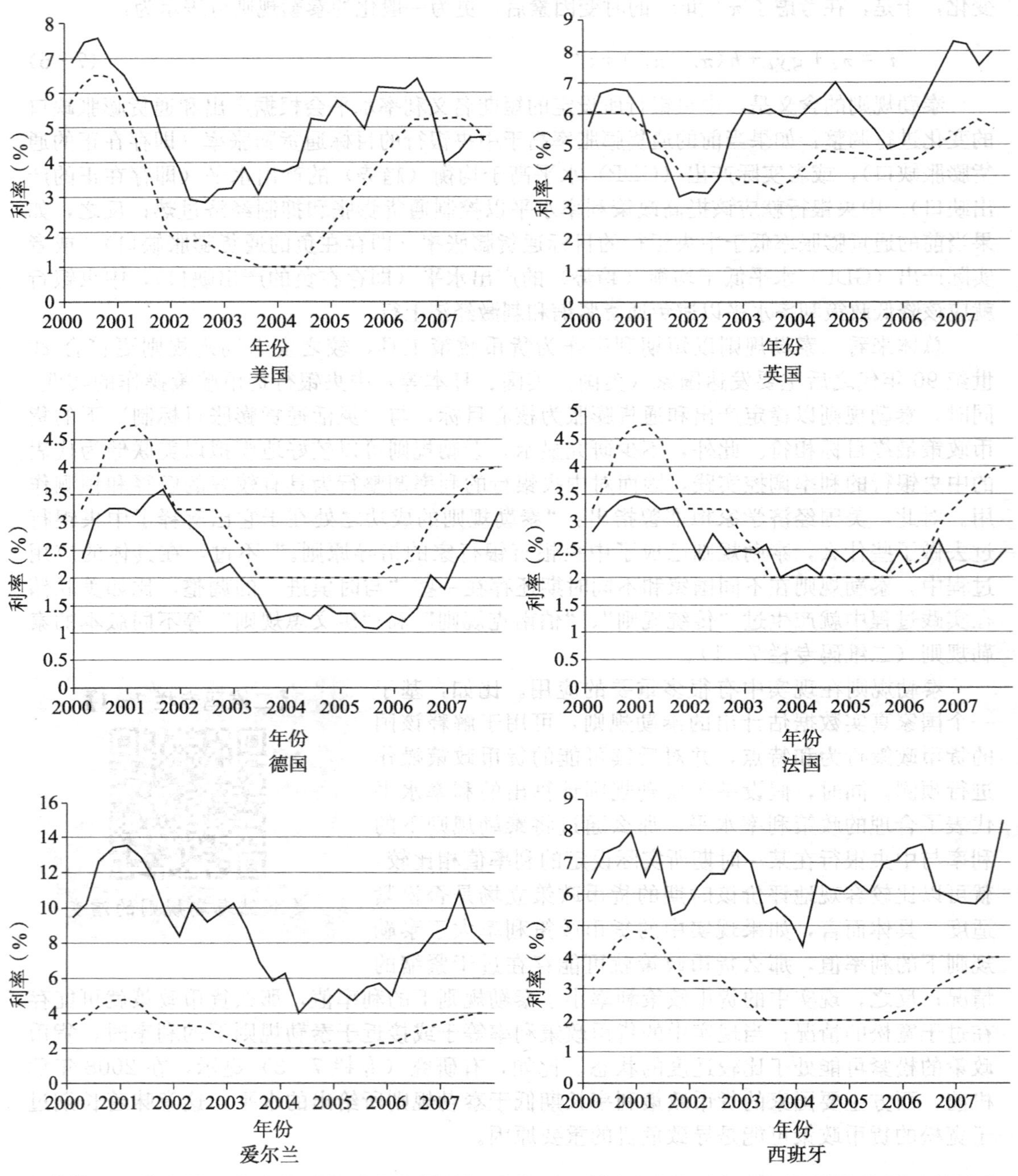

图 7-1　危机前各国利率水平与泰勒规则值的比较

注：图中实线为各国的泰勒规则计算的目标利率，虚线为货币当局的实际利率（其中美国为联邦基金利率，英国为英格兰银行利率，其余欧盟国家为欧洲央行利率）。泰勒规则按美国圣路易联储（Saint Louis Fed）使用的规则设定，即 $i_t^*=2.5+\pi_{t-1}+0.5\times(\pi_{t-1}-\pi^*)+0.5y_{t-1}$，其中 i^* 为货币政策利率，π 为实际通货膨胀率，π^* 为目标通货膨胀率，y 为产出缺口。

上述结果倾向于表明，危机前的货币政策利率通常存在系统性的低估。从货币政策规则来看，这种低估主要源自紧盯价格稳定的货币政策忽略了低利率政策对系统性风险的诱导作用。正是由于在传统的货币政策框架下，低利率政策对金融体系风险承担的影响一直被严重低估，这不仅导致了利率政策制定的系统性偏误，而且使得政治力量驱动的低利率政策长期得到纵容。

从理论上看，低利率的货币政策可能经由以下两个渠道导致过度的风险承担：一方面，低利率刺激了金融机构追求高收益率的动机，从而提高了金融体系的风险承担水平；另一方面，低利率的收入和估值效应也会导致过度风险行为的滋生。此外，低利率的货币政策还可能鼓励金融机构寻求类似的投资策略，从而提高收益的相关性，导致系统性金融风险的发生概率加大。

注：本专栏内容节选自马勇的《金融稳定与宏观审慎：理论框架及在中国的应用》，2016年由中国金融出版社出版。

7.2.3 各种扩展型货币政策规则

无论是麦卡勒姆规则还是泰勒规则，在后续研究中都有多个扩展版本。这些扩展版本主要从以下几个方面对第7.2.2节的基础规则进行了扩展：一是考虑政策行为的惯性特征；二是纳入新的政策目标变量；三是改变规则的函数形式。

（一）麦卡勒姆规则的扩展形式

在如式（7-1）和式（7-2）所示的麦卡勒姆规则中，假设货币流通速度基本是稳定的，因而可以用前4年基础货币流通速度的移动平均值来代表下一季度货币流通速度的增长趋势。不过，从现实情况来看，货币流通速度是潜在变量，难以准确地观察和测量。同时，如果货币流通速度基本是稳定的或者变化不大，那么可以将式（7-1）和式（7-2）中的 $\alpha-\Delta v_t$ 项近似地视为常数。因此，许多学者在运用麦卡勒姆规则时，忽略了货币流通速度的影响。此外，为防止货币政策操作力度过大而对经济产生影响，中央银行在实践中通常会采取“平滑操作”，即对货币增长率采取渐进微调的操作策略。在略去货币流通速度的影响，同时考虑政策平滑操作后，扩展的麦卡勒姆规则可写为：

$$m_t=c-\kappa(\pi_{t-1}-\pi_{t-1}^*)-\lambda(y_{t-1}-y_{t-1}^*)+\rho m_{t-1}+e_t \tag{7-6}$$

其中，c 为常数；$\rho\in[0,1]$为政策平滑参数，ρ 越大表示货币政策操作的平滑程度越高，即中央银行每次调整货币增长率的幅度（$1-\rho$）就越小；$e_t\sim N(0,\sigma^2)$ 为残差项，表示由式（7-1）中其他变量无法解释的部分，因此常被视为货币政策不确定性的一种度量：e_t 的绝对值越大，货币供应量偏离规则值的幅度越大，货币政策不确定性程度也就相应越高。

在式（7-6）中，参数 κ 和 λ 分别表示货币政策（中央银行控制的基础货币变动）对通货膨胀缺口和产出缺口的反应力度系数，旨在促进经济稳定的货币政策规则要求 $\kappa>0$，$\lambda>0$，即货币增长率的变动应该根据通货膨胀和产出的变动方向进行逆周期的调整（即“逆经济风向而行”）；反之，如果 $\kappa<0$，$\lambda<0$，那么货币政策的松紧变动方向就会与通货膨胀和产出的变动方向呈现出“顺周期性”特征，这样不仅不能平抑经济周期波动，反而可能产生“火上浇油”或者“雪上加霜”的负面影响，从而导致宏观经济更大的波动。

此外，式（7-6）假定货币政策的盯住目标主要是通货膨胀和产出的变动，但实际上，如果一个国家的货币政策同时肩负金融稳定的目标，那么式（7-6）还可以纳入新的目标盯住变量。比如，假设一个国家的中央银行被明确赋予了维护金融稳定的职责，并且金融稳定被视为货币政策的最终目标之一，那么麦卡勒姆规则可在式（7-6）的基础上进一步扩展为如下形式：

$$m_t = c - \kappa(\pi_{t-1} - \pi_{t-1}^*) - \lambda(y_{t-1} - y_{t-1}^*) - \gamma(f_{t-1} - f_{t-1}^*) + \rho m_{t-1} + e_t \tag{7-7}$$

其中，新增加的变量 f_{t-1} 为上一期的金融稳定变量（如信贷增速、资产价格变动等），f_{t-1}^*为中央银行在上一期的金融稳定“目标值”（或均衡水平）。参数 γ 表示货币政策对金融稳定缺口（$f_{t-1} - f_{t-1}^*$）的反应参数。显而易见，如果 f_{t-1}的大小变化正向对应金融稳定的程度变化（即 f_{t-1}越大表示金融稳定程度越高，反之亦然），参数 γ 应该大于 0，表示金融稳定变量的实际值每超过“目标值”（或均衡水平）一个单位，中央银行会相应减少 γ 个单位的基础货币供应以抑制金融活动的过度繁荣；反之，当金融活动过度低迷时（对应负的金融稳定缺口），中央银行会相应增加 γ 个单位的基础货币供应以促进金融活动的回暖。

最后，需要指出的是，在如式（7-7）所示的政策规则中，三个政策盯住的变量都采用了滞后一期的形式，这意味着货币政策操作是“后顾性”的，即中央银行根据过去一期所观察到的经济和金融变量变化及其对目标值的偏离来确定当期的货币政策。但实际上，在实践中，货币政策也可以是盯住当期变量变化进行调整的如下规则：

$$m_t = c - \kappa(\pi_t - \pi_t^*) - \lambda(y_t - y_t^*) - \gamma(f_t - f_t^*) + \rho m_{t-1} + e_t \tag{7-8}$$

此外，在进一步考虑到货币政策可能存在的时滞问题之后，为提高货币政策操作的及时性和有效性，中央银行还可以采取如下“前瞻性”的货币政策规则：

$$m_t = c - \kappa E_t(\pi_{t+1} - \pi_{t+1}^*) - \lambda E_t(y_{t+1} - y_{t+1}^*) - \gamma E_t(f_{t+1} - f_{t+1}^*) + \rho m_{t-1} + e_t \tag{7-9}$$

尽管前瞻性的货币政策规则有很多理论上的优势，但该规则的实施需要建立在对未来的预测基础之上，而未来往往是不确定的，因此，前瞻性货币政策规则的有效性在很大程度上取决于中央银行对未来经济及金融形势的研判和预测能力。这也意味着，在未来的不确定性程度较高或者中央银行的预测能力有限的情况下，前瞻性的货币政策规则并不一定是最优的。

（二）泰勒规则的扩展形式

如果说原始麦卡勒姆规则是数量型货币政策规则的“工作母机”，可以衍生出很多不同类型的扩展规则，那么如式（7-3）所示的原始泰勒规则作为价格型货币政策规则的“工作母机”，也存在很多不同的扩展形式。

（1）考虑政策平滑的泰勒规则。

一些经济学家［如金（King，2000）］观察到，在实际中的货币政策调整往往具有惯性（persistence）特征，即中央银行的利率调整路径通常是平滑的，很少出现大起大落和频繁反转的现象（专栏 7-4）。因此，可以通过在原始的泰勒规则中加入了利率变量的滞后项，来“捕捉”货币政策调整过程中的惯性特征或操作平滑程度，以进一步提高泰勒规则的现实解释力。纳入政策平滑后的扩展型泰勒规则可表示为：

$$i_t = \pi_t + g\tilde{y}_t + h(\pi_t - \pi^*) + i^* + \rho i_{t-1} + \varepsilon_t \tag{7-10}$$

其中，ρ 为利率调整的平滑参数，$\rho \in [0, 1]$，ρ 越大，表示货币政策操作的平滑程度越高，反之则越低。$\varepsilon_t \sim N(0, \sigma^2)$ 为残差项，表示外生的货币政策（利率）冲击，即由规则式（7-10）中其他变量无法解释的部分。与麦卡勒姆规则中的残差项一样，泰勒规则中的残差项也可以被视为货币政策不确定性的一种度量，只不过前者是从货币供应量的角度来看的，而后者是从利率的角度来看的。

专栏 7-4 货币政策操作中的政策平滑问题

政策平滑也称渐进式操作，指的是中央银行在放宽或者紧缩货币政策时，往往采取多次的“小步推进”方式，而不是试图减少操作次数而大步推进。全世界主要国家的中央银行似乎都表现出了对政策平滑的强烈偏好。

表 7-1 列出了美联储自 1897 年 8 月到 2014 年的利率调整的幅度分布、英格兰银行自 1997 年 5 月到 2014 年的利率调整的幅度分布、瑞典央行 1994 年 6 月到 2014 年的利率调整的幅度分布。从这些数据可以看出，中央银行对小幅度调整的偏好是非常明显的：在美联储的利率调整中，小于或等于 25 个基点的调整占到了 75%，英格兰银行占到了 78%，瑞典央行占到了 91%。英格兰银行的前货币政策委员会委员威廉·比特将 25 个基点的利率调整形容为“喂小鸡”，大概是因为 25 个基点的调整似乎不足以将任何事从实际改变到预期想要的状况。不过，即使是在 2008 年金融危机发生后，小幅调整依然是各国央行的主要手段，尽管 50 个基点或 50 个以上基点的调整略有增加，但依然不是主导，各国央行还是以 25 个基点的调整为主，只是调整次数更加频繁而已。

表 7-1 中央银行每次利率调整的幅度分布

利率调整	美联储	英格兰银行	瑞典央行
低于 25 个基点	17	0	34
25 个基点	66	36	41
26～49 个基点	3	0	2
50 个基点	21	8	3
超过 50 个基点	4	2	2
总计	111	46	82

注：瑞典的利率调整在 2006 年以后以欧盟的调整数据替代。

此外，中央银行的政策调整往往还存在很强的序列相关性。以美联储为例，1989 年 6 月到 1992 年 9 月降息 24 次，之后 1994 年 2 月到 1995 年 2 月升息 7 次，1999 年 6 月到 2000 年 5 月升息 6 次，2001 年 1 月到 2003 年 6 月降息 13 次，2004 年 6 月到 2006 年 6 月升息 17 次，2006 年 6 月到 2014 年 11 月降息 10 次。值得注意的是，在上述调整过程中，没有任何一次连续性的升降息过程被某一次单独的反向操作所打断。这意味着中央银行的政策调整具有明显的“惯性”特性。

对于中央银行采取平滑操作的原因，一个主要的解释是“灵活选择的价值”（Blinder，2006），即在一个包含着持续变化、普遍的不确定性和对政策反转强烈排斥的世界里，一家中央银行会给“时刻可以做出选择”赋予很高的价值。实现灵活选择的一种办法就是比单纯的以最优理论（排除学习和调整成本）更多步地调节利率，这样一来就可以时刻停止之前的政策实施而不用去反向操作。反转厌恶在这一论据中起到了十分重要的作用。要么立即做出政策的改变，要么可以立即取消之前的政策，如果都不想，那么就只有一小步一小步地实施。所以，中央银行家对于政策反转的厌恶可能是渐进主义的一大原因。

其他关于中央银行倾向于进行平滑操作的解释还包括：(1)“布雷纳德保守主义”。在一篇很有创意的论文中，布雷纳德提出相叠加的或者是成倍变化的不确定性会使政策制定者比在确定情况下更谨慎地使用政策工具，这意味着一个保守的中央银行家所实际采用的操作会比他自己认为的合理操作还要小，那么他就会在之前假设的方向上一次又一次地调整利率。(2) 金融稳定在中央银行目标损失函数中的作用。中央银行家总是将利率的大幅波动和金融市场的不稳定联系在一起，可能是因为利率的改变会引起资产的重新定价，在这种情况下，利率随时间的波动项会出现在中央银行的损失函数中，于是利率的滞后项也就会自然而然地被带进货币政策反应函数。

注：本专栏内容部分摘编自 Blinder，A. “Monetary Policy Today：Sixteen Questions and about Twelve Answers”. CEPS W/P，No. 129，2006。

(2) 前瞻性泰勒规则。

所谓前瞻性泰勒规则，是指中央银行在进行利率决策时，考虑的是在将来一段时期内的经济形势变化。一个简单的前瞻性泰勒规则可由下式给出（Gali and Gertler，1999，2000）：

$$i_t^* = i^* + \beta(E_t\{\pi_{t,t+k} | \Omega_t\} - \pi^*) + \lambda E_t\{\tilde{y}_{t,t+q} | \Omega_t\} \quad (7-11)$$

其中，i^* 为产出和通货膨胀均处于目标（均衡）水平时的名义利率水平，$\pi_{t,t+k}$ 表示从 t 到 $t+k$ 期的价格水平变化百分比，π^* 为中央银行的通货膨胀目标值，$\tilde{y}_{t,t+q}$ 表示从 t 到 $t+q$ 期的平均产出缺口（用实际 GDP 与其目标值的偏离百分比表示），E_t 表示数学期望，Ω_t 表示中央银行进行利率决策时的信息集。β 和 λ 分别为中央银行利率调整对通货膨胀和产出缺口的反应参数。

(3) 开放经济下的泰勒规则。

在开放经济下，一国利率的变化还会引起资本流动的变化和实际汇率的变化，因此，兼顾内外均衡的中央银行在进行利率调整时，可能还需要考虑本国货币的汇率稳定问题。在这种情况下，汇率稳定会作为中央银行的政策目标之一纳入货币政策规则之中，于是开放经济下的泰勒规则可扩展为如下形式：

$$i_t = \pi_t + g\tilde{y}_t + h(\pi_t - \pi^*) + \mu(q_t - q^*) + i^* + \rho i_{t-1} + \varepsilon_t \quad (7-12)$$

其中，q_t 为实际汇率水平，q^* 为中央银行的目标汇率水平（或均衡的汇率水平），参数 μ 表示货币政策对实际汇率缺口（$q_t - q^*$）的反应力度参数。在直接标价法下，参数 μ 应该大于 0，表示当本国货币存在贬值压力时（q_t 上升，超过了目标汇率），中央银行会通过提高本国利率水平来吸引资本流入，从而抑制本币的贬值压力，促使汇率回归均衡（目标）水平。

(4) 包含金融稳定的泰勒规则。

式（7-12）实际上是在原始泰勒规则的基础上纳入了汇率稳定目标。从广义的角度看，汇率稳定可被视为表征金融稳定的变量之一。按照这一思路，泰勒规则中还可以纳入其他中央银行需要通过货币政策予以稳定的金融稳定目标变量，如信贷增速、资产价格变动等，从而形成各种各样的扩展型泰勒规则。如果考虑金融稳定目标，那么泰勒规则可扩展为：

$$i_t=\pi_t+g\tilde{y}_t+h(\pi_t-\pi^*)+\eta(f_t-f^*)+i^*+\rho i_{t-1}+\varepsilon_t \quad (7-13)$$

其中，f_t 为中央银行盯住的金融稳定变量（如信贷增速、资产价格变动等），f^* 为金融稳定变量的“目标值”（或均衡水平）。参数 η 表示货币政策对金融稳定缺口（f_t-f^*）的反应力度参数。假定 f_t 的大小变化正向对应金融稳定的程度变化（即 f_t 越大表示金融稳定程度越高），则参数 $\eta>0$，表示金融稳定变量的实际值每超过“目标值”（或均衡水平）一个单位（对应正的金融稳定缺口），中央银行会相应提高 η 单位的政策利率以抑制金融活动的过度繁荣；反之，当出现金融衰退时（对应负的金融稳定缺口），中央银行则会相应降低 η 单位的政策利率，以促进金融形势的回暖。

（5）泰勒规则中的参数设置。

在使用泰勒规则描述或预测一个国家的货币政策利率走势时，一个重要的问题是如何确定相关参数的取值。这在实践中一般通过基于特定国家的历史数据进行估计得到。不过，已有研究表明，不同国家的泰勒规则取值往往存在较大差异，甚至同一国家在不同时期或者基于不同形式的泰勒规则所估计出的结果也可能存在明显差异（专栏 7-5）。因此，从应用角度看，泰勒规则中的参数设置不宜僵化，而应根据特定国家在特定时期的真实情况，同时结合具体的规则形式予以综合确定。

专栏 7-5 泰勒规则中的参数设置

不同学者对泰勒规则中的参数给予了不同的赋值，而且有些时候这些赋值差异较大。从实证研究来看，针对不同国家及不同时期的研究往往会给出不同的结果。对此，泰勒和威兰德（Taylor and Wieland，2009）专门撰文进行了总结和评价。

假定化简后的泰勒规则表达为：

$$i_t=c+\rho i_{t-1}+g_\pi\pi_t+g_y\tilde{y}_t$$

其中，$c=i^*-\pi^*(g_\pi-1)$ 为常数，在 $i^*=\pi^*=2$ 的情况下，$c=4-2g_\pi$。

根据相关研究结果，泰勒规则中主要参数的取值如下：

相关研究	国家或经济体	ρ	g_π	g_y
泰勒（Taylor，1993）	美国	0.00	1.50	0.50
伯南克等（Bernanke et al.，1999）	美国	0.90	1.10	0.00
格特勒和卡拉迪（Gertler and Karadi，2011）	美国	0.80	1.50	0.50
斯梅茨和伍特斯（Smets and Wouters，2003）	欧元区	0.93	1.67	0.14
克拉里达等（Clarida et al.，2000）	美国	0.78	2.62	0.83
克里斯蒂诺和罗斯塔尼奥（Christiano and Rostagno，2007）	美国	0.82	1.93	0.17
	欧元区	0.91	1.58	0.19

从以上参数可以看出，不同学者对通货膨胀和产出缺口赋予的权重是不同的。总体来看，对利率决策的最大影响因素是通货膨胀，而泰勒和迈耶都不考虑政策惯性（利率滞后

项）的影响。泰勒认为，加入利率滞后项的泰勒规则会让货币政策操作变得更加不稳定。

注：本专栏的部分内容参考 Taylor, J. and V. Wieland. “Surprising Comparative Properties of Monetary Models: Results from a New Data Base”. NBER Working Paper, No. 14849, 2009。

7.3 货币政策规则的选择

7.3.1 货币政策规则的实践演变

货币政策规则在实践中的运用主要是通过“盯住”少量的目标变量，并根据其变化情况决定货币政策操作目标或中间目标的适当水平。从历史来看，一国货币政策规则的选择，最终服务于货币政策目标的实现，因此，货币政策规则的演变往往与货币政策目标的变化及其背后的传导机制相关联，而在发展趋势上则受到当时主流货币政策理论的影响。

（1）20 世纪 30—60 年代：相机抉择为主。

1929—1933 年的“大萧条”加快了主要经济体脱离金本位和通过信用货币调控来刺激经济增长的步伐，而凯恩斯宏观经济学理论的诞生则为货币政策成为主要的短期需求管理工具奠定了理论基础。此后直至 20 世纪 60 年代，主流的政策思维是强调发挥政府“有形之手”的调控功能，通过相机抉择的货币政策来弥补市场“无形之手”的缺陷，以更好地推动经济增长以及其他政策目标。

这一时期可以被视为现代意义上的货币政策调控的“形成期”，很多东西尚处于实践探索过程中，因此，货币政策操作的“规则”成分较少，自由裁量的成分较大，中央银行通常在多元化的政策目标中“相机抉择”地决定货币政策的立场和操作。比如，当时的美联储就具有多元化的政策目标，包括“抑制通货膨胀和通货紧缩，创造有利的条件，保持可持续的高就业、价格稳定、经济增长和消费水平的不断提高”；英格兰银行的货币政策目标则包括低失业率、高增长率、低通货膨胀率和汇率稳定等。根据这些多元化的政策目标，中央银行“相机抉择”的货币政策操作主要体现在以下两个方面：一是根据经济金融形势的变化，按照“逆风向而行”的原则制定和实施货币政策；二是结合不同时期的主要矛盾，在多元化的政策目标之间进行必要的权衡取舍，并通过多种政策手段尽可能地兼顾更多的目标。

总体来看，这一时期的货币政策强调积极的需求管理，同时在操作中也体现了一些原则性的“规则”成分（如逆周期的调控策略成了后续很多政策规则的基本内核之一），在危机后“有效需求”不足的背景下曾发挥了较好的调控效应。不过，这一时期的货币政策由于缺乏明确的规则约束，加之中央银行的独立性和透明度较弱，这使得中央银行在政治压力下常常存在过度利用货币政策刺激经济的倾向，这种倾向在常规经济时期极易造成货币超发和通货膨胀。同时，多元化的政策目标也使得货币政策始终处于某种艰难的权衡状态之中，甚至有可能因为政治压力偏离主要目标而追求次要目标，这些都在很大程度上影响了货币政策的有效实施。

(2) 20 世纪 70—80 年代：数量型货币政策规则为主。

20 世纪 70—80 年代，饱受“滞胀”之苦的西方发达国家开始反思过度运用“相机抉择”货币政策所可能造成的干扰市场机制、货币超发和通货膨胀失控等问题，强调货币政策应遵循一定的“纪律”和规则，以约束“政府之手”对自由市场的不当干预。在这一时期，占据主流的货币政策理论是货币主义和货币数量论，强调货币供应量在货币政策传导过程中的核心作用以及货币数量对通货膨胀的决定性影响。如弗里德曼所言：“通货膨胀无论何时何地都是一种货币现象。”在此背景下，以一定的规则来明确和限定中央银行的货币供应量增速，避免货币超发以及其他任何试图通过操控货币供应来干预经济的行为，成为这一时期的主流货币政策思维。

上述政策思维反映在实践中的表现是，当时主要发达国家的中央银行基本遵循货币数量论和单一规则的基本思想，采用所谓“货币目标制”(monetary targeting) 规则来确定合理的货币供应量增速。这一规则建立在金融和实体经济“二分法”和货币“面纱论”的基础之上，认为“货币不过是覆盖在实体经济之上的一层面纱”，因此，只要货币稳定就能自动实现价格稳定。于是，在给定中央银行的目标通货膨胀水平，同时假定货币需求函数稳定、货币流通速度可测的情况下，中央银行就可以按照如下规则确定适宜的货币供应量增速：

$$m_t = \pi_t^* + y_t^* - \upsilon_t \tag{7-14}$$

其中，m_t 为货币供应量增长率，π_t^* 为中央银行确定的目标通货膨胀率水平，y_t^* 和 υ_t 分别为潜在的经济增速和货币流通速度的长期趋势值。根据式 (7-14)，在货币流通速度保持稳定的情况下，中央银行只需确定目标的通货膨胀水平，然后结合对潜在经济增速的估计，就能确定相应的货币供应量增速目标，并据此采取相应的政策操作。

(3) 20 世纪 90 年代至 2008 年：价格型货币政策规则为主。

进入 20 世纪 90 年代，随着全球范围内金融发展程度的提高和金融创新的增强，金融产品日益丰富，对传统货币的替代性显著增强，货币需求函数变得难以预测，中央银行通过调控货币供应量并不能很好地实现价格和产出稳定的目标，这使得货币供应量作为中间目标的意义被严重削弱。与此同时，随着金融市场的扩展和定价机制的延伸，利率作为核心定价变量的作用再次凸显，并逐渐成为新的货币政策中间目标。在此背景下，各主要发达国家的中央银行开始使用以泰勒规则为代表的价格型货币政策规则来设定中央银行的政策利率水平：

$$i_t - \pi_t = i^* + \rho i_{t-1} + \kappa_\pi(\pi_t - \pi^*) + \kappa_y\left(\frac{Y_t - Y_t^*}{Y_t^*}\right) + \varepsilon_t \tag{7-15}$$

其中，i_t 为短期利率，π_t 为通货膨胀率，$i_t - \pi_t$ 为短期的实际利率水平；i^* 为中性实际短期利率，即使总需求处于潜在产出时的实际利率；π^* 为中央银行的目标通货膨胀率，Y_t^* 为均衡或潜在的产出水平，$\pi_t - \pi^*$ 和$\frac{Y_t - Y_t^*}{Y_t^*}$分别为通货膨胀缺口和产出缺口；$\kappa_\pi$ 和 κ_y 分别为中央银行利率调整对通货膨胀缺口和产出缺口反应系数；ρ 为政策平滑参数；ε 为残差项。

在如式 (7-15) 所示的泰勒规则中，货币政策的最终目标包括通货膨胀稳定和产出稳定，一般在实践中将通货膨胀稳定列为第一目标，同时兼顾产出（或就业）的稳定。这一类型的货币政策规则又被称为“灵活通货膨胀目标制”［又称“弹性通货膨胀目标制”(flexible inflation targeting)］。实施灵活通货膨胀目标制的中央银行以美联储为典型代表。从 20 世纪 90 年代开始，美联储开始实施以“实际利率”为货币政策核心中间目标的“中性”货币政策。

所谓“中性”货币政策，是指实际利率水平保持在中性状态，使货币政策本身既不刺激经济也不抑制经济，然后通过经济自身的调节机制实现长期稳定的经济增长（充分就业）和低通货膨胀。正如伯南克（2015）所强调的，中性（自然/均衡）利率不是由货币政策决定的，而是由结构性因素决定的。在实施紧缩性货币政策时，政策利率略高于中性利率；在实施扩张性货币政策时，政策利率略低于中性利率。因此，货币政策的立场（松紧取向）不是由政策利率单方面决定的，而是由政策利率和中性利率之间的差异决定的。

关于美联储货币政策操作的一些具体准则详见专栏 7－6。

专栏 7－6　美联储的货币政策操作准则

在现代意义上的中央银行实践中，纯粹的单一规则和纯粹的相机抉择几乎都不存在，比较常见的是“规则为主、相机抉择为辅”的混合模式。大多数国家采取长期政策遵循单一规则，而短期调整依靠相机抉择，规则与相机抉择相互补充的原则。

根据美联储理事会理事梅耶（1998）的总结，美联储在货币政策操作中实际上遵循着以下 5 条基本准则：

（1）当通货膨胀率偏离美联储的目标通货膨胀率时，需要调整实际利率予以应对。以通货膨胀率上升为例，名义利率必须先提高，以避免实际利率的下降；与此同时，为应对通货膨胀率超过其目标的状况，需要提高实际利率。这就意味着，名义利率的提高幅度必须超过通货膨胀率的上升幅度。比如，在泰勒规则中，通货膨胀率每上升 1%，名义利率水平需上升 1.5%。

（2）当资源利用率发生变化时，需要变动（名义和实际）利率予以应对，具体方式是：在经济扩张周期（资源利用率在提高），应当逐渐而系统地提高实际利率；当经济增长低于其趋势水平时，实际利率应当下降；而当实际产出水平下降时，应该急剧地降低利率。

（3）利率水平的确定应当具有前瞻性。由于经济运行的指标并不完全准确，货币政策产生的效力也存在着时滞，它的运作必须综合考虑历史、现状和未来，切忌根据一时的变化而贸然采取剧烈的行动。美联储应该根据对通货膨胀和资源利用率的预测（而非当前的通货膨胀和资源利用率状况）来调整利率。

（4）合理的政策反应需要考虑冲击的来源和持续性。在实践中应区别两类波动，一类是持续性的需求冲击，比如可能导致经济的潜在增长率和资源利用率长期地偏离其均衡水平的总需求上升。此类冲击将导致产出和通货膨胀的上升。针对这种波动，需要变动名义利率和实际利率予以应对（即上述第二条准则）。第二类冲击来源是供给冲击，此类冲击可能造成非常严重的通货膨胀，同时还会导致需求缩减，就业下降，产出减少等（如 20 世纪 70 年代的石油危机所造成的石油价格的一次性永久上升）。此时货币政策的充分就业目标和物价目标会出现矛盾，因为通货膨胀压力要求提高实际利率，但失业和产出下降（资源利用率下降）要求降低实际利率。应对此类冲击尚无两全其美的方法，但可以确定的是，货币政策应该尽可能地谨慎行事，不宜草率地过度反应。因为从政策效果来看，货币政策不可能对短期的通货膨胀产生多大作用，但将对未来 1～2 年的通货膨胀却有重要影响。此外，通过使用核心 CPI（剔除了偶然性和一次性冲击对通货膨胀的影响）取代 CPI 作为泰勒规则中的通货膨胀度量指标对解决此类问题也会有所帮助。

（5）科学与艺术的权衡。规则应被视为货币政策决策的参考性策略，而非指令性的教条。没有任何一种规则可以适用于所有的情况，因此，一定程度的相机抉择是有必要的。一般而言，在通常情况下，应当遵循规则行事，而在意外情况下则应该相机抉择。比如，在应对诸如亚洲金融危机以及“9·11”事件之类的意外冲击时，应当有一些特殊措施。相机抉择的货币政策能够针对意外的不利冲击做出及时、灵活的政策调整，可以最大限度地缓解不利冲击的危害。凯恩斯相机抉择的货币和财政政策在20世纪30—70年代的应用经验支持了上述论点。

注：本专栏内容选编自 Meyer，L. H. “The Strategy of Monetary Policy”. Federal Reserve Board，Federal Reserve Board Speech，1998.

在这一时期，除了以美联储为代表的奉行“灵活通货膨胀目标制”规则的中央银行之外，随着预期管理在货币政策实践中的作用日益凸显，不少国家的中央银行开始尝试通过加强对公众的通货膨胀预期管理来更好地实现价格稳定目标，并在实践中推行通货膨胀目标制（inflation targeting，IT）。与灵活通货膨胀目标制不同，通货膨胀目标制是更为严格的以实现明确的通货膨胀目标控制为中央银行承诺的政策规则。具体而言，在实践操作中，中央银行会先公布一个明确的通货膨胀目标值或目标值区间，并承诺会采取一切可能的方式将通货膨胀水平控制在目标值水平以下（目标值区间之内），然后通过相应的货币政策操作来实现这一承诺。从货币政策规则的角度看，通货膨胀目标制规则可简要表示为：

$$i_t - i_{t-1} = \alpha(\pi_{t+T} | i_{t-1} - \pi^*) \tag{7-16}$$

其中，$\pi_{t+T} \mid i_{t-1}$为基于 $t-1$ 时期的利率对未来 $t+T$ 时期通货膨胀的条件预测值，π^*为中央银行公布的通货膨胀目标值，$\alpha>0$ 为货币政策利率对通货膨胀预测偏差的反应参数。根据式（7－16），一旦通货膨胀预测值超过目标值，中央银行就必然提高利率水平（使得 t 期的利率水平就必须高于 $t-1$ 期），从而实现有效的通货膨胀控制。

【二维码专栏7－2】

主要国家实施通货膨胀目标制前后的经济增长情况

从实践来看，新西兰于1989年率先实施通货膨胀目标值，随后加拿大、英国、瑞典、澳大利亚等工业化国家以及智利、以色列、韩国、巴西、南非、捷克、波兰和匈牙利等发展中和新兴市场国家先后实行了通货膨胀目标制（表7－2）。大多数实施通货膨胀目标制的国家都以短期利率作为操作目标，如回购利率、逆回购利率、3个月以内的短期现金利率、隔夜拆借利率、隔夜现金利率等，只有巴西、秘鲁和哥伦比亚以银行体系的流动性为目标。在货币政策工具方面，大部分中央银行都通过公开市场操作来调节利率，只有加拿大央行以“利率走廊”方式进行调控。从实践效果来看，在实施通货膨胀目标制的8个发达国家中，有7个国家的通货膨胀率明显下降，有7个国家的通货膨胀波动率明显降低；在13个新兴市场国家中，实施通货膨胀目标制之后的通货膨胀率和通货膨胀波动均出现了明显下降。此外，在8个发达国家中，有5个国家的经济增长率明显上升，全部国家的经济增长波动率下降；在13个新兴市场经济国家中，有11个国家的经济增长率明显上升，有10个国家的经济增长波动率出现了下降（二维码专栏7－2）。

表 7-2　　实施通货膨胀目标制的国家及其目标设置

分类	国家	采用时间	盯住的价格指数	目标值	目标期限
发达国家	新西兰	1989 年 12 月	核心 CPI，1999 年底起用 CPI	1%～3%	中期平均值
	加拿大	1991 年 2 月	核心 CPI，2001 年 5 月起用 CPI	1%～3%	6～8 个季度
	英国	1992 年 1 月	核心 CPI，2003 年 10 月起用欧盟的调和 CPI	2%，上下浮动 1%	无期限
	瑞典	1993 年 1 月	CPI	2%，上下浮动 1%	1～2 年
	芬兰	1993 年 2 月	CPI	2%	无期限
	澳大利亚	1993 年 4 月	核心 CPI，1998 年 10 月起用 CPI	2%～3%	一个经济周期
	挪威	2001 年 3 月	CPI	2.5%	1～3 年
	冰岛	2001 年 3 月	CPI	2.5%，上下浮动 1.5%	无期限
发展中和新兴市场国家	智利	1990 年 9 月	CPI	2%～4%	1～2 年
	以色列	1992 年 1 月	CPI	1%～3%	不定期
	秘鲁	1994 年 1 月	CPI	2.5%，上下浮动 1%	不定期
	波兰	1998 年 1 月	CPI	2.5%	不定期
	捷克	1998 年 1 月	核心 CPI，2001 年起用 CPI	2%～4%	不定期
	韩国	1998 年 4 月	1998—1999 年用 CPI，之后用核心 CPI	2.5%～3.5%	中期
	墨西哥	1999 年 1 月	CPI	3%，上下浮动 1%	长期
	巴西	1999 年 7 月	IPCA（国民 CPI）	4.5%，上下浮动 2%	年
	哥伦比亚	1999 年 9 月	CPI	4.5%～5.5%	长期
	菲律宾	2000 年 1 月	CPI	3.5%，上下浮动 1%	年
	南非	2000 年 2 月	核心 CPI	3%～6%	中期
	泰国	2000 年 5 月	核心 CPI	0%～3.5%	不定期
	匈牙利	2001 年 6 月	CPI	4%，上下浮动 1%	年

资料来源：各国中央银行网站。

（4）2008 年之后：考虑纳入金融稳定。

在 2008 年之前的约 20 年的时间里，美国等主要国家的经济进入了所谓“大缓和”（Great Moderation）时代，表现为高产出、低通货膨胀以及产出和通货膨胀波动的下降。一切都显得太美好了，而货币政策作为宏观调控的主要手段，更是被认为“居功至伟”，一度被视为“政策科学”。然而，2008 年的国际金融危机使人们意识到已有的货币政策其实并非完美，而是存在一些长期被忽视的重要缺陷。特别是从货币政策规则的角度看，传统泰勒规则仅考虑了以通货膨胀和产出稳定为代表的经济稳定目标，并未纳入对金融稳定目标的考虑，这使得传统的货币政策规则可能存在系统性的偏差。

货币政策应该重视金融稳定目标的一个自然推论是，应该以某种方式将金融稳定纳入货币政策决策之中，但具体以何种方式纳入，目前仍处于开放式的讨论过程中。从货币政策规则的角度看，现有讨论主要有以下三种代表性的观点：第一种观点认为，货币政策应该“盯住”某个金融稳定变量，形成如式（7-13）所示的“纳入金融稳定的扩展型泰勒规则”；第二种观点认为，货币政策应该“关注”而非“盯住”金融稳定，因此，金融稳定并不作为明确的规则性和目标性变量直接进入政策规则之中，而仅仅隐含在货币决策的信息集之中；第三种观点认为，货币政策应该维持原有的以经济稳定为主的规则形式不变，而金融稳定的目标则交由新的宏观审慎政策去实现。

对于上述第一种主张，即金融稳定直接作为目标变量之一纳入规则之中，可被称为“显性的金融稳定规则”；对于第二种主张，即仅将金融稳定相关变量纳入货币政策的决策信息集作为“关注”和参考指标，可被称为“隐性的金融稳定规则”；第三种主张可被称为“分离的金融稳定规则”。目前关于上述三类规则孰优孰劣的争论仍在持续，中央银行在实践中究竟会采用哪一种规则（抑或采用某些更为复杂的混合模式，如不同的金融稳定变量分别同时进入货币政策规则和宏观审慎政策规则），仍有待时间给出答案。

7.3.2 货币政策规则的运用原则

货币政策在操作上尽管存在规则和相机抉择之争，但实际上相机抉择也不是完全没有规则，比如“逆风向而行”的调控原则就可以被视为具有规则的成分。因此，从严格的理论逻辑的角度看，所有国家的货币政策实践实际上都遵循着一定的“规则”，区别仅在于规则的明确性和具体性程度以及由此决定的政策决策的自由度。综合考虑理论基础和实践经验，一个国家对货币政策规则的选择和运用应遵循以下基本原则：

一是在方法论上，规则和相机抉择应该动态权衡，避免僵化和随意性两个极端。从理论上看，规则的优点是简单、透明、稳定和可预期，而相机抉择的优点是自主、灵活以及在复杂条件下的适应性强。在严格的规则和相机抉择之间，存在无数个“中间方案”，有些方案偏重于规则，有些方案则偏重于相机抉择。对于现实中的政策规则选择而言，一个国家究竟是选择偏规则的实施方案，还是选择偏相机抉择的实施方案，需要考虑特定时期、特定条件和特定背景下的调控需要。一般而言，如果已有的规则被证明运行良好，并且没有特定迹象表明需要进行额外调整，那么应该坚持使用规则；反之，如果出现了突发性的超预期的重大事件，比如改变经济及金融运行状态甚至规律的各种系统性冲击（如经济及金融危机、自然灾难、社会危机以及其他对总供给和总需求产生系统影响的重大事件），那么即使是实施较为严格的规则的国家，也可以根据需要转向更多的相机抉择决策。总之，一定的基础性的规则和适度的相机抉择都是有必要的：前者建立在对普适性的一般规律的认识基础之上，可视为货币政策规则中的稳定“存量”；而后者则建立在对复杂对象的动态适应基础之上，可视为货币政策规则中的动态“增量”。权衡的关键在于二者在不同条件下的动态搭配。

二是不同类型的规则通常各有优劣且具有一定的互补性，应基于有效性原则予以灵活选择、配置和运用。一般而言，任何一种规则都有其适用的环境和前提条件，并没有“放之四海而皆准”的所谓最优的货币政策规则，无论是从价格型货币政策规则和数量型货币政策规则的选择来看，还是从两类规则下各种具体的规则形式选择来看，都是如此。比如，尽管价格型货币政策规则在成熟市场经济条件下通常被认为要优于数量型货币政策规则，但如果市场的发育程度不够成熟或存在市场分割、市场机制不完善等问题，由于价格信号的调控能力有限或价格传导机制受阻，数量型货币政策规则可能会优于价格型货币政策规则。事实上，即使是在成熟的市场经济国家，在某些特定的情况下，比如当中央银行的利率调控遭遇“零下限”约束时，数量型货币政策规则既可以在价格型货币政策规则之外相对独立地发挥作用，也可以与价格型货币政策规则一起配合使用，从而起到互补或增强的效果。此外，在规则取向的趋势性调整方面，应注意规则的转型并非一蹴而就，而是要根据规则实施条件的具备程度予以渐进推进，并且在渐进推进的过程中，也可以根据需要选择多种灵活的过渡和中间模式。比如，随着市场化进程的推进，在从数量型货币政策规则向价格型货币政策规则转型的过程中，可采用优先适用价格型货币政策规则、必要时使用数量型货币政策规则的基本模式，既能明确调整和引导的方向，又能守住确保货币政策有效的实践底线。不仅如此，即使在推进价格型货币政策规则的过程中，具体的规则形式也可以予以灵活设计，比如在实施利率规则的过程中，在设定单一的目标政策利率之前，可以考虑采用利率走廊模式作为过渡（见第6章的专栏6-6），这样可以给中央银行和市场主体以充分的认知和试错空间，同时把可能的试错成本控制在可以承受的范围之内，以最大限度地确保政策转型的稳定和风险可控。

三是即便是合理设定的规则，其有效的实施也取决于相关信息的可靠性、全面性和有效性，特别是对于前瞻性的货币政策规则更是如此。规则在本质上只是关于政策反应模式的一种情景设定，即在什么样的触发条件下，需要采取何种方向和力度的政策操作予以应对。因此，运用政策规则进行货币政策调控的前提条件是明确相关“触发条件”是否具备。这就涉及货币政策决策的信息基础问题。从较窄的层面上看，货币政策必须先明确其规则中盯住变量的具体指标及其测度上的准确性，比如泰勒规则中用实际GDP相对于其趋势值的偏离度表征“产出缺口”，用CPI或核心CPI相对于通货膨胀目标值的偏离表征“通货膨胀缺口”，但如果现实中有关实际GDP或CPI的基础统计数据不够准确，就会对规则的正常实施造成干扰。例如，对于一个将通货膨胀目标定为2%的中央银行而言，如果真实的（核心）CPI已经超过了2%但由于统计数据存在偏误（显示仍低于2%），中央银行就可能错误地维持利率不变（本应该提高利率）而导致通货膨胀无法得到及时的控制。此外，从更广的层面看，科学的货币政策决策实际上需要全面系统的信息和数据支持，而不是单纯地通过一两个关键变量（如通货膨胀和产出）的变化来决定货币政策的操作。比如，在实施“灵活通货膨胀目标制”的美国，除通货膨胀和产出缺口的变化外，包括经济增长率、劳动生产率、就业率、金融市场状况和各种外部冲击的变化等都是美联储政策利率调整的重要参考因素。此外，如果要实施前瞻性的货币政策规则，那么相关决策信息的提供还必须建立在正确预测的基础之上，而错误的预测往往导致系统性的决策偏差和政策失误。简言之，成功的货币政策规则必然内含着“决策信息准确有效”这一基本前提。

7.4 中国的货币政策规则

与国际经验一致，中国的货币政策规则的历史演变总体上也符合以下两个基本趋势：

一是从主要使用数量型货币政策规则到更多地倾向于使用价格型货币政策规则，二是从主要依靠相机抉择到越来越重视“规则”的作用。尽管中国渐进式改革和转型的特点使得上述演变进程在2008年之前总体上略微滞后于西方发达国家，但近年来随着中国货币政策实践的不断成熟和完善，一系列具有中国特色的货币政策规则正在加速形成和完善。

7.4.1 1978年改革开放之前：“1∶8”规则

在1978年改革开放之前，中国经济虽然处于计划经济体制之下，但仍然存在货币发行和管理的问题，特别是在1958年开始的“大跃进”引发通货膨胀之后，人们开始意识到确保货币发行适度的重要性。在此背景下，中国的银行工作者根据多年商品流通和货币流通之间的经验数据，提出了“1∶8公式”，即货币流通量与社会商品零售总额的比例应为1∶8，其含义是每8元零售商品供应需要1元人民币实现其流通，具体计算公式为：

社会商品零售总额/流通中货币量(现金)=8　　(7-17)

根据式（7-17），当市场上流通的货币量符合这个比例时，则货币发行量适度，商品流通正常；如果大于这一比例，则货币发行不足；如果小于这一比例，则货币发行过量。应该说，在早期的计划经济体制下，由于金融发展程度不高，现金使用和货币化水平基本稳定，同时生产、分配和消费等各种重要的比例关系基本稳定，“1∶8公式”基本是适用的，并对货币和物价的管理产生了积极效应。尽管在计划经济体制下尚不存在现代意义上的货币政策，但“1∶8公式”仍可以被视为一种简单而有效的货币管理规则，并且在核心思想方面符合货币数量论的基本逻辑和主张。

7.4.2 20世纪80年代：信贷规模管理规则

在1978年改革开放之后，随着计划经济向市场经济的过渡，货币、信贷和金融市场迅速发展，现代意义上的货币供给机制逐渐形成，这使得简单使用“1∶8公式”来判断和决定货币供给的方法已不再适用。从1984年中国人民银行承担中央银行职能起，中国有了真正意义上的货币信贷调控和货币政策。其中，在市场机制初步萌芽的早期阶段，货币政策的实施主要通过信贷规模管理实现。一般而言，在国家用于动员和分配信贷资金的“信贷计划”中，先会确定信贷的总规模，然后通过各家专业银行的总行逐级下达。银行多吸收存款可以多发放贷款，少吸收存款则应少发放贷款。从1989年起，中国人民银行把贷款规模改称为贷款最高控制限额，实行“限额管理、以存定贷”办法（专栏7-7）。总体来看，通过实行信贷规模管理，既有利于从总量上控制信贷投放和货币供给，又有利于金融机构逐步引入市场化的经营机制，逐步打破信贷资金管理的“大锅饭”。应该说，在计划经济向市场经济转型的早期阶段，通过将比较僵硬的信贷规模控制逐步转变为包含市场化元素的灵活性和选择性的政策工具，是中国货币政策操作“渐进”向市场化过渡的一种重要思维。

专栏7-7　贷款最高控制限额的主要内容

贷款最高控制限额的主要内容包括：(1) 贷款最高控制限额框定了贷款的总“笼子”，各专业银行和其他金融机构在核批的贷款限额内，主要依靠自己组织吸收存款来实现贷款最高限额；(2) 对贷款最高限额实行“全年亮底、按季监控、按月考核、适时调节”，即以央行核批的季度贷款最高限额为监控指标，分别由各专业银行的总行和人民银行的各省（自治区、直辖市、计划单列城市）分行按系统和地区监控；（3）各专业银行总行和分行在执行过程中，可根据情况变化申请调整季度贷款最高限额，其中，各专业银行分行如要超过季度贷款最高限额，需报其总行批准；而各专业银行总行要超过季度贷款最高限额，则需报人民银行总行批准。

注：本专栏内容根据公开资料整理汇编。

7.4.3 20世纪90年代至2011年：以数量型货币政策规则为主

在市场机制不充分、不完善的情况下，通过调控信贷规模来达到扩张或收缩货币供应量的目的基本是可行的。但随着经济体制的变迁，信贷规模管理这种偏行政性的调控方式越来越难以满足市场化调控的需要，在此背景下，中国人民银行从1994年开始，正式将货币供应量作为货币政策调控的主要中间目标。尽管中国人民银行一直并未以官方形式公布任何的政策规则，从实际情况来看，货币供应量调控总体上可概括为如下基本规则：

$$\text{M2 增速} = \text{GDP 增速} + \text{CPI 增速} + \text{调节系数} \tag{7-18}$$

其中，“调节系数”的高低可以部分地反映出货币政策的松紧取向，以及中央银行无法控制的一些外部冲击所造成的货币供给扰动。同时，从实际数据和相关信息来看，在2004年之后的大部分年份里，“调节系数”似乎被限定在一个较小的区间范围之内（专栏7-8）。根据这一规则我们可以看出，该时期中国人民银行的货币数量调控主要体现出两个方面的特点：一是借鉴类似单一规则的某些思想和方法，主要根据目标的经济增长率和通货膨胀率，确定年度的货币供应量（M2）目标值；二是通过在上述规则中引入“调节系数”，允许中央银行根据实际情况“相机抉择”地适度偏离（主要由经济增速和通货膨胀率决定）M2增速的目标值“中枢”，以增加货币调控过程中的弹性和灵活性。从稍微宽广的视野来看，这一规则实际上是围绕中国人民银行的4个法定政策目标（即经济增长、物价稳定、充分就业和国际收支平衡）展开的：式（7-18）右侧的“GDP增速”和“CPI增速”分别体现前两个目标，而“调节系数”则被用于动态地平衡另外两个目标以及其他偶然性或意外事件冲击的影响。换言之，“GDP增速”和“CPI增速”体现的是货币政策操作中的规则成分，而“调节系数”则反映出货币政策操作中的相机抉择成分，因此，这一时期中国的货币政策规则总体上可以被视为一种“引入了相机抉择的货币供应量规则”。

专栏7-8　“M2公式”的理论与现实解读

2014年，时任中国人民银行调查统计司司长盛松成在解读上半年金融数据时提出，合理的M2增速为“GDP增速+CPI增速+2～3个百分点”，M2增速只要在这个区间内就是合理的。针对当年上半年“M2增速为14.7%，减去7.4%的GDP增速和2.3%的CPI增速后为5%，明显超过2～3个百分点，表明M2增速偏快”的观点，盛松成解释说，银行的贷款投放在4个季度的分布通常为30%、30%、20%和20%，上半年较为集中，尽管上半年信贷投放5.74万亿元，但下半年不会还投放5.74万亿元；M2也有类似情况。

根据《政府工作报告》，2014年的M2增速要控制在13%左右，经济增速控制在

7.5%左右，通货膨胀率控制在3.5%以内。上述目标设定显然符合“M2增速公式”。不过，上述公式并非央行货币调控所遵循的一个固定不变的规则，在遭遇重大意外事件的冲击时，中国人民银行会视情况“相机抉择”地偏离该规则。比如，为应对2008年国际金融危机的影响，在“四万亿”计划的影响下，2009年和2010年的“M2增速－GDP增速－CPI增速”分别达到了19.8%和5.8%，大大超过所谓2%～3%的合理空间。

关于“调节系数”，一般认为，其大小变化可以在一定程度上客观地反映货币政策的相对松紧立场，但也有学者认为，从理论上看，根据货币数量论，M2增速减去GDP增速对应的是通货膨胀率，体现的是“货币增量”比“实际财富增量”多出多少。按照这一逻辑，“M2增速公式”多出来的所谓“合理的2%～3%的空间”（即调节系数）也可以理解为真实数据和统计数据之间的一种“预期偏差”，用于对GDP和CPI数据潜在的统计问题进行调整和校正。

从历史数据来看，如果按照3%的“调节系数”，M2增速＝GDP增速＋CPI增速＋3%，那么，在2011—2016年，除2011年是为消化之前两年货币大量投放（为应对国际金融危机）而进行的主动收缩（趋势性地回归常态），致使调节系数出现－1.4%之外，其他年份基本保持在3%附近。不过，从2017年起情况似乎发生了逆转性的变化，货币总量增速持续低于GDP与CPI增速之和，“调节系数”持续为负（表7－3）。对此，一些学者和市场人士解读为，至少从货币供应量的角度来看，货币政策立场在2017—2019年较之前出现了相对收紧的态势。

表7－3　M2与GDP和CPI的关系

年份	1993	1994	1995	1996	1997	1998	1999	2000	2001
GDP增速（%）	13.9	13.0	11.0	9.9	9.2	7.8	7.7	8.5	8.3
CPI增速（%）	14.7	24.1	17.1	8.3	2.8	－0.8	－1.4	0.4	0.7
M2增速（%）	37.3	34.5	29.5	25.3	17.3	14.8	14.7	12.3	14.4
调节系数*（%）	8.7	－2.6	1.4	7.1	5.3	7.8	8.4	3.4	5.4
年份	2002	2003	2004	2005	2006	2007	2008	2009	2010
GDP增速（%）	9.1	10.0	10.1	11.4	12.7	14.2	9.7	9.4	10.6
CPI增速（%）	－0.8	1.2	3.9	1.8	1.5	4.8	5.9	－0.7	3.3
M2增速（%）	16.8	19.6	14.7	17.6	17.0	16.7	17.8	28.5	19.7
调节系数*（%）	8.5	8.4	0.7	4.4	2.8	－2.3	2.2	19.8	5.8
年份	2011	2012	2013	2014	2015	2016	2017	2018	2019
GDP增速（%）	9.6	7.9	7.8	7.4	7.0	6.8	6.9	6.7	6.1
CPI增速（%）	5.4	2.6	2.6	2.0	1.4	2.0	1.6	2.1	2.9
M2增速（%）	13.6	13.8	13.6	12.2	13.3	11.3	8.1	8.1	8.7
调节系数*（%）	－1.4	3.3	3.2	2.8	4.9	2.5	－0.4	－0.7	－0.3

注：*对应的表中的调节系数＝M2增速－GDP增速－CPI增速。

除上述基于年度货币供应量的调控规则外，中国人民银行的日常货币政策调控总体上遵循数量型货币政策规则和价格型货币政策规则相结合的模式，其中以货币供应量为中间目标的数量型调控在很长时间内都占据着主导，而以利率为（非正式公布的隐性）中间目标的价格型调控则主要以“增量”形式存在，基本原则是随着市场化进程的推进，逐步增加其运用频率。简言之，中国货币政策调控的渐进转型策略是，与经济金融的市场化进程一致，通过增加价格型货币政策规则的使用，逐步降低数量型货币政策规则的使用频率，特别是在推动利率市场化进程的过程中，价格型调控成为中央银行“优先”使用的调控模式。

从具体的调控规则来看，尽管中国人民银行并未宣布任何具体的政策规则，但自1995年公布的《中华人民共和国中国人民银行法》明确货币政策的最终目标是“保持货币币值稳定，并以此促进经济增长”以来，可以认为，中国的货币政策调控无论是价格型货币政策规则还是数量型货币政策规则的运用，至少从法定最终目标的角度看，总体上都满足“灵活通货膨胀目标制”的基本特征，这意味着形如式（7-6）所示的“麦卡勒姆规则”以及式（7-10）所示的“泰勒规则”总体上也可被用于描述中国20世纪90年代之后的货币政策操作，只不过与同时期的发达国家相比，中国在上述两种规则的运用上具有以下三个方面的不同：一是由于转型经济的特征和需要，中国常常区分不同情况交替使用数量型工具和价格型工具，而西方发达国家通常使用一种特定的工具；二是作为转型和新兴市场经济体，中国有“把失去的几十年尽快追回来的强烈愿望”（周小川，2016），这使得政策规则中对经济增长（产出缺口）的反应参数较之西方发达国家相对更大，相应的对通货膨胀的包容性也相对更强；三是鉴于转型经济的复杂性和特定的政治经济制度，中国的货币政策天然地需要兼顾和平衡多重目标，这使得货币政策在操作中的自由度和相机抉择成分相对西方发达国家而言也要大一些。

7.4.4 2012年之后：向价格型货币政策规则迈进

在2012年党的十八大召开之后，利率市场化进程加快推进，货币政策采取价格型货币政策规则进行调控的环境和基础更加成熟。在此期间，中国人民银行也采取了一系列措施，主动推进更加市场化的利率政策调控，包括放开存款利率上限、建设“利率走廊”机制、考虑不再公布存贷款基准利率等。在2017年党的十九大召开之后，货币政策以价格型调控为主的定位更为清晰，并采取了一系列实质性的政策措施，例如，在中间目标选择上，从2017年起不再公布M2和社会融资规模的增速目标，数量型工具的主要中间目标被淡化（专栏7-9）；在操作工具的选择上，推动各种价格型工具的运用和完善，选择和培育更加市场化的锚定利率，存贷款基准利率逐步淡出；在传导机制的构想上，完善贷款基础利率（loan prime rate，LPR）形成机制，打破利率“双轨制”，提高政策利率向贷款利率的传导效率（二维码专栏7-3）。

【二维码专栏7-3】

为什么要推动利率“并轨”？

专栏7-9 M2和社会融资规模的目标增速为何被淡化？

2017年，M2目标增速自2009年以来首次未出现在《政府工作报告》中，而2016年首次纳入报告的社会融资规模余额增速也被同步淡化，报告只是笼统地提及保持货币信贷和社会融资规模增速与国内生产总值名义增速相匹配。在2016年，M2增速和社会融资规模余额增速的目标值均为12%左右。

在2017年第4季度《中国货币政策执行报告》中，中国人民银行曾以专栏的形式解释称：随着金融市场和金融产品更趋复杂，M2的可测性、可控性及与实体经济的相关性都在下降，在完善货币数量统计的同时，可更多关注利率等价格型指标，逐步推动从数量型调控为主向价格型调控为主转型。

中金公司的报告认为，淡化M2和社会融资的目标增速主要是因为，在影子银行快速发展的背景下，现有统计口径的M2存在一定程度的遗漏，导致其作为货币政策中间指标的有效性被弱化。交通银行金融研究中心认为："M2不提具体目标值，释放出淡化货币政策总量控制的信号，与货币当局认为M2增速与经济运行的关系发生变化、未来货币政策更加注重价格型调控有关。"

注：本专栏内容选编自澎湃新闻2018年3月5日的报道《9年来政府工作报告首次未对M2设定目标，淡化总量控制》。

显而易见，上述政策措施均指向更多地采用价格型货币政策规则进行调控。尽管以价格型调控为主的改革方向非常明确，但这并不意味着数量型调控会马上淡出甚至彻底退出。基于中国特定的国家、经济和文化特征，可以预期，即使在以价格型调控为主的情况下，数量型调控仍将作为必要的、备用的重要辅助手段予以保留。这也意味着，在未来相当长的一个时期内，中国的货币政策调控仍将表现出价格型货币政策规则和数量型货币政策规则"并存并用"的局面，只不过在运用的频率和优先秩序方面，可能会从之前的"数量型货币政策规则为主"逐步转变为"价格型货币政策规则为主、数量型货币政策规则为辅"。

【本章小结】

货币政策规则是中央银行在货币政策决策和操作过程中所遵循的主要原则或核心准则，它通过对中央银行货币政策行为的描述，将货币政策目标、工具、传导机制、操作模式等内容以高度凝练的方式予以呈现，是理解和概括一国货币政策的重要切入点。良好设定的货币政策规则不仅可以作为货币政策实践的"操作指南"，给货币政策制定者提供基础的、稳定的和前后一致的决策参考，而且可以提高货币政策的透明度、稳定性、公信力和有效性。

货币政策规则最早是相对于"相机抉择"而出现的一个概念。所谓相机抉择，是指政策制定者不对未来的行动做出任何承诺，而只是根据当时的情况采取他们认为正确的决策。具体而言，凯恩斯学派主张中央银行应根据宏观经济的运行态势，在物价稳定、充分就业、经济增长和国际收支平衡这"四大目标"之间进行适当的权衡取舍，然后按照"逆风向而行"的原则进行相应的货币政策操作。

基于规则的货币政策是指政策决策者不能按照主观判断任意地决策和行事，而应遵循一定的规则或者在某些既定的要求或限制下行事。与相机抉择不同，规则必然涉及有约束力的限制性要求和某些自动性的触发机制，如明确规定当失业率或通货膨胀数据发生变化时所必须做出的政策反应。基于规则的货币政策分为"非积极干预型"和"积极干预型"两类，前者的典型代表如单一规则，后者的典型代表如泰勒规则。

规则和相机抉择各有优劣，不能简单地将二者对立起来或被动机械地二择其一。事实上，中央银行在进行决策时不可能不考虑经济金融形势的动态变化，因此，相机抉择的关键在于其"程度"。规则和相机抉择相融合的一类规则形式被称为"受约束的相机抉择"，此类规则通过将政策制定者的决策行为置于一定的制度和规则约束之下，但同时又赋予其一定的灵活性，从而尽可能地兼容规则和相机抉择的优点。现代意义上的中央银行在制定和实施货币政策时，一般都既遵循一定的规则，同时也允许一定程度的相机抉择，区别主要在于规则的形式和允许相机抉择的程度。

如果货币政策的操作目标和意欲影响的中间目标是货币供应量、信贷规模等数量型指标，同时中央银行据此建立相应的政策反应规则，那么这样的货币政策规则一般被称为“数量型货币政策规则”，典型代表如麦卡勒姆规则；相比之下，如果货币政策的操作目标和意欲影响的中间目标是利率、汇率等价格型指标，同时中央银行据此建立相应的政策反应规则，那么这样的货币政策规则一般被称为“价格型货币政策规则”，典型代表如泰勒规则。

货币政策规则在实践中的运用主要是通过“盯住”少量的目标变量，并根据其变化情况决定货币政策操作目标或中间目标的适当水平。从历史来看，一国货币政策规则的选择，最终是服务于货币政策目标的实现的，因此，货币政策规则的演变往往与货币政策目标的变化及其背后的传导机制相关联，而在发展趋势上则受到当时主流货币政策理论的影响。实践中的货币政策规则在20世纪30—60年代以相机抉择为主，在20世纪70—80年代以数量型货币政策规则为主，在20世纪90年代至2008年以价格型货币政策规则为主，在2008年之后的新动向是考虑纳入金融稳定。

综合考虑理论基础和实践经验，一个国家对货币政策规则的选择和运用应遵循以下基本原则：一是在方法论上，规则和相机抉择应该动态权衡，避免僵化和随意性两个极端；二是不同类型的规则通常各有优劣且具有一定的互补性，应基于有效性原则予以灵活选择、配置和运用；三是即便是合理设定的规则，其有效实施也取决于相关信息的可靠性、全面性和有效性，特别是对于前瞻性的货币政策规则更是如此。

与国际经验一致，中国货币政策规则的历史演变总体上也符合以下两个基本趋势：一是从主要使用数量型货币政策规则到更多地倾向于使用价格型货币政策规则，二是从主要依靠相机抉择到越来越重视“规则”的作用。从具体实践来看，中国在1978年改革开放之前的货币管理主要采用“1∶8公式”，在20世纪80年代实施信贷规模管理，在20世纪90年代至2011年以数量型货币政策规则为主，在2012年之后开始走向“价格型货币政策规则为主、数量型货币政策规则为辅”的新格局。

【关键词】

货币政策规则　相机抉择　受约束的相机抉择　单一规则　时间不一致　数量型货币政策规则　价格型货币政策规则　麦卡勒姆规则　泰勒规则　政策平滑　通货膨胀目标制　灵活通货膨胀目标制

【复习思考题】

1. 简要解释货币政策规则的含义和产生背景。
2. 简要阐述支持“规则”和“相机抉择”的主要理由。
3. 简要说明主要的货币政策规则及其在实践中的应用。
4. 简要阐述中国货币政策规则的实践演变和发展方向。

第8章 货币政策传导机制

【本章要点】

1. 货币政策传导机制的内涵与作用；
2. 货币政策传导机制的经典理论及其逻辑；
3. 常规与非常规货币政策的传导机制比较；
4. 中国货币政策传导机制的现状、问题与完善方向。

【导入案例】

中证网讯（彭扬，欧阳剑环．央行：稳健的货币政策要松紧适度　创新货币政策工具和机制．2019-05-17）：17日，央行发布《2019年第一季度中国货币政策执行报告》。对于下一阶段主要政策思路，报告指出，稳健的货币政策要松紧适度，适时适度实施逆周期调节，根据经济增长和价格形势变化及时预调微调，进一步加强政策协调，疏通货币政策传导，创新货币政策工具和机制，进一步降低实体经济尤其是小微企业融资成本，提高金融服务实体经济的能力和意愿。把好货币供给总闸门，不搞“大水漫灌”，同时保持流动性合理充裕，广义货币M2和社会融资规模增速要与国内生产总值名义增速相匹配。推动稳健货币政策、增强微观主体活力和发挥资本市场功能之间形成三角良性循环，促进国民经济整体良性循环。

根据上述内容，大家可以比较直观地感受到，中央银行的货币政策操作并不是凭空决定和任意实施的，而是遵循着一定原则和路径的。那么，现实中的中央银行究竟是怎样制定和实施货币政策的？中央银行的货币政策操作又是如何一步步经由中间目标影响到最终政策目标的？常规和非常规货币政策的传导过程存在差异吗？本章将对上述问题进行解答。

8.1 概述

货币政策传导机制是指中央银行的货币政策调整如何经由金融体系和实体经济中若干关键变量和环节的传导，最终实现其政策目标的基本过程和内在机理。从货币政策操作的角度看，货币政策传导机制描述了“政策工具→操作目标→中间目标→最终目标”这一过程背后的关联机制和相关理论逻辑（图 8-1）。

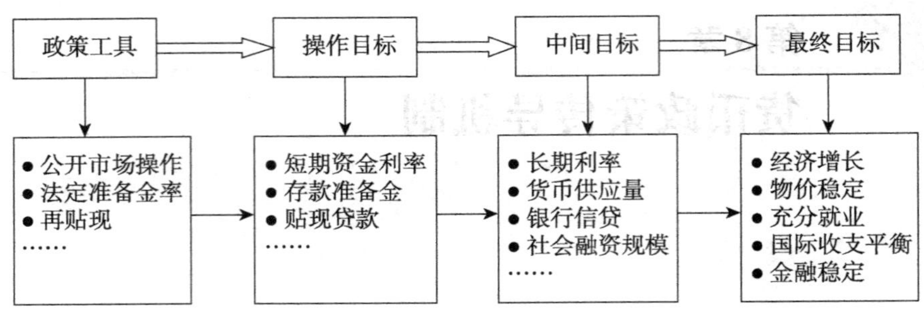

图 8-1　货币政策操作过程中的基本传导机制

从大的传导过程来看，货币政策传导机制涉及彼此影响的两个基本领域：金融体系和实体经济。一般而言，中央银行运用货币政策工具进行相关政策操作，会先对金融领域的货币供应量和利率等核心基础变量产生影响，然后通过时间和空间两个基本维度的传导，对金融市场的价格、信贷和融资条件等产生一般性影响，进而经由融资成本、机会成本、市场预期等机制影响实体经济中企业和家庭的经济行为（投资与消费决策），从而最终对经济的总产出、就业和通货膨胀产生影响。

在现代经济和金融条件下，货币政策传导机制的明晰性、通畅性和可靠性直接决定了货币政策实践的效果和效率。确保货币政策传导过程的清晰、无梗阻和稳定可信，是货币政策有效发挥调控功能和实现预期目标的重要前提。在实践中，由于货币传导机制涉及金融体系和实体经济两个基本领域，因此，货币政策传导机制的效率和有效性不仅取决于实体经济的活动与效率，同时也与金融体系的活动和效率密切相关。

对于货币政策实践而言，深刻理解和厘清特定国家在特定时期的货币政策主要传导机制，对货币政策工具和操作方式的选择具有重要指导意义。此外，当某些传导机制由于特定原因受阻时，货币政策既可以通过政策工具的创新“疏通”或“越过”受阻的环节，也可以直接转向其他仍然畅通的传导机制并采用相应的工具，以确保货币政策的传导始终畅通和有效。

8.2　货币政策传导机制的经典理论

根据传导过程中的核心变量或关键路径的不同，货币政策传导机制的经典理论主要有以下七种：利率传导机制理论、货币传导机制理论、汇率传导机制理论、资产价格传导机制理论、信贷传导机制理论、流动性传导机制理论和预期传导机制理论。不论从理论上看，还是在现实情景中，上述七种基本传导机制都并不是非此即彼的对立关系，而是相互交织在一起的共存关系，只不过对于特定时期的特定经济体而言，由于制度约束或者经济金融运行环境的影响，其中的某一两种机制可能发挥着更加具有主导性的作用，从而成为主要的传导机制。

8.2.1 利率传导机制理论

利率传导机制理论是最早被正式提出的货币政策传导机制理论，最早出现于凯恩斯的《通论》，后随希克斯（Hicks，1937）的IS-LM模型得以广泛普及和传播，至今仍具有重要的影响。在IS-LM中，利率是货币政策传导机制的核心，具体过程为：货币供应量的增加将推动实际利率（借贷成本）下降，而实际利率（借贷成本）下降将刺激企业增加投资支出和家庭增加耐用品消费（后者也属于投资决策），然后通过乘数效应推动总需求水平的上升。简言之，货币供应量（M）的上升将导致实际利率（i）的下降，而实际利率的下降将刺激投资（I）的增加，进而引起总需求（Y）的上升：

货币供应量$M\uparrow\rightarrow$实际利率$i\downarrow\rightarrow$投资$I\uparrow\rightarrow$总需求$Y\uparrow$

上述利率传导机制理论除了强调利率在货币政策传导过程中的核心作用外，还强调真正影响企业和家庭投资决策的是长期实际利率而非短期名义利率。一般认为，如果中央银行使短期名义利率下降，就会导致短期和长期债券的实际利率相应下降。由于存在价格黏性，扩张性货币政策降低了短期名义利率，也就降低了短期实际利率，即使在理性预期假设下也是如此。同时，根据利率期限结构的“预期理论”，长期利率是未来短期利率的期望值，因此短期实际利率的降低将导致长期实际利率的下降。随着长期实际利率的下行，企业和家庭的固定投资、住宅投资、耐用消费品支出和库存投资会相应上升，从而导致总需求和总产出增加。

由于影响投资的是实际利率而非名义利率，因而米什金等学者认为，即使名义利率水平在衰退时期触及“零利率下限”，货币政策依然可以发挥作用。这是因为，中央银行通过承诺未来实施扩张性货币政策，将提高预期的通货膨胀率，从而降低实际利率，进而刺激投资增加和总需求的上升：

通货膨胀预期$\pi^e\uparrow\rightarrow$实际利率$i\downarrow\rightarrow$投资$I\uparrow\rightarrow$总需求$Y\uparrow$

值得一提的是，宏观经济学发展到今天，基于实际利率的传导渠道仍然是很多主流货币政策理论的核心基础，并且在实践中对中央银行家的政策思维具有重要影响。专栏8-1基于经典的新凯恩斯“三方程”模型，在一个变量内生性相互影响的框架下，说明了实际利率渠道在货币政策和宏观经济分析中是如何发挥作用的。

专栏8-1 新凯恩斯“三方程”模型下的货币政策传导机制

经典的新凯恩斯“三方程”模型通过3个高度简化的（同时具有明确微观基础的）基本方程，描述以下3个关键宏观经济变量之间的相互作用：产出y_t、通货膨胀π_t和短期名义利率r_t。基于新凯恩斯“三方程”模型，可以对现代宏观经济学中的三流利率传导机制理论进行很好的理解。

第一个方程被称为前瞻性IS曲线（即总需求曲线），主要通过人们对未来产出的预期和实际利率（名义利率减预期通货膨胀率）的变动来解释当期产出的变化，其简化的对数线性化形式为：

$$y_t=E_ty_{t+1}-\sigma\underbrace{(r_t-E_t\pi_{t+1})}_{\text{实际利率}}\tag{8-1}$$

其中，$\sigma>0$为实际利率的产出弹性参数。从微观基础来看，IS方程主要由家庭部门的跨期效用最大化条件联合国民收入恒等式得出。

第二个方程是新凯恩斯菲利普斯曲线，主要通过人们对未来通货膨胀的预期和边际成本（在简化条件下，用总需求替代）的变动来解释当期通货膨胀的变化，其简化的对数线性化形式为：

$$\pi_t = \beta E_t \pi_{t+1} + \gamma y_t \tag{8-2}$$

其中，$\gamma>0$，为边际成本（总需求）的通货膨胀效应参数。从微观基础来看，新凯恩斯菲利普斯曲线主要由垄断竞争企业的最优化定价行为推导得出。

第三个方程是由泰勒（1993）提出的货币政策（利率）规则，主要用于描述中央银行的利率调整行为，其对数线性化形式为：

$$r_t = \rho r_{t-1} + (1-\rho)(\kappa_\pi \pi_t + \kappa_y y_t) \tag{8-3}$$

其中，$\rho>0$，为利率平滑参数。$\kappa_\pi>0$ 和 $\kappa_y>0$ 分别表示货币政策利率对通货膨胀和产出缺口的反应参数。

在上述新凯恩斯“三方程”模型中，货币政策通过传统凯恩斯主义“利率渠道”进行传导的过程和相互作用机制非常清晰明确。比如，当市场中的通货膨胀预期 $E_t\pi t+1$上升时，一方面会通过新凯恩斯菲利普斯曲线［式（8-2）］推动当前的通货膨胀率 π_t 上升，另一方面会降低实际利率 $r_t - E_t\pi_{t+1}$，然后通过 IS 曲线［式（8-1）］推动当前的产出 y_t 上升。通货膨胀率 π_t 和产出 y_t 的上升（偏离均衡状态）意味着当前经济处于过热状态，于是，中央银行根据式（8-3）所示的利率规则，需要提高短期的名义利率水平 r_t。r_t 的上升会导致实际利率（$r_t - E_t\pi_{t+1}$）上升，并通过 IS 曲线［式（8-1）］抑制总需求，而总需求的下降会进一步通过菲利普斯曲线［式（8-2）］降低通货膨胀压力，最终达到抑制经济过热（通货膨胀和产出上升）的货币政策目标。

8.2.2 货币传导机制理论

与凯恩斯学派不同，以弗里德曼为代表的传统的货币主义学派认为，货币政策的传导机制主要不是通过利率间接影响投资和总需求，而是通过货币实际余额的变动直接影响投资和总需求：

货币供应量 $M\uparrow \rightarrow$ 支出 $E\uparrow \rightarrow$ 投资 $I\uparrow \rightarrow$ 总需求 $Y\uparrow$

根据弗里德曼的货币需求理论，由于货币需求函数具有内在稳定性，而货币供给由中央银行外生控制，因此，当中央银行的货币供应量（M）增加时，由于货币需求不变，公众所持有的货币量会超过他们愿意持有的货币量，从而导致货币供给大于货币需求，于是公众会将多余的货币用于购买各种金融和实物资产，从而使得支出（E）增加。

对于支出增加引发投资增加的过程，货币主义学派将其视为公众对资产结构进行调整的过程：人们对金融资产和实物资产的投资会引起这些资产相对收益率的变动。如果对金融资产的投资偏多，金融资产价格上涨，收益率相对下降，从而会刺激实物资产的需求；反之，如果对实物资产的投资增加，则会使总需求上升和物价水平上涨。

在上述传导机制过程中，货币供应量（M）通过作用于支出（E）引起总需求（Y）的变动，这在多大程度上反映了总需求（实际产出）的变化？又在多大程度上反映了价格水平（通货膨胀率）的变化？对此，货币主义学派认为，货币供给变化在短期中会同时影响产出和通货膨胀，但在长期中则只会影响物价水平，即货币是中性的。

总体来看，与凯恩斯学派相比，货币主义学派更强调货币供应量对总需求的直接影响，从而否定了利率在货币政策传导中的中介作用。事实上，弗里德曼和施瓦茨（Friedman and Schwartz，1963）在分析美国货币史时采用的是"黑箱分析"，主要将货币供应量与支出、收入、产出等指标进行直接的数量分析，未考虑具体的传导过程。布赖恩·摩根（Brian Morgan）等学者认为，货币主义学派与凯恩斯学派在货币政策的传导机制上并没有本质的区别，因为两个学派都从货币视角来解释货币政策的传导机制，不同之处仅在于：凯恩斯学派主要强调的是货币的价格（利率）的传导作用，而货币主义学派则主要强调的是货币的量的传导作用。

8.2.3 汇率传导机制理论

汇率是开放经济条件下联系国内外经济活动的一个重要变量，因此，开放条件下的货币政策传导机制必然与汇率变动相关联。事实上，围绕汇率所进行的政策（汇率政策）调控已经成为现代中央银行实现外部均衡的主要手段。

货币政策汇率传导机制的代表性理论是多恩布什（Dornbusch，1976）的汇率超调模型（overshooting model）。根据这一模型，货币供应量（M）的上升将导致本国的实际利率（i）下降，进而对利率平价关系造成冲击。由于套利者投资本国货币的收益下降，因而会转而买入外国货币，这会使得本币需求相对下降和外币需求相对上升，从而导致本币贬值（对应间接标价法下的名义汇率 e 下降）。本币贬值意味着以外币表示的本国商品价格下降，从而使本国产品的国际竞争力增强（因为变得相对便宜），从而推动净出口（NX）的上升和总需求（Y）的增加：

$$\text{货币供应量 } M\uparrow \rightarrow \text{实际利率 } i\downarrow \rightarrow \text{名义汇率 } e\downarrow \rightarrow \text{净出口 NX}\uparrow \rightarrow \text{总需求 } Y\uparrow$$

从更细的角度来看，货币政策通过汇率的传导可以分为利率途径和货币途径。其中，利率对汇率的影响存在三种效应：一是当利率提高时，由于存款的收益率提高，导致货币需求增加，故本币升值；二是利率提高将增加企业的贷款成本，从而降低投资或者贷款，使本币贬值；三是国债利率的提高增加政府负担，政府通过发行货币等手段来降低成本，导致本币贬值。汇率变动的方向由上述三种效应的强弱关系决定。一般而言，当利率处在相对低位时，第一种效应相对较强，利率提高会使本币升值；而当利率处于相对较高的水平时，后两种效应可能相对更强，从而导致本币贬值。

从货币途径来看，已有理论存在两种不同的观点：一种观点认为存在价格弹性，即当央行实行量化宽松的政策时，随着货币供应量增加，居民手中的货币余额增多，消费和投资支出的增加导致物价上涨，当购买力平价始终成立时，本币同比例贬值。另一种观点认为存在价格黏性，即价格在短期内存在黏性，购买力平价在短期内不成立，当货币供给减少，利率上升，外国资本流入，导致本币升值；但长期价格会出现调整，购买力平价长期成立，汇率将回归长期均衡水平。

此外，根据凯恩斯的观点，利率既然能够影响货币的需求，也必然能影响货币的外部价格——汇率，这意味着利率传导渠道实际上包含着汇率传导渠道。根据古典的汇率平价理论，在固定汇率制度下，货币政策更多由当时的主导货币国家决定，小国的货币政策被认为是无效的，在灵活汇率制下汇率渠道实际上包含着利率渠道的政策效果，所以罗伯特·A. 蒙代尔（Robert A. Mundell）认为，固定汇率制是一种制度，而灵活的汇率制度本身就是一种货币政策。

8.2.4 资产价格传导机制理论

货币政策的资产价格传导机制理论主要由托宾 Q 理论和财富效应理论构成。这两个理论都强调金融资产价格变动对实体经济的影响，从而在货币政策传导机制中进一步丰富了金融与实体经济关联机制的刻画。在不考虑上述两个理论细节差异的情况下，资产价格传导机制的基本过程可概括为：

货币供应量 $M\uparrow\rightarrow$ 实际利率 $i\downarrow\rightarrow$ 资产价格 $P\uparrow\rightarrow$ 投资 I 或消费 $C\uparrow\rightarrow$ 总需求 $Y\uparrow$

从理论差异来看，托宾（Tobin，1969）提出的“金融资产结构平衡理论”用多元资产论取代了凯恩斯的二元资产论，认为除货币之外，金融资产有债券、股票、商业票据和存款等多种形式，由于多种资产之间的替代程度不同，因而影响整个经济活动的不是单一的利率，而是各种利率之间的对比关系。同时，托宾还提出了强调资产价格变化对投资决策影响的托宾 Q 理论（专栏 8－2）。托宾 Q 理论认为，货币供应量（M）的上升会导致实际利率（i）的下降以及债券和股票等资产价格（P）的上涨，这会推动托宾 Q 比率上升，从而刺激投资（I）增加和总需求（Y）上升：

货币供应量 $M\uparrow\rightarrow$ 实际利率 $i\downarrow\rightarrow$ 债券收益率 $r\downarrow$（债券价格 $\uparrow$）$\rightarrow$ 股票价格 $P\uparrow$（不同资产间的替代效应）$\rightarrow Q\uparrow\rightarrow$ 投资 $I\uparrow$（在 $Q>1$ 的情况下）$\rightarrow$ 总需求 $Y\uparrow$

专栏 8－2 托宾 Q 比率的含义及其应用

托宾 Q 比率是由诺贝尔经济学奖得主詹姆斯·托宾（James Tobin）在 1969 年提出的一个概念，后被学界和业界广泛应用。托宾 Q 比率的计算公式为：

托宾 Q 比率＝市场价值/重置成本

本质上，托宾 Q 比率反映的是拥有一种资产（或一家企业）的两种手段的成本对比：分子上的“市场价值”是金融市场上所说的资产（企业）值多少钱，即投资者直接在金融市场上购买现成的资产（企业）所需要的成本，该成本本质上反映了金融市场上的资产定价大小；分母中的“重置成本”是指投资者不购买现成的资产（企业），而是直接创建一家一模一样的新企业所需要花费的成本，该成本本质上反映的是直接进行实体投资的成本。

显而易见，当 $Q>1$ 时，企业的市场价格高于新建同样一家企业的重置成本，这意味着直接购买现成的企业相对更贵，因此，理性的投资者会选择新建企业，而新建企业意味着投资需求的增加；反之，当 $Q<1$ 时，由于购买现成的企业比新建企业更加便宜，理性的投资者会选择直接通过金融市场购买企业而不是进行新的实体投资，于是经济中的投资需求会下降。

总体来看，托宾 Q 理论提供了一种有关股票价格和投资支出相互关联的理论。如果 Q 高，那么企业的市场价值要高于资本的重置成本，新厂房设备的资本要低于企业的市场价值。在这种情况下，企业可发行较少的股票而买到较多的投资品，投资支出便会增加。如果 Q 低，即企业市场价值低于资本的重置成本，企业将不会购买新的投资品。如果企业想获得资本，它将购买其他较便宜的企业而获得旧的资本品，这样投资支出将会降低。

与托宾 Q 理论相比，莫迪利亚尼（Modigliani，1971）的“生命周期理论”引入了由庇古（Pigou，1947）等提出的财富效应（wealth effect），更加强调资产价格上升对收入和消费的影响。具体而言，财富效应理论认为，影响人们消费的不是一时的收入，而是一生的财富或者说恒久收入，而金融资产是一生财富的重要组成部分。在这种情况下，货币供应量（M）的上升会导致实际利率（i）的下降以及股票等金融资产价格（P）的上涨，这会使消费者的金融财富（W）和恒久收入（y）上升，从而刺激消费支出（C）的增加和总需求（Y）的上升：

货币供应量 $M\uparrow\rightarrow$ 实际利率 $i\downarrow\rightarrow$ 资产价格 $P\uparrow\rightarrow$ 消费者的金融财富 $W\uparrow\rightarrow$ 恒久收入 $y\uparrow\rightarrow$ 消费 $C\uparrow\rightarrow$ 总需求 $Y\uparrow$

总体来看，托宾和莫迪利亚尼的理论仍然是在凯恩斯主义需求管理理论基础上发展起来的，利率仍然在货币政策传导过程中发挥重要的作用，因此被一些学者视为利率传导机制理论的扩展，不能作为独立的传导机制，但他们的理论围绕资产价格变化所产生的相关效应，在金融和实体经济之间的关联关系方面，相比于传统的凯恩斯理论有不少突破之处，故目前大部分学者将其视为一种相对独立的传导渠道。此外，在货币政策向实体经济的传导方面，莫迪利亚尼的财富效应理论较之传统凯恩斯理论集中于投资的传导机制多了一个消费渠道，从而扩展了货币政策影响总需求的路径。

通过对比传统的凯恩斯理论、托宾 Q 理论和财富效应理论，可以看出，在利率传导机制的刻画方面，主要的不同在于实际利率变化所直接作用的对象有所不同。如图 8-2 所示，Ⅰ为传统凯恩斯理论下的利率传导机制，强调实际利率对投资的直接作用；Ⅱ为托宾 Q 理论下的利率传导机制，强调实际利率对资产结构调整的影响；Ⅲ为财富效应理论下的利率传导机制，强调实际利率对消费的影响。

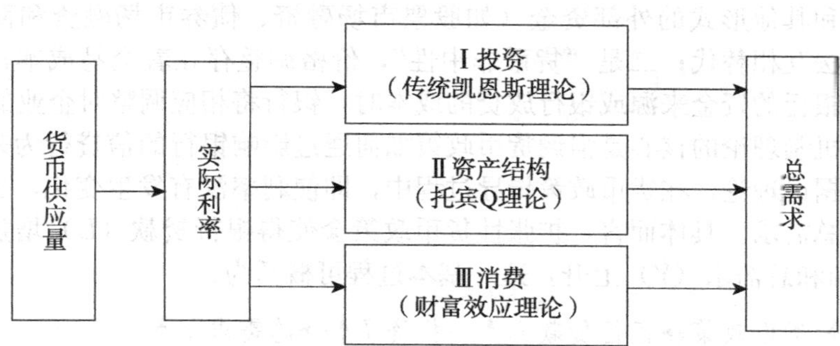

图 8-2　三种经典理论下的利率传导机制比较

8.2.5　信贷传导机制理论

信贷传导机制理论的雏形可以追溯到罗莎（Rosa）提出的“信用可得性”理论（二维码专栏 8-1），较近的发展是不对称信息条件下的信贷配给理论。该理论认为，履行合同的高成本会导致企业外部融资（如发行股票、债券或银行贷款）的成本与内部融资（如未分配利润）的机会成本之间出现差额。这个差额被称为企业的“外部融资溢价”（external finance premium），在信贷传导机制理论中

通常用银行贷款利率与无风险利率之差表示（专栏 8-3）。

专栏 8-3　外部融资溢价的含义和作用

外部融资溢价是金融加速器理论的核心概念。伯南克和格特勒（Bernanke and Gertler，1989）认为，由于不对称信息和其他摩擦因素的存在干扰了金融市场的运行，出现了外部筹资的资金成本（如银行借款和发行债券等）与内部筹资的机会成本（如无风险利率）之间差值加大的情况。这种差值被新凯恩斯主义称为“外部融资溢价”，即从外部获得融资所需要付出的额外费用，因此，外部融资溢价会增加借款人的资金成本（代表着一种净损失成本）。

伯南克和格特勒（1995）认为，在一个无摩擦的金融世界中，借款人可以从外部正常获得资金，作为交换，他们让出未来利润流的一部分给投资者。然而，在现实世界中，由于存在各种金融摩擦，借款人在寻找外部资本来源时可能面临限制。这些限制由有限的信贷供应（信贷配给）或苛刻的贷款条件产生，而信贷限制和苛刻的贷款条件又由借款人和贷款人之间的信息不对称产生。因此，外部金融资源的成本存在溢价，债务人必须支付给债权人超额的融资费用，而债权人则可以通过提高利率等方式获得超额融资费用。外部融资溢价与许多因素有关，如货币政策状况（决定无风险利率）、金融市场状况（信息不对称和信贷市场供求状况）以及借款人的状况（预期收益和风险状况）等。

一般认为，信贷传导机制存在的原因主要有三个：一是银行信贷不可替代，即有些企业必须以银行借款作为主要的外部资金来源，内部资金与外部资金之间无法完全替代，同时在银行借款和其他形式的外部资金（如股票市场融资、债券市场融资和商业信用融资等）之间也无法互相替代；二是“货币非中性”，价格调整存在着交易成本；三是当货币政策变化影响银行的资金来源或银行放贷的成本时，银行将相应调整对企业的信贷供给。

信贷传导机制理论的核心是强调货币政策如何通过影响银行的信贷行为来对实际经济产生影响。根据该理论，在货币政策传导过程中，即使利率没有发生变化，也可以通过信贷途径来影响总需求。具体而言，扩张性货币政策会使得银行贷款（L）增加，从而促进投资（I）增加和总需求（Y）上升，这一基本过程可概括为：

$$\text{扩张性货币政策} \rightarrow \text{银行贷款 } L\uparrow \rightarrow \text{投资 } I\uparrow \rightarrow \text{总需求 } Y\uparrow$$

伯南克和格特勒（1995）将信贷传导机制总结为两个具体的渠道：一是银行贷款渠道（bank lending channel），主要从贷款人（银行）行为的角度解释货币政策变化对银行信贷供给的影响；二是资产负债表渠道（balance sheet channel），也被称为“金融加速器”渠道，主要从借款人（企业或家庭）信用能力的角度解释货币政策变化对银行信贷供给的影响。

在银行贷款渠道方面，货币政策调控会影响金融中介机构的贷款行为（规模和结构），从而对投资和总需求产生影响。在很多国家中，银行贷款是借款人的主要资金来源，如果出于某种原因导致银行贷款的供给减少，就会使许多依赖于银行贷款的借款人（特别是中小企业）无法获得足够的资金来源，从而只能削减其投资活动。因此，在特定借款人缺乏其他替代性融资渠道（只能依赖银行贷款）的情况下，银行贷款的增减变化成为货币政策传导的重要中间变量。此时，如果中央银行采取扩张性货币政策，比如在公开市场上买入债券，就会使得商业银行可用的存款准备金（R）和银行存款（D）增加，从而使银行贷款（L）的供给增加。由于很多企业依赖银行的贷款进行投资，因此，银行贷款的增加必然导致更多的投资，从而引起总需求（Y）的上升：

存款准备金 R↑→银行存款 D↑→银行贷款 L↑→投资 I↑→总需求 Y↑

在资产负债表渠道方面，当借款人所面临的外在融资溢价取决于其财务状况时，货币政策就可以通过资产负债表渠道进行传导。具体而言，货币政策的变动不仅会影响市场利率本身，而且还会直接或间接地影响借款人的财务状况，从而引发其外部融资成本的改变，并由此影响到其投资和消费行为。从理论上看，中央银行的货币政策可以通过多种途径影响企业和家庭的资产负债表，进而影响投资、消费和和总需求，其代表性传导过程可概括为：

货币供应量 M↑→实际利率 i↓→资产价格 P↑→借款人净值(财务状况)↑→银行贷款 L↑→外部融资溢价 EP↓→投资(消费)↑→总需求 Y↑

从更具体的情况来看，资产负债表渠道主要包括以下四种常见的传导路径，其中前三种主要围绕企业部门的行为展开，最后一种则围绕家庭部门的行为予以刻画：

（1）在宽松货币政策下，货币供应量（M）的上升会导致资产价格（P）上升，企业净值（NW）随之上升（财务状况改善），这会缓解银行在贷款过程中所面临的逆向选择和道德风险问题，于是银行贷款（L）增加，外部融资溢价（EP）下降，企业投资（I）增加，总需求（Y）上升：

货币供应量 M↑→资产价格 P↑→企业净值 NW↑→逆向选择和道德风险↓→银行贷款 L↑→外部融资溢价 EP↓→投资 I↑→总需求 Y↑

（2）在宽松货币政策下，货币供应量（M）的上升会使得实际利率（i）下降，这会使得企业的利息支出减少，现金流量（CF）增加，从而改善企业的资产负债状况，进而提高企业净值（NW）。随着逆向选择和道德风险问题得以缓解，银行贷款（L）增加，外部融资溢价（EP）下降，推动投资（I）和总需求（Y）上升：

货币供应量 M↑→实际利率 i↓→现金流量 CF↑→企业净值 NW↑→逆向选择和道德风险↓→银行贷款 L↑→外部融资溢价 EP↓→投资 I↑→总需求 Y↑

（3）由于债务在借款合同中是以名义利率确定的，在宽松货币政策下，货币供应量（M）的上升会使得通货膨胀水平（π）上升，这会使得企业的实际债务（Debt）下降，从而提高企业净值（NW），进而减少逆向选择和道德风险问题，最终使银行贷款（L）增加和外部融资溢价（EP）下降，投资和总需求上升：

货币供应量 M↑→通货膨胀水平 π↑→实际债务 Debt↓→企业净值 NW↑→逆向选择和道德风险↓→银行贷款 L↑→外部融资溢价 EP↓→投资 I↑→总需求 Y↑

（4）货币政策还可以通过家庭的资产负债表进行传导。在宽松货币政策下，货币供应量（M）的上升会使得资产价格（P）上升，这会使得家庭金融财富（W）总量上升，财务状况改善。由于陷入财务困境的可能性下降，这会增加家庭的消费以及对非流动性资产（如耐用消费品和住宅）的支出，从而推动总需求（Y）上升：

货币供应量 M↑→资产价格 P↑→家庭金融财富 W↑→陷入财务困境的可能性↓→消费 C↑，耐用消费品和住宅的支出↑→总需求 Y↑

最后，需要指出的是，从理论上来说，信贷渠道的有效性取决于借款人对银行信贷的依赖程度和货币政策当局对商业银行信贷行为的影响大小，因此对融资结构相差较大的国家而言，该渠道的有效性差别较大。一般认为，不同国家由于经济金融结构不同，不同渠道的重要性不同，比如在以美国为代表的市场主导型金融体系国家，利率渠道可能相对更为重要；而在以中国为代表的银行主导型金融体系国家，信贷渠道可能会在货币政策的传导过程中起到重要的作用。另外，还有不少的研究表明，信贷传导机制存在较为明显的非对称性：紧缩时期的传导效应较之扩张时期更为明显。

8.2.6 流动性传导机制理论

流动性传导机制理论认为，货币政策传导机制的核心环节不是货币和利率，而是流动性。这种流动性包括广义货币供应量和人们预期未来一定时期内能够得到的货币量。社会的总支出取决于社会的流动性。当金融机构具有高流动性时，它们就会竞相扩大贷款规模，增加社会大众的货币持有额，从而导致社会总需求的增加。因此，货币政策对经济活动的影响主要是通过其流动性实现的。

流动性传导机制理论以20世纪50年代中期的《拉德克利夫报告》（专栏8-4）为典型代表。该报告指出：传统意义上的货币供给并非极其重要，它与国民收入之间并没有直接关联，它对利率的影响只是偶然的，因为利率主要受制于社会大众的心理预期，而社会大众的心理预期又受到中央银行政策意向的影响，并不受货币供给绝对量的制约。同时，该报告认为，利率变动一方面会影响个人或企业的流动性及其支出决策和投资规模，另一方面会影响金融机构的流动性及其支出决策和贷款规模。流动性的变动必然会导致金融机构的信贷供应量发生变化，从而影响整个社会的信贷可得性，进而对实际经济活动产生影响。此外，由于各种资产的价格是相互关联的，一种资产价格的变动必然会引起其他资产价格的变动，如政府长期债券价格的变动必然会引起其他债券价格的变化，从而引起利率、社会流动性乃至整个社会实际经济活动的变化。因此，中央银行可以通过买卖政府债券或者变动利率结构来影响社会流动性，进而对整个社会的总支出和实际经济活动或国民收入产生影响。根据《拉德克利夫报告》的观点和理论，货币政策的流动性传导机制路径可概括为：

货币政策→利率结构→个人和非金融企业的流动性及支出规模，以及金融中介机构的流动性及贷款规模→社会总支出→国民收入

应该指出，《拉德克利夫报告》中的流动性传导机制理论并没有完全否定利率在货币政策传导中的作用，只是否认了对利率作用的极端强调，并在以下三个方面与传统理论存在差异：一是强调流动性在货币政策传导过程中的重要作用；二是强调利率结构而非利率水平的作用，这有助于客观反映第二次世界大战后金融机构多元化和金融资产多样化对货币政策传导的影响；三是强调金融机构在流动性和信贷供给过程中的作用。总体来看，该理论既强调信贷可获得性又引入了利率结构，与货币渠道和信贷渠道有相同之处；同时，该理论强调利率结构与托宾的理论相似，但对银行可贷款规模的强调又与银行信贷渠道接近。根据《拉德克利夫报告》，中央银行可在不引起利率大幅变化的情况下，通过买卖政府债券、变动利率结构的办法影响可供信用进而影响支出。

从上面的分析可以看出，涉及流动性的传导机制理论一般具有利率渠道和信贷渠道的双重特点。由于流动性变化原因一般是利率或利率结构变化，因此可以被纳入利率渠道考虑。由于流动性变化的结果一般是影响了银行的实际放贷能力进而影响了个人和企业的信

贷可获得性，因此可以被纳入信贷渠道考虑。因此，20 世纪的学者们的研究一般都将流动性效应作为利率渠道或信贷渠道的一部分进行研究，很少将其视为一个独立的渠道。

不过，近年来，随着世界范围内金融创新的进一步加强，各种新型金融机构、产品和工具不断涌现，银行信贷的不可替代性减弱，同时信用创造和货币供给不一定必须借助银行体系完成，还可以通过影子银行、货币市场基金等非银行体系实现，这使得流动性增强之后可以通过恢复资本市场、增加商业票据发行量等方法来增加企业和家庭部门的资金来源，而不必通过银行的信贷渠道来最终完成传导过程。这也使得货币政策传导机制在理论上存在脱离信贷渠道的可能性。一旦流动性效应可以在利率渠道和银行信贷渠道之外独立发挥作用，一种新的货币政策传导渠道就产生了，具体可表述如下：

宽松货币政策(央行购买资产)→资产价格 P↑→资产流动性 L↑→广义货币供给↑，资本市场融资能力↑，票据市场、证券化市场存量↑→投资和消费↑→总需求 Y↑

注意到在上述传导过程中，流动性渠道理论上可以在利率和银行信贷这两个渠道之外，相对独立地发挥作用（当然，在实际中会与其他渠道相互影响和共司作用）。这意味着在特定的情况下，比如当金融危机发生时，即使利率和银行信贷这两个“主流”渠道受到梗阻，中央银行仍然可以各种“非常规”货币政策操作（如大规模资产购买）来启动上述流动性渠道来实施货币政策。

专栏 8-4 《拉德克利夫报告》

20 世纪 50 年代，发达国家出现了一轮金融创新热潮，发展了一系列非银行金融机构及信用工具，这在一定程度上削弱了货币政策传导的有效性。在此背景下，1957 年在英国财政部的领导下，成立了以拉德克利夫（Radcliffe）勋爵为首的“货币体系运行委员会”（The Committee on the Working of Monetary System)，该委员会负责对英国的货币和信用体系情况进行调查，并提出相关建议。经过两年多的调查研究，该委员会在 1959 年提交了一份长达 350 多万字的报告及证明材料，即货币史上著名的《拉德克利夫报告》。该报告的内容涉及货币理论和货币政策的许多方面，对理解西方货币理论的发展和货币政策实践具有重要的参考价值。

该报告的核心内容可以概括为三大基本观点：(1) 对经济真正有影响的不仅是传统意义上的货币供给，而且是包括货币供给在内的整个社会的流动性，而流动性“不仅包括银行的存款负债，而且包括范围广泛的其他金融中介机构的短期负债”；(2) 决定货币供给的不仅是商业银行，而且是包括商业银行和非银行金融机构在内的整个金融系统，特别是大量的非银行金融机构成为流动性的重要来源，大大增加了整个社会的可贷资金供给；(3) 中央银行应该控制的不仅是货币供给，而且是整个社会的流动性。按照美国经济学家格利的话说，该报告“视货币为许多资产中的一种，视银行为许多金融机构中的一种，视货币控制为整个金融政策的一个方面。”这一观点正是在 20 世纪 50 年代后，西方国家出现金融机构、金融工具和信用渠道多样化的趋势在货币理论研究中的反映。

总体来看，《拉德克利夫报告》否定了狭义的货币概念，强调各种非货币的广义金融资产的作用，其政策含义在于，仅仅对商业银行的货币创造进行调控是不够的，金融制度、金融机构和金融工具等的创新活动提供了银行货币和信用的多种替代，这在相当大的程度上抵消了货币政策的效果。因此，该报告主张以控制整个社会的流动性作为货币政策的主要手段。不过，虽然该报告始终强调一个观点，即经济中的“流动性”或“总的流动状况”最为重要，但该报告一直未能对“流动性”或“总的流动状况”等概念进行明确的定义，让人很难直接理解其直观含义。这在当时遭到许多经济学者的尖锐批评。

8.2.7 预期传导机制理论

随着现代经济金融理论的发展，预期对市场主体决策和行为的影响越来越被深刻地认识到，注重对市场预期的引导也逐渐成为现代货币政策操作的重要特征。不过，与其他传导机制一般存在比较明确的渠道和路径不同，预期行为本身在形成和变化机制上就比较复杂，同时涉及价格预期、收入预期、消费预期、投资预期、利率预期等方方面面，这就决定了，预期传导机制可以从多个渠道发挥作用，这取决于中央银行所采取的具体引导方式和锚定目标。

比如，中央银行对其宽松货币政策立场的前瞻性引导或承诺可以引导市场（在其采取实际的扩张性政策之前）形成关于未来更高价格水平（通货膨胀）的预期。当社会公众预期未来的商品价格上涨时，未来商品相对于现在而言就会显得相对更为昂贵，从而促进公众选择提前消费，以避免未来更高的消费成本。特别是对于住房、汽车、家电、家具等耐用消费品而言，由于产品的长期使用属性（保质期受时间限制小），价格预期上涨所产生的提前消费效应尤为明显。这意味着中央银行基于价格预期的引导有助于增加当前的消费需求。与此同时，价格预期上涨意味着未来的商品交易需要更多的现金支持，为使未来消费能够顺利进行，居民会选择持有更多的货币以便利未来的交易。因此，价格预期上涨还会刺激社会公众当前的货币需求。此外，消费和货币需求的增加会促使企业做出商品需求旺盛的判断，从而刺激企业扩大投资和增加劳动力投入，以扩大生产规模和产品产量，最终推动产出和就业上升。专栏 8-5 给出了预期传导机制的一个更为具体的解释。

专栏 8-5　基于价格预期的货币政策传导

对于基于价格预期的传导机制，根据标准的新凯恩斯宏观经济学理论，中央银行先通过货币政策沟通与各种预期引导措施对家庭和企业的价格预期产生影响，然后通过以下两个主要路径予以传导（图 8-3）：

（1）从家庭部门的行为来看，家庭部门的价格预期在受到中央银行预期引导措施的影响后，会通过其目标函数的跨期效用最大化决策，对其消费需求和货币需求产生影响。消费需求的改变会直接影响总需求的变化，而货币需求的改变与银行部门的信用创造相互作用，产生总需求所需的货币与信用支持。

（2）从企业部门的行为来看，企业的价格预期在受到中央银行预期引导政策的影响后，会基于利润最大化的目标函数进行产品定价，从而对物价水平（通货膨胀率）产生影响。同时，企业定价行为会影响家庭部门对其产品的消费需求，厂商根据消费需求决定产量，并按照成本最小化原则决定劳动和资本等要素的投入，从而对经济中的投资需求和劳动力需求产生影响，最终表现为实体经济中实际产出和就业率的变化。

总体来看，由于价格预期是影响家庭和企业部门投资、消费和资产（货币）持有决策的一个重要变量，基于预期调控的各种货币政策操作，可以通过价格预期在家庭和企业部门最优化决策过程中的传导，最终对经济增长、物价稳定和充分就业等最终政策目标产生影响。

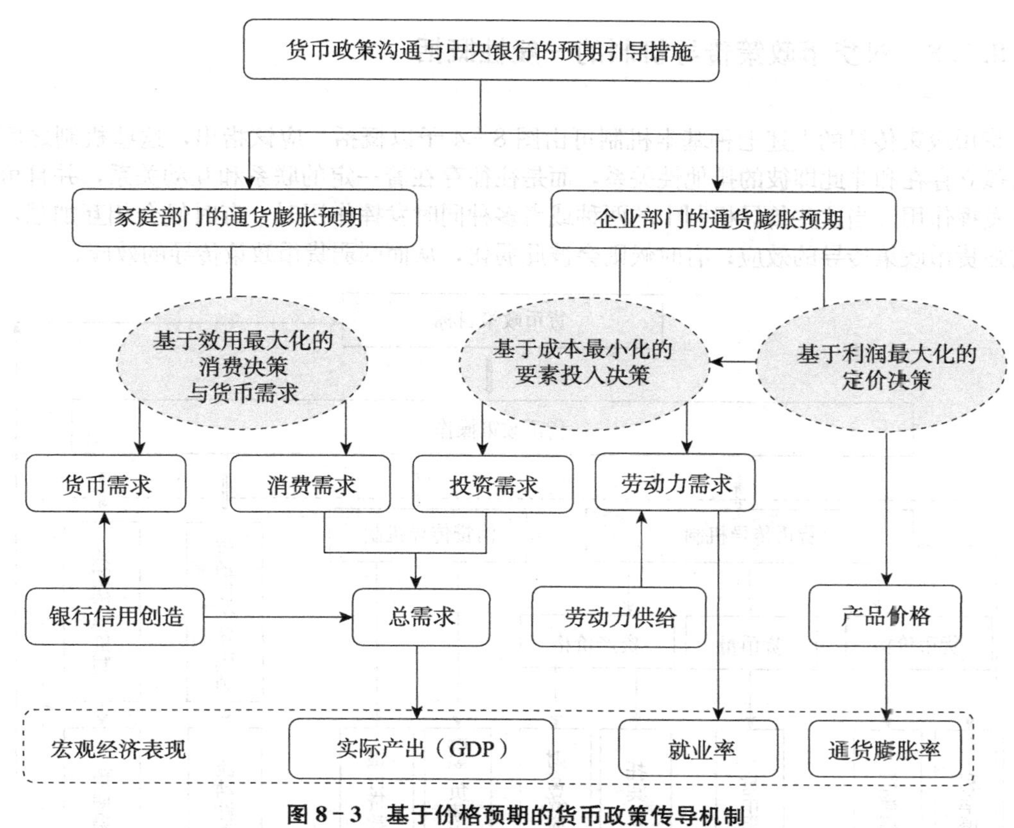

图 8－3　基于价格预期的货币政策传导机制

在 2008 年金融危机之后，基于预期渠道的前瞻性引导政策被广泛用于各国的货币政策实践中，该政策在短期名义利率降至零而难以继续下降（即“零下限约束”）的情况下，通过向市场做出有关货币政策利率将长期保持低位的说明或承诺，来推动长期利率水平的下降和通货膨胀预期的上升。不过，从理论上看，即使在不存在“零下限约束”的正常时期，中央银行依然可以通过与市场和社会公众进行信息沟通和交流，如通过公告、报告、新闻发布会等方式向市场和社会公众阐明其政策取向、立场和承诺，来主动塑造和引导市场预期。在理想状况下，如果中央银行的沟通和引导有效，那么在其采取实质性政策措施之前，市场主体可能已经开始朝着其意欲的方向调整行为，在这种情况下，中央银行的预期引导就能达到“不战而屈人之兵”的效果，例如：

经济状况不乐观，央行宣布未来会实施低利率政策（直到达到目标通货膨胀水平）→市场通货膨胀预期上升，实际利率下行（此时央行尚未进行降息操作）→投资和消费增加（中央银行需要的变化发生）→总需求上升（如达目标，则中央银行不需要再降息）

从已有研究来看，目前大部分关于预期传导机制的研究表明，该渠道虽然有一定的作用，但主要不是独立发挥作用，而是附着在其他传导机制上起到强化或弱化政策效果的作用，因而并非主导性的货币政策传导渠道，通常不足以实现政策目标。此外，大量的事实表明，社会公众和市场的预期在各种偶然因素的作用下极易在短时间内发生逆转，具有高度不稳定性的特征，这也在很大程度上削弱了货币政策预期传导机制的稳定性和可靠性。从实践来看，在大部分情况下，预期渠道应该更多地被视为一种辅助性的货币传导机制。

8.2.8 对货币政策传导机制的一般性概括

货币政策传导的上述七种基本机制可由图 8-4 予以概括。应该指出，这些机制之间并不是孤立存在和非此即彼的排他性关系，而是往往存在着一定的联系和互动关系，并且可以同时发挥作用。当这些传导机制中的两种或者多种同时发挥作用时，有时候会相互加强，从而增强货币政策传导的效应；有时候则会彼此弱化，从而削弱货币政策传导的效应。

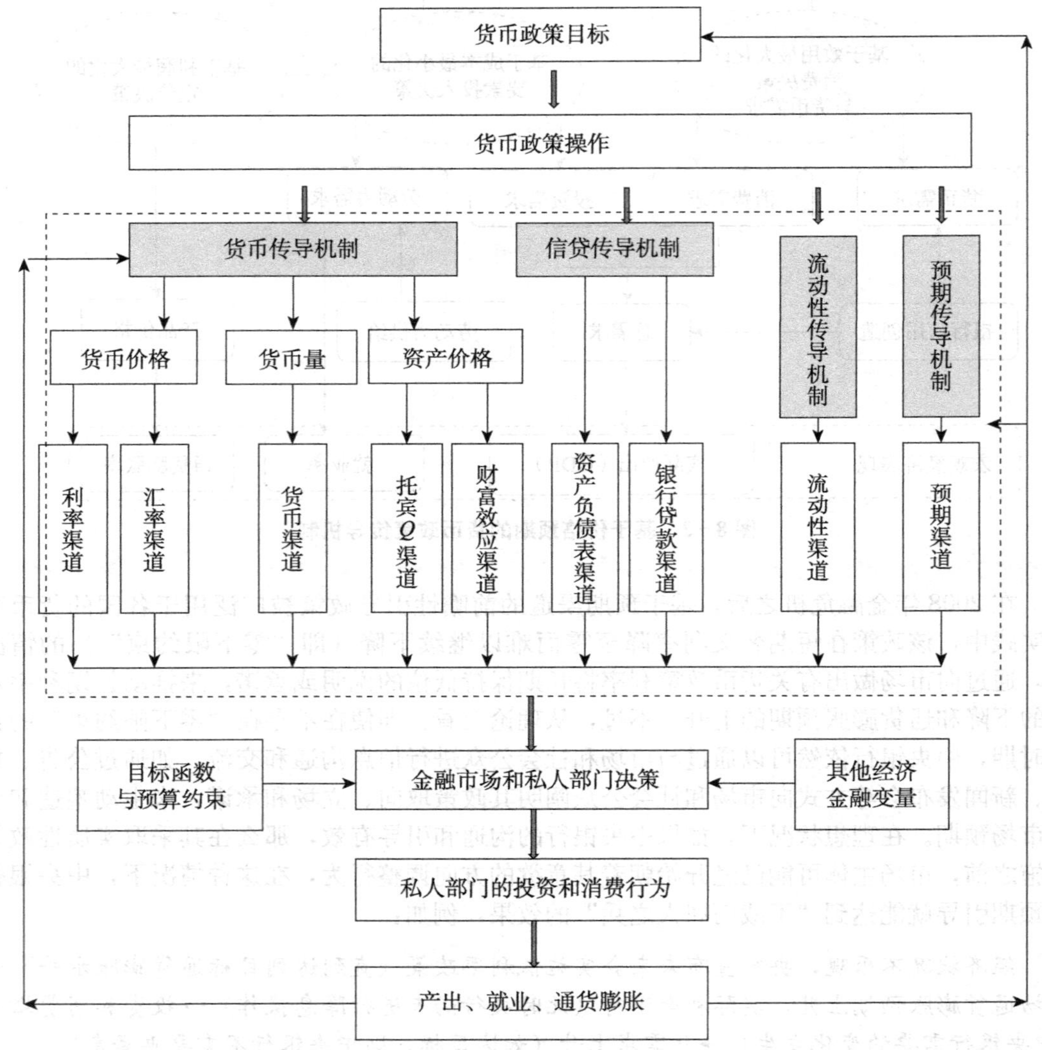

图 8-4 货币政策传导的主要机制

从这七种传导机制之间的联系与区别来看，货币传导机制是传统主流经济学家所普遍认同的渠道。根据米什金的归类，利率传导机制（在图 8-4 中显示为“利率渠道”）、汇率传导机制（在图 8-4 中显示为“汇率渠道”）和资产价格传导机制（在图 8-4 中显示为“资产价格”）都属于货币传导机制的范畴，其共同点在于：某种价格（货币的对内或对外价格、资产价格）机制在传导过程中发挥核心作用，作用对象是投资者或消费者。货币渠道能够发挥作用有一个基本的假设前提，即价格机制能够正常发挥作用。因此，货币渠道也可被视为一种“价格渠道”。

此外，虽然七种基本传导机制都有各自强调的核心传导环节和变量，但这些理论总体上都有一个共同特点，就是以某个能对宏观经济运行产生影响的关键变量作为传导中介，中央银行通过政策操作对此变量产生影响，并最终作用到宏观经济的运行层面。同时，无论是哪种传导机制理论，都将货币政策传导视为一个连续的动态过程，在不考虑细节差异的情况下，大部分经济学家认可的货币政策传导环节一般包括：

(1) 中央银行通过货币政策工具的操作，直接对基础货币、准备金存款、短期利率等货币政策“短期中介指标”产生影响；

(2) 短期中介指标的变动影响金融市场的资金供求关系和金融机构行为的改变，进而引起银行信贷规模、货币供应量、中长期利率等货币政策“中长期中介指标”的变化；

(3) 金融市场供求关系和金融机构行为的变化，引起企业和家庭的融资机会、融资条件和融资成本的变化，进而导致企业和家庭的投资与消费变动；

(4) 企业和家庭的投资与消费变动，最终对实际产出（GDP）、价格水平（通货膨胀）和就业率等实体经济指标产生影响。

以美国的货币政策实践为例，对负责公开市场操作的美联储工作人员而言，其常规任务是把联邦基金市场的隔夜拆借利率维护在目标利率附近。这样，美联储通过对短期利率这一基准货币价格的控制，就能通过美国高效率的金融市场体系，对中长期不同金融市场的风险溢价（信用利差）和金融机构的信贷行为产生间接影响，然后通过对利率及财富敏感的支出（特别是投资和消费）变化，对实体经济（总需求）产生影响。

最后，需要指出的是，现实中的货币政策传导机制绝不是简单几条线路所能完整刻画的，而是涉及中央银行、金融市场、金融机构、企业和居民等方面因素的相互影响和持续动态反馈，并非任何一个因素或者环节单一作用的结果。此外，在实践中，货币政策传导的有效性还受到各国具体国情的影响，如经济金融发展程度、制度完善程度、经济社会结构、微观主体的习惯和偏好等，这些都使得货币政策的传导机制具有很强的时空差异性和动态演变特征。

8.3 常规和非常规货币政策的传导机制

中央银行的行动会影响一系列利率、资产价格和市场预期，进而影响金融机构、家庭和企业等市场主体的行为，并最终对宏观经济的均衡产生影响。上一节从一般性的角度，对经典理论所揭示的货币政策各种可能的传导机制进行了概要性介绍。应该说，这些机制中的许多，尽管不是全部，在常规和非常规货币政策下以类似的方式发挥作用。但非常规货币政策的出台，仍然使货币政策的传导机理有了一些新的特征和内涵，特别是在货币政策与金融市场活动之间的密切联系方面。本节从对比说明的角度，对常规和非常规货币政策的传导机制进行简要阐释。

8.3.1 常规货币政策的传导机制

常规货币政策的主要工具是政策（目标）利率。以美联储的常规货币政策操作为例，美联储通常会根据其对经济金融形势的判断，设定一个政策调整的联邦基金目标利率（federal funds target rate），然后通过公开市场操作（主要是买卖国债）影响联邦基金有效利率（federal funds effective rate），以使其充分接近政策目标利率。联邦基金有效利率会通过多种渠道影响市场短期利率水平，然后通过收益率曲线传导影响到长期利率，而长期利率水平的变化会直接影响消费和投资、进出口等总需求因素，并通过总需求渠道（IS曲线）和边际成本渠道（菲利普斯曲线）最终影响到价格水平的变化（图8-5）。

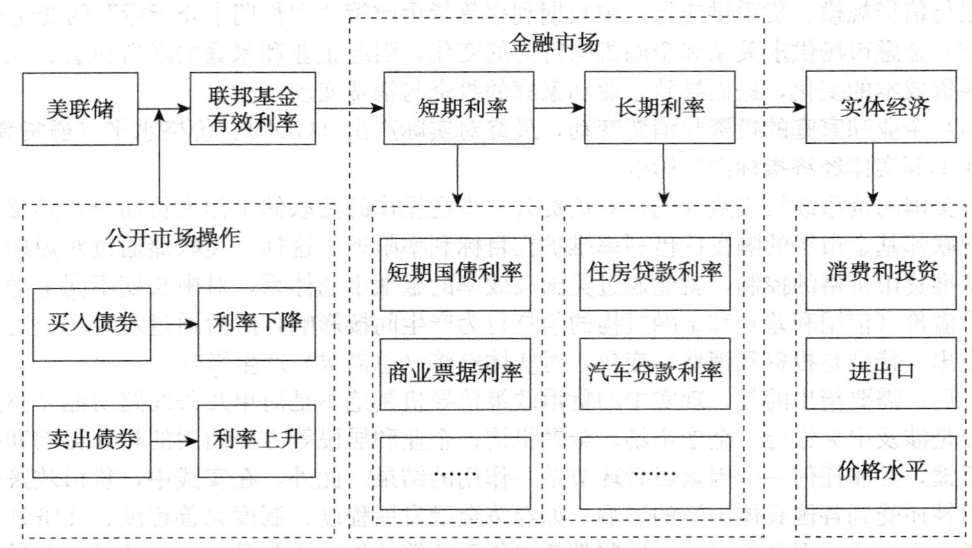

图8-5 货币政策传导的主要机制

在2008年国际金融危机之前，政策利率一直是世界各国央行进行货币政策调控的主要工具。不过，现实中几乎没有经济活动直接受政策利率影响，因为它只适用于银行间的隔夜短期拆借。从理论上看，政策利率主要通过一些传导渠道间接影响支出。首先，政策利率可以通过利率期限结构传导至长期利率，这比隔夜拆借利率对支出的影响更大。其次，政策利率可以通过影响诸如股票和房地产等资产价格，引起财富效应进而影响家庭支出决策。最后，政策利率变化还可以通过外汇市场影响汇率，进而影响进出口。

常规货币政策也能通过银行体系对支出产生影响。例如，经典的银行信贷渠道表明，在扩张性货币政策下，银行储备金上升，贷款供给增加。此外，对于资产负债期限错配的银行来说，降息将提高其股权市值，从而增加贷款供给；反之，低利率会降低银行的净息差，从而减少其贷款供应。在金融加速器机制下，扩张性的货币政策还可以降低信息摩擦，进而降低企业的外部融资溢价，从而增强降息的实际效果。

图8-6进一步显示了以利率政策为代表的常规货币政策的传导机制，其中突出了两个关键层面的传导过程：一是基于时间维度的传导，即中央银行通过调控政策目标利率影响市场的短期债券（无风险）利率水平，然后通过利率期限结构的传导，最终对长期债券（无风险）利率产生影响；二是基于空间维度的传导，即市场主体以第一个层次所确定的

无风险利率作为定价“基准”，然后结合不同类型金融产品和交易的具体风险状况，按照“高风险高收益”的原则给予具体的“风险溢价”，从而形成市场中不同类型金融产品和服务的价格（体现为各种产品和服务的收益率），而这个价格（即经风险溢价调整后的利率）就是对各类市场主体的投资和消费等决策产生直接影响的成本，通常表现为借款成本或机会成本。

假设上述两个层次的传导都是通畅的，那么，经由上述两个层次的传导之后（现实中两个层次的传导并不是截然分离的，而是彼此交织的），中央银行的政策利率就会对总需求产生预期的影响；反之，如果上述两个层次的传导在某个层次或者某个环节上存在梗阻，那么，货币政策调控就存在所谓“传导机制不畅”的问题，并最终导致货币政策无效或者低效。

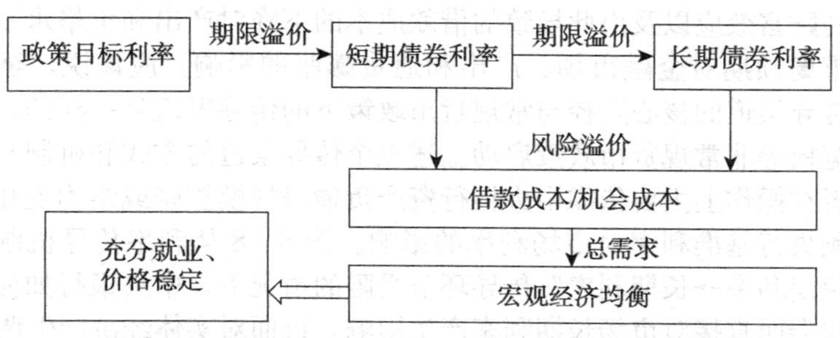

图 8-6　以利率政策为代表的常规货币政策的传导机制

最后，值得一提的是，作为货币政策利率传导过程的重要中间变量，长期利率、资产价格和汇率等均取决于市场对未来短期利率的预测，而不仅仅取决于当前的政策利率。因此，中央银行的公告、演讲、新闻发布会等将在一定程度上影响支出，因为它们提供了关于未来货币政策走向的前瞻性信息。这也意味着，常规的利率政策与中央银行的一些非常规政策（如前瞻性指引）存在互相配合和彼此强化的效应。

8.3.2　非常规货币政策的传导机制

如前文所述，常规货币政策以利率政策为代表，其主要传导机制是：通过为银行间市场的短期隔夜拆借利率设定一个目标，进而通过公开市场操作调节货币供应量来实现该目标。为了将央行资产负债表的风险敞口降至最低，所有调节流动性的操作通常都是针对一系列合格抵押品进行的反向交易。换言之，在正常时期，央行既不直接贷款给私人部门或政府，也不直接购买政府债券、公司债券或其他类型的债务工具。央行通过调控政策利率水平，有效管理货币市场的流动性，进而实现物价稳定的目标。中央银行过去几十年的经验证明，上述做法至少在正常时期是确保物价稳定和维护货币市场健康运转的可靠方法。

不过，在金融危机或经济深度衰退的异常时期，常规货币政策工具可能不足以实现中央银行的调控目标，主要有两个方面的原因。第一，当经济遭受的负面冲击非常大时，名义利率可能需要降至零。在该水平上，由于政策利率无法进一步下调，因此，任何额外的货币刺激都只能通过非常规货币政策工具来实现，具体有以下四种互补的方式：（1）扩大央行资产负债表的规模；（2）改变央行资产负债表的结构；（3）引导中长期利率预期；（4）实施负利率政策。第二，即使在名义利率水平高于零的情况下，如果货币政策的传导过程因为金融体系的失灵而明显受阻，那么可能也需要借助非常规政策工具予以疏导。

(一) 量化宽松的传导机制

从作用对象和方式来看，非常规货币政策可以定义为那些增加银行、家庭和非金融企业的融资可获得性或降低其外部融资成本的政策。市场主体融资的资金来源可以是贷款、股票、债券以及中央银行提供的流动性。由于外部融资的成本通常等于短期银行间市场利率(货币政策以此发挥杠杆作用)加上溢价，因此，非常规政策可以通过增加融资的可获得性或者减少外部融资溢价来影响市场主体的融资条件，进而影响金融和实体经济的活动。

以量化宽松政策的传导机制为例(图 8-7)，中央银行资产购买使得经济中的货币量上升，金融资产价格上升，市场利率水平下行，进而经过以下三个经典的传导渠道对产出和通货膨胀水平产生影响：第一个渠道涉及流动性增加对信贷供给的影响，第二个渠道涉及直接和间接的财富效应以及由此导致的借款成本的下降对产出和价格水平的影响，第三个渠道则涉及市场预期对金融市场、产出和通货膨胀的影响。应该说，至少从表面上来看，上述三个传导渠道的核心路径与常规货币政策下的传导渠道是一样的，二者的区别主要在于：量化宽松等非常规货币政策启动上述三个传导渠道的方式和机制与常规货币政策存在差异，前者在操作上主要依靠中央银行资产负债表规模扩张或结构变化，而后者在操作上则主要依赖央行基准利率对市场利率的影响。图 8-8 从利率传导机制的角度，进一步说明了在“短期利率→长期利率”传导环节受阻的情况下，中央银行如何通过在金融市场上买卖长期债券而直接对市场长期利率产生影响，进而对实体经济产生调控效应。

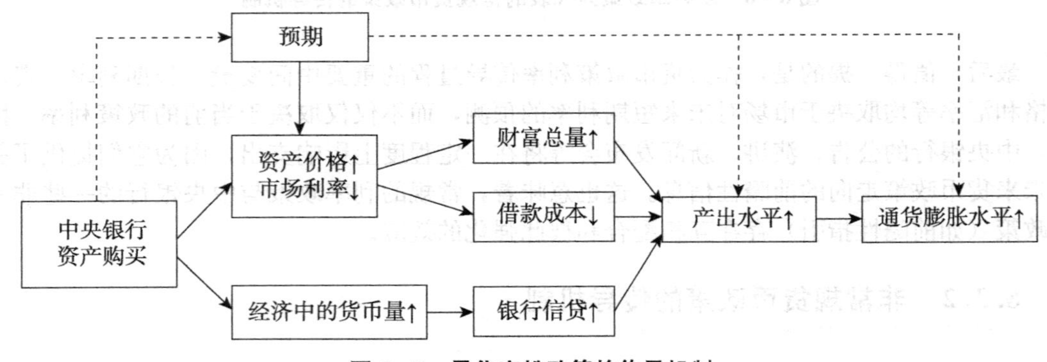

图 8-7　量化宽松政策的传导机制

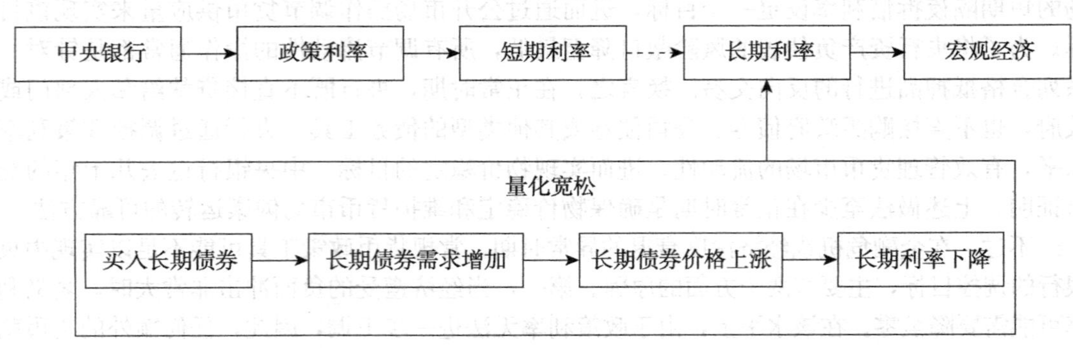

图 8-8　量化宽松的利率传导机制

下面我们从更为具体的操作方式的角度对量化宽松的运作机制进行简要说明。从 2008

年危机后以美国为代表的中央银行实践来看，量化宽松作为非常规货币政策的一种典型形式，在实践中主要有两种基本的操作策略："信贷宽松"（credit easing）和"扭曲操作"（operation twist，OT）。在第一种操作策略下，中央银行通过买卖风险金融资产来改变市场的风险资产结构，进而稳定金融机构和金融市场。以美联储的大规模资产购买计划为例（图8-9），在危机后市场充斥各种"有毒资产"、金融市场风险骤升和信贷市场基本被冻结的情况下，中央银行运用储备余额从金融机构大量买入各种风险资产，一方面可以稳定这些风险资产的价格、降低市场的整体风险溢价，另一方面可以将大量流动性直接注入金融机构，改善其资产负债表，恢复放贷能力，从而重启信贷市场，增加融资的可获得性。

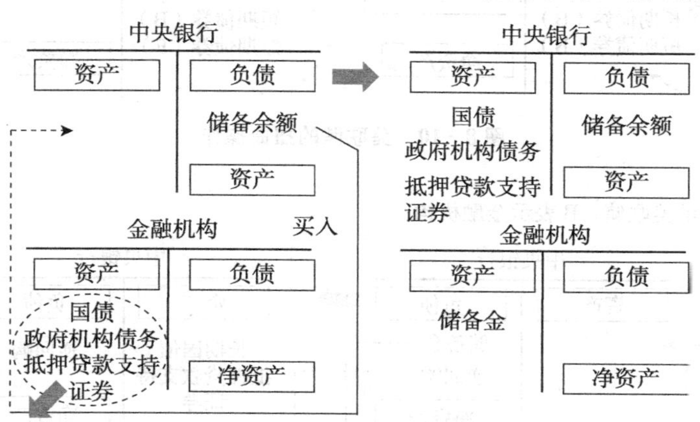

图8-9 美联储的大规模资产购买计划

在第二种操作策略下，中央银行并不致力于改变市场的风险资产结构，而是通过调控市场中各种无风险资产（通常是政府债券）之间的期限分布结构，来影响具有基础定价功能和投资决策参照意义的长期无风险利率水平，即通过改变市场的长期无风险利率水平来影响金融和经济活动。以美联储的"展期计划"为例（图8-10），中央银行通过从金融机构买入期限较长的债券并向其出售期限较短的债券，可以增加市场中短期债券的供给（价格下降），同时减少长期债券的供给（价格上升），最终推动短期利率上行、长期利率下行，从而使收益率曲线的较远端向下弯曲，形成"扭曲"形态。扭曲操作一方面可以推低长期利率，进而压低与长期利率挂钩的贷款利率，从而鼓励长期投资；另一方面，在采用完全冲销式操作的情况下，扭曲操作不会扩大央行资产负债表的规模，从而降低了通货膨胀风险和政策成本。

值得一提的是，上述两种基本操作可以结合起来使用，并配合央行与金融机构之间的逆回购协议（图8-11），可以同时实现以下三个方面的政策目标：（1）通过"信贷宽松"改善金融机构和市场的风险结构，增加信贷可获得性，同时降低市场风险溢价；（2）通过"扭曲操作"压低长期债券的利率水平，推动长期基础利率下行，提升风险偏好，刺激长期投资；（3）通过逆回购操作将央行资产负债表的规模定期、定量地限制在一定范围之内，避免央行资产负债表的过度扩张，同时降低政策无法有效退出的风险。

（二）前瞻性指引的传导机制

从政策传导机制上看，前瞻性指引的核心在于其对市场预期的影响。根据经典理论，市场预期可以通过多种渠道影响经济和金融活动。例如，央行可以降低实际利率来诱导公众预期未来更高的价格水平。如果通货膨胀预期上升，即使名义利率维持在下限水平，实

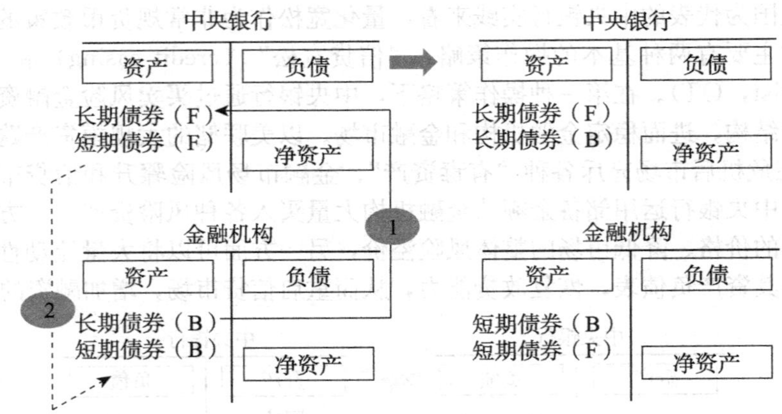

图 8-10　美联储的扭曲操作

注：F表示美联储，B表示金融机构。

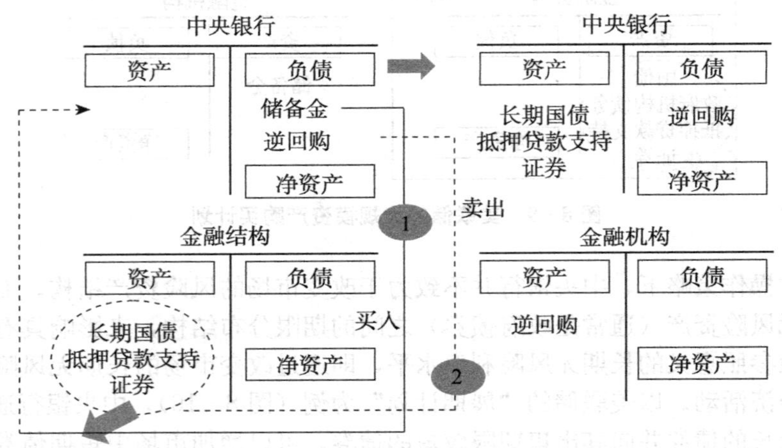

图 8-11　冲销式量化宽松：信贷宽松＋扭曲操作

际利率也会下降。或者，政策制定者可以通过有条件地承诺在相当长一段时间内将政策利率维持在较低水平，直接影响人们对未来利率的预期。根据利率期限结构理论，长期利率是预期短期利率的均值，当决策者承诺将利率维持在下限时，预期渠道可以拉平整条收益率曲线。此外，有条件地承诺将超短利率长期保持在较低水平也能防止对通货膨胀的预期下降，否则通货膨胀预期将提高实际利率并削减支出。无论哪种情况，如果预期管理成功，都会降低实际长期利率，从而促进借贷和总需求。

前瞻性指引通过传递有关未来利率可能走势的信息来影响利率和资产价格。在这方面，它与美联储提示未来政策的其他沟通形式没有本质区别。其主要区别在于，前瞻性指引下的利率走势，比常规政策体制下的利率走势更为明确。具体来看，前瞻性指引可能从两个方面来影响利率预期。一是被称为“奥德修斯式”（Odyssean）的前瞻性指引，即中央银行采取时间不一致的政策，允许通货膨胀水平在一定时期内超过目标值，而对未来更高通货膨胀的可信承诺将降低未来的短期实际利率。因此，“奥德修斯式”的前瞻性指引本质上具有扩张性。二是被称为“德尔斐式”（Delphic）的前瞻性指引，这种指引仅传递信息而不包含承诺，因此，如果央行发布扩张性的前瞻性指引，这一方面可能意味着经济形势弱于此前预期，利率可能在较长时间内维持低位；另一方面，由于当前的实际支出取决于未来预期收入，因此，对经济形势更加悲观的指引也可能产生一定的紧缩效应。

此外，前瞻性指引影响预期的另一种可能途径是传达有关货币政策实施规则的信息。比如，当市场不清楚经济状况将如何影响利率维持在接近零水平的时间时，前瞻性指引所传递的相关信息（促发政策调整的条件）对于塑造和锚定市场预期具有重要作用。

（三）负利率政策的传导机制

当面临“零利率下限”约束时，量化宽松和前瞻性指引的思路是：既然短期名义利率已经“降无可降”，那就绕过短期名义利率的约束，直接作用于长期利率；而“负利率”政策的主要思路则恰恰相反：“零利率下限”约束在本质上是不存在的，因为中央银行可以直接将名义短期利率水平降至零以下，通过实施“负利率”政策来实现超低利率环境下的货币扩张。

总体来看，负利率政策的实质是通过对金融机构存放在央行的存款实施“惩罚”，促使金融机构减少超额存款准备金，引起基础货币发生变动，然后作用于货币供应量、信贷、利率、汇率和资产价格等中间目标变量，进而使通货膨胀、产出、就业和国际收支等最终目标发生调整。对负利率政策传导机制的理解可以从金融和实体经济两个层面展开。

首先，从金融层面传导来看，在第一个层次，负利率政策无论采取的是欧元区的“利率走廊”模式，还是日本的公开市场操作模式，都会先对市场的短期利率水平产生直接压力，进而拉动市场利率整体下行。比如，在“利率走廊”模式下，市场利率有向“利率走廊”中间值收敛的趋势。欧洲央行将存款便利利率下调至负利率的同时，也降低了其他两个基准利率，通过“利率走廊”使同业拆借利率的目标区间不断下移。在日本，通过将准备金存款边际收益设定为负，商业银行会增加银行间市场的资金供给，从而促使银行间市场利率下行。

在金融层面传导的第二个层次，市场利率下行会进一步推动资产价格上升和本币贬值，同时激发金融机构信贷行为的调整。一般地，从短期来看，利率下行和资产价格上升将有助于改善金融机构的资产负债表，从而改善信贷条件，增强市场的信贷供给能力；但从长期来看，超低的市场利率也会侵蚀金融机构的利润边际，降低其资本充足率，并最终导致金融机构的长期信贷供给能力下降。此外，负利率政策直接拉低了市场安全资产的收益率，这会诱导追求利润最大化的金融机构主动承担更大的风险，并导致过度的信贷扩张，正如在美国“次贷危机”前所发生的那样。

其次，从实体层面传导来看，负利率政策与常规货币政策一样，可以通过利率、信贷、资产价格、汇率和预期等渠道对实体经济产生影响。如图 8－12 所示，在利率渠道方面，负利率政策会使货币供应量增加。依据 IS-LM 模型，在既定的流动性偏好下，货币市场短期利率降低将使长期利率下调，在资本边际效率不变的条件下，利率下降将促进投资增加。在信贷渠道方面，负利率政策会通过利率变化影响金融机构的信贷投放和贷款定价，从而使经济中的信贷可获得性和融资成本发生变化，进而影响实体经济活动。在资产价格渠道方面，当中央银行通过公开市场操作调控政策利率来实施负利率政策时，超低的市场利率还将通过金融市场的定价机制推高股票和债券等金融资产的价格，而资产价格上升所引发的财富效应会改善非金融性部门的资产负债状况，从而增加家庭部门的消费需求和厂商的投资需求。在汇率渠道方面，负利率政策所导致的短期利率下行会抑制市场对本国货币的需求，从而导致本币贬值、出口增加和总产出上升。另外，负利率政策还会诱发市场的通货膨胀预期，进而导致实际利率下降，从而进一步推动总需求和通货膨胀率上升。

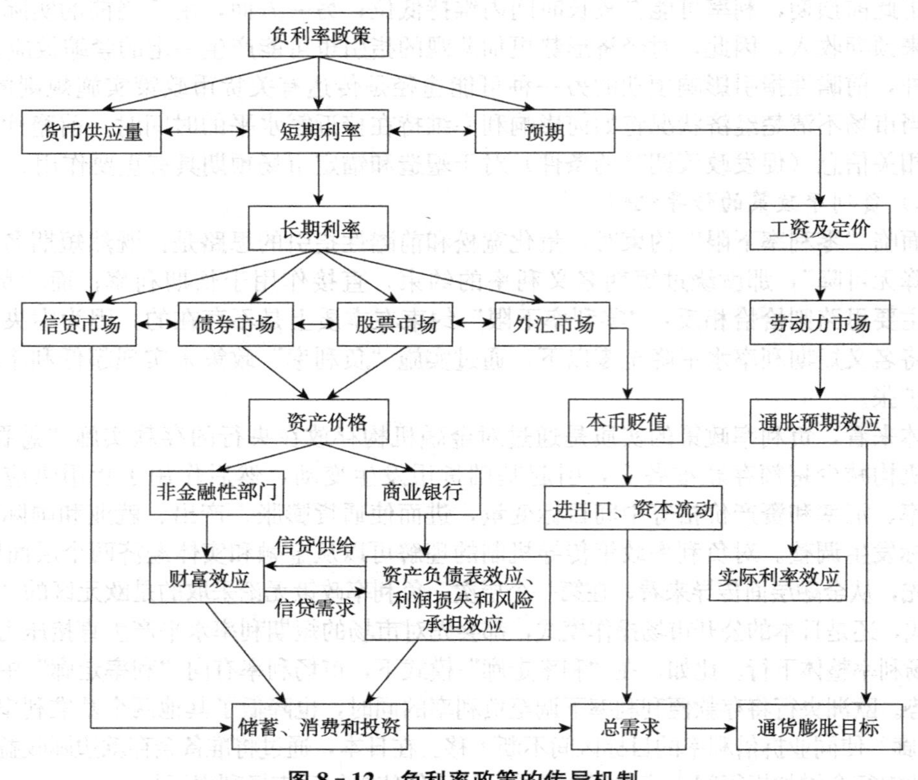

图 8-12 负利率政策的传导机制

应该注意的是，尽管从理论上看，负利率政策传导的基本渠道与常规货币政策并无明显差异，但由于负利率政策背后所依赖的理论机理和所运用的现实场景更为复杂，同时，一些关键的经济金融和政策参数可能会随着负利率政策的实施而发生改变，这些都有可能给负利率政策的实施效果带来某些不确定性。

8.4 货币政策传导机制的微观基础

由于所有的宏观经济表现（经济增长、物价稳定、充分就业等）都是经济中无数微观个体行为的综合或"加总"反映，因此，货币政策传导并非建立在空中楼阁之上的"无本之木、无源之水"，而必须具备相应的微观基础。

从技术上看，货币政策的起点和终点均为宏观变量，但中间的"连接载体"却是以企业、家庭（居民）和金融机构为代表的千千万万个微观市场主体，正是这些微观主体的行为方式和选择最终决定了货币政策的传导是否健全、通畅和有效。事实上，由于货币政策无论通过何种经济或金融变量进行传导，都必然经过微观主体行为而产生最终的宏观影响，因此，微观主体对货币政策变动的反应是否快速、灵敏和稳定，直接决定了货币政策传导效率的高低。

从现实情况来看，货币政策传导主要涉及三大类微观市场主体的行为决策和选择：企业、家庭（居民）和金融机构。其中，经济的供给方主要由企业决定，经济的需求方则主要由家庭（居民）决定，而金融机构则以投融资中介的身份将供求双方衔接起来，同时通过其信贷决策对实际资源的流向和配置产生影响，最终同时作用于经济的供给方和需求方。

在实践中，由于国情差异，不同国家货币政策传导的微观基础可能存在非常大的差异，了解和研究这些差异对改善货币政策的传导机制具有重要意义。

8.4.1 微观基础Ⅰ：企业的决策和行为

企业是决定市场供给侧的主要微观主体，生产什么、生产多少以及如何生产，在很大程度上直接塑造了一个经济体在供给侧方面的基本特征。作为经济中的主要投资决策者，企业在以投资为导向和主动力的成长型经济体（很多高增长的新兴市场国家属于这一类型）中具有重要地位，其行为选择将直接影响经济均衡的状态和水平。

在现实中，作为以利润最大化为目标的微观主体，企业是否增加投资和扩大再生产，主要取决于它们对自身未来盈利状况的预期。根据标准的宏观经济学和金融学理论，投资主要取决于实际利率的高低。因此，中央银行如果实施紧缩性的货币政策使得市场实际利率水平上升。理论上就会通过前文的各种传导机制，使得企业的投融资成本上升。在预期收益不变的情况下，由于一些项目的净利润收窄甚至变得无利可图，企业就会主动削减投资，以避免亏损或盈利率下降。

因此，货币政策通过实际利率影响投资需求的传导渠道是否存在以及是否高效，取决于企业对利率变化的实际反应。一方面，由于投资需求实际上由投资的预期收益率和实际利率共同决定，因此，在特定的环境和条件下，如果企业认为自身能够将高利率所导致的成本上升转嫁给消费者，那么即使在紧缩性的货币政策下，他们也会选择投资；反之，如果企业对市场缺乏信心，那么无论多低的利率，也无法促使他们投资。另一方面，货币政策通过利率渠道对企业投资的影响，还取决于企业对投资的利率敏感度，如果企业对实际利率的变动不敏感，那么利率调整与企业投资之间的相关性就会很低，从而导致利率传导机制的低效。

尽管在现实中，很多原因可能导致上述企业行为与中央银行的预期不一致，但最常见的制度性原因是“软预算约束”和市场垄断所导致的成本转嫁。“软预算约束”会导致市场风险约束机制的弱化和激励机制的扭曲，使企业对包括利率、成本、价格和风险等在内的一系列市场变量的变化不再敏感，最终导致货币政策传导在企业微观端的失效（专栏8-6）。另外，在经济中存在大量垄断企业或者垄断企业主导市场定价的情况下，由于缺乏市场竞争对企业定价的约束机制，企业可以随意地将利率上升所导致的成本增加转嫁给消费者，这样市场利率的变化也无法对企业的投资和生产行为产生显著影响。这些事实都说明，充分的市场化、足够的市场竞争和受市场机制约束的企业制度，是货币政策有效传导至微观企业层面的必要前提。

专栏8-6　软预算约束

软预算约束（soft budget constraint）是指当一个经济主体遭遇财务困境时可以借助外部救助得以存续而避免破产的现象。对于存在软预算约束的企业而言，由于其生存可以不依赖于自身的盈利，并且可以通过将不利后果转嫁给购买者和国家而使得风险“外部化”，这使得这些企业对利率、成本、价格和风险等一系列市场约束条件的反应不再敏感，最终导致市场化激励和约束机制的失效。

自从科尔奈（Kornai）于1980年提出“软预算约束”概念以来，该概念已经作为一个基本的概念被广泛地应用于传统计划经济和转型经济的研究当中。一般认为，软预算约束在国有企业或者政府组织中比较常见，其核心在于国有企业和地方政府在资不抵债的时候，通常由政府通过对其追加投资、增加贷款、减少税收、提供补贴等方式提供救助，使其免于实际破产，这在客观上弱化了这些企业和组织的自我约束，最终导致过度的借贷和低效率的扩张。

8.4.2 微观基础Ⅱ：家庭（居民）的决策和行为

家庭（居民）是决定市场需求侧的主要微观主体，消费什么、消费多少以及如何消费成为塑造经济需求侧特征的基本要素。特别是在“消费驱动型”经济增长模式下，家庭（居民）部门的行为在货币政策微观传导过程中的作用更加凸显。

从家庭消费行为对货币政策传导的影响来看，利率对消费的影响主要由收入效应和跨期替代效应共同决定。收入效应是指当利率下降时，居民从储蓄获得的收入减少，从而降低消费。跨期替代效应是指随着利率的下降，推迟当前消费和增加储蓄的吸引力下降，追求效用最大化的家庭会因此减少储蓄，增加当前消费。综合上述两种并存的效应，只有当利率的替代效应大于收入效应时，利率下调才能有效刺激家庭消费。

除利率的影响外，家庭的消费行为还取决于收入和财富状况。凯恩斯认为，消费主要由当前的可支配收入所决定，受利率的影响很弱。但根据弗里德曼的恒久收入理论和莫迪利亚尼的财富效应理论，家庭的消费行为还与其长期的收入预期和财富状况有关。一般而言，工资和薪金收入对利率变动的敏感性较低，而以金融资产为代表的财富对利率变动的敏感性较高。这就意味着，如果在一个经济体中，家庭的主要收入来源为工资和薪金收入，而对利率敏感性高的金融资产等财富性收入较少，那么利率经由收入和财富渠道影响家庭消费的弹性就会降低，从而削弱货币政策在家庭层面的传导效应。

此外，货币政策在家庭层面的传导还与其货币需求弹性相关。凯恩斯主义认为，货币需求决定于收入和利率，与收入呈正相关关系，而与利率呈负相关关系，即收入的增长或利率的下降将引起家庭货币需求的增加；反之，收入的下降或利率的上升则会引起家庭货币需求的减少。货币主义学派认为，货币需求主要受家庭恒久收入的影响，恒久收入的增加会导致货币需求的上升。但如果在一个经济体中，家庭的货币需求弹性非常小，那么，收入上升和利率下降所带来的实际货币需求增加就会非常有限，在这种情况下，新增的货币往往不会转化为消费需求，而是转化成了储蓄存款，因而难以起到刺激消费和增加总需求的效果。

除上述经典理论所揭示的家庭部门行为对货币政策传导的影响之外，一个社会中家庭结构的变迁（如人口年龄结构变化，专栏8-7以人口老龄化为例进行了说明）、财富积累方式和风险偏好的改变以及对未来收入增长及不确定的预期，也都会对货币政策在微观家庭层面传导的有效性产生影响。

专栏8-7　人口老龄化对货币政策传导机制的影响

货币政策通过利率渠道、财富效应渠道、汇率渠道和信贷渠道等影响实体经济，但其有效

性可能在逐步减弱，而人口老龄化正是潜在原因之一。根据生命周期理论，居民年轻时收入小于支出，是净借方。随着年龄的增大，财富不断积累，其债务水平总体呈倒U形，意味着老年人可能对利率变化并不敏感，从而弱化货币政策利率渠道。同时，得益于较高的财富积累和较低的信贷需求，老年人外部融资溢价低，且自我融资倾向提高，预示着货币政策信贷渠道效力下降。再从资产的角度来看，老年人持有的资产较多，迫于保值增值的考虑，也可能会对利率变动更加敏感，表明老龄经济体中的货币政策财富效应渠道趋于加强。此外，由于老年人更趋向于规避风险且投资理念倾向于保守，货币政策相对难以通过引导微观主体的风险偏好来影响实体经济，因此风险承担渠道的有效性可能减弱。最后，相对于年轻人来说，老年人对医疗、养老服务等非贸易品的需求增多，导致非贸易品价格上升和实际汇率升值，在其他条件不变的情况下，本币升值预期的存在使得利率下降引起的资本外流量减缓，本币贬值的幅度减小，对出口和产出的刺激作用下降，于是货币政策通过汇率渠道的传导效果减弱（图 8 - 13）。

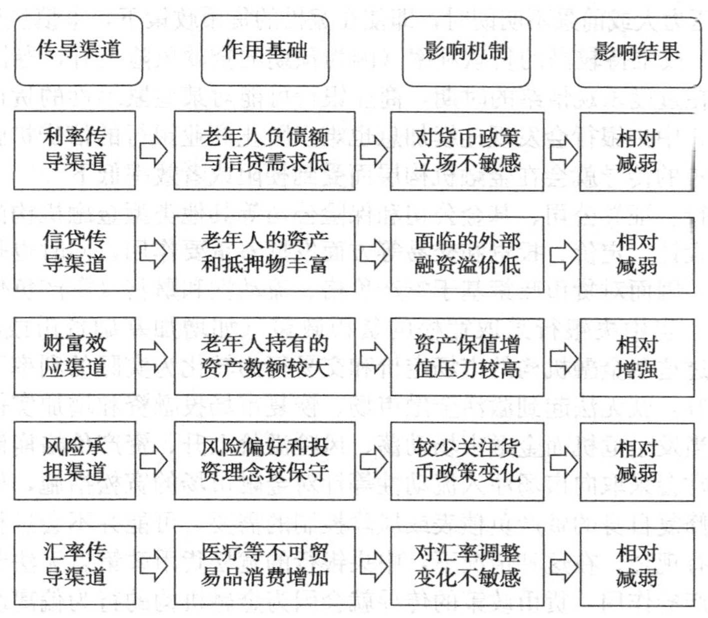

图 8 - 13 人口老龄化对货币政策传导机制的影响

注：本专栏内容综合改编自：伍戈，曾庆同．人口老龄化和货币政策：争议与共识．国际经济评论，2015（4）：99 - 109；方显仓，张卫峰．人口老龄化与货币政策：研究进展与政策启示．上海财经大学学报，2019（1）：28 - 50。

8.4.3 微观基础Ⅲ：金融机构的决策和行为

广义的金融机构包括存款类金融机构和非存款类金融机构。前者以商业银行为典型代表，由于是存款货币创造和信贷投放的主要载体，所以中央银行几乎所有与货币、信贷和利率相关的政策传导机制都与其密切相关。非存款类金融机构如投资银行、证券公司、基金公司、保险公司等，是金融市场产品生产、交易和定价的重要力量，对涉及资产价格、利率、财富和流动性等渠道的货币政策传导具有重要影响。此外，由于在现代经济金融制度下，中央银行基本不直接与实体经济中的企业和家庭产生商业性的业务关系，所以金融机构及其主导下的金融市场就成了连接中央银行货币政策与实体经济末端（企业和家庭）的“必经中介”，这一地位也直接决定了金融机构的决策和行为是影响货币政策传导的重要微观基础。

先从最为直观的银行信贷投放行为来看，中央银行的宽松货币政策（如增加基础货币供给或降低政策利率）是否以及最终能在多大程度上促进信贷扩张，以增加市场的融资可得性和降低融资成本，显然在很大程度上取决于商业银行对其信贷投放量和贷款定价的决策。只有商业银行行为与中央银行的政策取向一致，即在政策放松时增加贷款投放、降低贷款利率，在政策紧缩时减少贷款投放、提高贷款利率，货币政策才能沿着预期的方向传导。并且，银行贷款对中央银行政策变动的敏感性越高，这种传导就越有效率。然而，在现实中，商业银行也是追求利润最大化的微观主体，很多因素会影响其实际的信贷决策。比如，在经济下行压力大或前景不明朗时，即使在宽松的货币政策下，审慎经营的商业银行也可能选择“惜贷”或维持较高的贷款利率（因为预期的贷款风险上升，专栏 8－8）。反之，在经济繁荣和存在过度乐观情绪的时期，商业银行可能对某些紧缩性的货币政策措施（如加息）并不敏感，中央银行会发现连续加息也难以阻止商业银行的信贷扩张冲动。在上述情况下，货币政策的传导就会在金融机构层面受到梗阻或者效率低下。

再从投资银行、证券公司、基金公司和保险公司等其他类型金融机构的行为来看，它们在金融产品的设计、定价、投资和交易等方面发挥着重要作用，同时也是金融市场流动性的重要创造者，因而对货币政策基于资产价格、流动性和财富（资产负债表）的传导渠道具有重要影响。当中央银行采取宽松的货币政策（如增加基础货币或降低政策利率）时，如果不能通过这些金融机构的市场定价和交易行为转化为实际的利率下行、流动性增加和资产价格上升，就无法起到激活金融市场、恢复市场投融资和增加实体经济资金供给的作用。比如，当发生危机而金融市场动荡、风险溢价上升、资产价格崩溃和流动性匮乏时，中央银行通常会采取向市场注入流动性等针对金融市场的宽松措施，但拿到援助资金的金融机构出于修复自身的资产负债表或风险控制的需要，可能并不会进行扩大投融资的操作，而选择持有现金。在这种情况下，中央银行的宽松货币政策就无法起到恢复金融市场和刺激实际生产的作用，货币政策的传导就会因为金融机构的行为偏离政策预期而受到阻滞。

最后，需要特别强调的是，市场机制下的金融机构也是根据利率等价格信号调整行为决策的，因此，货币政策的顺利传导有一个基本的制度性前提，那就是金融市场本身必须是统一的，这样才能够形成市场化的、有效的收益率曲线结构，从而通过价格信号引导市场主体的行为。没有这个基础性的前提，政策传导机制几乎必然受到梗阻。

从货币政策传导的实际过程来看，中央银行通常直接调控的是短期的基准利率（无风险利率），这个短期利率一方面通过“纵向”的传导机制影响长期利率（即沿着无风险利率期限结构曲线的短期利率传导至长期利率），从而决定实体经济的投资、消费等行为；另一方面通过“横向”的传导机制，影响各种不同类型金融资产的定价（即根据各种金融产品风险程度的不同，给予不同程度的风险溢价），从而影响金融市场的投融资活动，并进一步传导至实体经济的投融资、生产、消费等行为。

很明显，在上述两个传导渠道中，都要求存在一个统一的金融市场，从而形成统一的、有效的利率期限结构和风险定价机制。反之，如果不同的金融市场（信贷市场、股票市场、债券市场、金融衍生品市场、场外交易市场等）之间存在着分割，甚至在各子市场内部也存在着分割，那么就会阻碍统一金融市场的形成，并由此产生一系列异常现象和市场悖论。比如，明明是同一个企业的同一个产品或者项目，在不同的金融市场居然存在完全不同的定价。各个金融市场均存在严重的“刚性兑付”问题，导致金融市场的风险定价机制失效，同时，无风险利率长期高企，引发所谓“融资难”“融资贵”等问题。因此，建立和完善统一的金融市场，使市场机制和价格信号能够充分发挥引导和调节市场微观主体行为和决策的功能，是货币政策传导机制畅通和有效的基本前提。

专栏8-8　打通货币政策传导的微观“末梢”

提升货币政策的效果，不仅要着眼于长远改革，还要直击眼前近忧。自2018年上半年以来，货币政策传导末梢的阻塞愈加凸显。随着全球形势日趋复杂，银行系统避险情绪上升、信贷投放意愿减弱，在叠加信贷考核机制的改革滞后，商业银行终端在总量上惜贷，在期限上偏好短贷而非更能支持经济的长贷，在结构上依然集中于大型企业而非小微企业，从而导致逆周期、调结构的货币政策难以落地。这一问题仅靠货币政策自身的腾挪无法解决。加强“财政-货币”政策协同，以财政资金撬动私人部门的信贷投放，才是打通传导末梢的关键。2018年下半年，更加积极的财政政策有望与新一轮改革措施相结合，稳固经济增长预期，增强商业银行放贷意愿，引导商业银行信贷流向“补短板”、新经济和战略性新兴产业领域，进一步优化信贷投放结构。

注：本专栏内容摘选自《第一财经日报》（作者：程实、钱智俊）2018年8月20日的报道《从微观基础看中国货币政策的演变趋势》中的“演变之四：打通传导末梢”。

8.5　中国货币政策的传导机制

8.5.1　中国货币政策传导机制的演变历程

在1978年改革开放前，中国处于计划经济体制下。由于基本没有商业银行和金融市场，因而货币政策的传导机制简单直接，基本遵循“中国人民银行→中国人民银行分支机构→企业”的传导过程，主要通过政策手段直接影响最终目标。在改革开放后的20世纪80年代，随着中央银行制度的建立和金融机构的发展，中国逐渐形成了“中央银行→金融机构→企业”的货币政策传导机制，但由于市场化程度不够，货币市场尚未完全进入传导过程。在20世纪90年代之后，随着宏观调控方式的转变和货币市场的进一步发展，“中央银行→货币市场→金融机构→企业”的传导过程逐步清晰，初步形成了以市场化调控为导向的“政策工具→操作目标→中间目标→最终目标”的间接传导机制。

总体来看，在中国的货币政策逐渐转向市场调节的发展历程中，1998年是一个关键的时间分野。在1998年之前，中国货币政策对宏观经济的调控几乎完全依赖信贷传导机制，相比之下，利率传导机制的作用较弱，而资产价格和汇率在货币政策传导中发挥的作用就更加微弱。在1998年以后，中国对货币政策的运行机制进行了改革：一是取消信贷规模控制，增强金融机构的活力，推进存款准备金制度改革；二是稳步推进利率改革，利率市场化的进程大大加快；三是积极推进货币市场的发展，提高金融市场的效率；四是推进汇率形成机制改革，实现人民币经常项目下可兑换，稳步和有序推进资本项目开放。在此基础上，中国的货币政策基本实现了从直接调控向间接调控的转变，以"中央银行→货币市场→金融机构→企业"的货币政策传递机制表现得更为充分。中国货币政策传导机制的历史演变可由表8-1加以概括。

表8-1　　中国货币政策传导机制的历史演变

		改革开放前三十年（1948—1978年）	改革开放后近二十年（1979—1997年）	间接调控时期（1998年之后）	传导过程
政策工具	主要工具	信贷现金计划	信贷现金计划；中央银行贷款	中央银行贷款；利率政策；公开市场操作	↓
	辅助工具	信贷政策；利率政策；行政手段	利率政策；信贷政策；再贴现；公开市场操作；特种存款	存款准备金；再贴现；指导性信贷计划；信贷政策；窗口指导	
操作目标			从贷款规模到基础货币	基础货币（监测流动性）	
中间目标		"四大平衡"[a]	从贷款规模到货币供应量	货币供应量（监测利率、汇率）	
最终目标		发展经济、稳定物价	从发展经济、稳定物价到稳定货币，并以此促进经济增长	稳定货币并以此促进经济发展	

a. "四大平衡"指财政、信贷、外汇与物资的各自平衡和统一平衡。

资料来源：易纲. 中国货币政策框架. 货币政策操作国际研讨会论文，2001.

应该指出，从整个中国货币政策的实践历程来看，与从中央计划经济体制向市场经济体制转变的历史进程相适应，中国货币政策的传导机制也经历了从以行政传导为主转向以市场传导为主的范式转变，这一转变的核心是从以直接调控为主转向以间接调控为主。在直接调控时期，货币政策传导中没有金融市场的参与，中央银行直接调控商业银行的贷款行为，贷多少、贷给谁都有明确的计划和指令，在商业银行治理机制不健全的情况下，盲目扩张行为较为普遍。自20世纪90年代以来，随着中国金融机构改革力度的加大，商业银行的公司治理机制进一步完善，管理能力和管理水平得到明显的提高。商业银行的成功改革，有利于充分发挥市场机制的作用，进一步疏通货币政策传导机制。尤其是随着利率市场化的稳步推进，各类金融机构的定价能力、定价水平和定价制度建设都取得了不同程度的进展，货币政策开始进入间接调控时期。

在间接调控模式下，利率在货币政策传导机制中具有核心地位和作用。在中国的货币政策间接调控体系建立之前，由于利率和汇率被管得过死，货币市场、资本市场和外汇市场很不发达，中央政府主要通过信贷现金计划执行货币政策：在银行存款增加以后，紧随着银行贷款的增加，之后是投资和消费的上升，最终是总需求和产出的增加。随着金融市场的发展以及利率管制的放松，中国的货币政策传导机制开始与市场经济条件下的传导模式接轨：在利率传导机制方面，随着货币供给的增加，名义利率的下降和通货膨胀预期的上升将导致实际利率下降，从而刺激投资和消费，于是产出增加；在资产价格传导机制方面，货币扩张将使得企业和消费者持有的资产价格上涨，在财富效应作用下引发投资和消费的扩张。不过，由于现阶段人民币尚未实现可自由兑换和完全的汇率市场化，货币政策经由实际利率变化而影响汇率和进出口的传导机制尚不畅通。

8.5.2 中国货币政策传导机制的现状与问题

在成熟市场经济国家中，货币政策主要通过利率渠道进行传导，其代表性的经典路径为：中央银行通过货币政策操作影响货币市场短期利率，货币市场短期利率通过债券市场上的跨期套利机制来影响债券市场的中长期利率，债券市场的中长期利率通过跨市场套利机制来影响信贷市场的中长期利率。因此，利率传导机制是否通畅，取决于衔接短期利率和中长期利率的收益率曲线结构本身是否具有充分市场化、高效率的形成机制。

从中国目前的情况来看，尽管利率市场化已经取得明显进展，但由于缺乏统一的金融市场、微观主体对利率变动的反应不敏感、股票市场的定价和交易机制尚存在制度性缺陷等原因，统一和充分市场化的收益率曲线结构还未真正形成，导致基准利率向长期利率传导的过程并不通畅。在这种情况下，目前中国货币政策的传导机制总体呈现出以下特征（图 8-14）：(1) 信贷渠道仍是当前的主渠道，同时鉴于银行体系在中国金融体系中的重要作用，未来仍将是货币政策传导的重要渠道；(2) 利率渠道的传导效率目前还不高，但作为中央银行正在着力培育的传导渠道，其作用将随金融市场化改革深入而逐步增强，有望成为未来货币政策传导的主渠道；(3) 资产价格渠道的作用目前还不太清晰，虽然围绕财富效应和资产负债表渠道有一些若隐若现的体现，但总体效应较弱，且不稳定。

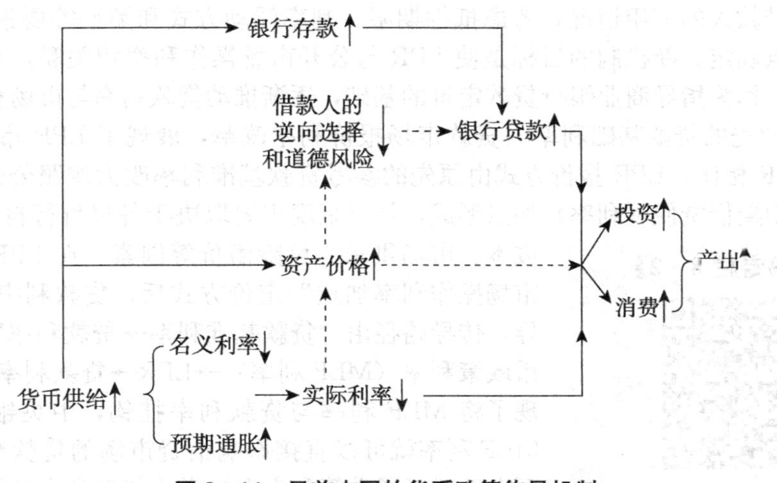

图 8-14 目前中国的货币政策传导机制

从目前中国货币政策传导机制中存在的问题来看，利率传导渠道不畅和效率不高是制约货币政策调控走向成熟市场化的主要障碍。从现实情况来看，利率传导渠道不畅的主要原因包括：

（1）金融体系的政策性约束较多，各种隐性的金融抑制尚未完全根除，中央银行对数量型货币政策工具的运用存在惯性依赖，不利于价格型货币政策工具的使用。

（2）金融市场存在分割，无法形成统一的市场收益率曲线和完善的价格形成机制，严重制约了以市场化和定价机制为基础的利率传导机制的有效性。

（3）金融市场的产品结构不够完善，流动性较强、换手率较高的债券品种有利于债券市场的价格发现，但目前以牺牲市场流动性的质押式回购占据主要份额，买断式回购和同业拆借市场占比较少，同时由于监管限制，利率衍生品不足，价格发现功能受到抑制。

（4）监管制度尚不完善，比如债券市场管制较多、流动性和衍生品不足等问题使得债券市场的利率传导效率明显低于发达经济体，同时，针对“影子银行”和创新金融产品的监管相对滞后，导致游离于监管范围之外的各种金融产品对正规金融市场的产品定价产生了干扰。

（5）地方融资平台和大型国有企业存在较为普遍的“软预算约束”和“刚性兑付”问题，扰乱了以“风险溢价”为核心的市场定价机制，导致市场主体对利率变动的敏感性不足。

为解决利率传导渠道不畅特别是在贷款端不畅的问题，中国人民银行在 2013 年 7 月取消了对贷款利率浮动下限的管制，标志着贷款利率市场化，并于同年 10 月推出了 1 年期贷款基础利率（LPR）。不过，早期的 LPR 运行效果不理想，与贷款基准利率基本同步，变化滞后，缺乏代表性。在实际操作中，由于央行每季末对银行的宏观审慎评估（macro prudential assessment，MPA）考核中的“定价行为”对银行贷款利率定价构成强约束，银行实际上仍高度依赖于央行持续公布的贷款基准利率进行定价，因此事实上形成了贷款基准利率和市场利率“双轨制”的局面。

2019 年 8 月 17 日，中国人民银行发布公告，从 8 月 20 起将首次按照新的报价机制发布 LPR，作为各银行新发放贷款定价的主要参考，同时作为浮动利率贷款合同的定价基准。LPR 又名贷款市场报价利率，是金融机构对其最优质客户执行的贷款利率，其他贷款利率可根据借款人的信用情况，考虑抵押期限、利率浮动方式和类型等要素，在 LPR 的基础上加减点确定。新机制的目标是使 LPR 与公开市场操作利率相关联，替代原来的贷款基准利率，作为指导商业银行贷款定价的基础，逐渐推动贷款利率与市场利率并轨。

LPR 由原先的贷款基础利率向贷款市场报价利率改革，展现了 LPR 市场化的特征。与原有的 LPR 相比，LPR 报价方式由原先的参考贷款基准利率改为按照公开市场操作利率（主要指中期借贷便利利率）加点形成，加点幅度主要取决于各报价行自身资本成本、市场供求、风险溢价等因素。在 LPR 采用“公开市场操作利率加点”定价方式后，贷款利率将由 LPR 引导，传导路径由“贷款基准利率→贷款利率”转变为“货币政策利率（MLF 利率）→LPR→贷款利率”。新方式实现了将 MLF 利率与贷款利率挂钩，中央银行通过调节 MLF 利率就可以直接影响信贷市场的贷款利率定价，从而有助于畅通政策利率直接影响贷款利率的渠道，从而进一步疏通货币政策传导机制（二维码专栏 8－2）。

【二维码专栏 8－2】

LPR 的“前世今生”

8.5.3 中国货币政策传导机制的未来取向

《中华人民共和国国民经济和社会发展第十三个五年规划纲要》明确提出，要“构建目标利率和利率走廊机制，推动货币政策由数量型为主向价格型为主转变”。根据这一目标定位，同时结合目前中国金融改革发展所处的大环境和货币政策传导机制所存在的问题，未来货币政策传导机制的改革和完善方向包括：

一是完善利率传导，将其作为未来价格型货币政策调控的主渠道。中国目前的利率调控主要采用公开市场操作模式和利率走廊模式，与国际主流做法差异不大，但调控效率有待提高。公开市场操作模式主要通过影响金融体系的流动性来影响市场利率，而利率走廊模式则主要依靠利率目标区间的锚定效应来引导市场利率。较之公开市场操作，利率走廊模式只需调节利率走廊的上下限就能达到稳定市场利率的目标，调控频率和操作成本相对较低。因此，利率走廊模式有利于稳定市场预期，提高货币政策利率传导效率。但值得注意的是，利率走廊模式以目标利率区间来控制基准利率的波动幅度从而影响长期利率，因而基准利率的选择与稳定对货币政策的传导效率至关重要。这就要求进一步推进金融市场的基准利率体系建设，消除多种利率并存的“多轨制”，确定一个明确的政策基准利率（如 Shibor），逐渐厘清政策基准利率与央行其他辅助性政策工具之间的关系，避免出现多种利率信号之间互相干扰的现象。

二是增强商业银行的市场化定价能力，提高信贷渠道传导效率。在中国以银行为主导的金融体系结构下，疏通货币政策传导的信贷渠道是提高货币政策效率的重要手段。信贷投放的规模、结构和配置效率是货币政策在信贷传导渠道方面的具体体现，提高商业银行在信贷的市场化定价、风险管理和资源配置等方面的能力，有助于疏通货币政策传导的信贷渠道，具体包括：(1) 持续深入推进利率市场化，通过强化信贷市场竞争增强商业银行在信贷投放和定价方面的利率弹性；(2) 提高商业银行的利率定价能力，鼓励商业银行以市场化利率为基准加点为部分浮动利率产品定价，以国债收益率曲线以及债券市场各信用等级企业债收益率曲线为基准加点为中长期固定利率和浮动利率产品定价，合理引导短期利率向中长期利率传导；(3) 推动信贷资产证券化，提高商业银行资产的市场化水平，同时发展同业存单和大额存单，提高商业银行负债的市场化水平，从资产负债综合管理的角度提高商业银行的市场化信贷管理能力。

三是加强货币政策决策和实施的一致性，改善预期渠道的传导效果。预期传导渠道是利率和信贷等传统货币政策传导渠道之外的一种辅助性的、支持性的传导渠道，善加利用既可以相对独立地发挥作用，也可以进一步增强传统渠道的传导效果。在中国目前的货币政策框架下，国务院拥有对基准利率、准备金率和货币供应量的决策权，而公开市场操作和常备借贷便利（SLF）、短期流动性调节工具（SLO）、中期借贷便利（MLF）和抵押补充贷款（PSL）等利率的决策权则在中央银行。货币政策工具的决策权不同，会在一定程度上导致市场信号不明，不利于形成稳定一致的市场预期，也不利于货币政策通过“前瞻性引导”等预期渠道来调控经济和金融活动。因此，进一步完善货币政策决策和实施的一致性、连贯性和稳定性，将有助于增强货币政策基于预期渠道的调控效果。

四是进一步完善货币政策有效传导的微观基础。从金融层面来看，要继续深化金融改革和市场化发展，增强金融体系的效率和稳定性，打破金融市场分割，缓解信息不对称，推动各金融子市场之间的融合与竞争，逐渐建立起统一、高效和高度一体化的现代金融体系，为货币政策在金融体系内的传导提供良好、顺畅的环境。从企业层面来看，要加强财务硬约束，打破“软预算约束”和过度杠杆化的倾向，同时进一步完善公司治理（特别是与金融资产定价密切相关的上市公司的治理），加强透明度建设，缓解信息不对称，同时为内外资企业、国有和民营企业提供公平、公正和公开的市场环境，促进企业遵循市场规律，按照市场原则进行决策和行动。从家庭（居民）层面来看，要加强投资者教育，打破金融产品“刚兑”预期，增强金融风险的识别、判断和理性决策能力，同时引导家庭进行合理的多元化投资，促进财富积累，增强投资者对利率和风险反应的敏感度。

五是加强政策协调，避免其他政策性因素对货币政策传导机制的干扰。货币政策的信贷传导渠道涉及商业银行等融资供给方，这意味着针对融资供给方的各种监管政策，如资本监管、贷存比上限、贷款价值比和市场准入管制等，都会在很大程度上直接影响货币政策传导的效果和效率。从现实情况来看，上述限制会促使商业银行进行资产腾挪（如在资产端将贷款科目转移至买入返售、应收款项等科目，在负债端将吸收存款科目转移至同业存放、卖出回购等科目），从而增加商业银行的运营成本，导致负债向资产转化的链条增加，从而降低货币政策传导效率。此外，货币政策在实体经济层面的有效传导还依赖于财政政策、产业政策等的支持及配合。比如，在宽松货币政策实施和传导的过程中，如果财政政策突然紧缩，则会削弱宽松货币政策的传导效应，甚至导致政策效应的反转。又比如，针对特定产业传导的宽松货币政策，如果没有相应的产业扶持政策的支撑，则可能导致货币信贷资源无法有效落地，最终在政策传导的末端受到阻滞。

【本章小结】

货币政策传导机制是指中央银行的货币政策调整如何经由金融体系和实体经济中若干关键变量和环节的传导，最终实现其政策目标的基本过程和内在机理。从货币政策操作的角度看，货币政策传导机制描述了“政策工具→操作目标→中间目标→最终目标”这一过程背后的关联机制和相关理论逻辑。

货币政策传导机制的明晰性、通畅性和可靠性直接决定了货币政策实践的效果和效率。确保货币政策传导过程的清晰、无梗阻和稳定可信，是货币政策有效发挥调控功能和实现预期目标的重要前提。在实践中，由于货币政策传导机制涉及金融和实体经济两个基本领域，因此，货币政策传导机制的效率和有效性不仅取决于实体经济的活动与效率，同时也与金融体系的活动和效率密切相关。

根据传导过程中的核心变量或关键路径的不同，货币政策传导机制的经典理论主要有以下七种：利率传导机制理论、货币传导机制理论、汇率传导机制理论、资产价格传导机制理论、信贷传导机制理论、流动性传导机制理论和预期传导机制理论。上述七种理论中的基本传导机制都并不是非此即彼的对立关系，而是相互交织在一起的共存关系，只不过对于特定时期的特定经济体而言，由于制度约束或者经济金融运行环境的影响，其中的某一两种机制可能发挥着更加具有主导性的作用，从而成为主要的传导机制。

在金融危机或经济深度衰退的异常时期，常规货币政策工具可能不足以实现中央银行的调控目标，主要有两个方面的原因。一方面，当经济遭受的负面冲击非常大时，名义利率可能需要降至零。由于政策利率无法进一步下调，因此，任何额外的货币刺激都只能通过非常规货币政策工具来实现。另一方面，即使在名义利率水平高于零的情况下，如果货币政策的传导过程因为金融体系的失灵而明显受阻，那么可能也需要借助非常规货币政策工具予以疏导。在传导机制上，非常规货币政策主要通过增加融资的可获得性和减少融资溢价（量化宽松）、维持低利率预期（前瞻性引导）、刺激当前的投资和消费（负利率政策）来影响市场主体的行为决策，进而影响金融和实体经济的活动。

货币政策的传导建立在一定的微观基础之上。从技术上看，货币政策的起点和终点均为宏观变量，但中间的“连接载体”却是以企业、家庭（居民）和金融机构为代表的微观主体，这些微观主体对货币政策变动的反应是否快速、灵敏和稳定，直接决定了货币政策传导效率的高低。从现实情况来看，货币政策传导主要涉及三大类微观主体的行为决策和选择：企业、家庭（居民）和金融机构。其中，经济的供给方主要由企业决定，经济的需求方则主要由家庭（居民）决定，而金融机构则以投融资中介的身份将供求双方衔接起来，同时通过其信贷决策对实际资源的流向和配置产生影响，最终同时作用于经济的供给方和需求方。

中国货币政策的传导机制经历了从以行政传导为主到以市场传导为主的范式转变，其核心是逐渐走向市场化的间接调控模式。从目前中国的情况来看，货币政策的传导仍以信贷渠道为主，但利率渠道的影响在逐步增强，有望成为未来货币政策传导的主渠道；资产价格渠道的作用目前还不太清晰，虽然围绕财富效应和资产负债表渠道有一些若隐若现的体现，但总体效应较弱且不稳定。

【关键词】

货币政策传导机制　利率传导机制　货币传导机制　汇率传导机制　资产价格传导机制　信贷传导机制　流动性传导机制　预期传导机制　微观基础　量化宽松　信贷宽松　扭曲操作　前瞻性指引　负利率政策

【复习思考题】

1. 简要说明货币传导机制的含义及重要性。
2. 简要解释货币传导机制的七种经典理论。
3. 简要解释常规货币政策和非常规货币政策在传导机制上的异同。
4. 论述中国货币政策传导机制的现状、问题与解决思路。

第9章 货币政策的有效性

【本章要点】

1. 货币政策有效性的理论观点；
2. 货币政策有效性的判断标准；
3. 货币政策有效性的影响因素；
4. 中国的货币政策有效性分析。

【导入案例】

新华社北京电（李延霞，韩洁．中共中央政治局召开会议　中共中央总书记习近平主持会议．2018-08-01)：中共中央政治局日前召开会议，分析研究当前经济形势，部署下半年经济工作。会议提出，要“坚持实施积极的财政政策和稳健的货币政策，提高政策的前瞻性、灵活性、有效性”“把好货币供给总闸门，保持流动性合理充裕”。货币政策的松紧，关系到实体经济的资金血脉。2018年以来，中国社会融资规模增速出现下滑。“保持流动性合理充裕”，将为经济的平稳健康发展提供适宜的货币金融环境。其实，为了应对复杂多变的国内外经济形势，人民银行已经加强了对货币政策的预调微调，通过降准置换、定向降准、扩大中期借贷便利（MLF）担保品范围等政策工具向市场注入流动性。

《21世纪经济报道》（佚名．摆脱信用扩张依赖症　提高货币政策有效性．2019-03-22)：美联储声明显示，美国经济活动已经放缓。近期指标显示，2月份非农就业增量不大，第一季度居民支出和企业固定资产投资增长放缓。同比而言，整体通货膨胀率下降，主要原因是能源价格下跌；不含食品和能源的通货膨胀率依然接近2%。美联储主席鲍威尔表示，美联储的总体目标是维持经济扩张、强大的就业市场和稳定的价格。他称目前就业市场强劲，工资增长健康，失业率接近历史低点，通货膨胀率仍然处在接近2%目标的位置。基于此，美联储继续预计美国经济将会稳健增长，虽然2019年的步伐可能比2018年慢。他认为美联储将保持耐心，并保持观望状态，但也不断强调美国经济2018年的前景是积极、正面的，试图缓和2018年不加息且下调经济增速预期带来的经济下行担忧。

从上述报道我们可以看出，提升货币政策的有效性一直是加强和完善宏观调控的重要内容。那么，经济学理论有哪些关于货币政策有效性的讨论？有哪些标准可以用于判断和衡量一国货币政策的有效性？货币政策有效性的影响因素有哪些？本章将对上述问题进行解答。

9.1 概述

货币政策的有效性是指当一项货币政策实施之后，所产生的政策效果相对于中央银行预期政策目标的实现程度。从广义角度看，货币政策有效性的内涵包含货币政策能否以及在多大程度上能沿着预期的传导机制，通过稳定地影响中间目标，进而实现最终目标的整个过程。

在实践中，货币政策的有效性大体上可以从三个方面予以判断：一是货币政策能否通过调节总需求最终影响到实际产出和通货膨胀水平，二是这种影响是否及时、灵敏和稳定，三是影响的传导机制过程是否明确、可靠和可控。从现实操作来看，由于目前各国普遍采取的是“逆周期”调节的货币政策，即在经济过热时采取紧缩性的货币政策操作，以抑制过剩需求和控制通货膨胀，在经济过冷时采取扩张性的货币政策操作，以提振需求和刺激产出上升（实现充分就业），因此，从简化的角度看，货币政策有效性可概括为其逆周期调控能力的大小和效果的好坏。

货币政策有效性与货币政策目标既相互联系又存在差别，联系在于货币政策有效性是货币政策目标实现程度的一种度量，只有当货币政策目标明确之后，货币政策有效性才能得到讨论和评价。二者的区别在于，货币政策目标是中央银行预先设定的一个指标指向，它通常不随现实经济状况的改变而变化，而货币政策有效性的评价则需要通过比较在政策实施后特定经济金融变量与其目标值之间的偏离得到，因而会随着客观条件的变化而改变。此外，由于现实中种种因素的影响和制约，货币政策的实际效果往往与其预设的政策目标会有不同程度的偏离，严重时甚至可能发生方向性的背离，这些使得货币政策有效性的识别、判断和监测具有重要的理论和实践意义。

9.2 货币政策有效性的理论观点

在理论上，货币政策是否有效一直存在争论。争论的核心在于货币是否为中性的，即货币是否能对产出、就业等实际变量产生影响。以古典主义学派和新古典主义学派为代表的“货币中性论”的支持者认为，货币只是蒙在实体经济之上的“一层面纱”，货币供应量的增加只会引起价格水平同比例的增加，而不会对实际产出水平产生任何影响，因此货币政策是无效的。相比之下，以凯恩斯主义学派和新凯恩斯主义学派为代表的“货币非中性论”的支持者则认为，货币是真实经济活动的重要组成部分，货币供给的变化会通过一定的传导机制对产出、就业等实际经济变量产生影响，因而货币政策是有效的（如果运用正确)。以弗里德曼为代表的货币主义学派总体上继承了古典主义学派的思想遗产,虽然承认货币政策在短期内可能对实际经济产生影响,但在长期中仍然是无效的。奥地利学派的货币理论虽然主张"货币非中性",但强调的重点并不是货币政策的有效性,而是货币扰动如何导致了经济结构的扭曲和经济周期的波动,因而总体上认为货币政策是多余的,主张政府放弃对货币的控制。各学派关于货币中性和货币政策有效性的观点可用图 9-1 予以简要概括。

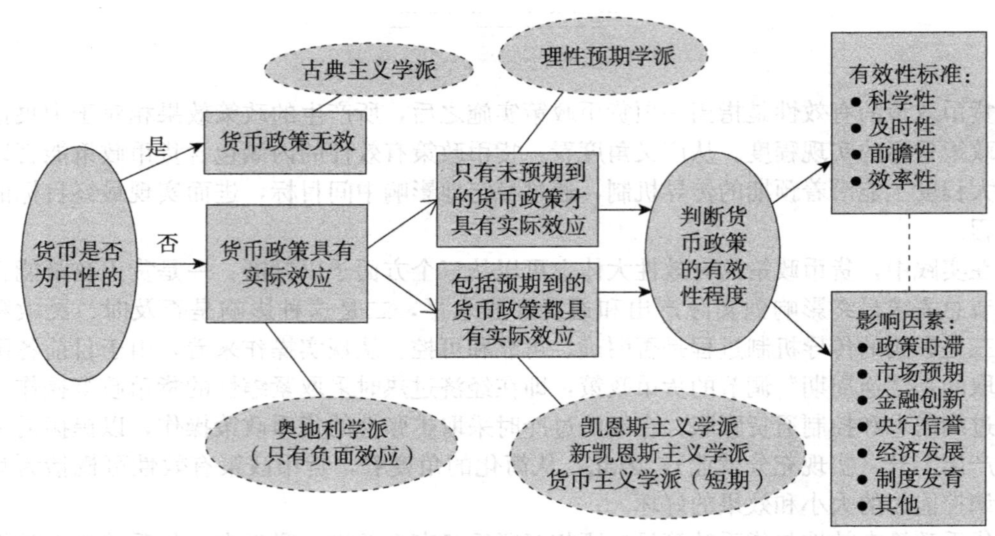

图 9-1 各学派关于货币中性和货币政策有效性的观点

9.2.1 古典主义学派

在 20 世纪之前,古典主义学派的货币理论占据主流,这一理论以"两分法"为基础将货币与实体经济区分开来,认为货币与实体经济是两条互不相交的平行线,货币不过是笼罩在实体经济之上的一层面纱,经济的发展最终由实体经济因素而非货币决定。

古典主义学派的典型代表人物为法国经济学家萨伊。萨伊定律(Say's law)认为,"供给创造其自身的需求",由于市场的自我调节作用,总供给最终会等于总需求,不可能产生遍及国民经济所有部门的普遍性生产过剩,而只能在国民经济的个别部门出现供求失衡的现象,而且即使这样也是暂时的。货币在这个过程中仅仅充当商品交易的媒介,对商品交易本身没有实质性的影响,货币供给的增减只会引起商品价格水平的涨跌。由于市场能够自发形成均衡,不需要政府进行任何干预,因而货币政策是无效的。

1911 年,美国耶鲁大学教授欧文·费雪出版了《货币的购买力》(*The Purchasing Power of Money*)一书,对古典货币数量论做出了清晰的阐述,并提出了现金交易数量说,即著名的"费雪方程":$MV=PT$。其中,M 为一定时期内流通货币的平均数;V 代表货币流通速度,由制度和习惯等因素决定,一般比较稳定;P 代表货币的购买力;T 代表充分就业时的产出,在一定的技术约束下也被认为是一个常量。根据费雪方程,货币数量的变化只会体现在价格水平的变动上,对实际经济变量没有影响,因此货币政策是无效的。

9.2.2 凯恩斯主义学派

19 世纪末 20 世纪初，古典学派的货币理论遭遇挑战。以魏克赛尔（又称“威克塞尔”）和凯恩斯为代表的一大批经济学家站到了古典货币理论的对立面，他们批判古典学派关于“货币中性”的看法，强调货币与实体经济是一体的，货币对实体经济的运行具有重要影响。

1898 年，魏克赛尔在《利息与价格》(*Interest and Price*) 中，首次提出了被称作魏克赛尔主义的“累积过程理论”。该理论认为，当货币利率低于自然利率时，投资大于储蓄，总需求大于总供给，经济处于膨胀阶段；反之，总需求小于总供给，经济处于紧缩阶段。魏克赛尔的理论对萨伊的“面纱论”提出了直接质疑，打破了古典主义的“两分法”，第一次把处于分离状态的传统经济理论和货币理论融为一体，指出货币对经济过程的实质性影响，成为凯恩斯学派货币经济学思想的重要来源。哈耶克这样评论道：“只是由于这个伟大的瑞典经济学家，才使直到在世纪末仍然隔离着的这两股思潮终于确定地融而为一了。”

20 世纪 30 年代，凯恩斯提出了流动性偏好理论，将人们持有货币的动机划分为交易性动机、预防性动机和投机性动机。其中，对货币的交易性需求和预防性需求主要受收入的影响，而对货币的投机性需求主要受利率的影响。通过将利率引进货币需求函数，流动性偏好理论就将货币供求与实际经济联系起来，货币不再是覆于经济之上的“一层面纱”，而是经济活动的基本组成部分。凯恩斯主义学派充分肯定货币政策的有效性，认为货币供给的变化可以通过改变利率进而影响投资量，而作为有效需求中最易变动的部分，投资的变化最终会影响实际产出。在经济未实现充分就业的情况下，政府可以通过扩张性货币政策降低利率，以刺激产出和就业增长，但是这种作用是有限的，当利率降低到某一临界值，继续增加货币供应量将难以起到降低利率和刺激经济的作用，即出现所谓“流动性陷阱”。

9.2.3 货币主义学派

20 世纪五六十年代，以弗里德曼为代表的货币主义学派在适应性预期、价格黏性以及自然率假说（natural-rate hypothesis）的基础上建立了“附加预期的菲利普斯曲线”。该曲线有短期和长期之分，其中短期的菲利普斯曲线是一条向右下方倾斜的曲线，即通货膨胀和失业之间存在短期的交替关系；而长期的菲利普斯曲线则是一条垂直于自然失业率水平的线，这意味着长期中的失业率会稳定在自然率水平，不再表现为与通货膨胀水平之间“此消彼长”的交替关系。

根据货币主义学派的观点，工人基于适应性预期与雇主签订劳动合同，确定当期工资水平，当经济发生未预期通货膨胀时，由于价格黏性的存在，短期内名义工资无法调整，实际工资水平下降，雇主倾向于扩大生产，雇用更多的工人，失业率下降。但在长期中，工人预期的通货膨胀水平与实际通货膨胀水平一致，名义工资等于实际工资，失业率处于自然水平，通货膨胀与失业之间不存在交替关系。

货币主义学派上述思想的政策含义是：货币政策在短期内有效，但在长期中却是无效的，扩张性货币政策最终只会导致通货膨胀。据此，弗里德曼则将经济不稳归咎于政府货币政策的肆意妄为，主张实施有规则的货币政策，其著名的“单一规则”旗帜鲜明地指出："立法机关应制定规则，指令货币管理当局使货币数量按照具体的比例增长。"这一主张的核心思想是，政府不应对市场进行过多干预，相机抉择的货币政策是无效的甚至是有害的，因为这可能导致市场机制的扭曲和失灵。

9.2.4 理性预期学派

20世纪70年代，以卢卡斯、萨金特、华莱士等为代表的理性预期学派在否定货币主义学派"适应性预期"假说的基础上提出了"理性预期"假说。所谓适应性预期，是指运用经济变量的历史数据去预测未来，经反复检验和修订，采取"错了再试"的方式，使预期逐渐与现实情况相符；而理性预期则是指事前已经充分掌握了一切可以利用的信息，并经周密思考后所形成的一种预期，这种预期的特点是能确保与经济理论的预测结果一致。

根据理性预期学派的观点，经济活动的参与者会利用其所掌握的知识和信息做出切合未来实际的最佳预期，并且对于新出现的信息做出迅速反应，调整预期并采取行动。虽然市场会出现一些偶然性的干扰因素，但可以事先获得其概率分布，从而选出风险最小的方案，以有效规避风险。比如，在确定产品价格、工资、房租和利息时，都可以把未来的价格波动估计进去，定得高一些，以防止通货膨胀侵蚀实际收入。因此，理性预期实际上起到了加速通货膨胀的作用。在理性预期假定下，由于公众早已预期到政府宏观政策的变动趋势及其可能产生的影响，并且采取了相应的应对措施，而政府对经济信息的反应则不如公众那样灵敏，无法做出及时调整，在这种情况下，政府任何一项稳定经济的措施，都会被公众的理性预期所抵消，因此无论在短期还是长期，货币政策都是无效的。

总体来看，理性预期学派认为，凡是可以预期到的经济政策都不会对实际经济产生影响，只有当经济受到预料之外的冲击时，才有可能使产出偏离其正常轨道。因此，理性预期学派是比货币主义学派更为彻底的经济自由主义，主张完全放任自由的市场经济，认为任何形式的国家干预政策（包括货币政策）都是无效的。

9.2.5 新凯恩斯主义学派

新凯恩斯主义是在20世纪70年代以后，在传统凯恩斯主义的基础上，通过批判吸收非凯恩斯主义的某些观点与方法所形成的一个理论学派。新凯恩斯主义继承了传统凯恩斯主义的三个基本信条：劳动市场经常存在超额劳动供给；经济运行存在显著的周期性波动；经济政策在绝大多数时间里是重要的。

不过，新凯恩斯主义并不是对传统凯恩斯主义的简单继承，而是在对传统凯恩斯主义理论进行深刻反省的基础上，兼容并蓄地融合了多个学派的思想和观点，形成了一个新的具有微观基础的宏观经济理论体系。根据曼奎和罗默的总结，将新凯恩斯主义理论和其他理论学派区别开来的一个核心特征是对以下两个问题同时做出了肯定的回答：(1) 这个理论支持"货币非中性"，即断定名义变量（如货币供应）的波动会对实际变量（如产出和就业）的波动产生影响吗？(2) 这个理论认为现实市场的不完善性（如不完全竞争、不完全信息、相对价格黏性等）是理解经济波动的关键吗？

在新凯恩斯主义框架下，因为价格是黏性的，所以古典学派的两分法破产了。与此同时，由于不完全和不对称信息的存在，公众通常难以准确预料货币政策的变动。即使公众能够完全预期到货币政策的变动，也会因为价格黏性的存在，使得市场价格无法及时和完全调整，因而市场不会自动出清，宏观经济将处于非瓦尔拉斯均衡状态。有鉴于此，新凯恩斯主义学派认为，由于市场机制的内在缺陷，货币政策在总体上是有效的，可以通过逆周期的短期需求管理有效平抑经济波动，实现经济稳定增长和充分就业。

9.2.6 奥地利学派

奥地利学派是近代边际效用学派中最主要的一个学派，因其创始人门格尔和继承者维塞尔、庞巴维克都是奥地利人和维也纳大学的教授，且都着重从主观心理和效用角度解释经济行为，所以又被称为维也纳学派或心理学派。一般认为，奥地利学派形成于 1871 年，门格尔出版了《经济学原理》(*Principles of Economics*)，并在 19 世纪末至 20 世纪初开始流行，成为主流经济学学派之外一个比较有影响力但又相对特立独行的学派（专栏 9－1）。

专栏 9－1　奥地利学派对现代经济学思想的影响

关于奥地利学派在理论和现实中的影响，时至今日都仍然存在的一个非常有趣的现象：一旦现实中出现了主流经济学理论无法解释的某些重要现象和理论难题，人们似乎总是可以从奥地利学派的相关思想中提取到某些有用的思路和方法。特别地，奥地利学派关于经济周期波动原因及其内在机制的分析，已经以某种潜移默化的方式渗透进了现代主流经济学的理论思想之中。

此外，奥地利学派坚持采用哲学式的思维来理解和解决经济问题，也使其在经济学方法论方面的贡献独树一帜。尽管奥地利学派的思想、观点和方法并非全然没有瑕疵，并且其很多“乌托邦”式的政策主张也常被诟病为过于理想化，但不可否认的是，奥地利学派坚持从方法论“底层”来寻找和构建经济学的理论基础，确实有其过人和闪光之处，以至即使在其初始的观点和最终的结论可能并不完全正确的情况下，人们依然能从其思想逻辑的演绎和推理过程中找到某些灵感和启发。

对于奥地利学派的理论和思想贡献，美联储前主席格林斯潘曾在 2000 年做出过如此评价：“奥地利学派的影响相当深远，它的大多数理论都被实践了且产生了深远的影响，而在我看来，它或许对这个国家（美国）的主流经济思想有着不可逆转的影响。”

现代奥地利学派有两种基本走向：一种以哈耶克为主，在怀疑新古典主义很多概念的同时，也接受新古典主义的某些经济解释；另一种以米塞斯（Mises）为主，试图寻找不同的经济解释。尽管奥地利学派的名声随着哈耶克在 1974 年获得诺贝尔经济学奖而一度升温，但总体上一直属于“非主流”学派。在第二次世界大战后，由于反对以观察的方式研究，奥地利学派逐渐淡出了大部分主流经济学家的视野。不过，奥地利学派的许多概念，特别是关于资本的价值及其重要性，对很多凯恩斯学派的经济学家有深刻影响，其中包括曾获得诺贝尔经济学奖的希克斯（Hicks）。希克斯曾将哈耶克的跨期均衡（intertemporal equilibrium）理论用于其所著的《价值与资本》(*Value and Capital*）一书中，该书对第二次世界大战后新古典主义经济学的发展产生了深远影响。

以米塞斯和哈耶克为代表的现代奥地利学派都将价格视为市场分散性知识的媒介，并以跨期选择理论来解释借贷双方的时间选择，而不是将利率视为支付给生产要素的价格。同时，由于完美的知识是不可能存在的，这意味着所有的经济行动都存在着风险，因此，奥地利学派强调经济决策的不确定性，而非依赖于某个宣称掌握了所有可能情况的“理性”经济人或决策者。建立在上述理论基础之上，奥地利学派认为，经济萧条是由跨期决策的生产结构，即政府的货币政策所设定的利率造成的，因为这种结构违反了个人选择的时间偏好。

总体来看，奥地利学派所坚持的由个体自由分散决策以达到最优的方法论思想，使其成了自由市场的极端捍卫者和政府干预的极力反对者，他们主张政府放弃对货币的控制，从根本上消除货币政策的存在。不过，从现实情况来看，奥地利学派有关货币政策的相关政策主张并没有在经济理论界和决策部门产生明显的影响，目前大多数经济学家和世界各国的经济决策者仍将货币政策视为宏观调控的重要手段，问题仅在于如何持续地改进这一手段，以进一步提高货币政策在促进经济发展方面的作用。

9.3 货币政策有效性的判断标准

即使在肯定货币“非中性”（即能够产生实际效应）的前提下，货币政策能否很好地发挥调控效应（即货币政策是否有效），也还依赖于很多其他的相关因素。在一些情况下，货币政策的实际效果可能偏离其预期目标，或者以速度更慢、效率更低的方式接近其目标。这些都意味着货币政策最终无效或者有效性出现了下降。因此，在现实中，科学评价货币政策有效性是货币政策实践的重要组成部分，这既是经验积累、总结和改进工作的需要，同时也是及时发现问题和进行政策调整的需要。货币政策有效性的判断标准一般包括科学性、及时性、前瞻性和效率性等基本方面。

9.3.1 科学性

货币政策的科学性是指中央银行的货币政策调控具有明确、可靠的理论基础和科学依据。具体而言，如果货币政策从决策、实施到评估的整个过程都有明确的理论支持和判断标准，中央银行可以通过货币政策工具的运用，使得货币政策的中间目标和最终目标按照预期的方向、节奏和速度产生有序的变化，那么货币政策的整个操作就符合科学性标准。在现实中，中央银行一般通过考察中间目标和最终目标的一系列代理指标（目标监测变量）的变动情况，来判断货币政策的实践操作是否满足科学性的标准。

根据货币政策的传导过程，我们可以将检验货币政策科学性的指标分为两大类：一是前期检验指标，主要用来检验货币政策工具对货币政策中间目标的作用效果；二是后期检验指标，主要用来检验货币政策中间目标能否按照预期的传导机制影响最终目标。

就前期检验指标而言，在货币政策传导的前期过程中，中间目标的变化是反映货币政策科学性的重要指标。目前较为普遍使用的中间目标主要有货币供应量、长期利率、汇率等经济金融变量。若选择货币供应量作为货币政策传导的中间目标，则应关注货币供给数量和货币供给结构（M0、M1、M2 的相对比率）是否朝着预期的方向变化。若选择长期利率或者汇率等价格指标作为中间目标，则应关注这些指标的水平及变化趋势。

从后期检验指标来看，货币政策中间目标能否推动最终目标朝着预定方向变化，是货币政策传导后期关注的重点，也是最终决定货币政策是否有效的核心。虽然世界各国货币政策的最终目标不尽相同，但维持物价稳定、促进经济增长（充分就业）是大多数国家的共识。就中国的货币政策而言，其最终目标是经济增长、物价稳定、充分就业以及国际收支平衡，相对应的检验指标包括（1）经济增长：国民生产总值、国内生产总值等；（2）物价稳定：消费者价格指数（CPI）、生产者价格指数（PPI）、批发价格指数（wholesale price index，WPI）以及商品零售价格指数（retail price index，RPI）等；（3）充分就业：失业率；（4）国际收支平衡：贸易收支差额、经常项目差额、基本国际收支差额等。

除上述基于传导过程的划分外，根据货币政策调控目标领域的不同，我们还可以对应使用相关的经济或金融指标来检验货币政策是否科学有效。其中，在经济指标方面，如果货币政策的调控对象是实体经济，那么一系列实体经济的相关变量就自然成为货币政策科学性的检验指标，如国内生产总值、消费者价格指数、失业率以及国际收支状况等；在微观经济层面，值得关注的有企业的盈利性指标、流动性指标、杠杆水平、生产形势等。在金融指标方面，如果货币政策的目标是为了维护金融稳定、促进金融业发展，那么可关注的金融指标包括：货币供应量以及货币供给结构、信贷规模及信贷结构、外汇储备规模及其结构、资产价格、各金融子市场交易量等。

9.3.2 及时性

及时性是评价货币政策有效性的另一个重要方面，一般指中央银行能够根据经济金融形势的变化迅速采取行动，制定并实施相应的货币政策，且能在合理时间内实现预期的调控效果。在排除中央银行故意行动迟缓的情况下，货币政策的及时性主要受到政策传导时滞的影响，即从中央银行对经济金融形势的变化做出反应到对货币政策最终目标产生影响，通常并不能一蹴而就，而是需要一个较长的时间过程（详见第 9.4.1 节的分析）。显而易见，在其他条件不变的情况下，货币政策传导的时滞越长，货币政策的及时性就越低，政策效果显现所需的时间也就越长。

在现实中，中央银行往往根据当期的经济金融状况制定并实施相应的货币政策，如果政策时滞很长，比如在一两年甚至几年之后调控效应才能真正“落地”（反映在政策目标终端），那么届时的经济及金融环境相较政策制定之时可能已经发生了明显的变化甚至出现了逆转，这就会导致原来的政策与新的形势变化不相适应甚至产生冲突，最终造成货币政策的有效性大幅下降，甚至可能产生相反效果。因此，尽量减少货币政策制定和实施过程中的各种时滞，提高货币政策决策和传导的效率，对于提高货币政策的及时性和有效性具有重要意义。一般而言，如果货币政策缺乏及时性，那么货币政策即使并非完全无效，也至少是低效的。

9.3.3 前瞻性

货币政策的前瞻性是指中央银行通过加强对未来经济金融形势和趋势的预测分析，在考虑了货币政策可能存在的传导时滞、经济金融形势的不确定变化以及其他可能影响货币政策效果的各种潜在因素之后，预先采取某些行动或提前预留一部分政策空间，以使货币政策实际发挥调控效应的过程能够与经济金融动态调整的未来最优目标路径一致。货币政策前瞻性要求的提出，是因为现代经济及金融运行的过程和机制越来越复杂，各种不确定性因素显著增多，如果货币政策只是静态地考虑当前的情况和需要，往往难以达到预期的政策效果。

从技术上看，加强货币政策的前瞻性要求中央银行将货币政策的即期使用与中长期目标结合起来，通过现时的货币政策操作有效地影响未来的经济及金融的走势，从而动态地维持经济金融体系的稳定和健康运行。特别地，当预期未来的经济金融形势会发生某些不利变动时，中央银行应提前采取对冲操作，以及时化解这些不利变动对经济及金融体系的冲击。由于前瞻性调控对信息基础的依赖度极高，这就要求中央银行高度重视和做好经济金融信息的收集和处理，在科学预测的基础上采取动态的超前预防策略，确保货币政策始终能够“向前看”，提高货币政策调控的主动性和有效性。

9.3.4 效率性

货币政策操作本身是一项有成本的活动，如果一项货币政策能够以尽量低的成本实现预期的政策目标，那么这样的货币政策无疑具有更高的效率。从实施过程看，一项货币政策从制定、出台到实现最终目标，其间会给多个主体带来人力、物力以及时间上的各种显性或隐性的成本支出。从中央银行角度看，制定货币政策需要耗费大量人力和物力资源分析经济金融形势、拟订政策方案和评估政策可行性，同时在政策出台后，还要监测、监督市场主体的政策落实情况。从市场主体角度看，当一项新的货币政策颁布实施之后，需要耗费时间和经济成本进行政策解读并制订最优反应方案；同时，如果新的反应方案涉及前后行为方向和方式的改变，可能还会伴随一定的沉没成本和调整成本。

此外，对于整个经济而言，货币政策调控的成本还涉及不同政策目标之间的潜在冲突。比如，根据经典的菲利普斯曲线关系，通货膨胀和失业之间存在此消彼长的交替关系，这意味着降低失业率与稳定物价之间可能存在一定的矛盾，具体表现为刺激经济(GDP 与就业率上升）与控制物价之间的权衡取舍。在这种情况下，如果货币政策的核心目标是控制通货膨胀，那么通货膨胀率每减少一个百分点所引起的 GDP（或就业）下降比率就是该政策的经济成本，即通常所说的“牺牲率”(sacrifice ratio，专栏 9-2)。显而易见，牺牲率越低，中央银行为实现其最终目标所付出的潜在成本越低，货币政策的效率性就越高。

专栏 9-2　牺牲率及其测算方法和应用

牺牲率指在实行反通货膨胀政策时期，累积的 GDP 损失与通货膨胀率下降幅度之间的比率。简言之，牺牲率可视为中央银行为降低通货膨胀所付出的产出损失成本，即通货膨胀率每减少 1%所导致的产出下降的百分比倍数，用公式可简单表示为：牺牲率＝GDP 下降百分比/通货膨胀下降百分比。

例如，一项紧缩性货币政策如果使通货膨胀率下降了 1.5%，同时使 GDP 下降了 3%，那么，牺牲率＝3%/1.5%＝2。显而易见，牺牲率越高，中央银行为控制通货膨胀所付出的产出代价越大。因此，牺牲率为理解目标冲突背景下的货币政策制定提供了一个相对直观和可比较的参考指标。

从实际数据来看，根据约翰斯·霍普金斯大学教授劳伦斯·鲍尔（Laurence Ball）的研究，在 20 世纪 80 年代早期，美国的通货膨胀率大约下降了 8.83%（从每年 12.10%下降到每年 3.27%），同时，在这 15 个季度的通货膨胀率下降过程中，由通货膨胀控制政策所导致的产出损失大约为每年潜在 GDP 的 16.18%。将潜在 GDP 的损失 16.18%除以通货膨胀率下降的8.83%，得到这段时期的牺牲率为1.83。这意味着，在20世纪80年代早期，美国每降低1%的通货膨胀率大约需要牺牲1.83%的产出。

鲍尔还计算了一些主要国家在20世纪60—80年代的牺牲率数据，发现不同国家之间的差异极大，如法国、英国和日本的平均牺牲率均小于1.0，加拿大、瑞士和意大利在1.5和2之间，美国为2.4，而德国接近3.0。这意味着，如果以产出来衡量，德国降低通货膨胀的成本几乎是英国、法国、日本等低牺牲率国家的3倍。

鲍尔发现，影响牺牲率的一个重要因素是劳动力市场的弹性：那些工资调整相对于劳动力供求调整更缓慢的国家，往往有更高的牺牲率。其原因在于，劳动力市场弹性不足的国家通常需要更多的时间去适应总需求意料之外的变化以达到长期均衡。鲍尔还发现，牺牲率在通货膨胀的快速下降时期要比缓慢下降时期低。

不过，上述解释在很大程度上取决于牺牲率的测算方式本身是否准确合理。从技术上看，测算牺牲率的一个主要难点在于，要明确识别和确认究竟有多少产出的下降确实是由反通货膨胀政策造成的，事实上并非易事。特别是，要准确计算出在没有反通货膨胀政策下的产出水平以及对应的产出损失，往往具有很大的难度，且常常充满争议。如果产出损失计算错误，那么牺牲率的计算也就相应是错的。此外，供给方面的因素会同时影响通货膨胀和产出，这也对牺牲率的计算造成了干扰。因此，一般认为，即使在相对良好的估计下，牺牲率也只能视为对通货膨胀控制成本的一个粗略估计。

注：本专栏的部分内容摘编自Ball，L. “What Determines the Sacrifice Ratio?” In N. G. Mankiw ed. *Monetary Policy*. Chicago：University of Chicago Press，1994.

9.4 货币政策有效性的影响因素

中央银行在制定和实施货币政策时，总是希望能实现其预设的政策目标。然而，受现实中各种复杂因素的影响，货币政策的最终效果与其预期目标之间通常存在一定的差距，甚至在某些极端情况下可能出现反向效应。影响货币政策有效性的因素有很多，目前比较具有共识性的因素包括政策时滞、市场预期、金融创新、央行信誉、其他因素等。研究货币政策有效性的影响因素及其内在机制将有助于中央银行更加科学地决策，也有助于其他经济主体更好地理解货币政策并做出最优的政策应对。

9.4.1 政策时滞

一般而言，中央银行从制定货币政策到产生政策效应之间通常存在一个时间过程，即货币政策存在时滞。时滞的长短是影响货币政策有效性的重要因素，通常而言，货币政策时滞越短，货币政策相对就越有效。从理论上看，货币政策时滞可进一步分为内部时滞和外部时滞，前者主要包括认识时滞和决策时滞，而后者则主要包括操作时滞和市场时滞（图9-2）。总体而言，内部时滞主要受中央银行自身因素影响，可控性相对较强；而外部时滞则主要受市场因素影响，可控性相对较弱。

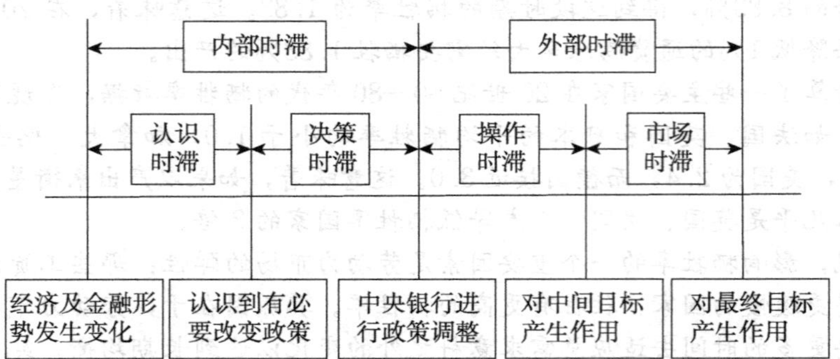

图 9－2　货币政策传导过程中的内部时滞和外部时滞

（一）内部时滞

内部时滞是指中央银行从制定政策到采取行动所需要的时间，即货币政策传导在中央银行内部停留的时间。内部时滞又可进一步细分为认识时滞和决策时滞。

认识时滞是指从经济形势的变化要求中央银行采取相应的货币政策，到中央银行认识到这种必要性，通常需要经过一段时间。这种时滞存在的原因在于：一是各种经济金融形势的有关信息汇集到中央银行需要一定的时间；二是中央银行对收集到的各种错综复杂的信息进行归集、整理、分析和研判，本身也需要一定的时间。从缩短认识时滞的角度看，中央银行需要拓展信息来源渠道，完善信息收集和处理机制，同时提高对经济形势的分析判断能力。

决策时滞是指从中央银行认识到有必要采取行动，到制定出一项新的货币政策之间所需要的时间。这主要是因为，一项货币政策从着手制定到出台公布，通常需要经历研究对策、拟订方案、可行性评估、报审批准等常规流程，其中每一个环节都需要耗费一定的时间。一般认为，决策时滞的长短除了受经济及金融形势本身的复杂性和不确定程度以及中央银行分析研判能力的影响外，还与中央银行的独立性、透明度以及决策机制等相关制度安排密切相关。

（二）外部时滞

外部时滞是指一项货币政策从发布实施到对货币政策最终目标产生影响所需要的时间。由于这一过程发生在中央银行之外，所以被称为外部时滞。中央银行通过调整货币政策工具的运用方向和力度，改变基础货币、短期利率等操作目标，进而影响到银行信贷、货币供应量和长期利率等中间目标，并最终作用于物价稳定和经济增长（充分就业）等最终目标，此过程中的每一个环节都会产生一定的时滞。根据货币政策传导所处的具体环节，外部时滞可进一步分为操作时滞和市场时滞。

操作时滞是指中央银行从调整货币政策工具到这些工具对中间目标产生影响所耗费的时间。一般而言，对于货币政策工具的调整以及操作目标的变化，最先做出反应的是金融机构和金融市场，但这种反应并非立竿见影，而是需要一个过程。比如，金融机构和市场投资者通常会先对中央银行的货币政策意图进行揣摩，然后结合自身情况做出经营和投资等方面的行为决策，这些行为决策的最终结果将表现为银行信贷、货币供应量和各种金融产品利率（收益率）等货币政策中间目标的变化。在现实中，操作时滞的长短主要取决于金融机构和金融市场对货币政策的理解、态度以及反应敏感程度。

市场时滞是指从货币政策中间目标发生变动到作用于最终目标所需要的时间。一般而言，企业和消费者会根据银行信贷、货币供应量、长期利率等货币政策中间目标的变化，进行生产、投资、消费等方面的选择决策，进而影响到产出和物价等货币政策最终目标。

例如，货币供应量增加会通过收入效应提高社会总消费量，长期利率下降会通过利率弹性效应刺激投资，从而拉动经济增长和扩大就业。不过，企业和消费者基于中间目标变化做出反应本身会存在一定的时滞，同时，生产、投资、消费等目标变量的调整也存在一定的时滞。因此，市场时滞的长短主要取决于经济主体对货币政策中间目标变动的敏感程度。

9.4.2 市场预期

货币政策的效果不仅取决于中央银行自身的行为和条件，同时也取决于市场主体对货币政策的反应。在现代经济金融条件下，市场主体往往是面向未来进行生产、投资和消费决策的，这意味着市场主体的预期对其经济及金融活动具有重要影响。对于任何一项货币政策而言，如果市场预期与中央银行实施该政策所意欲引导的方向一致，那么市场预期会起到助力和强化货币政策效果的作用；反之，如果市场预期与中央银行实施该政策所意欲引导的方向背道而驰，那么市场预期则会削弱货币政策的实际效果。

尽管市场预期会影响货币政策有效性这一点非常明确，同时市场预期本身也是中央银行制定和实施货币政策的一个重要依据，但市场预期作为一种受大众心理和情绪影响的行为，在很多时候是一个高度复杂多变甚至难以捉摸的东西。特别是在经济金融形势复杂多变的敏感时期，市场预期往往呈现出极不稳定和高度脆弱的特征（甚至可能在短时间内发生逆转性的变化），从而导致非理性的羊群行为，加剧市场波动，造成市场恐慌，甚至诱发经济和金融危机。从货币政策有效性的角度看，市场预期的不稳定会造成经济主体行为的不稳定，从而对货币政策的传导机制和效果造成明显的“扰动”，最终降低货币政策调控的效果和效率。

正因为市场预期对货币政策有效性具有重要影响，近年来世界各主要国家的中央银行都在实施货币政策的过程中加强了预期管理，主要措施和方法包括：一是引导预期，即通过对公众进行政策目标的引导，确保市场主体和货币政策的调控目标一致；二是协调预期，即通过发布相关信息和公开演讲等方式使公众的预期尽可能地一致，降低市场预期的紊乱；三是稳定预期，由于货币政策的制定是基于一定的市场预期条件，因此，只有在市场预期保持稳定的情况下，初始的货币政策效力才不会被削弱。

不过，需要指出的是，中央银行的预期管理并不是一件容易的事情。市场预期是面向未来的，而未来是不确定性的，这就使得中央银行的预期管理和决策环境存在天然的内生不确定性，这也会对货币政策的效果产生影响。这种不确定性反映在多个方面，例如，缺少有关经济金融形势的准确信息，无法准确判断未来的经济金融走势，或缺乏有关政策措施如何影响经济金融运行的相关信息等。二维码专栏9-1基于一个简单的数理模型展示了不确定性对货币政策有效性的影响及其内在机制。

【二维码专栏9-1】

不确定性如何影响货币政策的有效性？

9.4.3 金融创新

金融创新可以通过改变货币供给、货币需求、货币政策工具的有效性以及货币政策传导机制等方面对货币政策效果产生影响。其中，某些影响是积极的，另外有些影响则是消极的，多方作用合力的影响具有复杂性。中央银行必须系统分析和评估金融创新对货币政策效果的影响，才能更好地选择和实施货币政策。

（1）金融创新对货币需求的影响。根据凯恩斯提出的三类货币需求进行划分，首先，对于交易性需求，金融创新所带来的金融电子化和支付结算系统革命，缩小了狭义货币特别是现金的使用范围，提高了货币流通速度，从而降低了对于交易性货币的需求。其次，对于流动性需求，伴随金融创新出现的各类新型金融工具，往往在产生收益的同时还被赋予了容易变现的流动性功能，这使得人们不必额外持有大量的现金货币来满足流动性需求。最后，对于投机性需求，金融创新增加了可供选择的金融产品种类，可以更加精确地匹配投资者在安全性、流动性和盈利性等方面的多样化需求，这也使得人们更倾向于在其资产组合中配置更多的非货币资产。因此，总体来看，金融创新倾向于降低人们的现金货币需求。

（2）金融创新对货币供给的影响。首先，金融创新使得各种金融资产的流动性发生了巨大变化，在一定程度上模糊了货币供给的层次划分，从内涵角度界定 M0、M1、M2 等货币层次变得十分困难。其次，金融创新扩大了货币供给的主体，一些非银行的金融机构也可能参与货币创造，货币供给主体由原来的中央银行和商业银行二级主体，扩展为中央银行、商业银行和非银行金融机构三级主体。再次，由于一些创新型金融机构游离于中央银行的监管范围之外，且这类机构往往没有或仅有较低的存款准备金要求，加之行为方式随市场变化加快，这使得货币乘数上升，波动性加强，导致中央银行对货币供应量的控制力下降。最后，综合上述影响，金融创新总体上使得货币供给的内生性增强，从而部分削弱了中央银行对货币供给的控制。

（3）金融创新对货币政策工具的影响。金融创新对货币政策工具产生的影响不尽相同，其中一部分政策工具的作用得到强化，而另一部分工具的作用则被削弱。比如，金融创新削弱了存款准备金政策的作用，因为随着金融创新背景下投资渠道的增加，相对于低收益的银行存款，一些投资者更愿意持有预期收益率更高的各类证券资产，于是大量资金流向非存款金融机构，导致银行体系的存款和准备金提缴基数下降，从而削弱了中央银行通过法定存款准备金调节货币供应量的能力。同时，金融创新也降低了再贴现政策的效力，因为资产证券化、票据发行便利、融资租赁、股权质押式回购等新型金融工具的出现为市场提供了丰富的融资渠道，金融机构通过票据再贴现来补充流动性的需求下降。不过，金融创新也拓宽了公开市场业务的范围，除传统的国债之外，金融产品种类的增加为中央银行的公开市场业务提供了更为丰富和灵活的操作对象，从而使此类货币政策工具的运用和影响更为广泛。

（4）金融创新对货币政策传导机制的影响。金融创新改变了金融体系运行的某些基础性元素，这使得其对货币政策的传导机制具有多方面的深刻影响。以凯恩斯学派的利率传导渠道为例，其经典传导过程为：中央银行运用货币政策工具调节商业银行的准备金数量，然后通过货币乘数效应影响货币供应量，进而引发短期利率的变化，并逐渐传导至长期利率，进而引起投资变化，并最终对总收入和价格水平产生影响。但在金融创新条件下，由于存款准备金工具的政策效力下降以及货币乘数的波动加大，这使得中央银行对货币供应量的调控能力下降，于是经由货币供应量影响市场利率的内在机制就会变得不稳定，进而引发传导链条上的后续环节难以按照预期的方向发挥调控作用。除利率渠道之外，其他各种以汇率、信贷、货币供应量、金融资产价格等为中间目标的货币政策传导机制也在不同程度上受到金融创新所带来的不确定性的影响。

9.4.4 央行信誉

中央银行的信誉是指市场主体所认可和相信的中央银行信守其承诺的意愿和能力。中央银行的信誉对货币政策的有效性具有全面、系统而深刻的影响，因为显而易见的是，如果货币政策朝令夕改、缺乏稳定性，或者中央银行的言行前后不一致，那么私人部门就会对中央银行失去信任，不再相信它所承诺的任何政策目标，在这种情况下，货币政策不可能有效。反之，如果人们相信中央银行始终会坚定地信守其承诺，并且会动用一切资源和手段来实现其承诺，那么，货币政策的实施就会在市场预期的推动下收到事半功倍的效果。简言之，信誉度高的中央银行所制定的货币政策往往更容易被市场认可和接受，从而获得更好的政策效果。

在现实中，中央银行建立自身的信誉并非易事。事实上，在人类社会的任何领域，信任都是一个极度脆弱的东西，必须诚恳地有所作为并小心地予以呵护。从目前的情况来看，中央银行建立和培育其信誉主要有两个方法：一是保持必要的政策透明度，二是维护其政策行为的稳定性。

首先，必要的透明度是货币政策有效实施的重要前提，因为如果货币政策完全不透明，那么社会公众就无法理解中央银行的意图，只能基于自身掌握的非常有限的（甚至可能是错误的）信息采取行动，这无疑会造成市场的理解和预期偏差，从而加剧市场波动，增加经济和金融运行的不稳定性。相关研究表明，公众对货币政策的理解可以减少市场上的投机行为和不确定性，从而提高市场效率。此外，随着政策透明度的上升，中央银行偏离其预设目标的潜在成本也会相应增大，这可以有效地抑制中央银行的通货膨胀倾向，从而使得其稳定物价的承诺更为可信。因此，中央银行需要选择合适的政策透明度，确保其行为可以被理解、被检视和被监督，通过在长期中建立“言行一致”的良好声誉，增强对市场行为和预期的引导力。

其次，中央银行的信誉还取决于其政策的稳定性。由于政策时滞客观存在，一项货币政策要对产出、通货膨胀、就业等最终目标变量产生影响，需要一个较长的时间过程。在这一过程中，中央银行的货币政策行为（包括货币政策的立场、策略和目标等）应该尽可能地保持稳定。如果货币政策反复无常、频繁变化，不仅难以稳定市场预期，而且会严重透支社会公众对中央银行的信任和信心，引发市场对货币政策意图的胡乱猜测。因此，中央银行需要建立自身的责任机制和行为准则，避免出现频繁的、随意的主观性决策和行为，通过努力维护货币政策的稳定性来增加货币政策的可信度和权威性。

不过，需要特别指出的是，中央银行政策的稳定性应该主要被理解为其行为方式、理念和原则的稳定性，强调的是有理、有据、一贯的政策标准，而不是指僵化地固守和维持某个具体的政策不变。事实上，由于货币政策存在时滞，且在一些极端情况下，经济金融形势可能出现预期之外的突变，这就要求货币政策根据实际需要进行必要的调整，有些时候甚至可能出现“政策反转”的情况（专栏9-3）。这里，问题的关键不在于政策改变或“政策反转”本身是否存在问题，而在于这样的改变或者“反转”是否是客观必要的、有明确依据的和有充分把握的。

专栏9-3　中央银行应该避免货币政策反转吗？

一般而言，货币政策的效果应该与宏观经济学家对经济预测的方向不断趋近。经济模型和各类经济技术理论是中央银行货币政策决策参考的重要标准，而货币政策的制定也是在现有经济数据的基础上通过模型进行判断预测，然后做出决策。事实上，很多中央银行家本身就是经济学家，如美联储、英格兰银行和以色列央行的多任行长都曾是学术明星。作为经济学家的中央银行行长倾向于实务分析，通常以技术派经济学家的角度去分析一些问题（预期效应、进出口差额、菲利普斯曲线等），并利用分析结果指导货币政策实践。然而，从事实和经验来看，经济学分析和现实情况在某些情况下会产生背离，导致货币政策在实践中可能出现前后立场和方向不一致的情况。这种现象被称为政策反转（policy reversal）。

货币政策反转意味着政策所产生的实际效果与预期方向相背离。比如，假设中央银行为抑制经济过热已将官方利率多次调升，但在这一过程中，突然发生了一次较大的外部冲击，导致总需求显著下降，此时如果中央银行仍坚持紧缩的货币政策，会使经济进一步承压，从而出现衰退风险。在这种情况下，中央银行可能有必要对原有的货币政策做出调整。在现实中，导致货币政策反转的两个重要原因是货币政策时滞和经济及金融形势的突变。

从历史来看，主要国家的中央银行家都在竭力避免政策反转。为说明问题，可以设定一个主观但合理的定义：政策反转是在三个月内的货币政策方向的变化。交投活跃的英格兰银行在它成为独立的公共机构的短暂历史中（从 1997 年中期开始）32 次调整利率，其中只有一次政策反转。瑞士国家银行在 1994 年中期开始使用回购利率作为政策工具，从那时起它调整了 66 次利率，其中只有两次是政策反转，一次是在 2001 年美国遭受恐怖袭击后。格林斯潘治下的美国联邦储备委员会时间更长（18 年半），但也很相似，98 次政策变动只有 3 次政策反转，其中 2 次是由 1987 年股票市场暴跌引起的。因此，从现实来看，中央银行货币政策反转总体上很少见，问题在于为什么会是这样？更深层次的问题是：央行如此积极地避免政策反转是否正确？如果避免货币政策反复是正确的，那么标准最优化理论遗漏了哪些因素？

第一个原因是货币政策要快速调整还需要考虑更多的因素。当新的变化出现时，原有的预测和参数估计都会缓慢地调整，基于这些预测和参数估计的货币政策也应当缓慢地进行调整。大部分货币政策对经济产生实际效果需要经过一段时间，因此，当宏观经济出现短期的反向变动时，一些中央银行可能并不急于做出反应，而是基于更多的长期指标进行决策。

第二个原因是中央银行对其信誉的担心。如果大众没有理解真实信息和潜在的政策逻辑，那么他们很有可能将利率先升后降误认为是“中央银行犯错”的证据。这种信念会自然而然地削弱中央银行的可信度，在极端情况下可能威胁其独立性。即使是最小的影响，一次快速的政策反转也会导致一次较大的沟通危机。在现实中，中央银行非常担心自身的信誉被削弱，如格林斯潘在 1996 年 7 月警告联邦公开市场委员会：“如果我们意识到已经收紧了政策，然后因为市场因素而被迫进行反转操作，我们的专业信誉将会遭受到一次严重的打击。”

第三个原因是中央银行对市场稳定性的关注。当金融市场的投资者感觉处于风险之中时，中央银行做出的频繁的政策反转可能在金融市场引起无谓的波动，从而扰乱市场预期，这并不利于金融市场的稳定，在极端情况下甚至可能带来较大的金融风险。

第四个原因是各种货币政策目标的相互冲突，典型的例子如“克鲁格曼难题”。中央银行在进行政策调整时可能需要同时兼顾多个经济金融目标，比如当银行间市场出现资金紧张时，中央银行有必要增加货币供应以缓解市场风险，但经济数据和模型可能显示目前正处于资金充裕的阶段，这就对货币政策的调整带来了困扰。

此外，作为货币政策的“权威制定者”，中央银行对于承认政策判断失误通常存在强烈的抗拒心理。基于这些原因，无论这样做是不是最优的，中央银行对政策反转的厌恶都是可以理解的。不过，在现实中，拒绝货币政策跟随经济状况做出调整会出现一些负面效应。譬如一家中央银行，面对一次经济波动，根据有关的经济预期及时调整货币政策是最有利的选择，但货币当局因为种种因素拒绝改变现有政策立场，实践证明它们会陷入一种被称为“跟随曲线”的窘境，现实的经济状况将迫使它们不得不跟上来。一方面，短期货币政策的背离容易引发市场的内在波动，货币政策的不明朗容易形成市场分歧，短期形成市场的扰动，对于维护金融市场稳定形成压力。另一方面，拒绝调整货币政策可能会引起通货膨胀，或者使经济承受一个比其自身需要时间更长的衰落过程。这两者都是货币当局不愿见到的情况。

注：本专栏内容部分摘编自 Blinder，A. “Monetary Policy Today：Sixteen Questions and about Twelve Answers”. CEPS W/P No. 129，2006.

9.4.5 其他因素

除了上述四种与中央银行货币政策实施直接关联的影响因素外，经济金融体系的发展程度、制度的变迁和发育程度、政治力量与社会利益分配等因素也会影响到货币政策的有效性。比如，随着经济和金融体系发展程度的提高，货币政策的市场化调控基础会更加稳固和健全，货币政策经由“金融体系→实体经济”的传导过程会更加顺畅，货币政策传导的效率和最终效果也会相应提升。同时，在经济金融发展程度高的社会中，由于公众的经济及金融意识会普遍增强，货币政策在市场沟通和预期引导等方面所面临的“情绪噪声”和非理性行为也会明显减少，从而使得货币政策的有效性进一步增强。

在制度变迁和发育程度的影响方面，一般而言，在不同的经济体制下，货币政策的表现形态、传导机制、作用效果都存在明显差异。比如，在单一计划经济体制下，由于整个经济都是在行政指令下运行的，因此价格调节机制基本不存在，货币仅发挥交易媒介职能，而货币政策则必须服从整体的计划指令安排，主要对通货以及规模小、范围窄的银行信贷资金进行管理，以起到对财政政策和产业政策等的辅助作用。相比之下，其他经济政策如财政政策、产业政策、收入政策等，则对社会经济生活的影响十分显著。

此外，在由计划经济向市场经济转轨的过程中，由于采用行政指令对宏观经济进行管理的做法逐渐弱化，市场机制逐渐加强，这使得财政政策、产业政策和收入政策的调控作用下降的同时，货币政策的调控效应逐渐增强。不过，从现实经验来看，由于在体制转轨过程中的市场机制尚不完善，货币政策实施的宏微观基础还不够成熟，这使得货币政策的市场化传导机制常常不太顺畅，所以经常需要以“准行政手段”予以辅助支持，这种情况可以视为政府对市场机制发育过程中所存在的市场失灵问题的一种积极纠正，本质上符合标准经济学理论对于政府与市场关系的定位。

除制度变迁的影响外，一些政治或社会性的因素也可能对货币政策的有效性产生影响。比如，一项货币政策的实施通常会涉及多方主体的利益，特定主体在自身利益受损的情况下可能会做出强烈的反应，甚至通过各种方式和手段向中央银行施压，迫使中央银行偏离预设的政策目标。这就涉及货币政策独立性的问题。一般而言，独立性高的中央银行可以相对从容地维护其认为合理的政策目标，从而提高货币政策的有效性。

最后，对于各种事先难以预料的突发性或偶发性政治、经济和社会事件，货币政策也可能因为准备不足或缺乏经验，一时间难以做出及时有效的调整，从而导致有效性出现短暂和临时性的下降。这类在政策制定时难以预料的突发或偶发事件，通常被称为“冲击”，典型例子如20世纪70年代的中东石油危机、尼克松（Nixon）政府在1971年8月15日宣布实行

"新经济政策"所导致的国际经济金融冲击（史称"尼克松冲击"，专栏9-4）等。

专栏9-4　尼克松冲击

为摆脱美国在"越南战争"时期失业、通货膨胀、国际收支逆差、美元下跌和黄金持续外流的多重困境，尼克松政府于1971年8月15日宣布实行"新经济政策"，废除了之前布雷顿森林体系所确定的每盎司黄金兑换35美元的固定汇率制，同时宣布征收10%的进口附加税。这一政策直接导致了布雷顿森林体系下"双挂钩"国际货币制度的崩溃，同时加剧了世界各国的经济金融动荡。

由于这一政策转变是由当时的美国总统理查德·尼克松发布的，故历史上称为"尼克松冲击"。我们之所以称之为"冲击"，是因为该政策是在没有事先通知其他国家的情况下，由美国单方面突然宣布实施的，也因此给世界经济及金融体系带来了疾风骤雨般的巨大影响，西方国家的股票市场普遍出现下跌，市场恐慌和焦灼情绪不断蔓延，国际金融格局一度陷入混乱。

9.5　中国货币政策的有效性分析

9.5.1　关于中国货币政策有效性的讨论

中国的货币政策是否有效？对于此问题，学术界曾有激烈讨论，但目前仍未形成一致意见，结论大体可归纳为以下三类：货币政策基本无效论、货币政策渐进有效论以及货币政策非对称有效论。总体来看，第一类观点主要是基于严格的、无约束条件下的货币政策有效性的定义而做出的判断，而后两类观点则相对更为务实，考虑到了中国经济金融发展的客观进程和动态演变特点。

（一）货币政策基本无效论

此类观点的支持者认为，目前中国货币政策的调控效果还不明显，并且由于种种因素的制约，总体上看可以说是基本无效的。首先，在经济体制层面，由于市场制度仍不够完善，行政干预仍是阻碍市场机制发挥作用的重要因素，这使得货币政策市场化调控的经济基础并不完全具备；其次，在政策制定层面，中央银行的独立性程度还比较低，难免会陷入多重政策目标的困境，同时，金融创新所带来的货币替代、金融脱媒、监管真空和政策工具失效等问题，也显著削弱了货币政策的实施效果；再次，在传导机制层面，由于金融市场分割、软预算约束和市场缺乏有效性等原因，货币政策的传导机制在多个环节都存在明显阻滞；最后，由于不同的经济金融政策之间缺乏协调，甚至常常存在冲突，这也在一定程度上抵消了货币政策的调控效应。综合这些因素，部分学者倾向于认为，中国的货币政策总体上处于基本无效的状态。

（二）货币政策渐进有效论

针对上述货币政策基本无效论的观点，一些学者指出，对于转型过程中的货币政策有效性的判断标准不应过于严苛，应该采取更加渐进和动态的观点来审视中国货币政策的有效性问题。这一类学者的主要观点是，随着市场化改革进程的持续推进，中国货币政策实施的宏微观基础都已经有了极大的改善，价格调节机制的作用显著增强，市场机制已经成为主导性的资源配置方式，这些都使得货币政策的市场化调控具备了相应的前提和基础。此外，从货币政策实践来看，即使在诸如金融危机和多种政策目标面临艰难权衡的时期，货币政策也在很大程度上发挥了真实的调控效应，因此，不能因为货币政策的有效性“不够高”而抹杀货币政策所取得的成效。并且，更为重要的是，目前中国的经济金融发展和货币政策改革仍处在持续深化和渐进完善的过程之中，应该采取更加动态的思维和观点来看待中国货币政策有效性的历史和未来演变。在这种情况下，可以认为，中国的货币政策总体上正在经历一个渐进有效的必经过程，未来的货币政策会随着市场化机制的不断完善和成熟而变得更加有效。

（三）货币政策非对称有效论

如果说货币政策渐进有效论强调的是从“时间动态”的角度来审视货币政策有效性的，那么货币政策非对称有效论则更加强调从“空间动态”（即不同场景）的角度来看待货币政策是否以及在多大程度上有效。持此类观点的学者认为，中国的货币政策在治理通货膨胀和通货紧缩的过程中表现出了“非对称”效应，通常在治理通货膨胀时的作用比较显著，而在治理通货紧缩的时候则显得有些乏力。通过对中国的经济金融数据进行实证研究，一些学者发现，紧缩性货币政策对“过热经济”的减速作用要大于扩张性货币政策对“过冷经济”的刺激作用，这种有效性的差异可能来源于抑制有效需求与刺激有效需求之间的难度本身存在差异。为缩小这种差异，中央银行除考虑经典理论所揭示的关键传导机制之外，还应综合考虑消费者的心理和消费习惯等现实因素的制约，从而进一步提高货币政策在某些“弱势影响领域”的传导效力和效果。

9.5.2 提高中国货币政策有效性的措施

尽管对于中国货币政策的有效性仍存在不少争议，但不可否认的是，中国的货币政策框架目前还不够完善，政策效果还有进一步提升的空间。根据前面章节的相关分析，提高中国货币政策的有效性可以考虑从以下三个主要方面入手：

（1）进一步完善市场机制，夯实货币政策调控的经济基础。现代货币政策调控的基本思路和内在机理是市场化的，因此，充分市场化的经济基础是货币政策有效发挥调控作用的最基本前提。改革开放四十余年来，中国渐进式的市场化改革已经取得了明显成效，市场机制在很多领域已经成为资源配置的主要手段，但同时我们也要看到，制约市场机制更加充分有效发挥调节作用的一些深层次问题仍然存在，需要在后续改革中进一步开放市场，打破各种显性和隐性的市场垄断，规范市场行为和促进公平竞争，建立财务硬约束和有效的激励约束机制，充分激发市场活力，为货币政策调控提供更加完善的市场机制和经济基础。

（2）深化金融改革，健全金融市场，完善货币政策传导的金融基础。中国的金融改革开放总体上采取了比经济体制改革更为渐进的“稳中求进”策略，这种策略使得中国的金融发展安然渡过了几次国际性的金融危机，并逐渐从一个金融体系欠发展的国家成长为一个名副其实的“金融大国”（专栏9－5）。目前，中国的金融发展目前正处于扩大开放和深化改革的攻坚阶段，从进一步提高货币政策有效性的角度看，应持续深化利率市场化和汇率市场化改革，稳步推进资本账户开放，打破金融市场分割和“刚性兑付”预期，促进统一金融市场的形成和风险定价机制的完善，畅通货币政策在金融体系层面的传导机制、路径和效率。

(3) 增强中央银行的独立性、透明度和责任机制，改进货币政策实践的制度基础。货币政策从决策、实施到反馈、调整和评估，每一个环节都涉及中央银行的目标、动机和行为。为确保中央银行能按照经济金融调控的实际需要制定和实施货币政策，有必要进一步增强中央银行的独立性，使其能在职能范围内采取更加自主、灵活、有效和可持续的货币政策操作，提升货币政策效果。在独立性提高的过程中，还应配合透明度和责任机制建设，增强中央银行的信誉和监督机制，为货币政策的有效实施提供良好的制度支持和保障。

除了上述三个主要方面外，为提高货币政策的有效性，还应建立稳定、高效的经济及金融大数据监测和分析系统，尽可能缩短货币政策决策的时滞，同时提高货币政策决策的可靠性。此外，货币政策还应注意与其他经济及金融政策的协调搭配，避免政策冲突所带来的货币政策效力下降。

专栏 9-5　中国成为世界金融大国

经过改革开放 40 余年的发展，中国的金融体系全面发展，银行、证券、保险和科技金融在规模上均已进入世界前列，正在向金融强国迈进。

根据《银行家》杂志公布的 2019 年全球银行 1 000 强排行榜，中国共有 136 家银行上榜，利润总额达到 3 120 亿美元，位居全球第一，工、建、农、中分列榜单的前四名。《银行家》杂志编辑布莱恩·凯普兰说："中资银行在今年的排行榜中依旧保持着领先位置。它们产生的银行利润总额位居世界第一，比美资银行利润总额多了近四分之一。"此外，网商银行首次进入排名榜单，显示了中国在科技领域的影响力。

中国资本市场也经历了迅速发展，根据彭博公司的数据，截至 2018 年底，中国股市的流通市值约为 5.5 万亿美元，仅次于美国（约 27 万亿美元），居世界第二，排名第三的英国约为 3 万亿美元。同时，中国债券市场的规模在 2019 年达到约 13 万亿美元，超过日本，跃居世界第二位。此外，全球管理咨询公司麦肯锡发布报告指出，中国是全球最大且最有活力的人寿保险增长市场，贡献了全球新增保费收入的 30%，预计未来几年内将持续保持两位数的迅猛增长。到 2025 年，中国寿险市场保费收入将达到 4.32 万亿元人民币，占全球寿险保费收入的 16%。

不只是银行、证券和保险在飞速发展，中国的金融体系整体都在迅速进化。德意志银行（中国）有限公司董事长高峰指出："中国是全球数字银行的领军者之一，金融科技、数字创新在这里方兴未艾。中国也是德意志银行全球业务网络的战略重点。"无独有偶，曾任摩根士丹利董事总经理的小田原洁也公开表示：人工智能、无人机、人脸识别技术和金融科技等，中国在实际应用方面已远远走在前列，并且渗透到了社会生活各个方面。

此外，人民币国际化迅速推进。2016 年，人民币被纳入 SDR 货币篮子，国际储备货币地位显著提高。截至 2018 年底，人民币全球外汇储备规模增至 2 027.9 亿美元，同比增加 793.17 亿美元，在外汇储备中的占比由 2017 年底的 1.23%上升至 1.89%。根据国际银行同业间的国际合作组织环球银行金融电信协会（Society for Worldwide Interbank Financial Telecommunication，SWIFT）的统计，截至 2018 年底，人民币在国际支付货币中的份额为 2.07%，为全球第五大支付货币。据不完全统计，截至 2018 年底，全球已有 60 多个国家的中央银行（货币当局）将人民币纳入外汇储备。

【本章小结】

货币政策的有效性是指当一项货币政策实施之后，所产生的政策效果相对于中央银行预期政策目标的实现程度。从广义角度看，货币政策有效性的内涵包含货币政策能否以及在多大程度上能沿着预期的传导机制，通过稳定地影响中间目标，进而实现最终目标的整个过程。

在理论上，货币政策是否有效一直存在争论。争论的核心在于货币是否为中性的，即货币是否能对产出、就业等实际变量产生影响。以古典主义学派和新古典主义学派为代表的“货币中性论”的支持者认为，货币政策是无效的。相比之下，以凯恩斯主义学派和新凯恩斯主义学派为代表的“货币非中性论”的支持者则认为，货币政策是有效的。

货币政策有效性的判断标准一般包括科学性、及时性、前瞻性和效率性。其中，科学性是指中央银行的货币政策调控具有明确可靠的理论基础和科学依据，使得货币政策的中间目标和最终目标按照预期的方向、节奏和速度产生有序的变化。及时性是指中央银行能够根据经济金融形势的变化迅速采取行动，在合理的时间内取得预定的调控效果。前瞻性是指中央银行通过加强对未来经济金融形势和趋势的预测分析，在考虑了各种可能影响货币政策效果的相关因素之后，预先采取某些行动或提前预留一部分政策空间，以使得政策效应能够实现动态优化。效率性是指货币政策操作要以尽量低的成本实现预期的政策目标。

在现实中，影响一国货币政策有效性的因素有很多，比较具有共识性的因素包括：政策时滞、市场预期、金融创新、央行信誉、其他因素等。

中央银行从制定货币政策到产生政策效应之间通常存在一个时间过程，即货币政策时滞。货币政策时滞可进一步分为内部时滞和外部时滞，前者主要包括认识时滞和决策时滞，而后者则主要包括操作时滞和市场时滞。时滞的长短是影响货币政策有效性的重要因素，通常而言，货币政策时滞越短，货币政策相对就越有效。

货币政策的效果不仅取决于中央银行自身的行为和条件，同时也取决于市场主体对货币政策的反应。对于任何一项货币政策而言，如果市场预期与中央银行实施该政策所意欲引导的方向一致，那么市场预期会起到助力和强化货币政策效果的作用；反之，如果市场预期与中央银行实施该政策所意欲引导的方向背道而驰，那么市场预期则会削弱货币政策的实际效果。

金融创新可以通过改变货币供给、货币需求、货币政策工具的有效性以及货币政策传导机制等方面，对货币政策效果产生影响。其中，某些影响是积极的，另外有些影响则是消极的，多方作用合力的影响具有复杂性。中央银行必须系统分析和评估金融创新对货币政策效果的影响，才能更好地选择和实施货币政策。

中央银行的信誉是指市场主体所认可和相信的中央银行信守其承诺的意愿和能力。中央银行的信誉对货币政策的有效性具有全面、系统而深刻的影响，信誉度高的中央银行能取得更好的货币政策效果。目前，中央银行建立和培育其信誉主要有两个方法：一是保持必要的政策透明度，二是维护其政策行为的稳定性。

对于转型过程中的货币政策有效性的判断标准不应过于严苛，应该采取更加渐进和动态的观点来审视中国货币政策有效性的历史和未来演变。进一步提高中国货币政策的有效性，需要进一步完善市场机制，夯实货币政策调控的经济基础；深化金融改革，健全金融市场，完善货币政策传导的金融基础；增强中央银行的独立性、透明度和责任机制，改进货币政策实践的制度基础。

【关键词】

货币政策有效性　货币中性　科学性　及时性　前瞻性　效率性　货币政策时滞　央行信誉　政策透明度　政策稳定性　市场预期　金融创新

【复习思考题】

1. 简要解释货币政策有效性的含义和判断标准。
2. 简要阐述主要经济学派对货币（政策）有效性的理论分析。
3. 简要说明现实中影响货币政策有效性的主要因素。
4. 简要分析中国货币政策的有效性、影响因素和完善方向。

第三篇　中央银行与宏观审慎政策

“我们知道，一场金融危机平均会导致10%的永久性产出损失。这可能会改变一个国家未来的整个方向，使很多人永远落后于时代。”

——IMF总裁格奥尔基耶娃（Georgieva）

“在当今世界，中央银行行长对金融稳定的兴趣远远超过了央行仅仅执行最后贷款人的功能。”

——欧洲央行副主席路易斯·德·金多斯（Luis de Guindos）

“居安思危，思则有备，有备无患。”

——《左传·襄公十一年》

第10章 宏观审慎政策的产生与发展

【本章要点】

1. 宏观审慎政策的产生背景；
2. 宏观审慎政策的实践发展；
3. 宏观审慎政策的整体框架；
4. 中国宏观审慎政策的产生与发展。

【导入案例】

FX168财经报社（香港）讯（中国央行：宏观审慎政策这么用.2017-07-05）：中国央行周二（7月4日）发布《中国金融稳定报告（2017）》指出，虽然当前世界各国宏观审慎政策框架的差异说明并没有一个“放之四海而皆准”的模式，但目前公认，应该将宏观审慎管理职能明确赋予某一决策机构，确定其政策目标和权力。由IMF、金融稳定理事会（Financial Stability Board，FSB）和国际清算银行（Bank for International Settlements，BIS）联合撰写的《有效宏观审慎政策要素：国际经验与教训》显示，许多国家的经验表明，央行由于具备专业知识、采取政策措施的内在动力和独立性，在宏观审慎政策制定中扮演重要角色，而可采取的模式包括由央行董事会（或行长）直接制定宏观审慎政策，由央行行长担任宏观审慎政策制定委员会主席，明确赋予央行向宏观审慎政策制定机构提出政策建议的权力，或确立央行在系统重要性金融机构监管中的主导地位等。在中国央行或宏观审慎政策制定委员会中设立金融稳定职能部门，负责监测分析系统性风险并对政策制定提出建议，可以为有效宏观审慎政策提供支持。

2010年10月18日，国际货币基金组织在上海召开了“宏观审慎政策：亚洲视角”高级研讨会。时任中国人民银行行长周小川在会上指出：“国内信贷持续扩张动力仍然较强，跨境资本流动蕴含潜在风险，流动性过多、通货膨胀、资产价格泡沫、周期性不良贷款增加等宏观风险将会显著上升，金融业资产质量和抗风险能力面临严峻考验。”同时，“中国的国情决定了金融体系的稳健性与宏观经济政策的关系更为直接和密切，银行信贷在全社会融资中占比很高，信贷波动与经济周期变化和系统性金融风险之间有很大关系，因此建立逆周期信贷调控机制是中国加强宏观审慎政策的工作重点。”

从上述财经新闻可以看出，中央银行在宏观审慎政策的实施过程中扮演着重要角色。那么，什么是宏观审慎政策？宏观审慎政策的产生背景及其理论基础是什么？国际上有何具体实践？中国的宏观审慎政策产生背景和实施状况如何？本章将对上述问题进行解答。

10.1 概述

2008年国际金融危机是近百年以来仅次于“大萧条”的一场金融危机，对世界各国的经济和金融发展产生了严重的破坏性影响。这场百年一遇的金融危机一方面再一次彰显了金融不稳定的巨大冲击效应和社会经济代价，另一方面也不容回避地揭示了传统经济金融政策在宏观金融稳定方面的严重缺陷，即无论是以价格稳定为主要目标的货币政策，还是以金融机构稳定为目标的微观审慎监管政策，均无法有效实现金融体系的整体稳定。

在已有经济金融政策无力纾困的情况下，一种新的政策思维和调控方式应运而生，这就是宏观审慎政策（macroprudential policy)。因此，从产生背景来看，宏观审慎政策天然的目标就是要致力于实现传统货币政策和微观审慎监管均无法实现的目标：宏观金融稳定（金融体系的整体稳定)。在宏观审慎政策被纳入各国的政策体系之后，人类社会第一次拥有了完整的四类工具体系，实现两个层次、四个方面的调控目标：宏观层次上的经济稳定和金融稳定分别交由货币政策和宏观审慎政策实现，而微观层次上的经济稳定和金融稳定则分别交由产业政策（市场政策）和微观审慎监管（行为监管）政策实现。从某种意义上说，宏观审慎政策的加入，使得政策当局的调控体系第一次拥有了“完整拼图”。

从宏观审慎政策的实施主体来看，尽管并非所有国家的宏观审慎政策都归属中央银行，但中央银行确实拥有实施该项政策的天然优势和必要性。从优势上看，价格稳定虽然不足以确保金融稳定，但却是金融稳定的重要基础，同时中央银行所拥有的金融资源动员能力和“最后贷款人”职能也直接关乎金融稳定，这些都意味着，宏观审慎政策的实施如果没有掌管着“货币信贷总阀门”的中央银行的支持，要实现其政策目标几乎是不可能的。从必要性看，自从中央银行受“新自由主义”思潮的影响而分离出金融监管职能之后，一方面对金融机构的直接影响力降低，另一方面由于不再掌握有关金融机构的全面信息（特别是监管方面的信息)，很多政策的决策和实施都受到了明显掣肘，连货币政策的效力都出现了下降，在这种情况下，收回某些必要的监管权颇有点“天下苦秦久矣”和“亡羊补牢”的味道。

此外，一些重要的国际金融组织也大都支持由中央银行来实施宏观审慎政策。比如，国际清算银行（BIS）在有关中央银行治理和金融稳定的报告中指出，宏观审慎职责更适合划归中央银行，因为中央银行在承担宏观和系统性分析方面更有优势。国际货币基金组织（IMF）首席经济学家布兰查德（Blanchard）在反思宏观政策框架的研究中也指出，中央银行具有理想的能力来监测宏观经济的动态变化，同时由于货币政策可能对杠杆水平和风险行为等金融稳定因素产生影响，因此也有必要将宏观审慎职责赋予中央银行。

从实践来看，目前世界各国（地区）的中央银行几乎都在宏观审慎政策的实施过程中扮演着重要的角色。比如，在中国、欧元区、俄罗斯、马来西亚、新加坡和泰国等，中央银行是宏观审慎政策的主要负责机构；在美国，中央银行拥有对系统重要性金融机构和金融市场工具的监管权，同时是宏观审慎监管标准的制定者；在英国、南非、爱尔兰、新西兰等国，中央银行董事会（或行长）是宏观审慎政策的决策主体或担任决策委员会主席。此外，BIS 对新兴市场经济体的调查显示，约三分之二的中央银行拥有金融稳定职权。毋庸讳言，在金融和实体经济紧密联系的当今时代，由中央银行同时掌管货币政策和宏观审慎政策，从而在宏观层面上统一金融和实体经济的调控，已经越来越成为一种潮流和趋势。

10.2 宏观审慎政策的产生

10.2.1 宏观审慎政策产生的现实背景

（一）“大缓和”时代的经济稳定与金融不稳定

在 2008 年金融危机之前的 30 多年里，全球范围内的经济金融发展有“四组现象”特别引人注目：一是通货膨胀水平及其波动性出现普遍下降；二是实体经济增长迅速，同时波动性下降；三是资产价格、信贷和投资的“繁荣—萧条”周期日益强化，周期性的金融危机频繁发生；四是全球的贸易失衡不断加剧。上述四组现象并存，成为 20 世纪 70 年代以来全球经济发展的一个显著特征。在以上四组现象中，前两组结果是令人愉悦的，它曾一度使全球经济进入了所谓“大缓和”时代；而后两组结果则是令人沮丧的，从拉美到东亚，再到美国，它一次又一次将看似欣欣向荣的“经济奇迹”拖入危机的深渊。

如果不是此次全球金融危机的爆发，我们也许会寻找足够多的理由来支持上述四组现象中的不平衡结构，因为对于很多经济学家而言，相对于全面的通货膨胀，资产价格泡沫似乎是可以容忍的；而相对于经济增长的停滞，贸易的失衡似乎也不那么紧迫，完全可以延期解决。然而，信贷扩张和资产价格泡沫带来的问题远比想象中的要严重，它不仅是全球经济发展中的“白玉微瑕”，而且是极具破坏性和具有自我强化能力的危机促成机制。全球贸易的失衡无疑加重了这一问题，并将危机的链条延伸至全球一体化经济的各个角落。

（二）周期性的金融失衡成为影响宏观稳定的主要来源

事实上，在 20 世纪 70 年代之后，随着金融市场的日渐发达和复杂化，金融失衡不仅周期性地发生，而且与宏观经济的失衡彼此强化。这种强化使得经济和金融长期持续、显著地偏离长期标准。从历史经验来看，同时观察到一系列这种失衡状况能有效地预测随后出现的金融危机和产出损失，因此，失衡偏离均值的程度应该是有限的，这也意味着严重的失衡是不可持续的。从这个意义上看，2008 年由美国“次贷危机”所引发的全球金融危机并不是一个新鲜事物，相反，它只是信贷扩张、资产价格泡沫和监管错配所引发的宏观失衡的必然结果，这种危机机制已经在过去几十年的金融危机中多次得到验证。

从历史来看，早在现代金融体系初步形成的 20 世纪 70 年代，工业化国家就经历了信贷扩张和资产价格（尤其是股票和房地产价格）的迅猛上涨。在 20 世纪 80 年代中期至90年代早期，北欧国家和日本出现了类似的情况。在20世纪末的东亚金融危机中，来自全球的廉价信贷不仅推高了这些国家的资产价格，而且使得这些国家的经济最终走向一个投机性的繁荣并为后来的崩溃埋下了隐患。进入21世纪的第一个十年，源自美国的次贷危机席卷全球，成为继1929—1933年以来破坏性最大的金融危机，而在这一事件中，扮演核心角色的依然是信贷的过度扩张和以房地产为代表的资产价格的非理性上涨。

金融危机在全球范围内的肆虐给相关国家造成了巨大的经济和社会成本。据统计，自1980年以来，一百多个国家经历了不同程度的金融危机。根据艾伦和盖尔（Allen and Gale，2004）的研究，银行危机带来的产出损失达到GDP的27%。除直接经济损失外，金融危机还会导致经济增长的显著下降和失业率的大幅上升。图10-1显示了历史上一些主要经济体的危机案例，这些危机案例的人均GDP降幅达到9.3%，失业率增幅达到7%，持续时间接近5年。此外，金融危机还将导致政府财政状况的恶化。根据莱因哈特和罗戈夫（Reinhart and Rogoff，2008）的历史数据研究，危机导致了税收的大幅下降和政府反危机支出的增加，在银行危机发生后的3年内，实际公共债务累计增幅的历史均值高达86.3%。

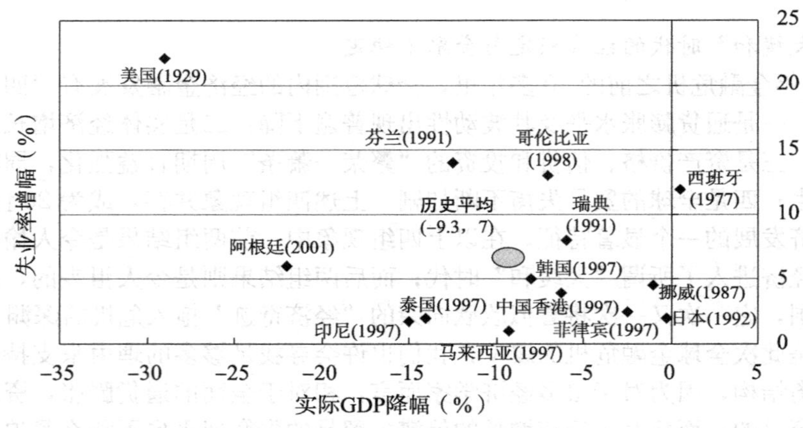

图10-1　银行危机发生后的经济增长下降和失业上升

（三）传统货币政策和微观审慎监管政策的失效

总体来看，过去40多年的经验表明，仅仅依赖微观审慎监管很难维护金融体系的稳定，也很难确保长期的宏观均衡和经济的可持续增长。这种情况不仅在频繁发生的金融危机中得到了反复证明，而且其背后蕴含着深刻的宏观经济背景。具体而言，在20世纪70年代之后，伴随着全球金融"繁荣—萧条"周期的加强，金融体系的过度顺周期性（excessive procyclicality）使得传统的通货膨胀机理发生了明显改变。由于大量的货币和信用源源不断地注入并滞留于金融体系，这不仅加大了金融体系和实体经济的偏离程度，而且使得金融方面的扭曲往往先于实体经济的扭曲发生，其结果是：在大部分情况下，在过量的货币和信用转化为实体经济中普遍出现的通货膨胀之前，由资产价格和信贷高位崩溃带来的金融危机就已经爆发。正是由于在现代金融体系下，危机的发生可直接经由资产价格和信贷路径而非传统的一般物价渠道，这不仅使得传统的微观审慎监管无能为力，就连基于"通货膨胀目标制"的货币政策在宏观稳定方面也失效了。

在周期性发作的金融危机面前，传统的货币政策和微观审慎监管都显得力不从心，这些政策不仅未能有效遏制金融危机的爆发，而且在事前的危机预测（预警）和事后的危机处置方面也乏善可陈。事实上，只要金融监管继续将视角局限于微观个体层面，而忽略金融机构、金融市场和宏观经济之间的相互作用，那么由系统性风险引发的金融危机就还会反复发作。对此，英格兰银行认为，当面对严重的金融危机时，传统的金融监管框架很难做出正确的反应，其原因主要源自两个方面：一方面，现行的微观审慎政策工具（尤其是资本要求）很难被运用或调整至银行资产负债表能够承受的程度，而另外一些审慎工具（如流动性要求）却被严重低估了；另一方面，当微观审慎监管的视角始终立足于单个金融机构层面时，总体的杠杆水平和期限错配可能被长期忽略。

此外，对于宏观层面的金融和经济稳定而言，如果没有充分考虑到经济和金融活动之间的联系，要想决定资本和流动性的最优水平几乎是不可能的。尽管传统的金融监管框架同样针对金融体系和经济活动之间的关联进行了某种程度的评估，但就稳定经济和金融体系的现实需要而言，这种努力还远远不够。迄今为止，大多数微观审慎政策工具和措施都没有对总体的信贷扩张或资产价格进行有效抑制，金融机构之间或金融机构与金融市场之间的相互关联和作用机制也未得到充分考虑。尤其是随着金融体系中的风险表现形式越来越多样化，传统的微观审慎监管不仅对各种风险之间的相互关联性难以有效识别，同时也无力对跨机构和跨行业的风险传染做出及时的反应。在这种情况下，迫切需要有一种新的政策工具来专门致力于维护金融体系的整体稳定。

10.2.2 宏观审慎政策产生的理论基础

从宏观审慎政策产生的理论基础来看，主要包括以下逻辑上互相关联的三个方面内容：一是作为传统的“金融稳定支柱”，微观审慎监管只能用于控制金融机构的个体风险，无法有效控制宏观层面上的系统性风险，而系统性风险恰恰是导致现代金融危机的主要原因；二是系统性风险的形成机理，即系统性风险本身是怎样形成的；三是基于上述两点的宏观审慎政策目标和工具定位，即宏观审慎政策区别于微观审慎监管的一个出发点是控制系统性风险，而政策工具的设计则是基于系统性风险的形成机理，针对性地从风险源头抑制系统性风险。

（一）微观审慎监管无法有效控制系统性风险

按照传统的政策目标定位，货币政策的主要目标是实现价格稳定和产出（就业）稳定，而金融稳定的目标则交由以《巴塞尔协议》和《巴塞尔协议Ⅱ》为代表的微观审慎监管来实现。不过，正如上一节已经指出的那样，从现实情况来看，微观审慎监管即使能够较好地管理金融机构的个体风险（individual risk），在宏观金融稳定方面总体上也是失败的。

从根源上看，传统微观审慎监管之所以在宏观金融稳定方面会失败，其核心的理论原因在于：基于单个金融机构的监管并不足以识别、阻止和消除金融体系中的系统性风险，而在个体风险转化为系统性风险的过程中，又普遍地存在着“合成谬误”问题。所谓“合成谬误”是指，在一个系统中，即使从局部来看每个个体都达到了最优状态，但经“加总”之后的整体却不一定处于最优状态。特别是在金融顺周期性（图10-2）的行为模式下，经济主体根据经济运行趋势信号形成的“最优”决策，虽然在每个个体来看都是理性的，但当他们倾向于采取一致行动时，最终却造成了“集体非理性”的结果（专栏10-1）。

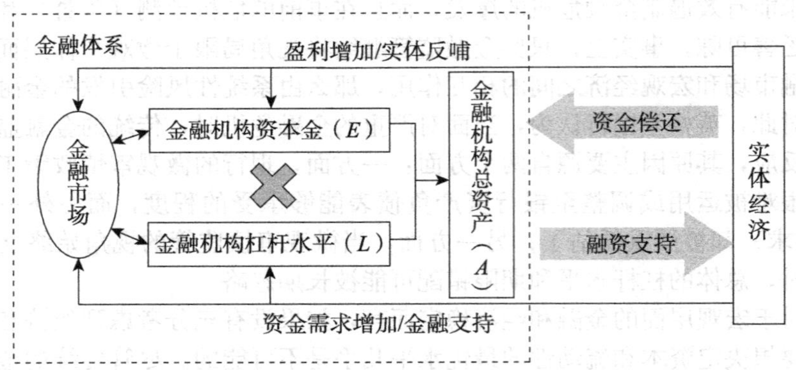

图 10-2　金融体系和实体经济的顺周期性示意图

专栏 10-1　金融体系的顺周期性

金融体系的顺周期性（procyclicality）是指在时间维度上，金融体系存在与实体经济“同涨同跌、助长助跌”的同趋势性特性，这种特性会通过金融和实体经济之间的动态反馈机制放大繁荣和萧条的周期，从而导致经济和金融体系的不稳定。金融体系的顺周期性被认为是时间维度上系统性风险的主要来源。现实中一些常见的经济金融活动都具有顺周期性：

（1）投资行为的顺周期性。“买涨不买跌”是投资市场中的一个典型现象，当经济繁荣和资产价格上升时，人们的收入增加，抵押品价值上升，会进行更多的金融和实体经济投资，从而推动经济和金融更加繁荣；反之，在经济下行期，人们的收入减少，抵押品价值下降，因而会缩减金融和实体经济投资，从而导致经济金融形势的进一步恶化。

【二维码专栏 10-1】

金融体系的顺周期性：关键事实与动力机制

（2）信贷行为的顺周期性。受“时点”评级和银行资本监管等因素的影响，银行的信贷投放会呈现出与经济周期高度同步的特征，即在经济上升期，资产质量更好，资本充足率自动上升，于是信贷投放增加，经济增长进一步加速；反之，在经济下行期，资产质量和资本充足率自动下降，于是信贷回落，进一步加速经济萧条。

（3）资本流动的顺周期性。当国内资产价格上涨和经济繁荣时，国际资本会大规模流入进行投资，从而导致国内资产价格和经济繁荣的进一步强化；反之，在经济下行期，国际资本为规避风险，会从国内投资市场大规模流出，这会导致资产价格的进一步下跌以及经济金融形势的进一步恶化。

关于金融体系顺周期性的关键事实与动力机制，可参考二维码专栏 10-1。

金融体系也面临同样的问题，即单个金融机构的稳健并不总是能保证作为“集合结果”的金融体系的整体稳定性。例如，在经济繁荣期，由于大多数企业都具有非常稳健的资产负债表，从单个金融机构的角度来看，此时扩大信贷规模显然是一种理性的经济行为，但如果所有的金融机构都这样做，必然导致信贷超速扩张，资产价格泡沫不断积聚，从而为金融危机和经济衰退埋下祸根；相反，一旦危机爆发或经济陷入衰退，为控制风险或提高流动性，单个金融机构出售资产的微观行为显然也是理性的和无可厚非的，但大多数金融机构都这样做，必然导致资产价格进一步下跌，危机持续恶化。

从监管的目标对象来看，20世纪90年代以来的金融危机表明，随着金融市场的日渐发达和金融风险的日益增加，单一的资本充足率标准已不足以保证银行体系的安全性和稳定性，机械和静态地解释银行的资产负债表往往会掩盖问题的实质。比如，在很多情况下，金融机构债务杠杆增长最显著的领域并非传统银行业务，而是交易账户中的证券化产品。按照传统资本充足率监管的规定，即使这些金融产品最终转变成高风险资产，它们的风险权重也不会太大。在这种情况下，如果以风险资产计算的资本充足率作为衡量金融机构风险的"标尺"，那么很多金融机构的杠杆率表面上并不是很高，资本似乎也是充足的，但如果考虑到这些金融机构通过结构性投资机构投资于证券化产品时，必须以母公司的身份向后者提供资金并承担风险，那么从风险控制的角度来看，应该要求它们增加资本。因此，对于宏观金融稳定而言，政策应该关注的风险不是特定金融机构的特定业务风险，而是整个金融体系所面临的"共同风险敞口"（专栏10-2）。在经济金融一体化的过程中，金融机构和金融市场的参与者可能面临非常大的共同风险敞口，尤其是那些可能导致"多米诺骨牌效应"的金融机构或者部门。

专栏10-2 共同风险敞口

风险敞口（risk exposure）又称"风险暴露"，通常是指金融机构在各种业务活动中容易受到风险因素影响的资产和负债的价值，或者说是暴露在风险中的头寸状况。简言之，风险敞口是指未经"免疫"的风险，是可能导致损失的部分。

所谓共同风险敞口（exposure to common risk），是指金融机构由于持有类似的风险资产，从而使其暴露在同一类风险来源的冲击之下。在这种情况下，一旦冲击发生，这些类似的资产会同时发生损失，从而使得持有此类资产的金融机构同时出现问题，然后通过金融市场的关联性产生共振效应，进而导致系统性风险。

此外，在一个典型的金融市场网络中，市场的"外部性"表现为结构化产品的价值会因为越来越多的金融机构参与而迅速膨胀，因此，系统性风险的积聚还与日益扩张的网络外部性密切相关。由于金融机构之间的交易错综复杂，一旦系统逼近临界状态，任何微小的扰动都可能导致网络关键"节点"的失效，从而引起整个网络系统的崩溃。在一个普遍互联的网络系统中，宏观审慎的重点关注对象除了那些处于网络关键节点、容易诱发多米诺骨牌效应的金融机构或者部门外，还应普遍纳入对冲基金、投资银行、"影子银行"等规模较大的非银行金融机构，甚至纳入某些非金融机构，只要这些机构的行为可能给金融体系带来系统性风险。这意味着，传统的微观审慎监管将监管对象集中于银行可能并不充分，金融稳定的目标对象应该包括对金融体系运行产生较大影响的任何机构（包括非金融机构）。比如，在美国"次贷危机"中，所谓的"影子银行体系"（如对冲基金、投资银行、各类表外项目以及一些地区性的房地产抵押贷款公司）的经营活动虽然与普通大众没有直接联系，但其活动同样具有系统性风险影响，特别是对于一些本来就没有存款基础的机构（如投资银行）而言，当流动性出现问题时，其脆弱程度往往比银行还要高。

（二）系统性风险的形成机理

传统的微观审慎监管之所以无法有效应对系统性风险，还在于系统性风险的形成和发展过程有着与个体金融风险非常不同的内在机理。深刻理解系统性金融风险的形成机理，对于针对性政策工具的开发和设计具有基础性意义。

首先应该指出的是，宏观经济金融领域所说的“系统性风险”（systemic risk），在定义上与微观金融学（投资学）中所定义的“系统风险”（systematic risk）有所不同（专栏 10-3）。按照国际货币基金组织（IMF）、国际清算银行（BIS）和金融稳定理事会（FSB）的定义，系统性风险是由整个或者部分金融体系失灵（并可能对实体经济产生严重的负面影响）而导致的金融服务（包括信用中介、风险管理和支付体系等）中断的风险，具体可以从“时间”和“空间”两个维度进行刻画。其中，时间维度主要关注系统性风险如何随时间变化的问题，即系统性风险如何通过金融体系以及金融体系与实体经济的相互关联而不断放大经济周期波动，从而诱发危机，亦即金融体系的“顺周期性”问题。空间（跨部门）维度主要考虑在特定时间点上系统性风险的分布状况，包括金融机构所面临的共同风险敞口，单个或一组金融机构的倒闭冲击整个金融体系的稳定性（如雷曼案例），这一维度主要涉及金融体系的“网络脆弱性”和“网络风险传染”问题。

专栏 10-3　系统性风险和系统风险

系统性风险常常与系统风险相混淆。在金融领域中，所谓系统性风险，是指整个金融体系出现的普遍性的不稳定或大面积崩溃的风险。这种普遍的不稳定或崩溃会导致金融体系活动的中断或异常，从而导致金融体系的功能丧失或严重失调。一般而言，系统性风险的产生和积累需要一段较长的时间，而金融危机的爆发则具有一定的偶然性，一般是系统性风险积累到一定程度同时又遭受外部冲击引发的。

系统风险又称市场风险或不可分散风险，是指那些对市场上的所有企业同时产生影响的风险。从成因上看，系统风险是由企业自身因素之外（即其自身无法控制）的原因所引起的，如战争、自然灾害、经济周期、通货膨胀、政权更迭、社会动荡、宏观政策调整等。系统风险在本质上是与所谓“特质风险”（idiosyncratic risk）相对应的一个概念：系统风险无法通过系统内的投资分散化予以消除，而特质风险却可以通过投资分散化予以降低或通过充分的投资分散化予以消除。

最后，需要特别指出的是，国内对 systemic risk 和 systematic risk 这两个短语的翻译目前并不统一，也有将 systemic risk 译为“系统风险”而把 systematic risk 译为“系统性风险”的。不过，语言习惯只是形式，在约定俗成的用词形成之前，关键是明确概念所适用的场景。

从宏观角度来看，如果资本和流动性来源充足，或者握有现金的长期投资者直接持有大量的实体经济债务，则借款人的过度负债未必会导致金融机构的过度风险承担和金融危机。但当金融部门的杠杆过高或资产与负债的期限严重错配时，系统性风险就有可能在经济金融周期的特定时点发生。金融活动内在的顺周期性特征会加剧系统的相关性和复杂性，从而导致风险在时间维度上的放大和在空间维度上的蔓延。总体而言，理解系统性风险的产生原因，可以从时间和空间两个基本维度展开。

（1）系统性风险的时间维度。

从时间维度（time dimension）上看，金融体系活动的一个显著特征是资产价格和信贷扩张“繁荣—萧条”周期的顺周期性增强，这种顺周期性内生地存在于经济和金融活动之中。在现实中，金融机构、企业和家庭均有着强烈的“从众趋势”。在一个典型的信贷周期中，在上行期它们会过度放大自身风险，而在下行期又会极端厌恶风险。这种顺周期性存在多种潜在原因，包括风险短视、短期主义和金融市场的“羊群效应”等。

以银行的信贷决策为例，事实上银行的很多错误放贷决策都是在繁荣期做出的，而不是在衰退期。在宏观经济与金融体系“繁荣—萧条”的顺周期性更迭中，银行常常不由自主地面临两类典型的信贷错误：一方面，在经济繁荣时期，宽松的信贷条件和环境使得许多净现值为负的项目获得了融资，这将在项目到期后不可避免地出现违约并导致不良贷款；另一方面，在经济衰退时期，由于不良资产大量增加，银行的风险拨备策略趋于保守，许多净现值为正的项目被拒之门外。其他类型的金融机构以及家庭和企业等市场主体也存在类似的决策错误，它们在经济上行期过于乐观、加大杠杆和进行过度投资，而在经济下行期又过于悲观、被迫降低杠杆和急剧收缩投资。

在上述过程中，金融机构的集体行为还会导致资产类型趋同，使得机构之间风险敞口的相关性提高。同时，金融创新的发展也使机构之间联系更为密切，从而进一步加大了共同风险敞口，导致金融体系非线性的反馈机制更容易传导至实体经济。回顾最近40多年的全球金融危机史，金融体系的过度顺周期性已成为大多数金融危机背后的一个基本机制。虽然金融体系的顺周期性是内生于经济行为的一种常态，但在20世纪90年代之后，全球范围内的金融发展不仅强化了其经济影响力，而且使得金融体系具备了脱离实体经济自我扩张的能力。这不仅加重了金融体系固有的顺周期性问题，而且使金融活动持续、显著地偏离长期均衡。这种长期积累的金融失衡将最终以金融动荡的方式来释放，从而导致金融危机和经济衰退。

在时间维度方面，除上述一般性的顺周期性机制之外，一个结构性的时间维度问题是金融机构的“期限转换风险”，即金融机构资产与负债的期限结构错配所引发的系统性风险。期限转换——将期限较短、流动性强的存款（资金来源）转换为期限较长、流动性较弱的贷款（资金运用），本来是金融机构的一个基本功能，但如果期限错配过度，“短存长贷”无疑会使银行面临严重的流动性风险，此时如果突然遭遇外部冲击，而银行的流动资产缓冲又不足以吸收冲击，那么流动性危机将很快形成。在典型的金融危机案例中，涉及期限错配的流动性风险都发挥了重要作用，并成为主要的危机放大机制之一。

（2）系统性风险的空间（跨部门）维度。

从空间维度（cross-sectional dimension）来看，系统性风险的形成机理在于，处于金融体系网络结构中的一些金融机构和金融部门，会通过金融网络的关联性（如沿着彼此业务往来关系的路径）把自身的风险传递给别的金融机构和金融部门，从而造成整个金融体系的大面积、普遍性风险，类似于“流行病”的传播和扩散机制。因此，从空间（跨部门）维度理解系统性风险，主要强调的是由金融体系网络结构所引发的空间传染机制，这种传染可以是国内（区域内）的空间传染，也可是不同国家或经济体之间的跨境空间传染（图10-3）。

在空间风险传染方式上，一般有以下三种情况：一是从点到面的风险传染，即从个别重要金融机构向整个部门和金融体系的传染；二是面到面的传染，即从某个金融部门（比如投资银行）向其他金融部门（比如商业银行和保险部门）的传染；三是从一个国家的金融体系到另一个国家的金融体系的跨境传染。从影响上看，由于时间维度的风险通常先在金融体系的某个部门出现，然后通过空间维度传导至其他部门，因此，一般而言，跨部门的风险传染通常影响更大，属于时间维度风险的“横向升级”。

在空间维度风险产生的深层次原因方面，风险集中度（risk concentration）和信息透明度是非常重要的两个切入点。对于前者而言，当特定的风险总量集中于少量的机构或市场

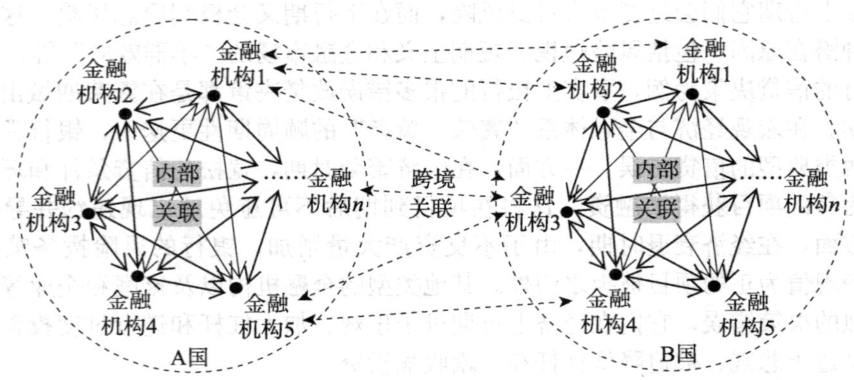

图 10-3　系统性风险的空间关联示意图

时，金融体系往往比风险相对分散时更加脆弱，特别是系统重要性金融机构（专栏 10-4）的破产可能会对其他金融机构产生明显的“溢出效应”，从而引发“多米诺骨牌”似的风险传导。对于后者而言，金融产品、金融机构及与之相关的信息的不透明性和复杂性会放大不确定性，让人们忽视或无法及时判断正在形成的风险，从而潜移默化地助长了风险链条的延伸，过度创新类金融产品和业务就往往容易引发此类风险。

基于上述原因，系统性风险在空间维度上的积聚状态主要关注以下三个方面：一是单个机构和单一部门的高风险业务敞口，比如在 2008 年金融危机中雷曼兄弟（Lehman Brothers Holdings）等大型投资银行所持有的巨额住房抵押贷款头寸；二是金融机构或金融部门的脆弱性，比如在 2008 年危机前，包括投资银行、商业银行和保险公司等在内的不少金融机构的杠杆率都超过 50 倍，高杠杆往往建立在相互借贷和彼此持有对方资产的基础之上，从而容易引发系统性风险的爆发式传播；三是风险在空间维度上的传播机制，是从点到面还是面到面或者跨国传染，这对预判系统性风险的发展演变及其影响具有重要的参考意义。

专栏 10-4　系统重要性金融机构

所谓系统重要性金融机构（systemically important financial institution，SIFI），顾名思义，是指对整个金融体系的稳定性具有重要影响的金融机构，这些金融机构一旦发生风险，会直接导致地区甚至全球性的金融不稳定。从系统重要性所涵盖的地理范围看，系统重要性金融机构可分为全球系统重要性金融机构（global systemically important financial institution，G-SIFI）和国内系统重要性金融机构（domestic systemically important financial institution，D-SIFI），前者指对全球金融体系具有系统重要性的机构，后者指对某一国家或地区的金融体系具有系统重要性的机构。

2009 年 10 月，IMF、BIS 和 FSB 联合发布了评估报告，其中列出了用于识别“系统重要性”的三个关键指标，即规模（特定金融机构所提供的金融服务的数量）、可替代性（当该机构倒闭时其他金融机构能够在多大程度上提供相同的服务）和关联度（该机构同其他金融机构的联系）。2011 年 11 月，FSB 发布的《政策措施》对 SIFI 进行了如下定义：“系统重要性金融机构是指那些由于其规模、复杂性和系统关联性，其陷入危机或无序倒闭将使更大范围内的金融系统和经济活动受到严重扰乱的金融机构。”由此可见，系统重要性金融机构主要是从其潜在影响的角度（而不只是资产规模）进行定义和识别的。

2018年11月27日，中国人民银行、中国银行保险监督管理委员会（以下简称“银保监会”）、中国证券监督管理委员会（以下简称“证监会”）联合印发了《关于完善系统重要性金融机构监管的指导意见》（以下简称《指导意见》），其中明确了国内系统重要性金融机构的定义、范围、评估流程和总体方法。根据《指导意见》，国内系统重要性金融机构的范围不仅包括一般意义上的持牌金融机构，也可能纳入从事金融业务的其他机构。从机构类型来看，国际上将国内系统重要性金融机构分为国内系统重要性银行、国内系统重要性保险公司以及除银行和保险公司之外的其他国内系统重要性金融机构。本次《指导意见》将系统重要性金融机构划分为“系统重要性银行业机构、系统重要性证券业机构、系统重要性保险业机构，以及国务院金融稳定发展委员会认定的其他具有系统重要性、从事金融业务的机构”四类。

最后，需要指出的是，系统性风险的形成机理及其与经济金融活动之间的关系实际上非常复杂，并且有着深刻的制度背景和社会诱因。此方面的研究由于涉及多个学科的知识和理论，目前的理解总体上还处于初级阶段。对系统性风险的一个比较全面的多维度解读可参考二维码专栏10－2。

【二维码专栏10－2】

系统性金融风险：一个经典注释

（三）宏观审慎政策作为一种新政策的调控理念与定位

在微观审慎监管无法有效控制系统性风险的情况下，政策理念逐渐开始从传统的单个机构向系统视野转变，即从微观审慎向宏观审慎转变。强调宏观审慎的政策理念认为，仅凭微观层面的努力难以实现金融体系的整体稳定，政策当局需要从经济活动、金融市场以及金融机构行为之间相互关联的角度，从长周期和系统整体视角评估金融风险，并在此基础上做出相应的政策设计。一个健全的宏观审慎政策框架需要更加有效地监测和控制系统性风险，同时减轻经济和金融周期的“溢出效应”。

事实上，从大的逻辑来看，对于防范金融危机和控制系统性风险而言，微观审慎监管之所以面临重重困境，其根源在于基于“微观”视角的政策设计从一开始就注定无法与归属于“宏观”层面的系统性风险实现真正的“目标-工具”匹配。识别和防范系统性风险需要一种与之相匹配的宏观政策工具，这也是推动金融监管从“微观审慎”走向“宏观审慎”的根本原因。一旦将宏观审慎的目标定位于减少系统性风险和增强金融体系的整体稳定性，那么，这一目标的实现将主要集中在两个方面：一是通过必要的制度设计，主动抑制金融体系内部的过度风险承担和积聚；二是当经济遭遇负面冲击时，增强金融体系的弹性和自我恢复能力，降低潜在损失。毫无疑问，要实现这种目标的转变，必然涉及金融机构、金融市场、金融制度和宏观经济之间的相互作用，除非新的宏观审慎框架能够有效识别各种潜在的风险源、风险结构和风险机制，否则，控制系统性风险的目标不可能真正实现。

总的来看，微观审慎监管存在以下三个方面的明显局限：一是在“时间维度”上难以有效应对金融体系顺周期性所导致的系统性风险，二是在“空间维度”上难以防范因跨行业、跨市场传染所产生的系统性风险，三是没有充分考虑到系统重要性金融机构的巨大外部性效应及其对金融体系的可能冲击。有鉴于此，为纠正微观审慎监管的上述不足，宏观审慎更加注意从整体上维护金融体系的稳定性，包括从时间维度和空间维度降低金融机构、金融市场和其他相关金融活动的脆弱性，并且将对象范畴扩展至整个金融体系的供求双方。实际上，实体经济部门不适当的融资行为也可能导致风险累积，家庭、企业或者政府部门债务的过度累积也会引发结构性失衡，这些结构性失衡在经过长期、逐渐的累积之后，会突然、剧烈地爆发，从而导致危机。比如，美国“次贷危机”告诉我们，除了关注金融机构的资产负债表稳定状况之外，家庭部门和企业部门的资产负债表稳定状况对于宏观金融稳定的判断也非常重要，而“欧债危机”则显示了政府资产负债表稳定的重要性。表 10－1 对宏观审慎政策和微观审慎监管的一些主要差异进行了概要性总结。

表 10－1　宏观审慎政策与微观审慎监管的比较

	宏观审慎政策	微观审慎监管
直接目标	避免系统性金融危机的发生	避免个别金融机构破产倒闭
最终目标	避免产出损失	保护消费者/投资者/存款人
风险模型	在一定程度上是内生的	外生
金融机构之间的关联性和共同风险敞口	重要	不相关
风险控制方式	以整个系统范围的风险为单位，自上而下实行控制	以个别机构的风险为单位，自下而上实行控制

资料来源：Borio，C.“Towards a Macroprudential Framework for Financial Supervision and Regulation”. BIS Working Papers, No. 128，2003.

从更大的政策图景来看，在现代经济和金融体系下，要从根本上破解金融失衡和实体经济失衡这两个彼此交织的政策目标，迫切地需要在一个内生性的整体视野下重建金融和实体经济的“双稳定”框架（图 10－4）。在这一框架下，传统的宏观经济政策需要更多地纳入对宏观经济和金融稳定的考虑，而金融体系的稳定也需要在微观审慎监管的基础上进一步纳入宏观审慎政策。

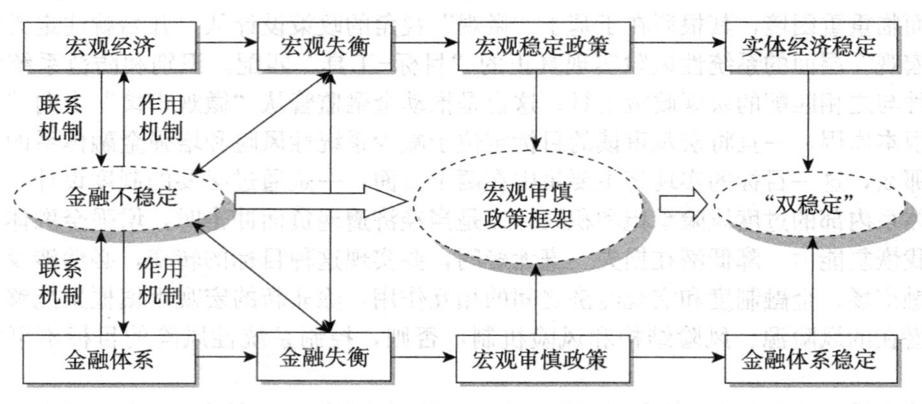

图 10－4　金融和实体经济的“双稳定”框架

10.3 宏观审慎政策的发展

10.3.1 宏观审慎政策的实践演进

从概念追溯来看，宏观审慎其实并不是一个新概念。早在20世纪70年代，国际清算银行（BIS）就已开始采用“宏观审慎”（macro-prudential）这一概念。1986年，BIS在其报告《近期国际银行业的创新活动》中提及宏观审慎监管（macro-prudential regulation），并将其定义为促进“广泛的金融体系和支付机制的安全和稳健”的一种政策。1987年，巴塞尔银行监管委员会首任主席布伦登（Blunden）也在一次讲话中强调，“对金融体系的系统性审慎可能意味着需要约束某些对于单个银行而言的审慎行为”。2000年9月，时任国际清算银行总裁的科罗克特（Crockett）在金融稳定论坛的一篇演讲中，阐述了宏观审慎监管的目标和监管政策含义。此后，巴塞尔银行监管委员会委员博里奥（Borio）等人进一步对宏观审慎监管的内涵及其与微观审慎监管的区别进行了研究。不过，宏观审慎概念真正受到国际范围内的普遍关注和认同主要还是在2008年国际金融危机之后。

从政策实践来看，在2008年危机之后，国际社会开始重新反思传统金融监管方法的内在缺陷，从而进一步强化了对宏观审慎监管重要性的认识。2009年初，BIS对宏观审慎进行定义，并指出要用宏观审慎政策解决危机中“大而不能倒”、顺周期性、监管不足和标准不高等问题。2009年4月，二十国集团（G20）在伦敦峰会上发表宣言，将宏观审慎监管作为微观审慎监管和市场一体化监管的重要补充，并提出了旨在减少系统性风险和增强金融监管体系的一系列新措施。此次会议同时宣布成立金融稳定委员会（FSB），将其作为全球金融稳定的宏观审慎监管国际组织并负责以下事务：评估不同金融体系的脆弱性，推动不同监管机构之间的协调和信息交换，监测市场发展及其对监管政策的影响并提出建议，对国际监管标准制定机构的标准制定工作进行联合战略评估，对具有系统重要性的大型跨境金融机构提供监管团指导和支持，支持跨境危机管理的应急预案，以及与国际货币基金组织共同开发金融体系的早期预警系统。FSB的成立有助于在全球层面加强宏观审慎监管的合作与协调。2009年6月，欧盟理事会通过了《欧洲金融监管体系改革》，并在当年9月通过了金融监管改革的立法草案，提出要建立一个宏微观审慎并重的监管体系。

2010年7月，时任美国总统奥巴马正式签署了自“大萧条”之后最为严厉的一部金融改革法案——《多德-弗兰克华尔街改革与消费者保护法》（Dodd-Frank Wall Street Reform and Consumer Protection Act）。2010年9月，巴塞尔银行监管委员会管理层会议在瑞士举行，27个成员国的中央银行代表就《巴塞尔协议Ⅲ》达成一致，通过了对金融机构的新资本要求、流动性调节、杠杆率、动态拨备等多项意见。2010年11月，二十国集团（G20）首尔峰会通过了巴塞尔银行监管委员会此前拟定的《巴塞尔协议Ⅲ》，其中包含了加强宏观审慎监管的诸多进展：一是在最低监管资本要求之上增加基于宏观审慎的资本要求，保护银行体系免受信贷激增所带来的冲击，同时系统重要性银行还需要在最低资本要求的基础上额外增加资本，以进一步增强其抗风险能力；二是加强流动性和杠杆率监管，提出了流动性覆盖率（liquidity coverage ratio，LCR）和净稳定融资比率（net stable funding ratio，NSFR）两个标准，增强金融机构的流动性风险管理能力；三是作为最低资本要求的补充，新的杠杆率测算纳入了表外风险，以一级资本占其表内资产、表外风险敞口和衍生品总风险暴露的比率来计算杠杆率水平。

2011年6月，英国政府宣布了以降低金融体系整体风险为目的的监管框架改革方案，其中一个关键条款是在英格兰银行内部设置一个新的委员会——金融政策委员会（FPC）。该委员会具有两项主要职权：一是向金融体系解释或使之遵守宏观审慎监管当局的意见，二是指导宏观审慎当局调整由财政部启动二级立法程序设定的宏观审慎工具。2011年9月新修订的《韩国银行法》也进一步强化了韩国银行的宏观审慎职能，赋予其维护金融稳定的必要工具和手段。日本银行也开始通过多种方式履行宏观审慎职能，如将宏观审慎管理与微观层面的现场检查、非现场监测相结合，发挥最后贷款人职能为金融机构提供必要的流动性支持，从宏观审慎视角出发制定货币政策和监测支付结算体系等。2011年11月，FSB发布文件《针对系统重要性金融机构的政策措施》，并在同月举行的G20戛纳峰会上获得批准。当月，FSB发布了首批全球29家系统重要性金融机构名单，中国银行在列，此后该份名单每年更新，至2015年11月，中国的工、农、中、建四大国有商业银行全部进入名单。

2016年8月，IMF、FSB和BIS联合发布了题为《有效宏观审慎政策要素：国际经验与教训》的报告，对宏观审慎政策进行了定义：宏观审慎政策利用审慎工具来防范系统性风险，从而降低金融危机发生的频率及其影响程度。2017年6月，IMF执董会讨论了一份关于发挥宏观审慎政策作用、增强对大额及不稳定资本流动冲击的抵御能力的文件，强调大额及不稳定的资本流动会引发系统性金融风险，当前金融监管应侧重于增强金融体系的弹性，进一步丰富和发展宏观审慎政策。该文件指出，由于IMF各成员经济体对大额及不稳定资本流动冲击的抵御能力普遍薄弱，IMF执董会已采纳基于资本流动管理及自由化的机构意见和宏观审慎政策框架，在考虑各经济体金融发展状况及体制问题的基础上发挥二者在应对系统性金融风险方面的补充作用。同时，该文件还讨论了跨境资本流动对系统性金融风险的传导渠道，指出了宏观审慎措施的作用范围及其与资本流动管理措施的区别，以及在资本外逃背景下宏观审慎政策应该考虑的因素。

10.3.2 宏观审慎政策的实践框架

总体来看，宏观审慎政策框架的核心是通过建立一整套制度机制，从事前、事中和事后全程实现对系统性风险的有效管理。

（一）宏观审慎政策框架的构建原则

一个有效的宏观审慎政策框架必须满足以下基本标准：一是具有清晰的目标，并围绕这个目标进行相关资源的整合，形成分工明确、责任清晰和协调一致的组织结构；二是具有可置信的政策工具和手段，即政策当局的行为必须具有公信力和透明度，并且拥有足够的资源和能力（工具和手段）来为其目标服务；三是政策实施机制的灵活性和灵敏度，即在面对复杂多变的情况和结构变化时，宏观审慎政策框架必须能及时地做出调整，以确保在新的环境下仍能实现预期的政策目标；四是政策实施的经济性问题，即政策行为本身是一项有成本的活动，一个有效的宏观审慎政策框架应该尽量减少不必要的成本支出，提高管理和决策的效率。

根据上述基本标准，一个有效的宏观审慎政策框架应该遵循以下四个方面的基本原则：

一是目标性原则，即宏观审慎政策框架应该紧紧围绕其管理对象和目的——防范系统性风险和降低产出损失——来组织和开展工作，宏观审慎政策框架中的每一个组成部门也必须明确其在整个系统性风险管理图谱中的位置和具体目标。

二是透明度原则，即为了增强政策框架的可信度和公信力，宏观审慎管理的目标、规则和决策程序等应该尽可能公开并加强与外界的沟通，从而稳定市场参与者的预期，减少金融机构应对政策变化所带来的不确定性影响，以及尽量消除政策传导机制中的各种政治和机构阻力。

三是灵活性原则，即宏观审慎政策框架在组织架构、决策程序和实施规则等方面，应该充分考虑经济和金融环境可能变化所带来的潜在影响，并通过及时的反馈调整来主动适应这些变化。在实施规则方面，政策制定者应该在规则和相机抉择之间寻求一个合适的平衡点，确保宏观审慎政策的制定和实施始终与现实的情况和要求保持一致。

四是经济性原则，即宏观审慎政策框架一方面应该提高管理和决策的效率，以更加集约的方式来组织和管理自身，尽量减少运行成本和协调成本，同时注意宏观审慎政策对整个金融体系运行效率和资源配置效率的影响，有效降低道德风险，并使危机救助成本最小化。

（二）宏观审慎政策框架的主要内容

从宏观审慎概念的历史演进来看，总体上经历了从“宏观审慎监管”到“宏观审慎管理”，再到“宏观审慎政策”的过程。这一过程从一个侧面反映出，宏观审慎政策的内涵实际上是一个不断延伸的过程，反映在政策实施层面上，宏观审慎政策从最初的金融监管政策逐渐发展成为一个完整的政策框架，其内容涵盖政策目标、政策工具、政策实施（规则与传导）、政策评估、制度架构等诸多方面。一个简要的宏观审慎政策框架如图 10－5 所示。

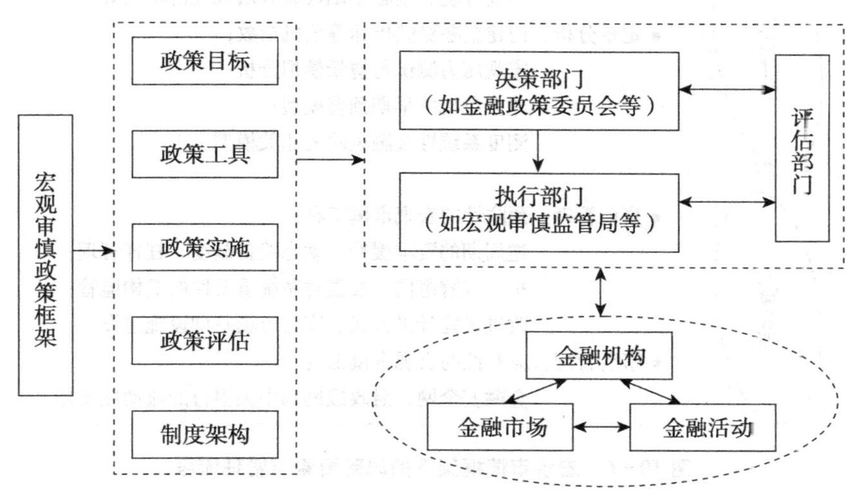

图 10－5　宏观审慎政策框架的简化示意图

展开来看，上述政策框架的每个部分都包含一系列组成要件。具体而言，政策目标是一个包含操作目标、中间目标、最终目标和监测指标的完整目标体系，并且指示之间需要存在明确的关联、衔接和彼此验证关系；政策工具是一个由不同类型和不同层次工具构成的工具箱体系，这些工具既在具体目标、结构和实施方式上存在一定的差异性，同时也在政策效应和传导机制方面存在一定的相互作用性；政策实施涉及工具运用的整个过程，包括以什么样的规则来选择、运用和调整工具，如何理解和判断政策传导过程的顺畅度和效率性等；政策评估是对宏观审慎政策实施效果的定性和定量评价体系，包含对已推行政策的效果评价、问题分析和调整建议等；制度架构则广泛地包括用于支持宏观审慎政策有效运行的相关制度安排，如职能分配、决策机制、人事安排、法律规章、财务制度等。

（三）宏观审慎政策框架的实施过程

在建立宏观审慎政策框架之后，宏观审慎政策的实施一般包括以下步骤：一是建立相关指标体系，对系统性风险的动态情况进行持续监测；二是综合运用定量和定性手段，对系统性风险或潜在的金融脆弱性进行评估；三是当预警信号发出后，及时采取行动对金融体系的失衡情况进行纠正；四是当金融危机突发性地或者不可预料地发生时，运用有效的政策措施来控制危机的蔓延和深化。上述四个步骤中的步骤一可归纳为“风险识别”，步骤二可归纳为“风险评估”，步骤三和步骤四可归纳为“风险管理”（图 10－6）。容易看出，步骤三属于事前的风险管理，而步骤四则属于事后的风险管理。

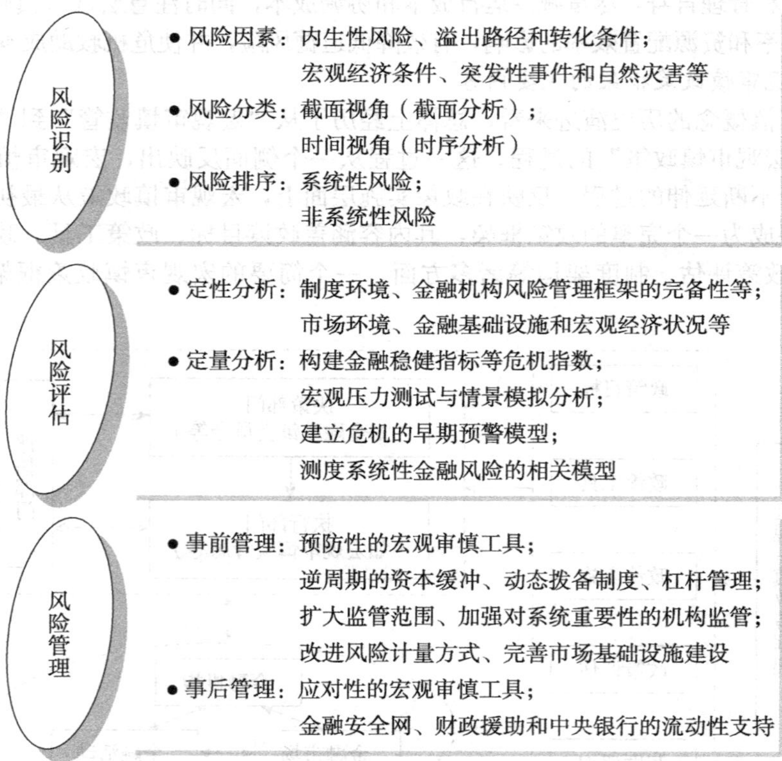

图 10－6　宏观审慎框架下的风险要素与管理流程

首先，从风险识别来看，主要是从截面视角（截面分析）和时间视角（时序分析）两个维度对影响系统性金融稳定的相关因素进行分析，包括金融体系的内生性风险、溢出路径和转化条件，以及宏观经济条件、突发性事件和自然灾害的影响等。其中，截面视角主要针对整个金融体系在某个特定时点上的风险分布状态，包括金融机构之间的相互关联性及共同持有的风险敞口，以及具有系统重要性的金融机构对金融稳定的影响。相比之下，时间视角主要针对金融体系的顺周期性，即系统层面的风险如何随着时间的推移，通过金融体系内部以及金融与实体经济之间的作用关系而被放大。从风险传播途径来看，期限错配（流动性）和杠杆化（偿付能力）是系统性金融风险存在的两种基本途径。

其次，从风险评估来看，主要是在给定宏观审慎政策当局的风险偏好和容忍度的基础上，通过一系列定性和定量的分析，如金融稳健性指标、压力测试、早期预警模型等，对金融体系的风险状态进行评估。为了对金融体系的整体风险状况进行科学的判断，充分获取市场信息非常重要。在信号提取的过程中，应注意相关政策工具的传导机制可能会随着金融中介活动和金融体系结构的改变而发生变化。金融失衡和风险暴露不是在实体经济各部门和金融中均衡发生，这些迹象可能在局部性或部门性的水平上表现得更为明显。政策工具的目的在于使政策措施能够有针对性地应用于特定部门，但以特定市场为目标的措施可能会引发其他领域的失衡。

最后，从风险管理来看，事前的风险管理主要是“预防性”的，而事后的风险管理则主要是“应对性”或者“修复性”的。前者通过事先采取常规性的政策工具来抑制系统性风险的过度积累，而后者则是在风险事件发生以后，通过采取必要的政策措施来防止系统性风险的蔓延扩大。从时间维度来看，预防性的宏观审慎工具主要包括建立逆周期的资本缓冲和动态拨备制度，以及各种杠杆管理工具等。从空间维度来看，预防性的政策工具包括扩大监管范围、加强对系统重要性金融机构的监管、改进交易对手的风险计量方式、完善市场基础设施建设等。在应对性的政策工具方面，主要包括金融安全网、财政援助和中央银行的流动性支持等。

根据一般经验法则，要使宏观审慎政策更为有效，它必须足够简单和稳健。简单不仅意味着容易被理解，同时也意味着容易被实施；而稳健则要求政策框架在面对不确定和非预期的结构性变化时，依然是有效的。稳健性是任何一个政策框架的基石，对新的政策框架而言尤其如此。作为一项改革中的事物，宏观审慎及其政策框架还远远没有达到成熟和被充分检验的程度，因此在政策实践中出现一定程度的模糊是不可避免的，但随着时间的推移，经验将有助于对宏观审慎政策的实践方案进行持续的修正和完善。

10.3.3 宏观审慎政策与其他经济金融政策的关联

由于宏观审慎政策主要关注的是金融和经济的整体失衡，因而在宏观审慎政策的实施过程中，必定内生地包含着监管政策与货币政策、财政政策、汇率政策等宏观经济政策的协调与配合。就货币政策而言，中央银行对货币供应量的调节或者通过相机抉择的利率政策来控制普遍的经济过热，本来就是宏观审慎政策体系的一部分。虽然宏观审慎政策被认为在抑制某些特定领域（如房地产）的失衡方面更为有效，但当整个宏观经济的过热情况都非常严重时，借助货币政策的力量予以配合几乎是必然的选择。

对于财政政策而言，在经济上行期，一些特定的财税手段，如房地产税、利息税、证券交易印花税等，在抑制泡沫和降低金融顺周期性方面具有某些与宏观审慎政策类似的作用；在经济下行期，尤其是当经济遭受非正常的意外冲击时（或者在衰退或萧条期），货币政策启动经济的效果非常有限，此时财政政策在促进经济的稳定和复苏方面具有某些不可替代的重要作用。在实践中，财政部门参与宏观审慎政策体系的另一个重要理由是，财政稳健性通常被认为是一国金融和宏观经济稳定的重要支柱，而金融不稳定造成的成本大多数时候也最终由国家财政买单。此外，宏观审慎政策的一些实施工具，典型的如动态拨备政策，一般也需要得到财政部门的认可才能付诸实施。

汇率政策在宏观审慎政策框架中也有相应的位置，它不仅与货币政策的实施存在密不可分的关系，而且会影响贸易平衡和资产价格的稳定，进而对整体的金融稳定产生重要的影响。许多新兴经济体的案例研究表明，在采取区间浮动的汇率制度时，资本管制成了金融稳定的一道“防火墙”，并且为货币政策的独立性赢得了空间。

此外，从长远来看，宏观审慎政策框架不仅应包括国内层面的协调统一，而且应包括国际层面的协调统一。尤其是在全球经济和金融一体化的条件下，各国的金融市场彼此连接，为了抑制金融体系中的过度风险累积，非常必要建立一个全球的宏观审慎政策体系。如果在一个一体化的市场中，继续存在全球金融监管结构的分割和信息共享机制方面的障碍，那么，各国监管差异所造成的国际监管套利行为势必引发新的金融不稳定。

10.4 宏观审慎政策在中国的形成与发展

中国是国际上较早从事宏观审慎政策理论和实践研究的国家之一，同时也是国际上最早以官方文件形式正式将宏观审慎政策提高到与货币政策具有同等重要地位的国家。经过十年左右的实践，中国目前在宏观审慎政策的经验与创新等方面均位于国际前列，为全球的宏观审慎政策实践提供了有价值的经验。

10.4.1 宏观审慎政策在中国的产生背景

了解宏观审慎政策在中国的产生背景，对于理解中国在宏观审慎政策目标定位、工具设计和调控方式等方面的现实选择具有重要意义。由于宏观审慎政策这一表述最早出现在中国官方文件中是在 2010 年 11 月，因此，理解宏观审慎政策在中国的产生背景主要是看在 2010 年之前国际、国内所发生的相关事件以及所面临的相关问题。

首先，从国际因素来看，如前文所述，在 2008 年金融危机之后，以 G20 为代表的世界主要国家在对金融危机的发生原因进行深刻反思的基础上，逐渐就实施宏观审慎政策的必要性达成了基本共识，同时巴塞尔银行监管委员会、BIS、IMF、FSB 等国际金融组织也在紧锣密鼓地研究制定有关宏观审慎政策的实施方案和有关国际标准（《巴塞尔协议Ⅲ》）。在这种情况下，中国作为 G20 和相关国际金融组织的重要成员，必须积极主动地参与相关协议，尽早地进行相关研究实践，才能在新一轮国际金融规则的制定过程中赢得先机。

其次，国内经济及金融发展的现实情况也说明了实施宏观审慎政策的必要性。正如很多发展中国家或新兴市场国家一样，中国在经济和金融体系快速发展的过程中，也出现了不同程度的信贷扩张和资产价格泡沫迹象。以房地产市场为例，在投资和投机需求的共同作用下，中国的住房和土地价格均呈强劲上涨态势。根据中国国家统计局公布的数据，2004—2010 年，中国商品住宅销售价格的平均涨幅超过 10%，土地和住宅用地价格的涨幅也长期维持在 10%以上。2009—2010 年，在“天量信贷”的刺激下，中国的房地产市场再次出现“井喷”情况，不少地区的房价在短短一年时间内涨幅超过 50%。随着房地产和土地价格的持续上涨，中国房地产市场的金融风险正在不断积累。根据 IMF 的国际比较研究，中国的租售比（price-to-rent ratio）指标在 2004 年之后不断上升，至 2009 年已超过主要的发达国家与发展中国家。

除房地产市场外，艺术品市场同样也出现了价格暴涨。钱币“贵妃醉酒”的价格从 2009 年 1 月的 1.95 万元上涨到 2011 年 9 月的 8.8 万元，涨幅超过 350%；小版猴票的价格从 2009 年 1 月的 21.5 元上涨至 2012 年 3 月的 230 元，涨幅近 970%；甲申大版猴票的价格从 26 元涨到 820 元，涨幅更是超过 30 倍。不仅如此，炒作资金还大规模进入了传统的农产品领域。北京新发地农副产品批发市场的生姜价格从 2009 年 1 月的 1.9 元上涨到 2010 年 8 月的 9.75 元，涨幅达到 413%；大蒜价格从 2009 年 1 月的 0.43 元上涨到 2010 年 9 月的 11.8 元，涨幅高达 2 644%；北京锦绣大地玉泉路粮油批发市场的绿豆价格也从 2009 年 1 月的 4.6 元上涨到 2010 年 5 月的 16.93 元，涨幅达到 268%。如此普遍和大规模的农产品价格上涨，与大量“热钱”的介入密切相关。

在金融产品市场中，由金融创新所推动的各种产品和业务不断突破既有的监管限制，在一些“监管空白”领域开展风险更为隐蔽、潜在风险更高的业务，如各种结构性的理财产品、资金池业务和“委外业务”等。据中国人民银行上海总部的统计，2010 年全国商业银行通过发行理财产品募集资金 4.64 万亿元，同比增长 77.7%，募集资金占当年金融机构新增存款的 38.5%。与此同时，一些资金充裕（或能够获得低成本信贷资金）的上市企业也转而将大量资金投向理财产品。据公开披露的信息，2008 年和 2009 年分别仅有 4 家和 5 家上市公司购买理财产品，2010 年这一数字上升至 18 家，而到了 2011 年，则有超过 80 家上市公司发布了购买银行理财或信托理财产品的公告，购买理财产品的投资总额超过 300 亿元，较 2010 年增加了 10 倍以上。

除金融产品和业务创新所带来的风险外，金融体系内所隐藏的其他各种潜在风险也成为可能影响金融稳定的重要因素：一方面，金融机构同质化、金融服务单一化和彼此分割的金融市场导致大量游资和社会富余资本不能及时、有效地导入实体经济，而市场自发形成的各种民间融资一旦遇到风吹草动，资金链极易发生断裂；另一方面，非正规的甚至违法违规的金融活动十分活跃，民间借贷和“影子银行”的大行其道不仅显著增加了金融体系的潜在风险，同时也在倒逼金融监管和调控方式的改革和创新。

在上述大背景下，中国通过实施宏观审慎政策，旨在解决现实经济及金融发展所面临的三个主要问题：一是通过金融逆周期调节，抑制由信贷扩张和资产价格泡沫所导致的系统性风险；二是通过监管范围全覆盖，抑制各种规避管制的高风险金融创新活动；三是将建立宏观审慎政策框架作为整体金融制度设计的一部分，与其他经济金融政策形成合力，在有效控制金融风险的同时，推动建立更加统一、有序和高效的金融体系，进而促进经济社会的长期可持续发展。

10.4.2 宏观审慎政策在中国的实践演进

从宏观审慎政策在中国的实践演进来看，到目前为止，大致可以分为政策准备期、政策探索期和政策推进期三个阶段。

（一）政策准备期：2008—2009 年

在 2008 年国际金融危机爆发后，党中央和国务院的政策研究部门、中国人民银行和各监管部门均从自身职能出发，同时结合 G20、FSB、BIS、IMF 等国际组织和机构对金融稳定和宏观审慎政策的总结，从不同角度对宏观审慎政策的理论和实践进行了研究，这可以视为宏观审慎政策在中国的“理论准备”阶段。

（二）政策探索期：2010—2015 年

2010 年 11 月，中国人民银行、中国银行业监督管理委员会（简称“银监会”，现已与保监会合并为银保监会）、证监会、中国保险监督管理委员会（简称“保监会”）和国家外汇管理局共同编制的《金融业发展和改革“十二五”规划》明确提出要构建和完善逆周期的宏观审慎政策框架。2011 年，在理论框架基本成熟的基础上，同时为配合危机时期大规模刺激政策的逐步有序退出，中国人民银行正式引入“差别准备金动态调整机制”，将银行信贷扩张与基于宏观审慎要求的资本水平挂钩，要求金融机构“有多大本钱就做多大生意”，促进银行合理把握信贷投放节奏和稳健经营。差别准备金动态调整机制实施了 5 年左右，在与货币政策相互配合的过程中，该政策一方面促进了货币信贷平稳增长，维护了金融稳定，另一方面也积累了宝贵的实践经验，宏观审慎政策的一些具体做法逐步开始清晰化、规范化和系统化。

（三）政策推进期：2016 年至今

在 2016 年之后，中国的宏观审慎政策实践进入了推进期，其标志是中国人民银行于当年将“差别准备金动态调整机制”升级为宏观审慎评估（MPA）体系，从资本和杠杆、资产负债、流动性、定价行为、资产质量、跨境融资风险、信贷政策执行情况七个方面对金融机构的行为进行多维度的引导和严格的监管。2016 年 5 月，中国人民银行将全口径跨境融资宏观审慎管理范围扩大至全国范围的金融机构和企业，并对跨境融资进行逆周期调节，控制杠杆率和货币错配风险。此外，从 2017 年第一季度起，中国人民银行将表外理财纳入 MPA 体系的广义信贷指标范围，2018 年将同业存单纳入同业负债占比指标。同时，加强房地产市场宏观审慎管理，形成了以“因城施策”和差别化调控为主要内容的住房金融宏观审慎政策框架。

2017 年 1 月，人民银行在对全口径跨境融资宏观审慎管理政策实施情况进行全面评估的基础上，对政策框架进行了进一步完善，提出将根据宏观经济热度、国际收支状况和宏观金融调控需要对跨境融资杠杆率、风险转换因子、宏观审慎调节参数等进行调整，并对 27 家银行类金融机构跨境融资进行宏观审慎管理。2017 年 7 月，全国金融工作会议宣布设立国务院金融稳定发展委员会（简称“金融委”），目标是加强金融监管协调，补齐监管短板。2017 年 10 月，党的十九大正式提出要“健全货币政策和宏观审慎政策双支柱调控框架”，这标志着宏观审慎政策被正式提升到了与货币政策并行的战略高度。2018 年 11 月，人民银行会同银保监会和证监会发布了《关于完善系统重要性金融机构监管的指导意见》，进一步加强了对系统重要性金融机构的监管。

2019 年 2 月，《中国人民银行职能配置、内设机构和人员编制规定》正式发布，其中规定中国人民银行下设宏观审慎管理局，标志着宏观审慎政策有了正式的履职部门。此外，该规定还明确金融委办公室设在人民银行，接受金融委直接领导，承担金融委日常工作，负责推动落实党中央、国务院关于金融工作的决策部署和金融委各项工作安排，组织起草金融业改革发展重大规划，提出系统性金融风险防范处置和维护金融稳定重大政策建议，协调建立中央与地方金融监管、风险处置、消费者保护、信息共享等协作机制，承担指导地方金融改革发展与监管具体工作，拟订金融管理部门和地方金融监管问责办法并承担督导问责工作等。

10.4.3 宏观审慎政策的未来实践发展

2020 年 1 月，人民银行工作会议对宏观审慎管理专门做出部署，提出将编制宏观审慎政策指引，构建宏观审慎压力测试体系，加快建立完善本外币一体化的跨境资金流动宏观审慎管理机制，同时逐步扩大宏观审慎政策覆盖领域，组织实施系统重要性银行评估，推动出台实施金融控股公司监督管理办法。这标志着中国的宏观审慎政策将朝着更加明确、系统和全面的“成熟期”发展。

根据一个成熟的宏观审慎政策框架的基本要求，可以预期，未来的宏观审慎政策实践可能需要有序地解决以下问题：

一是明确和制定更为清晰与量化的宏观审慎政策目标和指标体系，加强对系统性风险的持续监测和评估，逐步形成基础数据全面、技术手段完善和信息指示稳定有效的早期预警体系和决策依据系统。

二是强化对系统重要性金融机构和金融控股集团的宏观审慎管理，同时进一步扩大宏观审慎政策的覆盖面，将更多金融机构、金融交易、金融市场和资金流动纳入宏观审慎管理，形成全方位、立体化、无死角的“监管全覆盖”。

三是丰富和完善宏观审慎政策工具，加强对不同类型政策工具传导机制和政策效应的评估，逐步厘清各种政策工具的作用机理、适用条件和影响因素，提高政策工具选择和运用的针对性和有效性。

四是加强政策协调和配合，明确宏观审慎政策与其他经济、金融和产业政策之间的相互作用方式，完善不同部门之间政策制定、统筹和协调的制度，形成多种政策协调一致、密切配合的组织架构和体制机制，实现金融与实体经济的共同稳定和共同发展。

【本章小结】

在 20 世纪 70 年代之后，伴随着全球金融“繁荣—萧条”周期的加强，金融体系的过度顺周期性使得传统的通货膨胀机理发生了明显改变。由于金融失衡往往先于实体经济失衡发生，这使得在大部分情况下，在过量的货币和信用转化为实体经济中普遍出现的通货膨胀之前，由资产价格和信贷高位崩溃所导致的金融危机就已经爆发。正是由于在现代金融体系下，危机的发生可直接经由资产价格和信贷路径而非传统的一般物价渠道，这使得微观审慎监管和货币政策在宏观稳定方面都出现了失效的情况。

微观审慎监管在维护宏观金融稳定方面存在以下三个方面的明显局限：一是在“时间维度”上难以有效应对金融体系顺周期性所导致的系统性风险，二是在“空间（跨部门）维度”上难以防范因跨行业、跨市场传染所产生的系统性风险，三是没有充分考虑到系统重要性金融机构的巨大外部性效应及其对金融体系的可能冲击。

在微观审慎监管无法有效控制系统性风险的情况下，政策理念逐渐开始从传统的单个机构向系统视野转变，即从微观审慎向宏观审慎转变。强调宏观审慎的政策理念认为，仅凭微观层面的努力难以实现金融体系的整体稳定，政策当局需要从经济活动、金融市场以及金融机构行为之间相互关联的角度，从长周期和系统整体视角评估金融风险，并在此基础上做出相应的政策设计。一个健全的宏观审慎政策框架需要更加有效地监测和控制系统性风险，同时减轻经济和金融周期的“溢出效应”。

系统性风险是由整个或者部分金融体系失灵而导致的金融服务中断的风险，具体可以从“时间”（纵向）和“空间”（横向）两个维度进行刻画。其中，时间维度主要关注系统性风险如何随时间变化，即金融体系的顺周期性问题；空间（跨部门）维度主要考虑在特定时间点上系统性风险的分布状况，特别是由金融体系的网络脆弱性所导致的风险传染问题。

宏观审慎政策框架的核心是通过建立一整套制度机制，从事前、事中和事后全程实现对系统性风险的有效管理，其内容涵盖政策目标、政策工具、政策实施（规则与传导）、政策评估、制度架构等诸多方面。构建有效的宏观审慎政策框架应遵循以下四个基本原则：一是目标性原则，二是透明度原则，三是灵活性原则，四是经济性原则。

在建立宏观审慎政策框架之后，宏观审慎政策的实施一般包括以下步骤：一是建立相关指标体系，对系统性风险的动态情况进行持续监测；二是综合运用定量和定性手段，对系统性风险或潜在的金融脆弱性进行评估；三是当预警信号发出后，及时采取行动对金融体系的失衡情况进行纠正；四是当金融危机突发性地或者不可预料地发生时，运用有效的政策措施来控制危机的蔓延和深化。

根据一般经验法则，要使宏观审慎政策更为有效，它必须足够简单和稳健。简单不仅意味着容易被理解，同时也意味着容易被实施；而稳健则要求政策框架在面对不确定和非预期的结构性变化时，依然是有效的。稳健性是任何一个政策框架的基石，对新的政策框架而言尤其如此。作为一项改革中的事物，宏观审慎及其政策框架还远远没有达到成熟和被充分检验的程度，因此在政策实践中出现一定程度的模糊是不可避免的，但随着时间的推移，经验将有助于对宏观审慎政策的实践方案进行持续的修正和完善。

中国是国际上较早从事宏观审慎政策理论和实践研究的国家之一，同时也是国际上最早以官方文件形式正式将宏观审慎政策提高到与货币政策具有同等重要地位的国家。经过十年左右的实践，中国目前在宏观审慎政策的经验与创新等方面均位于国际前列，为全球的宏观审慎政策实践提供了有价值的经验。到目前为止，宏观审慎政策在中国的实践演进大致可以分为三个阶段：政策准备期（2008—2009 年）、政策探索期（2010—2015 年）和政策推进期（2016 年至今）。

中国宏观审慎政策未来可能的实践发展方向包括：一是明确和制定更为清晰与量化的宏观审慎政策目标和指标体系，加强对系统性风险的持续监测和评估；二是强化对系统重要性金融机构和金融控股集团的宏观审慎管理，同时进一步扩大宏观审慎政策的覆盖面，形成监管全覆盖；三是丰富和完善宏观审慎政策工具，加强对不同类型政策工具传导机制和政策效应的评估；四是加强政策协调和配合，完善不同部门之间政策制定、统筹和协调的制度，形成多种政策协调一致、密切配合的组织架构和体制机制。

【关键词】

系统性风险　系统风险　特质风险　合成谬误　金融顺周期性　过度顺周期性　共同风险敞口　期限转换风险　时间维度风险　空间（跨部门）维度风险　风险集中度　系统重要性金融机构　宏观审慎政策框架　风险识别　风险评估　风险管理

【复习思考题】

1. 简要阐述宏观审慎政策产生的现实背景。
2. 简要分析宏观审慎政策产生的理论基础。
3. 解释系统性风险的特点、影响和形成机理。
4. 简述宏观审慎政策框架的主要内容及其逻辑。
5. 简要说明中国宏观审慎政策的形成背景及未来发展。

第11章 宏观审慎政策的目标与工具

【本章要点】

1. 宏观审慎政策的目标；
2. 宏观审慎政策的主要工具；
3. 宏观审慎政策工具的实践经验；
4. 中国宏观审慎政策的目标与工具。

【导入案例】

中央政府门户网站（“宏观审慎政策：亚洲视角”高级研讨会在上海召开. 2010-10-18）：2010年10月18日，国际货币基金组织在上海召开了“宏观审慎政贷：亚洲视角”高级研讨会。国际货币基金组织总裁卡恩、第一副总裁利普斯基、总裁特别顾问朱民以及中国人民银行行长周小川、副行长易纲出席了会议。此次会议是在本次全球金融危机促使国际社会重新审视各国宏观经济政策框架的背景下召开的。本次危机使国际社会普遍认识到各国在制定宏观经济政策时需要更多考虑金融稳定目标，并需要运用必要的宏观审慎政策和工具来实现这一目标。会议分析了宏观审慎政策框架的制度安排，讨论了可用于降低系统性风险和顺周期性的宏观审慎政策工具的组成，从国别经验角度反思了应对资本流动的宏观审慎政策，并探讨了中央银行在宏观审慎政策框架中的作用。

中国人民银行网站（“宏观审慎政策：亚洲视角”高级研讨会，会议纪要. 2010-12-21）：在战略层面，与会者认为，关键在于就各项目标达成某种程度的共识。明确的目标有助于更好地确定宏观审慎管理的适当范围，并确定所需要的工具和体制安排。因此，基金组织提倡的目标得到广泛支持，特别是以下目标：消除信贷和金融周期中的顺周期性；关注系统性的金融联系以及金融体系与实体经济之间的联系；减少跨界溢出效应；改进对系统重要性金融机构，包括那些在多个管辖区运作的金融机构的监督、管理和重组。关于为实现这些目标所需要的政策工具，许多与会者认为，需要超越现有的各种工具。同时，政策工具有可能具有溢出效应，因此不应将其限制在仅服务于货币、微观监督或宏观审慎目的。为了应对破坏金融稳定的系统性风险，更加恰当的办法可能是综合运用各种工具。例如，新加坡当局综合运用了贷款与价值比率、交易税和供给方政策，以确保房地产市场的稳定和可持续。

从上述会议讨论内容可以看出，宏观审慎政策作为一种新的调控工具，其目标和工具的运用方式都还处于开放式的讨论过程中。那么，宏观审慎政策的主要目标是什么？实现这些目标的工具有哪些？这些工具的设计理念和运行原理是什么？中国的宏观审慎政策目标是什么？工具有哪些？本章将对上述问题进行讨论。

11.1 概述

宏观审慎政策目标是指中央银行或政策当局在制定和实施宏观审慎政策过程中所监测、关注或盯住的对象。与货币政策类似，宏观审慎政策的目标在理论上也可以分为操作目标、中间目标和最终目标。宏观审慎政策的最终目标一般定义为防范系统性风险和维护宏观金融稳定，而中间目标和操作目标目前在国际上尚无统一规定或共识，一种可以考虑的方式是从金融结构的角度定义中间目标，然后根据具体的政策工具确定操作目标。由于金融稳定概念的综合性和系统性，宏观审慎政策面临比货币政策更为复杂和多层次的目标体系似乎是难免的。

宏观审慎政策目标的实现依赖于一系列具体的宏观审慎政策工具。由于政策目标的综合性和系统性，宏观审慎政策工具也具有多样化的特征，涉及金融体系行为和活动的方方面面，形成了一个极为丰富和多样的政策工具体系。工具的丰富性和多样性有助于提高政策实施的灵活性和针对性。从政策工具设计的角度看，宏观审慎政策天然具有“精准调控”（针对特定状况、行为或动机）和“结构性调控”（针对特定领域或部门）的特点和优势。

在实践中，宏观审慎政策工具可以根据工具性质、目标对象、作用渠道、风险类型和工具来源等多种标准进行类型划分。其中，围绕“时间维度”和“空间（跨部门）维度”进行政策工具的设计是两条核心主线，分别对应系统性风险形成的两个基本原因，即过度顺周期性和金融体系网络关联所造成的脆弱性。从广义宏观审慎政策的角度看，宏观审慎政策工具可以根据系统性风险管理的“事前、事中、事后”三个阶段，对应分为“监测预警类”政策工具、“应对管理类”政策工具和“处置救助类”政策工具。每一类政策工具都包含若干具体工具。

在确认了宏观审慎监管的目标和工具以后，政策的实施环节可包括以下步骤：一是建立相关指标体系，对系统性风险的累积情况进行持续监测；二是综合运用定量和定性手段，对系统性风险或潜在的金融脆弱性（失衡程度）进行评估；三是当预警信号发出后，及时采取行动对金融体系的失衡情况进行纠正。在监测系统性风险的过程中，应设计一整套适合本国国情的宏观审慎指标，重点关注每一个指标相对其合理水平的偏离程度。在操作时机的选择上，由于系统性风险的复杂性和触发危机时间的不确定性，简单的时点预测几乎没有任何实际意义。在实践中，政策选择可考虑从寻找“明斯基时刻”走向寻找“明斯基区域”，即通过建立一个政策启动的“时间窗口”区域（而不是时点），增强可操作性。

总体来看，宏观审慎政策以控制系统性风险为切入点，将金融体系视为一个整体，通过指标分析、早期预警、压力测试等手段监测评估金融体系的脆弱性，识别金融风险在系统内的跨行业、跨市场分布状况以及金融活动的顺周期性对金融风险的放大效应，并有针对性地采用相应的政策工具予以调控，以有效控制系统性风险的过度积累，促进金融体系的整体稳定。在实践中，目前世界各国的宏观审慎政策框架都还处于形成和完善的过程之中，政策目标的明确界定和政策工具的全面有效运用都还有待时日。

11.2 宏观审慎政策的目标体系

11.2.1 宏观审慎政策的最终目标

（一）最终目标的基本界定

在上一章中，我们已经指出，宏观审慎政策是在传统的货币政策和微观审慎监管都不足以确保金融稳定的历史背景下产生的，因此，致力于实现金融稳定就自然成为宏观审慎政策的核心目标。不过，区别于微观审慎监管主要从个体（微观）角度维护金融稳定，宏观审慎政策更加侧重于宏观金融稳定，即从宏观层面维护金融体系的整体稳定。

不过，宏观金融稳定是一个相对笼统的概念，为使得政策目标在理解上更加明确具体，实践中也常常从金融稳定的"反面"去定义宏观审慎政策的目标，即宏观审慎政策的目标是要"避免金融不稳定"，而金融不稳定有一个重要表现——金融危机，同时还有一个基本原因——系统性风险的过度积累，因此，宏观审慎政策的最终目标也常常表述为：有效防范系统性风险，实现金融体系的整体稳定。

2016年8月31日，IMF、FSB和BIS联合发布了题为《有效宏观审慎政策要素：国际经验与教训》的报告，对宏观审慎政策进行了如下定义：宏观审慎政策利用审慎工具来防范系统性风险，从而降低金融危机发生的频率及其影响程度。美国、欧洲（除英国外）、英国等主要经济体在危机后都对构建宏观审慎政策管理架构进行了一些尝试，虽然在具体操作框架方面各有不同，但本质上大同小异，都是以维护金融稳定和防范系统性风险作为宏观审慎政策的最终目标。

（二）最终目标的三个主要层次

要深刻理解宏观审慎政策的宏观金融稳定目标，还需要从金融风险的形成机理入手。一般而言，引发金融不稳定的系统性风险并不是瞬间生成的，而是有一个（通常是缓慢的）持续的时间积累过程。同时，系统性风险作为金融市场机制的内生性产物，始终是随市场而存在的（并不会因为政策干预而彻底消失），并且一定程度的系统性风险也是完全正常和无害的，因此，在实际操作中，宏观审慎政策围绕风险程度实际上可以划分为三个主要阶段：（1）事前阶段，即系统性风险缓慢积累，但尚未触发金融不稳定或风险关注事项，此时并不需要使用实质性的政策工具予以应对；（2）事中阶段，即系统性风险积累到了一定程度，并且出现了一些金融不稳定的苗头或风险点，此时需要采用风险抑制类工具予以应对；（3）事后阶段，即系统性风险的积累已经触发了金融不稳定事件或金融危机，此时只能使用危机抑制类政策工具予以应对。

在上述三个主要阶段中，根据风险性质和程度的不同，宏观审慎政策的最终目标落实在“宏观金融稳定”的具体指向上还是有一定差异的。首先，在事前阶段，由于系统性金融风险尚在合理和正常的范围之内，因此，宏观审慎政策的主要目标是“风险预警”，即通过关注和监测系统性风险的状态和演变，确保系统性风险始终不越过可能导致金融不稳定的临界点；在事中阶段，由于事实上的金融不稳定或风险点已经出现，因此，宏观审慎政策的主要目标是“风险管理”，即根据金融失衡的对象、性质和程度，通过有针对性地使用相应的政策工具，及时控制和减轻金融不稳定程度，使其逐步回归正常状态；在事后阶段，由于金融危机（或重大金融不稳定事件）已经发生，因此，宏观审慎政策的主要目标是“危机控制”，即通过使用“最后贷款人”等救助工具，抑制市场恐慌情绪，促进金融体系尽快恢复正常，同时尽可能地减小危机对金融体系、实体经济和社会运转的损害。

根据上述三个主要阶段动态管理风险的思路，广义的宏观审慎政策目标可进一步概括为：通过有效监测、识别和管理系统性风险，维护金融体系的整体稳定，同时降低金融危机等意外事件所可能导致的时间、经济和社会成本。不过需要强调的是，由于宏观审慎政策的理想诉求是“防患于未然”，而不是等危机出现了才开始解决问题，因此，事前和事中的目标是关键和核心，这也是所谓狭义上的宏观审慎政策目标。

（三）最终目标的一致性和明确性

宏观审慎政策最终目标的一致性是指宏观审慎政策在决策和实施过程中的最终目标必须明确和保持稳定，即始终以维护整体的金融稳定作为宏观审慎政策的核心或唯一的目标，避免与其他经济金融政策的主要目标相冲突。国际清算银行（BIS）的报告指出，宏观审慎政策的目标设定要注意避免偏离使命，确保其目标不会从维护金融稳定转向诸如管理经济周期等其他目标。政策目标设定的多样化不仅会对宏观审慎政策维护金融稳定的初衷造成干扰，同时还有可能造成政策运用的混乱，不利于宏观审慎政策与货币政策及财政政策等其他经济金融政策之间的合理分工和协调配合。

宏观审慎政策最终目标的明确性是指，像其他任何一种成熟的宏观经济金融政策（典型的如货币政策）一样，宏观审慎政策要最终发展成为规范的、有章可循的和稳定可靠的“政策科学”，就必须寻找和确立一个足够明确的具体盯住对象。不过，由于宏观审慎的最终目标“金融稳定”本身是一个综合的、多维度的概念，这使得其很难找到一个现成的类似于 CPI 或 GDP 那样简明扼要、可以量化的盯住对象。BIS 的报告指出，尽管宏观审慎框架旨在增强金融稳定性、减轻系统性风险，但目前还没有可靠的较为直接的方法来衡量目标如何实现。除泰国外，还没有一个国家直接监测系统性风险，理由是缺乏可靠的指标。

尽管如此，关于宏观审慎可以盯住的金融稳定指标的研究一直在持续，目前正在被广泛讨论和尝试的方式包括：一是基于覆盖整个金融体系不同维度的关键金融指标，采用结构化的方法分层次构建分项指数，最后形成综合指数用于显示整体的金融稳定状况[同时分项指数可作为重要的中间（操作）目标或监测指标]；二是基于各种模型或方法构建能够反映金融体系脆弱性程度或系统性风险积累程度的指标或指数，并将其作为衡量金融稳定状况的反向量化指标；三是采用为数不多的几个具有关键代表性的金融变量（如信贷、信用利差、资产价格等）作为金融稳定的指示器和宏观审慎政策的盯住对象。综合考虑理论基础和实践的可行性、可验证性和可完善性，从目前来看，第一种方式相对较优。

11.2.2 宏观审慎政策的中间（操作）目标和监测指标

鉴于宏观金融稳定这一最终目标的系统性和综合性，宏观审慎政策的中间目标和操作目标体系在理论上也应该有更多的层次，并且可以从不同角度予以划分和界定。此外，由于监测金融稳定（系统性风险）所需信息的多样性和复杂性，宏观审慎政策决策所需的指标体系通常需要涵盖大量监测指标。

（一）中间目标和操作目标

与货币政策等传统宏观经济政策通常有比较明确的中间目标不同，到目前为止，宏观审慎政策尚未形成具有共识性的中间目标。从一般性的定义来看，政策的中间目标一般是指在该种政策的最终目标和操作目标之间所插入的一个用于连接操作目标和最终目标的目标。照此定义，宏观审慎政策的中间目标应该是与其最终目标（宏观金融稳定）明确关联且比其低一个层次的目标。

因此，如果我们把宏观金融稳定定义为整个金融体系的稳定，那么一个显而易见的选择是，可以从金融体系的构成部分这个“结构性”的角度来定义宏观审慎的“中间目标”。如果一国的金融体系可以划分为银行部门（金融机构）、证券市场（股票市场、债券市场和衍生品市场等）、外汇市场和房地产市场（基于其金融属性），那么整体金融体系的稳定就意味着上述各个结构性组成部门（市场）的稳定，于是，宏观审慎政策的一个“中间目标系列”就可以是：银行部门（金融机构）稳定、金融市场稳定、外汇市场稳定和房地产市场稳定。显而易见，上述任何一个部门（市场）的不稳定，都会对金融体系的整体稳定产生直接影响，因此，基于上述结构性部门（市场）定义中间目标，符合中间目标与最终目标明确关联的基本条件。

关于宏观审慎政策的中间目标，另外一种被讨论的思路是将其定义为“防范和应对系统风险”［操作目标相应分为时间和空间（跨部门）两个维度］。不过，从实践操作来看，这一思路存在两个方面比较明显的问题：一是系统性风险本身就是宏观金融稳定这一最终目标的“反向陈述”，在很大程度上与宏观审慎的最终目标其实是“同一枚硬币的两面”，因此，以其作为中间目标会导致最终目标和中间目标的界线模糊，而目标的模糊会对政策实践带来相应的麻烦；二是系统性风险在技术上很难被准确度量，已有的相关量化指标在实践对比检验过程中所反映出来的稳定性较差，容易发出错误信号或者给出前后不一致的“令人困惑”的判断，在可测性和可控性都不强的情况下，系统性风险很难作为被宏观审慎政策持续“锚定”的中间目标。

在宏观审慎政策的操作目标方面，从理论上看，一种政策的操作目标是指介于政策工具和中间目标之间的、政策工具可以直接影响且与中间目标存在明确关联的目标。根据这一定义，显而易见，操作目标是与具体的政策工具相关联的。换言之，宏观审慎政策的操作目标需要视不同的政策工具而定。比如，逆周期资本缓冲（countercyclical capital buffer）的操作目标是金融机构的资本充足率水平，动态贷款损失准备（dynamic loan loss provisioning）的操作目标是金融机构的不良贷款拨备覆盖率水平，杠杆率（leverage ratio）的操作目标是金融机构的杠杆率水平，信贷增速上限（caps on credit growth）的操作目标是金融机构的信贷增长率，流动性覆盖率的操作目标是无抵押的优质流动性资产比率，大额敞口限制（large exposure limit）的操作目标是金融机构对任何单一对手方或相互关联对手方组成的集团的敞口占其核心资本（一级资本）的比例，等等。

当然，从理论上看，也可以考虑从金融体系功能的角度来定义和选择宏观审慎政策的中间目标和操作目标，但金融功能的定义较之金融结构的定义通常更为模糊，因而可操作性似乎更差，加之世界各国目前已有的很多宏观审慎监测指标体系也是按照金融体系的结构性部门进行构建的，因此，综合来看，结构性的中间目标定义可行性相对更高。

（二）监测指标体系

如前文所述，金融稳定是一个多维度的综合概念，因此，在确定了相关最终目标和中间目标之后，还需要有一系列基础性的监测指标来对最终目标和中间目标的衡量与判断形成有效的支撑。在基础指标和最终目标及中间目标之间关联性非常清晰的情况下，基础性监测指标甚至可以直接被用于形成或合成宏观审慎政策“盯住”的目标变量（即中间目标变量和最终目标变量）。从实践来看，近年来关于宏观审慎监测指标的研究明显增多，比较具有代表性的包括：IMF 的金融稳定指标体系（FSI）、美国金融研究所的金融稳定监测器（FSM）、欧盟的宏观审慎数据库（MPDB）和风险指示集（risk dashboard）以及新西兰央行的宏观审慎统计指标体系（MPI）等。

【二维码专栏 11－1】

代表性的宏观审慎监测指标

（1）IMF 的金融稳定指标体系。

IMF 的金融稳定指标体系（Financial Soundness Indicators，FSI）是国际上出于维护金融稳定目的的最早建立的指标体系，也是影响力最大、应用最广泛的指标体系。IMF 于 2006 年发布了《金融稳健指标编制指南》，标志着 FSI 正式形成。2013 年，基于 2008 年金融危机的教训，同时吸收《巴塞尔协议Ⅲ》的相关思路，IMF 对 2006 年版 FSI（二维码专栏 11－1 中的表 1）进行了改进，将原有指标体系扩展至 17 个核心指标与 35 个附加指标，共计 52 个（二维码专栏 11－1 中的表 2）。随着 FSI 的不断完善，其全球影响力不断上升，数据报送国从最初的 G20 国家发展至超过 100 个国家。

对比 2006 年版本和 2013 年版本，我们可以看出以下变化：一是核心指标中加入了房地产市场指标［住房价格同比增长率（I17）］，增强对房地产市场的关注；二是核心指标中新增多个与《巴塞尔协议Ⅲ》相关的指标，如一级普通股/风险加权资产（I03）、准备金/不良贷款（I07）、净稳定资金比例（I15）等，同时将资本/资产（I04）从过去的鼓励类转至核心类；三是增加了其他金融公司的指标数目，针对货币市场基金、保险公司、养老基金和其他类型的金融公司分别增加了数量不等的附加指标；四是强调对企业偿债能力的关注，加入了资产回报率（I41）、收入/利息费用（I44）、流动资产/总资产（I45）、非金融公司总债务/GDP（I46）四项非金融企业附加指标：五是增加了住户部门债务/可支配收入（I49），用于监测住户部门的债务风险。

（2）美国金融研究所的金融稳定监测器。

金融稳定监测器（Financial Stability Monitor，FSM）是美国金融研究所（The Office of Financial Research，OFR）2013 年开发的一个用于系统分析金融稳定状态的指标体系。FSM 将风险分为宏观经济、金融市场、信贷、流动性以及传染性五种，并以热图（heat map）的形式呈现结果。从 2015 年起，OFR 在其官网上专设了 FSM 版块，每半年进行一次数据更新。FSM 对体系稳健性与风险的评估基于其基础指标体系（目前约 60 个），并根据监测的风险将指标具体划分为五大类（宏观经济、市场、信贷、资金供给与流动性、传染性风险，见二维码专栏 11－1 中的表 3）。OFR 认为维护金融稳定的要旨不在于抑制市场波动或是通过预测来阻止冲击事件的发生，而在于增强体系本身的弹性（resilience），因此，OFR 在建立其金融稳定监测机制时强调其关注焦点在于体系的脆弱性而不在于对体系造成影响的具体冲击。

总体来看，FSM 指标集具有以下特点：一是指标覆盖面广，除反映美国本土经济金融信息的指标外，还包括国际指标，并且全面覆盖了政府、住户、非金融公司、银行与非银行金融机构；二是指标类型多样，除一般统计指标外，还包括通过调查、市场机构等渠道收集的指标，以及通过数量模型构建的指标；三是指标数据频率与时间跨度要求更严，且偏向于选择数据频率较高与时间序列较长的指标（如目前的指标大多为从 1990 年开始的月度数据）；四是对指标的研究比较深入，例如在对不同风险进行综合评分时，会根据每个指标对具体风险的监测表现进行不同的权重配置；五是重视数据指标的动态完善，明确规划对指标集的改进工作。

（3）欧盟的宏观审慎数据库和风险指示集。

欧盟目前有两个宏观审慎相关的指标框架：欧洲中央银行的宏观审慎数据库（Macro-prudential Database，MPDB）和欧洲系统性风险理事会（ESRB）发布的风险指示集。宏观审慎数据库是欧洲中央银行为了宏观审慎分析需要专门建立的一个综合性的数据库，强调对金融危机的解释和预测功能，几乎覆盖了当前国际上宏观审慎领域中可能使用的全部指标，具有非常强的借鉴意义。该数据库共分为七个模块，包括宏观经济与金融市场、债务与广义信贷、住宅、商业地产、银行业、非银行金融部门和关联性，每个模块包含数量不等的指标，共 240 个左右。为保证数据库的适用性，欧央行会不定期地对指标进行更新，但总体结构基本保持稳定（二维码专栏 11－1 中的表 4）。

欧盟范围内使用的另一个宏观审慎指标体系是 ESRB 发布的风险指示集。该体系包含七大类指标，分别是系统风险综合指标、宏观经济风险指标、信用风险指标、资金供给和流动性指标、市场风险指标、盈利和偿付能力指标、结构性风险指标，每类包含数量不等的具体指标，总共 59 项（二维码专栏 11－1 中的表 5）。与 MPDB 重视数据指标的基础性和全面性不同，ESRB 的风险指示集更偏重于应用，其主要的数据来源为 MPDB，但大多数指标都是加工处理后的指标，如系统性压力综合指标（Composite Indicator of Systemic Stress，CISS）就是由 15 个基础指标合成的用于反映整体系统性风险状况的综合指标。

（4）新西兰央行的宏观审慎统计指标体系。

新西兰央行于 2014 年 3 月公布了宏观审慎指标体系（Macro-prudential Indicators，MPI）。MPI 在构建过程中遵循以下原则：一是鉴于银行类金融机构在新西兰经济中的重要地位，对银行业相关指标特别关注；二是指标体系需要能够实现对系统风险积聚过程、金融系统压力程度、金融系统吸收风险的能力等多方面领域的识别；三是基于对宏观审慎政策溢出效应的认识，强调宏观审慎指标不仅要服务于政策工具的部署策略，还要能够用于评估政策的退出时机。

从结构上看，MPI 包括早期预警指标、银行系统化解风险能力指标和金融系统压力指标三个子指标体系，目前是在危机发生的前期、中期、后期能对风险进行全面跟踪和评估。其中，早期预警指标的运用主要是在危机发生前期，银行系统化解风险能力指标的运用贯穿全部时期，金融系统压力指标主要是同步指标与滞后指标，用于监测危机时期的金融市场压力状况。2015 年，新西兰央行对 MPI 指标进行了调整和完善，引入了更多监测重要部门风险状况的指标。目前整个指标体系包含 34 个指标，其中早期预警指标 24 个、银行系统化解风险能力指标 3 个、金融系统压力指标 7 个（二维码专栏 11－1 中的表 6）。

（三）基于国情的指标体系构建

宏观审慎政策作为一个制度框架，其核心是要从“事前、事中和事后”全程实现对系统性风险的有效管理，从而最大限度地维护整体的金融稳定。从理论上看，金融稳定的量化处理只能通过对系统性风险的各种测量来确定，具体的测量指标可以从多个部门或者多个维度进行筛选，并经过必要的处理后使用。在技术上，由于风险是一个相对的概念，因此，无论是基础指标还是计算或合成的指标，都需要先确定作为参照基准的正常状态（合理水平），然后进一步界定“失衡”的标准、范围和程度，以区别正常的变化和异常的波动。

在现实中，为增强宏观审慎政策操作的有效性，每个国家都应基于特定的国情，特别是根据本国经济金融体系运行的内在规律和特征，设计出一套适合于本国金融稳定监测、分析和评估的宏观审慎指标体系，重点关注每一个指标相对于其合理水平的偏离程度。在操作时机的选择上，由于系统性风险的形成、积累和传导机理十分复杂，且具有高度的不确定性，这使得关于金融不稳定（金融危机）的简单“时点预测”几乎没有任何实际意义。在实践中，为增强可操作性，政策选择可考虑从寻找“明斯基时刻”（Minsky moment，专栏 11－1）走向寻找“明斯基区域”，即通过建立一个政策启动的“时间窗口”区域（而不是时点），有弹性、有余地、前瞻性地进行政策规划和设计。

专栏 11－1　明斯基时刻

2008 年的国际金融危机让“明斯基时刻”这个名词再次充斥财经媒体的各大头条位置。实际上，不仅是经济学家，包括太平洋投资管理公司董事总经理保罗·麦柯利（Paul McCulley）在内的众多金融市场人士都是该理论的公开拥趸，将其用于指导投资实践。

所谓“明斯基时刻”，按照经济学家海曼·明斯基（Hyman Minsky）本人的说法，主要是指市场繁荣与衰退之间的转折点：当处于好日子的时候，投资者敢于冒险，当现金流的增加超过偿还债务所需时，就会产生投机的陶醉感（speculative euphoria）；好日子的时间越长，投资者冒险越多，最终投资者会到达一个“临界点”，其资产所产生的现金流不再能足额偿还所借债务。投机性资产的损失促使放贷者收回其贷款，最终“导致资产价格的崩溃”，因此，明斯基时刻有时也指资产价格崩溃的时刻。

明斯基认为，推动经济周期走向过度繁荣的主要因素是银行体系和信贷供应激增，而不是传统上更重要的企业与劳动力市场繁荣的时期。明斯基提出的“金融不稳定假说”（financial instability hypothesis）是金融领域的经典理论之一，该理论认为资本主义的本性决定了金融体系的不稳定，金融危机难以避免。“我们经济的基本特征”，明斯基在 1974 年写道，“就是金融体系在稳固和脆弱之间摇摆，这一摇摆过程是产生经济周期所不可或缺的组成部分。”至于为什么会产生周期性的投机、泡沫和崩溃，明斯基有一句被广为引用的名言：“市场的记忆是短暂的，它不断欺骗自己，让自己相信这一次会有所不同。”

11.3 宏观审慎政策的主要工具

11.3.1 政策工具设计的两个基本维度

与系统性风险的成因相对应，在2008年金融危机之后，宏观审慎政策工具的设计主要从两个基本维度展开：一是时间维度，即控制或降低金融体系的“过度顺周期性”；二是空间（跨部门）维度，即控制或降低某一时点上金融机构的相互关联性和共同风险暴露。这两个维度与金融风险的时变敏感性和金融活动的网络效应密切相关。

（一）时间维度

从时间维度来看，宏观审慎政策要重视风险的时变敏感性，即金融体系的内生性风险随着时间（经济金融周期）而动态变化。在通常情况下，金融繁荣在危机爆发前已经持续了较长时间，当市场主体对风险的判断越来越乐观时，其风险容忍度也将随之不断升高，结果是资产价格和债务杠杆螺旋式上升，导致整个金融体系承担过度的风险。在此过程中，金融失衡的累积不可能永远持续，资产负债表的调整最终一定会发生。当某种外部冲击来临时，危机会以流动性短缺的形式出现，并随着市场信心的逆转而变得愈发严重。针对这种源于金融体系顺周期性的系统性风险，主要问题在于政策框架是否并且能在多大程度上抑制金融体系的“过度顺周期性”。

在顺周期机制下，由于风险在经济上行期逐渐增加，而在衰退期集中释放，因此，新的宏观审慎工具应充分考虑风险的这种时变特征和非线性影响，在经济上行期建立防御机制以备困难时期使用，从而使系统能够更好地吸收潜在冲击，并有效限制金融失衡积累的规模，增加金融体系和宏观经济运行的整体稳定性。根据这一思路，主要宏观审慎工具的开发都旨在体现“逆向调节”原则。例如，逆周期的资本调节机制和动态拨备制度，在会计准则、杠杆率和薪酬制度等金融制度安排中植入逆周期因素，以及通过监管评估过程或信息披露标准影响风险和定价行为的其他工具。这些工具旨在在经济衰退、银行资产收缩的阶段降低拨备和资本要求，以缓解信贷紧缩、平滑经济波动；同时，在经济快速增长、银行资产扩张过快的阶段增加拨备和资本要求，以加强风险防范，提高金融持续支持经济发展的能力。考虑到无论是在银行主导的国家还是那些资本市场比较发达的国家，银行都位于信用中介过程的中心，因而建立更大的缓冲区使银行部门能够承受严重的冲击是非常有必要的，更大的缓冲区将有助于防止金融和实体经济之间冲击的扩大。

（二）空间（跨部门）维度

从空间（跨部门）维度来看，宏观审慎政策涉及整个金融体系在某个特定时间点的风险分布状况，因而特别需要关注各个金融机构的投资组合和金融产品风险之间的关联性。也就是说，宏观审慎政策需要考虑不同机构间相互影响所导致的系统性风险，通过加强对具有系统重要性金融机构的监管、改进对交易对手的风险计量和控制等手段来维护金融体系的整体稳定。

从机理上看，如果金融机构持有相似的风险头寸，那么当针对特定风险暴露（如房地产投资或抵押）的冲击到来时，一旦所有的金融机构同时采取类似的降低风险暴露的措施，问题资产的市场流动性将显著下降，这不仅使降低风险暴露的努力难以奏效，还将导致损失进一步扩大。这种现象被称为“拥挤交易”（crowded trade）。如果“拥挤交易”是因为市场主体对经济走势的判断趋同而导致的，那么它同样可以因为风险管理模式的趋同而促成。对于没有充足的资源来开发独立风险管理工具的金融机构而言，模仿其他金融机构的风险管理工具就成了一种普遍现象。在这种情况下，不仅金融机构对特定资产的风险暴露是相似的，而且其相关交易的期限也将变得更加同步，这将导致市场的波动性进一步加强。

对于系统性风险的集中和跨部门分布，关键问题是如何管理金融机构所面临的共同风险暴露，这涉及在经济上行期收紧对特定行业风险暴露的资本要求。此外，由于不同的机构具有不同的系统重要性，因而应根据个体机构对系统性风险的贡献程度调整宏观审慎政策工具，提高系统性风险相对于异质性风险的权重。有助于实现上述目标的宏观审慎政策工具包括：一是减少系统重要性机构倒闭的可能性，具体工具包括对系统重要性机构的资本附加（capital surcharge）、流动性附加（liquidity surcharge）以及法律和运营结构方面的监管要求；二是提高金融体系的危机应对和处置能力，具体工具旨在完善有序处理倒闭机构的程序，构建事前的危机应对机制、应急计划、监管合作和信息共享安排等；三是强化金融制度和金融市场，相关工具旨在完善金融基础设施，减少金融机构的相互关联程度。

11.3.2 政策工具的分类及运作机理

宏观审慎政策目标的实现离不开一整套政策工具的支持。本小节对一些具有代表性的宏观审慎政策工具及其运作机理进行简要说明。

（一）宏观审慎政策工具的主要分类

关于宏观审慎监管工具的分类，目前在学术研究和监管实践中有多种分类方式。除按照上节所述的“时间维度”和“空间（跨部门）维度”进行工具分类外，还有很多其他不同角度的分类。

（1）按照工具性质分类。按照这一分类标准，宏观审慎政策工具可分为定量工具和定性工具，前者是可以通过定量指标予以量化的工具，如逆周期资本缓冲、动态拨备、对系统性重要金融机构的资本和流动性附加要求、贷款价值比（loan to value，LTV）和债务收入比（debt to income，DTI）等工具；定性工具主要指监管干预、公开声明等难以量化的宏观审慎政策工具。

（2）按照目标对象分类。根据这一分类标准，现有的宏观审慎工具大致可分为三类：一是影响贷款人行为的工具，比如逆周期资本要求、杠杆率及动态拨备等；二是影响借款人行为的工具，比如 LTV 和 DTI 等工具；三是影响国际投资者行为的工具，如资本管制等相关工具。

（3）按照作用渠道分类。按照这一分类标准，宏观审慎政策工具可分为资本相关工具、信贷相关工具和流动性相关工具。资本相关工具主要包括逆周期资本缓冲、动态拨备和限制利润分配等工具；信贷相关工具主要包括 LTV、DTI、外币贷款上限控制和信贷增长控制等工具；流动性相关工具主要包括净稳定资金比率、核心融资比率、货币错配限制、期限错配限制和准备金要求等工具。

（4）按照管理的风险类型分类。按照这一分类标准，宏观审慎政策工具可分为四类：一是应对信用过度扩张和高杠杆的工具；二是应对期限错配和流动性风险的二具；三是应对系统重要性金融机构和金融体系内风险传染的工具；四是应对部门性金融风险的工具（表 11 - 1）。

表 11 - 1　　基于应对风险类型的宏观审慎政策工具分类

风险类型	宏观审慎工具
应对信用过度扩张与高杠杆	逆周期资本缓冲
	杠杆率
	动态贷款损失准备
	信贷增速上限
应对期限错配和流动性风险	流动性覆盖率
	净稳定资金比率
	贷存比
	贷款与稳定资金比率
	准备金要求
	流动性费用
应对系统重要性金融机构（SIFI）和金融体系内风险传染	对 SIFI 的附加资本要求
	对 SIFI 的附加杠杆率要求
	对 SIFI 的流动性附加要求
	大额敞口限制
	中央对手方清算机制
	保证金要求
应对部门性金融风险	部门性资本要求
	贷款价值比
	偿债收入比
	债务收入比
	外汇风险敞口限制

（5）按照工具初始来源分类。按照这一分类标准，IMF 将其划分为“专属类工具”和“调整类工具”。专属类工具主要指为防范和化解系统性风险而量身定做的政策工具；调整类工具是指最初并不用于应对系统性风险（属于微观审慎监管或宏观经济管理工具），但经过调整后可用于防范系统性风险的相关工具。详见二维码专栏 11 - 2。

【二维码专栏 11 - 2】
IMF 的宏观审慎政策工具分类

（6）按照作用阶段分类。从广义宏观审慎政策的角度，根据系统性风险管理的事前、事中和事后三个阶段，宏观审慎政策工具可对应分为三大类：一是第一个阶段（系统性风险形成前）的监测和预警类政策工具，包括金融稳定指标、早期预警模型、宏观压力测试模型、传染和蔓延模型等具体工具；二是第二个阶段（系统性风险形成过程中）的应对和管理类政策工具，包括如前所述的时间维度和跨部门维度的大部分工具；三是第三个阶段（金融危机发生后）的处置救助类政策工具，包括中央银行的流动性救助、财政直接救助和金融安全网等。

（二）代表性的政策工具及其运作机理

从上面的宏观审慎政策工具的各种分类标准来看，大部分分类都是基于狭义宏观审慎政策工具的概念进行划分的，即主要考虑的是第二个阶段（系统性风险形成过程中）的系统性风险管理工具。为了对宏观审慎政策工具体系形成一个较为全面的认识，本节基于上述第六种分类，从广义角度对主要的宏观审慎政策工具进行简要说明。

1. 第一个阶段“防患未然”：早期监测和预警类工具

宏观审慎政策的最终目标是维护金融稳定，而最佳选择是“防患未然”，即将各种金融不稳定的因素尽可能地控制在市场可以自发吸收和承受的合理范围之内，降低系统性金融风险和金融危机的发生概率。这就要求政策当局采用相关工具对金融体系的风险进行及时有效的追踪和监测，并适时予以评估和预警。此类政策工具一方面可以使政策当局全面、系统和动态地掌握有关金融稳定的相关情况，为后续可能的政策操作奠定信息基础；另一方面，基于此类工具发布的评估报告和指引可以在一定程度上激发市场的自我风险控制，从而降低实际实施宏观审慎政策的必要性。从目前来看，除本章第 11.2 节已经说明的金融稳定指标体系（FSI）外，比较典型的早期监测和预警类工具还包括早期预警系统、宏观压力测试和网络模型等。

（1）早期预警系统。

早期预警系统（early warning system）通常以一些关键的宏观经济和金融指标作为解释变量，主要关注金融危机的触发条件，并对可能发生的危机事件进行预测。在预测方法上，大部分早期预警系统模型都遵循“信号法”，该方法包括五个基本步骤：确定历史上危机事件的时间，选择预测危机的先行指标，设定被选择先行指标的临界值，构造综合指标，预测危机。尽管研究表明，早期预警模型在金融危机的前瞻性预测方面表现不佳，但这并不能否定其所提供的预警信息的参考价值，因为宏观审慎的政策目标并不是预测危机，而是防范危机。

（2）宏观压力测试。

宏观压力测试（macro stress testing）是指用来评估罕见但有可能发生的宏观冲击对金融体系稳定性影响的一系列技术方法的总称。宏观压力测试是一种前瞻性的评估方法，其优势在于能模拟和有效评估潜在金融危机等极端事件对金融体系稳定性的影响。宏观压力测试一般包括六个步骤：指出所关注领域的特定潜在风险，构建相应的情景模式，将情景对应为金融机构可以用于分析的形式，进行数值分析，考虑其他间接影响，归纳总结及结果分析。

（3）网络模型。

在 2008 年金融危机后，从整体性和关联性的角度来量化分析系统性金融风险的模型日益增多。此类模型旨在识别具有系统重要性的金融机构，同时捕捉单个机构风险对系统性风险的边际贡献，从而帮助政策当局更好地实施逆周期调控。IMF 开发了包括网络模型（network model）、违约强度模型（default intensity model）、共同风险模型（co-risk model）

和危机依存度矩阵模型（distress dependence matrix model）在内的四种用于评估金融机构关联性的定量分析模型，这些模型从多个视角对金融机构之间的关联机制和风险传导机制进行了研究（二维码专栏 11－3）。

【二维码专栏 11－3】

IMF 开发的四种评估金融机构关联性的模型

2. 第二个阶段“水来土掩”：中期应对和管理工具

所谓中期应对和管理工具，是指在系统性风险已经积累到一定程度、金融不稳定的苗头已经显露的情况下，政策当局所可以使用的、对风险进行积极管理的工具。一般认为，此类工具构成了宏观审慎政策工具的“主体”，其目标是有针对性地及时控制和管理各类金融风险，确保不发生可能造成重大损失的金融危机或金融不稳定事件。如第 11.3.1 节所述，此类政策工具主要从时间和空间（跨部门）两个维度控制和降低系统性金融风险。由于此类工具数量庞大，下面主要选取一些具有代表性的工具进行简要说明。

（1）留存资本缓冲。

为纠正金融体系的过度顺周期性倾向，巴塞尔银行监管委员会在 2010 年 12 月 16 日公布的《巴塞尔协议Ⅲ》中引入了两种类型的资本缓冲工具：留存资本缓冲和逆周期资本缓冲。巴塞尔银行监管委员会同时规定，对于未满足留存资本缓冲和逆周期资本缓冲的银行，监管当局应采取措施限制银行的利润分配，包括限制普通股分红与股份回购、可自主发放的其他一级资本收益和自主支配的员工奖金等。

留存资本缓冲是指银行在压力期外持有的高于最低资本要求的超额资本，其主要目标在于使银行在经济下行期仍能拥有足够的资本以抵御潜在的损失。留存资本缓冲的最低要求是风险加权资产的 2.5%，并全部需要以核心一级资本（普通股或留存收益）满足。根据巴塞尔银行监管委员会提出的强制性最低资本留存比率，银行的留存资本缓冲水平越低，其需要留存的利润比率就越高（表 11－2）。很明显，留存资本缓冲在本质上是以限制利润分配的形式来迫使银行补充资本，尤其是要避免银行在危机期间还慷慨地以发放股利、员工红利等形式将资本（或留存收益）分配出去，从而对金融体系的稳定性和公平性造成伤害。

总体来看，留存资本缓冲的首要目标虽然是增加单个金融机构的稳健性，但其内在的顺周期缓释作用同时使其具备了宏观审慎的内涵。因此，该工具常被视为兼具宏观审慎和微观审慎功能的政策工具。

表 11－2　巴塞尔银行监管委员会提出的最低资本留存比率

普通股一级资本比率（%）	最低资本留存比率 （用留存收益的百分比表示，%）
4.5～5.125	100
5.125（不含）～5.75	80
5.75（不含）～6.375	60
6.375（不含）～7.0	40
>7.0	0

资料来源：BCBS，2009.

(2) 逆周期资本缓冲。

较之留存资本缓冲，逆周期资本缓冲在抑制金融体系顺周期性方面的目标更为直接和明确。实际上，逆周期资本缓冲常被视为《巴塞尔协议Ⅲ》中最具有代表性的工具之一。逆周期资本缓冲的理论基础在于，过度的信贷扩张通常会造成金融体系的不稳定甚至金融危机，因此，有必要建立一个具有逆周期性质的资本缓冲机制，在出现信贷过度扩张时发挥某种类似于"自动稳定器"的功能。根据《巴塞尔协议Ⅲ》的规定，银行的逆周期资本缓冲规模应当在总风险加权资产（total risk weighted asset）的0和2.5%之间，且由核心一级资本提供。

从逆周期资本缓冲的运作方式来看，该工具的实施需要先解决"挂钩变量"的选择问题，即逆周期资本缓冲的计提时间和数量参照什么具体变量的变动予以确定。巴塞尔银行监管委员会经过研究，推荐使用"信贷/GDP"（或广义信贷/GDP）比例对其长期趋势值的偏离（记为"GAP"）来决定计提逆周期资本缓冲的水平：当GAP高于一定数值时，要求银行在最低资本要求的基础上额外计提资本缓冲；当GAP高于一定数值时（或在满足其他一定条件时）允许银行释放资本缓冲，以满足经济下行周期的信贷需求，防止信贷过度紧缩。不过，很多研究表明，逆周期资本缓冲的"挂钩变量"选择并没有"一刀切"式的适用于所有国家的统一指标，各个国家应该根据自身国情确定合适的"挂钩变量"。

在实践中，运用"信贷/GDP"指标和其他信息进行逆周期资本决策时，政策当局还应注意避免这些指标和信息可能产生的误导。比如，信贷/GDP与其长期趋势值的偏离是一个纯统计意义上的结果，难以有效捕捉"拐点"，因而监管当局在参考该指标时应充分运用判断。此外，巴塞尔银行监管委员会还指出，只有在一国信贷高速增长、导致系统性风险不断增加时才需计提逆周期资本，因此，对于大多数国家而言，逆周期资本并不会被频繁使用，启动的时间间隔可能长达10～15年。此外，应充分认识资本在平滑经济周期和调控信贷中作用的有限性，逆周期资本的首要目标是保护银行业免受信贷过度投放和系统性风险所导致的损失，而不是熨平经济周期、直接调控信贷或者约束单家银行的信贷扩张。

(3) 动态拨备。

当经济出现好转时，每一家银行机构都会具有进一步扩张信用的内在冲动，这会促使房地产、股票等资产价格的快速上涨。通过采用动态拨备（dynamic provisioning）政策，在经济上升时期，政策当局就可以要求银行机构提高拨备水平，限制信贷扩张；在经济下行时期，可以要求银行机构降低拨备水平、增加信贷投放。动态拨备的政策可以使银行更好地抵御非预期损失，同时也可以为中央银行实施相应的（从紧或宽松）货币政策提供支持。

从实践来看，动态拨备制度最早于2000年在西班牙付诸实践。随后，葡萄牙在国内金融业强制推行该标准，澳大利亚和新西兰政策当局也鼓励商业银行使用该制度。动态拨备制度总体上是一种基于"规则"的制度，要求银行在经济上行期建立一般拨备（general provision)，以备经济衰退时提用。一般拨备被用于补充专项拨备（specific provision)，后者被用于吸收已经出现不良迹象的问题贷款，从而反映对银行潜在信用风险的事前估计。在经济扩张时期，不良贷款比例低，事后计提的专项拨备小于潜在的信用风险，银行应建立一般拨备；在经济衰退时期，不良贷款比例高，专项拨备不足以覆盖贷款损失，动用事前提取的一般拨备来弥补。动态拨备每季从损益账户中提取。

从动态拨备制度的运作方式来看，当银行发放一笔抵押贷款后，即使当前没有任何迹象表明该笔贷款有成为问题贷款的迹象，也必须根据对该种贷款发生损失的历史经验数据建立相应的拨备。通过使用长期的历史损失数据，一般拨备被用于抵消专项拨备的天然顺周期性，从而达到平滑整个周期总体拨备的效果。在这种情况下，动态拨备制度将有助于增加银行部门对预期损失的弹性，并降低顺周期性效应的影响。

(4) 资产准备金。

诸如逆周期资本缓冲和动态拨备等宏观审慎政策工具可以被用于应对金融体系的总体顺周期性，但它们并不能有效地解决特定领域和单个类别资产（例如房地产）的过度投资问题。对于这一情况，针对资产计提准备金的制度可达到上述目标。资产准备金（asset-based reserve requirement，ABRR）在经济上行期对过度的风险资产投资计提准备金，以控制该部门信贷的过快增长；在经济下行期，释放这些准备金，为市场提供流动性。一般认为，由于 ABRR 具有针对性地控制过热资产类别的功能，因而可作为其他宏观审慎工具的有效补充。

ABRR 通常要求金融机构对信贷和投资集中度过高的资产计提准备金。针对高风险的资产类别计提准备金可降低其边际收益，促使资金流向其他资产类别。只有在政策制定部门认为某一类资产扩张过快、价格过快上涨时，才要求对这类资产计提准备金。所有类别的资产，包括房地产抵押贷款、资产证券化工具和公司债券均适用 ABRR。ABRR 的实践操作方式及其调控功能详见二维码专栏 11-4。

【二维码专栏 11-4】

资产准备金（ABRR）的实践操作方式及调控功能

(5) 其他工具。

除上述四种工具之外，在宏观审慎政策当局的工具箱里还包括很多其他工具，这些工具不仅丰富了宏观审慎当局的政策组合选集，而且有助于提高针对特定对象的调控效果。

①增强系统重要性金融机构稳定性的工具。具有“大而不能倒”特征的系统重要性金融机构是否稳定，对整个金融体系的稳定性具有至关重要的影响，因此政策当局有必要加强对系统重要性金融机构的监管，提高其应对风险的能力。主要工具包括：一是对系统重要性金融机构实行“附加资本要求”，提高其吸收损失的能力。根据《巴塞尔协议Ⅲ》，附加资本要求的比例在 1%和 2.5%之间，具体比例与金融机构的系统重要性程度挂钩。二是对系统重要性金融机构实行“附加杠杆率”（即一级资本与总杠杆敞口的比值）要求。如美国规定从 2018 年起将系统重要性银行的补充杠杆率在最低要求的基础上提高 2 个百分点，达到 5%。三是对系统重要性金融机构提出更高的流动性要求，如更高的流动性覆盖率或流动性费用。

②防范金融机构间风险传染的工具。金融机构间风险的交叉传染是金融危机得以快速蔓延的重要原因，政策当局可以通过以下工具抑制金融体系内的机构间风险传染：一是敞口限制，既包括金融机构对单一对手方的敞口限制，也包括对一类对手方（如银行间）敞口的限制，同时实施差异化的风险权重，如对某一类对手方的敞口采用更高的风险权重，或对某一类金融体系内活动或工具的敞口实行更高的风险权重；二是净稳定资金比率，即可用稳定资金与所需稳定资金之比，其中可用稳定资金是期限超过 1 年的资本与负债的加权值，资金来源越稳定，所赋予的权重就越高，根据《巴塞尔协议Ⅲ》，净稳定资金比率的最低要求为 100%；三是金融市场基础设施建设，包括对所有标准化场外交易（over-the-counter，OTC）

衍生品推行中央对手方清算（避免某一主要对手方的风险在市场中扩散），针对中央清算所的流动性安排（中央清算所具有系统重要性），以及针对证券借贷、回购和衍生品交易的保证金要求（减轻风险在金融机构间的传染）等。

③应对部门性或特定领域金融风险的工具。此类工具比较具有代表性的是贷款价值比（LTV）和债务收入比（DTI）。抵押和担保品作为银行信用风险缓释的基本工具，其价格和抵押价值具有典型的顺周期特征。在经济繁荣期，资产市场的火爆可能使抵押和担保品的名义价值明显高于其内在价值，这不仅会强化信贷需求和供给，而且会增加信贷风险。为解决上述问题，可考虑通过 LTV 和 DTI 工具限制那些以价格波动性比较大的资产为抵押提供的贷款，并以此减轻由资产价格大幅波动所带来的潜在信贷风险。一般而言，在经济上行期，LTV 和 DTI 通常是抑制金融机构信贷过度扩张的有效工具；但在经济危机期间，它们不一定能够有效缓解普遍的流动性短缺问题。因为在经济危机期间，金融机构更关心的是如何获得现金，而不是扩张信贷，此时旨在放松 LTV 和 DTI 管制的政策可能效果有限。此外，从实际运作来看，LTV 和 DTI 似乎很难被运用到除房地产贷款之外的其他资产类别上。

④防范外汇市场风险的工具。当外币贷款融资成本较低时，企业或居民部门可能更倾向于借入外币资金。然而，一旦本币发生较大幅度的贬值，就可能引发外币贷款违约风险。政策当局可以通过以下工具引导银行管理外汇风险：一是实施差异化的风险权重，赋予未对冲汇率风险的贷款者的外币贷款更高的风险权重，或要求银行对不同币种的外币贷款采用不同的风险权重；二是限制外汇风险敞口，包括限制未对冲汇率风险的外币贷款的增速，或限制新增外币贷款占全部新增贷款的比例；三是资本流动管理工具，即通过资本管制或对资本流动征收交易税的方法，减少无序的、有碍金融稳定的资本流动，控制资本流动的波动性及其对外汇和金融市场的冲击；四是国际储备管理，美国国民经济研究局（NBER）的一项研究表明，经济外部性导致过度借贷，政策当局通过积累国际储备可以实现附加约束的有效配置，而逆周期调整的最优储备积累政策可以显著降低金融危机风险（Bengui and Bianchi，2019）。

3. 第三个阶段“亡羊补牢”：后期处置救助类工具

尽管宏观审慎政策的理想目标是在前两个阶段成功控制住系统性金融风险，但由于金融体系运行及其风险形成机理的复杂性，加之一些意外事件冲击的影响，总有一些难以避免的金融不稳定或危机事件发生。后期处置救助类工具正是在这样的背景下被运用的，其主要目标是及时控制危机的蔓延、持续时间和影响程度，以尽可能地减少危机或不稳定事件所造成的各种经济和社会成本（损失）。处置救助类工具比较具有代表性的包括最后贷款人制度、存款保险制度以及接管和国有化等。在一些经典文献中，最后贷款人制度、存款保险制度以及接管和国有化被视为构成一个国家“金融安全网”的三大基础。

（1）最后贷款人。

最后贷款人（LLR）制度作为一种制度性政策，包括信用宣示支持、流动性支持和抵押支持政策等具体工具。其中，信用宣示支持是指中央银行对“问题金融机构”提供支持的公开声明。由于央行的特殊地位和影响，该政策对市场预期一般具有较大的影响，有助于在关键时期稳定局势和为实际措施的出台赢得时间。流动性支持是指中央银行以公开市场操作或定向再贷款、再贴现等方式，向面临流动性枯竭的金融市场或暂时遭遇问题（仍具备可持续经营能力）的金融机构注入流动性，以及时稳定市场和重要金融机构，防范危机的蔓延和扩大。抵押支持政策主要是指在危机期间中央银行通过扩大抵押机构或抵押品的范围，以使更多的金融机构从央行获得更多的流动性支持。

（2）存款保险制度。

存款保险制度（deposit insurance system）实际上是为金融机构中“外部性”最强的存款类金融机构专门设置的一道安全网，其目的是通过事前的预防和事后的补救措施，防止个别金融机构因破产倒闭而造成的挤兑风险。在典型的存款保险制度下，中央银行（或其他专门的存款保险实施主体）通过向参加保险的金融机构收取一定金额的保险费，汇集形成用于保护整个金融业稳定发展的两道核心防线：一是对金融机构的保护，即通过制度性的承诺对陷入困境的金融机构实施相应的援助，稳定市场预期，提高存款人对金融机构的信任度，减少盲目挤兑风险；二是对存款人的保护，即通过制度性地承诺当金融机构破产倒闭时，会动用保险基金向社会公众支付其法定限额内的存款损失，最大限度地保护存款人的利益，实现问题金融机构的平稳有序退出。此外，显性存款保险制度（explicit deposit insurance system）的建立还有助于强化市场约束，避免隐性存款保险制度（implicit deposit insurance system）下经常存在的“预期政府救助和无限买单”的财政压力。

（3）接管和国有化。

在金融危机过程中，对于一些面临严重困难，需要从财务、人事、制度等方面进行全面重组的金融机构，政策当局可以建议或指定某些健康的金融机构予以接管（takeover，然后采用市场化的方式予以重组），也可以直接由政府接管或者将其国有化（nationalization，一般在市场化重组方式难以实现的情况下使用）。不过，需要指出的是，在大部分情况下，接管和国有化本身都不是目的，而只是“非常时期”维护金融稳定（避免金融机构直接破产所导致的种种问题）所采取的一种过渡性手段，一旦危机过去或者被接管（国有化）的金融机构重组完毕，政府就会及时退出，以避免对市场机制造成过度干扰。

11.3.3 主要政策工具的国际经验总结

（一）政策工具的使用情况

从具体的政策实践情况来看，近年来越来越多的国家开始在传统货币政策的基础上引入各种新的宏观审慎政策工具以应对金融领域内的各种失衡问题。根据国际货币基金组织（IMF）对其成员的调查结果（表11-3），最为常用的六种宏观审慎政策工具为：集中度限制（CONS）、同业交易限制（INTER）、贷款价值比（LTV）、准备金要求（RR）、债务收入比（DTI）、外国贷款限制（FC）。其中，LTV和DTI为针对借款者的工具，CONS和FC为针对金融机构资产的工具，INTER和RR为针对金融机构负债的工具。

从使用情况来看，有150个国家在样本期间（2000—2017年）至少使用了一项宏观审慎政策工具，包括36个发达国家与114个新兴市场和发展中国家。其中，最受青睐的宏观审慎政策工具是CONS（33.2%），其次为INTER（10.3%）、LTV（9.5%）、RR（8.7%）、DTI（7.6%）、FC（7.0%）、LEV（6.1%）、TAX（5.8%）、DP（4.7%）、CG（3.6%）、SIFI（2.8%）和CTC（0.6%）。从国别特征来看，与发达国家相比，新兴市场和发展中国家使用的宏观审慎工具更多、时间更长，而且往往更倾向于支持与外汇及流动性相关的政策（FC、RR）。这符合新兴市场国家可能更需要宏观审慎政策的一些内在特征，比如更容易遭受外部冲击、相对不完善的金融体系和潜在的市场缺陷等。

表 11-3　　宏观审慎政策在主要国家的使用情况

工具类型	使用国家数			使用频率		
	总体	新兴市场和发展中国家	发达国家	总体（%）	新兴市场和发展中国家（%）	发达国家（%）
集中度限制（CONS）	131	99	32	33.2	32.7	34.8
同业交易限制（INTER）	49	36	13	10.3	9.6	12.6
贷款价值比（LTV）	60	37	23	9.5	7.4	17.1
准备金要求（RR）	33	33	0	8.7	11.2	0
债务收入比（DTI）	48	35	13	7.6	7.6	7.8
外国贷款限制（FC）	42	38	4	7.0	7.9	3.5
杠杆率（LEV）	40	34	6	6.1	6.7	3.9
征税（TAX）	39	16	23	5.8	4.5	10.3
动态拨备（DP）	28	26	2	4.7	5.4	2.3
信贷增长约束（CG）	19	18	1	3.6	4.6	0.3
系统重要性金融机构（SIFI）	64	34	30	2.8	1.9	6.1
逆周期资本要求（CTC）	10	4	6	0.6	0.4	1.3
合计	563	410	153	100.0	100.0	100.0

注：(1) 使用频率为使用特定的宏观审慎政策工具的“国家-年份”样本数与使用任一宏观审慎政策工具的“国家-年份”总样本数之比；

(2) 表中数据根据 Cerutti，Claessens，and Laeven (2018) 的宏观审慎政策数据库 (Macroprudential Policy Dataset) 相关信息统计得出；

(3) 因四舍五入原因，表中百分比数据与100%稍有出入。

从亚洲国家的实践来看（表11-4），在2008年金融危机之后，一些国家已经开始启动包括逆周期资本缓冲、逆周期拨备和LTV等在内的一系列宏观审慎工具，而一些传统的信贷控制方法，如直接信贷控制、贷存比要求等也在发挥类似的作用。

表 11-4　　亚洲国家实施宏观审慎政策的情况

目标	工具	实施国家
管理总风险（如顺周期性）	与信贷相关的逆周期资本缓冲	中国
	逆周期拨备	中国、印度
	贷款价值比	中国、韩国、新加坡
	对特定行业的直接贷款控制	韩国、马来西亚、菲律宾、新加坡
在特定时间点管理总风险（如系统性风险）	系统重要性银行资本额外税费	印度、菲律宾、新加坡
	流动性要求	印度、韩国、菲律宾、新加坡
	对货币错配的限制	印度、马来西亚、菲律宾
	贷存比要求	中国、韩国

资料来源：Caruana，2010.

（二）实践经验的初步总结

从各种宏观审慎政策工具的实践效果来看，目前已有的经验基础和实证研究初步揭示

了以下一些主要的观点和结论：

（1）宏观审慎政策工具确实能影响金融周期，且在抑制过度繁荣方面的效果更佳。国际清算银行（BIS，2017）的报告指出，很多宏观审慎政策工具都能对金融周期产生重要影响，但其有效性取决于经济繁荣的内在属性。比如，当房价和信贷的暴涨是源于强劲的内需和投机活动时，相对于上调印花税和增加供给而言，信贷政策的效果可能比较有限。此外，宏观审慎政策工具在抑制经济过热方面通常效果较好，但在应对经济衰退方面则效果欠佳。不过，值得注意的是，如果政策目标是为了降低信贷组合风险，那么这个问题便不存在。

（2）不同的宏观审慎政策工具具有不同条件下的比较优势。比如，借款人工具（如LTV和DTI等）能有效控制借款人风险，抑制顺周期性的资产价格上升和信贷增长；准备金工具有助于控制信贷增长；资本相关工具（如系统重要性金融机构附加资本要求等）在经济下行期能有效促进信贷增长，但在经济上行期效果有限；部门性资本要求通过构建额外的资本缓冲能够提高金融部门的稳健性，但在控制信贷增长方面效果各异；资本充足率工具的跨境溢出效应较强，但贷款限制类工具的溢出效应较小。

（3）宏观审慎政策工具在解决区域差异问题上的有效性仍有待观察。BIS报告指出，一些国家（如韩国、中国、匈牙利）根据国内不同地区的房地产市场情况设置了不同的贷款价值比（LTV）标准，同时一些政策当局（如中国人民银行、中国香港金融管理局和泰国银行）还对细分住房市场或高风险的借款人采取了不同的LTV标准。类似地，宏观审慎政策工具原则上确实以针对特定部门、地区、机构和特定类型的资本流动进行“量身定制”，但这种做法的有效性仍有待进一步的观察和明确。

（4）加强沟通可以促进政策工具得到市场的正确理解。BIS的报告指出，清晰、高效的沟通是提高宏观审慎政策工具有效性的重要因素，其中内容和时间是沟通过程中最为关键的两个方面。一般而言，在金融周期的早期阶段，风险预警可能是最有益的，但缺乏有形风险意味着它们最有可能被忽视、质疑或批评；到了金融周期后期，特别是在经济危机前夕，过度沟通会给金融脆弱性继续造成冲击。因此，清晰、简洁、易懂的沟通策略至关重要。

（5）政策工具的选择取决于具体失衡的对象、性质和规模。在通常情况下，针对总量上明显偏离长期趋势的信贷扩张，可考虑使用逆周期的资本工具或实施动态拨备；而针对特定行业或领域的结构性失衡，则可考虑采用贷款成数限制或者对特定行业信贷提高资本要求等结构性的宏观审慎工具。此外，如果出现信贷总量高速增长，同时有明显迹象表明系统性风险正在迅速增加，可以考虑使用包括总量和结构性工具在内的一组工具，通过构建有效的政策组合，尽快抑制可能正在走向失控的风险。

（6）政策工具的设计和运用通常具有明显的国情差异。在宏观审慎工具的实践过程中，政策当局必须仔细审查这些工具对自身所在经济体的适用性。由于各国的经济和金融体系存在很大差异，某个宏观审慎工具可能对某些国家而言特别有效，但在另外一些国家中却可能不是那么适用。此外，政策当局还必须意识到，在设计由多项工具组成的宏观审慎政策组合时，必须基于本国的经济金融体系特征，事先对政策组合中各种工具之间的交互作用机制进行仔细评估，以避免工具间的交错反应导致非预期的结果。

（三）对金融创新的进一步考虑

作为2008年国际金融危机的重要启示之一，新的宏观审慎工具的设计还需要考虑如何对金融创新带来的潜在风险进行评估和处理。应该指出的是，对于金融创新在金融危机中的作用，迄今为止，大部分研究仍然主要集中于金融创新所产生的高风险金融产品本身，而不是金融创新所导致的整个金融市场的整体性失衡，而高风险金融产品恰恰是产生系统性风险的关键。

从信息处理的角度而言，金融创新诱发金融危机的更深层次机制在于：过于复杂的金融创新由于超越了一般投资者的风险识别能力而导致了整个市场投资决策的扭曲，其结果是市场风险分布状态的系统性失衡。这种投资者风险识别能力的集体性缺失，与金融创新同时产生的信贷扩张彼此强化，短期内使得金融市场在更高的风险状态下维持着自我实现的均衡，而这种“失衡的均衡”在任何外部冲击面前都极为脆弱。因此，新的宏观审慎视角应从过去那种集中于金融创新产品本身的风险转向更为根本的市场信息机制问题，如过度金融创新所造成的信息失真、信息机制的普遍扭曲和投资者风险识别能力的集体性缺失等。

对于金融业的长期可持续发展而言，创新的边界不能超出体系的管理能力。如果金融衍生产品过于复杂以至超出实体经济发展的需求，那么，实体经济将最终沦为金融投资和炒作的工具，潜在风险的积聚和扩大就不可避免。基于此，宏观审慎政策框架必须有针对金融创新的专门评估工具或措施，防止金融创新过分脱离实体经济发展的需求，可以考虑的措施包括：对金融产品市场准入设置必要的审查机制、对当前市场无法识别其风险状况的金融产品禁止流入市场、对风险过高的金融产品设置必要的交易限制条件和进行定期审查等。

11.4 中国的宏观审慎政策目标与工具

11.4.1 中国的宏观审慎政策目标

宏观审慎政策目前在世界各国都是一个相对较新的概念，在中国也不例外。由于尚未发展成为如货币政策一样成熟的制度框架，目前在相关法律法规中尚未出现对宏观审慎政策目标的明确表述。不过，我们可以从关联性的政策文件以及政策部门的研究和实践中做出大致的推断。

在2008年国际金融危机之后不久的2010年，中国人民银行发布的《中国金融稳定报告（2010）》对宏观审慎管理的目标做出了如下表述：“宏观审慎管理以防范系统性风险为根本目标，将金融业视作一个有机整体，既防范金融体系内部相互关联可能导致的风险传递，又关注金融体系在跨经济周期中的稳健状况，从而有效地管理整个体系的金融风险。”从该表述中我们可以看出，宏观审慎管理的主要目标应该是防范系统性风险、维护金融稳定。

从国家政策定位的角度来看，2017年习近平主席在中央财经领导小组第十五次会议上指出，要“加强宏观审慎监管，强化统筹协调能力，防范和化解系统性风险”。同年，党的十九大报告提出，要健全货币政策和宏观审慎政策相结合的“双支柱”调控框架，健全金融监管体系，“守住不发生系统性金融风险的底线”。这两个表述都直接或间接地强调了宏观审慎政策在防范系统性风险方面的核心目标定位。

从实践操作的角度来看，2017年时任中国人民银行行长助理的张晓慧在《宏观审慎政策在中国的探索》一文中写道，要“继续组织实施好宏观审慎评估工作，循序渐进、稳步推进，在条件成熟时把更多金融活动纳入宏观审慎管理，达到引导货币信贷和社会融资规模合理增长、加强系统性金融风险防范、提高金融服务实体经济水平的目的”。由此可见，在实践中，中国的宏观审慎政策目标实际上并不是唯一的，而是具有“多元化”特征的。

同年，在第八届财新峰会上，中国人民银行副行长殷勇也表示：“宏观审慎政策在目标设定方面比较模糊，承担的使命有可能过于多元化，宏观审慎政策体系还没有接受检验，所以政策框架有待进一步完善……我个人认为，其中一个重要的方面可能是宏观审慎政策的目标还可以进一步聚焦和明确。今后央行将按照十九大的部署，不断健全货币政策和宏观审慎政策双支柱调控框架，不断完善宏观审慎政策体系，守住不发生系统性金融风险的底线。”

综合上述信息，我们可以做出如下初步推断：中国宏观审慎政策的核心目标是控制系统性风险和维护整体金融稳定，但现阶段在实际操作中还兼顾了其他一些经济金融目标，未来的发展方向是逐步走向更加清晰明确的目标定位。核心（锚定）目标的明确可以使政策当局更加有效地引导市场预期，从而提高政策的实践效果。

11.4.2 中国的宏观审慎政策工具

近年来，随着中国宏观审慎政策实践的不断展开，特别是在2017年十九大明确将宏观审慎政策作为金融宏观调控的两大支柱之一后，中国的宏观审慎政策工具不断丰富和完善，多维度、多层次的工具体系已具雏形。本小节对中国目前已有（计划中）的宏观审慎政策工具进行一个概览式的初步介绍，其中一些主要工具的详细说明留待下一章展开。

从宏观审慎工具的产生方式来看，主要有三条途径：一是根据BIS等国际组织的建议，或借鉴国际经验，引入一些国际通行的政策工具，如逆周期资本缓冲、动态拨备、杠杆率要求和流动性覆盖率等；二是对一些传统的货币信贷或微观审慎管理工具进行改造，在其中增加“宏观审慎元素”，使其具有宏观审慎调控功能，如贷存比、首付比和信贷规模控制等；三是基于中国国情和现实的调控需要，中国自行开发的一些宏观审慎政策工具，典型的如宏观审慎评估体系和“全口径跨境融资宏观审慎管理”等。

目前，中国宏观审慎政策的主要工具、目标和相关负责部门如表11－5所示。从表中信息我们可以看出，中国的宏观审慎政策工具具有以下特点：一是初步形成了一定的种类和涵盖面，既有参照《巴塞尔协议Ⅲ》新引入的工具，也有在原有传统工具基础上改造而来的工具；二是基于时间维度的政策工具相对更为丰富和完善，特别是针对信贷增长和泡沫控制的工具运用频率较高，这与当前阶段中国的金融宏观调控特点和现实需求是一致的；三是政策工具的调控目标比较多元化，不仅涉及宏微观金融稳定的各个方面，而且涉及资源配置的结构优化目标；四是工具运用通常涉及多部门的联合实施和监督管理，其中，国务院金融稳定发展委员会和中国人民银行发挥着主导作用，银保监会、证监会、外汇管理局和财政部等部门为主要配合部门。

表11－5　中国的宏观审慎政策工具概览

维度	工具	政策目标	相关部门
时间维度	宏观审慎评估体系	控制信贷规模、优化信贷结构、促进金融稳定	P
	全口径跨境融资宏观审慎管理	控制跨境融资的系统性风险	—
	贷款价值比限制	抑制抵押贷款的顺周期性和资产价格泡沫	S、P、B

续表

维度	工具	政策目标	相关部门
	逆周期资本缓冲*	控制信贷规模、增强损失吸收能力	S、P、B
	杠杆率	降低金融机构业务扩展的顺周期性	B
	跨周期风险加权资产计量	降低资本计量的顺周期性	B
	动态贷款损失拨备	增强金融机构的损失吸收能力	S、B、P、T
	限制利润分配	提高银行资本充足率、控制信贷规模	S、B、P
	外币贷款上限	减少外币贷款受汇率波动的共同风险敞口	S、P、F
	信贷增长上限	抑制信贷过快增长	S、B、P
	差别存款准备金	控制信贷规模、优化信贷结构	P
	因城施策的差别化住房信贷政策	抑制房地产价格泡沫，降低相关贷款风险	P、B
	净稳定资金比率	抑制金融机构负债方的流动性风险	B
	流动性覆盖率	抑制金融机构资产方的流动性风险	B
空间（跨部门）维度	风险隔离（“栅栏原则”）	降低高风险和创新业务对传统业务的传染性	S、P、B
	同业交易限制	降低金融机构之间的关联和传染性	P、B
	SIFI 资本附加	增强 SIFI 的损失吸收能力	P、B
	SIFI 附加杠杆率要求*	抑制 SIFI 的资产扩张和过度风险承担	S、P、B、F、Z

注：(1) 表中 S 代表国务院金融稳定发展委员会，P 代表中国人民银行，B 代表银保监会，Z 代表证监会，F 代表国家外汇管理局，T 代表财政部；(2) SIFI 代表系统重要性金融机构；(3) 标记*的两种工具截至 2020 年 2 月的状态是已有原则规定，但尚未正式实施。

应该指出，目前世界各国宏观审慎政策的开发和应用都尚处于探索阶段，从中国的情况来看，未来宏观审慎政策工具体系的完善主要包括以下方面：

一是实践中运用得比较系统、连贯和充分的政策工具还不是很多，目前主要以宏观审慎评估体系为主，DTI 和 LTV 等工具尚未被实施或运用范围有限，逆周期资本缓冲等重要工具的具体实施规则还在研究和制定的过程中。

二是早期预警类工具的研究和开发还比较滞后，目前尚未建立一项专门用于宏观审慎政策决策的全面性综合统计指标体系，对系统性风险的量化分析工具还不充分，风险预警机制尚不完善，部门之间数据割裂问题较为突出，不利于系统性风险的早期识别和处置。

三是现有工具主要围绕金融机构设计和实施，针对企业、家庭和政府部门的风险识别和管理工具还比较少，对一些隐蔽性较强的跨境、跨区域、跨市场、跨部门和跨机构的金融风险缺乏相对比较成熟有效的监测手段和管理工具。

四是缺乏对相关工具有效运用的全面政策指引，尽管为实现对不同性质风险的针对性调控应该有足够多的可选工具，但仍需考虑它们的使用频率、适用条件和特定场景下的有效性，以进一步增强政策工具运用的明确性和有效性，同时减少副作用。

【本章小结】

狭义的宏观审慎政策目标是有效控制系统性风险，维护金融体系的整体稳定。广义的

宏观审慎政策目标可进一步概括为：通过有效监测、识别和管理系统性风险，维护金融体系的整体稳定，同时降低金融危机等意外事件所可能导致的时间、经济和社会成本。

宏观审慎政策的中间目标和操作目标目前在国际上尚未达成共识，一种可以考虑的方式是从金融体系结构的角度定义中间目标，然后根据具体的政策工具确定操作目标。由于金融稳定概念的综合性和系统性，宏观审慎政策面临比货币政策更为复杂和多层次的目标体系。

宏观审慎政策目标的实现依赖于一系列具体的宏观审慎政策工具。由于政策目标的综合性和系统性，宏观审慎政策工具也具有多样化的特征，涉及金融体系行为和活动的方方面面，形成了一个极为丰富和多样的政策工具体系。工具的丰富性和多样性有助于提高政策实施的灵活性和针对性。

从“时间维度”和“空间（跨部门）维度”控制系统性风险是理解宏观审慎政策工具设计原理的两条核心主线。从系统性风险积累过程和风险管理的角度，宏观审慎政策工具可以根据“事前、事中、事后”三个阶段对应分为早期监测和预警类工具、中期应对和管理类工具和后期处置救助类工具。每一类政策工具都包含若干具体工具。

在确定了相关最终目标和中间目标之后，宏观审慎政策还需要有一系列监测指标来支撑起关于金融稳定程度的判断。实践中代表性的监测指标体系包括 IMF 的金融稳定指标体系（FSI）、美国金融研究所的金融稳定监测器（FSM）、欧盟的宏观审慎数据库（MPDB）和风险指示集以及新西兰央行的宏观审慎统计指标体系（MPI）等。

目前国际上最为常用的六种宏观审慎政策工具为：集中度限制、同业交易限制、贷款价值比、准备金要求、债务收入比、外国贷款限制。从国别特征来看，与发达国家相比，新兴市场和发展中国家使用的宏观审慎工具更多、时间更长，而且往往更倾向于支持与外汇及流动性相关的政策。

目前已有的实践经验初步揭示了以下结论：一是宏观审慎政策工具确实能影响金融周期，且在抑制过度繁荣方面的效果更佳；二是不同的宏观审慎政策工具具有不同条件下的比较优势；三是宏观审慎政策工具在解决区域差异问题上的有效性仍有待观察；四是加强沟通可以促进政策工具得到市场的正确理解；五是政策工具的选择取决于具体失衡的对象、性质和规模；六是政策工具的设计和运用通常具有明显的国情差异。

在操作时机的选择上，由于系统性风险的形成、积累和传导机理十分复杂，且具有高度的不确定性，这使得关于金融不稳定（金融危机）的简单“时点预测”几乎没有任何实际意义。在实践中，为增强可操作性，政策选择可考虑从寻找“明斯基时刻”走向寻找“明斯基区域”，即通过建立一个政策启动的“时间窗口”区域（而不是时点），有弹性、有余地、前瞻性地进行政策规划和设计。

中国宏观审慎政策的核心目标是控制系统性风险和维护整体金融稳定，但现阶段在实际操作中还兼顾了其他一些经济金融目标，未来的发展方向是逐步走向更加清晰明确的目标定位。在政策工具方面，近年来中国的宏观审慎政策工具不断丰富和完善，多维度、多层次的工具体系已经已具雏形，未来的发展方向是进一步规范化、规则化和系统化。

【关键词】

宏观审慎政策目标　监测指标体系　明斯基时刻　早期预警系统　宏观压力测试　网络模型　留存资本缓冲　逆周期资本缓冲　动态拨备　资产准备金　贷款价值比（LTV）　债务收入比（DTI）　贷存比　系统重要性金融机构　金融安全网　最后贷款人　存款保

险制度　接管　国有化

【复习思考题】

1. 简要说明宏观审慎政策的最终目标。
2. 分析如何确定宏观审慎政策的中间目标和操作目标。
3. 说明宏观审慎政策的主要工具及其运用原理。
4. 基于系统性风险积累的时间过程说明宏观审慎政策工具的选择。
5. 简要说明宏观审慎政策的国际实践情况及主要经验。
6. 简要说明中国宏观审慎政策的目标与工具使用情况。

第12章 宏观审慎政策的调控机理

【本章要点】

1. 宏观审慎政策的规则与相机抉择；
2. 代表性宏观审慎政策的调控规则；
3. 主要类型宏观审慎政策的传导机制；
4. 中国宏观审慎政策的调控方式和机理。

【导入案例】

《21世纪经济报道》(佚名. 宏观审慎政策要在金融"十三五"规划中发挥关键作用. 2018-05-24)：近日，由央行牵头，发展改革委、科技部、工业和信息化部、财政部、农业部、商务部、银保监会和证监会等九部委共同编制的《"十三五"现代金融体系规划》日前印发。其中提出要建立健全金融宏观审慎政策框架。这些年，结合国际经验和我国实践，宏观审慎政策不断获得发展，宏观审慎评估体系就是央行在这方面的重要探索和实践，MPA体系先后将表外理财、同业存单纳入考核范围。根据《"十三五"现代金融体系规划》，宏观审慎政策将进一步完善，包括探索将影子银行、资管产品、互联网金融等更多金融活动纳入，以及统筹金融业综合统计。可以预见，宏观审慎政策框架将越来越成熟，成为金融适度发展、服务实体经济、防范金融风险的重要机制。

IMF针对全球主要国家的调查统计表明，目前宏观审慎政策的设计和调整主要是基于相机抉择而非规则。使用基于规则的工具的优势在于，它减少了监管方面的不确定性，缓解了政治经济压力，并在系统性风险累积时克服了政策惯性。然而，参加IMF调查的大多数国家在工具设计和调整时几乎完全使用了判断。政策的实施是一个在实践中学习的过程，在这个过程中，根据系统所面临的冲击类型，对如何调整政策的判断往往是通过反复试验形成的。少数例外情况包括在西班牙和几个拉丁美洲国家使用的动态准备金，在这些国家中，准备金的金额基于一个公式，并随经济周期变化。

从上述内容我们可以看出，与货币政策操作的思路类似，宏观审慎政策在实践中也通常需要遵循一定的"规则"和策略，以确保从工具到目标的传导机制通畅。那么，宏观审慎政策在调控过程中是否以及如何遵循规则？在一定的规则之下，宏观审慎政策的传导机制和调控机理是什么？中国的宏观审慎政策是如何进行调控的？本章将对上述问题进行解答。

12.1 概述

宏观审慎政策的调控机理是指宏观审慎政策通过什么样的工具、采用什么样的规则或策略、基于什么样的传导机制一步一步地实现其直接、间接和最终的调控目标。在实践中，由于宏观审慎政策实际上涉及不同维度和多个方面的政策工具，而不同的政策工具往往基于不同的具体目标、规则和传导机制进行运作，因此，全面系统地了解不同类型的宏观审慎政策工具的调控方式和机理，对于宏观审慎政策的有效实施具有重要意义。

与货币政策所面临的情况类似，理解现实中的宏观审慎政策调控，也需要先明确一个基础性的问题，即在调控策略和方式的选择上，政策当局是应该以“规则”为主，还是应该以“相机抉择”为主。尽管对这一问题的理论讨论与前文基于货币政策的相关讨论有类似之处，但在本章中，更为重要的问题是要进一步明确宏观审慎政策在调控过程中所面临的不同于货币政策的各种现实问题，并在此基础上理解宏观审慎政策应该以何种方式和在何种程度上平衡“规则”与“相机抉择”。

从实践来看，根据IMF的调查统计，目前全球主要国家的宏观审慎政策在实践中都主要基于政策当局的判断，即以“相机抉择”的方式运作。这主要是因为现阶段世界各国的宏观审慎政策都还处于探索和完善的过程中，“规则”设计成熟的政策工具目前还比较少。但从长期来看，为增强宏观审慎政策调控的稳定性和有效性，基于规则设计的工具会被越来越多地投入使用并不断调整完善，最终形成“正常情况主要使用规则，特殊情况使用相机抉择”的基本调控策略，从而实现规则的“纪律性”和相机抉择的“灵活性”的最优平衡。

从调控过程来看，不同的宏观审慎政策工具通常有不同的传导机制和路径。从代表性宏观审慎政策工具的传导机制来看，信贷渠道通常在宏观审慎政策的传导过程中扮演着重要角色，这与银行在金融系统中的特殊地位是密不可分的。此外，预期渠道以及政策工具自身的特性也对金融稳定的实现过程具有重要影响。不过，不同类型的政策工具确实在传导的具体渠道上存在一些差异，这些差异通常与政策工具自身的设计特点相关联。在现实中，政策当局需要在明确调控具体目标和对象的基础上，选择传导机制最为直接和明确的政策工具进行调控，同时注意工具泄露和监管套利等因素对传导机制有效性的影响。

12.2 宏观审慎政策的调控方式

12.2.1 宏观审慎政策的规则与相机抉择

与货币政策一样，宏观审慎政策的实施也存在所谓的“规则”与“相机抉择”之分。从理论上看，大部分文献都强调了制定负责、透明和有效的政策规则的重要性。比如，关于“时间不一致”的相关理论表明，基于相机抉择的解决方案虽然是最优的，但却是时间不一致的，而规则的存在至少可以保证实现次优的结果。但与此同时，在实践中人们又普遍意识到，成功的政策必须保持一定的灵活性，特别是在某些特殊的情况下，需要采取相机抉择的策略。

一般而言，规则导向的政策实施会减小政策发生错误的空间，并且一旦实施到位，就可以成为有效的预先承诺工具（pre-commitment device）。然而，规则导向的政策实施将需要非常高的置信度，确保事先定义的变量不受“噪声信号”影响，并且始终按照预期的方式运作。在规则导向下，为避免时间不一致性，任何政策回应都由提前设置的自动机制和触发器决定，调控者将必须一次性确定微观和宏观目标之间主观的最佳平衡。然而这套规则的设计可能非常困难，尤其是对于一个尚处于探索阶段的新政策而言。不仅如此，规则还需遵守“古德哈特定律”（Goodhart's law，专栏 12-1），即某个目标（指标）一旦成为众所周知的宏观政策的既定部分，该指标就会丧失其原本所具有的信息价值。

专栏 12-1 古德哈特定律

古德哈特定律是由伦敦政治经济学院教授查尔斯·古德哈特（Charles Goodhart）提出并根据其名字命名的一个著名理论，即一项社会指标或经济指标，一旦成为一个用以指引宏观政策制定的既定目标，目标的追求者就可能会不惜一切代价来强化这一指标，以致该指标丧失其原本所具有的信息价值。换言之，一项指标一旦成为政策制定的依据，便不再有效。该理论由古德哈特在 1975 年的论文中首次提出，后来成为批评英国的扩张或紧缩的货币政策的重要依据。

古德哈特定律的内在逻辑是，经济政策的制定与执行存在一个博弈过程。给定人们的行为规律，某一指标具有某种含义，决策者理解这一点，并以该指标作为目标变量施行政策。政策改变了人们所受到的约束条件，导致行为规律发生改变。然而，在新的行为模式下，指标原有的含义已经发生了改变，这会导致政策无效，甚至产生反向结果。古德哈特定律实际上指出了一个悖论，即当政策决策者试图以一个事物的客观测度指标作为指针来施行政策时，这一指标就再也不能有效测度事物了。这一定律旨在提醒决策者既不能迷信指标，也不能固守教条，必须考虑决策影响所产生的反向约束。

同样，相机抉择的灵活性和适应性也并非没有代价，相机抉择所蕴含的不确定性降低了决策的可预测性，同时，为避免被问责，政策制定者可能会推迟那些对自己不利的决策（即使在明知某些政策应该被实施的情况下），特别是当时局不清或面临舆论压力时。此外，相机抉择的另一个缺点是，一些带有警示性的信息发布或者建议有可能产生意料之外的重大不利影响，比如在一些比较敏感的时间点上，政策当局发布关于系统性金融风险的警示可能会导致“自我实现的预言”（self-fulfilling prophecy，专栏 12-2），这意味着对政策当局有巨大政治压力。

总体来看，规则比较僵硬，但纪律性强；相机抉择比较灵活，但纪律性差。在一个制度已经比较完善的体制下，由于已经有足够多的规则、约束和追责机制，因而应该更多地重视相机抉择，以避免政策制定者在重重规则约束下的“消极怠政”倾向；相反，在一个制度不太完善的体制下，由于已经有足够多的相机决策权且决策者的错误很少会被追责，因而应该更多地建立“规则”和强调按规则行事，以减少决策者过于随意和不负责任的政策行为。

由于相机抉择的事前效率与规则导向的事后效率之间的权衡关系，一种自然的折中思路是将规则和相机抉择相结合。对此，英格兰银行曾建议按照“受约束的相机抉择”（constrained discretion）的方式实施宏观审慎政策，即通过较大程度的相机抉择以允许政策制定者在学习过程中进行适应，但由于存在预先确定的限制条件，这样的制度仍是系统性的、透明的且负责任的，可以被假定为兼具预先确定的目标（最好是数量化目标）、决策框架（详细说明决策依据的分析）和问责措施（公共报告和议会审查等）等内容。

专栏 12-2　自我实现的预言

自我实现的预言也称“自证预言”。一般认为，这是美国诺贝尔经济学奖获得者罗伯特·默顿（Robert Merton）提出的一个概念，指的是以没有确凿证据的预言为契机，唤起一种新的行动，这种行动最终将使起初的预言变为现实。这一概念主要被用于说明信息对人的行为及其结果所具有的重要影响。

从心理学角度看，自我实现的预言与人在某些诱导和影响下的主观意识偏差有关，正如以下这个著名的心理学实验所表明的：一批志愿者，告知他们实验目的是体验歧视，在他们的脸上做出疤痕，然后让他们分散在每个公共场所，晚上回来的时候让他们讲体验，结果很多人都说自己遭到了歧视，但事实上在他们出去的时候，工作人员已经以补妆为由把他们的疤痕擦去了。这个实验表明，人们的预期可以被某些东西提前“锁定”，从而篡改他们所收到的真实信息。

在经济学领域，自我预期的加强可以构成实际的经济风险。比如某方面发出了一个经济形势恶化的信号，也许这只是个假信号，但随着越来越多的消费者预期经济在未来几个月内萎缩，他们就会推迟非必需消费品的购买，进而压低总需求，于是经济就真的恶化了。

在金融领域也有很多类似的例子。比如，对于一只本来不好（因而不应该上涨）的股票，但如果市场中突然出现了关于“该公司股票要涨”的谣言，并且因为某些原因（比如市场情绪的影响）大多数人相信这一信息，那么这只本来不会上涨的股票就会最终出现上涨，因为大家都抢着买它。买的人多了，价格就会上涨。反之，对于一只本来不该跌的股票，如果大家因为某种原因都相信这只股票要跌，因而齐刷刷地抛售它，那么它就真的会跌。

自我实现的预言在金融危机中的一个应用是所谓“自我实现的危机”（self-fulfilling crisis），或称“危机的自我实现”。这一概念主要用于描述以下现象：对于一个暴露出了某些风险点但总体依然健康的金融体系而言，如果政策当局或者市场机构发出了（极有可能是错误的）可能发生金融危机的预测，那么就有可能诱发市场的恐慌情绪。当大家都争先恐后地抛售资产和逃离风险时，危机就真的发生了。

12.2.2　兼容规则与相机抉择的宏观审慎政策

所谓相机抉择的宏观审慎政策，是指一旦判断出金融体系的失衡现象已经上升到危险水平，或造成系统性危险的资产泡沫正在超越常态的积累过程中，那么，政策当局就可以自上而下地直接采取相应的干预行动。较之货币政策，宏观审慎政策的决策者通常需要面对更为复杂的信息和更多的不确定性事件。对于经济中任何一个典型的泡沫事件而言，它都必然既包括“一般规律”的作用，同时也包括某些特殊性的影响。由于大部分金融危机的发生过程都具有典型的“事件驱动型”特征，因而对于宏观审慎政策实践而言，不仅需要根据可靠和易被观测的指标来进行规则性操作，还需要依据事态的进展情况对政策干预的时机和频度进行相机抉择。除不确定性的影响外，相机抉择对宏观审慎政策非常重要的另一个原因在于，金融调控通常需要与其他领域的政策相协调（如税收制度和特定行业监管制度），否则，宏观审慎政策的政策效果可能会被其他政策的效果所抵消。

如果说经济事件过程的复杂性使得相机抉择成为宏观审慎政策必不可少的实施原则，那么，基于规则的宏观审慎方案也并非没有立足之地。对于那些赞成规则而不是相机抉择的经济学家而言，相机抉择的政策行为常常是不连续的。当政策制定者以不可预测的方式或者以超过寻常的力度对波动做出反应时，常常导致那些从短期来看看似正确、从长期来看却是错误的反应。对于市场各方而言，由于相机抉择的决策过程比基于规则的决策更加具有不可预见性，因而这种不确定性会在一定程度上削弱政策效力，从而增加相机抉择的成本。如果金融机构不能对政策指引的方向做出准确的解读，其预期和反应就将缺乏与宏观审慎政策目标的一致性。这种由于市场主体缺乏明确预期而造成的传导机制的不畅，毫无疑问会最终降低政策的实际效果。实际上，在经济实践中，如果政策当局对压力事件的预期和判断不太确定，那么他们也将更加倾向于依赖简单的规则，并采取更加审慎的行动。此外，考虑到普遍存在的“政治俘获”或者“行业俘获”问题，清晰的规则和具体化的宏观审慎行动将有助于消除政治性或机构阻力。

从一般意义上看，相机抉择的主要优势在于面临复杂事态和特定事件过程中所表现出来的灵活性，这种灵活性有助于宏观审慎政策对非常态的事件进程和非预期的结构性变化做出及时和充分的反应。考虑到任何与重大的金融不稳定（金融危机）相连的事件都必定具有小概率事件特征，坚持一定程度的相机抉择对于积极的危机防范是必不可少的。除非危机事件会简单地完全重复历史，否则，基于规则的监管就一定是不足的。从这个意义上说，相机抉择是处理未来危机事件中可能出现的各种新情况的必要手段。当然，相机抉择的一个劣势是缺乏规则的确定性，并有可能导致一定程度的随意性，这意味着，在基于规则的政策确定性和对冲击做出最优反应的政策灵活性之间，确实存在着一定的权衡关系。对于任何宏观审慎框架的建立而言，最重要的都是先承认这种权衡关系，并对可能的经济后果进行现实评估。

总体来看，在规则和相机抉择各有优劣的情况下，比较现实可行的方案是以规则和相机抉择（依情况）“动态平衡”的方式尽可能地兼容二者的优点。具体而言，凡被经验或规律证实为普遍可行的，都应该被明确设定为规则，当政策当局认为事态的特殊发展使得既定的规则不应被采用时，必须对此做出充分的解释并承担相应的责任，以约束决策者的随意作为。比如，事先设置的规则将决定特定金融条件下的政策反应（如提升或减少资本缓冲的量），尽管不同宏观审慎政策工具所“挂钩”的目标变量条件可能有所不同，但事前均应清晰透明地宣布规则。在一些特定的情况下，政策当局可以根据情况（如更为广泛的金融信息）越过相关规则，以允许金融机构适当地增加和减少缓冲，但这种做法只在极少数情况下适用，并且应在实施时向市场进行解释。简言之，规则应成为日常采用的、不受干扰的基础性策略，而相机抉择则应成为必要或特殊情况下的解决手段。

12.2.3　一些代表性宏观审慎政策的调控规则

尽管从理论上看，宏观审慎政策应该基于规则和相机抉择（依情况）“动态平衡”的方式予以实施——既要有基本的规则，也要保持必要的灵活性——但在实践中，根据IMF的针对全球主要国家的调查统计，目前宏观审慎政策工具的设计和调整主要是基于相机抉择而非规则。换言之，对于现阶段的宏观审慎政策实践而言，基于规则的审慎政策工具运用还比较缺乏。本小节将介绍几种比较具有代表性的基于规则进行调控的宏观审慎政策工具。

（一）逆周期资本缓冲

逆周期资本缓冲是《巴塞尔协议Ⅲ》中关于宏观审慎监管的重要工具，同时也是目前讨论相对成熟且具备现实可操作性的一项工具。总体来看，通过在经济上行期抑制信贷过度投放的程度、在经济下行期缓解信贷紧缩的程度，既可以在一定程度上减少系统性金融风险的积累，又能弱化银行行为对经济周期的过度顺周期性效应。

从理论上看，建立逆周期资本缓冲模型的基本目标是在可观察的变量和逆周期资本缓冲提取之间建立起可信的联系，并对何种情况构成逆周期缓冲资本提取的“触发条件”以及提取规模的大小做出规定或描述。一般而言，构建逆周期资本缓冲模型至少包括以下三个方面的基本要件：一是确定合理的“挂钩变量”（可观察变量），二是对“挂钩变量”和逆周期资本缓冲之间的逻辑结构进行描述，三是对逆周期资本缓冲的计提规则做出规定。

在以上三个基本要件中，选择合适的“挂钩变量”是建立逆周期资本缓冲模型的前提和基础。基于大量实证研究结果，巴塞尔银行监管委员会最终在《逆周期资本指引》中建议采用“信贷/GDP”作为在经济上行期计提逆周期资本缓冲的“挂钩变量”，并根据该指标对其长期趋势值的偏离程度来确定逆周期资本缓冲的计提规模。此外，BIS的实证研究也表明，在其所考察的三大类10项指标中，信贷/GDP用于判断经济上行周期和金融危机的效果最佳，因为几乎所有的金融危机在爆发前都经历了银行信贷的高速增长。此外，选用信贷/GDP对其长期趋势的偏离度，还能在一定程度上防止信贷过度增长给银行造成的损失。

在选定“信贷/GDP”作为挂钩变量的基础上，定义“信贷/GDP”的缺口值为$z_t=x_t-\overline{x_t}$，其中，x_t和$\overline{x_t}$分别为“信贷/GDP”及其趋势值。趋势值$\overline{x_t}$一般可以使用HP滤波方法计算。在实践中，HP滤波方法主要通过设置平滑因子（λ）的大小来确定长期趋势线的平滑度，平滑因子越大，对应的趋势线越平滑（即越接近于直线）。在确定z_t后，可以按照如下模型计算逆周期资本缓冲：

$$k_t=\begin{cases}0 & \text{若 } z_t<L \\ \dfrac{z_t-L}{H-L}k_{\max} & \text{若 } L\leqslant z_t\leqslant H \\ k_{\max} & \text{若 } H<z_t\end{cases}$$

其中，L、H和$k_{\max}$均为固定参数。在上述逆周期资本缓冲计算模型中，最低门槛值L决定了信贷/GDP对其长期趋势偏离多少时开始计提逆周期资本，而最高值H则决定了逆周期资本何时达到上限，因此，L和H是决定逆周期资本释放时机、速度和规模的关键参数。在通常情况下，当一国信贷/GDP接近或低于其长期趋势时，说明该国系统性风险较低，一般不需要提取额外的资本缓冲来应对潜在的风险；而当信贷/GDP在一定时期内加速运行并明显正向偏离其长期趋势时，则表明系统性风险正在快速积聚，此时应通过提取资本缓冲来抑制信贷扩张继续蔓延。

上述思路反映在模型中，可概括为如下计提规则：当缺口值 z_t 小于 L 时，逆周期资本缓冲为0；当缺口值 z_t 大于 L 而小于 H 时，逆周期资本缓冲位于 0 和 k_{max} 之间；当缺口值 z_t 大于或等于 H 时，逆周期资本达到上限值 k_{max}，此时不再继续增加提取逆周期缓冲资本。根据国际清算银行（BIS）对过往历次银行危机的实证研究，将上述逆周期资本缓冲上限值 k_{max} 设为 2.5%、最低门槛值 L 设为 2，最高值 H 设为 10 时比较合理。图 12－1 直观地显示了逆周期资本缓冲和信贷/GDP 之间的关系。

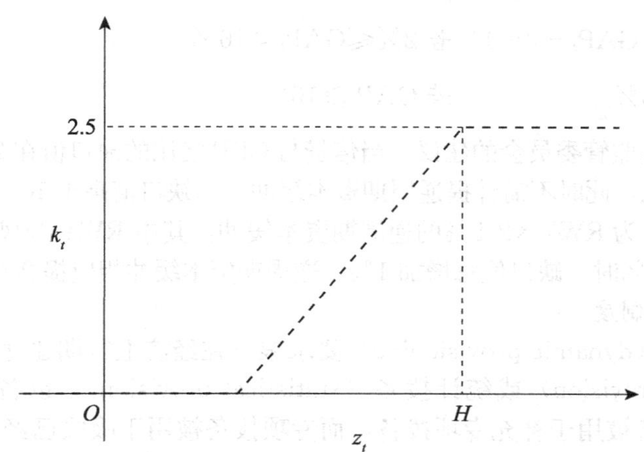

图 12－1　逆周期资本缓冲与信贷/GDP 之间的关系

逆周期资本缓冲的计算涉及以下三个步骤：

(1) 计算每一期信贷余额（$CREDIT_t$）占国内生产总值（GDP_t）的比例，即

$$RATIO_t = CREDIT_t \div GDP_t \times 100\%$$

(2) 使用 HP 滤波方法估计 $CREDIT_t/GDP_t$ 的长期趋势值（$TREND_t$），然后算出信贷与 GDP 之比的缺口值，即 $GAP_t = RATIO_t - TREND_t$。如前文所述，HP 滤波方法是用来将观察序列 y_t 分解为波动项 c_t 及其长期趋势项 g_t 的一种计量方法，即

$$y_t = c_t + g_t，t = 1，2，\cdots，T$$

其中，c_t 可视为时间序列偏离长期趋势的残差项，长期而言，其平均值应该非常接近 0。HP 滤波方法的主要目标是找出使残差项 c_t 与长期趋势斜率变化值$[(g_t - g_{t-1}) - (g_{t-1} - g_{t-2})]$平方和最小化的一组平滑长期趋势路径（$g_{-1}$，$g_0$，$g_1$，…，$g_T$），即

$$\min_{\{g_t\}_{t=-1}^{T}} = \left\{ \sum_{t=1}^{T} c_t^2 + \lambda \sum_{t=1}^{T} [(g_t - g_{t-1}) - (g_{t-1} - g_{t-2})]^2 \right\}$$

其中，T 为样本数；λ 为平滑参数，用以反映对长期趋势斜率变动的重视程度：λ 愈大，表示希望长期趋势愈平滑、斜率变动愈小愈好（相对而言，即愈能容忍有较大的残差值出现）。关于 λ 值，一般季节模型的平滑因子被设为 1 600，但实证研究显示，在考虑预测误差之后，当 $\lambda = 400\ 000$ 时，产生的信号相对最为稳健。巴塞尔银行监管委员会最终也建议将平滑参数设定为 400 000，以充分反映信贷/GDP 的长期趋势。

通过将 $RATIO_t$、$GAP_t+TREND_t$ 和 λ 值代入前式，可得用于计算信贷/GDP 缺口的 HP 滤波模型为：

$$\min_{\{TREND_t\}_{t=-1}^{T}}=\left[\sum_{t=1}^{T}GAP_t^2+400\,000\cdot\sum_{t=1}^{T}(TREND_t-2TREND_{t-1}+TREND_{t-2})^2\right]$$

(3) 利用以下公式将信贷与 GDP 之比的缺口值（GAP_t）转换成对应的逆周期资本缓冲（VB_t）：

$$VB_t=\begin{cases}0\% & 若\ GAP_t<2\% \\ \frac{5}{16}(GAP_t-2\%) & 若\ 2\%\leqslant GAP_t<10\% \\ 2.5\% & 若\ GAP_t\geqslant 10\%\end{cases}$$

根据巴塞尔银行监管委员会的建议，当信贷与 GDP 之比的缺口值在 2%以下时，表示信贷扩张程度相对较低，此时不需计提逆周期资本缓冲；当缺口值高于 10%时，表示信贷扩张过度，需要计提数量为 RWA ×2.5%的逆周期资本缓冲，其中 RWA 为风险加权资产；而当缺口值位于 2%～10%时，缺口值每增加 1%，逆周期资本缓冲相应提高 0.312 5%。

（二）动态拨备制度

动态拨备制度（dynamic provisioning）要求银行在经济上行期建立一般拨备，也称动态拨备（dynamic provision）或统计拨备（statistical provision），以备经济衰退时提用。在西班牙，一般拨备被用于补充专项拨备，而专项拨备被用于吸收已经出现不良迹象的问题贷款，从而反映对银行潜在信用风险的事前估计。在经济扩张时期，不良贷款比例低，事后计提的专项拨备小于潜在的信用风险，银行应建立一般拨备；在经济衰退时期，不良贷款比例高，专项拨备不足以覆盖贷款损失，动用事前提取的一般拨备来弥补。动态拨备每季从损益账户中提取。

在动态拨备制度的实施过程中，科学、合理地估计动态拨备是问题的关键。为提高动态拨备制度的有效性，西班牙监管当局设定了两种动态拨备的方法：一是内部模型法，即依靠银行自身的贷款损失经验数据来决定动态拨备的提取，相关参数主要通过对历史数据的回归分析得到；二是标准法，即对于那些没有建立内部模型的银行，按照监管当局制定的标准法计提动态拨备。在第二种方法下，贷款被分为六类，并根据 1986—1998 年的贷款数据确定相应的系数，该系数反映了整个经济周期的净专项准备金的平均水平，潜在风险值是系数和风险暴露的乘积（表 12－1）。

表 12－1　标准法下不同类别资产风险系数

贷款分类	系数（%）
无风险：现金和对公共部门的贷款	0.0
低风险：贷款/抵质押品比率（即贷款价值比）低于 80%，同时借款人长期债券评级至少为 A	0.1
中低风险：金融租赁和其他担保贷款	0.4
中等风险：其他各类中没有涉及的贷款	0.6
中高风险：购买耐用消费品个人信贷	1.0
高风险：信用卡、经常账户透支	1.5

不论哪种方法，计提的动态拨备都等于贷款潜在风险的估计值减去同期提取的专项准备金。如果金额为负，就以收入的形式计入损益账户，同时调低动态拨备的余额。动态拨备累计金额的上限是系数与风险暴露值乘积的3倍。

在动态拨备制度下，银行除了按传统规则提取一般准备和专项准备外，还需建立动态拨备，三种拨备之和即为银行的总拨备。三种拨备的计算方式如下：

(1) 一般损失拨备：$GF=g\cdot L$，其中，L 表示每年的贷款余额，g 代表一般拨备提取系数（0.5%～1%），于是每年提取的一般拨备为 $GP=g\cdot\Delta L$，ΔL 等于年度新增贷款额。

(2) 专项损失拨备：$SF=\sum(e_i\cdot M_i)$，其中，M_i 表示第 i 类不良贷款的总额，e_i 表示第 i 类不良贷款的损失拨备提取系数（10%～100%），而每年提取的专项损失拨备 $SP=\sum(e_i\cdot\Delta M_i)$，$\Delta M_i$ 表示第 i 类不良贷款年度增加值。

(3) 动态拨备：对潜在风险的测量值为 $LR=\sum(s_i\cdot L_i)$，其中，s_i 表示第 i 类贷款的动态拨备提取系数，在标准法下 $s_i\in[0\%, 1.5\%]$。每年提取的动态拨备 $S_tP=LR-SP$。显然，如果 $LR>SP$，不良贷款较少，$S_tP>0$，动态拨备余额增加；如果 $LR<SP$，不良贷款较多，$S_tP<0$，动态拨备余额减少。

根据上述设定，动态拨备制度下的总拨备为：

$$AP=GP+SP+S_tP=g\cdot\Delta L+SP+(LR-SP)=g\cdot\Delta L+\sum(s_i\cdot L_i)$$

相比之下，传统贷款损失拨备制度下的总拨备为：

$$AP'=GP+SP=g\cdot\Delta L+\sum(e_i\cdot\Delta M_i)$$

与传统的贷款损失拨备制度相比，动态拨备制度具有以下三个特点：一是在动态拨备制度下，每年计提的拨备金额只与贷款余额有关，而与不良贷款无关，这意味着动态拨备制度消除了不良贷款的周期性变化；二是专项拨备主要被用来弥补不良资产，即事后信贷风险，而动态拨备则旨在弥补贷款潜在风险与专项拨备的缺口，是一种事前确认，因此，动态拨备是专项拨备的补充而非替代；三是如果商业银行能事前充分地估计到潜在的风险，专项拨备金应该能够完全覆盖期望损失（从长期来看，动态拨备在理论上趋向于0），即 $E(LR)=E(SP)$，这意味着，动态拨备只是改变了专项拨备计提的时间分布，而没有改变其均值，因而不存在额外提取拨备的问题。

（三）部门性逆周期资本缓冲

部门性逆周期资本缓冲（sectoral countercyclical capital buffer，SCCyB）是对《巴塞尔协议Ⅲ》中逆周期资本缓冲（CCyB）的有益补充（专栏12-3）。在启用CCyB后，银行的额外资本要求取决于其总风险加权资产（risk-weighted asset，RWA），而SCCyB则是更具针对性的措施：它允许政策当局施加额外的资本要求，以抑制特定部门的风险积累。鉴于其目标性质，SCCyB比CCyB更能帮助缓解部门信贷的顺周期性。2019年11月，BIS网站发布了巴塞尔银行监管委员会的《部门性逆周期资本缓冲运作的指导原则》，本节将对其进行简要介绍。

专栏12-3　为什么要引入部门性逆周期资本缓冲？

巴塞尔银行监管委员会的研究分析认为，当系统性风险仅限于特定信贷类别时，部门宏观审慎工具是对现有宏观审慎工具的有用补充。金融危机的历史性事件表明，失衡信贷和资产市场通常产生于可能引发系统性风险的特定细分市场。此外，非金融公司和抵押信贷周期通常无法较好地同步，这也表明了使用独立工具处理这些细分市场问题的优势。

在局限性失衡的环境中，针对性工具能以有针对性的方式更有效地尽早帮助建立抵御能力，同时更有效地最大限度减少意外副作用，具有更好的成本效益比，并且比范围更广泛的工具更易于执行。此外，现有的许多行业工具仅适用于某些个别行业（主要集中于房地产领域）。在这方面，SCCyB是一个非常方便的工具，因为它建立在现有CCyB框架的基础之上，同时又可以方便地应用于除房地产以外的行业。

尽管SCCyB具有上述优势，但与部门宏观审慎工具相关的挑战仍然存在，这些挑战包括对其他信贷部门的潜在溢出，框架复杂性的增加以及需要进行全面风险评估以识别金融稳定的基础广泛且更具针对性的周期性系统性风险。

注：本专栏内容编译自BIS. Guiding Principles for the Operationalisation of a Sectoral Countercyclical Capital Buffer. 2019。

根据《巴塞尔协议Ⅲ》，如果判断私人非金融性部门的信贷超额增长导致整个系统风险的积累，则指定机构可以施加高达风险加权资产（RWA）2.5%的额外资本要求。CCyB设计的一个重要特征是，一旦激活就会对RWA施加额外的资本要求。相比之下，SCCyB用部门RWA表示，因此，产生的额外资本要求在以RWA的占比表示时要小得多。通过对RWA施加额外资本要求，CCyB不会影响相对资本支出，因此不会影响不同贷款类别的定价。在实际操作中，根据情况可以将这两个缓冲区视为替代品或互补品。表12-2展示了一些可能的示例，这些示例假设一个框架可以同时激活CCyB和SCCyB。

表12-2　《巴塞尔协议Ⅲ》CCyB与SCCyB的交互作用

单个部门的状况	更广范围内的经济状况	SCCyB与CCyB的可能运用
繁荣。即使在经济下行期，损失也很可能局限于该部门	正常	SCCyB设定为$X\%$； CCyB设定为0
繁荣。在经济下行期，损失可能扩散至其他部门，导致普遍失衡	经济低增长；未来经济发展高度不确定	SCCyB设定为$X\%$； CCyB设定为0
繁荣。在经济下行期，损失可能扩散至其他部门，导致普遍失衡	正常	SCCyB设定为$X\%$； CCyB设定为较小值：$Y\%$
繁荣。在经济下行期，损失可能扩散至其他部门，导致普遍失衡	经济强劲增长；有迹象表明初始行业的失衡已经扩散至其他部门	SCCyB设定为$X\%$； CCyB设定为中等值：$Z\%$
繁荣。在经济下行期，损失可能扩散至其他部门，导致普遍失衡	经济繁荣；其他部门的失衡逐渐达到与初始行业一样的严重水平	SCCyB设定为0； CCyB设定为高水平：$W\%$

资料来源：BIS. Guiding Principles for the Operationalisation of a Sectoral Countercyclical Capital Buffer. 2019.

如果政策当局希望从使用一个缓冲措施切换为使用另一个缓冲措施，或同时采用两种缓冲措施，则SCCyB与CCyB存在多种可能的交互方式。在理想情况下，两种工具之间的交互应遵循以下原则：（1）资本要求原则：在提高SCCyB或CCyB的水平时，单个银行的总资本要求不应减少；（2）边际成本原则：在提高 SCCyB 或 CCyB 的水平时，向任何信贷子市场提供信贷的边际成本均不应减少；（3）风险计算原则：风险既不应被忽略，也不应被重复计算。

基于上述原则，在实践中应将 SCCyB 和 CCyB 视为可加性互补（additive complement）关系，即允许在需要时同时激活两种缓冲措施，同时具有避免重复计算风险的调节机制。如果两种缓冲措施同时被激活，则 SCCyB 充当 CCyB 的附加措施。调节机制可确保增加缓冲措施不会导致重复计算风险。因此，SCCyB 措施的要求是仅将 SCCyB 和 CCyB 之差应用于特定部门风险敞口。对于在本国辖内的银行 i，以及同意在该辖区互相适用部门风险敞口的国家 j（$j=1, 2, \cdots, N$），特定银行的资本要求（bank-specific capital requirement）可按如下公式计算：

$$\text{特定银行的资本要求} = \underbrace{\left(\sum_{\text{country } i}^{N} \text{CCyB rate}_i \cdot \frac{\text{relevant credit RWA}_i}{\text{relevant credit RWA}_{\text{total}}}\right) \cdot \text{total RWA}}_{\text{CCyB}}$$

$$+ \underbrace{\sum_{\text{country } i}^{N} \max\{(\text{SCCyB rate}_i - \text{CCyB rate}_i), 0\} \cdot \text{relevant SRWA}_i}_{\text{SCCyB}}$$

为说明可加性互补的机制，假定有两家银行 A 和 B，其资产负债表中的总信贷和部门信贷的敞口所占比例不同：银行 A 是抵押贷款专业银行，而银行 B 持有多元化的贷款组合。这里抵押信贷作为可能出现周期性系统性风险的示例行业，同时，为集中说明不同资产负债表构成对最终缓冲要求的影响，假设两家银行的风险加权资产（RWA）相等。表 12-3 显示了每家银行的 RWA 分布。

表 12-3　两家示例银行的风险加权资产（RWA）分布

		银行 A：专业银行	银行 B：多元化银行
本地加权平均资本	抵押	100	40
	其他信贷	40	80
	非信贷敞口	10	30
外国加权平均资本	抵押	10	10
	其他信贷	30	10
	非信贷敞口	10	30
总额		200	200

为说明 SCCyB 与 CCyB 的相互作用方式，这里考虑三种情况：部门风险场景、普遍风险场景和国际风险场景，其中前两种为国内场景，第三种扩展至国际场景。

（1）部门风险场景。

在这种场景下，假定信贷失衡（信贷过度扩张）早期仅局限于某个特定部门，此时要求激活 SCCyB 以控制部门信贷风险。随着时间的流逝，信贷失衡可能蔓延至其他信贷领域，从而演变为系统性的普遍失衡，此时要求激活 CCyB。

假设为应对抵押贷款和房地产部门风险，政策当局将 SCCyB 激活至与抵押贷款有关的国内 RWA 的 4%（部门 RWA）。对于银行 A 和 B，这意味着特定银行的资本要求（CR_i）为：

$$CR_i = \underbrace{\text{SCCyB rate}_{\text{domestic}} \cdot \text{SRWA}_{\text{domestic}}}_{\text{domestic SCCyB}}$$

	银行 A：专业银行	银行 B：多元化银行
SCCyB（4%）	4%×100=4	4%×40=1.6

当信贷失衡逐渐蔓延，造成了普遍的信贷繁荣时，政策当局可能会额外激活 CCyB，使其占总 RWA 的 2.5%，相应的资本要求为：

$$CR_i = \underbrace{\max\{(\text{SCCyB rate}_{\text{domestic}} - \text{CCyB rate}_{\text{domestic}}), 0\} \cdot \text{SRWA}_{\text{domestic}}}_{\text{domestic SCCyB}}$$

$$+ \underbrace{\text{CCyB rate}_{\text{domestic}} \cdot \frac{\text{relevant credit RWA}_{\text{domestic}}}{\text{relevant credit RWA}_{\text{total}}} \cdot \text{total RWA}}_{\text{domestic CCyB}}$$

	银行 A：专业银行	银行 B：多元化银行
SCCyB（4%） +CCyB（2.5%）	(4%－2.5%)×100 +2.5%×(140/180)×200=5.4	(4%－2.5%)×40 +2.5%×(120/140)×200=4.9

（2）普遍风险场景。

在这种场景下，信贷失衡从一开始就是普遍的，然后转移至特定的信贷子市场。CCyB 可以处理普遍性的信贷风险，但随着风险变得越来越集中于某个特定部门，也可以选择激活 SCCyB 以应对特定部门的信贷失衡。

在该场景下，针对起初出现的普遍的信贷失衡，政策当局激活 CCyB 并将其设置为 RWA 的 2.5%，银行的资本要求为：

$$CR_i = \underbrace{\text{CCyB rate}_{\text{domestic}} \cdot \frac{\text{relevant credit RWA}_{\text{domestic}}}{\text{relevant credit RWA}_{\text{total}}} \cdot \text{total RWA}}_{\text{domestic CCyB}}$$

	银行 A：专业银行	银行 B：多元化银行
CCyB（2.5%）	2.5%×(140/180)×200=3.9	2.5%×(120/140)×200=4.3

随着信贷失衡逐渐集中于某个特定部门，政策当局可能激活 SCCyB 并额外提升至国内部门 RWA 的 4%，此时银行的资本要求为：

$$CR_i = \underbrace{\text{CCyB rate}_{\text{domestic}} \cdot \frac{\text{relevant credit RWA}_{\text{domestic}}}{\text{relevant credit RWA}_{\text{total}}} \cdot \text{total RWA}}_{\text{domestic CCyB}}$$

$$+ \underbrace{\max\{(\text{SCCyB rate}_{\text{domestic}} - \text{CCyB rate}_{\text{domestic}}), 0\} \cdot \text{SRWA}_{\text{domestic}}}_{\text{domestic SCCyB}}$$

	银行 A：专业银行	银行 B：多元化银行
CCyB(2.5%) +SCCyB(4%)	2.5%×(140/180)×200 +(4%−2.5%)×100=5.4	2.5%×(120/140)×200 +(4%−2.5%)×40=4.9

(3) 国际风险场景。

在这种场景下，信贷失衡现象同时也在国外出现，于是国内和国外的政策当局都将激活 CCyB 和 SCCyB。

假设外国经历了房地产繁荣，政策当局激活 SCCyB 并将其设置为 1%，在互惠协议（reciprocity arrangement）适用的情况下，资本要求将达到：

$$
\begin{aligned}
CR_i = & \underbrace{\text{CCyB rate}_{domestic} \cdot \frac{\text{relevant credit RWA}_{domestic}}{\text{relevant credit RWA}_{total}} \cdot \text{total RWA}}_{\text{domestic CCyB}} \\
& + \underbrace{\max\{(\text{SCCyB rate}_{domestic} - \text{CCyB rate}_{domestic}), 0\} \cdot \text{SRWA}_{domestic}}_{\text{domestic SCCyB}} \\
& + \underbrace{\max\{(\text{SCCyB rate}_{domestic} - \text{CCyB rate}_{domestic}), 0\} \cdot \text{SRWA}_{foreign}}_{\text{domestic SCCyB}}
\end{aligned}
$$

假设本国辖区的缓冲标准要求保持不变（CCyB 为 2.5%，SCCyB 为 4%），则资本要求如下：

	银行 A：专业银行	银行 B：多元化银行
domestic CCyB(2.5%) +domestic SCCyB(4%) +foreign SCCyB(1%)	2.5%×(140/180)×200 +(4%−2.5%)×100 +1%×10=5.5	2.5%×(120/140)×200 +(4%−2.5%)×40 +1%×10=5

现在，由于信贷失衡开始蔓延至其他信贷部门，假设国外政策当局增加了 0.5%的 CCyB，此时资本要求为：

$$
\begin{aligned}
CR_i = & \underbrace{\text{CCyB rate}_{domestic} \cdot \frac{\text{relevant credit RWA}_{domestic}}{\text{relevant credit RWA}_{total}} \cdot \text{total RWA}}_{\text{domestic CCyB}} \\
& + \underbrace{\max\{(\text{SCCyB rate}_{domestic} - \text{CCyB rate}_{domestic}), 0\} \cdot \text{SRWA}_{domestic}}_{\text{domestic SCCyB}} \\
& + \underbrace{\text{CCyB rate}_{foreign} \cdot \frac{\text{relevant credit RWA}_{foreign}}{\text{relevant credit RWA}_{total}} \cdot \text{total RWA}}_{\text{foreign CCyB}} \\
& + \underbrace{\max\{(\text{SCCyB rate}_{foreign} - \text{CCyB rate}_{foreign}), 0\} \cdot \text{SRWA}_{foreign}}_{\text{foreign SCCyB}}
\end{aligned}
$$

	银行 A：专业银行	银行 B：多元化银行
domestic CCyB(2.5%) + domestic SCCyB(4%) + foreign CCyB(0.5%) + foreign SCCyB(1%)	2.5%×(140/180)×200 +(4%－2.5%)×100 +0.5%×(40/180)×200 +(1%－0.5%)×10＝5.7	2.5%×(120/140)×200 +(4%－2.5%)×40 +0.5%×(20/140)×200 +(1%－0.5%)×10＝5.1

12.3 宏观审慎政策的传导机制

宏观审慎政策的最终目标在于防范系统性金融风险，提高金融系统的稳定性。与货币政策类似，宏观审慎政策的调控效果并非“立竿见影”，而是从政策工具实施到政策效应的最终显现之间存在着时滞。因此，政策当局需要建立一套“工具—操作目标—中间目标—最终目标”的传导机制，来确保最终目标的实现。与货币政策传导机制的定义类似，宏观审慎政策的传导机制是指政策当局通过宏观审慎政策工具的实施，首先直接影响操作目标，其次传导至中间目标，最后引起最终目标变动的过程。

在通常情况下，不同类型的宏观审慎政策工具的传导机制也存在一定差异。在本节中，我们主要介绍三种具有代表性的宏观审慎政策工具的传导机制，即资本类宏观审慎政策工具（capital-based MPI）、资产类宏观审慎政策工具（asset-based MPI）以及流动性类宏观审慎政策工具（liquidity-based MPI）。这三类工具主要通过信贷渠道，即改变信贷市场中的供求状况，来减轻银行信贷的顺周期性，从而实现提高金融体系稳定性的目标。参照全球金融体系委员会（CGFS，2012）的相关报告，下面以三类政策工具中的代表性工具为例，在具体场景中阐述宏观审慎政策的传导机制。

12.3.1 资本类宏观审慎政策工具的传导机制

资本类宏观审慎政策工具旨在调控金融机构的资本充足率，从而提高其抵御经营风险的能力，常见的具体工具包括逆周期资本缓冲、动态拨备以及部门差别化的资本要求等。从图 12－2 所显示的一般传导机制来看，资本类工具主要通过资本渠道、信贷渠道以及预期渠道影响金融部门的稳定性，同时，图 12－2 还揭示了工具泄露以及监管套利等可能削弱政策效果的相关因素。

（一）主要的传导渠道

首先，从资本渠道来看，在更高的资本监管要求下，银行通过增加自身的资本持有量（操作目标），提高吸收损失的能力，保证信贷和其他金融中介服务的持续供给，降低发生违约或者破产的概率，这有利于银行业整体的稳定（中间目标），进而提高金融体系的稳定性（最终目标）。

其次，从信贷渠道来看，在经济活跃时期实施紧缩性的宏观审慎政策（如提高银行的逆周期资本缓冲或者动态拨备要求）可能使银行出现“资本缺口”，从而需要寻求新的资本来源。一般而言，银行可通过减少股利发放、增发新股、提高存贷利差以及减少风险资产的持有量等途径来弥补资本缺口（操作目标）。前两项措施会降低银行股票对投资者的吸引力，从而提高银行的融资成本，对此，银行的自然反应是提高存贷利差，扩大利润来源。由于银行对已发放且未到期的贷款不具有重新定价的能力，更高的贷款利率将由新的贷款人承担，此时银行贷款的成本相对于其他融资渠道变得更加高昂，贷款人将自发地减少信贷需求。因此，前三种途径能够从需求端抑制银行信贷发放，从而减轻经济繁荣时期银行信贷的过度顺周期性（中间目标），进而增强金融体系的稳定性（最终目标）。

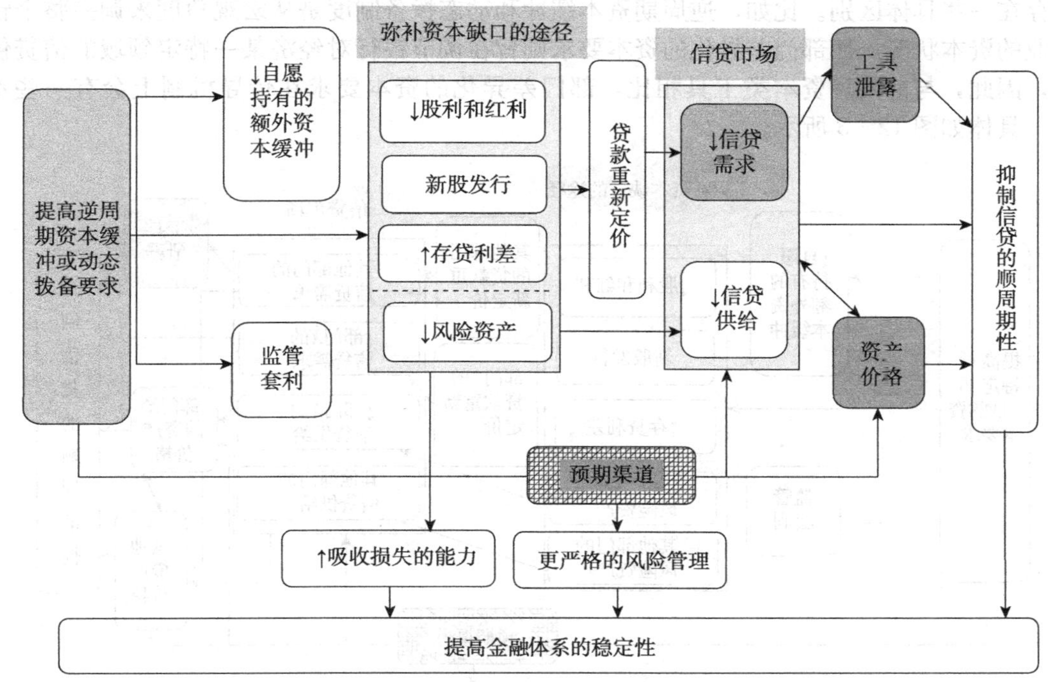

图 12－2　资本类宏观审慎政策工具的一般传导机制

注：图中白色填充为银行可能出现的反应，灰色填充为市场可能出现的反应。

资料来源：CGFS. Operationalising the Selection and Application of Macroprudential Instruments. 2012.

由于风险资产是决定银行资本持有量的基数，当监管要求的变动使银行产生资本缺口时，银行可自行减少持有的风险资产，降低需要满足的资本持有总量。为实现这一目标，银行既可以在总量上限制新贷款、新投资等风险资产的增加，又可以在结构上将信贷和担保等高风险权重的资产以加速收回等方式转换为低风险权重的资产（操作目标）。无论是总量上还是结构上的调整，第四种途径都能够从供给端给过热的银行信贷降温，实现对银行信贷的逆周期调节（中间目标），进而提高金融系统的稳定性（最终目标）。以上就是资本类工具传导的信贷渠道。

最后，预期渠道也在资本类工具的传导过程中发挥着重要作用。资本类工具的紧缩会向市场传递关于政策当局意欲给市场降温的信号，这一预期会驱使银行自发进行更加严格的风险管理，从而降低信贷供给；与此同时，其他市场主体也会相应减少投资和贷款需求（操作目标）。在这种情况下，预期效应所引发的市场自我调整行为也会减轻银行信贷的顺周期性，从而抑制银行业的系统性风险（中间目标），并由此促进金融稳定（最终目标）。一般认为，与主要依靠沟通和道义劝告的传统金融监管政策相比，宏观审慎政策因其变动成本过大而具有相对稳定性，因而具有更高的公信力，这有助于预期渠道有效地发挥作用。这也从另一个角度说明，为保持预期渠道的畅通，政策当局需要科学审慎地决策，一旦宏观审慎政策被公布并实施，就不宜轻易地调整和变动。此外，市场主体对政策意图和工具的理解也是影响预期渠道效应的重要因素，因此，为提高政策的有效性，政策当局应该尽量考虑使用便于理解和常用的资本类工具。

（二）工具差异性对传导机制的影响

资本类宏观审慎政策工具的传导机制具有广泛的相似性，但也因为工具本身的差异性而存在一些具体区别。比如，逆周期资本缓冲和动态拨备制度是从宏观角度来调控整个银行业的资本状况，而部门差异化的资本要求则旨在调节银行对经济某一特定领域的信贷供给，因此，与前两种资本类工具相比，部门差异化的资本要求在传导机制上会有一些不同，具体如图 12－3 所示。

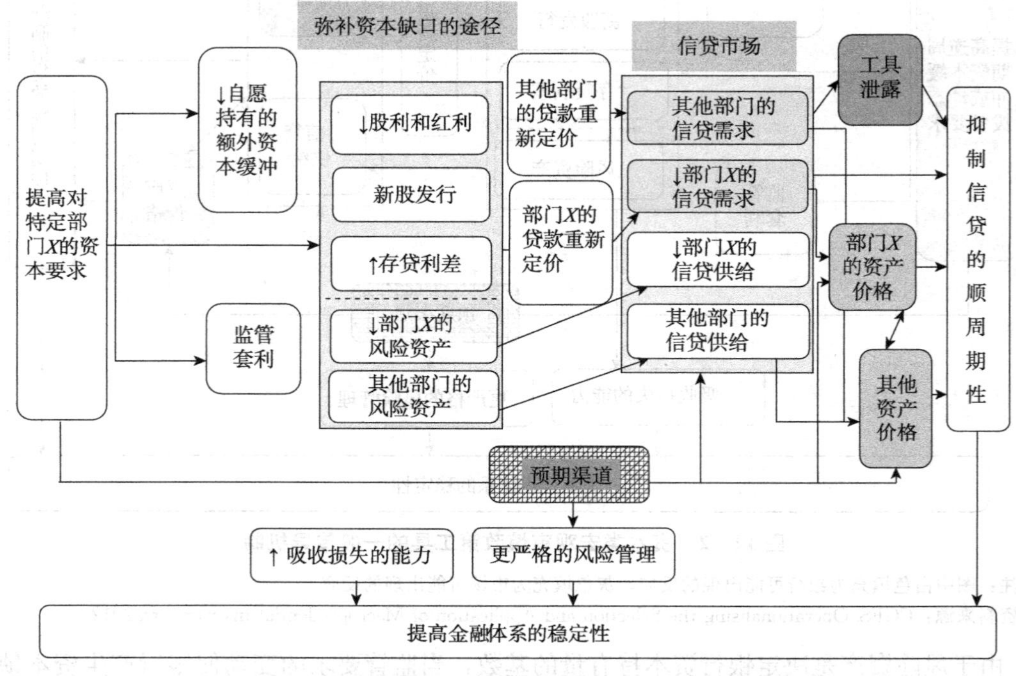

图 12－3　部门差别化资本要求工具的传导机制

注：图中白色填充为银行可能出现的反应，灰色填充为市场可能出现的反应。

资料来源：CGFS. Operationalising the Selection and Application of Macroprudential Instruments. 2012.

当政策当局认为部门 X 存在过热现象，并提高银行对该部门信贷的资本要求时，银行仍能通过上文已述的四种途径来弥补资本缺口，但区别在于，银行采取第三种或第四种途径时将面临两种选择：一方面，银行可以提高对经济所有部门的存贷利差，或者全方位减少自身持有的风险资产；另一方面，银行可以仅针对部门 X 提高存贷利差，或者减少此部门的风险资产持有量。显而易见，部门 X 的存贷利差（风险资产）一定会提高（减少），从而降低该部门的信贷需求（供给），这有助于降低信贷的顺周期性，从而提高金融体系的稳定性。

其他部门信贷规模的变化则会因银行的选择而异。当面临更高的资本要求时，如果银行选择全方位提高（减少）存贷利差（风险资产），那么其他部门的信贷需求（信贷供给）就会相应减少，从而全面降低银行的信贷规模，从而实现对信贷的逆周期调节，进而促进金融稳定。但如果银行只针对部门 X 的存贷利差或风险资产进行调节，那么无论是对借款人还是银行而言，其他部门的贷款都会因为具有相对更低的成本而更具有吸引力，于是其他部门的信贷规模会相应增加。在后一种情况下，政策调控对整体银行信贷规模的影响是不确定的，这取决于部门 X 和其他部门谁受到的影响相对更大。

（三）影响传导有效性的相关因素

虽然资本类宏观审慎政策工具能够通过上述三个渠道有效提高金融体系的稳定性，但仍然存在某些可能降低其有效性的因素：首先，对于更高的资本监管要求，银行可能会通过一对一减少自愿持有的额外资本缓冲来满足，从而抵消政策的调控效果，但因为银行自愿持有的资本缓冲并非无限的，所以这种抵消作用也是有限的；其次，虽然上述机制可通过抑制银行信贷需求来提高金融系统的稳定性，但这始终是“治标不治本”的方法。借款人可以转向其他成本更低的渠道来满足自身的融资需求，从而将泡沫从银行业转移到其他金融子行业，风险仍然停留在金融体系内部，即所谓“工具泄露”现象；最后，在同业竞争愈发激烈的趋势下，商业银行有强烈的动机进行“监管套利”（regulatory arbitrage，专栏 12-4），通过内部模型设计出结构更加复杂的金融产品（通常具有更低的风险权重）来规避资本监管要求。尤其是在政策当局收紧资本类工具时，银行会加剧这种套利行为，从而削弱宏观审慎政策的有效性，据此，政策当局可以考虑同时使用杠杆率这类对风险不敏感的政策工具。

专栏 12-4　什么是监管套利？

所谓监管套利，是指市场主体利用不同监管制度之间的差异、漏洞或不协调性，通过在不同的监管主体、监管标准或监管条件之间进行转换来规避由监管所造成的业务约束或者降低由监管所导致的成本。监管套利的核心动机是减轻监管负担。从产品或业务角度看，一般认为在满足以下两个条件时便出现了监管套利机会：(1) 同一个经济目的，可以通过多个交易策略来实现；(2) 对于上述实质相同但形式不一的交易策略，监管制度存在着不同的对待方式。

现实中存在很多监管套利的例子，比如通过注册地转换等途径将企业从监管要求较高的市场转移到监管要求较低的市场中去。又比如，金融集团通过内部业务转换规避金融管制，从而获取额外收益。自 1988 年《巴塞尔协议》规定的资本充足性监管实施以后，基于结构化金融技术的资产证券化成为银行规避监管和进行监管套利的重要途径。资产证券化使得收益和风险在原债务人、债权人、特殊目的机构以及证券投资者等主体间被重新配置，从而更加便于银行利用监管资本与经济资本的差异进行监管套利。

12.3.2　资产类宏观审慎政策工具的传导机制

资产类宏观审慎政策工具的作用机理在于，通过在经济过热时期加强某一类群体的借款限制来实现控制信贷规模的目标。资产类工具通常被应用于房地产抵押贷款，常见的工具包括贷款价值比（LTV）、贷款收入比（LTI）和债务收入比（DTI）等。从图 12-4 显示的一般性传导机制来看，信贷渠道和预期渠道依然在资产类工具的传导中发挥着重要作用，而工具泄露和监管套利等因素同样会削弱政策效果。

（一）主要的传导渠道

当房地产市场出现过热迹象时，政策当局通过下调 LTV 或 DTI 的上限来控制银行对家庭的贷款规模（操作目标），从而抑制过热的购房需求，促进房地产市场和房价的稳定

（中间目标），进而促进金融稳定（最终目标）。同时，在住房价值和收入水平一定的情况下，家庭的贷款负担和还款压力会减少（操作目标），违约概率相应降低，银行的贷款损失也会相应减少（中间目标），这有助于银行部门乃至整个金融体系的稳定（最终目标）。上述过程就是资产类工具传导的信贷渠道。

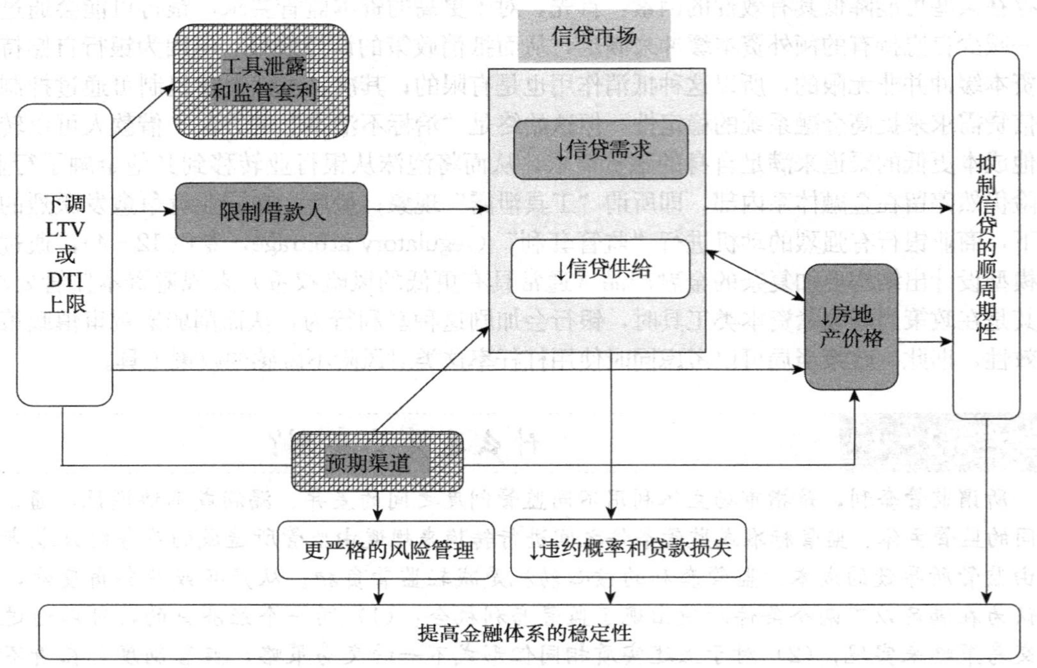

图 12-4　资产类宏观审慎政策工具的一般传导机制

注：图中白色填充为银行可能出现的反应，灰色填充为市场可能出现的反应。

资料来源：CGFS. Operationalising the Selection and Application of Macroprudential Instruments. 2012.

与资本类工具类似，资产类工具的变动也能代表政策当局发出的信号，引导市场主体形成合理的预期。当下调 LTV 上限的信号被市场正确解读之后，金融机构会自发实施严格的风险管理，从而减少对房地产市场的信贷供给；投资者也会将资金配置于房地产以外的领域（操作目标），从而给房地产市场降温（中间目标），避免泡沫在金融系统内积聚（最终目标）。不过，这种基于市场预期的传导机制有时也会脱离政策当局的掌控，比如当市场形成“LTV 即将收紧”的预期时，有购房需求的家庭可能会提前申请住房抵押贷款，这会加速房地产价格的攀升，从而削弱政策调控效果。为了避免出现此类现象，在一项政策出台前，政策当局可能需要做好保密工作。

（二）影响传导有效性的相关因素

在现实中，工具泄露以及监管套利等因素也会削弱资产类工具对金融系统的调控作用：首先，被限制的购房需求可以由监管范围之外的金融机构予以满足，从而将潜在的金融风险转移到其他领域；其次，在信用评估技术非常完善的情况下，综合信用状况良好的客户可以从银行获得无抵押（无担保）贷款，进而投资于房地产领域；最后，房地产市场可能会产生新的交易模式来规避严格的监管要求，比如出现投资者“合作购房”和“部分购房”的现象，此时由于购房需求并未减少，因而房价不一定下降。上述三种情况都有可能使调控偏离预期方向，因此，在实施资产类工具时，政策当局应该同时注意加强对市场的监管。

此外，以LTV为代表的资产类工具自身的缺陷也会影响政策的有效性。一方面，设置LTV上限确实能减少部分购房需求，但这种限制只是针对部分家庭的，对于那些完全有能力偿付房款的富裕家庭来说，其购房需求并不会受到明显影响；与此同时，现实中受贷款限制影响更大的往往是那些自由资金不足但又存在购房“刚需”的家庭，这无疑会加剧社会不公平现象，影响社会的和谐稳定。

另一方面，LTV工具的最终调控效果高度依赖于政策实施后房价的初始变动，并呈现出放大效应。当政策当局下调LTV上限之后，如果房价下降，那么LTV值会进一步上升，从而限制家庭获得资产增值抵押贷款，这使得家庭用于消费和投资的资金减少，从而降低经济增速，造成房价的进一步下跌。反之，如果政策实施后房价上升，那么LTV值会降到监管标准之下，家庭可以申请更多的资产增值抵押贷款用于消费和投资，进而促进经济增长，带动房价进一步上升。虽然在大多数情况下，收紧LTV工具有利于抑制房地产市场的过热倾向，但房价变动的影响因素通常比较复杂，特别是当市场中存在大量的投机资本时，LTV工具的这种放大作用和不确定性会显著上升，此时政策当局应当以更加审慎的方式进行调控。

12.3.3 流动性类宏观审慎政策工具的传导机制

流动性类宏观审慎政策工具旨在防止银行在市场繁荣和流动性充裕时期过度依赖短期批发融资（short-term wholesale financing），保证银行拥有充足的优质流动性资产以应对预期之外的严重流动性压力和冲击。常见的流动性类宏观审慎政策工具包括流动性覆盖率、净稳定资金比率（net stable funding rate，NSFR）、逆周期保证金要求（countercyclical margin requirement，CMR）以及宏观审慎准备金率（macroprudential reserve requirement，MRR）等，此类工具的一般传导机制如图12-5所示。

（一）主要的传导渠道

在经济繁荣时期，政策当局提高流动性监管标准的直接结果是，银行能够更好地应对突发的流动性需求，降低银行在有偿付能力的情况下因流动性不足而发生违约的概率（操作目标），这有利于银行业的稳健发展（中间目标），进而提高金融体系的稳定性（最终目标）。同时，预期渠道也会发挥重要的作用，其传导过程与前两类工具相似，但由于流动性类宏观审慎政策工具对金融市场具有更加直接的影响，因此，政策当局不仅要注重对银行的预期引导，同时还要加强与金融市场其他投资者的沟通。

作为连接投资者与金融市场的纽带，信贷渠道自然在流动性类宏观审慎政策工具的调控过程中发挥着重要作用。具体而言，为满足更高的流动性监管要求，银行需要调整其资产负债两端，以减轻“借短贷长”所造成的期限错配问题。一般而言，银行可从以下5种方式中选择一种或多种来调节自身的流动性：在负债端，可用长期融资替代短期融资、用有担保的融资替代无担保的融资；在资产端，可用高流动性资产替代低流动性资产、减少需占用稳定资金的资产或者缩短贷款到期期限。

在负债端，用长期、有担保的融资来源替代短期、无担保的融资，保证了银行资金来源的持续性和稳定性，但也增加了银行的融资成本；而在资产端，用高流动性资产替换低流动性资产、减少长期贷款发放（操作目标）的做法，虽然有利于银行及时收回流动性，但也降低了银行的收益率。综合资产和负债两端的情况来看，银行提高自身流动性的必然代价是盈利能力的降低，因此，为弥补利润损失，银行通常会提高存贷利差，这会降低贷款（尤其是长期贷款）的需求（操作目标），抑制信贷的顺周期性（中间目标），进而促进金融稳定（最终目标）。

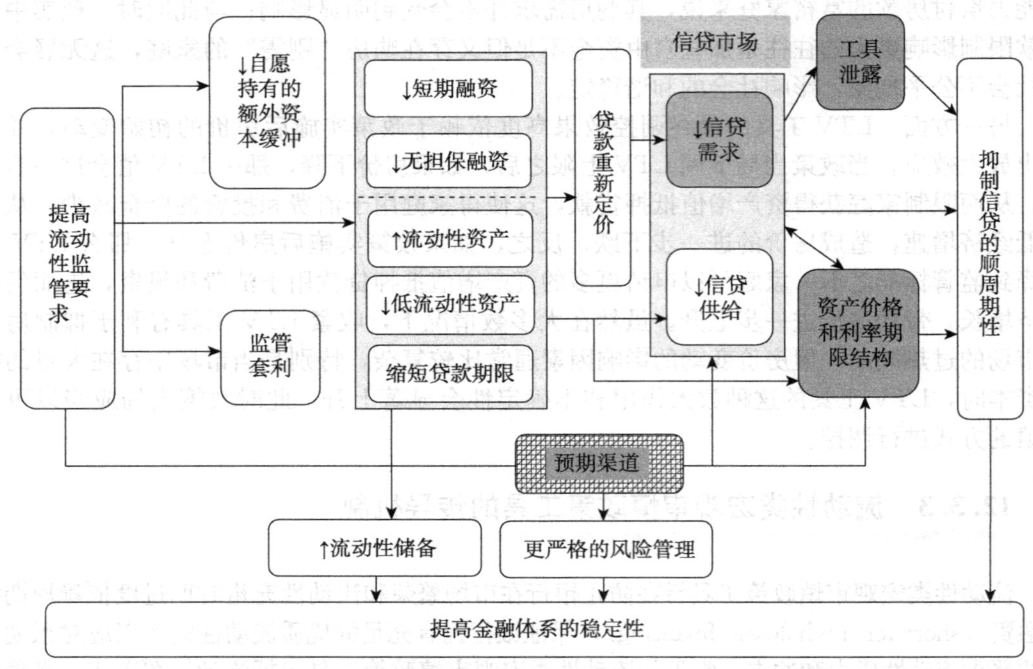

图 12－5　流动性类宏观审慎政策工具的一般传导机制

注：图中白色填充为银行可能出现的反应，灰色填充为市场可能出现的反应。

资料来源：CGFS. Operationalising the Selection and Application of Macroprudential Instruments. 2012.

（二）影响传导有效性的相关因素

图 12－5 还显示了可能影响流动性类宏观审慎政策工具调控效果的四种因素：首先，同资本类宏观审慎政策工具一样，银行如果为了满足流动性监管要求自愿减少所持有的额外资本缓冲，那么这会部分地抵消政策效果；其次，工具泄露也是重要的原因，特别是随着资本市场的完善，借款人的长期借款需求可以由监管范围之外的其他金融机构满足，进而造成流动性风险从银行业转移到其他金融部门；再次，收紧流动性会影响借款人的风险管理方式，在难以获得长期借款的情况下，借款人会转而利用短期借款来匹配长期资产，从而引起借款人的流动性期限错配，形成新的不稳定因素；最后，银行还可以通过开发一些结构复杂但只是形式上具有高流动性的金融创新产品来规避流动性监管，这也会使得政策当局的风险控制部分失效。

需要特别指出的是，流动性类宏观审慎政策工具的使用可能还与货币政策的传导存在着交互作用。一方面，对于货币数量渠道，如果银行依靠自身的周转运作，仍不能达到流动性监管标准，从而转向从中央银行申请贴现贷款来补充自身的流动性，这将导致基础货币投放增加，从而影响中央银行的货币政策目标。另一方面，作为金融市场的重要参与者，金融机构大规模调整其资产负债结构和买卖不同流动性资产的行为，必然造成资产价格的大幅变动，从而引起利率期限结构的调整，进而影响货币政策的利率传导。

从上述代表性宏观审慎政策的传导机制我们不难看出，信贷渠道始终在宏观审慎政策的传导过程中扮演着重要角色，这与银行在金融系统中的特殊地位是密不可分的。此外，预期渠道以及政策工具自身的特性也对金融稳定的实现过程具有重要影响。总体来看，宏观审慎政策传导的理论逻辑还是比较清晰的，但这并不意味着宏观审慎政策是完美的“金融稳定器”，由于工具泄露和监管套利等因素的影响，以及一些政策工具本身存在一些内在缺陷，这些都可能干扰政策传导的预期渠道，从而削弱宏观审慎政策调控的实际效果。因此，在深入理解相关宏观审慎工具传导机制的基础上，不断改进和完善工具的设计，加强对金融市场的监督与规范，同时优化政策进退时机的选择，是政策当局需要在实践中不断思考和探索的问题。

12.4 中国宏观审慎政策的调控机理

本节主要对中国目前一些常用的宏观审慎政策的调控机理进行说明。所谓调控机理，主要是指一项政策在现实中是如何进行实施和操作的，以及该政策在实现目标过程中的内在逻辑和传导机制是什么。

12.4.1 宏观审慎评估体系的调控机理

中国人民银行从2009年7月开始系统研究强化宏观审慎监管的政策措施，之后引入“差别准备金动态调整机制”，加强外汇流动性和跨境资金流动监管。2015年12月29日，中国人民银行宣布自2016年起将现有的差别准备金动态调整和合意贷款管理机制升级为宏观审慎评估（MPA）体系。

MPA体系继承了“资本充足率是评估的核心”这一基本要求，关注范围进一步扩大，涵盖资本和杠杆情况、资产负债情况、流动性、定价行为、资产质量、外债风险、信贷政策执行等七方面内容，具体细分为14个相关指标（表12－4）。中国人民银行可以根据宏观调控的需要，对MPA体系的指标构成、权重和相关参数、评分方法等进行调整。

表12－4　MPA体系考核指标和打分表

七大类	14个基本指标和分数配置情况
资本和杠杆情况（100分）	资本充足率（80分）、杠杆率（20分）
资产负债情况（100分）	广义信贷（60分）、委托贷款（15分）、同业负债（25分）
流动性（100分）	流动性覆盖率（40分）、净稳定资金比率（40分）、遵守准备金制度情况（20分）
定价行为（100分）	利率定价（100分）
资产质量（100分）	不良贷款率（50分）、拨备覆盖率（50分）
外债风险（100分）	外债风险加权余额（100分）
信贷政策执行（100分）	信贷执行情况（70分）、央行资金运用情况（30分）

在具体的考核方法上，MPA体系按季评估，各项指标的满分均为100分，其中优秀线为90分，达标线为60分。评估结果分A、B、C三档：如果上述七大类指标均达到优秀线，则归为A档机构；资本和杠杆情况以及定价行为这两项为“一票否决”项，其中任一项不达

标者，或剩余五大类任意两项及以上不达标者，均归为C档机构；剩余为B档机构。

在激励和约束机制方面，中国人民银行对A档机构实施以下优惠政策：给予1.1～1.3倍的法定存款准备金利率，优先发放支农支小再贷款再贴现，优先金融市场准入及各类金融债券发行审批，金融创新产品先行先试等。同时，中国人民银行对C档机构实施以下惩戒政策：执行0.7～0.9倍的法定存款准备金利率，单独提高SLF利率，金融市场准入及各类金融债券发行受控，被调出一级交易商等。对于B档机构，其既不享受激励政策，也不受更多约束。

在MPA体系评估框架下，一个非常具有代表性的指标是“宏观审慎资本充足率”（C_i^*），这是人民银行在MPA体系考核中新推出的一个考核指标，其计算公式为：

$$C_i^* = \alpha_i \times (\text{最低资本充足率要求} + \text{储备资本} + \text{系统重要性附加资本} + \text{逆周期资本缓冲})$$

其中，α_i 为结构性参数，取值在1和1.1之间，主要参考机构稳健性状况和信贷政策执行情况，其基准值为1，并据以下情况进行上调：(1) 经营稳健性状况。在考核季度内内控管理、支付系统出现重大问题，发生案件及负面舆情等情况，α_i 上调0.05。(2) 信贷政策执行情况。在考核季度内月均转贴现余额占比或新增占比超过法人机构平均水平，α_i 上调0.05。

公式中的最低资本充足率要求和储备资本参考监管部门指标，根据2012年颁布的《商业银行资本管理办法（试行）》，商业银行的最低资本充足率要求为8%，储备资本要求为风险加权资产的2.5%。

机构 i 的系统重要性附加资本按照如下公式计算：

$$\text{系统重要性附加资本} = 0.5\% + (1\% - 0.5\%) \times \text{机构} i \text{的资产规模/最大机构资产规模}$$

此外，逆周期资本缓冲的计算公式为：

$$\text{逆周期资本缓冲} = \max\{\beta_i \times [\text{机构} i \text{广义信贷增速} - (\text{目标 GDP 增速} + \text{目标 CPI})], 0\}$$

其中，β_i 为机构 i 对整体信贷顺周期的贡献度参数，计算公式为：

$$\beta_i = \text{宏观经济热度参数}(\beta_{i1}) \times \text{系统重要性参数}(\beta_{i2})$$

其中，宏观经济热度参数（β_{i1}）由央行根据“广义信贷/GDP”偏离其长期趋势值的程度测算，结合形势变化适时调整；系统重要性参数（β_{i2}）根据不同银行系统重要性差异调整其对整体信贷偏离度的贡献，在0.5和1之间赋值。综合来看，β_i 的取值范围一般在0.4和0.8之间。

根据上述公式，假定目标GDP增速为6.5%，CPI增速为3%，则宏观审慎资本充足率 C_i^* 的计算公式可以简化为：

$$C_i^* = \alpha_i \times (8\% + 2.5\% + \text{系统重要性附加资本}) + \max\{\beta_i \times [\text{机构} i \text{广义信贷增速} - (6.5\% + 3\%)], 0\}$$

根据上述公式，显而易见，在结构性参数、目标GDP和CPI给定的情况下，C_i^* 的计算结果更多的是取决于广义信贷增速和系统重要性附加资本要求。按照现行的MPA体系考核标准，如果某机构的实际资本充足率（C）低于宏观审慎资本充足率超过4个百分点（即 $C_i^* - C > 4\%$），那么该机构的资本充足率考核就为不合格（0分）。因此，MPA可以从“时间”和“空间（跨部门）”两个维度进行宏观审慎管理：在时间维度上，由于金融机构广义信贷的扩张会导致更高的宏观审慎资本充足率要求，因此，MPA 的资本充足率考核会抑制金融机构的信贷扩张冲动，从而降低广义信贷的顺周期性；在空间（跨部门）维度上，由于系统重要性金融机构要比普通金融机构具有更高的宏观审慎资本充足率，这使得系统重要性金融机构需要通过提高资本充足率（C）或比普通金融机构更大幅度地降低广义信贷增速来满足考核要求，因此，MPA 体系的资本充足率考核可以同时强化对系统性金融机构的监管要求。

当然，除了资本充足率考核外，MPA 体系还体现了其他方面的宏观审慎考虑，比如，“广义信贷”的统计口径包含了信贷、债券投资、股权投资及其他投资、买入返售资产等项目，填补了之前金融机构通过“资产腾挪”规避监管和调控的风险盲区，体现了风险资产全面覆盖的基本要求。又比如，MPA 体系从流动性覆盖率、净稳定资金比例和遵守准备金制度情况三个方面加强了流动性风险管理，同时通过加强外汇流动性和跨境资金流动管理抑制外汇市场相关风险。此外，MPA 体系还强调了利率定价行为，一个 100 分的指标，一方面是对银行负债结构和风险定价能力监管的加强，另一方面也有助于推动利率市场化以及货币政策向价格型调控转型。

总体来看，MPA 体系综合考虑了金融机构的稳健性状况和系统重要性程度，引导和鼓励金融机构加强审慎经营和执行逆周期调节的广义信贷投放，并以此降低系统性风险和促进金融稳定。由于 MPA 体系涵盖了多个方面的内容和指标，因此本质上是一个“工具箱”式的综合管理工具，其核心传导机制可大致概括为：

MPA 体系考核（政策工具）→14 个基本指标（操作目标）→金融机构的广义信贷投放和风险承担（中间目标）→系统性风险和金融稳定（最终目标）

12.4.2 房贷最低首付款比例政策的调控机理

贷款价值比（LTV）是指贷款金额和抵押品价值的比例。LTV 指标越高，投资者（消费者）使用自有资金的比例越小，从银行贷款的金额比例越大。因此，对某类资产的 LTV 最高值进行限制，相当于限制银行对此类资产的贷款或限制投资者对此类资产的投资杠杆。在宏观审慎管理方面，在资产价格的繁荣或泡沫时期，政策当局通过降低某类资产的 LTV 上限（LTV cap），可以抑制银行对该类资产的贷款比例，从而达到抑制资产价格、投资杠杆和银行信贷顺周期性的目的。

LTV 上限在房地产领域的一个重要应用是我们通常所说的“最低首付款比例”，该比例实际上是 LTV 上限的一个反向指标，即

最低首付款比例＝1－LTV 上限

举例而言，如果某客户 A 需要购买总价为 100 万元人民币的一套住房，同时政策规定的最低首付款比例为 20%，对应 LTV 上限≤80%，则银行最多只能给该客户贷款 80 万元人民币。如果政策规定的最低首付款比例提高到 40%，则对应 LTV 上限≤60%，此时，银行最多只能给该客户贷款 60 万元人民币。

因此，提高房地产住房抵押贷款的最低首付款比例，相当于降低住房抵押贷款的 LTV 上限，这会抑制银行对住房的抵押贷款投放，从而减少银行对房地产价值波动的风险敞口。同时，贷款可得性的下降会抑制购房需求，从而减轻房价和银行信贷的顺周期

性，避免房地产和信贷市场出现过度的、可能引发危机的泡沫化倾向。除直接抑制住房抵押贷款的风险之外，由于房地产同时也是银行发放其他贷款的重要抵押品和担保品，因此，通过LTV上限管理抑制房地产市场的过度顺周期性，实际上有助于从整体上抑制银行体系的系统性风险。

在2000年之后，特别是在2003年之后，中国的房地产市场迅速发展，房价开始不断攀升。不断上涨的房价不仅成为社会话题，而且引发了各界对于房价泡沫和金融风险的普遍担忧，特别是有美国“次贷危机”作为前车之鉴，及时控制房地产金融风险成为宏观审慎政策调控的重要内容。2009年，在“四万亿”计划和10万亿银行信贷的推动下，中国的房地产市场再次出现“井喷”情况，不少地区的房价在短短半年时间内涨幅超过50%。在这一背景下，2010年4月13日召开的国务院常务会议要求，对贷款购买第二套住房的家庭，贷款首付款不得低于50%，贷款利率不得低于基准利率的1.1倍；对购买首套住房且套型建筑面积在90平方米以上的家庭，贷款首付款比例不得低于30%。4月17日，国务院下发《国务院关于坚决遏制部分城市房价过快上涨的通知》，指出房价过高地区可暂停第三套及以上住房放贷。

此后，房地产信贷的宏观审慎调控不断强化和完善。比如2015年《中国人民银行 住房城乡建设部 中国银行业监督管理委员会关于个人住房贷款政策有关问题的通知》和2016年《中国人民银行 中国银行业监督管理委员会关于调整个人住房贷款政策有关问题的通知》要求，在不实施“限购”措施的城市，居民家庭首次购买普通住房的商业性个人住房贷款，原则上最低首付款比例为25%，人民银行分支机构可根据各地实际情况向下浮动5个百分点，对拥有1套住房且相应购房贷款未结清的居民家庭，为改善居住条件再次申请商业性个人住房贷款购买普通住房，最低首付款比例调整为不低于30%。自2017年以来，在“房住不炒”政策的持续调控下，一、二、三线城市的房价涨幅出现了明显的分化，在这种情况下，中国人民银行开始实施“因城施策”和差别化的住房信贷政策，强调在国家统一政策基础上，可结合所在城市实际，自主确定辖内商业性个人住房贷款的最低首付款比例。

总体来看，基于最低首付款比例调整的房地产LTV限制类工具正成为中国宏观审慎政策工具箱中的重要工具，该工具从金融机构的资产端控制信贷投放，同时从借款人的负债端控制投资杠杆，目标是抑制房价泡沫和控制银行信贷风险，进而促进房地产市场和银行体系的共同稳定。因此，房地产LTV限制的核心传导机制可大致概括为：

最低首付款比例/LTV限制（政策工具）→住房贷款价值比LTV（操作目标）→房价和银行信贷（中间目标）→房地产市场和银行部门稳定（最终目标）

12.4.3 全口径跨境融资宏观审慎管理的调控机理

2016年，中国人民银行发布了《中国人民银行关于在全国范围内实施全口径跨境融资宏观审慎管理的通知》，明确将根据宏观经济热度、国际收支状况和宏观金融调控需要对跨境融资杠杆率、风险转换因子、宏观审慎调节参数等进行调整，并对27家银行类金融机构跨境融资进行宏观审慎管理。国家外汇管理局对企业和除27家银行类金融机构以外的其他金融机构跨境融资进行管理，并对企业和金融机构进行全口径跨境融资统计监测。中国人民银行、国家外汇管理局之间建立信息共享机制。

根据这一政策，企业和金融机构开展跨境融资按风险加权计算余额，风险加权余额不得超过上限，即跨境融资风险加权余额≤跨境融资风险加权余额上限，其中跨境融资风险加权余额按如下方式计算：

$$\begin{aligned}\text{跨境融资风险加权余额} = & \sum \text{本外币跨境融资余额} \times \text{期限风险转换因子} \\ & \times \text{类别风险转换因子} + \sum \text{外币跨境融资余额} \\ & \times \text{汇率风险折算因子}\end{aligned}$$

其中，本外币跨境融资涵盖表内融资和表外融资；还款期限在1年（不含）以上的中长期跨境融资的期限风险转换因子为1，还款期限在1年（含）以下的短期跨境融资的期限风险转换因子为1.5；表内融资的类别风险转换因子设定为1，表外融资（或有负债）的类别风险转换因子暂定为1；汇率风险折算因子为0.5。

跨境融资风险加权余额上限的计算公式为：

$$\text{跨境融资风险加权余额上限} = \text{资本或净资产} \times \text{跨境融资杠杆率} \times \text{宏观审慎调节参数}$$

其中，对于资本或净资产项，企业按净资产计，银行类金融机构（包括政策性银行、商业银行、农村合作银行、城市信用合作社、农村信用合作社、外资银行）按一级资本计，非银行金融机构按资本（实收资本或股本+资本公积）计，以最近一期经审计的财务报告为准；企业和非银行金融机构的跨境融资杠杆率为1，银行类金融机构为0.8；宏观审慎调节参数为1。

在调控方式上，中国人民银行建立跨境融资宏观风险监测指标体系，在跨境融资宏观风险指标触及预警值时，采取逆周期调控措施，控制系统性金融风险。逆周期调控措施可以采用单一措施或组合措施的方式进行，也可针对单一、多个或全部企业和金融机构进行。总量调控措施包括调整跨境融资杠杆率和宏观审慎调节参数，结构调控措施包括调整各类风险转换因子。根据宏观审慎评估（MPA）体系的结果对金融机构跨境融资的总量和结构进行调控，必要时还可根据维护国家金融稳定的需要，采取征收风险准备金等其他逆周期调控措施，防范系统性金融风险。

在约束机制方面，企业和金融机构因风险转换因子、跨境融资杠杆率和宏观审慎调节参数调整导致跨境融资风险加权余额超出上限的，原有跨境融资合约可持有到期，但在跨境融资风险加权余额调整到上限内之前，不得办理包括跨境融资展期在内的新的跨境融资业务。对于超上限开展跨境融资的，或融入资金使用与国家、自贸区的产业宏观调控方向不符的，中国人民银行或国家外汇管理局可责令其立即纠正，依法进行处罚，情节严重的，暂停其跨境融资业务；同时，金融机构的跨境融资行为纳入MPA体系考核，对情节严重的，可视情况向其征收定向风险准备金。对于办理超上限跨境融资结算的金融机构，责令其整改；对于多次发生办理超上限跨境融资结算的金融机构，可暂停其跨境融资结算业务。

从全口径跨境融资宏观审慎管理的上述调控方式可以看出，该政策同时从总量和结构入手对跨境融资进行逆周期调节和风险控制，其核心传导机制可大致概括为：

全口径跨境融资宏观审慎管理(政策工具)→跨境融资风险加权余额/跨境融资风险加权余额上限(操作目标)→跨境融资的总量和结构(中间目标)→系统性风险和金融稳定(最终目标)

12.4.4 其他宏观审慎政策的调控机理

在中国现有的宏观审慎政策实践中，中国人民银行手中除上述常用的几个典型工具外，还有一些临时性、辅助性或“非常时期”使用的政策工具，包括证券市场流动性支持（平准基金）、存款保险制度和问题金融机构的早期处置等。

（一）证券市场流动性支持（平准基金）

2015年，在股票市场大幅震荡的背景下，银监会宣布中国证券金融股份有限公司（以下简称“中证金公司”）已获得中国人民银行充足流动性支持，并持续通过多渠道向证券公司提供足额资金。同时，中证金公司通过股票质押的方式，向21家证券公司提供了2 600亿元的信用额度，用于证券公司自营增持股票。通过此次操作，中证金公司实际上已经从专门的融通机构转变为股市“平准基金”，形成了中央银行—中证金公司—证券公司的资金注入体系。这在一定程度上提高了股市流动性，稳定了股市的恐慌情绪。这也是中国人民银行首次直接介入资本市场。

平准基金（又称“干预基金”）实际上是证券市场常见的一类用于维护市场稳定的政策性基金，一般由政府通过特定的机构以法定的方式建立。这类基金可以通过对证券市场的逆向操作，如在股市出现恐慌情绪和非理性暴跌时买进，在投机严重和出现严重泡沫时卖出，以达到稳定证券市场的目的。中央银行的流动性支持和平准基金作为一种宏观审慎政策工具，其核心传导机制可大致概括为：

中央银行流动性支持/平准基金(政策工具)→证券市场流动性(操作目标)→证券市场价格指数及稳定性(中间目标)→系统性风险和金融稳定(最终目标)

不过，需要特别指出的是，中央银行针对证券市场的直接流动性支持和平准基金一般只在市场存在严重失灵、可能诱发系统性风险的特殊时期使用，在日常情况下中央银行不宜过度介入证券交易市场，更不宜将烫平证券市场的日常价格波动作为宏观审慎政策的中间目标，以免导致不公平竞争和引发市场严重的道德风险问题。此外，中央银行在通过流动性支持和平准基金稳定证券市场之后，应该采取及时、有序和稳妥的退出策略，避免给市场造成新的不稳定。

（二）存款保险制度和问题金融机构的早期处置

作为金融安全网的核心支柱之一，存款保险制度于2015年5月1日在中国正式实施。中国的存款保险制度主要包括以下内容：一是实行强制保险，范围覆盖境内依法设立的所有存款类金融机构；二是实行限额赔付，将限额确定为50万元，该限额能够为99.63%的存款人（包括各类企业）提供全额保护；三是基准费率和风险差别费率相结合，对风险较高的存款类金融机构适用较高费率，反之则适用较低费率。存款保险制度的主要作用是通过前置性地承诺在金融机构发生破产倒闭风险时，存款人可以获得一定的（通常对普通存款人而言是充分的）赔偿，从而降低存款人在金融机构遭遇困难时“竞相挤兑”而造成的流动性危机和风险传染。

【二维码专栏12-1】

包商银行被接管以及央行和银保监会的有关解释

不过，金融机构在出现问题时，不一定会最终走向破产，基于宏观审慎的早期处置机制可能提前运作，典型的措施如接管和重组等。比如，2019年5月24日傍晚，中国人民银行和银保监会联合发布公告（二维码专栏12-1）：鉴于包商银行出现严重信用风险，为保护存款人和其他客户的合法权益，银保监会决定自2019年5月24日起对包商银行实行接管，接管期限为1年。同时，中国人民银行和银保监会与有关方面组建接管组，对包商银行实施接管。自接管开始之日起，接管组全面行使包商银行的经营管理权，并委托中国建设银行托管包商银行业务。中国建设银行组建托管工作组，在接管组的指导下，按照托管协议开展工作。接管后，包商银行正常经营，客户业务照常办理，依法保障银行存款人和其他客户的合法权益。

总体来看，以存款保险制度和问题金融机构处置机制为代表的宏观审慎政策主要是在金融机构出现严重问题的情况下使用，其目的是从金融机构角度防范和化解可能引发市场恐慌的系统性风险，进而促进金融稳定。此类宏观审慎政策的核心传导机制为：

存款保险和早期处置机制（政策工具）→问题金融机构的稳定（操作目标）→银行体系的稳定（中间目标）→系统性风险和金融稳定（最终目标）

【本章小结】

宏观审慎政策的调控机理是指宏观审慎政策通过什么样的工具、采用什么样的规则或策略、基于什么样的传导机制一步一步地实现其直接、间接和最终的调控目标。在实践中，由于宏观审慎政策涉及多种不同类型的政策工具，而不同类型的政策工具往往基于不同的具体目标、规则和传导机制进行运作，因此，不同类型的宏观审慎政策工具的调控机理也存在一定差异。

与货币政策一样，宏观审慎政策的实施也存在所谓"规则"与"相机抉择"之分。规则比较僵硬，但纪律性强；相机抉择比较灵活，但纪律性差。在规则和相机抉择各有优劣的情况下，比较现实可行的方案是以"规则与相机抉择（依情况）动态平衡"的方式尽可能地兼容二者的优点。具体而言，凡被经验或规律证实普遍可行的，都应该被明确设定为规则，而相机抉择则主要在特殊情况下使用，并向市场进行必要的解释。

资本类宏观审慎政策工具旨在调控金融机构的资本充足率，从而提高其抵御经营风险的能力，常见的具体工具包括逆周期资本缓冲、动态拨备以及部门差别化的资本要求等。从一般传导机制来看，资本类工具主要通过资本渠道、信贷渠道以及预期渠道影响金融部门的稳定性，但工具泄露和监管套利等因素可能会削弱政策的调控效果。

资产类宏观审慎政策工具的作用机理在于，通过在经济过热时期加强某一类群体的借款限制来实现控制信贷规模的目标。资产类工具通常应用于房地产抵押贷款，常见的工具包括贷款价值比（LTV）、贷款收入比（LTI）和债务收入比（DTI）等。从一般传导机制来看，信贷渠道和预期渠道依然在资产类工具的传导中发挥着重要作用，而工具泄露和监管套利等因素同样会削弱政策效果。

流动性类宏观审慎政策工具旨在防止银行在市场繁荣和流动性充裕时期过度依赖短期批发融资，保证银行拥有充足的优质流动性资产以应对预期之外的严重流动性压力和冲击，常见的工具包括流动性覆盖率（LCR）、净稳定资金比率（NSFR）、逆周期保证金要求（CMR）以及宏观审慎准备金率（MRR）等。此类工具的一般传导机制为：政策当局通过在繁荣时期提高流动性要求，降低银行体系的流动性风险，进而促进金融稳定。流动性类宏观审慎政策工具的使用可能与货币政策的传导机制存在一定的交互作用，这在政策实施过程中需要予以考虑。

中国的宏观审慎评估（MPA）体系综合考虑了金融机构的稳健性状况和系统重要性程度，引导和鼓励金融机构加强审慎经营和执行逆周期调节的广义信贷投放，并以此降低系统性风险和促进金融稳定。MPA 体系本质上是一个"工具箱"式的综合管理工具，其核心传导机制大致可概括为：MPA 体系考核（政策工具）→14 个基本指标（操作目标）→金融机构的广义信贷投放和风险承担（中间目标）→系统性风险和金融稳定（最终目标）。

基于房贷最低首付款比例政策的房地产 LTV 限制类工具一方面从金融机构的资产端控制信贷投放，另一方面从借款人的负债端控制投资杠杆，目标是抑制房价泡沫和控制银行信贷风险，进而促进房地产市场和银行体系的共同稳定。房地产 LTV 限制的核心传导机制可大致概括为：最低首付款比例/LTV 限制（政策工具）→住房贷款价值比 LTV（操作目标）→房价和银行信贷（中间目标）→房地产市场和银行部门稳定（最终目标）。

在开展全口径跨境融资宏观审慎管理的同时从总量和结构入手，对跨境融资进行逆周期调节和风险控制，其核心传导机制可大致概括为：全口径跨境融资宏观审慎管理（政策工具）→跨境融资风险加权余额/跨境融资风险加权余额上限（操作目标）→跨境融资的总量和结构（中间目标）→系统性风险和金融稳定（最终目标）。

平准基金是证券市场常见的一类用于维护市场稳定的政策性基金，一般由政府通过特定的机构以法定的方式建立。这类基金可以通过对证券市场的逆向操作，如在股市出现恐慌情绪和非理性暴跌时买进，在投机严重和出现严重泡沫时卖出，以达到稳定证券市场的目的。中央银行的流动性支持和平准基金的核心传导机制为：中央银行流动性支持/平准基金（政策工具）→证券市场流动性（操作目标）→证券市场价格指数及稳定性（中间目标）→系统性风险和金融稳定（最终目标）。

以存款保险制度和问题金融机构的早期处置为代表的宏观审慎政策主要是在金融机构出现严重问题的情况下使用，其目的是从金融机构角度防范和化解可能引发市场恐慌的系统性风险，进而促进金融稳定。此类宏观审慎政策的核心传导机制为：存款保险和早期处置机制（政策工具）→问题金融机构的稳定（操作目标）→银行体系的稳定（中间目标）→系统性风险和金融稳定（最终目标）。

【关键词】

调控规则　相机抉择　古德哈特定律　自我实现的预言　逆周期资本缓冲　部门性逆周期资本缓冲　动态拨备制度　监管套利　宏观审慎评估（MPA）体系　宏观审慎资本充足率　系统重要性附加资本　广义信贷　房贷最低首付款比例　LTV 限制　全口径跨境融资宏观审慎管理　平准基金　存款保险制度

【复习思考题】

1. 阐述规则和相机抉择在宏观审慎调控中的作用。
2. 简要说明宏观审慎政策如何兼容规则与相机抉择。
3. 简要解释主要宏观审慎政策的调控机理和传导机制。
4. 简要说明代表性宏观审慎政策的规则设计和实施方式。
5. 简要说明中国现有宏观审慎政策的实施情况和调控机理。

第13章 宏观审慎政策与货币政策的协调配合

【本章要点】

1. 宏观审慎政策与货币政策协调配合的现实背景；
2. 宏观审慎政策与货币政策协调配合的理论基础；
3. 宏观审慎政策与货币政策协调配合的分析框架；
4. 中国“双支柱”调控框架的主要内容与未来发展。

【导入案例】

新华社（刘铮、刘慧. 央行：探索建立“货币政策+宏观审慎政策”双支柱框架. 2017-03-24)：陈雨露在2017年中国金融学会学术年会上演讲时表示，自国际金融危机爆发以来，各国央行普遍认识到，个体金融机构的稳健性并不意味着系统稳定，需要从宏观的、逆周期的视角运用审慎政策工具有效防范和化解系统性金融风险，从整体上维护金融稳定。宏观审慎政策已经成为全球范围内金融监管和宏观调控框架改革的重心。中国人民银行明确提出探索建立“货币政策+宏观审慎政策”双支柱调控框架，积极探索二者间的协调配合。陈雨露介绍，2009年中国人民银行开始系统地研究宏观审慎政策框架，2011年引入差别准备金动态调整制度，并在2015年将其升级为宏观审慎评估体系，当年又将外汇流动性和跨境资金流动纳入宏观审慎管理范畴。“今后，还要在借鉴国际经验的基础上，统筹做好系统重要性金融机构、金融基础设施和金融综合信息统计的管理工作，牢牢守住不发生系统性金融风险的底线。”陈雨露表示。

《证券时报》(孙璐璐. 易纲：“双支柱框架”利于币值稳定和金融系统稳定. 2017-10-19)：10月19日，中国共产党第十九次全国代表大会中央金融系统代表团在人民大会堂一楼新闻发布厅召开讨论会。十九大代表、中国人民银行副行长易纲在发言时阐述了对十九大报告中提到的“健全货币政策和宏观审慎政策双支柱调控框架”的理解。易纲表示，“双支柱”指的是货币政策和宏观审慎政策，金融危机前央行的主流政策框架以货币政策为核心，稳定物价是政策目标，对防止高通货膨胀起到了很好的作用。但本轮国际金融危机说明，价格稳定并不代表金融稳定，在危机前美国的物价稳定，金融资产价格大幅上涨，市场行为具有明显的顺周期性，跨市场风险传染性较强。易纲指出：“因此，大家反思，只有货币政策对于维持金融系统稳定还不够，金融系统风险的主要来源是金融顺周期性和跨市场风险传染，宏观审慎就是对金融顺周期性和跨市场风险传染对症下药。”易纲表示：建立双支柱调控框架可以起到两方面作用：一是保持币值稳定，二是维护金融系统的稳定。

当中央银行的政策框架引入宏观审慎政策之后，货币政策和宏观审慎政策之间的关系是什么？它们之间如何区分？异同点有哪些？这两种政策的目标是相同的还是不同的？它们之间是否以及如何进行协调搭配？中国在此方面有哪些实践？本章将对上述问题进行解答。

13.1 概述

在20世纪70年代之后，特别是自20世纪90年代以来，世界各主要国家的金融体系都经历了一个快速发展的时期。全球范围内的金融大发展使得金融和实体经济之间形成了互相影响、不可分割的内生性关系：一方面，高度发达的金融体系为实体经济的创新发展提供了源源不断的资金支持，金融与科技逐渐成为推动经济增长的两个战略支撑；但另一方面，随着金融体系的发展壮大，金融对实体经济的影响也日益深化，金融体系的稳定性和周期波动成为影响宏观经济波动的重要来源。金融和宏观经济之间日渐紧密的内生性关系意味着，必须在一个统一的政策框架内同时考虑金融和宏观经济的调控问题。换言之，有效的政策框架必须实现金融调控与宏观经济调控的协调统一。

尽管统一调控的思路和方向非常明确，但仅仅依赖于传统的货币政策工具却不足以应对现实中的各种复杂性。比如，尽管一般认为价格稳定（或更为广泛意义上的经济稳定）是金融稳定的前提和基础，但二者并不总是一致。据世界银行统计，自20世纪70年代末到21世纪初，全球共有93个国家先后发生了112次系统性金融危机，46个国家发生了51次局部性金融危机，这些危机中的大多数都是在政策当局比较成功地控制通货膨胀的背景下发生的。金融危机不仅会直接伤害金融体系自身的稳定与发展，还会通过溢出效应对实体经济的稳定与发展产生冲击。事实上，从过去几十年的实际经验来看，价格稳定和金融稳定的目标经常发生冲突，特别是在低通货膨胀和高增长的经济快速发展时期，货币政策虽然能较好地实现通货膨胀控制和经济稳定，但却并不足以确保金融稳定，而后者常常成为威胁实体经济稳定的一个重要潜在“缺口”。这意味着，传统的单一货币政策框架存在制度设计上的内在缺陷与不足，新的宏观调控框架必须将价格（经济）稳定和金融稳定的目标同时纳入政策视野。

与此同时，从金融与宏观经济的运行周期来看，尽管有大量研究表明，二者在长期中存在密切的顺周期性关系，但从中短期视角来看，二者的周期运行动态又存在着一些明显的差异性。如图13-1所示，如果我们以CPI表征经济周期（同时也是货币政策的核心盯住目标之一），同时以房价和股价表征金融周期，那么从代表性经济体（美、英、中、日）的数据来看，虽然经济周期和金融周期在长周期中确实存在着比较明显的趋势性关联，但从中短期来看却并不总是如此，而是在不同的阶段可能存在领先、滞后或者“阶段性脱离”的现象。与此同时，从金融周期运行的内部结构性特征来看，不同金融部门或者活动之间的周期态势也并非完全一致，同样存在类似的领先、滞后或者“阶段性脱离”的现象，比如图 13－1 中所显示的股价和房价的关系就是如此。因此，不论是从经济周期与金融周期的关系来看，还是从金融周期的内部结构动态来看，高关联性的背后还隐藏着一定程度的复杂性。这意味着，即使在一个统一的政策框架内进行综合调控，政策当局的手里也必须有充足的多样化工具以应对上述现实中的复杂性。

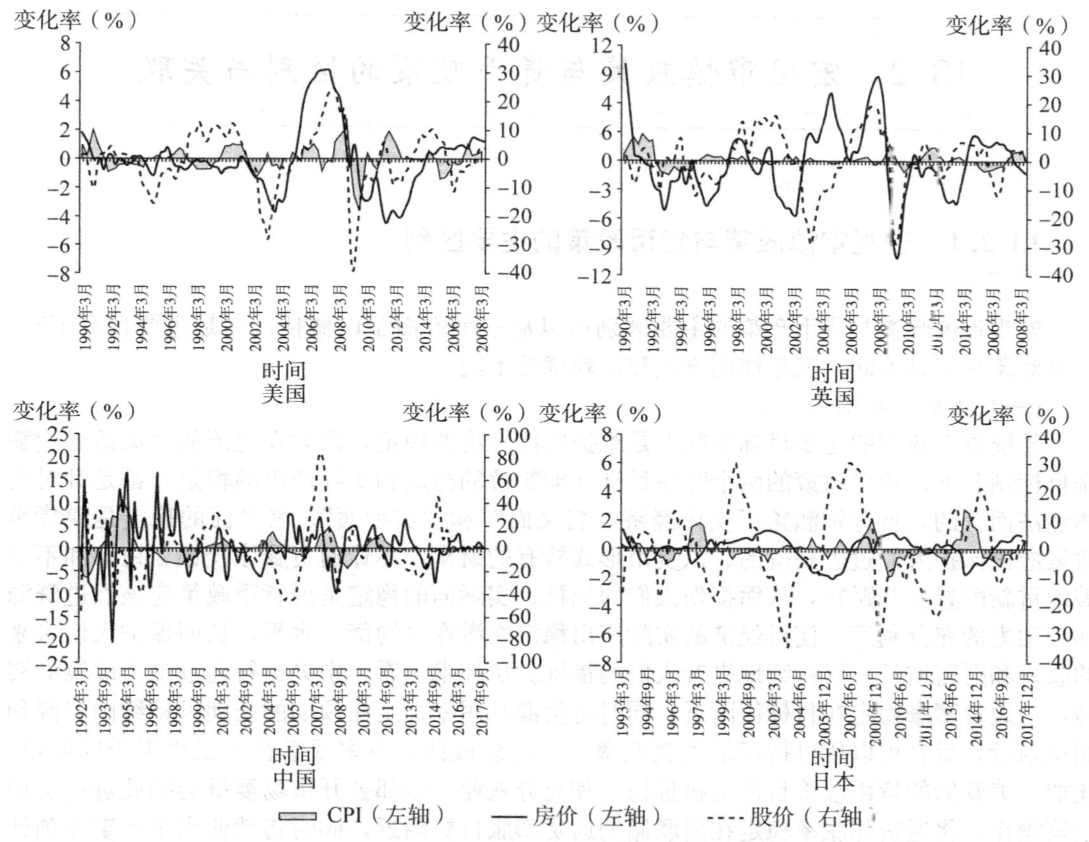

图 13－1　代表性国家的经济（价格）周期与金融周期

注：图中所有数据序列均为缺口值（由 HP 滤波得到），即对应变量相对于其稳态（均衡）水平的偏离，用以表示各变量的周期波动。

在上述金融和实体经济之间紧密而又复杂的关联关系背景下，过去几十年里世界各国的政策实践（特别是频繁发生的金融危机）早已反复表明，传统的单一货币政策工具即使被正确运用且有效实施，也不足以确保金融和实体经济的长期共同稳定，特别是难以应对形成过程隐蔽而复杂的金融风险问题。作为对 2008 年国际金融危机的一次集体反思和政策回应，宏观审慎政策在危机后正式进入世界各国决策者的政策视野，其目标是要在传统的货币政策之外，形成专门用于应对金融风险和维护金融稳定的新型政策工具。在宏观审慎政策作为一类新型工具被纳入政策体系并开始发挥重要调控功能之后，传统的基于货币政策的单一调控框架就逐渐转向了货币政策和宏观审慎政策相结合的调控框架。

总体来看，宏观审慎政策与货币政策相结合的调控思路有着深刻而紧迫的现实基础，具体包括两个大的方面：一是金融稳定对宏观经济的稳定运行具有重要影响，但传统的货币政策无法有效实现金融稳定，因而需要构建一个新的“政策支柱”（即宏观审慎政策）来专门实现金融稳定的目标；二是鉴于金融和实体经济之间深度融合和互相影响的内生性关系，新的“宏观审慎政策支柱”与传统的“货币政策支柱”必须在一个统一的框架下予以充分协调和配合，以提高政策实施的效果和效率，避免政策不一致所导致的冲突和摩擦。

13.2 宏观审慎政策与货币政策的区别与关联

13.2.1 宏观审慎政策与货币政策的主要区别

宏观审慎政策与货币政策的主要区别可以从三个方面予以概括：一是主要目标不同，二是对象和工具不同，三是作用方式和比较优势不同。

（一）主要目标不同

传统货币政策的主要目标实际上是维护实体经济的稳定，因为在主流的“灵活通货膨胀目标制”下，货币政策的两个盯住目标（即物价的稳定和实际产出的稳定）都是针对实体经济而言的，且分别涵盖了实体经济“名义面”和“实际面”。名义面的稳定是说货币政策应该保护人们过去获得的、以货币形式持有的财富，不让通货膨胀侵蚀、窃取和不平等地重新配置这些财富，从而损伤人们的福祉；实际面的稳定是说货币政策应该促进资源和劳动力的充分利用，使得经济的实际产出稳定在潜在（均衡）水平，从而保护人们未来的收入和财富增长，以持续地提升人们的福祉。从技术上看，中央银行通过货币政策的实施，将通货膨胀稳定在目标值附近，同时将资源利用率稳定在预期的长期可持续的资源利用率附近，后者可以用可持续最大就业率、可持续最低失业率或潜在产出水平予以衡量。比如，美联储的货币政策目标是物价稳定和充分就业，联邦公开市场委员会据此进行货币政策操作，将通货膨胀率稳定在美联储的通货膨胀目标附近，同时将就业水平稳定在预计的最大长期可持续就业率附近。

相比之下，宏观审慎政策的主要目标是金融稳定。从某种意义上说，金融稳定的定义不像物价稳定和产出稳定（充分就业）那样清晰和明确，但也并非捕风捉影，而是一个实实在在的概念。比如，大规模的银行破产、倒闭或经营困难，金融市场的交易崩溃、资产价格暴跌和流动性枯竭，本国货币的大幅贬值、抛售和资本外逃等，都可以视为金融不稳定的典型表现。因此，金融稳定总体上是一个多维度的概念，很难给出类似 CPI 或实际 GDP 那样简洁明了的定义。不过，从金融体系的主要功能来看，金融稳定的核心要点是具有充分的抗风险能力，以确保金融体系的基本功能不受重大损害。由于未来是具有不确定性的，而不确定性的存在会使得金融体系不可避免地面临冲击和波动，但只要金融体系对这些冲击具有足够的抗风险能力，就能有效降低金融危机的发生概率及潜在影响。同时，更强的抗风险能力也意味着更少的系统性风险生成或残留在金融体系中。

（二）对象和工具不同

如第 6 章所述，货币政策工具包括常规货币政策工具和非常规货币政策工具。常规货币政策工具以政策利率的调控为核心，同时也包括加强与公众沟通的部分，如公布对通货膨胀、产出和失业等变量的预测，或通过公布预期的政策利率路径（即对政策利率的预测），进一步强化政策利率传导的预期渠道。非常规货币政策工具主要在常规货币政策工具无法实施、无效或效力不足的情况下使用（通常是在危机时期），典型的如量化宽松、负利率政策、中央银行贷款等。无论是常规还是非常规的货币政策工具，其主要和最终的作用（目标）对象都是以家庭和企业为代表的实体经济主体的投资和消费行为，金融机构的行为即使会受到影响，通常也只是作为货币政策传导的“中间环节”存在，并非货币政策工具所意欲影响的主要对象。不过，需要特别指出的是，在危机期间，中央银行所采用的非常规货币政策有时在分类方面不是非常清晰，一些政策可能同时涉及货币政策、财政政策或金融稳定政策，此时一般根据其主要特征进行归类。

宏观审慎政策属于广义金融稳定政策的一种，广义金融稳定政策不仅包括宏观审慎政策，也包括微观审慎政策。这两类工具有时候具有一定的重叠性，界限并不是很清晰。比如，在加拿大和瑞典，由于金融体系实际上主要由几个具有系统重要性的大银行所主导，这使得针对个体金融机构的微观审慎政策实际上也会对整个金融体系产生影响。此外，金融稳定政策还可以分为正常时期的风险防范措施与危机时期的危机管理措施。从防患于未然的角度看，宏观审慎政策通常被归为后者，即防范危机的措施。在正常情况下，即在危机预防时期，宏观审慎政策的主要工具包括资本和流动性要求、贷款价值比上限、对期限转换的限制、银行及其他金融公司和家庭的压力测试、金融稳定报告等。显而易见，与货币政策工具的最终影响对象是实体经济活动，并且广泛作用于家庭、企业、金融机构等市场主体不同，宏观审慎政策工具的主要和直接作用对象以及所意欲影响的主要目标，都是以金融机构为代表的金融活动。虽然家庭和企业的融资行为也是宏观审慎政策工具的作用对象，但这不过是“同一枚硬币的另一面”（即金融活动的需求面）。简言之，宏观审慎政策工具直接作用于金融活动，但并不直接作用于投资、消费等实体经济活动（尽管会产生间接影响）。

（三）作用方式和比较优势不同

从政策作用方式来看，传统的货币政策主要是一种基于需求管理的总量型调节工具，其特点是影响范围广泛而普遍，一般不具有特定性和针对性（中国的结构性货币政策工具除外）。简言之，货币政策主要通过作用于影响经济运行的核心共性因素（比如几乎影响到所有市场主体行为的利率和货币）来发挥作用，重视的是一般性和基础性的调控，具有“牵一发而动全身”的效果，传导机制相对比较复杂。相比之下，宏观审慎政策虽然从出发点来看是在从宏观角度调节总体的金融周期，避免可能导致系统性风险的金融失衡，但从具体的宏观审慎政策工具来看，大部分都具有非常明确的指向性和针对性特点，比如，有些是针对特定领域（如房地产市场和金融市场泡沫）的调控，有些是针对特定机构（如“系统重要性金融机构”和“影子银行”）的调控，有些是针对特定业务或活动（如“资产池”和高杠杆业务）的调控，有些是针对特定行为方式（如资本和拨备的计提方式以及薪酬激励机制）的调控。这些丰富的具有指向性和针对性的宏观审慎政策工具使其天然地具备了结构性调控特性。简言之，宏观审慎政策是一种具有丰富结构性内涵的金融供给调控工具（因为主要从金融机构角度进行调控），其特点是影响对象和范围比较明确和集中，特定性和针对性比较强，传导机制通常比较简单、直接和迅速。

宏观审慎政策与货币政策在作用方式方面的差异，也使得它们在调控过程中具有不同的比较优势。以总量调节为主的货币政策，通常对具有普遍性的经济和金融失衡问题具有较好的调控效应。比如，当经济中出现比较明显的通货膨胀和经济金融过热问题时，通过采取提高利率或收紧货币的紧缩性货币政策，一般都能收到比较好的调控效果，发挥“四两拨千斤”甚至“一石多鸟”的作用。然而，建立在总量调节基础上的货币政策，对包括资产价格波动在内的结构性问题却往往无能为力或者效果不好。比如，在面临信贷扩张和资产价格泡沫的问题时，货币政策为了对信贷增长和资产价格产生显著的影响，可能需要将利率提高到相当高的水平，但这会对经济增长和资源利用率产生很大的负面影响，而中央银行可能并不掌握涉及这二者之间长期关系的充分信息。相比之下，宏观审慎政策重点关注和矫正的对象恰恰是产生特定扭曲因素的金融根源，即各种结构性的金融问题，这意味着宏观审慎政策在应对特定金融领域的失衡问题时往往比货币政策更加有效。比如，针对快速上涨的房价和急剧增加的银行新店，与提高政策利率相比，一些有针对性的宏观审慎政策可能更加有效，如限制贷款与抵押品价值比率、规定最低抵押品数额和要求购买人必须具有合理的现金流收入等。总体而言，货币政策具有经济调控、总量调控的优势，而宏观审慎政策则具有金融调控、结构性调控的优势，二者的相对比较优势成为两类政策分工和协调的基础和依据。

13.2.2 宏观审慎政策与货币政策的相互关联

尽管宏观审慎政策与货币政策在主要目标、对象和工具以及作用方式和比较优势等方面存在明显的差异，但这并不意味着二者之间没有联系。事实上，这两类政策之间存在着一些密切甚至是不可分割的相互影响和作用。

（一）最终目标之间的关联

从最终目标之间的关联来看，货币政策的最终目标是以通货膨胀和产出（就业）稳定为代表的实体经济稳定，但货币政策在实施过程中同时也会影响利率、信贷、流动性、资产价格、风险承担、信贷损失、企业利润、家庭财富、产出、就业和通货膨胀等诸多变量，进而会影响微观主体（企业和家庭）和公共部门（政府）的信用能力、债务清偿、资产负债表和杠杆水平。这意味着即使货币政策的直接或最终目标不包括金融稳定，也会间接地对金融稳定产生普遍的、广泛的影响。

类似地，宏观审慎政策的最终目标虽然是金融稳定，但其作用的过程和结果也必然会对实体经济的稳定产生影响。比如，宏观审慎政策会通过银行信贷、资产价格以及不同金融产品之间的信用利差（风险溢价）来影响金融市场，会通过贷款价值比（LTV）上限和其他信贷约束工具来影响家庭借贷、投资、住房需求和住宅建设，还会通过资本监管、损失准备、杠杆率限制等影响企业的融资可得性、借贷成本、要素投入和产品定价。这意味着，宏观审慎政策会通过影响实体经济的总需求和总供给而对物价水平（通货膨胀）和资源利用率（产出和就业）产生间接影响，而后者正是货币政策的最终目标。

（二）传导机制和政策效应的关联

除最终目标之间的关联之外，宏观审慎政策与货币政策在传导机制和政策有效性等方面也是相互影响的。一方面，金融稳定会直接影响到信贷和证券市场活动等金融条件，而金融条件会对货币政策的传导机制产生影响，因此，成功的宏观审慎政策可以降低金融体系的整体风险，保障货币政策传导渠道通畅。

另一方面，货币政策也会影响资产价格以及企业和家庭部门的资产负债表，进而影响到宏观审慎政策的相关目标和传导变量，这意味着成功实施的货币政策可以对宏观审慎政策的顺利传导产生“助力”效应。反过来，如果宏观审慎政策与货币政策实施不当，就有可能梗阻彼此的传导机制和弱化彼此的政策效应。

此外，宏观审慎政策的一个关键传导机制通过作用于金融中介过程（即影响金融机构的资产、负债和杠杆等）来抑制金融体系的过度顺周期性。在这个方面，宏观审慎政策和货币政策有一些相似之处（图13-2）：一方面，它们都是通过在时间维度再分配支出来影响信贷需求，比如通过引导消费者和企业少借贷来使支出延后，或引导他们增加借贷以将支出提前；另一方面，这两项政策都会通过影响金融中介的杠杆决策来影响信贷供给，同时它们都会影响金融中介的融资成本。

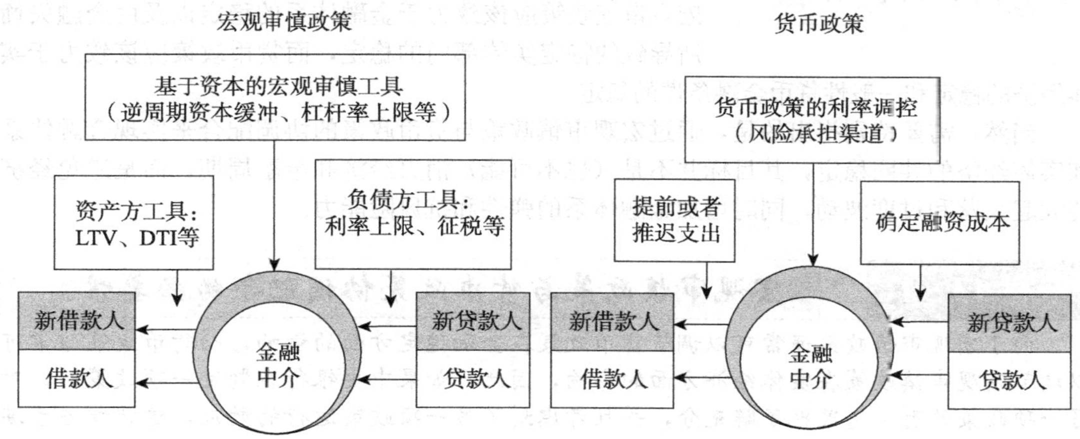

图13-2 宏观审慎政策与货币政策通过金融中介的传导

资料来源：Shin, H. “Macroprudential Tools, Their Limits and Their Connection with Monetary Policy, Panel Remarks”. IMF Spring Meeting Event, 2015.

总体而言，成功而有效的宏观审慎政策与货币政策能够互相增强和彼此促进：一方面，为增强金融体系的弹性而采取的宏观审慎政策通过在急剧的金融动荡中保护经济，增强了货币政策的有效性；另一方面，宏观经济的稳定也降低了顺周期性所导致的金融体系的脆弱性。同时，为增强金融体系弹性而采取的措施通过降低信贷供给领域的摩擦效应，同样有助于货币政策在更广阔的经济环境中更好地影响信贷投放。

（三）关联意味着协调配合的必要性

宏观审慎政策与货币政策各自既拥有独立运作空间同时又彼此关联的性质意味着，真正的问题不在于二者之间的取舍，而在于二者之间的协调和配合。对于中央银行而言，核心的问题不是徘徊于物价稳定与金融稳定之间的取舍关系，而是如何在当前的经济稳定与未来的经济稳定之间做出决策。

从实践角度看，上述结论意味着中央银行的政策实施必须通过对实体经济和金融稳定的双重视角来全面评估政策应用场景。在特定的经济阶段，面对日益严重的金融失衡，必须考虑使用货币政策进行总量调节。如果当经济过热迹象已经出现时，货币政策仍然放任信贷闸门开得太大，那么，任何后续的宏观审慎工具都难以奏效。换言之，宏观审慎政策的结构性调节优势必须以适当的货币总量调节为基础——在成功的宏观审慎政策背后，必然存在一个协调良好的货币政策。事实上，只有在运用货币政策来防止整体金融失衡（过剩或不足）的基础上，宏观审慎政策工具才能更加从容地发挥结构性调控功能。

宏观审慎政策和货币政策如何充分协调？

简言之，无论是中央银行同时手握宏观审慎政策与货币政策，还是这两类政策并不同时掌握在一个政策部门手中，宏观审慎政策与货币政策之间进行充分而密切的协调都是非常有必要的（专栏 13-1，二维码专栏 13-1）。同时，根据蒙代尔（Mundell，1962）的有效市场分类原则和政策比较优势原则，宏观审慎政策应该被视为更具有特定性金融影响的政策，而货币政策应该被视为更具有基础性经济金融影响的政策，因此，在二者协调配合的过程中，宏观审慎政策应该致力于金融体系的稳定以及由金融失衡所导致的特定实体部门的稳定，而货币政策应该致力于实体经济的稳定和一般性货币金融条件的稳定。

当然，需要特别指出的是，通过宏观审慎政策与货币政策的协调配合来实现金融体系和实体经济的共同稳定，其目标并不是（也不可能）消灭经济和金融周期，而是避免经济的大起大落和过度波动，同时增加金融体系的弹性和抗风险能力。

专栏 13-1　宏观审慎政策与货币政策协调配合的必要性

由于宏观审慎政策通常可以调节货币政策在金融稳定方面的影响，而货币政策通常可以调节宏观审慎政策在实体经济方面的影响，因此，如果中央银行在制定一项政策时，对另一项政策的有关情况也了解充分，并且考虑到了另一项政策运行的效应，这就相当于满足了“纳什均衡”所需的最优化条件，此时两项政策的目标都能实现。这与蒙代尔（1962）的有效市场分类原则是一致的，即“政策应与它们最具影响力的目标相匹配”，即不同政策之间的协调搭配也需要遵循比较优势原则。

不过，也有学者［如 Borio（2017）］认为，货币政策和宏观审慎政策可能由于政策方向相反而引起矛盾，“这就好比在开车时同时踩油门和刹车一样，并不是我们通常建议的方式”。但另外一些学者［如 Svensson（2018）］认为这样的比喻极具误导性。仍以驾驶为例，一个更加合适的比喻是：用货币政策控制油门和刹车以达到最优稳态车速，即处在上坡路时货币政策应该踩油门，处在下坡路时踩刹车；而宏观审慎政策则是要确保安全带和安全气囊处于良好状态，安全带可以被使用，安全气囊可以被激活。无论如何，当两项政策存在明显的相互作用时，进行协调配合是最好的选择，整体的政策效应也会更为稳健。

注：本专栏内容部分编译自 Svensson，L. E. O. “Monetary Policy and Macroprudential Policy：Different and Separate?” *Canadian Journal of Economics*，2018，51（3）：802-827。

13.2.3　宏观审慎政策何以助力货币政策？

在宏观审慎政策与货币政策既相区别又相联系的情况下，要理解宏观审慎政策为什么可以“助力”货币政策，需要具体回答以下两个层次的问题：一是为什么单一货币政策是不足或不充分的？二是为什么宏观审慎政策可以对货币政策形成有效的补充？

（一）为什么单一货币政策是不足或不充分的？

回答这一问题，可以从最基本的理论逻辑入手。在金融与实体经济关系日益紧密、不可分割的情况下，中央银行需要同时致力于实现经济稳定和金融稳定两个基本目标，才能实现持续的经济增长与金融发展。根据“丁伯根法则”，政策制定者需要至少一个独立的政策工具来实现每一个独立的政策目标。从本章前面部分的分析我们已经知道，一般价格水平的稳定（或更为广泛意义上的经济稳定）和金融稳定并不总是一致的，因而存在着相对独立性。这意味着按照“丁伯根法则”，如果中央银行选择使用货币政策来实现价格稳定的目标，那么至少需要另外一种相对独立的政策工具来实现金融稳定的目标。

为直观说明当中央银行需同时实现经济稳定和金融稳定两个政策目标时所面临的问题，考虑以下7种可能的场景：(1) 经济和金融活动都处在正常的目标区间范围内，这意味着经济和金融活动的状态既不过冷，也不过热，因为不存在失衡状况，所以此时不需要进行任何政策调整；(2) 单一的经济正向（或负向）失衡，金融活动尚处于正常的目标区间范围内，由于此时失衡仅限于实体经济而非金融层面，因而使用紧缩（或扩张）性的货币政策予以应对即可；(3) 单一的金融正向（或负向）失衡，实体经济活动尚处于正常的目标区间范围内，此时失衡仅限于金融层面而非实体经济，因而使用紧缩（或扩张）性的宏观审慎政策予以应对即可；(4) 一致的正向失衡，对应经济和金融活动均出现过度繁荣的状态，此时需同时使用紧缩性的货币政策和紧缩性的宏观审慎政策予以应对；(5) 一致的负向失衡，对应经济和金融活动均出现过冷的状态，此时需同时使用扩张性的货币政策和扩张性的宏观审慎政策予以应对；(6) 经济的正向失衡与金融的负向失衡并存，对应实体经济活动过热但金融活动过冷的状态，此时需要配合使用紧缩性的货币政策和扩张性的宏观审慎政策，在给实体经济降温的同时给金融活动升温；(7) 经济的负向失衡与金融的正向失衡并存，对应实体经济活动过冷但金融活动过热的状态，此时需要配合使用扩张性的货币政策和紧缩性的宏观审慎政策，在给实体经济升温的同时给金融活动降温。

显而易见，在上述7种情况下，单一货币政策能独立予以应对的只有前2种情况。在所有其他5种情况下，单一的货币政策要么是不合理的（使用了错误的工具，对应第3种情况），要么是不充分的（只能解决部分问题，对应第4～5种情况），要么“顾此失彼”（解决一方面问题的同时却恶化了另一方面的问题，对应第6～7种情况）。当然，上述示例性场景分析只是理论上一个非常粗略的说明，现实中的政策操作显然还需要考虑更多复杂的关联关系和细节问题。不过，上述讨论已经足以说明第一个层次的问题，即单一的货币政策工具确实在很多情况下面临无法同时实现经济和金融稳定的“二元目标困境”。

(二) 为什么宏观审慎政策可以对货币政策形成有效的补充？

对于第二个层次的问题，即通过在货币政策的基础上纳入宏观审慎政策，是否可以有效地解决单一货币政策的不足或者不充分性，可以从递进的三个方面予以讨论。

首先，应该肯定，在20世纪90年代之后的近30年时间里，货币政策在维护价格稳定方面总体上是非常成功的，这也是货币政策一度被认为是“政策科学”的主要原因，但这并不意味着货币政策同样可以有效或高效地实现金融稳定，因为金融稳定并不总是与货币政策可以直接影响的利率水平或流动性状况有关。事实上，在大部分情况下，当金融失衡存在结构性差异时（即在某些经济部门比在其他部门更为严重），货币政策总体上是一种比较生硬的工具。比如，刺破资产价格泡沫可能需要政策利率的大幅提高，这无疑会对实体经济产生普遍而严重的负面冲击。简言之，当金融失衡严重而实体经济的运行基本正常时，货币政策很难在“不伤及无辜”（对实体经济产生负面效应）的情况下纠正严重的金融失衡。

其次，在货币政策无法有效实现金融稳定目标的情况下，宏观审慎政策的很多工具被认为确实有助于促进金融稳定。比如，有研究发现，动态拨备和前瞻性贷款损失拨备可以增强单个银行和整个银行体系的弹性，提高资本要求可以有效抑制泡沫滋长，而时变的动态资本要求有助于平滑信贷和银行资本的大幅波动。巴塞尔银行监管委员会（BCBS，2010）发现，提高最低资本和流动性要求会带来长期净效益，因为更高的资本和流动性要求降低了金融危机爆发的可能性，从而避免了危机导致的巨大产出损失。另外，还有一些证据表明，宏观审慎政策即使不能完全避免危机，也可以在很大程度上避免危机后出现持续而严重的衰退。

最后，在确认宏观审慎政策可以在货币政策工具之外发挥维护金融稳定的功能之后，还涉及二者之间的逻辑关系问题，即宏观审慎政策与货币政策之间究竟是相互补充还是彼此替代的关系？对此，米什金（Mishkin，2009）认为，由于宏观审慎政策与货币政策存在密切关系，因此将二者割裂开是错误的。比如，当经济形势不佳需要维持低利率时，信贷泡沫发展起来的可能性就比较大，此时纳入宏观审慎政策，有助于在发挥货币政策刺激经济作用的同时，确保信贷扩张不出现可能引发系统性风险的泡沫化。此外，在实践中，宏观审慎政策与货币政策在工具和目标上具有相互关联性，这意味着在同一个框架下统筹实施两类政策具有理论上的必要性和制度设计上的“先发优势”。IMF（2013）的研究也显示，宏观审慎政策与货币政策之间主要是互补和配合的关系，而不是“非此即彼”的相互替代关系。

（三）宏观审慎政策和货币政策的分工和协调搭配

根据对上述两个层次问题的分析，可以得出以下三个基本结论：一是单一的货币政策面临“二元目标困境”，无法在实现价格（经济）稳定的同时实现金融稳定；二是宏观审慎政策在维护金融稳定方面具有比较优势，可以在货币政策之外作为一类新的政策工具，专门被用于纠正各种形式的金融失衡；三是基于不同的目标、工具和传导机制，宏观审慎政策与货币政策之间主要是互补而非替代的关系，这为二者在同一个框架下的协调配合提供了理论基础。

基于上述结论，同时按照“政策比较优势原则”，宏观审慎政策和货币政策的分工和协调搭配可以从目标、工具、传导和制度四个层面展开：

（1）目标层面的协调配合。一般而言，宏观审慎政策主要致力于金融体系的稳定，而货币政策主要致力于实体经济稳定和基础货币金融条件的稳定，特别是在危机发生之前及时纠正各种早期的结构性金融失衡。当金融失衡和实体经济的失衡同时发生时，需要协调搭配使用两种政策。

（2）工具层面的协调配合。对于实体经济层面的各种总量调节，一般主要考虑使用货币政策工具；而对于金融层面的失衡，特别是各种结构性的金融失衡，一般根据失衡的对象和性质，有针对性地使用对应的宏观审慎政策工具。

（3）传导层面的协调配合。无论是宏观审慎政策还是货币政策，在实施过程中都应该充分考虑在独立或同时使用时对彼此传导机制的影响，特别是对于一些相似度较高或核心变量交互影响的传导渠道，政策协调使用的时机、次序和力度都需要审慎考虑。

（4）制度层面的协调配合。宏观审慎政策与货币政策都不能自动或凭空实施，而是需要有实施主体、行为规则等方面的制度支持。对于同时实施宏观审慎政策与货币政策的中央银行而言，应建立部门之间的协调沟通机制和统一行事规则，避免政策冲突。

13.3 宏观审慎政策与货币政策的协调配合场景

理解宏观审慎政策与货币政策之间的协调配合问题，一个基本的起点是明确各种可能的政策运用场景，即在各种可能的经济和金融条件下，两种政策是应该单独使用还是联合使用？在联合使用的情况下，如何进行诸如方向和力度等方面的协调搭配？

13.3.1 政策协调搭配的基本原则

从政策协调搭配的前提条件来看，应遵循简单性原则，即在使用单一政策工具就能有效解决问题的情况下，不宜采取多种政策组合搭配的复杂方案，复杂性会带来额外的不确定性和潜在的政策风险，并且在出现问题时难以对问题产生的原因进行追踪，从而又会影响到后续的政策调整和纠偏工作。

当面临多个不同的政策目标时，适用“丁伯根法则”，即单一政策工具可能确实无法全面有效地解决多个同时存在的问题。此时，两种或多种政策的协调搭配除需按照上一节所述的“政策比较优势原则”进行目标和政策工具的匹配外，还应遵循一致性和适度性原则。所谓一致性原则，是指在政策协调配合的过程中，各个政策运用的方向和效果应该一致，避免出现“政策冲突”问题；所谓适度性原则，是指在政策协调配合的过程中，各个政策运用的力度应该控制在合理的范围内，避免出现“政策叠加”问题（专栏13-2）。

在政策协调配合的过程中，“政策冲突”和“政策叠加”是两个常见的基本问题。以宏观审慎政策与货币政策的协调配合为例，“政策冲突”是指宏观审慎政策与货币政策在运用的方向或客观效果上出现了相互背离的现象，从而削弱了彼此的政策效应，最终导致综合的政策效果不及预期；而“政策叠加”则是指虽然宏观审慎政策与货币政策在运用的方向上一致，但由于其中一种或两种政策的使用力度过大，或者忽略了政策组合使用时所可能存在的彼此放大效应，导致最终的政策效应明显超过预期，出现了政策“反应过度”的情况。

专栏13-2　关注政策效应叠加　执行避免“一刀切”

记者：央行在制定和执行支持民营和小微企业融资政策措施时，如何防止出现一些初衷是好的政策产生相反作用的情况？

易纲：前期一些政策的制定考虑不周、缺乏协调、执行偏离，强监管政策效应叠加，导致了一定的信用紧缩，加大了民营企业融资困难。近期，人民银行会同相关部门出台了一系列支持民营和小微企业融资的政策措施，在政策制定和执行过程中，要吸取相关经验教训，把握好结构性去杠杆和强监管、稳增长的平衡性。

今后，在制定政策的过程中，人民银行将注重实地调研，充分听取民营企业和金融机构的意见；对需稳妥实施的政策，采取先试点再推广的方式；对利于长远的规范措施，设置合理的过渡期，避免“一刀切”，便于企业适应调整。

同时，人民银行将加强与各部门的沟通与协调，统筹好货币政策、宏观审慎政策、金融监管政策，既要防止“运动式”收紧，也要防止“运动式”放松；要坚持市场化、法治化原则，防止行政干预和道德风险；注重加强市场沟通和政策解读，及时回应市场关切，使市场主体形成稳定预期；抓好已出台政策的贯彻落实，让民营企业有实实在在的获得感。

近期，金融委办公室正牵头开展深化民营企业和小微企业金融服务的实地督导检查，对相关部门、金融机构和地方政府落实政策的情况进行督导，推动解决民营企业和小微企业融资中存在的堵点、梗阻和瓶颈问题，切实疏通货币政策传导机制，打通“最后一公里”。

注：本专栏内容节选自吴雨．用好“三支箭”拓宽民营企业融资途径——访人民银行行长易纲．新华网，2018－11－06。

13.3.2　宏观审慎政策与货币政策协调搭配的场景框架

为更直观地说明宏观审慎政策与货币政策协调搭配过程中所面临的政策协调问题和可能的解决方案，我们从一个简单的二维关系表开始。如表13－1所示，在这个二维表中，横向显示了金融稳定目标（以某个政策盯住的金融变量 f^* 为代表）的合理区间 $[m, n]$ 以及“金融过热”（$f>n$）和“金融过冷”（$f<m$）的情况；纵向则显示了经济（价格）稳定目标（以最常见的通货膨胀目标 π^* 为代表）的合理区间 $[a, b]$ 以及“经济过热”（$\pi>b$）和“经济过冷”（$\pi<a$）的情况。

表13－1　双支柱调控在不同经济和金融稳定场景下的组合使用

经济稳定和金融稳定的目标场景		金融稳定目标 $f^* \in [m, n]$					
		金融过热：金融稳定变量超过目标区间上限（$f>n$）		金融正常：金融稳定变量位于目标区间之内（$m\leqslant f\leqslant n$）		金融过冷：金融稳定变量低于目标区间下限（$f<m$）	
		系统性	结构性	系统性	结构性	系统性	结构性
经济稳定目标 $\pi\in[a, b]$	经济过热：通货膨胀水平超过目标区间上限（$\pi>b$）	紧缩性MP＋系统紧缩性MPP	紧缩性MP＋结构紧缩性MPP	紧缩性MP	紧缩性MP	紧缩性MP＋系统扩张性MPP	紧缩性MP＋结构扩张性MPP
	需注意的政策间相互影响	政策叠加（过度紧缩）	政策局部叠加（过度紧缩）	无	无	政策冲突（抵消效应）	政策局部冲突（抵消效应）
	经济正常：通货膨胀水平位于目标区间之内（$a\leqslant\pi\leqslant b$）	系统紧缩性MPP	结构紧缩性MPP	不需要政策调整	不需要政策调整	系统扩张性MPP	结构扩张性MPP
	需注意的政策间相互影响	无	无	无	无	无	无
	经济过冷：通货膨胀水平低于目标区间下限（$\pi<a$）	扩张性MP＋系统紧缩性MPP	扩张性MP＋结构紧缩性MPP	扩张性货币政策	扩张性货币政策	扩张性MP＋系统扩张性MPP	扩张性MP＋结构扩张性MPP
	需注意的政策间相互影响	政策冲突（抵消效应）	政策局部冲突（抵消效应）	无	无	政策叠加（过度扩张）	政策局部叠加（过度扩张）

注：表中MP代表货币政策，MPP代表宏观审慎政策。

由于金融体系的整体周期和其内部的各个结构性部分（如货币市场、信贷市场、证券市场等子市场）的运行周期并不总是同步的，这会影响到宏观审慎政策工具的选择和运用，因此，表 13－1 在金融稳定目标部分进一步区分了“系统性”和“结构性”，前者指所对应的金融周期状态是整体性和普遍性的状态（存在于全部或绝大部分金融子市场），而后者则指所对应的金融周期状态是结构性和局部性的状态（仅存在于个别或部分金融子市场）。严格来讲，经济周期的失衡也可以表现为“整体性”和“结构性”两种状态，并且对于结构性的经济失衡，也有相应的政策工具（如结构性货币政策和产业政策等）予以应对，但为了将讨论集中于本小节所讨论的核心问题，这里暂不对经济周期状态的表现是“整体性”还是“结构性”进行区分（即使区分也不影响相关分析和主要结论，只是增加了更多具体的政策组合和应用场景）。

13.3.3 宏观审慎政策与货币政策协调搭配的场景分析

基于表 13－1 所示的各种经济和金融周期状态的可能组合，根据前文已经提及的政策协调搭配的两个基本原则——“丁伯根法则”和比较优势原则，宏观审慎政策应主要致力于纠正金融失衡，而货币政策应主要致力于纠正经济失衡，我们可以大体给出不同场景下宏观审慎政策与货币政策的原则性组合搭配方式。同时，在每一种具体的场景和政策搭配方式下，我们进一步给出了在该种搭配方式下由于两种政策之间潜在的相互影响而可能导致的问题。

从表 13－1 的结果来看，在全部 18 种情况下，其中 10 种情况（如表 13－1 中阴影所示）下的政策取向是比较清晰明确且不存在政策协调问题的。在这 10 种情况下，由于仅存在经济或金融单方面的失衡，因此，一般采用单一的政策工具就能有针对性地解决问题，即对于经济正常、金融不稳定的情况，使用宏观审慎政策予以调控；反之，对于金融正常、经济不稳定的情况，则使用货币政策予以调控。简言之，在这 10 种情况下，由于失衡的情况比较简单，仅使用单一政策即可应对，因而不涉及政策组合使用下的两种政策“叠加”或“冲突”的问题。

在另外 8 种情况下，由于涉及宏观审慎政策与货币政策的协调搭配使用，可能存在一定程度的政策协调问题。这些问题的产生，从根本上源于调控对象本身的内生关联性和复杂性，具体表现在两个方面：

(1) 金融和经济所处的冷热周期并不总是一致的，二者在某些时间段可能存在彼此偏离的情况，比如一方偏冷而另一方偏热的状态，此时理论上需要宏观审慎政策与货币政策在工具运用上的“反向搭配”，但“一松一紧”的政策搭配可能导致潜在的“政策冲突”，使得一部分初始的政策效应在实施过程中逐渐相互抵消，从而导致政策效应的弱化。

(2) 即使二者处于同步周期的阶段，最终表现出来的经济和金融状态究竟在何种程度上是源于自身周期因素的直接影响，又在何种程度上是源于另一方周期因素传导的间接影响，也会对合理的政策选择（包括工具的选择和政策实施的力度等）产生重要影响，特别是，如果不能有效分离出经济和金融周期变化中的独立成分和共同成分，容易导致“政策叠加”的风险。

不过，上述两个方面的复杂性和所可能导致的政策问题，都不是完全不能解决的问题，问题只在于，需要在渐进实践中逐步找到解决问题的合适方案。比如，对于第一个方面，即“一松一紧”的政策搭配可能导致“政策冲突”和政策效应弱化的问题，通过在实践中考察和掌握不同政策工具搭配使用后的实际效应，并结合宏观政策量化分析工具，就可以逐渐得到不同组合下的政策效应实际抵消程度，然后相应增大对应比例的政策实施力度即可；对于第二个方面，即对经济和金融周期变化中的独立成分和共同成分予以分离从而避免“政策叠加”的问题，可以基于实际数据对经济和金融周期波动的“独立成分”和“共同成分”进行分离，然后测算出宏观审慎政策与货币政策在不同场景和组合下各自分别影响到了多少“独立成分”和“共同成分”，从而实现对政策组合效应中重复反应部分（即“叠加效应”）的有效剔除。

13.4 中国的“双支柱”调控框架

13.4.1 “双支柱”调控的产生背景

2017 年十九大报告将健全宏观审慎政策与货币政策的“双支柱”调控框架写入了中央文件，这标志着“双支柱”调控模式成为未来一段时期内中国金融改革发展“顶层设计”的一个重要组成部分，其目标是要实现金融和实体经济的共同稳定和长期可持续发展。

“双支柱”调控框架的提出有着深刻的现实基础。从国内的情况来看，近年来随着金融市场的产品创新、技术创新以及金融业综合经营的加速，金融产品、市场和机构之间的关联越来越紧密，金融市场内部的风险形成、积聚方式和传染路径日趋复杂化，很多风险的形成具有隐蔽、突发和难以事前准确判断的特点，这不仅加大了系统性金融风险形成的可能性，同时也显著增加了政策当局防范和管理金融风险的难度。在这种情况下，传统的、基于货币政策和微观审慎监管的“分离式”政策体制已经很难适应新的时代需要，构建和完善宏观审慎政策与货币政策“一体化”的政策调控体制是在复杂条件下实现经济和金融同时稳定的客观需要。

从国际背景来看，在 2008 年金融危机爆发之后，世界各国中央银行开始普遍认识到金融市场中常见的“合成谬误”问题，即单个金融机构的稳定并不足以确保金融体系的整体稳定，需要从宏观层面开发具有逆周期调节功能的新型宏观审慎政策工具，以更加有效地防范和化解系统性风险，从整体上维护金融稳定。近年来，在改革传统货币政策框架的基础上，进一步建立和完善宏观审慎政策框架已经成为世界各国金融宏观调控改革的大势所趋。在此背景下，很多国家都在积极探索如何在中央银行的框架下更好地实现宏观审慎政策与货币政策的协调搭配，以促进金融和实体经济的共同稳定（二维码专栏 13－2 对欧元区宏观审慎政策与货币政策的协调实践进行了简要介绍）。

总体而言，无论是从国内金融发展环境变化的角度看，还是从国际金融政策发展变革的角度看，在改革传统货币政策框架的基础上引入宏观审慎政策，形成“宏观审慎政策＋货币政策”的“双支柱”调控框架，既有助于宏观调控更好地发挥作用，也有助于更好地防范和化解系统性金融风险。从更长远的视角来看，中国目前正处在经济和社会大转型、大变革的时代，“双支柱”调控框架的提出可能只是更为恢宏的、基于“整体观”的中国式金融宏观调控体系改革的一个开端。

13.4.2 “双支柱”调控框架的主要内涵

所谓“双支柱”调控框架，一般的直观理解，主要是指金融宏观调控的两个主要支柱，一个是货币政策，另一个是宏观审慎政策。不过，结合国内外经济金融改革发展的实践背景，这种直观理解明显低估了“双支柱”调控框架所包含的政策创新内涵。实际上，作为金融宏观调控改革的重要政策指南和行动纲领，中国的“双支柱”调控框架至少包含以下三个方面的基本内涵：一是改革和完善传统的货币政策，构建新型货币政策框架（即货币政策支柱）；二是改革和完善传统的金融调控（监管）政策，建立宏观审慎政策框架（即宏观审慎政策支柱）；三是在一个统一的政策框架下，强调两个“支柱”之间的充分协调和密切配合。

首先，在“双支柱”调控框架下，货币政策已不再简单等同于传统意义上的货币政策，而是孕育着若干重要的转变、改革和创新，以更好地适应现代金融体系下的宏观调控需要和进一步提升货币政策效果。从实践情况来看，中央银行目前已经在做的工作除推动货币政策调控从数量型向价格型转变之外，还创设了常备借贷便利（SLF）、短期流动性调节工具（SLO）、抵押补充贷款（PSL）、中期借贷便利（MLF）和信贷资产质押再贷款等多种新型货币政策工具，进一步增强了货币政策的调控能力，并为后续货币政策框架的进一步改革和完善奠定了基础。如果从稍长远的视角来看，在全球范围内，货币政策的未来发展可能还孕育着更加深刻的变革，其中最为核心的一点是，由于货币政策事实上对整个金融和实体经济的稳定都负有基础性的责任，因此，货币政策不仅应该关注通货膨胀和产出的稳定，而且应该同时关注金融体系的整体稳定。这就要求货币政策框架从目前流行的“灵活通货膨胀目标制”（以通货膨胀和产出稳定为主）转向兼顾金融和实体经济稳定的“双稳定目标制”。尽管前景十分诱人，但在“双稳定目标制”框架下，金融稳定的盯住对象如何选择，货币政策如何在金融稳定和实体经济稳定两个基本目标之间进行有效的权衡，如何与宏观审慎政策的金融稳定目标进行有效区别和合理分工，仍有待进一步的深入研究。

其次，对于另一个“支柱”即宏观审慎政策，中国的实践目前已经涵盖了三个方面的主要内容：一是引入差别准备金动态调整机制，对信贷投放实施宏观审慎管理，后来又进一步将差别准备金动态调整和合意贷款管理机制升级为宏观审慎评估（MPA）体系，将更多的金融业务和行为纳入管理范畴，从资本和杠杆、资产负债、流动性、定价行为、资产质量、跨境业务风险、信贷政策执行等七个方面对金融机构的行为进行多维度引导；二是将跨境资本流动的管理纳入MPA体系框架之中，通过引入远期售汇风险准备金、提高个别银行人民币购售业务平盘交易手续费率等方式对外汇流动性进行逆周期动态调节，维护人民币汇率和金融市场的稳定；三是制定和实施了以“因城施策”和差别化住房信贷政策为主要工具的住房金融宏观审慎政策体系，促进房地产市场的稳定。此外，在央行发布的《中国区域金融运行报告（2017）》中提出要“探索将规模较大、具有系统重要性特征的互联网金融业务纳入宏观审慎管理框架”，这意味着宏观审慎政策框架将进一步涵盖互联网金融领域。

最后，加强宏观审慎政策与货币政策的协调配合，是“双支柱”调控框架得以发挥整体调控效力的重要制度安排。在现代金融体系下，宏观审慎政策与货币政策密切关联。一方面，成功的宏观审慎政策可以降低金融体系的整体风险，保障货币政策传导渠道通畅；反过来，货币政策也会影响资产价格和资产负债表，进而影响到金融体系的稳定性。在实践中，宏观审慎政策的比较优势在于面向金融领域的“定向调控”，特别是针对特定金融领域（如信贷市场、证券市场、房地产市场等）的失衡进行结构性调节，而货币政策的优势则在于“总量调控”，即为经济金融的长期稳定运行创造一个稳定有序的货币金融环境。在特定的经济阶段中，面对日益严重的金融失衡，必须考虑使用货币政策进行总量调节。如果当经济过热迹象已经出现时，货币政策仍然放任信贷闸门开得太大，那么，任何后续的宏观审慎工具都难以奏效。换言之，宏观审慎政策的结构性调节优势必须以适当的货币总量调节为基础。事实上，只有在运用货币政策来防止整体金融过剩的基础上，宏观审慎工具才能更加从容地发挥定向和结构性调控功能。另一方面，当货币政策实施有效即货币金融环境总体良好时，如果金融领域存在风险隐患或失衡状况，那么宏观审慎政策应该及时“跟进”并予以纠正，防止局部性的失衡发展成为系统性风险并最终对宏观经济和金融的稳定性产生冲击。因此，成功而有效的“双支柱”调控能够使二者互相增强和彼此促进。

13.4.3 “双支柱”调控与其他经济金融政策的协调

从更广阔的视野来看，金融和实体经济是一个彼此深度融合的内生性综合系统，除宏观审慎政策与货币政策之外，这个系统内的其他经济金融政策，如财政政策、信贷政策、汇率政策、资本流动管理政策和微观审慎监管政策等，也对经济和金融稳定具有某种程度的影响（在某些情况下可能具有非常大的影响），并与“双支柱”调控框架下的宏观审慎政策与货币政策相互影响和相互作用。因此，除了“双支柱”调控框架下宏观审慎政策与货币政策两个支柱之间的协调配合外，如何在更广泛的政策空间内形成更加具有一致性、连贯性和有效性的多种政策工具的协调配合，也是需要注意的问题。

为考虑上述问题，可以通过一些典型的政策应用场景予以说明。比如，当经济和金融处于下行压力周期且同时存在需要控制的金融风险时，“双支柱”调控框架下的政策组合可能会选择相对宽松的货币政策配合中性偏紧的宏观审慎政策，但如果此时财政政策本质上是紧缩的（比如增税或者减少支出），就很有可能抵消相当一部分宽松货币政策的效应，同时强化宏观审慎政策的紧缩效应，最终导致“双支柱”调控框架下原政策组合的效应在双向挤压下变得非常微弱甚至产生反向效应。又比如，在经济和金融运行同时过热的时期，“双支柱”调控下的紧缩性宏观审慎政策与货币政策还必须得到汇率政策和资本管理政策的配合，否则汇率的升值预期会导致国际资本大规模流入国内，从而部分地抵消“双支柱”调控的紧缩效应，导致“双支柱”调控的政策效果不及预期。此外，“双支柱”调控的有效性还受到微观审慎监管政策的影响。比如，在经济和金融压力时期，为促进金融市场复苏和重启经济增长，“双支柱”调控可能会建议放松监管要求（过于严厉的监管会导致金融活动过度收缩，从而阻碍金融部门向实体经济提供充足的信贷支持），但从微观审慎的角度来看，个体层面的金融风险控制可能要求紧缩性的政策取向，从而与宏观政策的宽松取向相冲突，最终导致“双支柱”调控政策在传导至微观层面时受阻。

另外，一些研究显示，将宏观审慎政策与各种政策工具（包括货币政策、微观审慎政策和财政政策工具）结合起来，可以在更大范围内提升金融体系的稳定性。图 13-3 说明了宏观审慎政策与其他政策工具之间的关系，这些关系说明了在“双支柱”调控框架之外的广阔世界中，还存在更大范围的政策运用场景和组合搭配空间。二维码专栏 13-3 提供了有关宏观审慎政策与其他经济金融政策协调搭配的更多例子。

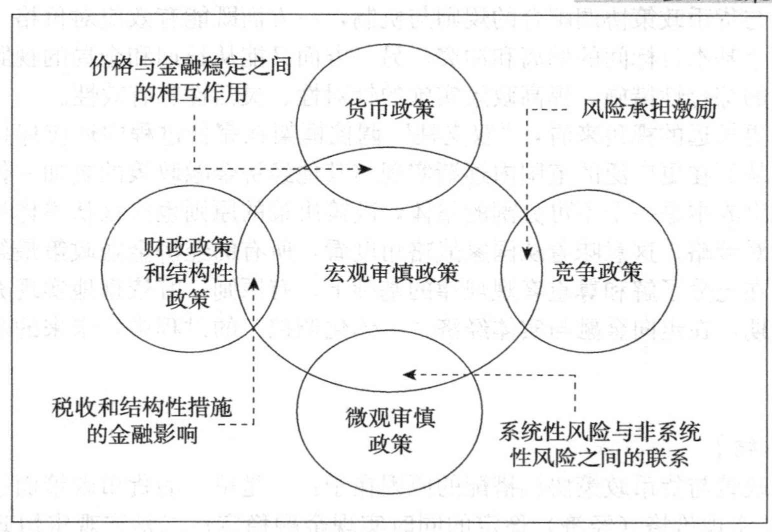

图 13-3 宏观审慎政策与其他政策工具之间的关系

注：本图改编自 Collin，M.，M. Druant，and S. Ferrari. “Macroprudential Policy in the Banking Sector：Frame work and Instruments.” *Financial Stability Review*，2014，12（1）：85-97。

13.4.4 “双支柱”调控的未来发展

中国是全世界最早正式宣布构建和实施“双支柱”调控框架的国家之一。虽然由于实践的时间较短，目前尚不足以对其实际的政策效应进行评估，但基于中国经济运行特征的实验模拟分析显示，“双支柱”调控在经济和金融的综合稳定效应上确实要优于单一的货币政策调控（二维码专栏 13-4）。

综合考虑中国和世界其他主要国家目前的“双支柱”调控实践，未来要进一步形成稳定可靠的政策规则和成熟的操作框架，还需重点解决政策目标、政策工具、政策协调三个核心问题。

首先，从政策目标来看，如果说宏观审慎政策的最终目标是金融稳定，那么具体的盯住目标应该选什么？没有明确的盯住目标，政策操作的随意性会显著上升，而随意性会导致政策决策和行为的不稳定，并最终影响到政策实施的效果。从目前已有的研究来看，通过构建分层指数化的金融稳定目标体系，兼顾总量和结构失衡的监测和判断，可能是一个值得研究和探索的方向。

其次，从政策工具来看，已有的研究显示，不同的宏观审慎政策工具会通过不同的路径和传导机制影响金融稳定，而在不同的结构性失衡情况下，具有相对比较优势的政策工具往往是不同的，因此，政策当局可以考虑建立一个"目标导引式"政策工具指南，从而既可以有效积累经验，又能进一步增强实践中政策工具选择和使用的针对性、可靠性和有效性。

再次，从政策协调来看，完善"双支柱"调控框架的核心任务之一，是要进一步健全宏观审慎政策与货币政策协调配合的规则与机制，一方面既能有效应对价格（经济）稳定和金融稳定两个基本目标间的偏离和冲突，另一方面又能从长期和全局的视野采取"多工具灵活配置"的综合性措施，提高政策实施的针对性、灵活性和有效性。

最后，从更长远的视角来看，"双支柱"调控框架在完善过程中还应保持适度的开放性和兼容性，从而在更广泛的范围内逐渐实现与其他经济金融政策的更加一体化和全局性的协调。客观世界本是一个不可分割的整体，政策决策的原则也应该从整体性出发，形成全局视野的应对策略。这意味着从国家战略角度看，所有的经济金融政策最终都应统一于客观世界，并在充分了解和尊重客观规律的基础上，有原则、有依据地实现充分的协调和搭配。可以预期，在走向金融与实体经济"一体化调控"的过程中，未来的政策创新空间还非常广阔。

【本章小结】

宏观审慎政策与货币政策协调搭配的原因在于：一是单一的货币政策面临"二元目标困境"，无法在实现价格（经济）稳定的同时实现金融稳定；二是宏观审慎政策在维护金融稳定方面具有比较优势，可以在货币政策之外作为一类新的政策工具，专门用于纠正各种形式的金融失衡；三是基于不同的目标、工具和传导机制，货币政策和宏观审慎政策之间主要是互补而非替代的关系，这为二者在同一个框架下的协调配合提供了理论基础。

宏观审慎政策与货币政策的主要区别有三个方面：一是主要目标不同，二是对象和工具不同，三是作用方式和比较优势不同。宏观审慎政策与货币政策的相互关联包括最终目标之间的关联以及传导机制和政策效应等方面的相互影响。宏观审慎政策与货币政策各自既拥有独立运作空间同时又彼此关联的性质意味着，二者需要合理的分工和协调搭配，具体的分工和协调搭配可以从目标、工具、传导机制和制度规则四个层面展开。

通过宏观审慎政策与货币政策的协调配合来实现金融体系和实体经济的共同稳定，其目标并不是（也不可能是）消灭经济和金融周期，而是避免经济的大起大落和过度波动，同时增加金融体系的弹性和抗风险能力。

根据"有效市场分类原则"和"政策比较优势原则"，货币政策应该被视为更具有基础性经济金融影响的政策，而宏观审慎政策则应该被视为更具有特定性金融影响的政策，因此，在二者协调搭配的过程中，货币政策应该致力于实体经济的稳定和一般性货币金融条件的稳定，而宏观审慎政策则应该致力于金融体系的稳定以及由金融失衡所导致的特定实体部门的稳定。

在大部分情况下，当金融失衡存在结构性差异时（即在某些经济部门比在其他部门更为严重），货币政策总体上是一种比较生硬的工具。比如，刺破资产价格泡沫可能需要政策利率的大幅提高，这无疑会对实体经济产生普遍而严重的负面冲击。简言之，当金融失衡严重而实体经济的运行基本正常时，货币政策很难在“不伤及无辜”（对实体经济产生负面效应）的情况下纠正严重的金融失衡。

从政策协调搭配的前提条件来看，应遵循简单性原则，即在使用单一政策工具就能有效解决问题的情况下，不宜采取多种政策组合搭配的复杂方案，复杂性会带来额外的不确定性和潜在的政策风险，并且在出现问题时难以对问题产生的原因进行追踪，从而又会影响到后续的政策调整和纠偏工作。

当面临多个不同的政策目标时，两种或多种政策的协调搭配除需按照“政策比较优势原则”进行目标和政策工具的匹配外，还应遵循一致性原则和适度性原则。所谓一致性原则，是指在政策协调配合的过程中，各个政策运用的方向和效果应该一致，避免出现“政策冲突”问题；所谓适度性原则，是指在政策协调配合的过程中，各个政策运用的力度应该控制在合理范围，避免出现“政策叠加”问题。

2017 年十九大报告将健全货币政策和宏观审慎政策的“双支柱”调控框架写入了中央文件，这标志着“双支柱”调控框架成为未来一段时期内中国金融改革发展“顶层设计”的一个重要组成部分，其目标是要实现金融和实体经济的共同稳定和长期可持续发展。

金融和实体经济是彼此深度融合的内生性综合系统，除宏观审慎政策与货币政策之外，这个系统内的其他经济金融政策，如财政政策、信贷政策、汇率政策、资本流动管理政策和微观审慎监管政策等，也对经济和金融稳定具有重要影响。因此，除了“双支柱”调控框架下宏观审慎政策与货币政策之间的协调搭配外，还需考虑如何在更广泛的政策空间内形成更加具有一致性、连贯性和有效性的多种政策工具的协调配合，以进一步提高政策效果。

从更长远的视角来看，“双支柱”调控框架在完善过程中还应保持适度的开放性和兼容性，从而在更广泛的范围内逐渐实现与其他经济金融政策的更加一体化和全局性的协调。客观世界本是一个不可分割的整体，政策决策的原则也应该从整体性出发，形成全局视野的应对策略，这意味着从国家战略角度看，所有的经济金融政策最终都应统一于客观世界，并在充分了解和尊重客观规律的基础上，有原则、有依据地实现充分的协调和搭配。

【关键词】

政策协调搭配　金融稳定　实体经济稳定　丁伯根法则　政策比较优势原则　简单性原则　一致性原则　适度性原则　场景分析　政策冲突　政策叠加　“双支柱”调控框架

【复习思考题】

1. 简要说明宏观审慎政策与货币政策协调配合的必要性。
2. 阐述宏观审慎政策与货币政策协调配合的理论基础。
3. 分析说明宏观审慎政策与货币政策协调配合的各种可能场景。
4. 举例说明“双支柱”调控下可能存在的政策冲突和政策叠加问题。
5. 阐述政策协调搭配的主要原则及其在“双支柱”调控框架中的应用。
6. 简要说明“双支柱”调控政策与其他经济金融政策协调搭配的必要性。
7. 简要说明中国“双支柱”调控框架的主要内容与未来发展。

第四篇　中央银行与金融监管

“有些人因为贪婪，想得到更多的东西，却把现在所拥有的也失掉了。”

——古希腊哲学家伊索（Aesop）

“市场在创造财富和传播自由方面具有无与伦比的力量，但这场危机提醒我们，没有严格的监管，市场就会失控。”

——美国前总统巴拉克·侯赛因·奥巴马（Barack Hussein Obama）

“大部分中央银行都有第三个工具：金融监管。中央银行通常承担了监管银行体系的角色，通过评估银行投资组合的风险状况、确保银行规范运营等，来维持金融系统的健康。”

——美联储前主席本·伯南克

第 14 章 金融监管的理论基础

【本章要点】

1. 金融监管的含义；
2. 金融监管的原因；
3. 金融监管的主要理论；
4. 中央银行的金融监管职能。

【导入案例】

《21世纪经济报道》(2017-05-25)：2016年12月召开的中央经济工作会议提出，金融风险有所积聚，要把防控金融风险放到更加重要的位置，下决心处置一批风险点。2017年4月25日，中共中央政治局就维护国家金融安全进行第四十次集体学习，中共中央总书记习近平在主持学习时就维护金融安全、做好金融工作发表了重要讲话。"一行三会"迅速采取措施，不断强化金融监管，例如，开始对资管业务整体监管框架进行统一设计，央行将表外理财纳入MPA考核，银监会对"三套利"进行专项整治，证监会要求证券基金经营机构不得从事让渡管理责任的所谓"通道业务"，保监会为保险产品的开发设计划出"底线"，等等。不少人慨叹，2017年的金融监管力度超乎想象，而且有继续强化的趋势。

麦肯锡在《2019年金融严监管发展趋势报告》中指出：金融严监管时代已经到来。在2017年开启的金融市场乱象专项治理风暴中，监管机构的"三三四十"系列专项治理行动波及千余家银行，开出的罚单高达数十亿元人民币，剑指各类违规业务。由于政府随即将"大力整治违法违规业务，进一步深化整治银行业市场乱象"纳入2018年监管十大任务，金融合规监管的鼓声可谓是愈演愈烈。2018年全年，银保监会机关、原银监局及原银监分局，对银行业金融机构和从业人员共开出了超过3 800张罚单，涵盖国有大行、股份制银行、城商行等各类机构，涉及贷款管理不当、票据业务违规、同业投资违规和理财销售违规等多个领域。2019年已过半，严格合规监管的总基调丝毫未松懈，监管机构坚决治理乱象沉疴的决心不减。

金融监管如此重要，那么什么是金融监管？为什么要进行金融监管？金融监管的理论基础有哪些？中央银行具有哪些金融监管的职能？本章将对这些问题进行解答。

14.1 概述

金融监管是指一个国家或经济体通过特定的机构或部门（如中央银行或专设的金融监管部门），依法对金融主体的活动进行某些限制、要求和监督，以实现微观和宏观两个层次的目标，即在微观上维护存款人和投资人的权益，形成良好的金融市场机制和环境；在宏观上促进金融体系稳定性和效率性的动态平衡，并以此促进经济社会的长期可持续发展。

金融监管的传统对象是银行和非银行金融机构，但随着金融产品和业务的不断创新，金融监管的对象逐渐扩大到那些业务性质与银行类似的准金融机构，如集体投资机构、贷款协会、银行附属公司等，甚至包括金边债券市场业务有关的出票人、经纪人等。从广义来看，一国的整个金融体系都可以被视为金融监管的对象。

金融监管按主体不同有狭义与广义之分。狭义的金融监管是指中央银行或者其他金融监管当局依照国家法律规定对整个金融业（包括金融机构和金融业务）实施的监督管理。广义的金融监管在上述官方机构监管的基础上，还纳入了金融机构的内部控制与稽核、同业自律性组织的监管、社会中介组织的监管等内容。

从金融监管的范围、对象和层次来看，金融监管可分为微观层面的金融监管与宏观层面的金融监管。微观层面的金融监管注重对单个金融机构的经营行为以及具体的金融交易的监管，通过规制行为实现金融机构和金融市场对金融投资者权益的维护。宏观层面的金融监管则更加重视金融机构之间的关联和金融体系的整体失衡状况，强调系统性金融风险的监测、防范与化解。

传统的金融监管以微观个体金融机构的稳定为主要目标，但在2008年国际金融危机之后，世界各国中央银行普遍认识到从宏观上加强金融监管的重要性与必要性。从实践来看，目前全球范围内的金融监管有两个基本发展趋势：一是从机构型监管转向功能型监管；二是建立宏观审慎监管体制，强化中央银行在金融监管特别是宏观审慎监管中的地位和作用。

14.2 金融监管的基本原因

金融稳定对于国民经济的正常运行至关重要。历次金融危机表明，如果不对金融体系加以管制，放任其自由发展，最终将危及经济稳定，造成社会资源的巨大损失。目前，对金融体系进行监管已成为世界各国中央银行的普遍共识。具体而言，实施金融监管的主要原因包括以下几个方面：

一是控制金融风险的需要。与一般实体企业不同，金融机构天生具有高负债比率的资本结构，在财务上高度依赖外部资金，这就决定了其经营具有内在的不稳定性与脆弱性。

同时，金融业还面临诸多外部风险的威胁，如信用风险、市场风险、操作风险和流动性风险等，这进一步加大了金融经营过程中的风险性。因此，金融业具有内在脆弱性与外在高风险性，需要监管部门对其活动和行为方式进行必要的规范与管理，以限制金融机构的高风险行为，抑制金融资产泡沫，将金融风险控制在可承受的范围之内，维护金融体系的整体安全。特别是在金融创新的背景下，各种金融风险更加隐蔽和难以识别，更加需要有专门知识、技能和权限的金融监管机构予以规范、监督和管理（专栏 14－1）。

专栏 14－1　金融创新与金融监管

金融创新与金融监管是对立统一的辩证关系：监管过严会抑制创新并形成金融压抑，疏于监管又会造成金融风险。从实践来看，金融创新活动常常打破金融监管的传统范围和边界，从而造成监管的“盲区”或“真空”。

在 2013 年以后，随着中国金融改革尤其是利率市场化改革进程的加快，银行利差持续收窄、盈利能力下降。为了规避资本监管和信贷规模控制，银行机构利用通道、理财、委外等发展表外业务，借用同业科目发展类信贷业务，从买入返售到应收款项类投资实现信用扩张，但“隐性刚兑”的存在增加了银行体系的风险。同时，资产管理业务创新更是将货币市场、资本市场、信贷市场紧密联系在一起，金融风险交叉传染性增强。

跨市场风险特别是利用资管业务进行“监管套利”，大大降低了监管的有效性：一是出于逐利和规避监管的目的，银行资产管理产品结构复杂，产品嵌套问题突出，多层嵌套增加了资产管理产品信息不对称程度，投资者很难识别资金最终投向的风险状况，导致风险在金融体系内部积聚和传染；二是商业银行在资产管理业务资金筹集和投放过程中，一般采取滚动发行、集合运作的“资金池”模式，利用期限错配赚取溢价，期限错配模式必然会存在流动性问题，推动流动性风险上升。

二是维护金融秩序的需要。金融业虽然不是具有自然垄断性质的行业，但是金融业务由于存在规模经济效应（即规模越大，成本越低、利润越高），因此具有较强的垄断倾向，而垄断会导致市场失灵和低效率。大量理论和实践显示，对金融业实行完全自由放任的政策往往诱发无序竞争和市场垄断，导致金融资源无法得到有效配置。这种在金融业运行过程中所存在的市场失灵现象，要求监管部门通过建立一系列规则和制度，规范金融机构的行为和活动，促使其守法经营、公平竞争和规范创新，形成良好的金融市场秩序，提高金融运行效率，防止垄断所产生的各种不良后果。

三是保护社会公众利益的需要。金融产品和服务的提供在很多方面具有准公共产品的属性，由于几乎所有的社会经济个体都是金融产品和服务的对象，一旦金融体系出现严重问题，将直接损害数以千家万户的存款人和投资者的利益，进而影响国计民生和社会安定（专栏 14－2，二维码专栏 14－1）。从金融业的经营特征来看，金融机构与存款人和投资者之间往往存在着明显的信息不对称，且分散和弱势的个体投资者往往无法对金融机构的行为进行有效的监督和制约，这就为金融机构损害存款人和投资者的利益提供了条件。

【二维码专栏 14－1】

“套路贷”及其主要模式

因此，为维护社会公众利益和加强对投资者的保护，客观上需要对金融业进行有效监管，通过规范金融机构的经营行为，加强金融市场的信息披露和违规惩戒，防止金融机构损害社会公众的利益。

专栏 14－2 金融监管与消费者权益保护

即使没有在“3·15”消费者权益保护日被曝光，“714 高炮”这类 7 天或 14 天为主、利息年化逾 1 000%、往往牵涉暴力催收的短期高息网络贷款，也一直在行业内深受诟病。毫无疑问，这类“嗜血”的超高息贷款理应被打击查处。

一位农村朋友的儿子，初中学历，20 来岁，在浙江某地揽工。前不久，他竟然在短短几个月内利用形形色色的网络贷款平台贷了 20 多万元用于“地下赌博”，结果输得精光。目前这些贷款本息合计已到 30 多万元，连累全家背上高额债务。对一个月薪才 3 000～4 000 元的初中毕业生来说，这些网络平台最多的竟然贷给他近 10 万元，真不知这些所谓的消费贷平台的放贷门槛是如何界定的？风控何在？而此事引发的连锁反应是，本来小康的一家，现在每天被各类讨债公司追着讨债。

数字经济崛起了，我们都被裹挟其中，无论是社会生活，还是金融活动都受其影响。近年来，互联网金融色彩越来越浓，本身也说明了在数字经济时代，智能数字设备对个人生活的高渗透率，个人行为线上化、线上行为数据化、数据痕迹金融化，是人即可上网，流量即金融。

需要看到的是，正是金融资源基于风险定价在不同人群中的差异化配置，解决着部分人群的合理融资需求。然而，伴随着流量金融的快速变现，各类智能化、大数据化的技术助贷产品兴起，准入门槛已大幅降低。在应用市场里，充斥着大量信用卡代偿和现金贷等平台。个人获取现金贷、消费贷款的渠道，不是太少，而是太多了。

在鼓励消费升级、金融普惠化的背景下，中国居民的消费信贷有了长足发展。央行数据显示，截至 2019 年 1 月末，居民短期消费贷款规模已达 8.66 万亿元，较过去 3 年增长了 2 倍。2018 年 10 月国务院发文，仍鼓励支持在风险可控、商业可持续、保持居民合理杠杆水平前提下的消费信贷管理模式和产品创新。不过，应该看到，在消费信贷领域的高速发展过程中，从出现问题到解决问题，制度层面在准入设计、反馈完善、风险控制等方面要做的，还有很多。

注：本专栏内容摘编自段久惠．“714 高炮”背后：个人获取现金贷的渠道还是太多了．证券时报，2019－03－18。

四是促进经济社会持续稳定发展的需要。在现代经济条件下，不论是从宏观层面看，还是从微观层面看，金融和实体经济之间都是相互依存、相互影响的共生性关系，这就决定了经济社会的长期可持续和稳定发展离不开金融的支持和稳定。事实上，金融业在现代经济社会运行过程中扮演着极为重要的角色，是全社会资金融通、支付结算、信用支持、风险管理和资源配置的中心，其发展程度和稳定状况将直接影响整个国民经济和社会的发展与稳定。鉴于其特殊和重要的地位，对金融业进行全面而有效的监督与管理，引导其稳定、健康和优化发展，对于国民经济和社会的长期持续稳定运行和效率优化具有重要的意义。

14.3 金融监管的主要理论

从现代经济学的主流理论来看，金融监管被认为是政府行为的一部分，其总体定位是弥补市场失灵。在这一前提下，由于金融业运行所具有的高杠杆和高风险等特殊性以及由此带来的“溢出效应”，金融监管常常被视为维护金融体系稳定运行的必要制度安排。特别是，作为追求利润最大化的市场主体，金融机构的决策和行为通常只从自身的微观利益出发而不考虑宏观影响，这就常常导致微观行为（个体理性）和宏观结果（集体不理性）之间出现明显的不一致性甚至矛盾。在这种情况下，如果由来自市场之外的政府来代表社会公众实施监督管理，就可以有效地规范和约束金融机构的行为，从而创造良好的金融秩序和维护金融体系的稳定运行。

与此同时，金融监管还被认为在金融体系的运行过程中具有特殊的重要作用，这种特殊的重要作用源于以下两个方面的事实：一是金融体系所具有的巨大外部性效应使其在很大程度上具备（准）公共产品的属性，这使得政府的外部监管具有介入的合理性和必要性；二是金融体系运行的复杂性和网络关联性使其内涵的扭曲和失败比其他市场更为严重，在这种情况下，单靠市场的自我调节和矫正机制很难阻止这些蔓延的扭曲和失败。事实上，作为2008年国际金融危机的一个重要教训，金融体系所具有的特殊外部性效应，以及由无约束市场所引发的各种扭曲和失败充分表明，完全不受监管的市场可能面临巨大的系统性风险，良好的金融监管对于金融体系乃至整个经济体系的稳定运行都是不可或缺的。

此外，由于金融监管过程涉及行为限制、利益分配、权力配置等诸多现实问题，这不仅加大了问题的复杂性，而且使金融监管本身面临机会主义行为和外部干预等问题，甚至存在因卷入利益关系而被监管者“俘获”的可能性。金融监管的基本目标，就是要通过构建合适的金融监管框架和采取必要的金融监管措施，在微观上完善金融市场机制和加强消费者（投资者）权益保护，在宏观上促进金融稳定与效率的平衡，从而确保金融体系的稳定高效和金融活动的健全有序。金融监管的基本理论框架可由图14-1予以大体概括。

14.3.1 金融监管的必要性理论

从理论的角度而言，关于金融监管必要性的解释，主要集中在两个方面：一是市场的不完全性，二是金融体系的脆弱性。下文我们从市场不完全性、风险承担、流动性保险及金融脆弱性与金融监管之间的关系展开论述。

（一）市场不完全性与金融监管

根据一般经济学理论，市场的不完全性将诱发市场失败，导致资源配置无效或者低效。金融市场作为一个特殊的市场，其不完全性主要体现在以下几个方面：一是金融活动的负外部性效应，二是金融产品和服务的准公共产品特性，三是金融交易过程中的信息不对称。

（1）金融体系的负外部性效应。

金融部门的负外部性效应主要是指金融行为和活动对市场中其他人所产生的额外负面成本，从而导致社会成本大于私人成本的现象。尽管负外部性效应并非金融行业的独有特

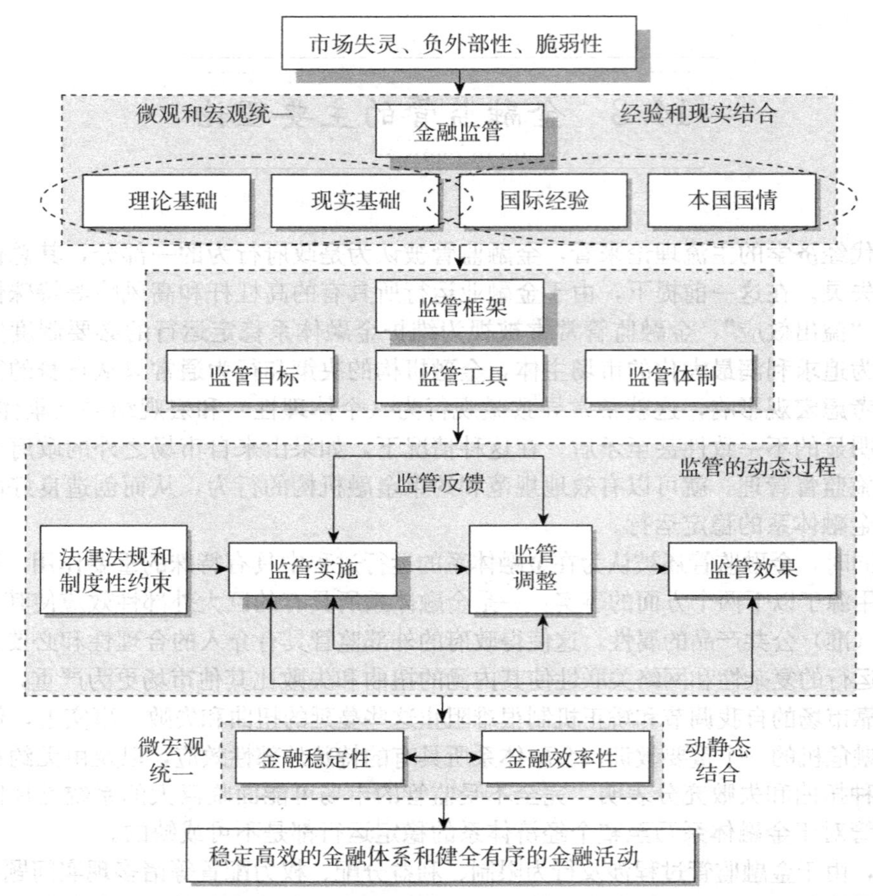

图 14-1　金融监管的基本理论框架

征，但金融业（典型的如银行业）经营的特殊性使其负外部性特征尤为明显：作为高杠杆负债经营的企业，金融机构原则上只对自己的资本投入承担有限责任，但却经营和支配着相当于其资本数倍的金融资产，这意味着金融机构的股东可以获得远高于其资产的利益率，但却承受着相对较小的风险。显而易见，高负债的经营模式加大了所有者冒险的激励，导致金融部门容易出现过度的风险倾向。

除高杠杆经营所导致的负外部性外，金融部门较强的传染性也会导致明显的负外部性效应：金融体系内的各个金融机构之间通过信用链条互相依存，彼此之间错综复杂的网络关系使单个金融机构的风险很容易蔓延至其他机构。在这种情况下，个别关键金融机构出现问题可能导致整个信用链条出现多米诺骨牌式的崩溃，从而诱发金融危机。金融危机的发生伴随着信贷减少、流动性枯竭以及财富缩水等现象，负外部性传导至实体经济部门，进而导致经济衰退甚至经济危机。

此外，值得一提的是，金融效率的提高建立在市场竞争机制之上，而市场竞争下的“优胜劣汰”效应一方面会加大金融机构破产倒闭的风险，强化金融体系的负外部性，另一方面还可能导致垄断及与之伴随的效率损失。这就是我们常说的金融机构“自由竞争悖论”。

(2) 金融体系的准公共产品特性。

在经济学中，公共产品有两个基本特征：非竞争性和非排他性。非竞争性指在给定的生

产水平下，向额外消费者提供产品的边际成本为零，某人对该产品的消费不影响别人同时消费该产品；非排他性指产品在消费过程中所产生的利益不能被某个消费者所专有，试图限制其他人消费这种物品是不可能的或者成本过高。严格来讲，公共产品在消费上具有完全的非竞争性和非排他性，但在现实中，大多数公共产品介于"私人产品"和"纯公共产品"之间，因而兼具私人产品和公共产品的双重属性，我们一般将这类产品称为"准公共产品"或"混合产品"。

根据上述界定，金融部门的内在特征使其具有了"准公共产品"的属性，而这些属性正是我们认为现代金融体系所必须具备的特征：稳定、公平和有效。满足上述特征的金融体系可近似地被视为公共产品，同时这一特性也决定了金融交易中的"搭便车"行为无法避免，相应地，其供给也就无法在纯市场行为下达到最优状态。在这种情况下，通过引入政府监管进行适当调节，纠正市场机制的不足，就成为了现代金融体系正常运转之必需。从这个意义上讲，金融体系的"准公共产品"属性及其导致的市场失效内生出了对金融监管的需求。

(3) 信息不对称。

金融市场中所存在的信息不对称问题既是金融体系的内生性特征，也是金融体系需要解决的问题之一。金融领域的信息不对称现象是广泛存在的。比如：①在典型的"银行-企业"关系中，较之外部监督的银行而言，企业显然对自身的生产、发展和风险状况更为了解；②在金融市场中，发行证券（股票或债券）融资的企业会比投资者更加了解项目资金的风险和潜在盈利能力；③在商业银行经营过程中，存款人通常很难辨别健康的银行和潜在的问题银行，同时，贷款风险往往来自那些最有贷款积极性的贷款人。当然，金融领域的信息不对称现象远不止上述三个，而是广泛地存在于金融交易的各个环节中。

根据信息经济学理论，信息不对称将会导致事前的逆向选择（adverse selection）和事后的道德风险（moral hazard）问题。所谓逆向选择是指，那些最可能引发信贷风险和导致金融机构亏损的借款人，在很多情况下恰恰是那些主动和积极寻求贷款的人。所谓道德风险是指，在金融合约的执行过程中，掌握私有信息的一方可以通过利用自身的信息优势获得额外的利益，并由此损害了合同对方的利益。毫无疑问，在以信用为基础的金融市场中，无论是逆向选择还是道德风险，都会降低金融市场的运行效率，影响资本有效配置，造成金融风险积累。在这种情况下，为降低信息不对称所造成的损害，就有必要引入金融监管，通过建立必要的外部监督和约束机制，促使市场主体更加谨慎地行事，同时通过提供更为全面、及时、准确的信息，帮助价格信号等市场机制更加有效地运作，从而减轻逆向选择和道德风险所带来的问题。

（二）过度风险承担与金融监管

关于收益（效用）函数凸性特征的讨论，已经广泛应用于经济金融相关文献中。有凸函数特征的期望效用值随着风险的增加而增加，因此，当风险和不确定性增强时，当事人的期望效用值反而上升。显而易见，收益（效用）的凸性特征激励了负债的所有者（经营者）采取对社会价值有负面影响的高风险方案，从而实现价值从债权人到股东的转移。

斯蒂格利茨和韦斯（Stiglitz and Weiss，1981）通过 S-W 模型表明，当借款人存在逆向选择和道德风险问题时，即使不存在政府干预，信贷配给也仍然可能成为信贷市场均衡的一种状态。这一模型假定借款人清楚项目的风险状态，但存在隐瞒对贷款不利信息的倾向；而金融机构（银行）虽然掌握借款人群体分布的统计特征，但却难以准确识别和判断这种风险。这意味着，金融机构（银行）和借款人之间存在着信息不对称和不完全的问题。

在信息不对称和不完全的情况下，银行贷款的预期收益为 $E(\rho)$，该收益与贷款收益（即借款人支付的利息 R）和借款人的风险水平（σ）有关，$E(\rho)=E(R,\sigma)$。同时，借款的收益为：$\Pi(y)=\max(-c,\ y-R)$，其中，c 代表抵押物价值，y 表示项目的现金流。假定在风险水平 σ^* 下，企业的最低收益为 Π，即 $E[\Pi(y)|\sigma^*]=\Pi$；而在风险 σ_{max} 下，企业预期收益达到最大的 Π_{max}，即 $E[\Pi(y)|\sigma_{max}]=\Pi_{max}$。那么，贷款的需求量将由处于 $[\sigma^*,\ \sigma_{max}]$ 区间的借款人数量和贷款数量决定。

如果银行对借款人充分了解，就可以针对不同风险水平差别定价，但在信息不对称和不完全的情况下，银行只能依靠概率对借款人的整体风险状况 σ 做出推断。当银行试图提高利率水平时，就会导致如下经典的逆向选择问题：在风险水平 σ 下，提高利率一方面会使银行的收益上升，另一方面也会导致风险 σ^* 增大，这是因为，σ^* 不增大将导致 $E[\Pi(y)|\sigma^*]$ 减少，从而将风险为 σ^* 的借款人挤出信贷市场。在上述过程中，贷款人的总体风险会出现上升，从而导致银行的预期收益下降。为克服上述信息不对称和不完全所导致的两难状况，银行通常会确定一个最优的 R^* 值，使其预期收益最大化，如图 14－2 所示。

在图 14－2（a）中，非单调的银行预期收益曲线 $E(\rho)$ 反映了信息不对称所引起的问题：当利率提高到一定程度的时候，预期收益反而下降。同样的道理，图 14－2(b) 中银行的信贷供给曲线 S 也是非单调的。如果需求曲线 D_1 与曲线 S 交于 R_1 的水平，则市场会产生竞争性均衡，不存在信贷配给；但当需求曲线移动到曲线 D_2 时，由于需求曲线和供给曲线二者无交点，利率水平将由银行利润最大化的利率 R^* 决定，这意味着此时信贷市场转向配给均衡，银行是价格的制定者。图 14－2(c) 显示了信贷配给均衡状态下的银行风险值，其中 σ_b^* 和 σ_{max} 为银行相对于企业的风险水平。由于银行无法识别具体的风险状态，且银行风险随利率上升而上升，因此，信贷配给成为一种理性的选择。

将上述情况稍微延伸，便可以描述银行对借款人实行区别对待的情况。在图 14－2(b) 中，假定曲线 D_1 代表无信息不对称问题的贷款需求组合，而 R^* 则对应表示存在信息不对称时的企业信贷需求曲线。此时，为避免逆向选择和道德风险问题，银行将对前者进行竞争性的贷款利率定价，而对后者则采取信贷配给利率 R^*。因此，由于受信息不对称（完全）的影响，为实现预期收益最大化，银行将采取差异化的定价策略（价格歧视，R^* 和 R_1），并由此而承担了两种不同的风险 σ^* 和 σ_1。

S-W 模型说明了在一个具有凸性特征的市场中，不对称信息有导致监管漏洞以及给存款人带来损失的可能性。凸性特征所导致的信贷配给和“资产替代”（用高风险项目去替换低风险项目）问题表明了银行从事过度风险活动从而损伤股东利益的可能性。S-W 模型对于金融监管的直接意义在于：为克服银行经营凸性特征所带来的风险转移和资产替代问题，监管不仅是必要的，而且必须是严格和审慎的；在缺乏监管的环境中，逆向选择和道德风险问题将导致存款风险随着存款利率水平的上升而上升。

（三）流动性保险与金融监管

D-D 模型由戴蒙德和迪布维格（Diamond and Dybvig，1983）提出。在该模型中，金融中介（银行）一方面集中存款人的资金进行贷款投资，另一方面通过为存款人提供流动性保险而促进消费平滑。在 D-D 模型中，由于贷款管理在本质上是将流动性较大的短期小额存款转换为流动性较小的长期大额贷款，因而也导致了存贷款之间期限不匹配的风险。这种期限错配风险有可能导致针对存款者的流动性保险承诺（即存款提现需求）难以无成本地实现。特别是，一旦信息不对称引发大规模、非理性的集中挤兑，银行的流动性困境

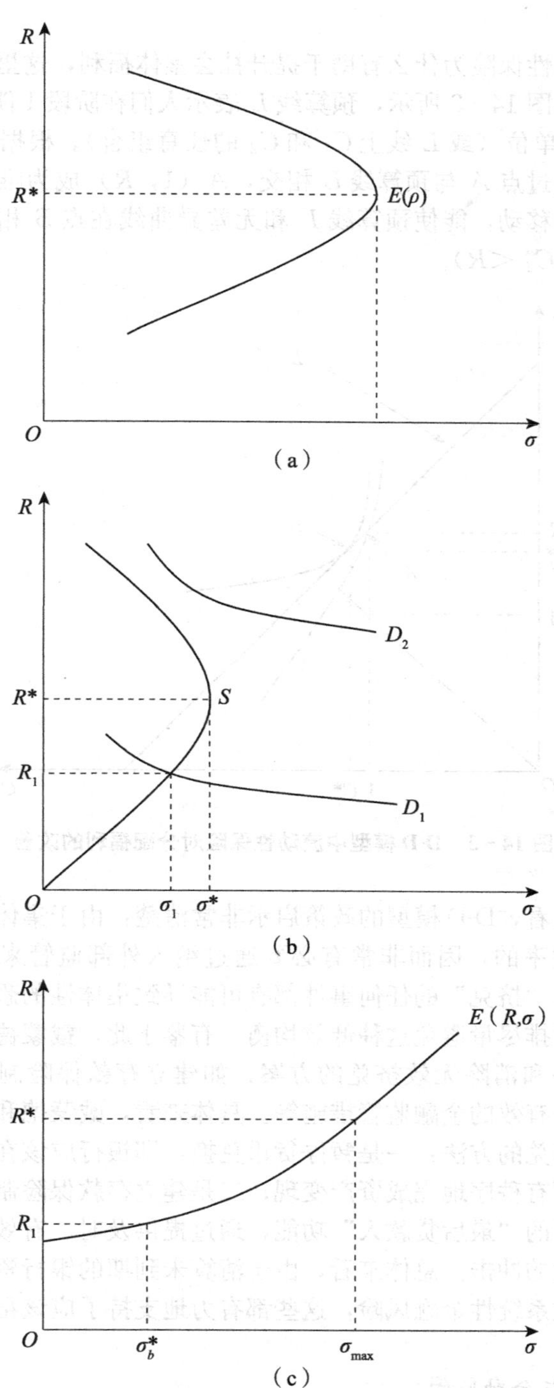

图 14-2 信贷配给的 S-W 模型

可能诱发系统性风险和金融危机。D-D 模型推导出了两种迥然不同的信贷市场均衡状态：一是存款人出现集体恐慌所引发的“挤兑均衡”，也称“坏的均衡”；二是无挤兑情况下的均衡，也称“好的均衡”，在这种均衡状态下，银行存款有效地发挥了“最优社会保险”

的功能。

为说明银行的流动性保险为什么有助于提升社会整体福利，这里引入一个简单的二阶段无差异曲线模型。如图 14－3 所示，预算线 L 表示人们在阶段 1 能消费 2 个单位，但在阶段 2 则能消费 $2R$ 个单位（或 L 线上 C_1 和 C_2 的任意组合）。根据 D-D 模型的假定，无差异曲线的上半部分通过点 A 与预算线 L 相交，A（1，R）成为唯一的消费点。这也意味着，如果通过一定的移动，能使预算线 L 和无差异曲线在点 B 相切，就能有效提升社会福利水平（$1<C_1^*<C_2^*<R$）。

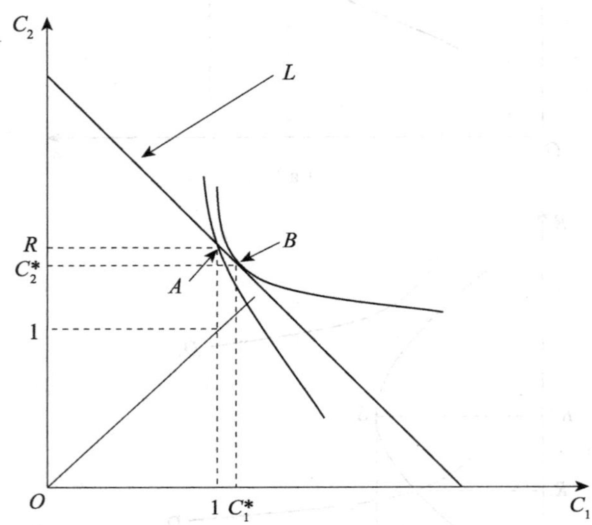

图 14－3　D-D 模型中流动性保险对分配福利的改善

从金融监管的角度看，D-D 模型的政策启示非常清楚：由于集体恐慌和风险传染所导致的银行挤兑是缺乏效率的，因而非常有必要通过纳入外部监管来避免无效（低效）均衡。理论上，由于引发“挤兑”的任何事件都有可能导致集体性的恐慌和非理性挤兑，因而应通过合适的制度安排尽量避免这种低效均衡。有鉴于此，戴蒙德和迪布维格提出了一系列有关提升公众信心和消除无效挤兑的方案，如建立存款保险制度、完善“最后贷款人”制度以及其他各种有效的金融监管措施等。具体来看，戴蒙德和迪布维格主要提出了以下三种防范无效率挤兑的方法：一是暂停货币兑换，即银行应该在出现恐慌性挤兑时立即宣布停业整顿，以更有秩序地完成资产变现；二是建立存款保险制度，增强危机应对能力；三是发挥中央银行的“最后贷款人”功能，通过提供及时、有效的流动性支持，缓解短期流动性不足所引发的冲击。总体来看，由于清算未到期的银行资产成本高昂，并有可能诱发市场恐慌和导致系统性金融风险，这些都有力地支持了应该帮助银行尽量避免流动性冲击威胁的观点。

（四）金融脆弱性与金融监管

金融脆弱性有狭义和广义概念之分：狭义的金融脆弱性是指金融业高负债经营的行业特点决定的更易失败的本性，有时也称“金融内在脆弱性”；广义的金融脆弱性是指一种趋于高风险的金融状态，泛指一切融资领域中的风险积聚，包括银行信贷融资和金融市场融资。

关于金融脆弱性的理论文献已经很多，其中，明斯基的金融脆弱性理论比较具有代表性。明斯基通过分析资本主义国家“繁荣—衰退”周期的长期波动，发现银行业具有天然的内生脆弱性，这主要由银行高负债经营的先天性质决定，其结果是，商业银行和其他市场相关金融机构必然会面对周期性的危机和破产浪潮。在明斯基的分析中，经济在繁荣期的延伸阶段就已经种下了危机的种子。为此，明斯基将融资者划分为三种类型：一是抵补性企业（hedge-financed firm），该类企业属于安全的借款人，它们主要基于未来的现金流进行套期保值融资；二是投机性企业（speculative-financed firm），该类企业在借款初期的收入虽不足以覆盖到期本金，但能正常支付利息，此后能逐渐实现“收支”平衡；三是“庞氏企业”（Ponzi firm），该类企业的风险最高，它们将贷款投向期限很长的项目，在短期内无力支付贷款本息，只能通过“滚动融资”（借新还旧）和增加借款金额的方式来支付。

在上述企业分类基础上，明斯基以“经济周期诱使企业进行高负债经营”为框架对金融危机进行了解释：在一个新周期开始时，绝大多数企业都属于抵补性企业；随着经济的进一步繁荣，市场显现出一派利好气氛，企业预期收益上升，纷纷增加借款，投机性企业和庞氏企业迅速增多，其后果是高风险的后两类借款人的比重越来越大，而安全的第一类借款人所占比重却越来越小，金融脆弱性也愈来愈严重。在这一过程中，随着经济周期逐渐见顶，任何打断信贷资金流入生产部门的事件都将引起一系列违约和破产，而这又将进一步反向传递给金融体系——金融机构的迅速破产导致金融资产价格泡沫的迅速破灭，金融危机随之爆发。在明斯基的分析中，金融体系的内在脆弱性特征可由两个主要原因得到解释：一是代际遗忘，二是竞争压力。前者指眼前的金融繁荣使得借款人对短期收益的渴望战胜了对过往危机的痛苦记忆，同时银行的道德风险将代际遗忘的时间大大缩短，而后者则主要指银行在市场竞争下为争夺有限的客户资源而放松了放贷标准。就明斯基的理论的政策含义而言，其直接要求是要通过金融监管加强对金融机构的审慎监督。

除明斯基的理论外，后续关于金融脆弱性的理论形成了一个庞大的体系，其内容涉及信用、货币、经济周期、流动性等诸多方面。比如，费雪（Fisher）的债务-通货紧缩理论认为，金融体系的脆弱性在很大程度上源于经济基础的恶化，特别是与债务的清偿紧密相关（专栏 14－3）。金德尔伯格（Kindleberger）强调了市场的集体非理性和过度投机所引起的资产价格波动和金融危机。斯蒂格利茨认为，金融业经营的特殊性使得其内在蕴含的危机因素远远高于一般的工商企业。在克鲁格曼（Krugman）的研究中，道德风险、过度投资以及政府对金融机构的隐性担保和裙带主义也是导致金融脆弱性的重要原因。麦金农（McKinnon）等强调了过度借贷的影响，特别是非银行部门的盲目乐观预期会导致信贷扩张和经济过热，从而导致金融不稳定。此外，在非理性的金融市场环境中，金融活动和行为的非线性特征不仅会导致危机的传导和扩散速度加快，而且演化方向具有高度的不确定性，这意味着，一旦监管缺位，金融市场很容易发生崩溃，因此，政府对金融市场的监管具有客观必要性，这有助于提高市场的有效性和公平性。

专栏 14－3 债务-通货紧缩理论

债务-通货紧缩理论（debt-inflation theory）是指经济主体的过度负债和通货紧缩这两个因素会相互作用和彼此强化，从而导致经济衰退或严重的萧条。

1932 年欧文·费雪在《繁荣与萧条》一书中首次提出“债务-通货紧缩”理论，认为大萧条是由企业过度负债所导致。此后，在1933年发表的著名论文《大萧条的债务-通货紧缩理论》中，费雪系统地阐述了过度负债与通货紧缩之间的关系，其中有一句曾被《华尔街日报》引用的总结为："（在从繁荣走向衰落的过程中）过度投资和过度投机往往是重要的推手；但如果不是用借款来过度投资和过度投机，情况可能远没有这么严重。"

费雪提出，当经济中出现了由新发明、新产业、新资源所推动的投资机会时，企业为了获取高利润就会"过度负债"。一旦"过度负债"达到一定程度，债务人或债权人出于谨慎，就会要求债务清偿，进而产生如下连锁反应：债务清偿引致资产廉价出售，并且引致存款货币的收缩（因为偿付银行贷款）以及货币流通速度的下降。货币收缩和资产抛售引起一般价格水平的下降，进而导致企业资产净值更大程度的下降，这将加速企业破产和利润减少，使得企业产出下降和失业增加。企业的破产和失业引发市场悲观情绪和信心丧失，又反过来导致货币的窖藏行为和货币流通速度的更大下降。在上述变化过程中，利率也会产生复杂的变动，表现为名义利率下降和实际利率上升。

费雪强调，在债务-通货紧缩理论的逻辑顺序中，除了初始条件"过度负债"以及最终结果"利率变化"之外，其他所有变量的变动都源自价格水平的下降。如果过度负债没有引起价格下行，或者通货紧缩是由非债务因素引起的，那么最终的经济波动可能会温和很多。只有当债务和通货紧缩结合起来，才会产生灾难性的后果。此外，过度负债和通货紧缩是互相作用的：一方面，过度负债引起通货紧缩；另一方面，由负债引起的通货紧缩又会反作用于债务。在通货紧缩（货币升值）速度超过名义债务偿还速度的情形下，债务清偿不但不能了结债务，反而会导致未偿还债务的实际规模上升。在这种情况下，经济状况只会更加恶化而非好转。

14.3.2 金融监管的利益分配理论

从政治经济学的视角来看，金融监管被看作影响利益分配的工具，主要的理论包括寻租理论、利益集团理论以及生命周期假说等。

（一）金融监管的寻租理论

寻租主要是指利用行政和法律等手段来获得和维护既得"租金"的非生产性活动。从经济行为的角度看，"寻租"与"避租"活动共同构成社会资源的"内耗"与浪费，无益于社会福利的增加。对此，布坎南曾指出："那些原本可用于产生价值的资源被投向不过是为了影响分配结果的竞争之中……寻租在本质上没有资源配置的价值，从社会角度看是一种纯粹的浪费。"由于寻租的产生往往源于市场准入限制或市场竞争约束（制度、法规或政策），因此，它常常和政府对经济的干预权力密切相关，这也使得寻租容易滋生权钱交易。

从金融监管的角度来看，政府对特定金融经营活动的管制可能会在损害某些集团利益的同时增加另外某些集团的利益。在这种情况下，不难理解，既得利益集团往往会通过各种方式（包括利益输送）主动谋求对特定内容的管制；反之，利益受损的集团也将采取类似的行动寻求放松管制。上述两种行为都伴随着大量的成本，却无助于增进社会福利。实际上，一些看似非常简单的监管措施，都有带来各种寻租的可能。关于监管导致的租以及租的分配，我们可以以利率管制为例予以说明，如图14-4所示。

在图14-4中，如果不存在利率控制，那么市场力量将均衡于E点，对应于r_0的利率和Q_0的信贷数量。但在利率控制情况下，如r_1，那么供给数量为Q_1，需求数量为Q_2，

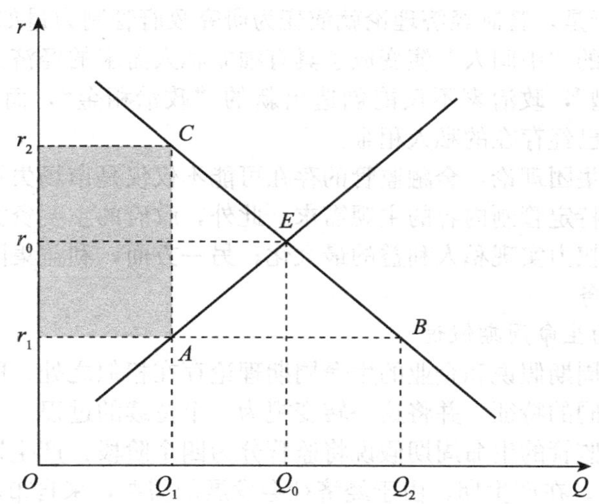

图 14－4 利率管制下“租”的产生及分配

显然 $Q_2>Q_1$，因而无法达到古典经济学意义上的均衡。在利率控制 r_1 下，虽然需求量为 Q_2，但这个数量是没有意义的，因为现实中没有任何力量可以促使银行提供这样的数量，实际的可资分配的信贷数量只可能为 Q_1。而在 Q_1 供给量上，需求者愿意付出的利率为 r_2，$r_2>r_1$，因此，相对较小的供给面临相对较大的需求，信贷配给在所难免。

事实上，根据图 14－4，借款人在 Q_1 水平上愿意支付的利率水平为 r_2，但在利率控制下实际上只需要付出 r_1 的低利率便可以获得同样的贷款。这意味着，由于利率控制造成的产权稀释使得部分潜在的收益落入“公共领域”。在图 14－4 中，这部分潜在收入可用面积 r_2CAr_1 表示。为了摄取落入“公共领域”的潜在收入，供需双方将花费资源以寻租的方式实现新的均衡。只要借款人花费的资源成本小于期望收益，并且贷款人能够获得相应回报，那么这部分落入“公共领域”的收入就会被借贷双方分享。在现实中，借款人可能以贿赂的方式来寻求有利可图的贷款，而贷款人则可能根据借款人的贿赂出价进行信贷配给。

（二）金融监管的利益集团理论

监管的利益集团理论与现代西方规制经济学的以下理论密切相关：利益集团管制理论、公共利益管制理论、激励管制理论以及管制竞争理论。虽然上述理论存在一定的差异，但在研究范式上却具有很多共性。比如，这些理论都假设政府具有某种强制权，管制方和被管制方都是基于理性选择行为来实现自身利益的最大化，而利益集团则会通过谋求特定的管制来促进其私人收益的增加。

规制俘获理论（capture theory of regulation，CT）是利益集团管制理论的最早雏形。它建立在对公共利益管制理论质疑的基础上，认为管制不是为了实现公共利益，而是立法者、规制者被产业所俘获，使管制朝着有利于生产者的方向发展。在对 CT 进行批判继承的基础上，管制经济理论（economic theory of regulation，ET）在 1971 年登上了历史舞台。该理论将政府管制引入供求均衡的分析框架，假设政治家的目标是实现私人利益的最大化，而利益集团可以通过向监管者（政治家）提供支持来影响管制的结果，其中具有代表性的理论有施蒂格勒模型、佩尔兹曼模型和贝克尔模型等。后来，麦克切斯尼（McChesney，1997）在管制经济理论的基础上建立了“新规制经济理论”，这一理论不再将政府视为一个整体，而是视之为个人集合的一种网络（其中的每个个体都有实现自身利益最大化的私人动机），于是，管制经济理论就演变为研究政府管制力量如何转化为私人目标：政治家从财富再分配的“中间人”演变成了具有独立私人需求的经济人。根据麦克切斯尼（1997）的“抽租模型”，政治家不仅能创造出新的“政治租金”，而且还能以“先威胁、再豁免”的方式抽取已经存在的私人租金。

基于监管的利益集团理论，金融监管的存在可能不仅仅是市场失灵的客观需要，同时也是利益集团群体对特定管制内容的主观需求。此外，政府的主要资源是强制权：一方面监管者可以利用这种权力实现私人利益的最大化；另一方面，利益集团能够促使政府运用这种权力为其利益服务。

（三）金融监管的生命周期假说

金融监管的生命周期假说和企业的生命周期理论存在相似之处，即认为经济行为在不同的发展阶段具有不同的特征，并将这一转变视为一个持续的过程。

具体而言，金融监管的生命周期假说将监管分为四个阶段：产生期、青春期、成熟期和老化期（图 14－5）。在产生期，由于经济社会发展的需要，来自市场主体和社会公众的要求，或者来自利益集团和政治权力分配的诉求，会使得金融监管机构和制度通过一系列行政或立法程序产生出来；在青春期，由于很多东西都在探索过程中，金融监管部门存在监管经验不足、力量相对有限的问题，但总体上充满朝气、恪守职责；在成熟期，金融监管部门通过扩张具备了充足的监管资源，监管力量和市场影响力大大增强，同时与其他部门的竞争、冲突或合作关系复杂化，在部门利益的驱动下，被监管者的利益有时可能被置于公共利益之上；在老化期，监管体制趋于僵化，监管行为趋于被动，官僚化倾向明显，监管者被利益集团（被监管方）“俘获”的风险显著上升，由于金融监管明显跟不上金融市场发展的需要，新一轮金融监管改革可能已在催生过程中。

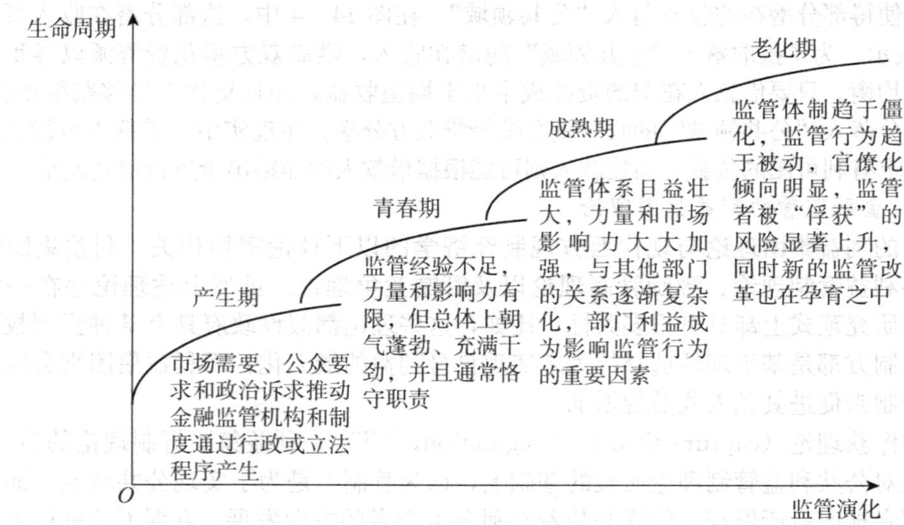

图 14－5　金融监管的生命周期假说

应该说，金融监管的生命周期假说从监管主体行为演化的角度，为长期中的金融监管提供了一种直观的描述，不过这种描述主要限于特征归纳的范畴，理论上主要是将利益集团理论和寻租理论置于生命周期假说的框架下予以重新阐释。

14.3.3 金融监管的权力配置理论

(一) 金融监管的程序选择

根据“新比较经济学”(new comparative economics) 理论，金融监管在执行上可以有两种常见的选择：司法程序和行政程序。就法官与监管者不同的激励机制而言，法官的优点是地位较为中立，弱点是实施法律的激励较弱，而监管者的特征恰好相反。一般而言，当政府的管理能力非常有限、法官和监管者容易受到恐吓和腐败影响时，自由放任是适宜的；在中等执法能力的前提下，尤其是当严重的社会危害来自市场行为时，监管较为有效；而在具有高水平法律和秩序的社会中，私人诉讼将优于监管。

如果从监管与司法的成本进行分析，可以以制度控制的“无序”和“专制”两个功能之间的权衡作为切入点，研究如何在私人秩序、私人诉讼、监管和国家所有制四种控制中寻求平衡。其中，“无序”指个人以及财产遭受谋杀、盗窃、违约以及垄断定价等形式的私人侵占的危险，而“专制”则指个人及财产被政府机构及其代理人通过谋杀、征税、财产侵害等形式侵占的危险。在“无序损失-专制损失”坐标图中(图 14-6)，向下倾斜的 45 度线显示了一定程度的无序和专制下的总社会成本(称该线为损失最小化曲线)，它与制度可能性边界的切点就是一个社会(或社会中的某部门)的有效制度选择。在这一分析框架中，只有当无序程度如此之高，以至私人秩序甚至独立的法官无法有效解决问题时，监管才是有必要的。

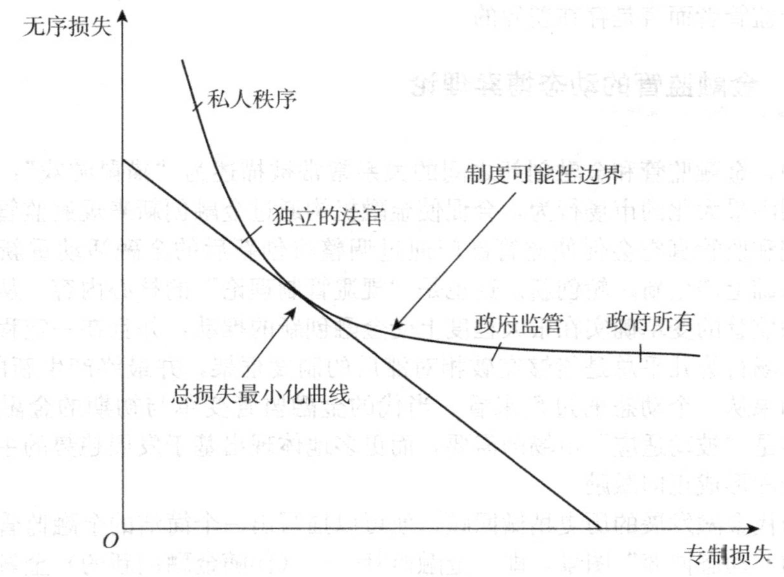

图 14-6 制度控制的“无序”和“专制”的权衡

(二) 金融监管的权力配置

在一个国家的金融监管体系中，可能存在多个主体行使监管权力，这就涉及监管权力在不同主体之间的分配问题。在关于金融机构关闭的最优授权方面，雷普略 (Repullo, 2000) 提出了一个具有代表性的分析框架。这一框架假定中央银行和存款保险机构都具有最后贷款人功能和同样的监管能力，且均不以社会福利最大化为目标：中央银行更加关注银行倒闭所带来的系统性风险，而存款保险机构则更加重视个体银行破产对自身风险状况的影响。由于中央银行和存款保险机构都不以社会福利最大化为目标，因而在银行的流动性冲击规模和监管信息可察的情况下，最优策略是区分不同的情况，在中央银行和存款保险机构之间进行选择。

雷普略（2000）从不完全合约出发，以最后贷款人权力在存款保险机构和中央银行之间的配置为切入点，讨论了银行监管权在不同情况下的归属问题，为金融监管权力的分配问题提供了新的分析视角。根据这一框架，当面临较小的流动性冲击时，中央银行应该成为最后贷款人；而当面临较大的流动性冲击时，由存款保险机构负责行使最后贷款人职能会更优。同时，当金融不稳定主要源于小的流动性冲击时，为避免监管重复所导致的成本，应考虑由中央银行负责银行监管。此外，在发生大规模流动性冲击的情况下，中央银行与存款保险机构共享监管信息是非常有必要的。

对雷普略分析框架的拓展研究比较具有代表性的是卡恩和桑托斯（Kahn and Santos，2001）的K-S模型，他们的模型对最后贷款人的利率进行了内生化处理，并允许区分流动性不足和清偿力不足两种情况。另外一个不同于雷普略分析框架的地方是，卡恩和桑托斯的模型可以区分“过严”和“过宽”两个方向上的偏好，并考虑了最后贷款人之间的竞争和讨价还价的能力等因素的影响，这使得该模型不仅可以用于分析最后贷款人职能的最优分配，还能用于分析监管职能和关闭政策的最优配置问题。此外，K-S模型基于监管者之间的竞争得到了一个与雷普略（2000）分析框架类似的结论，即较小的流动性冲击应由中央银行负责，而较大的流动性冲击则应由存款保险机构来解决，因为银行破产的成本和影响对于这两个监管者而言是存在差异的。

14.3.4 金融监管的动态博弈理论

在实践中，金融监管和金融创新之间的关系常常被描述为“猫鼠游戏”：打破既有监管约束追逐利润最大化的市场行为，会促使金融机构通过金融创新来规避监管，而由此造成的监管错配和监管真空会促使监管部门通过调整将创新后的金融活动重新纳入监管范围，并在此基础上产生新一轮创新。这也是“规避管制理论”的核心内容。从经验事实来看，近代金融监管的变革确实在很大程度上受金融创新的推动，并且在一定程度上反映出追逐利润的市场行为几乎总是能够突破相对滞后的制度框架，并最终产生新的制度需求。尽管如此，如果从一个动态的过程来看，当代的金融监管变革与初期的金融监管变革相比，已经不再是“被动适应”市场的需要，而更多地体现出基于发展趋势的主动调整，以鼓励有序创新和形成正向激励。

只需对当代金融发展的历史稍做回顾，便可以描写出一个简洁的金融监管与金融业组织形式之间的“动态博弈”图景，即“金融监管——（伴随金融创新的）金融业组织形式调整——金融监管调整——（伴随新的金融创新的）金融业组织形式调整——金融监管再调整——……——（伴随金融创新不断累积的）金融业组织形式变迁”。在这一过程中，金融监管与金融业组织形式之间的博弈带来的结果并非二者之间的循环往复，而是伴随着创新过程的金融监管和金融业组织形式之间的“螺旋发展”关系。在很多情况下，金融创新本质上源于金融发展的客观需要。这意味着，以此为基础的新监管制度和新金融业态可以在相对更高的层次上满足经济社会发展的需要。

关于以金融创新为纽带的金融监管与金融业组织形式之间的“动态博弈”关系，陈雨露和马勇认为，在现代金融体系下，金融监管、金融创新和金融业组织形式三者之间相互联系和相互影响，并通过适应和反馈机制动态发展变化（图 14－7）。具体而言，在新的盈利机会出现或者外部环境约束发生改变的条件下，金融机构会自发调整以适应新的变化并实现更多的利润。在这一过程中，金融机构主动或者被动的适应性调整会引发金融业组织形式分布结构及其产品与服务构成的变化，尤其是在金融创新（包括经营范围创新及产品服务创新）的推动下，这种调整不断累积的结果将内生出新的金融业组织形式。与金融业组织形式的变迁相对应，监管体系也会出现相应的调整以适应监管对象的上述变化。上述量变过程不断积累的结果，将最终产生新的金融结构和监管体系框架，实现从原有金融结构到新金融结构、从现行监管体系到新的监管体系的质变过程。当然，监管体系和金融结构之间新的相对均衡状态的出现并不意味着二者之间动态关系的终止，在任何时点上二者之间的"适应与反馈"机制始终存在并将持续发挥作用，当内外条件发生变化时，新的循环将在更高的层次上应运而生。

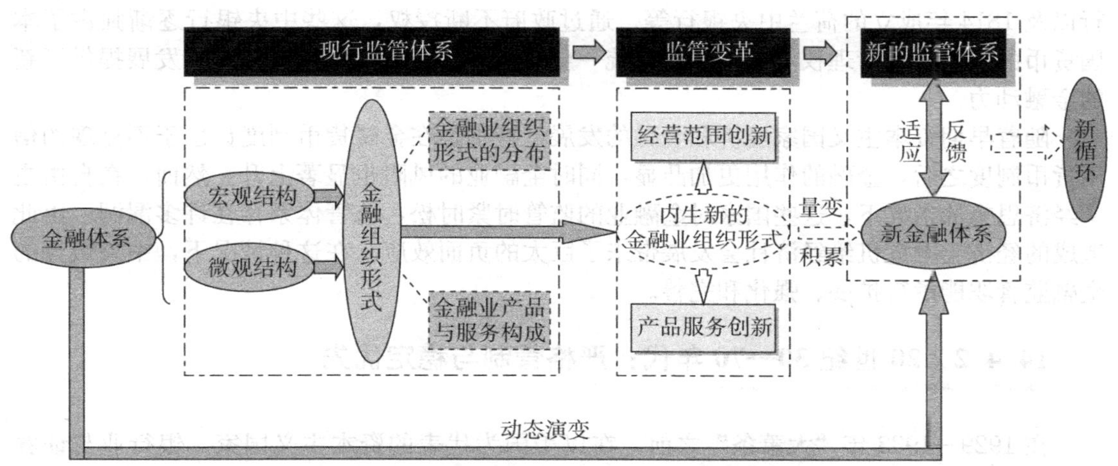

图 14－7　金融监管、金融创新和金融业组织形式调整

14.4　中央银行的金融监管职能

从历史来看，金融业的发展和创新不断对金融监管提出新的要求，推动着中央银行作为一个独立的机构从商业银行中分离出来，并逐渐发展成为金融监管的实施主体。在现代经济和金融体系下，随着金融体系的不断发展壮大和经济社会发展影响程度的日益加深，各国中央银行进行金融监管的目的、内容和方式等也在实践中不断地延伸、拓展和深化。本节将从历史视角对中央银行的金融监管职能演变进行一个简要的梳理。

14.4.1　20 世纪 30 年代之前：中央银行金融监管职能的产生

在 18 世纪中期以前，金融监管最早的内涵是对商业银行注册与银行券的发行进行监管，当时主要由各国政府执行该职能。与此同时，金融行业组织也会对商业银行的经营行为进行相应的监督。由于早期商业银行在吸收存款方面的能力不强，因而普遍采取发行银行券的方式扩大规模和增强资金实力，但这种业务拓展模式随着资本主义的发展日益暴露出明显弊端。一方面，过度负债推高了商业银行的杠杆水平，显著增加了商业银行的流动性风险，对于资产负债两端流动性需求的兑付，特别是对于超发的银行券的偿付，商业银行常常不能实现，因而常常破产清算，引发社会信用与货币危机。另一方面，受制于发展规模和资本实力，各商业银行的信用扩张能力有限，其发行的银行券通常流通范围比较狭窄，难以成为广泛接受和使用的信用工具，最终阻碍了全国性统一金融市场的形成。

资本主义经济的迅速发展催生了对有管理、信用良好、能够广泛流通的信用工具的需求，在这种情况下，一些资本主义国家先后通过立法取缔了大部分商业银行的发行权，仅授予一家或少数几家银行发行货币的权力。这些银行就成为了早期的中央银行，典型代表如1668年改组成立的瑞典国家银行、1694年成立的英格兰银行、1800年成立的法兰西银行以及1814年成立的荷兰中央银行等。通过政府不断授权，这些中央银行逐渐独占了本国货币的发行权和管理权，促进了国内统一金融市场的形成，为资本主义的发展提供了新的金融动力。

随着早期资本主义国家经济和金融的发展，特别是在金属货币制度让位于不兑现的信用货币制度之后，金融的作用更加凸显，同时金融业的风险也显著上升。然而，在自由主义经济思想的指导下，这些国家对金融业的监管时紧时松，监管体系存在许多漏洞，由此造成的经济金融危机给经济社会发展带来了巨大的负面效应。在这种情况下，中央银行的金融监管职能亟待扩展、强化和完善。

14.4.2　20世纪30—70年代：严格管制与稳定优先

在1929—1933年“大萧条”之前，在以美国为代表的资本主义国家，银行业与证券业总体处于自然的“混业经营”阶段，在当时松散的监管机制下，商业银行的大量资金可以自由地进入高风险的证券市场，一方面造成证券市场的严重泡沫化，另一方面也导致了金融风险的积累和失控。随着危机最终爆发和迅速蔓延至整个资本主义世界，各国中央银行开始意识到，为维护经济金融体系的稳定运行，必须对金融业进行严格监管，国家干预主义思想由此被注入金融监管领域。

以美国为例，强化立法和业务管制成为危机后金融监管变革的主流取向，1933年颁布的《格拉斯-斯蒂格尔法案》(Glass-Steagall Act) 从法律上明确了银行业与证券业“分业经营”的制度（专栏14－4）。与此同时，《银行法》《证券法》《证券交易法》等行业法规陆续出台，对金融机构的经营行为进行了进一步规范。在监管主体和职能方面，美联储被赋予了实质性的监管权和更多的监管手段，开始在金融监管中发挥核心作用，并同联邦储蓄与贷款保险公司以及联邦存款保险公司一起行使对银行业的监管权。与此同时，依据《证券交易法》成立的证券交易委员会则负责对证券业进行监管。

除美国以外，其他各主要资本主义国家也在国家干预主义思想的指导下加强了对本国金融业的监管，主要措施包括：一是对商业银行开业资格进行严格审批；二是限制存贷款利率；三是限制银行贷款额度；四是规定银行经营的范围与业务种类；五是实行存款保险制度；六是建立检查制度。总体来看，整个20世纪30—70年代是现代金融监管制度在西方国家逐步建立和完善的时期。

专栏14-4 分业经营与混业经营

混业经营是指金融机构可以同时提供多种形式的金融产品和服务，金融机构在经营上类似“百货商店”，不论银行、证券还是保险业务，任何一家金融机构都可以自由经营，不存在任何法律或者监管上的限制。一般认为，一方面，混业经营可以充分利用“范围经济”和“规模经济”的好处，使金融机构通过交叉经营提高服务效率，增加盈利。但另一方面，由于金融业本身具有脆弱性，在缺乏有效金融监管的情况下，金融资本的“逐利”倾向可能诱发道德风险，导致过度的风险承担，最终引发经济和金融危机。因此，混业经营的优点是效率高，能够充分调动金融机构的创新活力和积极性，也有利于通过业务整合形成一大批具有综合竞争力的大型金融机构，但缺点是不同业务之间可能存在风险传染，导致金融风险上升。

分业经营一般指法律规定将商业银行业务与投资银行业务相分离，或商业银行与证券业务及其他具有投资性质的金融业务相分离的经营体制。分业经营意味着金融监管以强有力的法律方式明确限制了金融业中银行、证券公司和保险公司之间的业务交叉行为，银行、证券公司和保险公司只能各自“专营”相应的金融产品和服务。分业经营的优点是有利于推进金融业内各子行业的专业化进程，提高金融专业化生产和服务的效率，但制度上的业务强行隔离也在一定程度上损失了效率，使得金融机构可以提供的金融产品和服务种类大大减少，金融创新的空间和活跃度明显降低，边际利润被大大压缩，不利于形成具有综合竞争力的大型金融集团。

14.4.3 20世纪70年代至2007年：金融自由化与效率优先

20世纪70年代，“新自由主义”思潮成为主流经济思想并迅速席卷主要市场经济国家，崇尚市场自由和自律、减少金融管制、鼓励金融创新的监管理念相应成为主流。20世纪80年代，随着全球经济一体化和金融自由化的不断发展，金融产品和业务的创新层出不穷，各种金融机构之间业务相互交叉与渗透不断加剧。随着金融体系所承载的资金量越来越大，单一的商业银行或证券公司已无法独自承担新金融产品的承销，也无法满足企业一揽子全方位的金融服务和居民多样化的金融服务需求，而社会经济发展迫切需要金融服务实现一体化，这就使得银行和证券公司纷纷以各种金融工具与交易方式创新来规避法律的限制，涉足对方的业务领域。

进入20世纪90年代，以市场化为载体的金融创新风起云涌，以美国为代表的发达国家的金融业通过金融创新逐渐绕开了原有“分业经营”的限制，逐渐走向了事实上的混业经营。与分业经营比较，混业经营在提供全方位服务方面较有优势，同一机构内的资源共享也有利于降低成本，使接受金融服务的消费者能从全面的服务与优越的价格中受益，从而提高金融供求双方的效率。因此，从总体上讲，分业经营更加注重安全性和稳定性，而混业经营则更加偏向效率性。特别是在“华盛顿共识”的影响下，在全球范围内掀起了新一轮贸易和金融自由化浪潮，随着浮动汇率制度的实施和利率市场化的进展，客观上要求金融部门做出联动的反应，在这种情况下，放松金融管制、促进金融创新和推动金融市场一体化成为迫切的现实需求，这使得倡导效率和市场约束导向的监管理念成为主流（专栏14-5）。

与此同时，随着金融开放和金融全球化的发展，世界各国金融机构之间的往来日趋紧密，依存度逐渐提高，任何一个国家的金融风险都可能诱发全球性的金融危机。为加强国际监管合作，促进监管要求和规则的一致，1988 年《巴塞尔资本协议》（即《巴塞尔协议Ⅰ》）诞生，该协议在充分考虑商业银行信用风险的基础上重新定义了监管资本，将监管重心转向了资本充足率要求。2004 年，在国际金融业竞争加剧、金融创新日新月异的背景下，《巴塞尔新资本协议》（即《巴塞尔协议Ⅱ》）取代了原来的《巴塞尔资本协议》，强调在全面风险管理的理念下，通过最低资本要求、监管当局的监督检查和市场纪律“三大支柱”强化对金融机构的审慎监管。

专栏 14-5　新自由主义与“华盛顿共识”

19 世纪 70 年代，英国发生严重的经济危机，为适应新的政治要求，T. H. 格林（T. H. Green，1836—1882）首先提出了既坚持英国自由主义传统，又实施国家干预，充分发挥国家作用的新理论。这一理论后来发展为“新自由主义”（New Liberalism）。区别于古典的自由主义，“新自由主义”提出自由应该是制度框架内的自由，而不是放任自流。20 世纪初，新自由主义逐渐成为英国官方政策的重要基础，引起西方政治思想和政治实践的深刻变化。两次世界大战严重阻碍了新自由主义在欧洲的传播，但它的思想原则却在北美得到了体现。在第二次世界大战之后的 50—60 年代，“福利国家”政策在西方开始盛行，“新自由主义”的影响也不断扩大。20 世纪 70 年代，随着“福利国家”政策的破产，以哈耶克为首的朝圣山学社逐渐兴起，提出以恢复古典自由主义为主要内容的新古典自由主义（Neo-liberalism），后来它被简称为“新自由主义”，而之前的“New Liberalism”则被直接称为“自由主义”以示区别。

从思想内核来看，新自由主义是一种经济和政治学思潮，它反对国家和政府对经济的不必要干预，强调开放社会、自由市场和个人主义。概括而言，新自由主义的核心主张包括两个基本方面：(1) 倡导自由市场经济，反对政府干预。市场的自我调节是分配资源的最优越和最完善的机制，是实现资源优化配置的最佳途径。由于信息的分散性和不充分性，集中决策体制不可能实现资源的有效配置，因此，凡是可以通过市场机制调节的都应该交由市场完成，政府不应干预。(2) 倡导个人主义和自由选择。自由选择是经济和政治活动最基本的原则，个人应当自由地拥有私人财产，自由地交易、消费和就业。个人在经济活动中是理性和利己的，任何集体的利益的实现都不应该以压制合理的个人利益为代价，社会目标不能取代和压抑个人目标。

进入 20 世纪 90 年代，新自由主义在促进贸易和金融自由化方面的政策主张集中体现为“华盛顿共识”。按照美国学者斯蒂格利茨的概括，“华盛顿共识”的核心主张是“政府的角色最小化、快速的私有化和自由化”。一般认为，“华盛顿共识”主要包括十个方面的内容：(1) 加强财政纪律，压缩财政赤字，降低通货膨胀，稳定宏观经济；(2) 政府支出重点转向经济效益高的领域和有利于改善收入分配的领域，如文化、教育卫生和基础设施；(3) 开展税制改革，降低边际税率，扩大税基；(4) 实施利率市场化；(5) 采用一种具有竞争力的汇率制度；(6) 贸易自由化，开放市场；(7) 放松对外资的限制；(8) 对国企进行私有化改革；(9) 放松政府管制；(10) 保护私人财产权。以“华盛顿共识”为蓝本的经济金融政策曾被广泛运用于俄罗斯、波兰、捷克等国家的市场经济转型，但相关政策的利弊得失至今仍存在争议。

14.4.4 2008年之后：金融稳定与效率并重

从20世纪90年代至2008年国际金融危机之前，以美国为代表的发达经济体经历了20年左右的稳定增长时期，这一时期被称为“大缓和”时代。“大缓和”时代的特征在于实体经济活动的整体波动性降低，诸如实际GDP、工业生产、就业增长、失业率等周期性的宏观指标波动变小，经济出现周期性衰退的概率也趋于下行。由于经济预期非常稳定，市场主体可以很好地规划投资和消费活动，特别是在贸易全球化和金融一体化的推动下，资本在世界范围内的配置效率进一步提高，基于全球生产链的金融创新、技术创新和产业创新相互促进，成为推动主要国家经济增长和金融发展的重要支撑。

全球化的贸易和经济往来要求全球化的资本和生产要素配置，而全球化的资本和生产要素配置要求进一步的金融开放和充分的金融市场化。在这一背景下，世界各主要发达国家在“大缓和”时代基本上采取了放松管制和鼓励创新的监管策略，新兴的市场经济国家也随之效仿。一方面，这使得金融在全世界范围内出现了前所未有的大发展；但另一方面，过于宽松的监管环境和金融创新背景下监管理念和方法的滞后性也逐渐显现出其弊端，世界范围内由于监管缺位而导致的金融危机频频发生。不仅如此，在开放条件下，各国之间金融监管法律、法规和制度不一致所导致的监管套利、不公平竞争和资本无序流动等问题，也在一定程度上造成了国际金融秩序的混乱和低效。

尽管在上述“大缓和”时代监管制度中的漏洞一直存在，但真正得到深刻警醒和实践回应主要是在2008年国际金融危机之后。这场最终被定义为“仅次于大萧条的百年一遇的金融危机”使得全球主要国家的政策决策者意识到，已有监管体系中的漏洞必须得到系统而全面的修补，重新建立“稳定-效率”动态平衡与并重的监管制度、框架和方法，才能从根本上实现金融和实体经济的长期稳定和可持续发展。作为上述反思的一个标志性事件，2009年G20伦敦峰会发布了一份名为《加强金融体系》(Strengthening the Financial System)的宣言，提出了以下监管改革主张：对监管体系进行改造，及时监测、鉴别和应对系统性风险；扩大监管范围，将所有对金融体系产生重要影响的金融机构、金融工具和金融市场纳入监管范围；对金融机构实施有关薪酬的最新强硬原则；阻止过度杠杆，要求银行在经济良好时期储备充足的缓冲资金；纳入对信用评级机构的监管，确保这些机构达到良好的国际行为标准，防止利益冲突。

在实践方面，2010年时任美国总统奥巴马采纳了美联储前主席保罗·沃尔克(Paul Volcker)的建议，宣布将对银行业做重大改革，此方案后被称为“沃尔克法则”(Volcker Rule)。该法则通过限制商业银行的规模、自营交易和投资行为等方式，加强对金融活动的监管，以有效降低系统性风险（专栏14-6）。在国际监管规则的改革方面，2010年修订的《巴塞尔协议Ⅲ》确立了宏微观审慎相结合的监管新范式，在对传统微观审慎监管中的漏洞进行修补的基础上，系统地引入了宏观审慎监管的一揽子新方法和新工具，如强化风险资本监管、引入杠杆率监管要求和量化的流动性监管要求、大幅提高商业银行的资本监管要求等。此外，该协议还要求监管当局重视金融机构之间的共同风险暴露，特别是加强对系统重要性金融机构(SIFI)的监管，从宏微观两个层面防范和化解系统性金融风险。

专栏 14-6 沃尔克法则

沃尔克法则是由美联储前主席沃尔克（1927—2019）提出的，其核心是通过禁止银行及其附属机构进行大规模的自营交易来降低系统性风险，同时限制银行等机构投资参与对冲基金、私募股权基金等，具体包括以下三个方面的主要内容：

一是限制商业银行的规模，规定单一金融机构在储蓄存款市场上所占份额不得超过10%。此规定还将拓展到非存款资金等其他领域，以限制金融机构过度举债进行投资的能力。

二是限制银行利用自身资本进行自营交易。由于此类交易是金融机构用自身资本在市场买卖，而不是作为中介机构代表客户执行交易，因而会造成严重的市场风险。

三是禁止银行拥有或投资私募基金和对冲基金，让银行在传统借贷业务与高杠杆、对冲、私募等高风险投资活动之间划出明确的界线。

"沃尔克法则"最早于2010年提出，其间经历了各界广泛讨论，特别是受到了来自华尔街方面的强烈反对，几经修改和在内容上进行一些妥协之后，于2012年7月生效。华尔街认为，如果限制金融机构的自营交易，那么金融市场将缺乏做市商，市场的流动性将受到实质性影响，这相当于把美国生硬地拉回到1999年被取消的《格拉斯-斯蒂格尔法案》所确立的分业经营和分业监管的模式。

克鲁格曼也在为《纽约时报》撰文时指出，沃尔克关于拆分大型金融机构的主张过于迂腐。克鲁格曼认为，拆分大型金融机构对于缓解金融危机的冲击可能达不到预期效果，因为危机完全有可能通过小型银行的大范围破产对经济造成巨大的冲击，大萧条就是典型案例。因此，将大型金融机构拆分为小型金融机构的做法解决不了本质问题。

总体来看，在经历了"大萧条"和2008年金融危机两次全球性的危机之后，新的监管思维和理念正在朝着宏微观相结合、稳定与效率并重的方向发展。一方面，没有金融稳定，就无法实现长期可持续的经济金融发展；另一方面，如果金融稳定建立在过度管制和创新压抑的基础之上，那么金融发展和经济增长就会因缺乏效率而失去活力。因此，要实现长期可持续的高质量经济金融发展，金融监管必须在稳定性和效率性两个基本目标之间维持动态的、适度的平衡。

【本章小结】

金融监管是指一个国家或经济体通过特定的机构或部门（如中央银行或专设的金融监管部门），依法对金融主体的活动进行某些限制、要求和监督，以实现宏微观两个层次的目标，即：在微观上维护存款人和投资人的权益，形成良好的金融市场机制和环境；在宏观上促进金融体系稳定性和效率性的动态平衡，并以此促进经济社会的长期可持续发展。相应地，金融监管可分为微观层面的监管与宏观层面的监管。

微观层面的金融监管注重对单个金融机构的经营行为以及具体的金融交易的监管，通过规制行为实现金融机构和金融市场对金融投资者权益的维护。宏观层面的金融监管则更加重视金融机构之间的关联和金融体系的整体失衡状况，强调系统性金融风险的监测、防范与化解。传统的金融监管以微观个体金融机构的稳定为主要目标，但在2008年国际金融危机之后，世界各国中央银行普遍认识到从宏观上加强金融监管的重要性与必要性。从实践来看，目前全球范围内的金融监管有两个基本发展趋势：一是从机构型监管转向功能型监管；二是建立宏观审慎监管体制，强化中央银行在金融监管特别是宏观审慎监管中的地位和作用。

实施金融监管的主要原因包括四个基本方面：一是控制金融风险的需要，二是维护金融秩序的需要，三是保护社会公众利益的需要，四是促进经济社会持续稳定发展的需要。关于金融监管的必要性，其主要理论基础包括：市场不完全性理论、过度风险承担理论、流动性保险理论、金融脆弱性理论。从政治经济学的视角来看，金融监管被看作影响利益分配的工具，主要的理论基础包括：寻租理论、利益集团理论和生命周期假说等。关于金融监管和金融创新之间的关系，主要的理论基础包括：规避管制理论以及金融监管与金融业组织形式之间的动态博弈理论等。

从历史视角来看，中央银行的金融监管职能演变大体可分为四个阶段：一是在20世纪30年代之前，中央银行的金融监管职能初步产生，监管体系、内容和方法都尚不完善；二是在“大萧条”之后的20世纪30—70年代，金融监管的核心理念是严格管制与稳定优先；三是在“新自由主义”思潮盛行的20世纪70年代至2007年，金融监管的核心理念是市场化与效率优先；四是在2008年国际金融危机之后，金融监管的核心理念是金融稳定与效率并重。

在经历了“大萧条”和2008年金融危机两次全球性的危机之后，新的监管思维和理念正在朝着宏微观相结合、稳定与效率并重的方向发展。一方面，没有金融稳定，就无法实现长期可持续的经济金融发展；另一方面，如果金融稳定建立在过度管制和创新压抑的基础之上，那么金融发展和经济增长就会因缺乏效率而失去活力。因此，要实现长期可持续的高质量经济金融发展，金融监管必须在稳定性和效率性两个基本目标之间维持动态的、适度的平衡。

【关键词】

金融监管　溢出效应　微观行为　宏观结果　私人产品　纯公共产品　（准）公共产品　外部性效应　信息不对称　逆向选择　道德风险　金融脆弱性　寻租　金融创新　规避管制　动态博弈

【复习思考题】

1. 简要解释金融监管的原因和必要性。
2. 简要说明金融监管的主要理论及其内容。
3. 简述债务-通货紧缩理论的主要内容及其应用。
4. 结合金融监管的实践演变论述金融监管的理念变化。

第15章 金融监管的内容和方法

【本章要点】

1. 金融监管的目标；
2. 金融监管的基本原则；
3. 金融监管的主要方法；
4. 金融监管的国际协作。

【导入案例】

《每日经济新闻》（王倩，陈星. 金融监管应重引导而非仅限于具体措施. 2018-05-06）：2018年初，银监会连发《商业银行股权管理暂行办法》《商业银行大额风险暴露管理办法》《商业银行委托贷款管理办法》《关于进一步深化整治银行业市场乱象的通知》等文件。银行业进入强监管时代。实际上，自2017年3月末以来，银监会密集下发多份监管文件，掀起监管风暴。其中备受关注的监管政策主要针对"三违反""三套利""四不当"，即"违法、违规、违章""监管套利、空转套利、关联套利""不当创新、不当交易、不当激励、不当收费"。这些文件下发后对银行同业、银信类业务以及理财业务构成了深重的影响。大大小小的银行机构都开始了自查。银行监管自查本身是一件极有意义的事情，它帮助银行机构整理自己过去、现在以及未来有可能产生的问题。若处理得当，有助于稳定金融市场；但若处理不当，则会导致乱象。那么，在银行监管自查的风暴中都出现了哪些问题？如何应对这些问题？监管自查究竟应当如何进一步改良？监管应先制定大的监管指导方针，这个方针就是监管政策要能够稳定金融市场，同时它要具备惯性和一致性，不能经常变动，即我们总提及的监管稳定性。在这个大的原则下，由监管机构制定大方针、监管政策、指导方针，由具体基层负责执行。当出现了具体问题的时候，再细化具体监管措施。

中国银监会培训中心副主任陈伟钢指出："监管与被监管的关系就像是交警和司机的关系。司机的目的是开得更快，交警的目的是保障人身安全。银行、证券公司、保险公司等金融机构希望发展得更快，利润更高；监管机构就像交警一样，希望风险最小，不要影响社会稳定。监管的目的不是要将被监管者束缚起来，而是要保障被监管者在风险控制的前提下发展得更快。"

从上面的内容我们可以看出，金融监管具有自己的特定目标、手段和方法。那么金融监管的主要目标是什么？在确定目标之后，监管当局应该遵循什么原则和采用什么方法进行监管？不同国家之间的金融监管应该如何进行协调？本章将对上述问题进行解答。

15.1 概述

金融监管的内容和方法是指一个国家的中央银行（或金融监管当局）在对金融机构或金融市场活动进行监管的过程中所采取的目标定位、基本原则与策略方法等。这些要素连同金融监管的体制安排（详见第16章）构成了一国金融监管体系的核心框架。

金融监管的目标是金融监管活动的行动指南，一般可分为总体目标与具体目标。总体目标是一切金融监管活动的最终指向，而具体目标则是用以实现总体目标的各个分项或不同方面的分类目标。对于一个国家的金融监管机构而言，总体目标是整个机构协调一致行动的方向，而具体目标则明确了机构内不同部门或不同职能定位下的各个行动目标。

金融监管的基本原则是金融监管活动所遵循的一般方法论基础，可视为用以规范一切监管行为的"总纲"。所有监管制度的设定、监管策略和方法的选择、监管行为的调整以及监管效果的评价，都应该在遵循金融监管基本原则的前提下展开。金融监管的基本原则服务于金融监管目标的实现，同时在金融监管行为中得到具体体现。

金融监管在长期实践中形成了许多具体的策略与方法。一般而言，出于谨慎考虑，监管部门通常会综合运用多种方法，全面覆盖金融主体及其行为活动的全过程。比如，按照金融主体（机构）所处的经营阶段和状态，对应的金融监管可分为进入市场前的监管、运营过程中的监管以及经营出现问题时的监管等。目前世界各主要国家均已制定了自身的金融监管办法，并形成了相关的法规和制度。

在金融全球化和一体化的背景下，金融监管行为及规则设定还有其国际维度。这主要表现在两个方面：一是为维护金融稳定，同时避免各国之间的监管标准差异过大而造成监管漏洞和不公平竞争，以巴塞尔银行监管委员会为代表的国际组织在全球范围内推动形成了具有共识性的金融监管一般标准；二是为共同抵御全球范围内的金融不稳定威胁，避免金融危机的跨国传导和扩散，需要加强各国之间的金融监管协作，必要时应携手采取措施以共渡难关。

15.2 金融监管的目标

金融监管是监管当局在特定的目标导向下的活动，因此，确立明确、合理、有效和可操作的金融监管目标，是实现有效金融监管的前提和基础，也是监管当局采取行动的基本依据。

金融监管的目标可分为总体目标和具体目标。一般认为，金融监管的总体目标是维护稳定、健全和高效的金融体系（专栏15-1）。在总体目标之下，金融监管的具体目标包括：

（1）规范金融机构经营行为，维护金融体系的整体安全和稳健。金融体系作为国民经济的重要组成部分，对整个经济的稳健运行具有重要作用，因此金融监管当局必须采取一系列合理有效的措施，确保金融机构依法稳健经营，在整体上确保金融体系的稳定运行，防范金融系统性风险和金融危机的发生。

(2) 保护消费者权益，维护社会公众利益。银行存款人和投资人是金融行业的资金提供者以及金融服务的消费者，他们是金融业生存和发展的重要基础。然而，由于金融行业的特殊性，相对于大型金融机构而言，个体投资和消费者在信息、资金、技术等方面均处于弱势地位，在这种情况下，必须对金融机构如何使用投资人的资金、开展何种业务等进行监督，才能有效避免金融机构对个体投资者权益的损害。

(3) 形成公平有序的金融市场环境。金融监管的目标并非限制和阻碍金融行业的发展，而是在充分发挥市场配置作用的基础上，对金融体系中的垄断、无序竞争等市场失灵现象加以纠正。因此，金融监管当局应通过监管活动促进金融子行业之间、本国金融机构之间、国内外金融机构之间的公平公正和有序竞争，提高金融体系运行的效率。

(4) 促进可持续的经济金融协调发展。在现代经济金融体系下，金融与实体经济之间形成了密不可分的共生性关系，金融的稳定发展将直接影响到经济的稳定发展，反之亦然。在这种情况下，金融监管的一个重要目标是通过监管促进国家相关经济金融政策的落实，提高金融支持实体经济的效率，促进国民经济的长期可持续发展。

专栏 15-1　世界各主要国家金融监管的目标

在金融监管的实践中，世界各国根据其自身政治、经济、文化、历史背景以及所处发展阶段而制定的金融监管目标既存在着共性，也具有各自的特色。许多国家以金融立法的形式确立了本国金融监管的目标。

《美国联邦储备法》规定：美国金融监管的总体目标是“建立美国境内更有效的银行监管制度。”在此目标的指导下，其具体目标包括：维持公众对一个安全、完善和稳定的银行系统的信心；建立一个有效的和有竞争力的银行系统服务；保护消费者；允许银行体系随着经济的变化而变化。

《英格兰银行法》规定：“授权英格兰银行行使职权，对接受存款的机构予以管制；对这些机构的存款人进一步予以保护，禁止使用欺骗性的经济手段接受存款。”

《德国银行法》规定：“联邦金融管理局监管所有的信贷机构，以保证银行资产的安全、银行业务的正常运营和国民经济运转的良好结果。”

《加拿大银行法》提出的金融监管目标为：“规范信用与货币，谋求国计民生的最大利益，以及在货币政策的可能范围内，控制并保护本国货币的对外价值，并缓和能对其产生影响的生产、贸易、物价及就业等的波动，促进加拿大经济与金融发展。”为此，要求金融机构监理官“依金融机构监理局的法规检查金融机构”，以保证金融机构稳定发展。

《日本普通银行法》规定：“银行业务以公正性为前提，以维护信用、确保存款人的权益、谋求金融活动的顺利进行和银行业务的健全妥善经营、有助于国民经济的健全发展为目的。”

《韩国银行法》规定金融监管应该“增进全国银行体系的健全运作，使其发挥应有的功能，促进经济发展，并对全国资源做最有效的利用”。

虽然上述主要发达国家相关金融法律文件呈现的各国金融监管具体目标有所差异，侧重点也有所不同，但不难看出，形成公平有效的金融市场环境、促进金融体系的稳健运转、保护存款人等社会公众的利益以及保持政策一致性是其共同的诉求。

15.3 金融监管的基本原则

金融监管的原则是政府监管机构以及金融机构内部监管部门进行金融监管基本的操作规范和应当遵循的价值追求，是进行有效监管的前提条件。综合相关理论和实践，金融监管的原则可以大体总结为以下六个方面。

（一）独立性原则

金融监管是由一定的监管主体予以实施的。因此，只有当监管主体的监督管理权不受政府和其他社会团体与个人的干涉时，才能提供稳健且持续的监管政策、完善的金融公共设施、高效的监管程序、有效的市场约束，从而实现有效的金融监管。1997 年巴塞尔银行监管委员会公布的《有效银行监管的核心原则》中就曾如此提到："在一个有效的银行监管体系下，参与银行监管的每个机构都要有明确的责任和目标，并应享有操作上的自主权和充分的资源。"

（二）合法性原则

金融监管必须依据法律法规进行，监管主体的监管权由法律赋予，其监管权的行使范围、监管对象以及监管方式等也由相关的法律法规界定。依法监管的含义主要体现在以下两个方面：一是所有的金融机构都必须依法接受国家金融管理当局的监督与管理；二是金融监管当局的监管活动必须依法进行，以保证管理的强制性、权威性、严肃性以及有效性。

（三）透明性原则

金融监管具有准公共产品特性，一般由政府来提供，但为了避免监管者过度使用其政治权威、扭曲市场机制，金融监管当局应当最大限度地提高其监管活动的透明度，同时引入监督机制，加强社会群体和公众对自身的监督。同时，金融监管者应注重规定透明、程序透明、执法透明，平等对待所有市场参与者，维护公平、公正、公开和透明的金融市场秩序。

（四）有效性原则

安全稳健是一切金融监管当局监管工作的基本目标，因此，金融监管应着眼于整个金融体系的风险防范与管理。同时，金融监管应实现监管范围内的全面覆盖以及监管主体间责任的无缝衔接，防止因为监管缺失使得某些业务活动或金融机构脱离有效监管。此外，监管当局还应坚持"外控"与"内控"相结合的原则（专栏 15-2），并注意根据市场的变化，及时调整或改革金融监管方式方法，特别是对于金融创新业务，监管机构应尽可能地快速做出反应，确保金融监管的动态匹配与有效性。

专栏 15-2 金融监管的"外控"与"内控"

对金融机构的监管由监管当局的外部控制与金融企业的内部控制两个部分构成。"外控"主要是指金融监管当局通过制定相关法律法规与监管条例来规范金融机构的经营行为，并参照特定的指标定期对金融机构的经营绩效、风险控制等方面进行考核监督，给予金融机构稳健运营的外部压力。

"内控"是指金融机构通过内部的制度设计来确保其业务能根据董事会制定的政策以谨慎的方式经营。内部控制主要有以下三个方面：一是组织结构，包括职责的界定、贷款审批的权限分离以及决策程序；二是会计规划，包括对账、控制率、定期试算等内容；三是“双人原则”，包括不同职责的分离、交叉核对、资产双重控制和双人签字等，降低单人决策失误的发生概率。

要保证金融监管的及时性与有效性，客观上需要“外控”与“内控”的有机结合。如果仅依靠外部监督，而作为监管对象的金融机构不配合协作，甚至设法逃避监管，那么外部监督管理不仅难以收到预期的效果，还会增加监管的成本，造成资源的浪费。但若仅依靠金融机构的自我约束，而不对其施以强制性的外部监督，那么企业的逐利性最终会导致金融机构一系列不负责任的冒险经营行为，从而增加金融系统的风险。因此，在金融监管的过程中，将“外控”与“内控”结合起来是十分有必要的。

（五）经济性原则

错综复杂的金融业务以及日新月异的金融创新都要求监管当局配备具有充足专业知识与从业经验的监管人员队伍，建立严密的监管体制，提高应对监管活动中出现的各种问题与漏洞的能力，增强市场信心。然而，监管体制越复杂，实施监管的成本就越高，监管套利的风险也越大。因此，金融监管当局在提高监管能力的同时，要注重简化监管体制，制定标准化和规范化的监管指标、监管程序以及监管人员行为准则，提高金融监管的效率，节省管理成本，提升金融监管的经济性和集约性。

（六）协调性原则

金融监管的协调包括目标协调和主体协调等方面。从目标协调来看，安全稳健并非金融监管的唯一目标，促进经济效率的提高也是金融监管的重要目标，因此，金融监管需要协调好防范金融风险与提高经济效率之间的关系。从主体协调来看，现代金融体系是一个庞大的系统，可能涉及银行、证券公司、保险公司等多个监管主体，主体协调要求加强金融监管主体之间的信息沟通与监管合作，消除监管真空和监管套利行为。此外，广义的监管协调还涉及监管机构与其他政府职能部门以及各国监管部门之间的协调。

15.4 金融监管的策略与方法

金融监管目标的实现有赖于合理、有效的监管策略与方法。为确保金融监管的全面性和有效性，监管当局对金融机构的监管一般在策略上会覆盖从市场进入到退出的全过程，具体包括市场准入监管、运营过程监管和退出风险监管等方面。另外，在互联网和金融科技迅猛发展的背景下，为在鼓励创新和控制风险之间进行有效平衡，“监管沙盒”作为一种新的监管策略与方法进入监管者的工具箱中。

15.4.1 市场准入监管

所有国家对银行等金融机构的监管都是以市场准入为起点的，都毫无例外地从开业前的审查、登记和注册开始。中央银行或者金融监管当局在批准一家金融机构成立之前，会对该机构的各项指标进行审查，只有满足了最低注册资本额、特定公司形式、合格的管理层等条件的金融机构才能够进入市场。通过设立市场准入门槛，筛选掉部分不合格的企业，从而降低金融业的经营风险，维护广大公众的利益和国家的经济安全。

从理论上看，市场准入监管的目的在于防止过度竞争，维护银行特许权价值；抑制逆向选择，防止投机冒险者进入银行市场；同时促使银行审慎经营，防止银行过度冒险行为。由于存款保险制度容易诱发金融机构的道德风险，市场准入监管被认为是维护金融机构安全的“第一道防线”。在实践中，几乎所有国家对金融机构（特别是银行类金融机构）的监管都是从市场准入开始的。金融机构的申请设立一般都有非常明确而具体的法律规定，比如最低限度的认缴资本额、符合要求的组织管理制度和具备相应从业资质和能力的管理人员等。

在市场准入监管过程中，最为常用的监管方法是“事先检查筛选法”。在该方法下，金融监管当局会对金融机构的注册登记进行严格的审查，只有组织结构、人员和财务状况等指标达到监管标准的金融机构才能注册登记，正式开始经营。这种监管方法通过设立市场准入标准，筛选掉不合格的金融机构，仅允许符合监管要求的良好金融机构进入市场，从而实现经营行为发生前的风险隔离，是一种前瞻性的降低金融风险的办法。

15.4.2 运营过程监管

在金融机构进入市场之后，金融监管当局还会对金融机构经营的业务范围、资本充足率以及风险管理等进行监控：

一是业务范围管理。由于金融监管的体制存在差异，各国对金融机构业务范围的规定有所不同。在允许混业经营的国家，一家金融机构可以同时提供商业银行和投资银行服务，其他业务可通过专业化的子公司办理，这种金融机构通常被称为“全能银行”，如德意志银行。然而，考虑到风险隔离问题，大多数国家不允许本国金融机构进行混业经营，但允许其成立金融控股公司，由母公司控制的各类子公司独立提供银行、投行及其他金融服务，如花旗集团。

二是资本充足率监管。除了最低的注册资本要求之外，为了保证金融机构的安全性，金融监管当局还要求金融机构持有的资本占风险加权资产的比重不低于某个特定的比率。根据最新的《巴塞尔协议Ⅲ》，各金融机构的核心一级资本充足率、一级资本充足率和资本充足率分别不能低于4.5%、6%和8%。此外，还要求金融机构持有2.5%的留存超额资本和0～2.5%的逆周期超额资本来减轻银行过度分红和监管顺周期问题。

三是信用风险管理。信用风险也称违约风险，是指借款人到期无法按时偿付本息或者投资项目不能产生预期现金流，从而给金融机构带来损失的风险，这种风险是金融机构日常经营过程中面临的最主要的风险。因此，为了避免金融机构盲目追求高额利润，给信用状况差的客户贷款或者投资高风险的项目，增加自身风险的行为，许多国家的金融监管当局对金融机构的贷款集中度、不良贷款率等方面进行了相应的规定。

四是市场风险管理。市场风险是指因市场价格（利率、汇率、股票价格和商品价格等）的不利变动使得金融机构表内、表外资产发生损失的风险。利率风险、汇率风险以及股价变动风险是金融机构所面临的主要市场风险，金融监管当局通过限制金融机构持有的利率敏感性资金缺口或持续期缺口、外汇净头寸、权益类金融资产比重来分别防范利率、汇率和股价变动风险。

五是流动性风险管理。流动性风险是指由于不确定的流动性所带来的金融风险，主要指银行无力为负债的减少或资产的增加提供融资而造成的损失或破产的风险。对流动性的管理主要包括资产流动性监管与负债流动性监管两种，按照金融机构持有的币种又可进一步分为本币流动性监管和外币流动性监管。按照《巴塞尔协议Ⅲ》的最新监管标准，衡量金融机构短期流动性的流动性覆盖率应该不低于100%，衡量金融机构长期流动性的净稳定资金比率同样不能低于100%，以保证金融机构有充足的流动资金来满足客户提取流动性的需求。

六是存款保险管理。存款保险制度是指金融机构按照吸纳存款的一定比例向专门的保险机构缴纳保险金，当金融机构无力兑付客户的提款要求时，存款保险机构向金融机构提供财务援助，或者由存款保险机构直接向存款者支付部分或全部存款，以保证金融体系的正常运转。存款保险制度不仅提高了金融机构资产的安全性，而且也是对金融机构的一种增信，金融机构无须持有大量资本来维持公众的信心，可以将这部分释放的资本配置于其他高盈利性资产，提高资金使用的效率。

在金融机构运营过程中，监管机构还形成了一些日常性的监管方法，如现场检查法与定期报告和披露制度（专栏15-3）以及内外部稽核结合法（专栏15-4）等。

专栏15-3　现场检查法与定期报告和披露制度

现场检查法是指金融监管当局成立并派遣专门的检查小组到各金融机构所在地，对其经营行为的合规性进行实地检查。主要检查内容包括：金融机构经营活动的合法性与安全性；机构政策、制度和操作程序的规范性；机构财务状况；机构内部风险控制状况；机构资产质量状况与资本充足率等。现场检查的目的是形成对金融机构全面的判断与评价。在监管人员尽职尽责、公开公正执行监管的前提下，这种方法能在最大程度上保证监管的真实性，但也存在监管成本过高的缺陷。

定期报告和披露制度与现场检查法相对应，是现场检查法的有效补充。出于对监管成本的考虑，金融监管当局并不会针对每个金融机构均成立专门的检查小组进行现场检查，而是要求金融机构定期主动向监管部门报告和披露对应期间内的经营活动与财务状况。金融监管当局利用金融机构申报的信息，对其经营状况进行横向的行业比较分析以及纵向的趋势分析，可查找出金融机构在经营管理工作中存在的问题。与现场检查法相比，定期报告和披露制度是一种相对更节省成本的监管方法，但是这种监管方法需要金融机构的积极配合，主动申报、真实申报相关信息，而在现实中，金融机构往往会为了逃避监管处罚而故意隐瞒或虚假申报，从而增加了金融体系中的风险。

专栏15-4　内外部稽核结合法

稽核是稽查和复核的简称，金融行业的稽核一般指审计，主要是指公司或企业定期接受的国家注册会计师对其账目报表的审查。目前，各国金融监管一般采取内部稽核与外部稽核相结合的方式。

内部稽核是指金融机构自己进行的审查与核对，由金融机构自行聘请审计师，审计师对股东大会负责，审计的重点是核实金融机构的盈利情况，而并非审查金融机构经济活动中存在的风险。

外部稽核一般由两部分组成：一是金融监管当局的稽核部门对金融机构实行的强制性稽核；二是社会独立的稽核机构出于对社会公众利益的保护，对金融机构实行的非强制性稽核。外部稽核侧重于审查金融机构的各项安全性指标，即在金融机构的经营活动中，是否存在过度承担风险的行为，是否有破产清算从而导致社会公众利益受损的潜在风险。

15.4.3 退出风险监管

金融机构退出市场的原因有两类：主动退出和被动退出。主动退出是指金融机构因分立、合并或其他原因自行要求解散。被动退出是指对于那些经营不善、资不抵债或者出现重大违规违法行为的金融机构，金融监管当局依照法律责令其进行整改或者对其采取强制性措施等。按照金融机构违规经营行为和退出风险的严重性，相应的监管方法包括：

一是责令整改。当金融监管当局发现金融机构的经营活动违反了相关金融法规的规定时，会对问题金融机构提出改进意见，督促问题金融机构纠正问题。如果金融机构消极对待或者坚持不改，那么监管当局可以进一步命令金融机构限期整改，迫使问题尽快得以解决，避免酿成金融危机。

二是强制制裁。如果问题金融机构忽视甚至明确拒绝金融监管当局的整改意见或命令，那么金融监管当局可以采取强制性的制裁措施，以及时控制风险的蔓延。常见的制裁措施包括：征收惩罚性利息或直接罚款；限制问题金融机构的融资、贴现业务；裁撤部分管理层；撤销该机构存款保险公司的保险权，降低其信用等级；提出法律诉讼，强制其破产清算；等等。

三是紧急援助。当一些重要的金融机构面临危机时，在某些特定的情况下，可能需要对其进行紧急援助，以防止风险的蔓延和扩散。主要的援助措施包括：最后贷款人的紧急贷款；组织大型金融机构援救中小金融机构；存款保险机构的救助；政府收购不良资产和提供流动性；等等。为保护纳税人利益和防范金融机构“大而不能倒”的道德风险，对金融机构的紧急援助一般局限于金融危机时期受危机牵连（而非自身经营不善）而存在临时性困难的金融机构。

15.4.4 金融监管沙盒

近年来，世界范围内互联网金融和科技创新所带来的前景和效率提升令人向往，创新背后所存在的各种风险隐患也屡见不鲜。如何平衡效率与风险之间的关系，成为摆在金融监管者面前的一个现实难题。监管沙盒就是在这样的背景下被提出来的。

所谓监管沙盒，是指在可控环境内实施监管，让新产品和新模式在真实市场环境中迭代验证，找出问题并加以完善；同时，让用户在受到良好保护的前提下接触新产品，既能享受新模式所带来的创新效率，又不至于被风险所伤。在核心机理方面，监管沙盒通过创建一个“安全空间”，适当放松参与实验的创新产品和服务的监管约束，用以激发金融创新活力，实现效率增进与风险控制的“双赢”。监管沙盒有三个重要的特征，即实验性、隔离性和监控性。因此，监管沙盒在本质上是一种金融产品创新的测试机制、消费者保护机制和激励机制，目的是在既有的监管框架下降低测试门槛，同时确保创新测试带来的风险不从企业传导至消费者。

中国版监管沙盒为金融科技创新护航

英国是在实践中最早提出监管沙盒的国家，后来，包括中国在内的很多国家都开始尝试开发各自版本的监管沙盒，将其作为金融科技监管模式的一种创新方法（二维码专栏 15－1）。从具体实践来看，监管沙盒始于英国金融行为监管局（Financial Conduct Authority，FCA）的“创新中心”（Innovation Hub）实验。2015 年，FCA 在《监管沙盒》（Regulatory Sandbox）报告中提出该设想，并于 2016 年开始接受企业申请。在 2016—2017 年进行的前两期沙盒测试中，FCA 共收到 146 份申请，其中 50 家企业获准通过，41 家入盒测试（9 家因各种原因未能满足测试条件，如没有愿意配合的客户等），80％以上为初创企业。据 FCA 统计，三分之一的参与测试企业在测试完成后对其业务模式做了较大调整，以更好地适应市场与合规要求。

由于 FCA 以保护消费者权益为首要职责，因此，FCA 版监管沙盒的主要目标是要在保护金融消费者权益和发展金融科技之间形成一种合理的平衡，既要让消费者享受创新带来的效率提升，又要尽可能规避创新的潜在风险。从实践效果来看，监管沙盒具有以下优点：一是减少将创新理念推向市场所需的时间成本；二是减少监管的不确定性，提高创业者对风险资本的吸引力；三是助力更多新产品走入市场，促进有效竞争；四是监管部门提前介入，在新产品和服务中建立消费者保护保障措施。

从实施流程来看，一个完整的沙盒测试一般包括七个步骤：（1）企业向 FCA 提出申请，包括拟测试的新产品（服务）及所需满足的基本要求；（2）FCA 对企业申请进行审核，并为符合要求的项目指定监管联络人；（3）FCA 与企业一对一地确定测试方案，包括测试业务、测试参数、结果度量、报告要求及保障措施等；（4）FCA 允许企业开展测试；（5）企业按照步骤（3）的约定开始测试，FCA 实时监控；（6）在测试结束后，企业撰写报告交由 FCA 审查；（7）在报告经 FCA 审查通过后，企业决定是否最终将新产品推向市场。

监管沙盒的有效运作依赖于以下三个关键机制的设置：一是在适用范围方面，监管沙盒的简易程序明确只对具有创新内涵和需要的新产品和新服务开放，传统模式下的产品和业务仍需遵循已有监管规定，从而避免了传统业务借道监管沙盒进行“监管套利”的可能性；二是在消费者保护方面，测试企业需提前制订退出计划，确保可随时退出测试，并最小化对消费者的影响，同时，测试企业要向用户告知新产品（服务）的潜在风险，取得用户的明确授权，一旦发生风险，要有能力做出补偿；三是在责任豁免机制方面，FCA 会向测试企业出具“无强制行动函”，只要企业遵循事先约定，FCA 保证不会对企业进行事后追责。

从 FCA 版监管沙盒的运行效果来看，虽然在保护消费者权益方面效果良好，但在促进金融科技创新方面却存在不少局限性，主要表现在以下三个方面：

一是业务类型受限，很多创新业务无法纳入试点。监管沙盒由 FCA 发起，只能覆盖 FCA 负责监管的业务类型，不超过英国《金融服务与市场法》（Financial Services and Markets Act，FSMA）的管辖范围。比如，支付服务和电子货币分别受《支付服务条例》和《电子货币条例》管辖，在 FSMA 的管辖范围之外，无法通过监管沙盒进行试点。

二是小范围试点在风险识别和测试深度上天然受限。一方面，小规模试点难以测出大问题，因为很多隐蔽的风险点往往需要足够大的规模才会显现；另一方面，由于监管沙盒里的科技创新试点只是有限试点，导致相关测试分析流于表面，而真正要进行深度测试和分析，仍需回归真实的市场环境。

三是新模式匹配旧监管，创新潜力天然受限。沙盒试点在本质上仍是新模式套用已有监管规则，因而新旧监管模式之间的潜在冲突就难以避免。从 FCA 的实践来看，很多有悖已有监管规则的创新项目，在沙盒申请阶段就会被否定。此外，企业需自己带着市场和用户来做实验，很多初创企业恰恰因为找不到愿意配合的用户，即便通过了 FCA 的审批，依旧无法在沙盒中试点。

15.5 金融监管的国际协作

金融监管的国际协作是指国际经济组织、金融组织与各国的金融监管部门之间通过相互沟通、协调与合作，在相关管制、管理和政策等方面采取共同的规则、规定和措施，协同干预、管理和调节金融活动，以达到维护金融稳定和促进金融效率的目标。

15.5.1 金融监管国际协作的必要性

自 20 世纪 80 年代以来，在金融全球化和一体化的大背景下，各国金融业之间的交流与融合越来越深入，再加上金融市场化和金融管制的放松，资源配置效率大大提高，全球金融进入繁荣发展时期。但与此同时，金融监管对象及活动的国际化与监管主体国别化的不对称性也导致了监管差异和监管套利，这使得全球范围内的金融风险上升，金融危机爆发的频率升高，危机在世界范围内的传染性和破坏性明显增强。在此背景下，加强金融监管的国际协作，达成共识性和基础性的制度标准和行为准则，是金融开放和全球化条件下促进金融稳定的必然选择。概括而言，金融监管国际协作的必要性主要有以下几个基本方面：

（一）监管制度差异导致监管规避和监管套利

各国金融监管制度、规则和要求中存在的各种差异，会给金融机构带来规避监管的机会或进行监管套利的空间，从而激励金融机构到监管要求相对宽松的国家设立分支机构和开展业务活动，或者以控股公司的形式控制海外子公司，从而达到规避国内严格监管和赚取更多收益的目的。对于进行跨国经营的金融机构而言，金融监管的国别差异实际上提供了额外的便利和好处，使其在几乎不用承担任何额外风险的情况下就可以获得比国内同类金融机构更多的利润（除非遭遇事先无法预料的东道国政治风险等突发事件）。但是，对于本国没有或者无法进行类似监管套利活动的金融机构而言，这却导致了不公平竞争，损害了其利益。此外，在很多情况下，监管漏洞通常会被用于从事高风险的经营活动，从而会增加东道国金融体系的风险，进而对国际金融稳定产生潜在威胁。因此，从长远角度来看，加强各国之间的金融监管协作，统一基础性的监管规则和要求，将有助于防止监管规避和监管套利（专栏 15-5），从而有利于本国和他国的金融稳定。

专栏 15-5 监管套利的常见做法

监管套利（regulatory arbitrage）一般指利用不同监管机构在监管规则和标准上的不同甚至冲突，选择监管环境相对最为宽松的市场进行经营活动，从而达到降低监管成本、规避管制、获取超额收益的目的。监管套利通常包括以下几种做法：

（1）从一个监管主体转到另一个监管主体。不同的监管主体一般具有不同的监管制度。金融机构通过将业务由一个监管主体的管辖范围转移至另一个监管主体的管辖范围，就可以实现从一种监管制度向另一种监管制度的转化。

（2）从一个时间段转移到另一个时间段。不同的时间段，监管负担也可能不一样，一般主要是源于监管制度的动态变化，如原有的监管漏洞被发现以后，监管主体宣布改进或加强监管制度，在这种情况下，金融机构可能产生加速推进相关业务的动机，以避免将来更为严格的监管。

（3）从一种市场主体身份转为另一种市场主体身份。出于种种原因，政府对不同市场主体可能采取不同的监管规则和要求，从而导致不同身份的市场主体，即使从事完全相同的经济活动，其净监管负担也可能并不相同。在这种情况下，市场主体可以通过转化身份，从一种监管要求转移到另一种监管要求。

（4）从一种业务形式转换成另一种业务形式。监管一般会鼓励一部分业务，同时限制一部分业务。但是，由于契约不完全性的存在，监管主体并不能按照业务实质精确划分出不同的业务形式。这就给市场主体留出了套利的空间，使其可以在不改变业务实质的情况下，通过改变业务的形式，从一种监管规则转移至另一种监管规则。

一般认为，监管套利具有正负两个方面的影响。正面影响包括：提高监管部门宏观调控的杠杆作用、缓解由于监管规则不合理导致的行为扭曲以及促使监管部门完善监管制度。负面影响包括：加剧金融体系的系统性风险以及降低监管制度的有效性。

注：本专栏内容部分改编自沈庆劼．监管套利：中国金融套利的主要模式．人文杂志，2010（5）：80-85。

（二）投机资本增加金融系统的不稳定性

在金融开放条件下，国际游资对一国金融稳定的影响越来越重要。由于这类资金通常具有高度的逐利性、风险性、敏感性和无序性，倾向于从事高风险业务和通过“高杠杆”和“做空”等方式博取高收益，并且经常在短时间内大进大出，所以这类资本常被称为“投机资本”或“热钱”。投资资本容易造成一国金融市场的动荡，并且经常在危机时期扮演“落井下石”的角色。比如，在1992年英镑危机、1997年东亚金融危机以及2008年国际金融危机中，我们都能看到国际投机资本在各个金融市场“兴风作浪”的影子。

对于很多小型开放经济体而言，在外汇储备和金融市场干预能力有限的情况下，面对以对冲基金为代表的投机资本的大规模攻击，往往很难独善其身。即便是对于大型经济体而言，面对多个投机资本的“组团攻击”，往往也“穷”于应付，不得不付出金融市场大幅波动和巨额干预成本的代价。此外，国际投机资本往往还善于在全球范围内融资、加大杠杆并在全球各主要金融市场展开联合式的轮番攻击，这一方面使得直接受攻击的目标国金融承受巨大压力甚至发生金融危机，另一方面容易通过国际金融市场之间的联动效应和外溢效应导致“多米诺骨牌”式的国际金融动荡。由于国际投机资本的很多操作方式和策略实际上是利用了世界各国金融监管体系中所存在的差异和漏洞，因此需要加强对此类资本的国际共同监管。

（三）国际金融危机管理的权责不清

随着金融全球化的发展和深化，国际范围内的离岸金融市场不断发展，但与此同时，对离岸金融市场的监管目前来看仍然非常不充分，不仅存在很多监管漏洞和规避监管的活动，而且监管的权责划分也非常不明晰：究竟应该由哪个国家的监管部门来对离岸金融市场中的各类国际金融机构进行监管？如果发生问题，谁应该对这些金融机构的风险行为和后果承担责任？

从目前的情况来看，任何一个国家的中央银行或监管部门都没有义务通常也不愿独自为离岸金融市场的跨国金融机构承担风险责任，在这种情况下，事前的监管缺位和事后缺乏处置机制将成为影响国际金融稳定的重要原因。从目前已有的国际协调机制来看，IMF的危机救助框架虽然具有一定的帮助，但仅凭IMF的援助在很多情况下被证明只是“杯水车薪”，很难确保规模庞大的国际金融市场稳定的需要。在这种情况下，只有加强金融监管的国际协作，才能更好地应对全球范围内的各种金融风险冲击。

15.5.2 金融监管国际协作的现状与趋势

从金融监管国际协作的现状来看，目前已经产生了一些国际性或区域性的金融监管组织，以国际协议的方式出台了大量国际金融监管条例，比较具有代表性的包括巴塞尔银行监管委员会（BCBS）、国际货币基金组织（IMF）以及国际证券会组织（International Organization of Securities Commissions，IOSCO）等。其中，最重要且最有影响力的是巴塞尔银行监管委员会，由代表着世界上最大经济体的“十国集团”组成，为国际金融业特别是银行业的发展制定了一系列监管规则（如《巴塞尔协议》），促进了全球银行业的稳定发展和公平竞争。

应该指出，虽然国际金融监管协作近几十年已有长足发展，但仍存在以下问题：一是各国在利益诉求和发展阶段等方面存在差异，导致各国的参与意识与参与程度不尽相同，从而制约了国际金融监管的合作范围；二是各国在金融监管制度、技术和水平等方面往往存在明显的差异，这加大了进行统一监管的难度；三是目前已签署的各种国际监管协议的权威性有限，尚不具备真正意义上的国际强制执行力；四是金融监管的信息交流与共享程度总体不高，在一定程度上降低了国际监管协作的效果和效率。

针对上述存在的问题，国际金融监管协作的未来发展趋势包括：

一是扩大金融监管合作的国家范围。目前金融监管的国际合作主要局限于欧美发达国家，新兴市场国家和发展中国家往往没有机会参与国际重要协议的讨论和制定。但在国际金融一体化的背景下，每个开放金融市场的国家都是国际金融链条上的一环，任何一国的金融风险都有可能危及国际金融稳定，因此，加强发达国家与新兴市场和发展中国家的合作是非常有必要的。

二是制定具有强制力的金融监管标准。由于缺乏权威性和强制约束力，再加上各国对条例的理解千差万别，目前存在的国际金融监管合作条款往往流于形式。为实现金融监管的国际化合作，需要建立国际公认的、具有全球性权威和公约性的监管标准，确保签署条款的各方都能严格遵守和执行。

三是建立监管信息资源的国际交换与共享机制。为提高对国际金融机构监管的有效性、降低监管成本，需要在多边范围内建立起国际金融监管信息存储中心，分享相关文件资料，及时进行沟通，并对重大问题进行意见交流和磋商。

四是完善国际金融危机应对机制。除继续利用和增强 IMF 等国际金融机构的已有合作机制之外，世界各国还应加强对全球金融风险的共同监测、控制和防范，一旦某个国家发生金融危机特别是在遭遇投机性冲击时，相关国家应及时加强对本国投机资本的约束，联合各方通过有效的金融监管合作来协助危机国家尽早渡过难关，避免危机的国际蔓延。

【本章小结】

金融监管的内容和方法是指一个国家的中央银行（或金融监管当局）在对金融机构或金融市场活动进行监管的过程中所采取的目标定位、基本原则与策略方法等。这些要素连同金融监管的体制安排构成了一国金融监管体系的核心框架。

金融监管的目标是金融监管活动的行动指南，一般可分为总体目标与具体目标。一般认为，金融监管的总体目标是维护稳定、健全和高效的金融体系。在总体目标之下，金融监管的具体目标包括：一是规范金融机构经营行为，维护金融体系的整体安全和稳健；二是保护消费者权益，维护社会公众利益；三是形成公平有序的金融市场环境；四是促进可持续的经济金融协调发展。

金融监管的基本原则是金融监管活动所遵循的一般方法论基础，可视为用以规范一切监管行为的“总纲”。所有监管制度的设定、监管策略和方法的选择、监管行为的调整以及监管效果的评价，都应该在遵循金融监管基本原则的前提下展开。金融监管的基本原则服务于金融监管目标的实现，同时在金融监管行为中得到具体体现。金融监管的基本原则可大体概括为六个方面：独立性原则、合法性原则、透明性原则、有效性原则、经济性原则、协调性原则。

金融监管目标的实现有赖于合理而有效的监管策略与方法。为确保金融监管的全面性和有效性，监管当局对金融机构的监管一般在策略上会覆盖从市场进入到退出的全过程，具体包括市场准入监管、运营过程监管和退出风险监管等方面。另外，在互联网和金融科技迅猛发展的背景下，为在鼓励创新和控制风险之间进行有效平衡，“监管沙盒”作为一种新的监管策略与方法进入监管者的工具箱中。

在金融全球化和一体化的背景下，金融监管行为及规则设定还有其国际维度。金融监管的国际协作是指国际经济组织、金融组织与各国的金融监管部门之间通过相互沟通、协调与合作，在相关管制、管理和政策等方面采取共同的规则、规定和措施，协同干预、管理和调节金融活动，以达到维护金融稳定和促进金融效率的目标。金融监管国际协作的必要性主要有以下几个基本方面：一是监管制度差异导致监管规避和监管套利，二是投机资本增加金融系统的不稳定性，三是国际金融危机管理的权责不清。

【关键词】

监管目标　监管原则　独立性原则　合法性原则　透明性原则　有效性原则　经济性原则　协调性原则　监管方法　市场准入监管　运营过程监管　退出风险监管　事先检查筛选法　监管沙盒　资本充足率监管　信用风险管理　市场风险管理　流动性风险管理　现场检查法　定期报告和披露制度　内外部稽核结合法　监管套利

【复习思考题】

1. 简要说明金融监管的目标。
2. 简要阐释金融监管的基本原则。
3. 简要说明金融监管的主要方法。
4. 简要说明金融监管国际协作的必要性。

第16章 金融监管的体制安排

【本章要点】

1. 金融监管体制的基本模式；
2. 主要国家的金融监管体制；
3. 金融监管体制的发展趋势；
4. 中国的金融监管体制安排。

【导入案例】

在2008年国际金融危机之后，针对传统监管体制中所存在的各种漏洞和误区，几乎所有的大国都进行了某种程度的监管体制改革。2009年，美国民主党议员保罗·E. 坎乔斯基（Paul E. Kanjorski）在国会听证会上指出："我们的监管系统太失败了，我们必须重建它。在这个前所未有的金融危机中，我们现在知道，金融监管者不仅没有保护好投资者，让他们在复杂的金融衍生产品上免受巨大损失，就连最简单的骗局——庞氏骗局，他们也没抓住机会对付。"

2011年，英国财政部在《金融监管新路径：改革蓝皮书》（*A New Approach to Financial Regulation: the Blueprint for Reform*）中指出："英国监管体制最大的失败在于，没有任何一个机构有责任、权威或者权力去监管整个金融体系。在金融危机之前，英格兰银行在名义上有责任维护金融稳定，但是没有任何手段去实现这个责任。金融服务局（FSA）是金融的唯一监管者，集中了所有的监管权，但是在金融危机迅速发展之时，金融服务局却只能机械地进行基于规则的合规性管理（tick-box compliance）。"

2016年，中央财经领导小组办公室主任刘鹤在为《21世纪金融监管》一书所写的序言中指出："每一次危机都意味着金融监管的失败和随之而来的重大变革。我在两次全球大危机的比较研究中提到，两次大危机中一个共同的原因是金融体系的脆弱性超过了微观层面的风险管理能力和宏观层面的监管能力。在两次危机形成过程中，监管上奉行'轻触式监管'，认为'最少的监管是最好的监管'。监管放松、监管空白和监管套利愈演愈烈，甚至出现监管'竞次'（race to the bottom）——各国监管机构竞相降低监管要求以追求本国金融机构的相对竞争优势。美国国会对此次危机的调查结论是，这场金融危机本可以避免，危机既非天灾也非计算机模型的失效，而是源于人类对风险的无动于衷和错误判断。借用莎士比亚的话：错误不在别处，就在我们自身。”

那么，传统的金融监管体制究竟存在哪些问题？危机后主要国家的金融监管体制改革有哪些新的动向？其历史积淀、现实基础和改革逻辑是什么？未来的金融监管体制将向何处去？中国的金融监管体制有哪些新的发展？本章将对这些问题进行解答。

16.1 概述

金融监管主体并不是处于“真空”之中，金融监管行为也不可能凭空实施，现实中的金融监管实践不仅离不开一系列的组织制度方面的支持，而且制度安排本身也会反作用于行为和主体，最终对金融监管的效果和效率产生影响。在现实中，金融监管的制度安排集中体现在金融监管体制的设计上：不同的监管体制在有关金融监管的目标定位、组织架构、资源配置、决策方式和协调机制等方面往往存在着差异，这些差异反映了不同国家在金融监管实践方面的不同理念、思维和方法，同时也衍生出了一个经久不衰的经典议题，即对于一个特定的国家而言，究竟什么样的金融监管体制是合理和有效的？

从世界各国的金融监管体制实践来看，伴随着金融业的发展、演变和创新，逐渐产生了四种主要的金融监管体制安排：分业监管、功能监管、统一监管和“双峰式”监管。其中，分业监管（又称“机构型监管”）是一种与分业经营相适应的监管体制，其产生的背景是为了纠正早期“自然混业”状态下的金融无序和监管缺位等问题。在实践中，分业监管虽然具有分工明确、专业性强、易于操作等特点，但随着20世纪70年代之后的金融发展和金融创新，金融业重回混业经营的趋势越来越明朗，在这一背景下，分业经营及其建立在此基础上的分业监管越来越难以适应新的金融发展需求，并逐渐暴露出了监管过度、监管重叠、监管缺位、缺乏协调等弊病，最终既降低了金融效率，同时也难以确保金融体系的稳定。

针对分业监管体制所面临的种种困境，“功能主义”金融理论提出，在混业经营状态下，金融机构之间的业务边界变得非常模糊，这使得传统的、基于机构类型划分的监管模式在效率和有效性等方面大打折扣。面对这种情况，更加理想的模式是转向功能监管，即直接针对金融机构的业务实施监管，不再拘泥于金融机构的类型划分。作为功能监管的一种较为彻底的形式，统一监管通过在制度和组织架构上充分整合监管资源，进一步避免了多部门监管下的监管重叠和监管缺位等问题，典型代表如20世纪90年代末成立并一直运行到2013年的英国金融服务局。

2008年的国际金融危机引发了世界各国关于已有金融监管理念、方法和体制的全面反思。在2009年的二十国集团（G20）第三次金融峰会（匹兹堡峰会）中，金融监管改革成为重点议题。从主要国家的情况来看，美国从2008年3月起逐步出台了《现代金融监管结构蓝皮书》《金融监管改革框架》《金融监管改革：新的基础》《多德-弗兰克华尔街改革与消费者保护法》等一系列改革措施，旨在加强微观层面的投资者保护和宏观层面的系统性风险防范。2012年12月，英国颁布《金融服务法案》，撤销了金融服务局，同时在英格兰银行内部设立金融政策委员会，专司系统性风险的监控与防范，同时，金融政策委员会下设审慎监管局和金融行为监管局，正式从统一监管体制转向“双峰式”监管体制。

“双峰式”监管体制基于审慎监管（宏微观审慎结合）和行为监管的双重平行目标，从监管框架的结构设计入手，力求避免监管冲突，同时提高监管的科学性和有效性。“双峰式”监管体制的主要优势是通过设置“双目标”结构来实现审慎监管和行为监管的分离，从而同时实现系统性金融风险的防范和投资（消费）者权益的保护。“三十人小组”（Group of Thirty）也认为，“双峰式”监管是未来世界各国金融监管体制改革的重要方向，但该小组同时指出，监管体制的设计应该与本国的国情相适应。从主要国家危机后的监管体制改革实践来看，美国最终选择了“伞式＋双峰式”监管体制，英国和澳大利亚采用“双峰式”监管体制，德国和日本沿用统一监管体制，中国在2017年之前采用分业监管体制，之后有向“伞式”监管体制（同时强化了投资者保护和宏观审慎职能）发展的趋势。

16.2 金融监管体制的基本模式

根据古德哈特的总结，金融监管体制的模式在现实中主要基于以下三个不同的准则设立：一是基于金融机构的特点，二是基于金融机构的业务功能，三是基于金融监管的目标。由于不同国家之间存在国情差异，世界主要国家的金融监管体制也呈现出动态多元化的特征。在本节中，我们简要介绍三种基本的金融监管体制，即基于金融部门观点的机构型监管体制、基于金融功能观点的功能型监管体制和基于金融监管目标的目标型监管体制。

16.2.1 机构型监管：高度专业化模式

机构型监管在一些文献中又被称为“分业监管”，主要是按照金融机构的类型划分，分别设立相应的金融监管机构。在这一模式中，不同的监管机构分别对隶属于各自领域的金融机构进行监管，无权对其他类型的金融机构实施监管。显而易见，该模式体现了比较鲜明的“盯住对象”的监管思想，具有高度专业化的特征，可以较为全面地了解被监管者（金融机构）的整体状况。同时，由于各监管机构分别负责不同的监管对象，分工较为细致，职权划分较为明确，因而能在一定程度上集中监管目标和提升监管效率。从世界各国金融监管的实践来看，早期的金融监管体制主要都是基于机构原则设立的。图16-1给出了一个示例性的机构型监管体制。

应该说，在金融发展的初级阶段，由于金融结构总体上比较简单，金融创新尚不活跃，因而金融机构的类型相对可以被清晰界定，此时机构型监管模式在监管的效率和针对性方面具有一定的比较优势。不过，在金融发展和金融创新日益活跃、金融结构趋于复杂、金融机构业务和类型的边界也由于混业经营开始模糊化的时候，机构型监管的以下缺点就逐渐开始暴露出来：一是不同监管者的目标有时难以协调兼顾，如果设立多重目标，又容易产生分歧，导致金融机构难以理解和遵守；二是当每个监管机构都需要对金融机构所从事的众多业务进行监管时，它必须针对各类业务（银行、证券和保险业务）分别制定

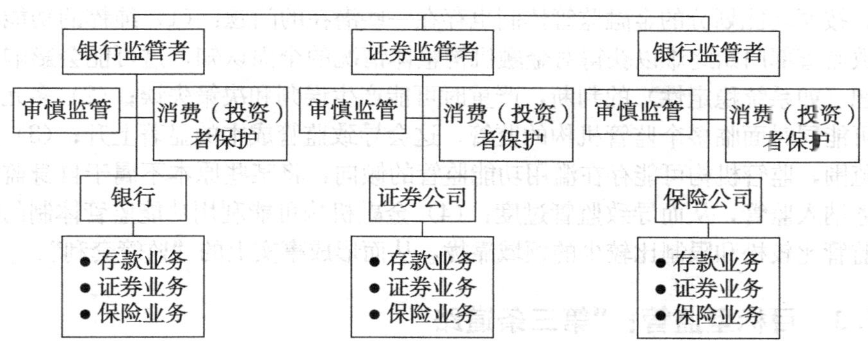

图 16-1　机构型监管体制

监管规则，这会造成对社会资源的浪费；三是当金融机构的金融产品和服务相似度较高时，如果存在多个不同的监管者，那么不同监管者之间的监管要求差异很容易导致金融机构的“监管套利”行为（寻求监管要求最低的监管者，从而形成事实上的监管规避）。

16.2.2　功能型监管：动态适应性模式

功能型监管是指立足于金融的基本功能而设立对应的监管机构，只要是同一类型的业务活动，不论由何种类型的金融机构承担，均归一个监管者监管。换言之，功能型监管通过将不同金融机构的同类业务归由同一监管者监管，可以在很大程度上节约监管资源，避免重复监管和监管缺位，因而是一种比较适合于混业经营模式的监管体制。一个示例性的功能型监管体制如图 16-2 所示。

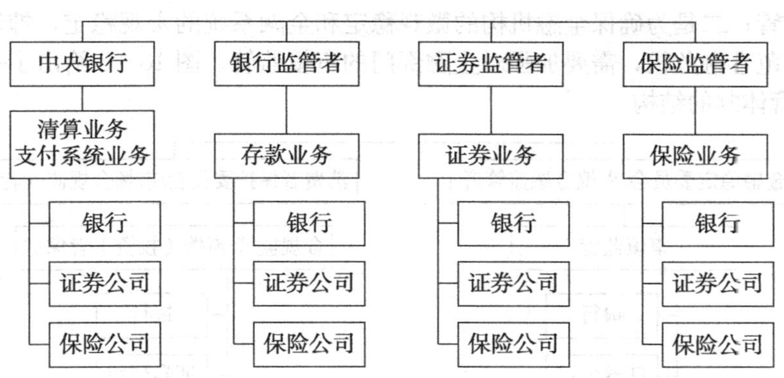

图 16-2　功能型监管体制

功能型监管体制的主要理论基础是金融功能理论。该理论认为，在混业经营和金融创新背景下，不同金融机构之间的边界可能已经变得非常模糊，但支付清算、资源配置、风险管理、信息处理、激励机制等基本功能却具有稳定性。因此，立足金融功能比区分金融机构类型更加现实有效，这就决定了金融监管体制也应该着眼于金融的基本功能而非刻板的机构类型划分。此外，金融功能观更加注重金融机构的动态发展和演变，而不是试图维护既有的机构类型，因而监管当局可以根据金融业的发展需要灵活地设计监管方案，从而使监管机制更加具有弹性和应对能力。

当然，按照功能划分的金融监管体制也存在一些潜在的问题：（1）纯粹的功能型监管体制可能导致监管部门始终难以获得对金融机构整体情况的全面认知，这可能会影响监管部门对相关问题（如系统稳定性）的判断，严重时可能产生误判和决策失误；（2）多元化经营的金融机构可能同时面临多个监管机构的监管，这会导致监管成本的显著上升；（3）为扩大监管的势力范围，监管机构可能存在滥用功能监管的倾向，将某些原本不属于自身监管范畴的机构和业务纳入监管，从而导致监管过度；（4）金融机构可能利用功能监管体制的特点，尽可能地向监管比较松和限制比较少的领域靠拢，从而形成事实上的“监管套利”。

16.3.3 目标型监管："第三条道路"

鉴于机构型监管和功能型监管所存在的缺陷和不足，一些学者又提出了基于监管目标来设计监管体制的思路，比较具有代表性的包括泰勒提出的“双峰式”监管体制和古德哈特提出的“矩阵式”监管体制。从理论上看，只有将实现监管目标的责任明确授予监管机构，才能确保监管责任制的透明和有效。同时，考虑到金融的零售和批发业务之间存在重要差异，这在客观上要求采用不同的监管方式，因而针对零售和批发业务分别设立独立的监管者具有合理性。此外，对于宏观整体稳定、微观个体稳定和市场行为规范等方面的监管，由于同样涉及监管理念和方法差异的问题，因而单一监管者能否全面而有效地解决这些问题仍然不十分清楚。基于上述考虑，一些学者提出，金融监管体制的设计应该更加直接和具体地指向金融监管的各个目标。

（一）“双峰式”监管体制

作为目标型监管的一种代表体制，“双峰式”监管体制强调，金融监管的核心目标有两个：一是为强化金融消费者的权益保护，防止欺诈行为，需要对金融机构的各种机会主义行为进行合规监管；二是为确保金融机构的微观稳定和金融系统的宏观稳定，抑制系统性金融风险和有效防范金融危机，需要加强对金融部门的审慎监管。图 16-3 给出了一个代表性的“双峰式”监管体制的结构。

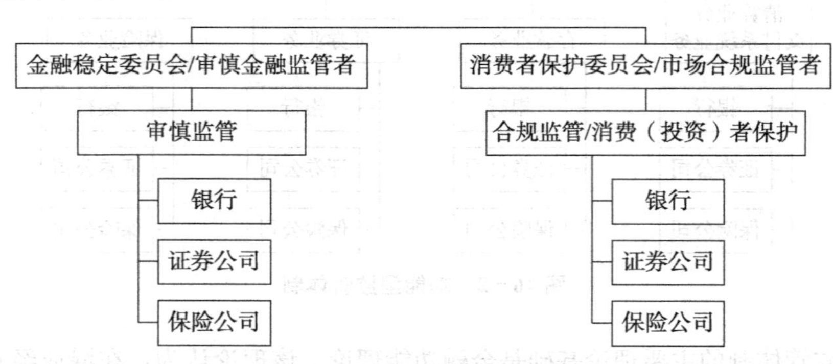

图 16-3 “双峰式”监管体制

对于“双峰式”监管体制的必要性和合理性，泰勒指出，在金融创新和日益融合的条件下，金融业内部的业务区别已经变得越来越无足轻重，强调传统的区别只会导致不同管辖权下金融机构之间的竞争“非中性”。为防范系统性风险和维护金融稳定，泰勒建议成立两个专门的机构：一是独立实施审慎监管的金融稳定委员会，负责对所有可能导致系统性风险和金融不稳定的机构加强审慎监管；二是独立的消费者保护委员会，专门负责对金融机构的机会主义行为进行合规监管。从政策实践来看，“双峰式”监管体制确实得到了一些国家的认可和采纳，比如澳大利亚 1998 年的金融监管改革基本上就是沿着“双峰式”监管模式展开的。

（二）“矩阵式”监管体制

较之“双峰式”监管体制，“矩阵式”监管体制更加重视金融机构之间的差异性。一方面，该体制明确考虑了银行机构在金融系统中的重要地位，通过区分审慎监管者和系统监管者，防范金融风险的溢出和传染；另一方面，为降低信息不对称和委托代理所产生的问题，该体制还区分了金融零售业务和批发业务。从“矩阵式”监管体制的结构来看，古德哈特所提出的示例结构主要包含 5 个监管部门，分别为：针对存贷金融机构的系统监管者、针对非银行金融机构（证券公司、保险公司和其他金融机构）的审慎监管者、针对金融批发业务的合规监管者、针对金融零售业务的合规监管者、维护公平竞争的交易监管者。表 16－1 给出了一个代表性的“矩阵式”金融监管体制。

表 16－1　“矩阵式”监管体制

	系统监管者	审慎监管者	合规监管者		交易监管者
			批发业务	零售业务	
银行	√		√	√	√
建筑协会	√		√	√	√
信贷协会	√			√	
一般保险公司		√	√	√	√
人寿保险公司		√		√	
基金管理公司		√	√	√	√
单位信托公司		√	√	√	√
养老基金公司		√	√	√	
金融咨询公司			√	√	
货币与外汇经纪商			√		√
证券经纪商			√	√	√
金融互助协会		√		√	

当然，“矩阵式”监管体制也并非完美无瑕，在该体制下，交叉监管和重复监管的问题仍然存在，这会增加金融机构的负担和导致监管成本的上升。此外，“矩阵式”监管不可避免地需要对监管机构的行为进行协调，并对不同目标之间的取舍进行权衡，这也会导致监管成本上升和监管效率下降。

上述三种基本监管体制（机构型监管、功能型监管和目标型监管）既是金融实践发展对金融监管需求的客观反映，同时也是金融监管理论发展的一种体现，其目标是要在不断变化的金融环境中寻求最优的监管体制安排。从实践来看，各国的金融监管体制虽然千差万别，但无论基于哪个基础模式设计的监管体制，都是基于对这个国家经济、政治和社会文化等多种因素的综合考虑。

16.3 主要国家的金融监管体制

16.3.1 美国的金融监管体制

在1929年危机爆发以后，美国政府吸取了金融危机的教训，于1933年通过了《格拉斯-斯蒂格尔法案》，形成了金融业分业经营和分业监管的基本格局；同时，成立联邦存款保险公司，提高银行运营的稳健性，避免挤兑引起的流动性危机。不过，在证券业高额回报的诱惑下，银行试图打破《格拉斯-斯蒂格尔法案》的限制，取道银行持股公司进入资本市场，与证券业、保险业展开竞争与合作。进入20世纪70年代，金融创新层出不穷，银行参与资本市场的程度进一步加深，金融企业频繁使用相互持股、并购等手段规避分业经营的限制。在这种情况下，美国国会于1999年通过了《金融服务现代化法案》，允许美国的金融机构以金融控股公司的形式进行混业经营；同时，美国的金融监管体制从原先的分业（机构）监管改为伞形监管，其实质是功能监管和机构监管的结合。该法案规定，美联储作为“伞式”监管人，负责监测和评估金融控股公司整体资本充足性、内控措施及相关风险，而金融控股公司的下属各类子公司则按其经营业务种类，归相应的功能监管机构监管。美联储对子公司拥有裁决权，功能监管机构在本领域的监管具有优先权。基于联邦制国情，美国联邦政府和各州政府在纵向上的两级监管加上各监管机构在横向上的“多头”监管，使得美国的金融监管架构呈现为“双重多头”模式。

在“双重多头”模式下，联邦一级的金融监管机构主要有：联邦储备体系、联邦存款保险公司、货币监理署、储蓄监管署、国家信用合作社管理局、证券交易委员会和商品期货交易委员会等；州层次的金融监管机构主要是州银行监督局等。从监管对象和范围来看，在联邦注册的银行主要受货币监理署监管，在州注册的成员银行和金融控股公司主要由联邦储备银行监管，在州注册的非成员银行则由联邦存款保险公司监管，在联邦注册的储蓄机构和储蓄机构控股公司归储蓄监管署监管，在联邦注册和在州注册且加入其保险系统的信用社归国家信用合作社管理局监管。证券业务和期货业务则分别由证券交易委员会和商品期货交易委员会管理。在地方层面上，各州的储备银行、存款保险公司和银行通过相互配合履行监管职能。此外，美国还通过设立联邦金融机构检查委员会，协调联邦层面和州层面的金融监管，力图降低重复监管、提高监管效率。

美国“双重多头”的监管模式成效显著，但次贷危机暴露了这一体制存在的监管重叠、监管真空和投资者保护不足等问题。针对危机暴露出的问题，2008年美国财政部发布《美国金融监管体系现代化蓝图》。2010年奥巴马政府又推出了《多德-弗兰克华尔街改革与消费者保护法》，对金融监管体制进行了一系列改革，具体包括：

第一，强化美联储的监管职能，将美联储打造成“超级监管者”。在改革后，美联储的监管权限从银行控股公司扩大到了非银行控股公司及附属机构，同时保留了对社区会员银行的监管权。美联储有权直接要求非银行金融机构（包括其附属机构）提供各种相关信息，还有权对具有系统重要性的非银行金融机构进行检查。如果持股公司的非银行附属机构从事银行业务，那么美联储将参照银行监管要求对该机构予以监管；如果该附属机构在联邦层次上没有对应的监管机构，那么美联储将直接成为其联邦监管机构。

第二，扩大联邦存款保险公司对系统重要性金融机构的清算权。除继续拥有对投保银行的监管权外，联邦存款保险公司有权接管和清算任何一家陷入困境并有可能引发系统性风险的金融机构。联邦存款保险公司一旦成为某金融机构的接管人，就可以使用一系列控制损失的措施，如索赔、支付、设立搭桥公司等。同时，联邦存款保险公司还有权解雇致使该金融机构陷入破产困境的管理层。

第三，新成立金融稳定监管委员会，负责监管系统性风险。美联储主席是金融稳定监管委员会拥有投票权的10位委员之一。如果某非银行金融机构的破产或相关业务活动可能引发金融不稳定，那么只需2/3多数通过，金融稳定监管委员会就可以将其认定为需要接受美联储监管的系统性重要金融机构。根据这一原则，包括美国国际集团以及各种“影子银行”都将被纳入美联储的监管范围之内，并接受类似银行的严格监管。

第四，撤销储蓄监管署，其原有的监管职能分类转移至其他监管机构：美联储承接其对储贷协会持股公司及其非储蓄附属机构的监管权，货币监理署承接其对联邦储贷协会的监管权，联邦存款保险公司承接其对州储贷协会的监管权。通过这种撤并，美联储最终集中掌握了对各类金融持股公司的立法权。

第五，新设立消费者金融保护局，整合原先分散在不同监管机构的保护消费者权益的职责。消费者金融保护局加强了对金融消费者的权益保护，确保消费者在办理业务和接受金融服务时能从金融机构（抵押经纪人、信用卡公司、银行等）获得准确的信息。消费者金融保护局虽然设在美联储内部，但并不隶属于美联储，其局长由总统任命和参议院批准，具有较高的独立性。

美国金融监管体制改革的核心取向是在承袭之前“伞式”监管体制的基础上，通过设立金融审慎监管局和商业行为监管局纳入“双峰式”监管体制的优点，从而最终形成了“伞式+双峰式”监管体制（图16-4）。在这一体制下，美联储充当“伞骨”，负责维护金融市场的整体秩序，防范系统性风险；新设立的两个监管机构则分别执行审慎监管和行为监管，共同构成“双峰”。其中，金融审慎监管局主要负责银行业的日常监管事务，而商业行为监管局则主要负责规范金融机构的商业行为，包括信息披露、牌照注册、商业竞争、消费者保护等。各监管机构在美联储的协调下定期磋商，以节约监管成本、提高监管效率。不过，与传统的“双峰式”监管体制不同，美国的金融监管体制改革灵活运用了“双峰”理论，主要是立足于本国国情，在已有的“双重多头”监管体制基础上进行有针对性的结构改造和补充，以弥补旧有监管体制的漏洞与不足。

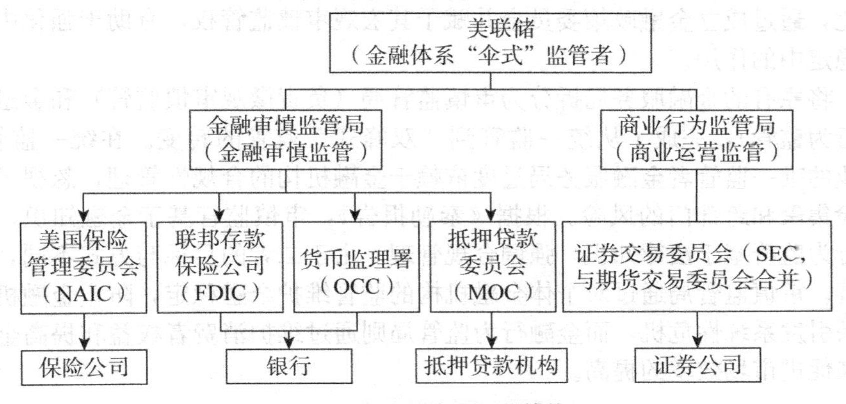

图16-4 美国的金融监管体制

16.3.2 英国的金融监管体制

英国的早期金融监管可以追溯到20世纪40年代，当时的监管以金融机构行业自律为主、英格兰银行监管为辅，并非法定监督。1973—1975年，大量二级银行（即小银行）遭遇挤兑危机，推动了1979年《银行法》的出台。1979年《银行法》开启了英格兰银行正式监管的新时代，将监管范围扩展到二级银行。1984年10月发生的约翰逊·马休银行(Johnson Matthew Bankers Limited) 倒闭事件促使英国当局重新考虑存款银行的监管问题，并于1985年11月发布了改善和加强银行监督的白皮书。1987年修订的《银行法》进一步强化了央行的监管权力，奠定了英国金融监管工作的法律基础。总体而言，在1998年6月1日之前，英国金融业实行分业监管体制，涉及英格兰银行、英国财政部、证券与投资管理局、贸易工业部等政府部门，主要是英格兰银行的审慎监管司、证券与投资管理局、私人投资监管局、投资监管局、证券与期货管理局、房屋协会委员会、财政部保险业董事会、互助会委员会和友好协会注册局等9家机构，分别行使对银行业、保险业、证券投资业、房屋协会等机构的监管职能。伴随着主要监管机构的成立以及若干法律文件的颁布，英国形成了典型的“多头监管”体制。在20世纪90年代之后，金融行业混业经营的步伐加快，金融市场的深刻变化日益暴露出分业监管的弊病，同时英国发生了一系列金融风险事件（如巴林银行倒闭），在此背景下，英国设立了“金融服务局”(Financial Services Authority，FSA)，不仅集中了证券、保险等投资服务业的监管权，还承接了英格兰银行对银行业的监管职能，建立了“统一”的金融监管体制。

虽然FSA的成立消除了监管分立的问题，但监管体制仍存在审慎监管严重不足的弊病。2008年国际金融危机使英国金融体系遭受重大损失，经过反思和总结，英国财政部认为，由财政部、英格兰银行和金融服务局构成的“三元金融监管模式”是英国未能有效应对2008年危机的一个重要原因。据此，英国通过了2012年《金融服务法案》，对原有的综合监管模式进行改革，形成了“超级央行+双峰”的监管体制，主要内容包括：

首先，针对中央银行缺乏宏观审慎监管权的问题，在英格兰银行内部设立金融政策委员会。由于此前的改革剥离了中央银行的监管权，导致中央银行的职权仅限于货币政策，缺乏应对系统性金融危机和维护金融稳定的必要手段。同时，监管权从中央银行剥离导致监管行为过度集中于个体金融机构，忽视了金融机构之间的复杂关联以及由此可能导致的系统性风险。鉴于中央银行具有宏观稳定职能，同时货币政策和金融稳定之间又存在内在联系，因此，通过成立金融政策委员会并赋予其宏观审慎监管权，有助于强化中央银行在维护金融稳定中的作用。

其次，将原有的金融服务局拆分为审慎监管局（负责微观审慎监管）和金融行为监管局（负责行为监管），完成了从统一监管到“双峰式”监管的转变。在统一监管体制下，英国金融业的唯一监管者金融服务局过度依赖于金融机构的合规性管理，忽视了个体金融机构的风险集聚和跨部门的风险。根据《泰勒报告》，审慎监管基于金融知识，追求金融稳定；而行为监管基于法律知识，强调合规管理。由于二者的目标与方式不同，应由不同的机构负责。审慎监管局通过对个体金融机构的监管维护金融稳定，防止金融机构倒闭通过金融链条引发系统性危机，而金融行为监管局则通过维护消费者权益和提高金融体系的诚信水平来促进市场效率的提高。

最后，在上述“双峰式”监管改革的基础上，2016 年《英格兰银行与金融服务法案》又做出了一些新的改革，包括：(1) 鉴于货币政策和金融稳定具有同等重要性，故将金融政策委员会从英格兰银行董事会隶属机构升格为与货币政策委员会同等的法律地位，以强化中央银行在监管体制中的核心地位；(2) 将内设的审慎监管局合并到英格兰银行，并升格为审慎监管委员会 (Prudential Regulation Committee，PRC)，减少金融审慎监管局和金融政策委员会之间的沟通和协调成本，充分发挥宏微观审慎监管的协同优势。上述以英格兰银行为主导的宏微观审慎监管相协调、审慎监管与行为监管相协调的“双峰式”监管体制如图 16-5 所示。在该体制下，英格兰银行作为“超级央行”统一行使货币政策、宏观审慎和微观监管职能，其中内设的金融政策委员会负责制定宏观审慎政策，识别、监控并采取措施消除或弱化系统性风险；并设审慎监管局负责系统重要性金融机构的审慎监管；另设金融行为监管局，向财政部和议会负责，对不具有系统性影响的金融机构统一进行行为监管。在新的监管体制下，存款机构、保险机构和主要投资公司都将同时受到审慎监管（由审慎监管局执行）和行为监管（由金融行为监管局执行），其他公司则将由金融行为监管局单独进行监管。

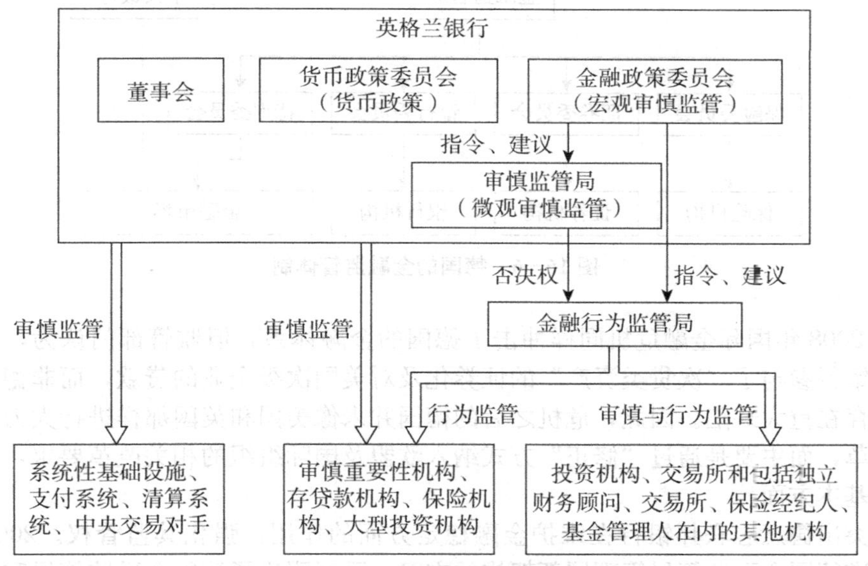

图 16-5 英国的金融监管体制

16.3.3 德国的金融监管体制

在 1961 年《银行法》出台之前，德国没有专门的银行监管机构，由德意志联邦银行在行使货币政策职能的同时兼顾银行监管。1961 年，德国颁布《银行法》，成立联邦银行监管局，隶属财政部，统一负责银行业的监管，但德意志联邦银行也拥有银行监管权。联邦银行监管局主要负责银行许可证以及银行业务活动的监管，而德意志联邦银行则主要负责货币信贷政策的制定以及相关金融活动的监管。随着金融市场的发展，1995 年德国成立联邦证券交易监管局，与 1901 年成立的联邦保险监管局分别负责证券业和保险业的监管。至此，德意志联邦银行以及三个隶属于财政部的监管主体共同构成了德国“混业经营、分业监管”的基本格局。

伴随着20世纪90年代的混业经营和综合监管浪潮，2002年德国联邦政府通过《统一金融服务监管法》，将原来的银行监督局、保险监督局、证券监督局三家机构合并，组建成一个综合性的金融监管机构——德国金融监管局。金融监管局具有独立法人地位，依照原有的《德国银行法》《保险监督法》《德国证券交易法》统一执行金融监管，并直接对财政部负责。同时，德意志联邦银行依然拥有部分银行监管权。截至2017年，德国金融监管局的监管范围涵盖1 577家银行、722家金融服务机构、552家保险企业、31家养老基金以及6 449家投资基金等金融机构。在内部结构的设计方面，除咨询委员会和理事会之外，德国金融监管局还有三个新成立的委员会，用以替代原有的证监局、银监局和保监局，分别行使对相应业务的监管权；另外还增设特别委员会，负责整个金融市场的监管，如图16-6所示。总体来看，德国的金融监管具有内外部监管相结合的特征，内部监管指金融机构通过内控措施进行自我监管，而外部监管则包括德意志联邦银行、德国金融监管局、德意志联邦审计院、社会审计机构以及行业协会等在内的一系列外部监管机构和组织。

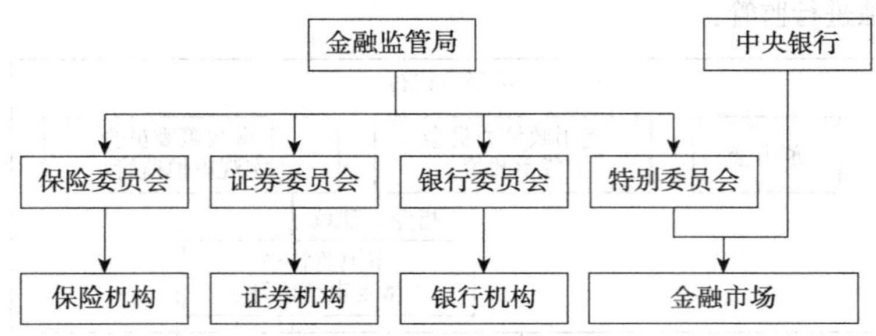

图16-6　德国的金融监管体制

虽然2008年国际金融危机同样冲击了德国的金融体系，但监管部门认为，主要原因在于部分银行参与了“次贷类资产”的证券化及对美国次级企业的贷款，而非德国的金融监管体制存在重大缺陷。因此，危机之后的德国并未像美国和英国那样进行大刀阔斧的监管体制改革，而主要是通过“修正”方式纳入欧盟及国际组织的相关改革要求，主要包括以下几个基本方面：

一是突出德意志联邦银行在维护金融稳定方面的作用，强化其监管权。2007年，德国政府批准德国金融监管局管理层新架构的方案，重新明确了德国金融监管局和德意志联邦银行对银行业的监管职责范围划分。其中，德意志联邦银行享有金融信息统计的专属权，德国金融监管局无权直接向金融机构索取数据；德意志联邦银行利用网点优势，广泛参与金融机构的日常监管，并与德国金融监管局共享信息，联合开展压力测试和现场检查；德意志联邦银行派代表参加德国金融监管局下设的管理委员会，监督德国金融监管局的管理层，决定其预算，并对专项监管任务提出建议。此外，德国金融监管局发布监管法规时，需事先和德意志联邦银行进行协商，特别是对涉及货币政策的部分，需双方达成一致意见。

二是强化宏观审慎管理。2013年通过的《金融稳定法》成立了单独的金融稳定委员会，负责实施宏观审慎监管，其成员来自财政部、德意志联邦银行、德国金融监管局、联邦金融市场稳定局等部门。根据《金融稳定法》，德意志联邦银行负责对金融风险进行持续监测，对宏观审慎政策的效果进行评估，并负责向金融稳定委员会提交风险评估报告、政策建议以及提交议会的年度报告。此外，2013 年德国还设立了联邦金融市场稳定局，主要负责管理“稳定金融市场特别基金”，监管新成立的两家不良资产管理公司以及负责金融机构重组事务。

三是加强欧盟国家间的监管合作，消除监管套利。随着金融一体化程度的加深，德国和其他欧洲国家均面临监管合作滞后和不一致所导致的监管套利问题。作为欧盟的核心成员国，德国通过欧盟的协调机制把本国的金融监管理念和要求上升为欧盟层面的监管和要求，推动了欧盟的监管一体化。2008 年，德国金融监管局与英国金融服务局签署共同监督计划，该计划为德国在英国伦敦的信贷监管分支机构提供了充分的监管权，有助于避免金融机构利用两国的监管规则差异进行监管套利。此外，德国还与法国、意大利和西班牙等欧洲国家签署了合作计划，以促进更大范围的金融监管合作。

16.3.4 日本的金融监管体制

与西方国家强调市场化和监管独立的理念不同，日本的金融监管具有非常浓郁的行政色彩，被称为“护送船”模式。日本的金融监管体系以大藏省为核心，大藏省集金融行政和监管权于一身，甚至可以超越法律权限干预金融机构的具体业务。大藏省的监管职能由其下属机构银行局具体实施。1992 年，作为对经济危机的回应，日本开始改革其金融监管体制，金融监管职能改为由银行局、证券局和金融检查部共同执行，以减少对金融监管的行政干预。此后，在金融自由化的推动下，1996 年日本推出“大爆炸式”的全面金融改革，提出了一系列旨在放松金融管制、促进金融自由化的改革措施。在 1997 年亚洲金融危机后，日本通过新的《日本银行法》，提升了日本银行的独立性，并将分散在金融检查部、证券交易等监视委员会、银行局、证券局的金融监管权力集中到金融监督厅，金融监督厅脱离大藏省，独立行使金融监管职能。21 世纪初，金融监督厅改组为金融厅，此后逐步升格为内务府的外设局，进一步集中了金融监管权；而大藏省则更名为“财务省”，实现了财政和金融的分离。日本银行以通货膨胀控制和金融稳定为主要目标，在法律上并不具有监管职能，但拥有对金融机构的检查权，可以对任何在日本银行开设存款账户的金融机构进行现场检查。至此，日本形成了以金融厅为核心、中央银行（日本银行）和存款保险机构共同参与、地方财务局受托监管、民间行业协会协助监管的多层次监管体制，如图 16－7 所示。

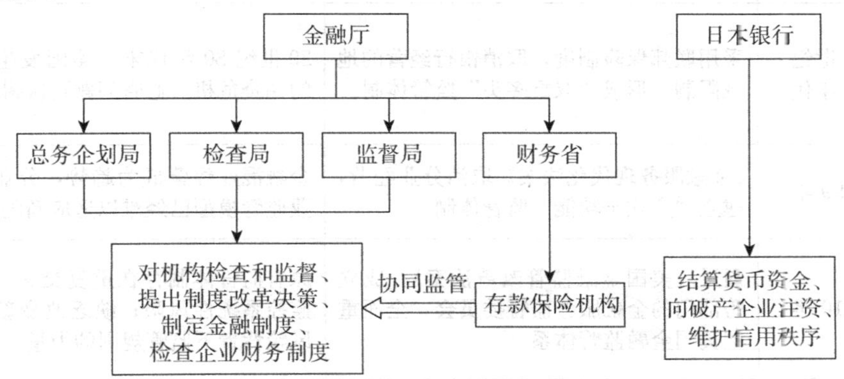

图 16－7 日本的金融监管体制

与德国的情况类似，2008 年金融危机对日本的冲击较小。由于金融机构总体上没有遭受太大损失，因此，日本没有像英、美等国那样进行大范围的金融监管体制改革，只是进行了一些细节和内容上的完善，主要包括两个方面：一是强化了中央银行的宏观审慎监管职能。2011 年的《日本银行强化宏观审慎管理的方案》明确要求日本银行将现场检查、非现场监测和宏观审慎监管相结合，既要关注个体金融机构的稳健性，又要重视金融体系的整体风险；同时，从宏观审慎视角出发制定和实施货币政策，提高货币政策的有效性。二是积极推进以增强金融竞争力和改善金融监管为导向的改革，避免因过度监管而伤害金融活动的活力和竞争力，同时加强银行的自有资本比率监管，成立专门的工作组监控大型金融集团的跨境和跨行业风险，逐步将信用评级机构纳入监管范围，加强金融领域的立法与信息披露，提高监管的透明度和有效性。

16.4 金融监管体制的发展演变趋势

16.4.1 主要国家金融监管体制的发展演变

历史的经验表明，几乎每一次大的金融危机都会成为金融监管改革的重要契机和推进节点，2008 年的国际金融危机也不例外。从现实情况来看，很多国家都在危机后掀起了新一轮金融监管体制改革：从美国的“伞式＋双峰式”监管体制到英国的“双峰式”监管体制，改革的路径和方式不一而足，而改革本身就是一种趋势。表 16－2 提供了一些代表性国家（美国、英国、日本和中国）金融监管体制的发展演变过程。

表 16－2　代表性国家金融监管体制的改革与发展

国家	时间	改革要点	改革原因
美国	1933 年	通过 1933 年《银行法》，分业经营、分业监管的体制最终确立	在“大萧条”时期，存在金融市场混乱、缺乏监管、金融欺诈及股市操纵等问题
	20 世纪 90 年代	采用联邦保险制度，取消银行经营的地域限制，形成“双重多头”监管体制	20 世纪 80 年代末，美国发生了系统性的储贷危机，监管问题再次得到重视
	1999 年	《金融服务现代化法案》取消分业经营，建立“伞式＋功能”监管体制	金融混业经营成为趋势，分业经营和分业监管模型已经难以适应新的市场需要
	2010 年	通过《美国金融监管改革法案》，成立跨部门的金融服务监管委员会，全面重塑美国金融监管体系	原有监管体制存在重复交叉；无法有效监控系统性风险；缺乏改变新型系统性风险背景下监管规则的力量、工具

续表

国家	时间	改革要点	改革原因
英国	1979 年	出台 1979 年《银行法》，从法律上正式赋予英格兰银行对银行业的监管权力	1973—1975 年英国发生了有史以来最严重的二级银行危机，给英国金融业造成了沉重的打击并严重威胁整个银行体系的稳定
	1986 年	成立证券投资委员会，行使对证券机构和自律组织的监管权	20 世纪 80 年代，随着金融自由化的发展，对金融市场的监管需求日益增加
	1997 年	成立英国金融服务局，统一负责全部金融活动的监管，实行混业监管	在混业经营成为主流趋势的背景下，英国政府开始有针对性地加强监管制度化和规范化建设
	2012 年	出台《金融服务法案》，建立金融政策委员会、审慎监管局、金融行为监管局，分别负责宏观审慎监管、微观审慎监管和行为监管	金融危机暴露了金融监管体系中存在的诸多潜在缺陷，如：监管职责不清，无法及时识别潜在风险；缺少全局性的监管机构等
日本	20 世纪 80 年代前	实行高度集中的管理体制，监管权完全集中于大藏省	在“主银行”制度背景下，重点关注金融体系的安全维护问题
	1998 年	成立金融厅，最终确立统一的金融监管体制	旧的监管体制行政干预较重，银行缺乏独立自主权，加剧了泡沫经济的恶化
	2009 年	提出“四个支柱”及“五项举措”，加快金融监管改革	在金融危机背景下，政府希望通过金融改革建立更为开放、公平、高效的金融市场
中国	1984 年	中国人民银行作为国家金融监管机构，设立金融机构管理司	随着金融的发展，需要加强金融业统一管理和综合协调
	1992—2003 年	证监会、保监会和银监会逐步成立，最终形成中国人民银行、银监会、证监会、保监会“一行三会”“分业经营、分业监管”的格局	证券市场、保险市场、银行及资产管理公司等金融机构日益发展壮大，通过分业监管，有针对性地加强对金融各业的分类监管
	2017—2018 年	国务院金融稳定发展委员会成立，同时原银监会和保监会合并为银保监会，形成“一委一行两会”的金融监管新格局	在金融深化发展、创新和开放的背景下，金融体系的关联性和潜在风险显著上升，特别是跨部门的隐藏风险点明显增多，对系统性风险的防控提出了更高要求

注：表中相关信息来自各国中央银行和监管部门的网站。

16.4.2 金融监管体制发展演变的规律与趋势

透过世界范围内金融监管的发展历程我们可以看到，与金融发展演变进程相伴随的是金融监管的强化和动态改革。作为制度建设的一部分，金融监管的强化反映了金融业这一能够撬动经济杠杆的、具有外部性特征的特殊行业必须得到正确有效的引导。由于金融产业本身具有内生性杠杆以及放大和扩散风险的特性，这使得任何对金融业监管的疏漏和失误都可能引致巨大的经济和社会成本，而金融风险释放和扩散所带来的不仅是财富的缩水，而且可能导致社会信心崩溃，甚至是一蹶不振的长期萧条。

如果说金融监管政策的失败尚可补救，那么，金融监管制度设计的失误则会导致整个金融业的发展迷失方向甚至误入歧途，因为制度设计的决策失败是根本性的，方向的错误将会导致整个体系承担难以衡量的转换成本和机会成本。因此，根据各国国情和现实需要，设计健全、合理的金融监管体系，对每一个国家都具有极其重要的意义。事实上，近年来世界范围内对金融监管的反思和改革，也充分说明了该问题的现实性、重要性和紧迫性。

从世界各国金融监管的改革实际进程来看，为有效防范系统性风险和增强金融监管体制的效率，旨在加强综合监管和功能监管的一体化模式（或监管机构之间高度协调的“准一体化”模式）越来越受到青睐。在实践中，一体化监管模式以德国和日本的统一监管体制为代表，而“准一体化”监管模式则以英国和澳大利亚的“双峰式”监管体制以及美国的“伞式”监管体制为代表。从理论上看，金融监管的一体化模式在提高监管有效性和市场敏感度方面具有较为突出的优势。

首先，从监管目标的一致性来看，在多头监管模式下，各监管机构之间存在目标和责任重合、缺位等情况，从而导致监管机构之间的协调效率低下，甚至产生目标之间的矛盾与冲突。但在一体化监管模式下，监管部门可以在一个框架下承担起更为明确的监管目标和职责，使不同的监管部门能够在各自的职责范围内有序运行，从而在很大程度上避免了机构之间的目标和责任冲突。

其次，从监管要求的一致性来看，监管标准应该与金融业的整体风险状况相匹配。如果对类似甚至相同风险（即使分布于不同的金融机构或产品中）的监管标准差异过大，一方面会导致不公平竞争，另一方面会引发“逆向选择”和“监管套利”等问题。在金融监管的一体化模式下，统一机构在内部流程上的协调配合能够解决体制内不同部门在监管目标、标准和方法方面所存在的差异，进而确保对类似的金融产品和风险执行统一的监管要求，提高监管的一致性、公平性和有效性。

再次，从监管成本的角度来看，整合监管法规、统一监管要求、弥补监管空白和消除重复监管，都有利于减少被监管者的负担，提高社会公众利益。在一体化金融监管模式下，这一方面可以保留原有针对不同类型金融机构（银行、保险公司、证券公司等）的监管专业分工优势；另一方面，与多个监管机构并存的多头监管模式相比，一体化监管模式还有助于更好地将部门协调机制和部门内部决策程序相结合，从而促进监管部门内部的信息沟通和协调。

最后，从监管资源配置的合理性来看，金融监管过程中涉及大量的风险分析和评估，用来动态监测金融体系中的风险积累和分布情况，并适时采取必要措施消除潜在的风险聚点和隐患。但在瞬息万变的金融市场中，高度的不确定性使得不同金融机构和产品之间的风险状况很难被直接比较。在这种情况下，为提高风险防范与监管工作的效率，监管资源的有效配置就显得尤为重要，而一体化监管模式可以借助其在组织结构和管理流程等方面的优势，更有效地配置监管资源，从而提升监管的实际效果。

16.4.3　金融监管体制发展趋势在实践中的反映

从实践来看，金融监管的一体化趋势在近年来各国的金融改革中也得到了反映。比如，在2008年次贷危机之后，美国通过了《多德-弗兰克华尔街改革与消费者保护法案》，美联储开始实时监督金融机构的资金流动、财务状况和关联交易情况，加强对系统重要性金融机构的监管，维护金融体系的整体稳定性。美国的其他金融监管机构（如货币监理署、联邦保险公司、证券交易委员会和国家信用管理局等）则针对不同的监管对象承担相应的监管职能。除联邦政府外，美国各州还设立有自己的监管机构，对辖区内的金融机构进行监管。总体来看，改革后的美国“伞式”监管体制既保持了分业监管的优势，同时又吸取了统一监管的一些优点。

再从英国的金融监管体制变革来看，在2008年国际金融危机之后，英国发现其监管体制缺乏应对系统性金融风险的能力，并且在金融消费者保护和审慎监管两个目标之间存在一定的冲突。为此，英国采取了以下金融监管改革举措：一是成立金融政策委员会（直接隶属于英格兰银行），通过多种宏观审慎政策工具，加强对系统性风险的识别与防范；二是通过在英格兰银行设立审慎监管局，取代原有的金融服务监管局，统一负责重要金融机构的审慎监管，同时还成立了金融行为监管局，负责监督金融机构的产品创新和日常业务，维护消费者权益；三是设立消费者教育局，为金融消费者提供相应的金融服务。至此，英国从过去的统一监管模式演变为“双峰式”，重点强化了英格兰银行对系统性风险（宏观审慎）和金融机构行为的监管能力。

除美国和英国外，德国、日本等国也对本国的金融监管模式进行了类似的改革。从国际趋势来看，在金融机构混业经营背景下，为提升监管部门的风险识别和防控能力，及时发现潜在的风险点，金融监管的体制结构必须进行相应的调整和变革，以适应金融稳定发展的需要。在此国际大背景下，2017年7月，中国成立了国务院金融稳定发展委员会，并于2018年4月合并原来的银监会和保监会，成立新的银保监会。这些监管改革旨在解决现行体制存在的监管职责不清晰、交叉监管和监管空白等问题，强化综合监管，优化监管资源配置，更好地统筹系统重要性金融机构的监管，逐步建立符合现代金融特点、统筹协调监管、有力有效的现代金融监管框架，守住不发生系统性金融风险的底线。显而易见，旨在加强功能监管和一体化监管的“综合监管”体制正在逐步形成。

最后，需要指出的是，一体化金融监管模式虽然在促进监管目标、工具和行为的协调一致等方面具有比较突出的优势，但在该模式下，监管权力的过度集中（通常被赋予一体化的机构）也引发了各界对可能产生的“监管垄断”的担心。为避免一体化模式下监管权力过于集中所导致的各种问题，需要从制度上建立更为完善的权力制衡体系，加强对监管部门的“再监管”约束，把权力关在笼子里，确保监管行为和规则实施的公平有效。

16.5 中国的金融监管体制及央行角色

在改革开放前，中国实行“大一统”的金融体系，由中国人民银行统一进行金融业的经营和管理。在1978年之后，随着专业银行从中央银行分离以及一批股份制商业银行和证券公司、投资信托等金融机构的成立，政府相应出台了一些行政规章予以管理。1992年，国家正式提出建立社会主义市场经济体制的目标，并对金融体制改革提出了要求。此后至1998年，中国金融业实行分业经营和分业监管，逐步形成了中国人民银行负责货币政策和银行业、信托业的监管，证监会和保监会分别负责证券期货业及投资基金以及保险业监管的管理体制。2003年4月，银监会正式宣布成立，承接了中国人民银行的银行类金融机构监管权，标志着中国“一行三会”的金融监管体制正式形成。

应该说，分业经营和分业监管的机制较好地适应了中国金融发展初期和成长期的需要，并且为抵御1997年亚洲金融危机和2008年国际金融危机提供了有效的体制机制保障。然而，随着金融发展和创新的不断深化，传统的分业监管体制已经无法有效地满足新时期的金融监管需要，主要表现在两个基本方面：一是在金融业综合经营的大趋势下，金融机构的跨市场经营日渐增加，非金融机构介入金融市场和金融交易的情况越来越多，金融创新层出不穷，新技术、新产业、新业态、新模式迅猛发展，在这种情况下，传统的分业监管体制容易出现“监管真空”和“重复监管”的问题；二是从制度上看，分业体制下的多头监管模式容易出现政出多门、监管竞争、政策不协调和政策冲突等问题，这一方面降低了监管效率、增加了监管成本，另一方面也容易导致一些跨市场、跨领域的隐蔽金融风险无法被及时发现，从而贻误了最优的监管和处置时机。

总体来看，以机构型监管为主的传统分业监管体制已经越来越难以满足新时期中国金融业稳定和创新发展的需要，监管体制的改革势在必行。在2008年国际金融危机后，结合世界各国的金融监管改革最新取向，中国的金融监管改革举措包括以下三个方面：

一是引入逆周期调节机制，加强宏观审慎监管。2011年，中国人民银行引入社会融资规模统计，拓展了中央银行盯住的中间目标对象。同年，中国人民银行启动差别存款准备金动态调整机制，开始尝试进行逆周期的金融调控。2016年，中国人民银行进一步将差别准备金动态调整和合意贷款管理机制升级为宏观审慎评估体系，将表外理财、同业存单等纳入广义信贷范围，加强了对银行的全面考核。2018年4月，中国人民银行、银保监会、证监会、外汇局等多部门联合发布《关于规范金融机构资产管理业务的指导意见》（简称“资管新规”），统一了资管业务的监管规则和标准，对资管行业存在的监管套利、规避监管等问题进行了规范。

二是组建金融消费者权益保护部门，加强行为监管。2011年底，保监会保险消费者权益保护局和中国证监会投资者保护局相继成立；2012年7月，中国人民银行成立金融消费权益保护局，履行保护金融消费者权益的职责；2012年11月，中国银监会消费者保护局成立。至此，分业监管体制下中央层面的金融消费权益保护框架全面形成，与各地的工商行政管理部门、消费者协会、金融行业协会协调配合，共同构成中国金融消费者保护的监管主体。

三是推进监管体制改革，促进监管协调。2013年，经国务院批准，金融监管协调部际联席会议制度建立。2017年，国务院金融稳定发展委员会正式成立，旨在加强金融监管协调、补齐监管短板。2018年3月，国务院机构改革方案对原有的“一行三会”监管体制进行调整，决定将原有的银监会和保监会合并为新的银保监会，以增强金融监管的穿透性，减少监管盲区和监管套利，促进监管信息共享和监管协调。至此，中国“一委一行两会”的金融监管体制初步形成（图16－8）。

在现行“一委一行两会”的金融监管体制下，最顶层的国务院金融稳定发展委员会负责统筹制定金融政策，协调监管职能，增强监管部门之间的信息沟通，为地方金融改革提供指导。中间层为“一行两会”的监管机构，其中，在“双支柱”调控框架下的央行负责制定和执行货币政策，同时进行宏观审慎监管，而银保监会和证监会则分别负责对银行业及保险业以及证券业的监管。此外，在现有体制下，虽然尚未成立独立的行为监管部门，

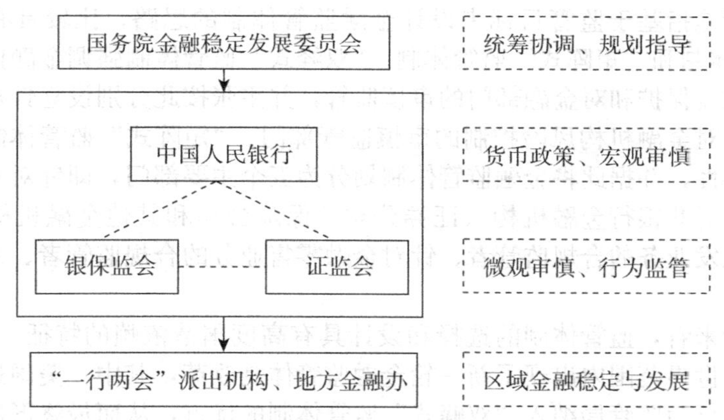

图 16-8 中国的金融监管体制

但在各监管部门的内部，通过设立专门的消费者权益保护局（银保监会）和投资者保护局（证监会），微观审慎和行为监管的“双峰式”职能已经凸显。因此，从总体来看，中国目前的金融监管体制一方面具有美国“伞式”监管体制的结构性特征，另一方面也包含强调目标监管的“双峰式”属性。此外，在中国监管体制框架的最下层，目前还存在着“一行两会”的派出机构以及地方政府的“金融办”，共同负责维护地方层面的金融稳定与发展，履行区域金融监管职责和保护金融消费（投资）者权益。

【本章小结】

金融监管实践不仅离不开一系列组织制度方面的支持，而且制度安排本身也会反作用于行为和主体，最终对金融监管的效果和效率产生影响。在现实中，金融监管的制度安排集中体现在金融监管体制的设计上：不同的监管体制在有关金融监管的目标定位、组织架构、资源配置、决策方式和协调机制等方面往往存在着差异，这些差异反映了不同国家在金融监管实践方面的不同理念、思维和方法，同时也影响着金融监管的实际有效性。

金融监管体制的模式主要依据三个不同的准则设立：一是基于金融机构的特点，二是基于金融机构的业务功能，三是基于金融监管的目标。由于不同国家之间存在国情差异，世界主要国家的金融监管体制也呈现出动态多元化的特征，其中三种最为基本的金融监管体制是基于金融部门观点的机构型监管体制、基于金融功能观点的功能型监管体制和基于金融监管目标的目标型监管体制。

机构型监管又称分业监管，主要是按照金融机构的类型划分，分别设立相应的金融监管机构。在这一模式中，不同的监管机构分别对隶属于各自领域的金融机构进行监管，无权对其他类型的金融机构实施监管。分业监管虽然具有分工明确、专业性强、易于操作等特点，但难以适应金融创新条件下的监管需要，存在监管过度、监管重叠、监管缺位、缺乏协调等缺点。

功能型监管是指立足于金融的基本功能而设立对应的监管机构，只要是同一类型的业务活动，不论由何种类型的金融机构承担，均归一个监管者监管。功能型监管通过将不同金融机构的同类业务归由同一监管者监管，可以在很大程度上节约监管资源，避免重复监管和监管缺位，因而是一种比较适合于混业经营模式的监管体制。不过，纯粹的功能型监管体制也面临重复监管、监管过度和监管套利等问题。

目标型监管是指基于监管目标来设计金融监管体制的思路，比较具有代表性的包括“双峰式”监管体制和“矩阵式”监管体制。“双峰式”监管体制强调金融监管的核心目标是金融消费者权益保护和对金融部门的审慎监管，并主张按此分别设立针对投资保护的行为监管部门和针对金融机构风险控制的审慎监管部门。“矩阵式”监管体制更加重视金融机构之间的差异性，并据此将金融监管体制划分为五个主要部门，即针对存贷金融机构的系统监管者、针对非银行金融机构（证券公司、保险公司和其他金融机构）的审慎监管者、针对金融批发业务的合规监管者、针对金融零售业务的合规监管者、维护公平竞争的交易监管者。

从实践经验来看，监管体制的选择和设计具有高度国情依赖的特征。在 2008 年国际金融危机之后，世界范围内出现了新一轮金融监管体制改革，其中：美国通过设立金融审慎监管局和商业行为监管局纳入“双峰式”监管体制的优点，从而最终形成了“伞式＋双峰式”监管体制；英国和澳大利亚采用“双峰式”监管体制；德国和日本沿用统一监管体制；中国在 2017 年之前采用分业监管体制，之后有向“伞式”监管体制（同时强化了投资者保护和宏观审慎职能）发展的趋势。

中国目前采用“一委一行两会”的金融监管体制，其中：最顶层的国务院金融稳定发展委员会负责统筹制定金融政策，协调监管职能，增强监管部门之间的信息沟通，为地方金融改革提供指导；中间层为“一行两会”的监管机构，人民银行主要负责宏观审慎监管，而银保监会和证监会则分别负责对银行业及保险业以及证券业的监管。此外，在中国监管体制框架的最下层，还有“一行两会”的派出机构及地方政府“金融办”，共同承担区域金融监管和金融消费者权益保护的职责。

【关键词】

金融监管体制　分业监管　功能监管　统一监管　“双峰式”监管体制　监管过度　监管重叠　监管缺位　机构型监管体制　功能型监管体制　目标型监管体制　“伞式”监管体制

【复习思考题】

1. 简要说明金融监管体制的基本模式。
2. 简述主要国家金融监管体制的实践演变。
3. 简要解释金融监管体制的发展趋势及原因。
4. 简要说明中国的金融监管体制及发展趋势。

主要参考文献

陈雨露，马勇．大金融论纲．北京：中国人民大学出版社，2013.

黄达，张杰．金融学．5版．北京：中国人民大学出版社，2020.

马勇．金融稳定与宏观审慎：理论框架及在中国的应用．北京：中国金融出版社，2016.

马勇．DSGE宏观金融建模及政策模拟分析．北京：中国金融出版社，2017.

马勇．“双支柱”调控框架的理论与经验基础．金融研究，2019（12）.

马勇．理解现代金融监管：理论、框架与政策实践．北京：中国人民大学出版社，2020.

马勇，陈雨露．宏观审慎政策的协调与搭配：基于中国的模拟分析．金融研究，2013（8）.

马勇，姜伊晴．“双支柱”调控的研究进展：综述与评介．金融评论，2019（6）.

马勇，谭艺浓．金融状态变化与货币政策反应．世界经济，2019（3）.

马勇，张靖岚，陈雨露．金融周期与货币政策．金融研究，2017（3）.

米什金．货币金融学：第11版．北京：中国人民大学出版社，2016.

张晓慧．中国货币政策．北京：中国金融出版社，2012.

图书在版编目（CIP）数据

中央银行学/马勇编著. --北京：中国人民大学出版社，2020.10
经济管理类课程教材. 金融系列
ISBN 978-7-300-28397-5

Ⅰ.①中… Ⅱ.①马… Ⅲ.①中央银行-经济理论-教材 Ⅳ.①F830.31

中国版本图书馆 CIP 数据核字（2020）第 128762 号

经济管理类课程教材·金融系列
中央银行学
马　勇　编著
Zhongyang Yinhangxue

出版发行	中国人民大学出版社		
社　　址	北京中关村大街 31 号	**邮政编码**	100080
电　　话	010－62511242（总编室）		010－62511770（质管部）
	010－82501766（邮购部）		010－62514148（门市部）
	010－62515195（发行公司）		010－62515275（盗版举报）
网　　址	http://www.crup.com.cn		
经　　销	新华书店		
印　　刷	北京捷迅佳彩印刷有限公司		
开　　本	787 mm×1092 mm　1/16	**版　　次**	2020 年 10 月第 1 版
印　　张	25.5	**印　　次**	2024 年 8 月第 2 次印刷
字　　数	635 000	**定　　价**	53.00 元

教学支持说明

1. 教辅资源获取方式

为秉承中国人民大学出版社对教材类产品一贯的教学支持，我们将向采纳本书作为教材的教师免费提供丰富的教辅资源。您可直接到中国人民大学出版社官网的教师服务中心注册下载——http://www.crup.com.cn/Teacher。

如遇到注册、搜索等技术问题，可咨询网页右下角在线QQ客服，周一到周五工作时间有专人负责处理。

注册成为我社教师会员后，您可长期根据您所属的课程类别申请纸质样书、电子样书和教辅资源，自行完成免费下载。您也可登录我社官网的"教师服务中心"，我们经常举办赠送纸质样书、赠送电子样书、线上直播、资源下载、全国各专业培训及会议信息共享等网上教材进校园活动，期待您的积极参与！

2. 赠送"经管之家"论坛币

经管之家（http://www.jg.com.cn）于2003年成立，致力于推动经济学科的进步，传播优秀教育资源，做最好的经管教育。目前已经发展成国内最大的经济、管理、金融、统计类在线教育平台，也是国内最活跃和最具影响力的经济类网站。

为了更好地服务于教学一线的任课教师，凡使用中国人民大学出版社经济分社教材的教师，注册成为我社教师会员后，可填写以下信息调查表，发送电子邮件或者邮寄或者传真给我们，我们将会向您赠送经管之家论坛币200个。

教师信息表
姓名：
学校：
论坛ID：
教授课程：
使用教材：
论坛识别码：pinggu _ com _ 1501511 _ 8899768

3. 高校教师可加入下述学科教师QQ交流群，获取更多教学服务

经济类教师交流群：一群：140105952（已满），或二群：809471792

财政金融教师交流群：一群：182073309（已满），或二群：766895628

国际贸易教师交流群：162921240

税收教师交流群：119667851

4. 购书联系方式

网上书店咨询电话：010-82501766

邮购咨询电话：010-62515351

团购咨询电话：010-62513136

中国人民大学出版社经济分社

地址：北京市海淀区中关村大街甲59号文化大厦1506室　100872

电话：010 -62513572　010-62515803

传真：010 -62514775

E-mail：jjfs@crup.com.cn